SOCIÉTÉ ET ÉTABLISSEMENTS STABLES EN DROIT FISCAL INTERNATIONAL ET DE L'UNION EUROPÉENNE

5-7, rue de l'École-polytechnique ; 75005 Paris

http://www.librairieharmattan.com
diffusion.harmattan@wanadoo.fr
harmattan1@wanadoo.fr

ISBN : 978-2-336-00595-9
EAN : 9782336005959

Isabelle RIU

SOCIÉTÉS ET ÉTABLISSEMENTS STABLES EN DROIT FISCAL INTERNATIONAL ET DE L'UNION EUROPÉENNE

Préface de Daniel GUTMANN

L'Harmattan

COLLECTION FINANCES PUBLIQUES
dirigée par Thierry LAMBERT
Professeur à l'Université Paul Cézanne – Aix Marseille III

BAS Céline, **Le fait générateur de l'impôt**, préface de Pierre Beltrame, 2007
LAMBERT Thierry (sous la direction de -), **Les sanctions pénales fiscales**, 2007
LIEVRE – GRAVEREAUX Amélie, **La rétroactivité de la loi fiscale : une nécessité en matière de procédures**, préface Jean Lamarque, 2007
VILLEMOT Dominique, **Quelle politique fiscale?**, 2007
ATANGA FONGUE Roland, **Contrôle fiscal et protection du contribuable dans un contexte d'ajustement structurel : le cas du Cameroun**, préface d'Yves Brard, 2007
SID AHMED Karim, **Droits fondamentaux et procédures fiscales : étude comparative**, préface de Cyrille David, 2007
KOSSENTINI Mohammed, **La plus-value en droit fiscal tunisien**, préface de Néji Baccouche, 2008
DIKOUME Albert Léonard, La **fiscalité pétrolière des Etats membres de la CEMAC : Cameroun, Congo, Gabon, Guinée Equatoriale, Tchad, Centrafrique**, préface de Bernard Castagnéde, 2008
WANG-FOUCHER Haiying, **La vérification de comptabilité en Chine à l'épreuve des modèles occidentaux**, préface de Cyrille David, 2008.
LEROY Marc (sous la direction de -), **L'administration de l'impôt en France et dans le monde**, 2008.
GRASLIN Jean-Joseph-Louis, **Essai analytique sur la richesse et sur l'impôt**, texte commenté par Djalel Maherzi, 2008.
ATECK A DJAM Félix, **Droit du contentieux fiscal camerounais**, préface de Martin Rissouk A Moulong, 2009.
GEFFROY Jean –Baptiste (sous la direction de -), **Finances publiques et politiques familiale. Etat des lieux et éléments de prospective**, 2009.
ALTINDAG Selçuk, **La concurrence fiscale dommageable. La coopération des Etats membres et des autorités communautaires**, préface d'Alexandre Maitrot de la Motte, 2009.
DUMAS Georges, **La politique économique : douze ans pour rien 1995-2007, 2010.**
BESBES Slim, **Le principe de la légalité de l'impôt en droit tunisien**, préface de Slim Chelly, 2011.
FOUMDJEM Célestin, **Blanchiment de capitaux et fraude fiscale**, préface de Christian Lopez, 2011.
JALAL Hind, **Analyse genre de la politique fiscale au Maroc : cas de l'impôt sur le revenu**, préface Nouzha Skalili, avant-propos Pierre Beltrame, 2011.
HARAKAT Mohamed, **Les finances publiques et les impératifs de la performance : le cas du Maroc**, 2011.
ATANGA FONGUE Roland et Adrien TOCKE, **Eléments de la fiscalité des affaires au Cameroun,** préface de Thomas Kousok, 2011.
GUILLET Nicolas (sous la direction de -), **Les transformations de l'administration fiscale**, 2011.
TAUZIN Emmanuel, **L'intérêt de l'entreprise et le droit fiscal**, préface de Christophe de La Mardière, 2011.
BUISSON Jacques (sous la direction de -), **La sécurité fiscale**, 2011.

REMERCIEMENTS

Cet ouvrage constitue la version remaniée d'une thèse de doctorat soutenue à l'Université Paris 1-Panthéon-Sorbonne, le 16 novembre 2010.

Je tiens à exprimer mes plus vifs remerciements à Monsieur Daniel Gutmann, Professeur à l'Ecole de droit de la Sorbonne, co-directeur du Centre Sorbonne-Fiscalité de Paris I et du Master 2 professionnel de droit des affaires et fiscalité , pour sa très grande disponibilité, pour ses pertinentes critiques, pour ses conseils et pour avoir accepté de rédiger une préface à cet ouvrage.

Le jury, sous la présidence de Monsieur Benoît Delaunay, Professeur à l'Université de Paris V-René Descartes, comprenait Madame Caroline Silberztein, alors Responsable de l'Unité prix de transfert à l'OCDE, rapporteur, Messieurs Guy Gest, Professeur à l'université de Paris II-Panthéon-Assas, co-directeur du Master 2 de droit fiscal, rapporteur, et Stéphane Austry, Professeur associé à l'Université de Paris I-Panthéon-Sorbonne, associé du cabinet CMS Francis Lefebvre.
Qu'ils trouvent l'expression de mes sincères remerciements.

Je dis toute ma gratitude à Monsieur le Professeur Thierry Lambert, qui a accueilli cette thèse dans la collection qu'il dirige.

Je voudrais remercier Monsieur Martin Collet, Professeur à l'Université Paris II-Panthéon-Assas, pour ses conseils.

Pour l'aide qu'ils m'ont apportée, je tiens à remercier les équipes du centre de ressources documentaires du Ministère des Finances, et du centre Sorbonne fiscalité.

J'exprime ma profonde reconnaissance à Mesdames Valérie Lapujade-Eustache et Fabienne Renaud-Aïdan, pour la grande bienveillance dont elles ont fait preuve pendant ce travail.

Je tiens à remercier également mes amies Marilyne Sadowsky, Maître de conférences à l'Université de Paris Est-Créteil, Estelle Gallant, Maître de conférences à l'Université de Paris I-Panthéon-Sorbonne, et Claudine Gabert pour leur contribution.

Enfin, pour leur soutien sans faille, je remercie Jean-Christophe, Arnaud, Coralie, Evelyne, Anne-Laure, Bruno, Patricia, Jean-François, Cécile, Julien, Sandrine, Karen, Marc, Béatrice, Magali.

Paris le 9 septembre 2012

PRÉFACE

La comparaison du régime fiscal des établissements stables et des structures juridiquement distinctes est à l'heure actuelle un des sujets les plus passionnants de la fiscalité internationale et européenne. En pratique, cette comparaison peut jouer un rôle dans le choix de la structure juridique à retenir pour une implantation à l'étranger. En théorie, elle invite à s'interroger sur la neutralité de la fiscalité à l'égard des formes d'exercice de l'activité économique. Ajoutons que l'actualité ne cesse de porter sur le devant de la scène de multiples situations dans lesquelles se dévoilent des différences de traitement opérées sans raison légitime entre établissement stable et filiale. La Cour de justice de l'Union européenne vient de le rappeler dans l'arrêt Philips Electronics UK Ltd du 6 septembre 2012. Le Parlement français vient apparemment de l'oublier en instituant au mois d'août 2012 une contribution additionnelle à l'IS de 3% dont les modalités d'exigibilité varient selon qu'une société étrangère est implantée sur notre territoire sous la forme de filiale ou d'établissement stable.

La question de savoir si la neutralité fiscale est toujours possible et nécessaire en la matière est pourtant beaucoup plus complexe qu'on ne pourrait le penser au premier abord, ce que démontre avec éclat la remarquable thèse d'Isabelle RIU. L'auteur ne se contente pas, en effet, de faire un bilan méthodique et exhaustif de l'ensemble des situations où la neutralité est, soit respectée, soit rompue. Forte d'une connaissance érudite de la littérature française et étrangère, du droit interne, international et de l'Union européenne, éclairée par la pratique quotidienne de la fréquentation des entreprises, Isabelle RIU se livre à une analyse minutieuse de la raison d'être des règles qu'elle étudie. Si elle regrette par endroits que la cohérence du droit soit mise en défaut, elle n'en justifie pas moins de façon pénétrante certaines différences de traitement qui présentent un caractère structurel, tenant par exemple à la nature spécifique de l'établissement stable ou des revenus en cause. Il en ressort que, contrairement à une idée reçue, la neutralité fiscale ne se décline pas de façon univoque sous la forme d'une identité de traitement systématique. L'idée d'égalité devant l'impôt, corollaire de celle d'identité de situation, affleure en permanence dans cette thèse de fiscalité des entreprises, ce qui n'est pas le moindre de ses mérites.

L'ouvrage d'Isabelle RIU est ainsi plus qu'un outil de travail unique dans la littérature française. C'est une réflexion d'ampleur sur les piliers de la fiscalité internationale. C'est une mine d'analyses originales sur la pratique fiscale et sur la jurisprudence de la CJUE. C'est une méditation sur les moyens de faire progresser le droit en empruntant d'autres chemins que ceux balisés par l'histoire et la doctrine de l'OCDE. Les questions les plus ardues ne sont pas éludées : faut-il introduire en Europe une assiette commune consolidée de l'impôt sur les sociétés ? faut-il élargir le pouvoir d'imposition de l'Etat de source en lui reconnaissant le droit d'appréhender les profits afférents aux activités exercées sur son sol, même en l'absence d'établissement stable ? quels sont les vrais chantiers de l'harmonisation européenne ? Autant de débats fondamentaux auxquels Isabelle RIU apporte de subtiles et utiles contributions.

Daniel GUTMANN

Professeur à l'Ecole de droit de la Sorbonne (Université Paris-1)

ABREVIATIONS

ACCIS (CCCTB)	Assiette commune consolidée à l'impôt sur les sociétés (Common Consolidated Corporate Tax Base)
AJDA	Actualité juridique de droit administratif
BDCF	Bulletin des conclusions fiscales
BF	Bulletin fiscal
BOI	Bulletin officiel des impôts
BTR	British Tax Review
CE (EC)	Communauté européenne (European Community)
CEDH	Cour européenne des droits de l'Homme
CEE	Communauté économique européenne
CFC	Controlled foreign compagny (Société étrangère contrôlée)
CGI	Code général des impôts
CJCE (ECJ)°	Cour de justice des Communautés européennes (European Court of Justice)
CJUE	Cour de justice de l'Union européenne
CMLR	Common Market Law Review
DB	Doctrine de base
DDHC	Déclaration des droits de l'Homme et du Citoyen
DPCI	Droit et pratique du commerce international
EATLP	European Association of tax law Professors (Association européenne des Professeurs de droit fiscal)
ECOFIN	Conseil européen, affaires économiques et financières
ECTR	EC Tax Review
FR	Feuillets rapides
GT	Groupe de travail
HST	Home State Taxation
IBFD	International Bureau of Fiscal Documentation
IFA	International Fiscal Association
IRC	Internal Revenu Code (Code des impôts américain)
JCP E.	Juris Classeur périodique éditions entreprises
JCP G.	Juris Classeur périodique édition générale
JO	Journal officiel
JOCE	Journal officiel des Communautés européennes
JOUE	Journal officiel de l'Union européenne
LGDJ	Librairie générale de droit et de jurisprudence
LPF	Livre des procédures fiscales
NPF (MFN)	Nation la plus favorisées (Most Favoured Nation)
OCDE	Organisation de coopération et de développement économique
OECE	Organisation européenne de coopération économique
OFCE	Observatoire français des conjonctures économiques
ONU (UNO)	Organisation des Nations Unies
PME	Petites et moyennes entreprises
RAE	Revue des affaires européennes
RDAI	Revue de droit des affaires internationales
Rec.	Recueil des arrêts de la Cour de justice des Communautés européennes et de l'Union européenne

RFC	Revue française de comptabilité
RFFP	Revue française des Finances publiques
RIDC	Revue internationale de droit comparé
RJF	Revue de jurisprudence fiscale
RMCUE	Revue du marché commun et de l'Union européenne
RTD civ.	Revue trimestrielle de droit civil
RTD com.	Revue trimestrielle de droit commercial
RTDE	Revue trimestrielle de droit européen
SDN	Société des Nations
TCE	Traité instituant la Communauté européenne
TFUE	Traité sur le fonctionnement de l'Union européenne
TPICE	Tribunal de première instance des Communautés européennes
UE	Union européenne
WG	Working Group
WP	Working Papers

INTRODUCTION

1. L'imposition des bénéfices dans une économie globale constitue une problématique essentielle du droit fiscal. La pluralité de formes juridiques, inhérente à l'activité économique, peut entraîner des différences dans le droit applicable, qu'il s'agisse du droit des sociétés[1] ou du droit fiscal.
Juridiquement, et dans un cadre interne, la *summa divisio* s'établit entre structures disposant de la personnalité morale et structures dépourvues d'une telle personnalité. Tel n'est pas obligatoirement le cas en matière fiscale.
Le choix de la structure, s'il n'obéit pas nécessairement à des considérations fiscales[2], emporte des conséquences en termes d'imposition.

2. En matière fiscale, la nature juridique de la structure revêt une importance particulière lorsque les activités sont exercées dans un cadre transfrontalier. En effet, le droit fiscal s'inscrit, à tout le moins dans le cadre de la fiscalité directe, dans les prérogatives de souveraineté fiscale des Etats. Dès lors, les systèmes fiscaux nationaux, qui déterminent une assiette sur laquelle va s'appliquer l'impôt, se trouvent confrontés à l'extraterritorialité des structures et à la mondialisation des groupes. Dans ce contexte, la recherche d'une conciliation entre la réalité économique et le droit fiscal amène à s'interroger sur les conséquences des éléments d'extranéité et de forme juridique sur l'imposition.
En d'autres termes, la réflexion proposée conduit à déterminer si le choix d'une structure d'implantation, société ou établissement stable, induit une neutralité fiscale.

3. *In limine*, il convient de préciser les notions de sociétés et d'établissements stables et les liens entre les notions de personnalité morale et d'imposition.

---

[1] Sans entrer dans les subtilités du droit des sociétés, il convient de noter que la personnalité juridique suppose le rattachement d'une personne à un lieu, sans se confondre avec la notion de nationalité des sociétés. A titre d'exemple, voir Dalloz, Répertoire de droit des sociétés, SAINTOURENS Bernard, « Siège social », pp. 1-15 ; CJCE, 16 décembre 2008, aff. C-210/06, *Cartesio Oktató és Szolgáltató bt*, Rec. p. I-9641, point 110 : *« Un État membre dispose ainsi de la faculté de définir tant le lien de rattachement qui est exigé d'une société pour que celle-ci puisse être considérée comme constituée selon son droit national et susceptible, à ce titre, de bénéficier du droit d'établissement que celui requis pour maintenir cette qualité ultérieurement »*. La personnalité morale, déterminée par la *lex societatis*, est accordée selon des règles et des modalités différentes en fonction des particularités des droits internes. En droit français, la mention du siège social doit obligatoirement figurer dans les statuts. Code civil, article 1835, code de commerce, articles L. 210-2, L. 251-8. Certains Etats européens, accordent la personnalité morale au lieu de constitution de la structure (système de l'incorporation). L'Irlande comme le Royaume-Uni font prévaloir le siège de direction effective comme critère de résidence. Voir MENJUCQ Michel, « La mobilité des sociétés dans l'espace européen », LGDJ, 1997, Bibliothèque de droit privé, tome 285, pp. 21-25.

[2] Le choix de la nature de l'implantation peut être guidé par des considérations réglementaires et économiques. Ainsi, certaines activités nécessitant des fonds propres importants vont s'exercer plus aisément par le biais de structures dépourvues de la personnalité morale aux fins de bénéficier directement des fonds propres de la maison mère, notamment les activités bancaires et d'assurance.

En droit français, la définition de la société est donnée à l'article 1832 du code civil, qui dispose : *« La société est instituée par deux ou plusieurs personnes qui conviennent par un contrat d'affecter à une entreprise commune des biens ou leur industrie en vue de partager le bénéfice ou de profiter de l'économie qui pourra en résulter.*
Elle peut être instituée, dans les cas prévus par la loi, par l'acte de volonté d'une seule personne.
Les associés s'engagent à contribuer aux pertes».
La notion de société relève exclusivement des droits nationaux, qui déterminent dans quelle mesure les structures sont régies par leur ordre juridique. La personnalité juridique suppose le rattachement d'une personne à un lieu, sans se confondre avec les notions de nationalité ou de résidence des structures[3]. La personnalité morale, déterminée par la *lex societatis*, est accordée selon des règles et des modalités différentes, en fonction des particularités des droits internes[4].

4. En matière fiscale, la principale distinction opérée entre les différentes formes de sociétés repose sur la division entre sociétés de personnes et sociétés de capitaux[5].
En droit français, le code général des impôts traite ainsi, dans son chapitre premier, de « L'impôt sur le revenu », lequel concerne traditionnellement les associés des sociétés de personnes[6], et, dans son chapitre 2, de « L'impôt sur le bénéfice des sociétés et autres personnes morales », qui a traditionnellement vocation à s'appliquer aux sociétés de capitaux[7].
Cette distinction entre sociétés de personnes et sociétés de capitaux n'est cependant pas absolue. Le législateur a en effet instauré des possibilités d'option, permettant aux sociétés de personnes d'être imposées à l'impôt sur les sociétés[8], et aux associés de sociétés de capitaux d'être imposés à l'impôt sur le revenu[9].
Par ailleurs, de par l'effet même de la loi, certaines sociétés sont soumises à une imposition mixte. Il en est ainsi des sociétés en commandite simple, soumises à l'impôt sur les sociétés pour la part des commanditaires, les associés commandités, associés indéfiniment responsables, étant soumis à l'impôt sur le revenu pour la part leur revenant[10].
Le cas spécifique de la société en participation doit être relevé. Les associés de ce type de société, qui ne dispose pas de la personnalité morale[11], sont traditionnellement

---

[3] Voir nos développements sur les notions de nationalité et de résidence, *Infra*, § 378 et suivants.
[4] *Supra*, note de bas de page n° 1.
En outre, l'instauration de la société européenne par le règlement CE n° 2157/2001 du 8 octobre 2001, JO L.294 du 10 novembre 2001, ne suffit pas à pallier l'existence de systèmes juridiques différents, mais règle essentiellement les problèmes de transfert de siège.
[5] GUTMANN Daniel, « Droit fiscal des affaires », Montchrestien, Lextenso éditions, 2ème édition, 2011, pp. 127-135.
[6] CGI, article 8.
[7] CGI articles 206 et suivants.
[8] Décret n° 48-1986 du 9 décembre 1948, article 93-III, JO du 1er janvier 1949, p. 68.
[9] La possibilité a été ouverte aux SARL de famille par la loi de Finances n° 80-1094 du 30 décembre 1980, article 52 (article 239 bis AA du CGI), JO du 31 décembre, et de manière plus large aux autres sociétés de capitaux, sous conditions, par la loi de modernisation de l'économie du 4 août 2008, n° 2008-776, article 30 (article 239 bis AB du CGI), JO du 5 août.
[10] CGI, article 206-4.
[11] Code civil, article 1871.

soumis à l'impôt sur le revenu pour la part leur revenant dans les résultats. Toutefois, lorsque les noms et adresses des associés n'ont pas été communiqués à l'administration fiscale, la société relève de l'impôt sur les sociétés[12].

5. L'imposition des sociétés de personnes, et particulièrement de la société en participation, renvoie au lien incertain entre personnalité morale et imposition différenciée de la structure. La personnalité morale se définit comme le *« nom donné à la personnalité juridique des personnes morales »*, la personnalité juridique étant *« l'aptitude à être titulaire de droits et assujettis à des obligations »*[13].
En droit français, les sociétés, à l'exception de la société en participation et de la société de fait, sont titulaires de la personnalité morale. Fiscalement, si les sociétés relevant du régime des sociétés de personnes déposent des déclarations d'impôt en leur nom[14], le résultat est, sauf option ou imposition de plein droit à l'impôt sur les sociétés, imposé dans les mains des associés[15]. Ainsi, la société, bien que reconnue comme entité en tant que telle, ne subit pas d'imposition directe[16].
Au niveau international, il n'existe pas de convergence dans la fiscalité directe applicable aux sociétés de personnes. A titre d'exemple, on peut noter deux conceptions radicalement opposées s'appliquant aux sociétés de personnes dans les droits belge et allemand. En Belgique, l'impôt sur le revenu des sociétés en commandite simple et des sociétés en nom collectif est acquitté par la société, qui dispose de la personnalité morale[17]. En revanche en Allemagne, les Offene Handelsgesellschaft (sociétés en nom collectif) et les Kommandit Gesellschaft (sociétés en commandite simple) ne disposent pas de la personnalité morale et ne déposent pas de déclaration de revenus, ce dernier étant imposé directement dans les mains des associés[18].
Ainsi, le lien entre personnalité morale et imposition de la structure, en tant qu'entité distincte des membres la composant, n'est pas établi.
Cela amène à considérer la situation des établissements stables.

6. La notion d'établissement stable est une notion exclusive de droit fiscal. Elle relève initialement du droit conventionnel, lequel a influé sur les définitions données par le droit de l'Union européenne, et peut, dans certains cas, être définie par les droits internes. Le Modèle de Convention fiscale de l'OCDE, actuellement en vigueur, définit l'établissement stable de la manière suivante :
« L'expression « établissement stable » désigne une installation fixe d'affaires par l'intermédiaire de laquelle une entreprise exerce tout ou partie de son activité ; (...)
Un chantier de construction ou de montage ne constitue un établissement stable que si sa durée dépasse douze mois ; (...)

---

[12] CGI, article 206-4.
[13] CORNU Gérard, *Vocabulaire juridique*, 8ème éd. 2007, Association Henri CAPITANT, PUF.
[14] CGI, article 60.
[15] CGI, articles 8 et 238 bis K pour la détermination du bénéfice imposable.
[16] *Inter alia*, voir CHAPPERT André, « La notion de personnalité morale en droit fiscal », *Répertoire du notariat Defrénois*, 15 novembre 2000, p. 1201, et GUTMANN Daniel précité.
[17] OCDE, « L'application du modèle de convention fiscale de l'OCDE aux sociétés de personnes » n°6, Paris, 1999, p. 83.
[18] *Ibid.*, p. 99.

Nonobstant les dispositions des paragraphes 1 et 2, lorsqu'une personne – autre qu'un agent jouissant d'un statut indépendant auquel s'applique le paragraphe 6 – agit pour le compte d'une entreprise et dispose dans un État contractant de pouvoirs qu'elle y exerce habituellement lui permettant de conclure des contrats au nom de l'entreprise, cette entreprise est considérée comme ayant un établissement stable dans cet État pour toutes les activités que cette personne exerce pour l'entreprise, à moins que les activités de cette personne ne soient limitées à celles qui sont mentionnées au paragraphe 4 et qui, si elles étaient exercées par l'intermédiaire d'une installation fixe d'affaires, ne permettraient pas de considérer cette installation comme un établissement stable selon les dispositions de ce paragraphe »[19].
La définition de l'établissement stable se scinde ainsi en deux branches, l'une matérielle, l'existence d'une installation fixe d'affaires, l'autre juridique, la dépendance d'un agent.
L'installation fixe d'affaires, telle qu'elle ressort des commentaires de l'OCDE suppose la réunion de trois conditions : une installation d'affaires (locaux, matériels...), fixe, c'est-à-dire établie dans un lieu précis, et une activité exercée par l'intermédiaire de cette installation au moyen de personnels[20]. L'agent dépendant, quant à lui, n'est pas strictement défini par le Modèle de Convention. Néanmoins, pour qu'un agent dépendant soit considéré comme établissement stable, il est nécessaire que l'agent utilise son pouvoir de conclure des contrats de manière répétée[21].

7. Il convient de noter l'absence d'exhaustivité des définitions telles qu'elles ressortent de la Convention Modèle de l'OCDE, aux termes de laquelle, *«2. l'expression établissement stable comprend, notamment, « a) un siège de direction, b) une succursale, c) un bureau, d) un usine, e) un atelier, f), une mine, un puit de pétrole ou de gaz, une carrière ou tout autre lieu d'extraction de ressources naturelles, 3) un chantier de construction (...) si sa durée dépasse 12 mois, 5) une personne – autre qu'un agent jouissant d'un statut indépendant – [qui] agit pour le compte d'une entreprise et dispose dans un Etat contractant des pouvoirs qu'elle y exerce habituellement lui permettant de conclure des contrats au nom de l'entreprise (...) »*[22].
A cet égard, la notion d'établissement stable, notion exclusivement fiscale, englobe celle d'établissement secondaire, mais s'en différencie.
Bien que l'agent dépendant soit une forme moins usitée de l'établissement stable, les développements traiteront de l'installation fixe d'affaires, et, mais dans une moindre mesure, de l'agent dépendant. En effet, il semble que les commentaires récents de l'OCDE sur les prestations de services placent l'établissement stable au confluent de ces deux composantes[23].

8. Cependant, l'établissement stable n'est pas une notion à définition unique.
Compte tenu de la multiplicité des sources, l'établissement stable n'est pas strictement défini et ne bénéficie pas de définitions unitaires.

---

[19] OCDE, Modèle de Convention fiscale, article 5.
[20] OCDE, commentaires sous l'article 5, § 2 et suivants.
[21] OCDE, commentaires sous l'article 5, § 32.
[22] OCDE, Modèle de Convention fiscale concernant le revenu et la fortune, article 5.
[23] Voir nos développements *Infra,* § 136 et suivants.

Ainsi, le droit de l'Union européenne, bien qu'inspiré par le Modèle de Convention de l'OCDE, a pu s'écarter de la définition donnée par l'Organisation.
A titre d'exemple, la directive du Conseil de l'Union européenne concernant le régime commun applicable aux sociétés mères et filiales d'Etats membres différents définit, dans son article 2 § 2, l'établissement stable comme une installation fixe d'affaires sans prendre en considération, à la différence de l'OCDE, la notion d'agent dépendant[24]. En revanche, la proposition de directive concernant une assiette commune consolidée pour l'impôt sur les sociétés reprend les termes de définition donnés par l'OCDE[25].
Les droits internes peuvent ou non définir le concept d'établissement stable.
Ainsi, le droit interne allemand donne une définition[26], quand le droit français ne définit pas l'établissement stable en tant que tel, mais se fonde, au fins de l'imposition, sur la notion d'entreprise exploitée en France[27].
Cela amène à établir un parallèle entre l'établissement stable et les différentes formes de sociétés évoquées précédemment.

9. L'établissement stable, comme les sociétés, peut être créé par des personnes physiques[28] ou par des personnes morales. Potentiellement, il peut également être créé par des structures dépourvues de la personnalité morale, telles les sociétés en participation ou les sociétés de fait en droit français[29]. Cette possibilité semble ouverte par le Modèle de Convention fiscale de l'OCDE, qui définit l'entreprise comme l'exercice de toute activité d'affaires[30]. Compte tenu du champ de la recherche, il ne sera pas traité des établissements détenus par des personnes physiques.
Une différence majeure entre établissements stables et sociétés semble pouvoir être relevée dans l'impossibilité pour les établissements stables de détenir en cascade d'autres établissements stables. Cette question ramène à la détermination de la personnalité morale.

10. L'établissement stable dispose-t-il de la personnalité morale ? Deux réponses contradictoires peuvent être envisagées.
Il pourrait être considéré que l'établissement stable, établissement *« par l'intermédiaire duquel une entreprise exerce toute ou partie de son activité »*, bénéficie de la

[24] Conseil de l'Union européenne, 30 novembre 2011, directive 2011/96/UE remplaçant la directive 90/435/CE concernant le régime commun applicable aux sociétés mères et filiales d'Etats membres différents.
[25] Conseil de l'Union européenne, 16 mars 2011, proposition de directive concernant l'assiette commune consolidée pour l'impôt sur les société, COM (2011) 121 Final.
[26] Circulaire du 24 décembre 1999, n° IV B 4-S 1300-111/99, article. 1.1.1. Comme le Modèle de Convention de l'OCDE, le droit allemand scinde l'établissement en deux composantes l'installation fixe d'affaires (Feste Geschäftseinrichtung) et l'agent dépendant (Ständiger Vertreter). Pour les chantiers, cependant, la durée prévue est de six mois (Bauausführungen und Montagen).
[27] *Infra*, § 13, 404.
[28] Les conventions parlent généralement de base fixe d'affaires lorsque l'établissement stable est le fait d'une personne physique. A titre d'exemple, voir l'ancienne convention franco-suisse du 9 septembre 1966, article 16.
[29] Pour une application, voir CE, 1er octobre 2001, n° 214463, *de Solages*, *RJF*, n° 12/2001, n° 1588 ; CAA Paris, 10 avril 2008, n° 06-2638, *Sefrioui*, *RJF*, 2008, n° 1379.
[30] *Ibid.*, article 3.

personnalité morale attachée à cette entreprise. Cette possibilité n'est pas à exclure[31]. Il semble toutefois que, pour des raisons diverses, la personnalité morale ne soit pas attachée à un établissement stable.

En premier lieu, l'absence de personnalité morale d'une entreprise (sociétés de personnes en Allemagne, sociétés en participation en France...) n'empêche probablement pas qu'elle procède à la création d'un établissement stable.

En second lieu, les attributs originels de la personnalité morale sont constitués, notamment, par l'autonomie patrimoniale et par un droit d'ester en justice[32]. Or il n'existe pas réellement d'autonomie patrimoniale de l'établissement stable. Quant au droit d'ester en justice, il n'appartient pas à l'établissement stable, même si la localisation des établissements n'est pas dépourvue d'intérêt, au regard par exemple de la théorie des « gares principales »[33].

En réalité, il semble qu'un parallèle pourrait être établi entre les établissements stables et le récent statut d'Entrepreneur Individuel à Responsabilité Limitée (EIRL)[34]. En effet, l'EIRL est supposé constituer une personne morale distincte de l'entrepreneur individuel, tout en étant dépourvu de la personnalité juridique. La théorie du patrimoine d'affectation, refusée lors de la création de l'EURL en 1985[35], semble désormais acceptée par le législateur[36].

Les établissements stables se distinguent des entreprises dont ils émanent – notamment du fait de leur extra territorialité – et bénéficient d'un patrimoine qui leur est affecté, indépendamment de la qualité de propriétaire reconnue à l'entreprise[37].

Ainsi, les établissements stables demeurent des structures dépourvues de personnalité morale, ce qui ne préjuge ni du patrimoine qui peut leur être affecté, ni de leurs obligations en tant que sujets de droit fiscal.

En effet, l'absence de personnalité morale n'influe pas sur la qualité de sujet de droit fiscal. Dit autrement, la qualité de contribuable à l'impôt sur les sociétés n'est pas corrélée à la personnalité morale. Sont ainsi soumis à l'impôt sur les sociétés, les

---

[31] A cet égard, on peut citer l'article 206 du CGI, qui établi un impôt sur les sociétés et autres personnes morales. Voir également CE, 19 décembre 1975, n° 84774-91895, *X* : *« qu'il suit de là que l'établissement situé en France d'une société étrangère doit être assimilé à un siège en France pour l'application des dispositions précitées de l'article 4-1 de la loi du 12 juillet 1965, codifié sous l'article 119 bis-2 du code général des impôts »* et nos développement *Infra* § 378 et suivants.

[32] BARUCHEL Nathalie, « La personnalité morale en droit privé : Eléments pour une théorie », LGDJ, Bibliothèque de droit privé, tome 410, p.4.

[33] Conseil européen, règlement du 2 décembre 2000 concernant la compétence judiciaire, la reconnaissance et l'exécution des décisions en matière civile et commerciale, n° 44/2001, article 5 § 5, JO L 12 du 16 janvier 2001.

[34] Loi n° 2010-658 du 15 juin 2010, JO du 16 juin, codifié aux articles L 526-6 à L526-21 du Code de commerce, entrée en vigueur le 1er janvier 2011.

[35] Loi n° 85-697 du 11 juillet 1985, JO du 12 juillet p. 7862.

[36] *Inter alia*, voir, « La personnalité et ses patrimoines ou l'EIRL », *JCP éditions E.*, 13 janvier 2011, n° 1-2, pp. 43-48 ; D'Hoir-LAUPRETRE Catherine, « L'EIRL, un patrimoine affecté voué à... une désaffection certaine ! », *Les Petites Affiches*, 14 janvier 2011, n° 10, pp. 3-8 ; GIBIRILA Deen, « L'entreprise individuelle à responsabilité limitée après les textes de décembre 2010 », *Joly sociétés*, 1er mars 2011, n° 3, pp. 234-252 ; DUBOST Sabine, « Régime fiscal de l'EIRL : une EURL sans personnalité », *Les Nouvelles Fiscales*, n° 1065, 1er avril 2011, pp. 4-7.

[37] Voir nos développements *Infra*, § 42 et suivants, 54 et suivants, 191 et 282 et suivants.

sociétés de fait, sur option, les sociétés en participation, soit sur option[38], soit du fait de leurs associés non connus de l'administration fiscale[39], les EIRL, sur option[40]. Les établissements stables sont soumis de droit à l'impôt sur les sociétés, lorsqu'ils sont détenus par une société étrangère, et ce, quelle que soit la forme sociale de cette dernière.

11. Le champ de l'étude, qui consiste à déterminer si, et dans quelle mesure, des structures de nature juridique différente doivent être fiscalement traitées de manière identique, étant vaste, la réflexion portera sur les seuls impôts directs assis sur les bénéfices, à l'exclusion des impôts indirects et particulièrement de la taxe sur la valeur ajoutée. En matière de TVA, en effet, la règle veut que les opérations conclues entre des entités dépourvues de personnalité morale ou entre ces entités et leur siège soient hors du champ d'application de la TVA. Ce principe a été posé à la fois par la jurisprudence nationale et par la Cour de Justice des Communautés européennes[41]. Ainsi, le Conseil d'Etat a pu relever : *« Aucun texte ne soumet à la TVA les prestations de services que se rendent entre elles les entités dépourvues de personnalité morale exploitées directement par la même société »*[42].
De manière identique, la Cour de Justice des Communautés européennes a pu juger *« qu'une prestation de services n'est effectuée « à titre onéreux », au sens de l'article 2, point 1, de la 6e directive, et n'est dès lors taxable, que s'il existe entre le prestataire et le bénéficiaire un rapport juridique au cours duquel des prestations réciproques sont échangées, la rétribution perçue par le prestataire constituant la contre-valeur effective du service fourni au bénéficiaire »*[43]. En matière de TVA, la règle est celle d'une identité entre l'établissement secondaire et son siège, entraînant une absence d'assujettissement. La seule exception résulte de l'autonomie économique de l'établissement. Si l'établissement est considéré comme autonome, du fait, notamment, *« qu'il supporte le risque économique découlant de son activité »*, ses prestations entrent dans le champ d'application de la TVA, de la même manière que pour une structure juridiquement distincte[44]. Or, si le critère de l'autonomie de l'établissement est opérant en matière de TVA, il n'est pas pertinent en matière d'impôt sur les bénéfices[45]. Une des raisons à cette différenciation peut être trouvée dans les fondements de ces deux impôts. La TVA est un impôt général sur la consommation, qui est perçu à l'occasion d'une transaction économique et dont le redevable réel – le consommateur – est distinct du contribuable. En revanche, l'impôt sur les bénéfices est perçu sur la base d'un revenu net, et il existe une identité entre redevable réel et contribuable.

---

[38] CGI, article 206-3.
[39] CGI, article 206-4.
[40] CGI, article 1655 sexies, projet d'instruction de l'administration du 22 février 2011, § 22.
[41] Nous emploierons l'appellation de Cour de Justice des Communautés européennes pour les arrêts rendus avant l'entrée en vigueur du Traité de Lisbonne (1er décembre 2009), qui a transformé l'appellation en Cour de Justice de l'Union européenne.
[42] CE, 9 janvier 1981, Assemblée Plénière, *Sté TIMEX*, *RJF*, n° 03/1981, n° 201.
[43] CJCE, 3 mars 1994, aff. C-16/93, *Tolsma*, Rec. p. I-743, point 14.
[44] CJCE, 23 mrs 2006, aff. C-210/04, *FCE Bank*, Rec. p. I-2803 point 35.
[45] Conclusions OLLEON Laurent sous l'arrêt CE, 7 septembre 2009, n° 308751, *Sté Stamping International*, *Droit Fiscal*, n° 50, 10 décembre 2009, pp. 40-48.

En outre, à la différence de la TVA, qui est harmonisée dans le cadre européen[46], les impôts directs relèvent de la souveraineté fiscale des Etats[47]. Cependant, dès lors que les opérations soumises à l'impôt sur les bénéfices revêtent un caractère transfrontalier, la souveraineté fiscale des Etats est limitée par deux sources distinctes : les conventions internationales et l'Union européenne.

12. Dans le domaine de la fiscalité directe, les droits internes, entendus *stricto sensu*, sont peu diserts sur l'application d'une fiscalité indifférenciée aux sociétés nationales et aux établissements de sociétés étrangères. Forts de leur souveraineté fiscale, les Etats subissent la tentation d'imposer différemment les structures en considération de leur forme et de leur nationalité.
En général, les sociétés et les établissements stables n'ont pas des bases d'imposition identiques.
En effet, les sociétés, considérées comme résidentes, sont imposées sur leur revenus mondiaux, alors que les établissements stables sont imposés sur les revenus dans l'Etat d'implantation. De manière restrictive, sont invoquées les notions d'imposition dans l'Etat de la résidence et d'imposition dans l'Etat de la source.
En réalité, les établissements stables sont imposés dans l'Etat de *situs*, mais sur des revenus pouvant être de source étrangère. Il faut en effet distinguer entre le lieu d'imposition des établissements et la source des revenus imposés. L'Etat de la source des revenus et l'Etat de *situs* de l'établissement sont généralement identiques pour l'imposition des revenus d'activité – bien que certains Etats imposent les établissements stables sur des revenus d'activités mondiaux[48]. En revanche, certains revenus passifs sont imposés dans l'Etat de *situs*, quels que soient les Etats de source[49]. Les revenus immobiliers, quant à eux, peuvent être imposés dans les Etats de source ou de *situs*, en considération des législations nationales[50].

13. En la matière, le droit fiscal français offre une particularité : la territorialité de l'impôt sur les sociétés. Ainsi, aux termes de l'article 209-1 du CGI, *« Sous réserve des dispositions de la présente section, les bénéfices passibles de l'impôt sur les sociétés sont déterminés d'après les règles fixées par les article 34 à 45, 53 A à 57, 237 ter A et 302 septies A bis et en tenant compte uniquement des bénéfices réalisés dans les entreprises exploitées en France, de ceux mentionnés aux a, e, e bis et e ter du I de l'article 164 B ainsi que de ceux dont l'imposition est attribuée à la France par une convention internationale relative aux doubles impositions ».* Ces dispositions ne visent pas les établissements stables, mais ont pour but de définir la territorialité de l'impôt sur

[46] Conseil, directive du 17 mai 1977, 77/388/CE, relative au système commun de taxe sur la valeur ajoutée, JO L 145 du 13 juin 1977, pp. 1-40, modifiée par la directive du 28 novembre 2006, 2006/112/CE, JO L 347, pp. 1-118.
[47] *Inter alia*, MAITROT DE LA MOTTE Alexandre, « Souveraineté fiscale et construction communautaire », LGDJ, Bibliothèque de science financière, tome 44, 2005, 537 pp ; TERRA Ben J.M. et WATTEL Peter J., "European Tax law", Kluwer law International, 5ème édition, 2008, pp. 6-7 ; WATHELET Melchior, « Souveraineté fiscale des Etats membres et Cour de justice : nouvelles tendances ou confirmation ? », *RJF*, n° 02/2008, pp. 90-102.
[48] Royaume-Uni et Espagne, Voir *Infra* § 378.
[49] Notamment les dividendes afférents à des parts inscrits à l'actif des établissements stables. Voir *Infra*, § 406 et suivants, 436 et suivants.
[50] Cf. nos développement, *Infra*, § 360 et suivants

les sociétés. Ainsi, les activités des sociétés françaises qui ne sont pas exercées en France ne sont pas soumises à l'impôt sur les sociétés.
Cependant, cet article est également le fondement sur lequel s'établit, en droit interne, l'imposition des établissements stables de sociétés étrangères. Aussi, la jurisprudence et la doctrine administrative[51] ont dû expliciter ce qu'il convenait d'entendre par le terme « entreprises exploitées en France ».
La notion d'exploitation s'entend de l'exercice habituel d'une activité, qui peut :
- soit s'effectuer dans le cadre d'un établissement autonome ;
- soit être réalisée, en l'absence d'un établissement, par l'intermédiaire de représentants sans personnalité professionnelle indépendante ;
- ou encore résulter de la réalisation d'opérations formant un cycle commercial complet[52].

14. Si les critères d'établissement autonome et de représentant sont proches de ceux développés par le Modèle de Convention de l'OCDE, le critère du cycle commercial complet constitue une singularité du droit fiscal français. La doctrine administrative a défini le cycle complet comme une série d'opérations commerciales, industrielles ou artisanales dirigées vers un but déterminé, et dont l'ensemble forme un tout cohérent[53].
Concernant le critère de l'établissement autonome, la doctrine l'a défini de la manière suivante : un organisme professionnel; dont l'installation présente un certain caractère de permanence. Est considéré comme établissement autonome, toute unité de production ou d'échange formant un ensemble cohérent, apte à poursuivre certains buts économiques déterminés et siège d'opérations normalement génératrices de profits. Cet organisme est généralement concrétisé par une installation matérielle possédant une certaine permanence et qui possède une autonomie propre. L'autonomie de l'établissement peut être caractérisée, notamment, par l'existence des éléments suivants ou de certains d'entre eux :
- d'un personnel distinct ou d'un préposé spécialement délégué ;
- de services commerciaux, financiers ou techniques propres ;
- d'une comptabilité séparée de celle du siège ;
- d'un centre de décision.
Ces critères se rapprochent, sans être totalement similaires, de ceux dont use l'OCDE pour qualifier une activité d'activité exercée par l'intermédiaire d'un établissement stable.
Le critère alternatif des représentants s'entend de ceux qui *« n'ont pas de personnalité professionnelle indépendante de celle de l'entreprise qui les emploie, agissent pour son compte et apparaissent en fait comme ses préposés, l'entreprise doit être considérée comme exerçant directement et personnellement dans le pays en cause une activité imposable »*[54].

Ces critères de droit interne permettent de fonder l'imposition en France d'une société étrangère. En l'absence de toute convention, seuls ces critères prévaudront. En présence

---

[51] Doctrine de base (DB) 4H 1412, § 3 et suivants.
[52] Réponse ministérielle à M. Jean Valleix, JO AN du 22 septembre 1980, p. 4019.
[53] DB 4 H 1412, § 18-20, en citant comme exemple type les opérations d'achat revente.
[54] DB 4 H 14-12 § 17.

de stipulations conventionnelles, il conviendra de faire application du principe de primauté des conventions, sous réserve de la subsidiarité de leur application[55].

15. Les droits nationaux, qu'ils définissent ou non les établissements stables, ne permettent pas d'appréhender les contours de l'application d'une fiscalité indifférenciée aux établissements stables et aux structures juridiquement distinctes.
C'est pourquoi, les solutions en la matière se sont construites sous l'influence conjuguée du droit fiscal international et du droit de l'Union européenne. Dans le cadre de cette étude, l'expression « droit fiscal international » sera utilisée pour qualifier les dispositions découlant des conventions conclues entre les Etats et les dispositions issues des modèles conventionnels[56].

16. En matière d'impôt sur les bénéfices, le droit fiscal international et le droit de l'Union européenne ont promu des modèles supposant une égalité dans l'imposition des établissements stables et des sociétés. Parallèlement, la création de régimes de groupe a entraîné une forme de « succursalisation » des filiales. A dessein, les termes de « structures juridiquement distinctes » – ou « sociétés » – et de « filiales » seront utilisés alternativement. En effet, la notion de filiale suppose des liens capitalistiques avec une société mère, alors que la notion de structure juridiquement distincte repose sur l'existence d'une société, indépendamment des liens qu'elle peut avoir avec d'autres structures.
La question d'une neutralité en raison de la forme juridique des structures reste prégnante, en dépit des évolutions récentes.
Pour point de départ de la réflexion, il convient de revenir sur les théories développées par le droit fiscal international et le droit de l'Union européenne .

17. Historiquement, les conventions internationales limitent la souveraineté fiscale des Etats sur une base bilatérale, et procèdent de la volonté de favoriser les activités transfrontalières par la répartition, entre les Etats signataires, des revenus imposables, en restreignant le risque de double imposition. Ainsi, dès le début du XXème siècle, le droit fiscal international a pris en compte l'internationalisation des échanges, en instaurant un Modèle de Convention fiscale[57]. Le projet le plus abouti de convention cadre ne sera cependant adopté qu'en 1963 sous l'égide de l'OCDE[58], et se conclura par le « Modèle de Convention fiscale concernant le revenu et la fortune » de 1977, plusieurs fois remanié[59]. A côté du modèle de l'OCDE, existe une Convention Modèle

---

[55] Voir nos développements *Infra*, § 401 et suivants.

[56] Pour certains auteurs, les dispositions conventionnelles relève du droit international fiscal, la notion de droit fiscal international étant réservée aux dispositions de droit interne régissant les relations transfrontalières. Voir, GEST Guy, TIXIER Gilbert, « Droit fiscal international », Presses Universitaires de France, Collection droit fondamental, 2ème édition, 1990, pp. 13-17.

[57] Dès les années 1920, la SDN a proposé des Modèles de Conventions, SDN, 1927, « Double imposition et évasion fiscale », comité d'experts ; SDN 1928, « Double imposition et évasion fiscale », Réunion générale des experts gouvernementaux ; SDN, 1933, « Rapport du Conseil sur les travaux de la troisième session du Comité » ; SDN, 1946, « Modèles de conventions fiscales de Londres (1946) et de Mexico (1943), commentaires et textes ».

[58] OCDE, 1963, « Projet de convention de double imposition concernant le revenu et la fortune ».

[59] La dernière modification du Modèle de Convention publiée date du 22 juillet 2010.

de l'ONU dont il ne sera pas traité, ce modèle n'étant pas d'application entre les Etats membres de l'Union européenne.
Dans le cadre de la répartition des revenus imposables, le concept d'établissement stable a revêtu, dès l'origine des conventions, une importance particulière. Il s'agissait, en effet, de déterminer dans quelles limites l'activité exercée sur un territoire présentait un caractère économique suffisant pour caractériser un établissement stable imposable.
L'imposition des établissements stables supposait que celle-ci soit aussi peu différente que faire se peut de celle prévalant pour les entités juridiquement distinctes.

18. La détermination des bénéfices imposables des établissements stables, qu'elle soit effectuée par le biais du bilan ou par celui du résultat, tend à se rapprocher de celle traditionnellement adoptée pour les entités juridiquement distinctes.
L'article 7 du Modèle dans sa version antérieure à 2010 stipulait : *« Sous réserve des dispositions du paragraphe 3, lorsqu'une entreprise d'un État contractant exerce son activité dans l'autre État contractant par l'intermédiaire d'un établissement stable qui y est situé, il est imputé, dans chaque État contractant, à cet établissement stable les bénéfices qu'il aurait pu réaliser s'il avait constitué une entreprise distincte exerçant des activités identiques ou analogues dans des conditions identiques ou analogues et traitant en toute indépendance avec l'entreprise dont il constitue un établissement stable ».*
La version actuelle du Modèle stipule désormais : *« Aux fins de cet article et de l'article 23 A 23B, les bénéfices qui sont attribuables dans chaque État contractant à l'établissement stable mentionné au paragraphe 1 sont ceux qu'il aurait pu réaliser, en particulier dans ses opérations internes avec d'autres parties de l'entreprise, s'il avait constitué une entreprise distincte et indépendante exerçant des activités identiques ou analogues dans des conditions identiques ou analogues, compte tenu des fonctions exercées, des actifs utilisés et des risques assumés par l'entreprise par l'intermédiaire de l'établissement stable et des autres parties de l'entreprise ».*

19. Les modifications introduites en 2010 font entrer dans le champ de détermination de l'imposition les notions d'actifs et de risques liés à des fonctions, qui, jusqu'alors, n'étaient pas prises en compte.
Preuve supplémentaire de l'importance du concept d'établissement stable, et de la tendance à l'assimilation des établissements stables et des structures juridiquement distinctes dans la détermination du résultat imposable, l'OCDE a publié, en juillet 2010, un rapport dénommé « L'attribution de bénéfices aux établissements stables »[60]. Ce rapport constitue la mise à jour du précédent rapport de juillet 2008[61], qui s'était alors traduit par une modification des commentaires sur l'article 7, et a pour but de servir de référence à l'interprétation des commentaires sur l'article 7 modifié. Ces deux rapports

[60] [60] OCDE, « Rapport sur l'attribution de bénéfices aux établissements stables », 22 juillet 2010, 265 pp.
[61] OCDE, « Rapport sur l'attribution de bénéfices aux établissements stables », 17 juillet 2008, 291 pp.

faisaient suite à un précédent rapport de 1993[62] et aux diverses consultations menées depuis 1994[63].

20. Les réflexions menées par l'OCDE conduisent à une détermination des résultats des établissements stables en fonction d'une approche unique autorisée, celle de l'entité fonctionnellement distincte, qui rend les établissements stables comparables aux entités juridiquement distinctes.
Cependant, l'établissement stable, étant également une partie de l'entreprise considérée dans son ensemble, voit son imposition soumise au principe de pleine concurrence.
Ainsi, l'article 7 doit être lu en relation avec l'article 9 du Modèle afférent aux relations entre les entreprises associées, lequel mentionne : *« Lorsque :*
a) une entreprise d'un État contractant participe directement ou indirectement à la direction, au contrôle ou au capital d'une entreprise de l'autre État contractant, ou que
b) les mêmes personnes participent directement ou indirectement à la direction, au contrôle ou au capital d'une entreprise d'un État contractant et d'une entreprise de l'autre État contractant, et que, dans l'un et l'autre cas, les deux entreprises sont, dans leurs relations commerciales ou financières, liées par des conditions convenues ou imposées, qui diffèrent de celles qui seraient convenues entre des entreprises indépendantes, les bénéfices qui, sans ces conditions, auraient été réalisés par l'une des entreprises mais n'ont pu l'être en fait à cause de ces conditions, peuvent être inclus dans les bénéfices de cette entreprise et imposés en conséquence ».
Est ainsi mise en exergue l'importance de la notion de structure distincte dans la détermination du résultat imposable des établissements stables, en lien avec les entreprises entre lesquelles existent des liens de dépendance. L'établissement stable, en tant que sujet fiscal indépendant de son siège, mais lié, se voit ainsi soumis, dans les relations qu'il entretient avec son siège – ou d'autres démembrements de l'enteprise –, aux mêmes obligations que celles existant entre des entreprises associées.

21. Par surcroît, outre la détermination des revenus des établissements stables, l'OCDE, comme l'ONU, se sont intéressés à l'adéquation du concept actuel d'établissement stable au commerce électronique[64], aux fins de prendre en compte la transformation des échanges dans une économie mondialisée. De ce fait, la question se pose de savoir si l'établissement stable, spécifiquement entendu comme une installation fixe d'affaires, constitue, à l'heure actuelle, un critère pertinent aux fins de l'imposition.

---

[62] OCDE, « Rapport sur l'attribution de bénéfices aux établissements stables », Paris, 26 novembre 1993.

[63] Notamment, à partir d'une hypothèse de travail, consistant à examiner dans quelle mesure un établissement stable pouvait être considéré comme une entreprise théorique distincte et comment appliquer les principes directeurs élaborés dans le domaine des prix de transfert à l'attribution de bénéfices en fonction du principe de pleine concurrence énoncé à l'article 7. Un rapport de référence afférent à cette hypothèse de travail a été publié pour commentaires en février 2001.

[64] ONU, Secrétariat, Groupe spécial d'experts de la coopération internationale en matière fiscale Dixième session, « Le commerce électronique: une gageure pour l'administration fiscale », Genève, 9 mai 2001, ST/SG/AC.8/2001/L.4, 21 pp ; OCDE, « Les règles actuelles d'imposition des bénéfices industriels ou commerciaux prévues par les Conventions conviennent-elles au commerce électronique ? », Rapport final, Paris 2004, 90 pp.

Du point de vue du droit fiscal international, la notion d'établissement stable et les modalités d'imposition sont en évolution. Toutefois, les propositions de l'OCDE ne sont pas systématiquement adoptées dans les textes des conventions bilatérales. En outre, la question de la nécessité et de la faisabilité d'une identité d'imposition des établissements stables et des structures juridiquement distinctes reste posée. De fait, l'absence de personnalité distincte de celle du siège induit des différences juridiques et fiscales difficilement réductibles.

22. Parallèlement au droit fiscal international, l'Union européenne a élaboré une réflexion tendant à imposer une neutralité fiscale en raison de la forme juridique des structures. Au sein de l'Union européenne, les Etats membres sont soumis à la primauté du droit de l'Union européenne sur leurs droits nationaux[65]. Aussi, bien que la fiscalité directe relève de la compétence des Etats, ces derniers ne peuvent exercer leurs prérogatives que dans le respect du droit de l'Union. Dans ce contexte, le droit de l'Union s'est construit, non seulement par l'adoption de directives, mais aussi, et surtout, par l'interprétation, donnée par la Cour des dispositions des Traités et du droit dérivé. En matière de fiscalité directe, seules trois directives concernant les entreprises ont été adoptées[66]. La relative pauvreté du droit européen dérivé provient, à n'en pas douter, de l'application de la règle de l'unanimité[67], même si cette dernière n'a pas empêché l'adoption d'un système harmonisé des impositions indirectes. De ce fait, les règles applicables dans le domaine de la fiscalité directe doivent essentiellement leur reconnaissance à la volonté de la Cour d'interpréter les dispositions, considérées comme pertinentes, des traités.

23. L'importance de la comparaison entre les établissements stables et les entités juridiquement distinctes peut être vue à travers le prisme symbolique de l'arrêt dit de « l'avoir fiscal » considéré comme fondateur de la compétence de la Cour en matière de fiscalité directe[68]. Dans cet arrêt, la Cour a condamné l'Etat français pour discrimination

---

[65] CJCE, 15 juillet 1964, aff. C-6/64, *Costa c/ Enel*, Rec. p. 1141.

[66] Conseil, Directive du 23 juillet 1990, n° 90/435/CE concernant le régime commun applicable aux sociétés mères et filiales d'Etats membres différents, JO L 225 du 20 août 1990, pp. 6-9, modifiée par la directive du 22 décembre 2003, n° 2003/123/CE JO L 7 du 13 janvier 2004, pp. 41-44, abrogée par la directive 2011/96/UE du 30 novembre 2011, JO L 345 du 29 décembre 2011 ; Conseil, Directive du 23 juillet 1990, n° 90/434/CE concernant le régime fiscal commun applicable aux fusions, scissions, apports d'actifs et échanges d'actions intéressant des sociétés d'États membres différents, JO L 225 du 20 août 1990, pp. 1-5, modifiée par la directive n° 2005/19/CE du 17 février 2005, JO L 58 du 4 mars 2005, p. 19 ; Conseil, Directive 2003/49/CE du 3 juin 2003 concernant un régime fiscal commun applicable aux paiements d'intérêts et de redevances effectués entre des sociétés associées d'États membres différents, JO L 157 du 26 juin 2003, pp. 49-54.

[67] Traité sur le Fonctionnement de l'Union européenne (TFUE), article 115. Voir également la communication de la Commission concernant un assouplissement de la règle de l'unanimité : European Commission, 17 septembre 2003, «A Constitution for Union ; Opinion of the Commission, pursuant to Article 48 of the Treaty on European Union, on the Conference of representatives of the Member States' governments convened to revise treaties", COM (2003) 548 final, p. 3.

[68] CJCE, 28 janvier 1986, aff. C-270/83, *Commission contre République française*, Rec. p. 273.

à l'égard des succursales de sociétés étrangères, sur le fondement d'une atteinte à la liberté d'établissement.
Les arguments développés par l'Etat français et la réponse donnée par la Cour valent que l'on s'y arrête.
A l'appui de sa requête, le gouvernement français faisait valoir deux arguments distincts : d'une part, la différence de traitement entre les succursales de sociétés étrangères et les sociétés françaises était justifiée par des situations objectivement différentes ; d'autre part, cette différence de traitement était due aux particularités des systèmes fiscaux des différents Etats membres et à l'application des conventions relatives à la double imposition[69].

24. Pour rejeter la première série d'arguments, la Cour a fait observer, selon une formulation reprise par l'ensemble des arrêts rendus en matière de fiscalité directe sur le fondement d'une atteinte à la liberté d'établissement, que : *« Admettre que l'Etat membre d'établissement puisse librement appliquer un traitement différent en raison du seul fait que le siège d'une société est situe dans un autre état membre viderait donc cette disposition [l'article relatif à la liberté d'établissement] de son contenu »*[70]. Les dispositions françaises afférentes à la détermination de la base imposable n'établissant aucune différence entre les succursales de sociétés étrangères et les sociétés françaises, il ne pouvait être constaté de dissemblances dans la situation objective des structures susceptibles de justifier l'application d'une fiscalité différenciée[71]. De surcroît, l'Etat français ne pouvait exciper d'avantages éventuels dont les succursales de sociétés étrangères bénéficieraient, et qui compenseraient le désavantage particulier lié au refus de leur octroyer l'avoir fiscal, l'article relatif à la liberté d'établissement prohibant *« toute discrimination, même de faible portée »*[72].
En ce qui concerne la seconde série d'arguments, la Cour a fait remarquer, d'une part, que l'absence d'harmonisation des différentes législations ne pouvait justifier une différence de traitement entre ressortissants nationaux et étrangers[73], et, d'autre part, que la liberté d'établissement constituait un droit inconditionnel, qui ne pouvait être subordonné à l'application d'une convention bilatérale[74]. De l'ensemble de l'analyse, la Cour concluait que le libre choix de la forme juridique des structures ne pouvait *« être limité par des dispositions fiscales discriminatoires »*[75].

25. L'OCDE et l'Union européenne semblent ainsi avoir une approche similaire tendant à privilégier une neutralité fiscale en raison de la nature juridique des structures. Cette hypothèse n'est cependant qu'en partie exacte pour plusieurs raisons.
En premier lieu, la neutralité n'est pas absolue. En ce qui concerne l'OCDE, outre le caractère non impératif de ses recommandations, l'absence de neutralité tient,

---

[69] *Ibid.*, point 12.
[70] *Ibid.*, point 18
[71] *Ibid.*, point 19.
[72] *Ibid.*, point 20.
[73] *Ibid.*, point 24.
[74] *Ibid.*, point 26. Sur l'ensemble de la question, voir RAINGEARD de la BLETIERE Emmanuel, « Les relations entre le droit communautaire et le droit fiscal international : nouvelles perspectives », Thèse, Paris I, 2008.
[75] Arrêt « Avoir fiscal » précité, point 22.

principalement, à ce qu'elle reconnaît que le principe selon lequel l'établissement stable est considéré comme une entreprise distincte n'est qu'une fiction nécessaire pour déterminer les bénéfices attribuables[76]. En ce qui concerne l'Union européenne, la jurisprudence récente[77] laisse planer un doute sur la pérennité de l'affirmation, posée par l'arrêt *Commission contre République Française*, de l'impossibilité de toute discrimination exercée en considération de la nature juridique des structures.
En second lieu, si le droit international conventionnel fait une place importante à la notion d'entité distincte, le droit de l'Union européenne, quant à lui, se caractérise essentiellement par une prise en compte de la notion de groupe économique, qui inclut à la fois les filiales et les établissements stables, et plus généralement les entités liées. Sont ainsi mises en parallèle les notions d'entités juridiquement distinctes et de filiales, ces dernières étant nécessairement des structures juridiquement distinctes, mais liées par des rapports capitalistiques avec une société mère.
En outre, ni l'OCDE, ni l'Union européenne ne prennent en considération l'impact des différentes formes de neutralisation de la double imposition. De ce fait, les établissements stables sont difficilement comparables entre eux.

26. Les différences d'approche entre le droit conventionnel, issu principalement des recommandations de l'OCDE, et le droit de l'Union européenne peuvent vraisemblablement s'expliquer par le fait qu'ils n'ambitionnent pas des objectifs identiques. En effet, l'OCDE présente son Modèle de Convention fiscale comme ayant pour principal objet de *« régler uniformément les problèmes qui se posent le plus couramment dans le domaine de la double imposition juridique internationale »*[78]. Autrement dit, le droit fiscal international vise particulièrement à éviter les « frottements » fiscaux dus à la diversité des systèmes d'imposition, non seulement par la répartition territoriale des différents revenus, mais aussi par la neutralisation de la double imposition juridique. Il est à noter, toutefois, que les récents rapports de l'OCDE, concernant l'attribution des bénéfices aux établissements stables, se penchent spécifiquement sur l'attribution d'une assiette d'imposition aux établissements stables, en analysant l'adéquation des principes régissant l'imposition des sociétés aux établissements. En toute hypothèse, néanmoins, les conventions fiscales ne constituent pas le fondement légal de l'impôt, et ne peuvent aggraver une imposition établie sur la base du droit interne.

27. En revanche, le droit de l'Union européenne poursuit, sinon une harmonisation, du moins une coordination entre Etats, permettant la réalisation des objectifs du Marché Commun par *« l'élimination des barrières qui divisent l'Europe »*[79]. Dans ce contexte, le droit positif de l'Union européenne ne règle précisément ni les problèmes de répartition des différents revenus entre les Etats, ni la détermination d'une base imposable, mais tend à limiter toute forme de restriction aux libertés de circulation, et à

---

[76] OCDE, Commentaires sous l'article 7, § 16, mis à jour en 2010.
[77] CJUE, 25 février 2010, aff. C-337/08, *X Holding BV*, Rec. p. I-1215, conclusions KOKOTT du 19 novembre 2009 ; CJUE, 15 avril 2010, aff. C-96/08, *CIBA Speciality Chemicals Central and Eastern Europe Szolgáltató, Tanácsadó és Keresdedelmi kft (CIBA)*, Rec. p. I-2911, conclusions SHARPSTON du 17 décembre 2009.
[78] OCDE, Modèle de Convention fiscale concernant le revenu et la fortune, introduction, § 3.
[79] TFUE, préambule.

neutraliser la double imposition, qu'elle soit économique ou juridique. A cette fin, les directives adoptées par l'Union européenne réglementent la transmission des revenus par les filiales[80], les restructurations d'entreprises[81], et l'imposition des intérêts et redevances entre entités liées[82]. Ces textes concernent ainsi, spécifiquement, la fiscalité applicable aux entreprises liées. En outre, la jurisprudence de la Cour a contribué de manière importante aux réflexions relatives aux relations intra-groupe. Ainsi, le régime applicable aux pertes transfrontalières, les particularités de certains régimes de groupe nationaux, et les modifications apportées aux législations anti-abus, particulièrement celles afférentes aux entités étrangères contrôlées, ressortent d'une construction prétorienne. Dans cette perspective, l'orientation de la jurisprudence est de considérer le groupe comme une entreprise unique, c'est-à-dire à « succursaliser » le résultat des filiales et celui des établissements stables, que ce soit en matière de pertes ou en matière de bénéfices. Néanmoins, l'étude des différents cas prouve que ni les filiales ni les établissements stables ne peuvent être assimilés à des succursales de droit interne.

28. L'ambition ultime d'une fiscalité directe abolissant les entraves fiscales s'est traduite par l'élaboration, par la Commission européenne, de deux projets permettant non seulement d'établir une assiette fiscale commune, mais également, sous certaines conditions, d'opter pour une consolidation des résultats[83]. Par ces propositions, l'Union européenne fait ainsi entrer la détermination des résultats dans le champ de ses perspectives. Toutefois, à la différence des recommandations de l'OCDE, les propositions de la Commission prennent en considération les résultats dans le cadre des groupes considérés comme des entités économiques, et, de ce fait, neutralisent l'impact du choix de la forme juridique d'exercice des activités. Le groupe doit être traité, ainsi

---

[80] Conseil, directive 30 novembre 2011, directive 2011/96/UE remplaçant la directive 90/435/CE concernant le régime commun applicable aux sociétés mères et filiales d'Etats membres différents.

[81] Conseil, directive n° 2005/19/CE du 17 février 2005 modifiant la directive n° 90/434/CE concernant le régime fiscal commun applicable aux fusions, scissions, apports d'actifs et échanges d'actions intéressant des sociétés d'États membres différents, JO L 58 du 4 mars 2005, p. 19.

[82] Conseil, Directive 2003/49/CE du 3 juin 2003 concernant un régime fiscal commun applicable aux paiements d'intérêts et de redevances effectués entre des sociétés associées d'États membres différents, JO L 157 du 26 juin 2003, pp. 49-54.

[83] Commission européenne, « Communication de la Commission au Conseil, au Parlement européen et au Comité économique et social européen », 23 octobre 2001, « Vers une marché intérieur sans entraves fiscales. Une stratégie pour permettre aux entreprises d'être imposées sur la base d'une assiette consolidée de l'impôt sur les sociétés couvrant l'ensemble de leurs activités dans l'Union européenne », COM (2001) 582 ; Commission européenne, 24 juin 2004, « Description de l'application expérimentale éventuelle d'un système d'imposition selon les règles de l'Etat de résidence aux petites et moyennes entreprises (Home Ste Taxation HST), TAXUD C.1/DOC (04) 1410 ; European Commission, 7 juillet 2004, Commission Non-Paper to informal Ecofin Council, 10 and 11 September 2004, « A Common Consolidated EU Corporate Tax Base » ; Commission européenne, Communication de la commission au Conseil, au Parlement européen et au comité économique et social européen , 5 avril 2006, « Mise en œuvre du programme communautaire de Lisbonne : Avancement des travaux et programme futur pour une assiette commune consolidée pour l'impôt sur les sociétés (ACCIS), COM 2006/157 ; Conseil, 16 mars 2011, Projet de directive concernant une assiette commune consolidée pour l'IS COM (2011) 121 Final.

que l'indique la Commission dans ses travaux préparatoires[84], comme une entreprise individuelle, ce qui implique la négation, à des fins fiscales, de la personnalité juridique des filiales. Dans ce cadre, le droit de l'Union européenne tend à rapprocher le régime des filiales, entendues non comme de simples entités juridiquement distinctes, mais comme parties d'un groupe, de celui des établissements stables. Les règles y relatives amènent le débat dans le champ territorial de l'impôt en restreignant la portée de la personnalité juridique des filiales et en limitant l'impact de leur extranéité. Toutefois, la question d'une neutralité fiscale en raison de la forme juridique des structures, y compris au sein des groupes, reste pendante. Dans ce contexte, seront envisagées des solutions permettant uniquement de pallier les lacunes des textes dans le domaine des activités transfrontalières. A cet égard, les possibilités et la faisabilité de solutions permettant de tendre à une égalité fiscale des structures composant les groupes seront analysées. Par surcroît, l'extension de la coopération européenne et l'élargissement de l'assiette d'imposition, qui supposerait une modification du droit d'imposition des Etats de source des revenus, et, corrélativement, une évolution du concept d'établissement stable, seront étudiés.

29. Le droit de l'Union opère un rapprochement des fiscalités différent de celui qui prévaut en droit conventionnel. Au demeurant, les deux approches, consistant à rapprocher le régime fiscal des établissements stables de celui des entités distinctes, et celui des filiales et des établissements stables dans le cadre des groupes, ne sont pas nécessairement incompatibles, mais s'inscrivent dans des logiques différentes, dont le point commun est cependant une répartition territoriale des bénéfices, le territoire étant une notion élargie dans l'acception européenne.

30. L'approche consistera à comparer la fiscalité directe applicable aux structures juridiquement distinctes et aux établissements stables, en fonction des particularités des droits internes, du droit fiscal international, et du droit de l'Union européenne.
L'analyse s'effectuera selon deux perspectives différentes. Dans un premier temps, la nécessité et la faisabilité de la mise en œuvre d'un traitement fiscal indifférencié s'appliquant aux établissements stables et aux structures juridiquement distinctes seront étudiées. Cette étude portera tant sur les structures juridiquement distinctes entendues *stricto sensu* que sur les filiales ***(Partie I : L'approche comparée des établissements stables et des structures juridiquement distinctes)***. Dans un second temps, l'impact de l'existence des groupes sur une éventuelle neutralité en raison de la forme juridique des structures et les évolutions envisageables seront examinés. Les groupes sus-mentionnés s'entendront au sens économique et au sens juridique, étant entendu, néanmoins, que leur existence est conditionnée par une forte intégration économique des structures, établissements stables et filiales, les composant ***(Partie II : Les établissements stables et les filiales dans les groupes)***.

[84] Commission européenne, 10 décembre 2004, Groupe de travail sur une assiette commune consolidée pour l'impôt des sociétés, « Principes fiscaux généraux », GT/ACCIS/001Rev1/doc/fr, Taxud E1-TN

PARTIE I. L'APPROCHE COMPARÉE DES ÉTABLISSEMENTS STABLES ET DES STRUCTURES JURIDIQUEMENT DISTINCTES

31. L'établissement stable, structure dépourvue de la personnalité morale, se différencie des entités juridiquement distinctes. Néanmoins, le droit fiscal adopte une approche qui n'est pas strictement corrélée au statut juridique des structures. Ainsi, la différence de nature juridique ne crée pas nécessairement un obstacle à une comparaison des bases imposables et de l'imposition elle-même.
Dans ce contexte, néanmoins, le droit conventionnel, dont est issu le concept même d'établissement stable, et le droit de l'Union européenne sont susceptibles d'avoir une approche différente.
Le droit conventionnel, qui, pour une large part, relève des propositions et recommandations de l'OCDE, a notamment pour objectifs de déterminer et de répartir les revenus imposables entre les Etats contractants, en fonction de la nature des revenus et de la nature des structures les percevant. Le droit européen, conformément aux principes fondateurs de l'Union, tend à supprimer les entraves fiscales à l'achèvement du Marché commun. En ce sens, l'approche multilatérale européenne n'impose pas aux Etats membres de règles impératives de détermination des revenus constituant l'assiette de l'impôt, mais s'attache à combattre la discrimination transfrontalière dans l'imposition, et ce, théoriquement, quelle que soit la forme des structures.

32. Ces deux approches ne sont pas, cependant, nécessairement opposées. Aux fins de les étudier, il convient de déterminer les analogies et les différences entre établissements stables et entités juridiquement distinctes dans l'établissement de l'assiette de l'impôt et dans l'établissement de l'imposition. L'examen des analogies et des différences permettra de déterminer l'Etat disposant non seulement du pouvoir d'imposition initial, mais également de l'obligation de neutralisation de l'éventuelle double imposition.
Il s'agit d'établir le principe d'une équivalence dans l'imposition des établissements stables et des entités juridiquement distinctes, ce principe tendant à privilégier une neutralité dans l'imposition en raison de la forme juridique des structures *(Titre I : Un principe d'équivalence dans l'imposition des établissements stables et des entités juridiquement distinctes).* Toutefois, les similitudes dans l'imposition des entités juridiquement distinctes et des établissements stables ne sont pas absolues, la nature particulière de l'établissement stable, entité dépourvue de la personnalité morale, ne permettant pas d'établir une imposition identique à celle des entités juridiquement distinctes. Aussi, des différences dans l'imposition subsistent *(Titre II : La persistance de différences dans l'imposition des établissements stables et des entités juridiquement distinctes).* Dans les deux cas, une place particulière, au sein de la catégorie des entités juridiquement distinctes, sera consacrée aux filiales, ce choix étant dicté par les différences dans l'imposition résultant de la qualité de filiale.

TITRE 1 : UN PRINCIPE D'ÉQUIVALENCE DANS L'IMPOSITION DES ÉTABLISSEMENTS STABLES ET DES ENTITÉS JURIDIQUEMENT DISTINCTES

33. Le statut juridique différent des établissements stables et des entités juridiquement distinctes ne constitue pas nécessairement un obstacle à une approche identique par le droit fiscal. Dès l'origine des conventions relatives à la double imposition, le droit fiscal international a tenté de rapprocher, dans l'Etat d'implantation, l'assiette et les modalités d'imposition des établissements stables de celles des entités juridiquement distinctes.
Plus récemment, l'OCDE a adopté comme unique approche autorisée de l'établissement stable la notion d'entité fonctionnellement distincte. L'entité fonctionnellement distincte se voit, à des fins fiscales, imposée comme une entité juridiquement distincte, lorsqu'elle exerce des *« activités identiques et analogues dans des conditions identiques et analogues »*[85].
Cette approche suppose, sous conditions, d'établir une assiette fiscale identique pour les établissements stables et pour les structures juridiques, mais ne préjuge pas d'une imposition identique. A cet égard, L'Union européenne a parfois une approche de l'imposition différente de celle de l'OCDE. Les règles européennes, si elles ne concernent pas strictement l'assiette, peuvent induire des limitations dans le pouvoir d'imposition des Etats.

34. La base pour établir l'imposition est duale. Elle renvoie à la variation de l'actif net[86] et à la détermination du résultat. L'établissement de l'assiette d'imposition sera étudié selon ces deux approches et en prenant en considération non seulement les particularités des droits nationaux, mais aussi les recommandations de l'OCDE et les propositions de l'Union européenne. L'entité fonctionnellement distincte doit se voir attribuer des postes de bilan similaires à ceux des entités juridiquement distinctes (Chapitre 1 : Les analogies entre les établissements stables et les entités juridiquement distinctes : détermination et imposition des postes de bilan), mais aussi des produits et des charges identiques (Chapitre 2 : Les analogies entre les établissements stables et les entités juridiquement distinctes : détermination et imposition du résultat).

---

[85] OCDE, Modèle de Convention fiscale, article 7 § 2.

[86] Il est à noter que ce point n'est pas mentionné dans les textes de l'OCDE, ni dans la plupart des conventions fiscales, qui renvoient uniquement à la notion de bénéfices. Voir, BERGERES Maurice-Christian, « Quelques interrogations sur les bénéfices de l'établissement stable », *Les Petites Affiches*, 25 juin 2010, p. 7.

CHAPITRE 1: LES ANALOGIES ENTRE LES ÉTABLISSEMENTS STABLES ET LES ENTITÉS JURIDIQUEMENT DISTINCTES : DÉTERMINATION ET IMPOSITION DES POSTES DU BILAN

35. Le droit fiscal a créé la « fiction »[87] de l'établissement stable, le droit, et en particulier le droit des sociétés, ne reconnaissant que la notion d'établissement secondaire[88]. Ainsi, l'établissement stable est bien une « fiction » juridique dans le sens où il ne se distingue pas de *« l'entreprise considérée dans son ensemble »*[89]. Toutefois, il revêt une réalité fiscale. L'établissement stable, création de droit international conventionnel[90], existe territorialement à des fins d'imposition sur le territoire d'implantation considéré. A cette fin, la préparation d'un bilan présente une importance considérable, en ce qu'elle permet de fournir une base comptable pour l'application des règles fiscales.

36. L'évolution du droit et de la pratique internationale conduisent à rapprocher les régimes fiscaux applicables aux filiales et aux établissements stables.
Ainsi, dans ses rapports de 2008 et 2010[91], l'OCDE adopte, pour l'attribution des bénéfices aux établissements stables, l'approche fondée sur « l'entité fonctionnellement distincte » comme unique approche autorisée. Les deux approches principales de l'article 7 du Modèle de Convention fiscale retenues par les pays membres étaient, précédemment, celle de « l'activité commerciale pertinente »[92] et celle de « l'entité fonctionnellement distincte ».
Quoique les commentaires sous l'article 7, antérieurement aux modifications intervenues en 2008 et 2010, n'aient pas prévu l'une ou l'autre des approches, celles-ci résultaient de la rédaction même de l'article 7, lequel prévoyait en son paragraphe 1 que: *« Les bénéfices d'une entreprise d'un Etat contractant ne sont imposables que dans cet Etat, à moins que l'entreprise n'exerce son activité dans l'autre Etat contractant par l'intermédiaire d'un établissement stable qui y est situé ... » ;*
et en son paragraphe 2 que : *«(...) lorsqu'une entreprise d'un Etat contractant exerce son activité dans un autre Etat contractant par l'intermédiaire d'un établissement stable qui y est situé, il est imputé dans chaque Etat contractant, à cet établissement*

---

[87] La doctrine est unanime sur la qualification de « fiction fiscale » de l'établissement stable. Voir, en ce sens, DOUVIER Pierre-Jean, « Résidence de l'entreprise : l'établissement stable et la résidence des sociétés dans l'UE », *Petites Affiches* n° 97 du 15 mai 2002 pp. 30-34, DE WAAL Allard, « De l'inégalité de traitement entre succursales et filiales », *RDAI,* n° 5/1997, pp. 631-652.
[88] En droit français, Code de commerce, article R123-40.
[89] Selon la terminologie utilisée par l'OCDE.
[90] La notion existait dans le premier Modèle de Convention fiscale de la Société des Nations (SDN) de 1927.
[91] OCDE, 17 juillet 2008 et 22 juillet 2010, Rapport sur l'attribution de bénéfices aux établissements stables.
[92] L'activité commerciale pertinente s'entend de ce que seuls les profits dégagés à l'occasion de transactions avec des tiers participent à la détermination du résultat imposable. En revanche, les profits dégagés par l'établissement stable, à l'occasion de transactions avec l'entreprise dont il fait partie ne sont pas pris en compte. Sur la question, voir, par exemple, IFA, Cahiers de droit fiscal international, "The attribution of profits to permanent establishments", 2006, Vol. 91b, General Report, p. 30.

stable, les bénéfices qu'il aurait pu y réaliser s'il avait constitué une entreprise distincte exerçant des activités identiques ou analogues dans des conditions identiques ou analogues et traitant en toute indépendance avec l'entreprise dont il constitue un établissement stable ».

37. Considérant que la coexistence des deux approches, compte tenu de l'appréciation différente qui en était faite selon les pays, pouvait aboutir à des distorsions dommageables, l'OCDE privilégie l'interprétation unique *« d'entité fonctionnellement distincte »*[93].
Il s'agit, en pratique, de limiter les risques de distorsions liés à l'emploi de méthodes distinctes. En effet, le concept d'établissement stable suppose qu'au moins deux Etats soient concernés. Si les Etats ont une approche différente de la notion d'établissement stable, l'un fondé sur la notion d'activité commerciale pertinente, et l'autre sur celle d'entité fonctionnellement distincte, il existe des risques de double imposition, mais également de double non-imposition. Aussi, une approche unique peut apparaître comme la solution nécessaire non seulement aux fins de simplification du droit existant, mais également en termes de sécurité juridique pour les opérateurs.
En vertu de cette approche, les bénéfices à attribuer à un établissement stable sont ceux : *«(...) que cet établissement aurait perçus, dans des conditions de pleine concurrence, en particulier dans ses opérations avec d'autres parties de l'entreprise, s'il avait été une entreprise distincte et indépendante exerçant des fonctions identiques ou analogues dans des conditions identiques ou analogues, compte tenu des fonctions exercées, des actifs utilisés et des risques assumés par l'entreprise par l'intermédiaire de l'ES et des autres parties de l'entreprise (...) »*[94].
Dans cette optique, l'OCDE propose d'attribuer à l'établissement stable des lignes bilantielles qui, jusqu'alors, n'étaient pas prises en compte.

38. Dans l'élaboration du bilan des établissements stables certains principes et éléments identiques à ceux appliqués aux structures juridiquement distinctes, et toujours d'application, ont historiquement été pris en considération (section 1). L'approche récente de l'OCDE s'appuie sur la prise en compte de nouvelles lignes bilantielles, dues à la théorie de l'entité fonctionnellement distincte. Ces recommandations tendent à unifier le plus possible les bilans des établissements stables et ceux des structures juridiquement distinctes, et, partant, l'imposition en découlant (section 2). Cependant, attribuer des lignes de bilan similaires aux établissements stables et aux structures juridiquement distinctes peut être source de difficultés, celles-ci pouvant ponctuellement être résolues par le droit européen.

---

[93] OCDE, Rapport 2010, § 8, p. 14 ; OECD, " Revised Discussion Draft of a New Article 7 of the OECD Model Tax Convention », 24 November 2009 to 21 January 2010", commentaires sous le paragraphe 2, point 13.
[94] *Ibid.* § 9, p. 14.

SECTION 1 : LES ÉLÉMENTS ET PRINCIPES TRADITIONNELLEMENT APPLICABLES POUR LA DÉTERMINATION ET L'IMPOSITION DES POSTES DE BILAN DES ÉTABLISSEMENTS STABLES

39. Aux fins de déterminer les activités imposables de l'établissement stable d'une société, l'OCDE propose de soumettre l'établissement stable à une analyse fonctionnelle et factuelle, tant des attributs internes, que de l'environnement externe[95]. Cette analyse s'appuie non seulement sur une analyse des fonctions de l'établissement, mais aussi sur la détermination des fonctions humaines significatives pertinentes à l'attribution des actifs.
Cette analyse a notamment pour but d'attribuer la propriété économique des actifs et de déterminer un capital sur la base des actifs et des risques attribués à l'établissement stable.
Il s'agit là de la première étape de l'étude de comparabilité aux fins d'imputation des bénéfices à l'établissement stable au sens de l'article 7 du Modèle de Convention fiscale, c'est-à-dire de la recherche de *« l'exercice d'une activité identique ou analogue* [à celle d'une entreprise distincte]». L'OCDE insiste à plusieurs reprises sur le fait que l'utilisation de la notion d'analyse fonctionnelle et factuelle permet d'éviter que l'entreprise désigne « purement et simplement » le propriétaire économique des actifs[96]. Cette volonté d'user de critères objectifs pour déterminer la propriété économique doit permettre une comparabilité accrue avec les entreprises juridiquement distinctes.

40. Concernant plus particulièrement l'attribution des actifs à l'établissement stable, celle-ci est fondée sur la notion de « propriété économique ». Selon l'OCDE, la propriété économique s'entend de *« l'équivalent aux fins de l'impôt de la propriété par une entreprise distincte, avec les avantages et les charges qu'elle comporte (par exemple, le droit au revenu découlant de la propriété de l'actif, notamment les redevances, le droit d'amortir un bien amortissable, et la possibilité de réaliser des gains ou de subir des pertes en raison de la plus-value ou de la dévaluation de l'actif) »*[97].

L'OCDE attribue donc un actif « fiscal » sur lequel sera assise l'imposition de l'établissement stable. Cet actif présente deux particularités : en premier lieu, il se distingue obligatoirement d'un actif « réel », dans le sens où l'établissement ne possède pas juridiquement la propriété des actifs en question ; en second lieu, il se distingue d'un actif comptable, l'établissement n'étant pas tenu à l'obligation d'une comptabilité

---

[95] Rapport 2010 précité, § 58 p. 26. Il s'agit de déterminer les conditions dans lesquels l'établissement stable fonctionne, tant à l'intérieur de l'entreprise dont il fait partie que vis-à-vis des tiers.
[96] *Ibid.*, p. 17 : *« Une approche possible serait d'autoriser les contribuables à désigner la partie de l'entreprise qui possède les actifs sur le plan économique. Bien que directe et simple à administrer, cette approche pourrait inciter les contribuables à attribuer la propriété économique d'actifs d'une manière qui conduirait à une attribution inadéquate des bénéfices…. »* ou p. 32 : *« … il faut également se fonder sur des principes similaires, de façon qu'il ne soir pas possible à l'entreprise de désigner purement et simplement une division de l'entreprise comme propriétaire… ».*
[97] *Ibid.*, p. 16.

distincte de celle de l'entreprise dans son ensemble[98]. En outre, quand bien même une telle comptabilité serait tenue[99] au niveau de l'établissement stable, les comptes devraient refléter la réalité économique.

41. Cet actif fiscal obéit, en outre, à l'application du principe de pleine concurrence, principe reconnu par l'OCDE et par l'Union européenne. Bien que les approches considérées – utilisation et principe de pleine concurrence – ne soient pas strictement identiques, elles aboutissent à une prise en compte des différents actifs considérés de manière quasiment similaire. Dans l'approche constante de l'OCDE, l'attribution de la propriété « économique » des actifs corporels s'effectue en application du principe de l'utilisation. Les changements dans cette utilisation, c'est-à-dire la détermination d'un transfert de propriété potentiellement imposable, sont vues différemment par l'OCDE et l'Union européenne (§ 1). De surcroît, les contours du principe de pleine concurrence doivent être définis, aux fins de déterminer s'il s'applique à l'ensemble des actifs, qu'il s'agisse des actifs immobilisés ou des actifs circulants (§ 2).

§ 1. La valorisation et l'imposition des actifs corporels

42. L'OCDE adopte pour l'attribution des actifs une approche fondée sur la propriété économique et non sur la propriété réelle. Cette approche est en accord avec l'évolution des normes comptables internationales. Ainsi, le droit comptable français, qui se fonde sur la notion de propriété réelle, a connu une évolution visant à rapprocher les définitions comptables françaises de celles données par les normes IAS/IFRS[100].
En 1982, le Plan Comptable Général définissait les immobilisations comme *« les éléments destinés à servir de façon durable à l'activité de l'entreprise. Ils ne se consomment pas par le premier usage »*[101]. De plus, les immobilisations corporelles se définissaient comme *« les choses sur lesquelles s'exerce un droit de propriété »*[102].
Actuellement, le plan comptable général prévoit: *« Un actif est un élément identifiable du patrimoine ayant une valeur économique positive pour l'entité, c'est-à-dire un*

---

[98] Il est à noter que cette absence d'obligations comptables a été également reconnue par la jurisprudence de l'Union européenne ; CJCE, 15 mai 1997, aff. C-250/95, *Futura Participations et Singer*, Rec. p. I-2471, point 24: « *Une telle condition [la tenue d'une comptabilité dans l'Etat membre d'imposition] est susceptible de constituer une restriction, au sens de l'article 52 du traité, à la liberté d'établissement d'une société, assimilée, aux termes de l'article 58 du traité, à une personne physique ressortissante d'un État membre, qui souhaite établir une succursale dans un autre État membre que celui de son siège.*

[99] En ce sens, voir les travaux du comité des affaires fiscales de l'OCDE concernant l'attribution de revenus aux établissements stables (commentaires adoptés par le Conseil de l'OCDE le 26 novembre 1993), B-§11 : *« Le comité a confirmé que la tenue régulière et symétrique des comptes du siège et de ses établissements stables ne dispenserait en aucun cas la contribuable d'apporter la preuve que ses comptes reflètent bien la réalité économique ».*

[100] International Accounting Standard/ International Financial Reporting Standard.

[101] PCG 1982 p. I.32 tel qu'adopté par arrêté du 27 avril 1982, JORF du 7 mai, p. 4355.

[102] PCG 1982, p. I.33. Il est à noter que dans le projet de PCG, une disposition prévoyait d'attribuer les actifs corporels en fonction des droits réels sur les choses. Cette disposition, non adoptée, aurait permis d'immobiliser les droits d'usage, les emphytéoses, les baux à construction, etc .

élément générant une ressource que l'entité contrôle du fait d'événements passés et dont elle attend des avantages économiques futurs »[103]. Ainsi, la notion de propriété juridique ne s'applique plus obligatoirement à la comptabilisation des immobilisations, le droit français faisant également prévaloir la notion de propriété économique.

L'approche autorisée, donnée par l'OCDE en 2008 et 2010, distingue désormais entre les attributions d'actifs corporels et incorporels, ces derniers n'étant jusqu'alors pas pris en compte. Il convient, dans un premier temps, de déterminer l'attribution de la propriété des actifs corporels (A) et, dans un second temps, d'évoquer la question des transferts de propriété (B).

A. La détermination de la propriété économique des actifs corporels

43. Dans le cadre des consultations préalables, il est apparu que les pays membres de l'OCDE retenaient deux approches différentes pour l'attribution de ces actifs : d'une part, l'attribution en fonction du lieu d'utilisation, et, d'autre part, l'attribution déterminée en application des fonctions humaines significatives pertinentes.
L'OCDE retient, au cas particulier des actifs corporels, le critère de l'utilisation.
Cette approche permet au propriétaire économique – l'établissement stable – de déduire l'amortissement pour les actifs amortissables et les intérêts pour les actifs financés par emprunt. De manière similaire, il aura droit, en tant que locataire, à une déduction de la nature d'un loyer[104]. Cette approche semble peu différente de celle qui prévaudrait pour une entité distincte. En effet, ce sont en général la liberté et la permanence dans l'utilisation qui caractérisent les immobilisations inscrites au bilan des sociétés.
De plus, cette approche est conforme aux normes IAS/IFRS[105], qui supposent, pour l'établissement d'un bilan, de tenir compte de la propriété économique du bien, censée rendre compte de manière plus juste de la valeur de l'entreprise[106]. Qui plus est, cette approche semble réalisable, le critère d'utilisation étant un critère objectif facilement déterminable[107].
Il est à noter, néanmoins, que la propriété économique d'un actif n'entraînera pas nécessairement le rattachement des revenus dus à la vente des biens produits au moyen

[103] PCG à jour au 14 décembre 2007, article 211-1, issu du règlement 99-03 du 29 avril 1999, modifié par le règlement 2004-06 du 23 novembre 2004.
[104] OCDE, Rapport 2010, p. 31.
[105] La norme internationale pour les actifs corporels est l'IAS 16.
[106] Elle est également conforme au droit comptable français, qui prévoit que sont considérés comme actifs corporels, *« les actifs physiques détenus, soit pour être utilisés dans la production ou la fourniture de biens ou de services, soit pour être loués à des tiers, soit à des fins de gestion interne et dont l'entité attend qu'il soient utilisés au-delà de l'exercice en cours »*, PCG article 211-1.
[107] Cependant, la prévalence de la propriété économique sur la propriété juridique induit une orientation des normes comptables vers les seuls investisseurs qui pourrait être préjudiciable aux autres acteurs concernés. Sur la question, voir, Assemblée Nationale, Rapport d'information numéro 1508 du 10 mars 2009, déposé en application de l'article 145 du Règlement par la Commission des Finances, de l'Economie Générale et du Plan relatif aux enjeux des nouvelles normes comptables, et présenté par MM. Dominique BAERT et Gaël YANNO, p. 27.

de cet actif, ce qui est susceptible d'induire une distorsion dans la détermination du bénéfice imposable.
Par ailleurs, et sans considérer plus avant les problèmes juridiques et comptables posés par l'attribution de la propriété économique de l'actif corporel, la question se pose de la modification dans l'utilisation de l'actif concerné.

B. Les changements dans l'utilisation des actifs corporels

44. La question des modifications dans l'utilisation des actifs intéresse particulièrement les mutations entre le siège et l'établissement stable et celles réalisées entre différents établissements stables du siège.
Les solutions apportées ont évolué dans le temps (2), même si la problématique reste identique (1).

1) La détermination des changements dans l'utilisation des actifs immobilisés

45. Dès 1993[108], l'OCDE s'est penchée sur les transferts internes et le risque de double imposition économique. L'OCDE a constaté que les transferts de biens à l'intérieur d'une même entité juridique pouvaient se traduire par des impositions ne portant pas sur des bénéfices réels[109].
Ce problème est particulièrement important dès lors qu'il y a transfert d'immobilisations[110], l'imposition de ces dernières pouvant présenter un important décalage avec le bénéfice réel[111].

---

[108] OCDE, Conseil du 26 novembre 1993, « Attribution de revenus aux établissements stables », 74 pp.
[109] *Ibid.*, § 2.
[110] *Ibid.*, § 8: *« Un problème plus important a trait au laps de temps qui sépare le transfert des marchandises de la réalisation effective du bénéfice y relatif lorsqu'un établissement stable transfère des immobilisations (...). Dans ces cas- qui sont relativement peu fréquents- plusieurs années peuvent s'écouler entre le transfert et la réalisation effective du bénéfice y relatif. (...) Le comité a estimé qu'il appartenait au pays du siège de l'entreprise de rechercher, au cas par cas, une solution bilatérale avec le pays de sortie, à condition qu'il y ait un risque important de double imposition ».*
[111] Dans le cas d'un transfert interne, le pays de la source va vraisemblablement imposer immédiatement la plus-value latente, alors que le pays de résidence ne considérera pas qu'il existe réellement un bénéfice. Voir également les conclusions du 40ème congrès de l'Association Fiscale Internationale, New York 1986, §4 : *« Pour les pays pratiquant le système de l'imposition mondiale et du crédit d'impôt, le transfert ne donne lieu à l'impôt, en règle générale que s'il intervient entre sociétés juridiquement distinctes. Dans ce cas, ces pays imposent la totalité de la plus-value, même la part qui serait attribuable à la période de séjour de l'actif dans le pays de sortie. De ce fait, lorsque le transfert se fait entre deux pays de crédit d'impôt, le premier ne prétend pas imposer la plus-value, tandis que si le transfert se fait d'un pays qui pratique la territorialité de l'impôt ou le système d'exemption vers un pays de crédit d'impôt, le crédit d'impôt ne peut pas toujours, dans la pratique, empêcher la double imposition qui risque de résulter du cumul entre l'imposition partielle dans le pays de sortie et l'imposition intégrale dans le pays d'entrée».*

Toutefois, il convient de noter que les problèmes soulevés par l'OCDE sur les différences temporelles pouvant exister entre, d'une part, la réalisation effective du bénéfice, et, d'autre part, l'imposition (a), pourraient être résolus dans le cadre européen (b).

a) Le risque de décalage temporel entre les bénéfices effectivement réalisés et l'imposition.

46. Le transfert des immobilisations, particulièrement dans le cadre des relations d'un établissement stable avec son siège (ou avec d'autres établissements stables de l'entreprise), fait courir aux structures concernées le risque d'une double imposition.
La double imposition peut résulter de problématiques touchant soit à la base d'imposition, soit à la détermination de l'imposition.
S'agissant de la base de l'imposition, le pays de source du revenu et le pays de résidence de l'entreprise peuvent considérer que le transfert a lieu sur la base d'une assiette différente.
Ainsi, le pays de résidence pourrait considérer que, s'agissant d'un transfert interne, il y a lieu de le réaliser à la valeur nette comptable, alors que le pays de source imposerait le transfert sur la base d'une valeur de réalisation identique à celle réalisée entre entreprises distinctes[112].

47. Par ailleurs, l'imposition n'est pas toujours strictement corrélée au bénéfice réel.
En ce sens, il convient de citer le système allemand qui, depuis la loi sur l'imposition des revenus des sociétés européennes du 7 décembre 2006, institue une imposition, même en l'absence de gains, dès lors que les actifs sont transférés en dehors de la juridiction allemande[113]. En outre, du fait de l'absence de coïncidence entre les dates de réalisation du bien et de réalisation du bénéfice réel, des distorsions existent également en fonction du système de neutralisation de la double imposition.
A cet égard, il semble que, s'il n'existe pas de risque de double imposition pour les pays pratiquant le système de l'exemption, ce risque est important – du moins temporairement – pour les pays pratiquant le système de l'imputation. En effet, dans ce cas, il y aura quasi systématiquement un décalage entre les impôts acquittés par les établissements stables, impôts dus lors de la réalisation du bien, et les impôts imputables par le pays du siège[114].
Ce risque de décalage entre le bénéfice effectif et le bénéfice imposé est moindre en cas de transfert de marchandises, du fait, notamment, de la fongibilité de ces dernières (et l'on peut supposer également d'un « turn over » plus important).
Dans ses recommandations formulées en 1993, l'OCDE préconisait, pour le pays du siège, de rechercher au cas par cas une solution bilatérale avec le pays de sortie, à la

---

[112] Qui plus est, une différence importante réside dans le fait que les valeurs nettes comptables varient entre les différents Etats concernés, compte tenu de l'absence d'harmonisation de la notion et des taux d'amortissements.
[113] SEStEG du 7 décembre2006, Bundesgesetzblatt (BGBl) I.2006, p. 2782.
[114] Le risque devrait exister au moins sur un exercice. Sur l'ensemble de la question, voir OCDE, Conseil, 26 novembre 1993, Rapport sur l'attribution de revenus aux établissements stables, pp. R (13) 6-7.

condition qu'il y ait un risque important de double imposition[115]. Ces recommandations ont été intégrées en 2008 dans les commentaires sous l'article 7 du Modèle de Convention fiscale[116], ceux-ci précisant que le transfert peut être permanent ou non[117], mais supprimées dans la mise à jour du Modèle de 2010.

48. Il conviendrait de distinguer entre les transferts temporaires et les transferts définitifs.
En effet, entre entreprises distinctes, le transfert temporaire n'emporte généralement pas mutation et n'est, en conséquence, pas comptabilisé au bilan de l'entreprise bénéficiaire[118].
Aussi, il serait nécessaire de déterminer ce qui caractérise un transfert réellement temporaire, qui ne devrait pas emporter de conséquences bilantielles majeures, mais pourrait modifier le résultat dans la mesure où un transfert temporaire pourrait générer des loyers.
A cet égard, il n'est pas nécessaire qu'il y ait une corrélation absolue entre le bilan et le compte de résultat.
En outre, concernant le problème de décalage temporel entre l'imposition et la réalisation effective du bénéfice, les recommandations de la Commission européenne et la jurisprudence de la Cour de justice pourraient apporter des solutions fondées sur des entraves aux libertés de circulation.

b) Les transferts d'immobilisations et le droit européen

49. Le propos ne concerne pas ici les transferts d'immobilisations dus à une fusion, qui seront étudiés ultérieurement.
Dans deux communications en date du 19 décembre 2006, la Commission européenne a évoqué les problèmes dus aux transferts d'actifs[119]. A cette occasion, la Commission a

---

[115] *Ibid.*, § 8.
[116] OCDE, Modèle de Convention fiscale, commentaires sous l'article 7 § 15.1.
[117] La mise à jour du Modèle de Convention du 18 juillet 2008 modifie les commentaires sous l'article 7, sans pour autant prévoir, en ce qui concerne les transferts, de modification substantielle. Commentaires sous article 7, § renuméroté n° 22 : « *Lorsque les pays dans lesquels opèrent les établissements stables imposent les bénéfices imputables aux transferts internes dès qu'ils sont opérés, et alors même que leur réalisation effective n'interviendra qu'au cours d'un exercice commercial ultérieur, il y aura obligatoirement un décalage entre les impôts payés à l'étranger et l'imputation y relative dans le pays du siège de l'entreprise. Ce laps de temps entraîne un problème important, en particulier, lorsqu'un établissement stable transfère des immobilisations ou – en cas de liquidation – la totalité de ses biens d'exploitation au reste de l'entreprise dont il fait partie. Dans ces cas, il appartient au pays du siège de l'entreprise de rechercher, cas par cas, une solution bilatérale avec le pays de sortie lorsqu'il y a un risque important de surimposition* ».
[118] Toutefois, en droit comptable français, le preneur peut amortir les biens en cause dans le cadre des baux à construction ou des crédits baux.
[119] Commission, 19 décembre 2006, Communication de la Commission au Conseil, au Parlement européen et au Comité économique et social européen : « Coordination des systèmes de fiscalité directe des États membres dans le marché intérieur », COM (2006) 823 : « *(...)et notamment les taxes sur les transferts d'actifs vers une autre juridiction, illustre le fait qu'il est nécessaire que les États membres coordonnent convenablement leurs dispositions fiscales et coopèrent efficacement pour assurer l'application de la législation. Il découle du principe de non-*

présenté son analyse concernant la coordination des régimes d'imposition à la sortie, et ce, notamment, à la lumière de la jurisprudence européenne. La Commission s'est appuyée sur l'arrêt rendu par la Cour le 11 mars 2004, *De Lasteyrie du Saillant*[120], dans lequel a été posé le principe selon lequel un contribuable ne saurait être imposé, à la suite d'un transfert de domicile, sur des plus-values latentes dans l'Etat de sortie, dès lors que cette imposition n'aurait pas été due en l'absence de transfert.
Dans sa communication précitée, la Commission souligne: *« Il découle de l'arrêt De Lasteyrie que les contribuables qui exercent leur droit à la liberté d'établissement en émigrant vers un autre Etat membre ne sauraient être assujettis à une charge fiscale perçue plus tôt ou d'un montant supérieur*[121] *que les contribuables qui continuent à résider dans le même EM. Si un EM autorise le report fiscal pour les transferts d'actifs entre les différents sièges d'une société domiciliée dans cet EM, alors toute imposition immédiate lors du transfert d'actifs vers un autre EM est susceptible de contrevenir aux libertés consacrées par le traité CE »*[122].
Cette position semble avoir été confirmée par la Cour, laquelle, dans un arrêt de novembre 2011[123], a considéré que, si les Etats étaient en droit d'établir le montant de l'imposition sur les plus-values latentes sur les actifs dues à un transfert de siège, ils ne pouvaient en revanche procéder au recouvrement immédiat de l'imposition.

50. Ainsi, l'application combinée de la jurisprudence européenne et des communications de la Commission semble faire obstacle à toute imposition des transferts d'actifs entre un établissement stable et son siège[124]. En effet, dans un cadre interne, le transfert de biens entre une succursale et son siège ne donnerait pas lieu à imposition compte tenu de l'unicité de la personne morale. En ce sens, les principes européens s'opposeraient à une identification totale des établissements stables aux entités juridiquement distinctes, c'est-à-dire à l'idée même de l'entité fonctionnellement distincte. En effet, de manière générale, hormis le cas des transferts d'actifs dus aux

---

discrimination, tel qu'il est interprété dans la jurisprudence de la CJCE, que des situations transfrontalières ne peuvent faire l'objet d'un traitement moins favorable que des situations nationales comparables. Dans le cas des taxes de sortie, la CJCE a exclu la possibilité de prélever immédiatement ces taxes sur les plus-values latentes dans des situations transfrontalières si une telle taxation n'existe pas dans des situations nationales comparables »; Communication de la Commission au Conseil, au Parlement européen et au Comité économique et social européen : « Imposition à la sortie et nécessité de coordonner les politiques fiscales des États membres », COM (2006) 825.

[120] CJCE, 11 mars 2004, aff. C-9/02, *Hugues de Lasteyrie du Saillant*, Rec. p. I-2409, conclusions MISCHO du 13 mars 2003 ; PARLEANI Gilbert, « Délocalisation et fiscalité : la condamnation par la Cour de justice de la règle fiscale française de taxation immédiate des plus-values latentes », Note sous Cour de justice des Communautés européennes 11 mars 2004, de Lasteyrie du Saillant, *Revue des sociétés*, 2004, p. 695.

[121] Souligné dans le texte de la Commission.

[122] Commission, 19 décembre 2006, COM (2006) 825.

[123] CJUE, 29 novembre 2011, aff. C-371/10, *National Grid Indus BV*, non encore publié au recueil.

[124] Sur la compatibilité de l'imposition du revenu notionnel avec la jurisprudence européenne voir SEITZ Georg, "Notional income from the Cross-border Internal Transfer of Asset- Why the Amendments to the German Income Tax Act Violate the Freedom of Establishment", *Intertax*, 2008, vol. 36, Issue 2, pp. 44-74.

transferts du siège, les plus-values dégagées à l'occasion des transferts sont immédiatement imposées dans les structures juridiquement distinctes.

51. Il semble que cette position, pour conforme qu'elle puisse être avec l'application des libertés fondamentales garanties par le Traité[125], se heurte à la conception fiscale de l'établissement stable. En effet, si l'on considère que l'établissement stable a pour finalité d'attribuer à l'Etat d'implantation le droit de lever l'impôt comme pour une société résidant sur son territoire, le fait d'empêcher toute imposition des transferts sur la base d'une comparaison avec une situation purement nationale prive l'idée d'établissement stable d'efficience. A cet égard, il existe une incompatibilité entre la finalité du droit européen et les propositions de répartition de l'imposition proposées par l'OCDE[126].

52. Outre ces divergences d'approche entre l'OCDE et l'Union européenne, un des risques majeurs, dès lors qu'il y a transfert de bien, réside dans la possibilité de double imposition.
A partir des consultations menées depuis 1994, l'OCDE a envisagé diverses solutions pour remédier au risque de double imposition du fait des transferts.
Quant à l'Union européenne, dans l'attente de l'adoption du système de l'Assiette Commune Consolidée à l'IS (ACCIS), qui devrait permettre de résoudre les problèmes liés aux transferts d'actifs transfrontaliers, elle préconise de surseoir à l'imposition.

2) Les approches préconisées par l'OCDE et par l'Union européenne

53. Pour résoudre les problèmes liés aux risques de double imposition ou à l'absence d'imposition, l'OCDE et l'Union européenne ont des approches différentes.
L'OCDE, dans l'optique de son approche autorisée de l'entité fonctionnellement distincte, préconise une analyse fonctionnelle et factuelle des cas de transferts (a), alors que l'Union européenne recommande un report d'imposition jusqu'à un transfert définitif (b).

---

[125] Selon le Professeur VANISTANDAEL, c'est le principe même du Marché commun qui guide l'interprétation des libertés fondamentales ; VANISTENDAEL Frans, "The Compatibility of the basic economic freedoms with the sovereign national tax systems of the Member States", *ECTR*, 2003/3, pp. 136-143.

[126] Le constat est également fait par la Commission en ce qui concerne la question de l'imposition des plus-values de sortie. Commission, 19 décembre 2006, COM (2006) 825 : *« Les Etats membres pourraient également convenir de partager les compétences fiscales sur les plus-values, par exemple en liant le droit d'imposition à la durée pendant laquelle l'actionnaire a résidé sur le territoire des différents Etats membres concernés. Ce système pourrait entraîner des modifications des conventions de double imposition en vigueur »*.

a) L'approche de l'OCDE prévue dans le rapport de 2010

54. Le rapport de 2010 distingue différentes approches possibles.
La propriété des actifs corporels est attribuée en fonction de l'utilisation, et, parallèlement, il y a une transaction interne dès lors qu'il y a transfert des risques, des responsabilités et des avantages significatifs sur le plan économique[127]. Il est à noter que l'OCDE utilise, en la matière, la même terminologie que celle qu'elle applique à la détermination des prix de transfert[128]. Dans le même temps, l'OCDE considère que l'attribution de la propriété économique ne suffit pas pour attribuer les revenus générés[129].
L'apparente contradiction entre ces différentes possibilités est résolue par le biais de l'analyse fonctionnelle et factuelle. Dès lors qu'il existe un transfert, il convient de déterminer si celui-ci est d'une importance économique telle qu'il s'apparente à une mutation génératrice d'imposition.

55. Si un changement dans l'utilisation est relativement simple à qualifier, il en va différemment du transfert des risques et des responsabilités, qui sont difficilement qualifiables et quantifiables[130]. A cet égard, l'OCDE précise qu'une transaction interne intervient, dès lors qu'elle *« se rattache à un événement réel et identifiable »*[131].
Du fait de leur imprécision, ces recommandations sont susceptibles de recevoir des applications divergentes de la part des Etats. En effet, et comme le note l'OCDE, l'établissement stable n'est en aucun cas une filiale pour laquelle existent des documents juridiques permettant de qualifier sans difficulté une transaction[132]. Dans le cas des établissements stables, il s'agit de qualifier une transaction, en fonction de son impact économique, uniquement à des fins fiscales, l'impact juridique étant inexistant.

---

127 OCDE, Rapport 2010, p. 53.

128 OECD, « Transfer Pricing Guidelines for Multinational Enterprises and Tax Administrations », Septembre 2009, 244 pp.

129 Rapport 2010 précité., p. 31 : *« Les conséquences de l'attribution de la propriété économique d'actifs à la première étape pour déterminer les bénéfices à la deuxième étape peuvent dépendre du type d'actifs et du secteur dans lequel l'actif est utilisé. Par exemple, la propriété économique d'un actif corporel utilisé dans un processus de fabrication ne suffit pas pour attribuer au propriétaire économique de l'actif les revenus générés par la vente des biens produits au moyen de l'actif. En revanche, le fait d'attribuer la propriété économique d'actifs financiers a pour conséquence d'attribuer les revenus et dépenses découlant de la détention de ces actifs ou de leur prêt ou vente à des tiers ».*

130 Toutefois, cette prise de position de l'OCDE est conforme aux normes comptables internationales qui attribuent la propriété économique, notamment en raison de la prise de risques et de responsabilité de l'entreprise. Cf. articles 211-1 et suivants du PCG, et ROSSIGNOL Jean-Luc : « La problématique comptable et fiscale des éléments incorporels », Parties I et II, *Petites Affiches,* 16 juillet 2001, pp. 4-14 et 17 juillet 2001, pp. 14-19.

131 OCDE, Rapport 2010, p. 52. L'OCDE donne comme exemple, le transfert physique de stocks, ce qui ne semble pas être le cas le plus problématique de transfert interne, les prestations de services, etc.

132 *Ibid.*, § 179, p. 53 : *« Une transaction interne intervient au sein d'une entité juridique unique et par conséquent, il n'y a pas de « clauses contractuelles » à analyser. Toutefois, l'approche autorisée de l'OCDE considère les « transactions internes » comme analogues à des transactions entre entreprises associées ».*

Dans ces conditions, la transaction est envisagée comme s'il s'agissait de celle conclue avec une entreprise indépendante, fonctionnant de façon identique ou analogue, dans des conditions identiques ou analogues, ce qui aboutit, *de facto,* à l'application du principe de pleine concurrence.

A l'inverse, l'Union européenne fait prévaloir une analyse économique globale – mais intra européenne – en ce qui concerne les transferts d'actifs entre un établissement stable et son siège ou entre différents établissements du même siège.

b) L'approche préconisée par l'Union européenne

56. En se fondant sur les principes dégagés par l'arrêt *de Lasteyrie du Saillant*, la Commission européenne indique qu'il ne peut y avoir d'imposition plus précoce, ou d'un montant supérieur, à celle qui aurait été perçue dans une situation purement interne[133].
La Commission s'appuie sur le fait qu'il existe, compte tenu de la disparité des systèmes fiscaux entre Etats membres, des cas dans lesquels soit l'Etat de sortie, soit l'Etat d'entrée ont une appréciation différente de la valeur à laquelle doit être inscrit l'actif transféré. Dans le cas où l'Etat de sortie considère que l'actif est transféré à sa valeur nette comptable, et l'Etat d'entrée à sa valeur vénale, il n'y a, *a priori,* pas d'imposition. En revanche, dans le cas où l'Etat de sortie impose le transfert à la valeur vénale et l'Etat d'entrée à la valeur nette comptable, il existe un risque de double imposition.
Partant de ces constatations, la Commission indique que : « *Les solutions exposées ci-dessus reposent généralement sur l'idée que l'État de départ devrait accorder un report fiscal jusqu'à la cession effective des actifs par l'établissement stable ou jusqu'à leur transfert vers un pays tiers* »[134]. En réalité, la Commission considère qu'une coopération entre les Etats membres devrait permettre de résoudre les problèmes administratifs dus à un report d'imposition[135].

57. Il semble que cette position de la Commission, qui considère le Marché Commun comme un territoire unique d'imposition, est non seulement difficilement applicable, mais également en contradiction avec d'autres principes.
Elle est difficilement applicable, car elle suppose une coopération administrative entre Etats, qui, dans les faits, n'est pas toujours aisée, compte tenu de l'absence de système fiscal commun. Elle est contradictoire, car la Commission admet, par ailleurs,

---

[133] Commission, Communication précitée du 19 décembre 2006, COM (2006) 825.

[134] *Ibid.*, p. 8.

[135] *Ibid.*, p. 7 : « *En cas de report, les Etats membres peuvent exiger des contribuables qu'ils informent régulièrement les autorités fiscales de la conservation ou de la cession des actifs transférés, pour autant que ces obligations d'information n'aillent pas au-delà de ce qui est nécessaire pour atteindre leur objectif et ne constituent pas une entrave à l'exercice des droits consacrés par le traité. Un EM pourrait, par exemple, exiger de ses contribuables qu'ils remplissent une déclaration lors du transfert d'actifs vers un autre Etat membre confirmant qu'ils ne les ont pas cédés. Une simple déclaration annuelle du contribuable indiquant que son établissement stable implanté dans l'autre Etat membre continue à être en possession des actifs transférés, accompagnée d'une déclaration au moment de la cession effective ou du transfert ultérieur vers un pays tiers, pourrait également être acceptable et suffisante* ».

l'application du principe de pleine concurrence aux transactions conclues entre sociétés associées[136].

Ainsi, partant d'un postulat pourtant identique de primauté économique sur le droit, l'OCDE et l'Union européenne arrivent à des solutions opposées.
L'OCDE considère qu'il convient de traiter l'établissement stable comme une entité fonctionnellement distincte à des fins fiscales et donc de l'imposer comme une entité juridique. L'Union européenne recommande de considérer l'entreprise dans son ensemble, lorsque cette entreprise intervient sur le territoire européen, et de n'imposer le transfert qu'en cas de sortie définitive du bien, celle-ci s'entendant soit d'une sortie du patrimoine de l'entreprise, soit d'un transfert vers un Etat tiers.
En ce sens, l'approche de l'OCDE est plus cohérente avec celle qui prévaut pour la détermination du bénéfice entre entreprises associées en application du principe de pleine concurrence.

§ 2. L'application du principe de pleine concurrence

58. L'application du principe de pleine concurrence aux établissements stables préexistait à la création du Modèle de Convention de l'OCDE[137]. Ce principe résulte désormais des applications combinées des articles 7 et 9 du Modèle de Convention. Aux fins d'imposition de l'établissement stable, celui-ci est considéré comme une entreprise distincte exerçant des activités identiques ou analogues dans des conditions identiques ou analogues[138]. Dans le même temps, l'article consacré aux bénéfices des entreprises associées prévoit une imposition des bénéfices dans les conditions qui auraient été convenues entre des entreprises indépendantes[139].
Dans son rapport de 2010, l'OCDE résume le processus de détermination des activités et conditions de l'entité fonctionnellement distincte en deux étapes : la première est l'analyse fonctionnelle et factuelle permettant d'attribuer les actifs, les risques et le

---

[136] Commission européenne, Communication de la Commission au Conseil, au Parlement européen et au Comité économique et social européen, 23 octobre 2001, « Vers un marché intérieur sans entraves fiscales. Une stratégie pour permettre aux entreprises d'être imposées sur la base d'une assiette consolidée de l'impôt sur les sociétés couvrant l'ensemble de leurs activités dans l'Union européenne », COM (2001) 582, p. 13.
[137] OECE, 18 janvier 1960, FC/WP7(60)1, Groupe de travail n° 7 du Comite fiscal, Rapport révisé sur l'imputation des bénéfices aux établissements stables et aux entreprises associées, pp. 17-18 : *« Cet article traite des entreprises associées (par exemple, les compagnies placées sous contrôle commun); il stipule que, dans ces cas, les autorités fiscales d'un pays déterminé peuvent, pour calculer les sommes imposables, rectifier la comptabilité des entreprises si, par suite des relations spéciales existant entre ces dernières, leurs livres ne font pas apparaître les bénéfices imposables réels qu'elles tirent de ce pays. Il est évidemment normal de prévoir une rectification en pareil cas et l'article ne semble guère appeler de commentaires. Peut-être y a-t-il lieu de rappeler que les dispositions de l'article ne s'appliquent que lorsque des conditions spéciales ont été conclues ou imposées entre les deux entreprises. Aucune rectification des comptabilités des entreprises associées n'est autorisée, si leurs transactions se sont déroulées aux conditions commerciales normales du marché libre ».*
[138] OCDE, Modèle de Convention fiscale, article 7.
[139] OCDE, Modèle de Convention fiscale, article 9.

capital à l'établissement stable ; la seconde est l'analyse de comparabilité des transactions comme si l'établissement stable était une entreprise indépendante[140].
Cette deuxième partie de l'analyse, s'applique également à la détermination des actifs : dans la mesure où les stocks des produits en cours ou les créances résultent de transactions internes, ils doivent figurer à l'actif pour un montant correspondant à l'application du principe de pleine concurrence.

Cette prise de position trouve donc particulièrement à s'appliquer dans le cas des actifs circulants, dans la mesure où ceux-ci sont mis à disposition par l'entreprise dans son ensemble et constituent la propriété économique de l'établissement stable (A).
En outre, cette approche, qui est celle retenue dans les conventions fiscales relatives à la double imposition, est conforme à l'interprétation du droit de l'Union européenne tel qu'il est donné par les différentes instances (B).

A. L'application du principe de pleine concurrence à l'évaluation des actifs circulants

59. Le régime comptable et fiscal des actifs circulants ne fait pas l'objet de préconisations particulières de l'OCDE, exception faite de celles relatives à l'application du principe de pleine concurrence.
Après avoir défini les principes s'appliquant aux actifs circulants (1), l'examen portera sur une éventuelle distinction à opérer avec les actifs immobilisés (2).

1) Les principes s'appliquant aux actifs circulants

60. L'OCDE n'opère pas de distinction, dans la comptabilisation, entre les actifs immobilisés et les actifs circulants.
Il est vraisemblable que, pour les actifs circulants corporels tels les stocks, l'approche fonctionnelle et factuelle conduirait à leur appliquer le principe d'attribution des actifs corporels immobilisés, c'est-à-dire le critère de l'utilisation.
Cependant, l'OCDE prend en compte les actifs circulants aux fins de déterminer la rémunération de pleine concurrence lors de la réalisation de transactions internes.
Dans la partie relative à la détermination des activités et conditions de l'entreprise théorique distincte, l'OCDE préconise, dans le cadre de l'analyse fonctionnelle et factuelle, *« de prendre en compte les opérations internes entre l'ES et d'autres parties de la même entreprise qui peuvent être dûment prises en compte, ayant respecté le critère de seuil »*[141].
Ainsi, elle considère qu'*« il faudra répondre à la question de savoir s'il y a eu un transfert de risques, de responsabilité et de bénéfices significatifs sur le plan économique du fait de « l'opération interne » »*[142], cette réponse conditionnant l'attribution de bénéfices aux établissements stables.

---

[140] OCDE, Rapport 2010, pp. 26 et s.
[141] OCDE, Rapport 2010, p. 23.
[142] *Ibid.*, p. 53.

61. Cette approche en considération du principe de pleine concurrence est reproduite dans les commentaires sous l'article 7 du Modèle de Convention.
Par exemple, il est prévu que les Etats puissent rectifier la comptabilité [de l'établissement], dès lors que des marchandises ont été facturées par le siège à l'établissement stable à des prix qui ne sont pas conformes au principe de pleine concurrence[143], ou, en règle générale, lorsque des marchandises sont fournies, soit à l'état de produits finis, soit de produits en cours de production ou de fabrication.
Cette même approche s'applique à l'ensemble des opérations existant entre l'établissement et le siège et/ou d'autres divisions de l'entreprise, si la transaction interne se rattache *« à un événement réel et identifiable »*[144]. A titre d'exemple, l'OCDE vise aussi bien le transfert physique de stocks que le changement dans l'utilisation des actifs.

Si les transactions internes revêtant une importance économique telle qu'elles constituent un élément imposable doivent être effectuées en application du principe de pleine concurrence, il n'est pas certain, pour autant, qu'il convienne de traiter de façon identique les immobilisations et les stocks.

2) La distinction avec les actifs immobilisés

62. Hormis les problèmes purement juridiques, relevés par ailleurs par l'OCDE – absence de contrat, impossibilité de détenir une créance sur soi même…[145] –, qui seront étudiés en tant que limites dans le titre suivant, la question peut se poser de savoir s'il convient de traiter les actifs circulants comme des actifs immobilisés. Cette question n'a, semble-t-il, pas été évoquée par l'OCDE. Or, dans le cadre d'une approche fiscale, il n'est pas inopportun de poser la question. En effet, les immobilisations et les stocks, pour prendre cet exemple, n'ont pas la même vocation, que ce soit dans le fonctionnement d'une entreprise, ou dans la réalisation des bénéfices[146]. Des arguments peuvent être présentés en faveur d'une distinction dans l'imposition des actifs immobilisés et des stocks.

63. Si les actifs immobilisés ont vocation, par nature, à une certaine permanence au sein de l'entreprise, il n'en est pas de même pour les actifs circulants. Dans le cadre de transactions internes à l'entreprise, qui constituent le cas le plus problématique de

---

143 OCDE, commentaires sous l'article 7 du Modèle de Convention fiscale, modifiés le 22 juillet 2010.

144 OCDE, Rapport 2010, p. 52.

145 *Ibid.*, p. 52: *« En premier lieu, un établissement stable n'est pas équivalent à une filiale, et en fait, il n'est ni juridiquement, ni économiquement distinct du reste de l'entreprise dont il fait partie. En second lieu, les transactions internes entre un établissement stable et le reste de l'entreprise dont il fait partie n'ont pas de conséquences juridiques pour l'entreprise dans son ensemble »*.

146 Pour la comptabilité française, par exemple, l'article 211-1-4 du Plan Comptable Général définit le stock de la façon suivante : *« Un stock est un actif détenu pour être vendu dans le cours normal de l'activité, ou en cours de production pour une telle vente, ou destiné à être consommé dans le processus de production ou de prestation de services, sous forme de matières premières ou de fournitures »*.

comptabilisation et de prise en compte des transactions, il pourrait être envisageable de distinguer les transactions liées à l'actif immobilisé, de celles relatives à l'actif circulant.
En considérant que l'actif circulant – le stock pour les besoins de la démonstration – est destiné soit à être vendu, soit à être intégré dans un processus de production, il apparaît nécessaire de prendre en compte la transaction avec d'autres parties de l'entreprise en appliquant le principe de pleine concurrence. Par nature, le stock est voué à dégager des bénéfices à court ou moyen terme. En revanche, en ce qui concerne les immobilisations, il pourrait être concevable de ne pas les soumettre au principe de pleine concurrence, lorsqu'elles sont réaffectées au sein de l'entreprise. Cette absence de prise en compte de la réaffectation des actifs dans l'entreprise aurait pour conséquence l'érosion de la base imposable dans le pays de *situs*. Toutefois, deux arguments viennent tempérer le propos.

64. En premier lieu, à tout le moins en ce qui concerne le système français, l'imposition des plus-values d'actifs connaît une nette décroissance depuis plusieurs années[147].
En second lieu, certains actifs, considérés comme n'étant pas à proprement parler liés aux bénéfices des entreprises, resteraient assujettis à l'impôt dans l'Etat de la source des revenus. Ce cas vise spécifiquement les biens immobiliers, qui relèvent des articles 6[148] et 13[149] du Modèle de Convention fiscale de l'OCDE, et non de l'article 7.
Il serait également possible de concevoir un système s'apparentant au système d'intégration fiscale français, c'est-à-dire une suspension de l'imposition tant que le bien n'est pas sorti du groupe[150]. Ainsi, il serait envisageable d'opérer une distinction, dans la propriété économique, entre les actifs immobilisés et les actifs circulants, pour plusieurs motifs.
Le premier est que la notion de propriété économique trouve certainement plus facilement à s'appliquer dans le cas des actifs circulants, compte tenu de leur vocation à participer directement aux bénéfices « courants » de l'entreprise.
Le second est que les actifs immobilisés n'ayant pas vocation à circuler, il serait concevable de ne pas tirer toutes les conséquences de leur (non) inscription à un actif fiscal.

---

[147] Voir, en dernier lieu, la loi de finances rectificative pour 2004, n° 2004-1485 du 30 décembre 2004 article 39, JO du 31 décembre.

[148] Modèle de Convention de l'OCDE, article 6, Revenus immobiliers : *« Les revenus qu'un résident d'un Etat contractant tire de biens immobiliers (y compris les revenus des exploitations agricoles et forestières) situés dans l'autre Etat contractant, sont imposables dans cet autre Etat ».*

[149] Modèle de Convention de l'OCDE, article 13, Gains en capital : *« Les gains qu'un résident d'un Etat contractant tire de l'aliénation de biens immobiliers visés à l'article 6, et situés dans l'autre Etat contractant, sont imposables dans cet autre Etat ».*

[150] Article 223 F du Code général des impôts : *« La fraction de la plus-value ou de la moins-value afférente à la cession entre sociétés du groupe d'un élément d'actif immobilisé (..) n'est pas retenue pour le calcul du résultat de la plus ou moins-value nette à long terme d'ensemble . (...) Lors de la cession hors du groupe du bien ou de la sortie du groupe d'une société qui l'a cédé ou de celle qui en est propriétaire, la société mère doit comprendre le résultat ou la plus ou moins-value qui n'a pas été retenue lors de sa réalisation ».*

Il ne s'agit pas ici de remettre en cause l'application du principe de pleine concurrence, qui est reconnu en droit fiscal international et européen, mais de prendre en compte les particularités de l'établissement stable pour en limiter les effets.
C'est en ce sens que la Commission européenne a communiqué en décembre 2006, sans distinguer, cependant, entre les différentes natures d'actifs[151].

65. Les arguments présentés en faveur d'une distinction dans l'imposition des actifs immobilisés et des actifs circulants ne doivent cependant pas être retenus.
En effet, réserver l'application du principe de pleine concurrence aux seuls actifs circulants aurait pour principal effet de créer une distorsion entre les différents principes applicables à la détermination du bénéfice de l'établissement stable, et entre les principes s'appliquant aux établissements stables et ceux s'appliquant aux entreprises juridiquement distinctes. En ce sens, et pour des raisons de cohérence, il serait plus opportun d'appliquer le principe de pleine concurrence à l'ensemble des transferts d'actifs de l'établissement stable.

66. Dans le cas des établissements stables, deux logiques difficilement conciliables s'affrontent : imposer l'établissement comme une entité distincte, ou l'imposer comme partie d'une entreprise. L'imposition de l'établissement stable comme une entité distincte est la théorie qui prévaut dans les conventions fiscales, et elle correspond à une protection de l'imposition dans l'Etat d'implantation. L'imposition comme partie d'une entreprise correspond plus à la conception européenne, qui entend assimiler les transactions internes aux transactions transfrontalières.
Toutefois, le principe de pleine concurrence est également admis par les instances européennes, même si l'on peut supposer que l'adoption du projet d'ACCIS permettra la prise en compte unifiée des transactions à l'intérieur des groupes, qu'il s'agisse de transactions entre entreprises juridiquement distinctes, ou entre entreprises juridiquement distinctes et établissements stables.

B. Un principe en conformité avec les normes européennes

67. La convention relative à l'élimination de la double imposition en cas de correction des bénéfices d'entreprises associées du 23 juillet 1990[152] traite de la double imposition pouvant résulter des rehaussements de bénéfices des filiales et des établissements stables (1).
Par ailleurs, la jurisprudence européenne n'est pas indifférente au respect du principe de pleine concurrence prévu dans les conventions relatives à la double imposition conclues

[151] Commission, 19 décembre 2006, Communication de la Commission au Conseil, au Parlement européen et au Comité économique et social européen, Imposition à la sortie et nécessité de coordonner les politiques fiscales des Etats membres, COM (2006) 825, p. 6 : *« Si un Etat membre autorise le report fiscal pour les transferts d'actifs entre les différents sièges d'une société domiciliée dans cet Etat membre, alors toute imposition immédiate lors du transfert d'actifs vers un autre Etat membre est susceptible de contrevenir aux libertés consacrées par le traité CE ».*
[152] Conseil européen, 90/436/CEE, Convention relative à l'élimination des doubles impositions en cas de correction des bénéfices d'entreprises associées 23 juillet 1990.

entre les Etats membres, même si, à l'heure actuelle, elle ne s'est pas prononcée spécifiquement sur la question (2).

1) La Convention CE relative à l'élimination de la double imposition en cas de correction des bénéfices des entreprises associées

68. La Convention, qui résulte d'une proposition de Directive du Conseil de 1976[153], reprend, dans certains de ses articles, la formulation de l'OCDE, notamment pour l'application du principe de pleine concurrence.

Il en est ainsi de l'article 4, qui prévoit : *« L'application de la présente convention est régie par les principes suivants:*
1) Lorsque:
a) une entreprise d'un État contractant participe directement ou indirectement à la direction, au contrôle ou au capital d'une entreprise d'un autre État contractant
ou que
b) les mêmes personnes participent directement ou indirectement à la direction, au contrôle ou au capital d'une entreprise d'un État contractant et d'une entreprise d'un autre État contractant,
et que, dans l'un et l'autre cas, les deux entreprises sont, dans leurs relations commerciales ou financières, liées par des conditions convenues ou imposées qui diffèrent de celles qui seraient convenues entre des entreprises indépendantes, les bénéfices qui, sans ces conditions, auraient été réalisés par l'une des entreprises mais n'ont pu l'être en fait à cause de ces conditions, peuvent être inclus dans les bénéfices de cette entreprise et imposés en conséquence ».

69. Cette formulation vise plus spécifiquement les prix de transferts entre entreprises associées, mais s'applique sans doute à la détermination de la valeur des actifs, dans la mesure où ils participent à la réalisation des bénéfices. En outre, la Convention vise spécifiquement le cas des établissements stables implantés dans un Etat membre[154].
Toutefois, la question a pu se poser de savoir dans quelle mesure la Convention s'appliquait aux établissements stables, établis dans l'Union européenne, de sociétés établies dans des Etats tiers.
Selon certains auteurs, la Convention ne s'appliquerait pas en ce cas[155], le texte de la Convention ne visant que les entreprises des Etats contractants, c'est-à-dire les Etats de l'Union européenne[156]. Compte tenu des principes régissant le droit de l'Union, il

---

[153] Proposition de directive du Conseil concernant l'élimination des doubles impositions dans le cas de correction des bénéfices entre entreprises associées (procédure arbitrale), COM/76/711 Final, JOCE n° 301 du 21 décembre 1976, p. 4.
[154] Convention précitée, article 4-2).
[155] COIN Raphaël, « L'élimination des doubles impositions en Europe », *Petites affiches*, n° 106, 5 septembre 1994, p. 4.
[156] Le droit de l'Union européenne dérivé en matière de fiscalité n'est pas transposé dans l'accord sur l'espace économique européen du 2 mai 1992, alors que les règles de l'accord EEE et celles du Traité CE doivent faire l'objet d'une interprétation uniforme. Voir, par exemple, CJCE, 23 septembre 2003, aff. C-452/01, *Ospelt et Schlössle Weissenberg*, Rec. p. I-9743, point 29.

semble que la convention ne trouvera effectivement à s'appliquer entre un établissement stable et son siège que si les deux sont localisés dans l'Union européenne.
Il s'agit du seul texte européen en vigueur visant spécifiquement le principe de pleine concurrence[157], la norme européenne étant amenée à évoluer du fait des travaux sur l'assiette commune consolidée à l'IS (ACCIS) et de l'application des normes comptables IAS/IFRS.
Le principe de pleine concurrence, outre l'objectif de garantir les recettes fiscales, ambitionne également d'assurer des conditions égales de concurrence entre entreprises. Toutefois, et c'est tout l'intérêt des travaux sur l'ACCIS, l'application de ce principe peut aboutir à des cas de double imposition[158].

Ainsi, en l'absence de règles européennes communes, et dans l'attente de l'adoption des travaux sur l'ACCIS, les conventions bilatérales entre Etats permettent de pallier les carences européennes et sont, dès lors qu'elles respectent les libertés fondamentales garanties par le Traité, prises en compte par la jurisprudence européenne.

2) La jurisprudence européenne

70. Le premier arrêt ayant fait mention des conventions bilatérales est l'arrêt *Gilly*[159]. A cette occasion, la Cour a adopté une formulation appliquée dans tous les cas dans lesquels est excipé un conflit entre le droit de l'Union européenne et les conventions bilatérales : *« Toujours aux fins de la répartition de la compétence fiscale, il n'est pas déraisonnable pour les États membres de s'inspirer de la pratique internationale et du modèle de convention élaboré par l'OCDE ».*
Dans la mesure où la Cour constate qu'il n'existe pas, à l'exception de la Convention conclue entre Etats membres le 23 juillet 1990 et des directives « mère-fille » et « fusions » du même jour, de mesures d'unification visant à éliminer les doubles impositions, la répartition de la compétence fiscale relève de la souveraineté des Etats[160].

---

[157] DE WAAL Allard, « La convention européenne d'élimination des doubles impositions en cas de correction des bénéfices d'entreprises associées », *RDAI*, n° 6/1995, pp. 756-769.
[158] Sur la question voir, IFA, Cahiers de droit international, "La répartition des dépenses pour les transactions réalisées dans des conditions de pleine concurrence entre sociétés apparentées », vol. 60 b, Londres, 1975. Rapport général, Wolfgang RITTER, p. 29 : *« Une comparaison des règlements fiscaux fait ressortir un 2ème fait : ils semblent tous portés à aborder de façon fragmentaire les questions de délimitation internationale des bénéfices. Ils partent de préférence dans leur examen critique, de transactions ou d'un état des choses pris isolément qui leur paraissent convenir particulièrement bien à une réduction des bénéfices, ce qui peut aboutir à un système d'imposition négligeant le fait que le bénéfice d'une entreprise soit le résultat de facteurs très divers et parfois opposés et que seule la prise en considération de l'ensemble permette de porter un jugement sûr. Cette conception implique un risque, celui de voir ignorer, dans l'intérêt trop strictement compris du fisc, les intérêts commerciaux et gestionnels de l'entreprise ».*
[159] CJCE, 12 mai 1998, aff. C-336/96, *Epoux Robert Gilly*, Rec. p. I-2793, point 31.
[160] Voir, par exemple, CJCE, 15 mai 2008, aff. C-414/06, *Lidl Belgium & Co GmbH*, Rec. p. I-3601.

Toutefois, le fait d'avoir conclu des conventions bilatérales n'exonère pas les Etats membres de se conformer aux libertés de circulation prévues par le Traité[161]. En d'autres termes, si la convention est contraire aux grands principes du droit de l'Union, ceux-ci prévalent.

71. Dans un cas où les Etats en cause avaient argué de l'application du principe de pleine concurrence pour justifier de leur législation, la Cour a répondu en substance que, s'il appartenait bien aux Etats d'user des critères de répartition de la pratique fiscale internationale, notamment celle élaborée dans les modèles de conventions de l'OCDE, il n'en demeurait pas moins que, dans l'exercice de cette répartition, les Etats étaient tenus de se conformer aux principes du droit de l'Union[162].
Au cas particulier, la Cour a considéré qu'il s'agissait non d'une répartition de la compétence, mais *« d'un choix unilatéral du législateur national »*[163]. Ce faisant, la Cour ne s'est pas spécifiquement prononcée sur l'application du principe de pleine concurrence.
Cependant, un arrêt ultérieur de la Cour a retenu, sous réserve de l'examen ultérieur par les juridictions nationales du principe de proportionnalité, la compatibilité d'une législation interne afférente au principe de pleine concurrence avec le droit de l'Union[164].
Ainsi, la lecture des différents arrêts précités laisse à penser que, dans le cas où serait en cause la répartition du pouvoir d'imposition et non son exercice, le critère de pleine concurrence trouverait à s'appliquer, d'une part, parce qu'il est conforme à la convention signée entre Etats membres, et, d'autre part, parce que la répartition des compétences d'imposition relève de la souveraineté des Etats.

Les différents points évoqués relèvent d'une approche constante de l'OCDE dans la détermination du « bilan » de l'établissement stable. Tant l'obligation de comptabilisation des actifs corporels – qu'ils soient immobilisés ou circulants –, que la reconnaissance du principe de pleine concurrence, sont des principes évoqués de façon récurrente[165] par l'OCDE, puisque, par essence, le Modèle de Convention a pour objet de répartir l'imposition entre les Etats signataires.

72. En revanche, l'Union européenne n'adopte pas toujours une approche identique à celle préconisée par l'OCDE, par exemple en matière de transferts d'actifs entre un

---

[161] Notamment, CJCE, 8 novembre 2007, aff. C-379/05, *Amurta SGPS*, Rec. p. I-9569 ; 13 mars 2007, aff. C-524/04, *Test Claimants in the Thin Cap Group Litigation*, Rec. p. I-2107.
[162] CJCE, 13 mars 2007, aff C-524/04, *Test Claimants in the Thin Cap Group Litigation*, Rec. p. I-2107, points 47, 49 et 53.
[163] *Ibid.*, points 50-52.
[164] CJUE, 21 janvier 2010, aff. C-311/08, *Société de Gestion Industrielle SA*, Rec. p. I-487, conclusions Kokott du 10 septembre 2009.
[165] Par exemple, OCDE, Rapport sur les principes applicables aux prix de transfert, Paris 1979. Le principe de pleine concurrence préexistait à la création de l'OCDE puisqu'il figurait dans le projet de convention de la SDN de 1927. BAKER Philip, COLLIER Richard S., General Report, Cahier de droit fiscal international, "The attribution of profits to permanent establishments", 2006, Vol. 91b, p. 40 ; RUSSO Raffaele, "Report on the historical development of article 7 of the OECD Model", in IFA, Cahiers de droit fiscal international, "The attribution of profits to permanent establishments", 2006, Vol. 91b, pp. 89-108.

établissement stable et son siège. Ces différences d'approche peuvent modifier les résultats découlant des variations d'actifs et induire des distorsions avec les entités établies dans des pays tiers.
Cependant, en l'état actuel du droit de l'Union européenne, les questions de fiscalité directe ne sont que rarement abordées sous l'angle de l'assiette imposable[166].
En la matière, la répartition de l'assiette imposable, et donc sa détermination, relèvent essentiellement du champ des recommandations formulées par l'OCDE.
Ainsi, dans le cadre de la modification du Modèle de Convention fiscale, l'OCDE a publié dès 2001 des projets concernant l'attribution des bénéfices aux établissements stables.
Le projet définitif publié en 2008 et modifié en 2010 intègre de nouvelles approches bilantielles pour les établissements stables, notamment en ce qui concerne les actifs incorporels et le « capital social ».

SECTION 2 : VERS UNE UNIFICATION CROISSANTE DANS LA PRÉSENTATION ET L'IMPOSITION DES POSTES DE BILAN DES ÉTABLISSEMENTS STABLES ET DES STRUCTURES JURIDIQUEMENT DISTINCTES

73. Si la comptabilisation des actifs corporels et la mise en oeuvre du principe de pleine concurrence n'ont pas fait l'objet de débats récents, il en va autrement des actifs incorporels et de l'affectation d'un capital à l'établissement stable.
En effet, jusqu'au rapport de 2008, la quantification des actifs incorporels à affecter était considérée comme difficilement réalisable, et les actifs incorporels étaient donc distingués des actifs corporels[167]. Par ailleurs, s'agissant du capital, il n'y avait pas d'obligation d'affecter un capital considéré comme suffisant à l'établissement stable, en raison de son absence de personnalité juridique. La question ne se posait que pour les établissements stables d'entreprises bancaires assujettis à des règles particulières.
Le rapport de 2010 préconise la comptabilisation au bilan des actifs incorporels (§ 1) et d'un capital « libre » (§ 2), ce qui provoque, subséquemment, une modification de l'article 7 du Modèle de Convention fiscale[168].

---

[166] Les trois directives européennes relatives aux fusions, régime mère-fille et intérêts redevances portent sur l'élimination du risque de double imposition, plus que sur une détermination, *stricto sensu*, de l'assiette.
[167] OCDE, Commentaires sous l'article 7 § 17.4.
[168] OCDE, modification de l'article 7 § 2, adoptée par le Conseil de l'OCDE le 22 juillet 2010. A l'exerice des activités identiques et analogues, exercées dans des conditions identiques ou analogues, l'OCDE ajoute : *« Compte tenu des fonctions exercées, des actifs utilisés et des risques assumés par l'entreprise par l'intermédiaire de l'établissement stable et des autres parties de l'entreprise ».*

§ 1. La prise en compte des actifs incorporels : l'incidence des fonctions humaines significatives pertinentes

74. Les immobilisations incorporelles se définissent généralement comme *« des actifs non monétaires sans substance physique »*[169]. Antérieurement à la rédaction du rapport sur l'attribution de bénéfices aux établissements stables de 2008, les commentaires de l'OCDE ne considéraient pas les actifs incorporels comme pouvant être attribués à une division de l'entreprise. Dans ses commentaires du 31 mars 1994[170], l'OCDE indiquait : *« Dans le cas de biens incorporels, les règles concernant les relations entre entreprises du même groupe (c'est-à-dire les redevances ou les accords de partage des coûts ne peuvent être appliquées aux relations entre les divisions d'une même entreprise. En fait, il peut être extrêmement difficile d'attribuer la « propriété » d'un bien incorporel à une seule division d'une entreprise et de prétendre que cette division devrait recevoir des redevances d'autres divisions comme si elle était indépendante... ».*

75. A la suite des consultations menées auprès des Etats membres depuis 2004, l'OCDE propose, dans les rapports de 2008 et 2010, d'attribuer la propriété économique des actifs incorporels en distinguant entre les biens incorporels de commercialisation et les biens incorporels manufacturiers. Pour ce faire, l'OCDE adopte une approche différente de celle qu'elle a proposée pour les actifs corporels.
En effet, elle se fonde sur l'analyse préconisée dès l'introduction du rapport, c'est-à-dire l'analyse fonctionnelle et factuelle, basée sur l'attribution de la propriété économique à une division de l'entreprise, par référence aux fonctions humaines significatives pertinentes et à la prise de risques.
Est reprise la distinction effectuée par l'OCDE entre les biens manufacturiers, acquis ou développés en interne (A), et les biens de commercialisation (B).

<u>A. Les biens incorporels manufacturiers</u>

76. Une distinction est faite par l'OCDE entre les biens incorporels manufacturiers développés en interne (1) et les biens incorporels manufacturiers acquis (2).

<u>1) Les biens incorporels manufacturiers développés en interne</u>

77. Bien que l'OCDE n'en donne pas de définition, les biens manufacturiers s'entendent de tous les biens incorporels autres que ceux liés à l'image de l'entreprise. Seraient ainsi des biens incorporels manufacturiers, les frais de recherche et développement, les brevets et licences, le fonds commercial, le droit au bail, les logiciels, etc. Toutefois, les développements inscrits dans le rapport de 2010 semblent ne concerner que la recherche et le développement.

[169] Norme internationale IAS 38, transposée en droit français à l'article 211-1 du Plan comptable général.
[170] Commentaires sur l'article 7, § 17.4 du 31 mars 1994.

Poursuivant la création de la fiction bilantielle, l'OCDE préconise de considérer que les fonctions humaines significatives pertinentes pour l'attribution de la propriété économique des actifs incorporels créés sont celles qui sont associées à la prise active de décision portant sur la prise en charge et la gestion des différents risques. L'analyse consiste donc à savoir, dans les faits, à quel niveau est décidé le développement d'un actif incorporel.
Cette analyse conduit à privilégier les différentes étapes du processus conduisant à la création d'un bien incorporel. Ainsi, les fonctions humaines significatives peuvent être extrêmement différentes, selon que l'on se place du point de vue de la conception ou de l'utilisation. Selon l'OCDE, l'utilisation projetée ne peut être un critère pertinent pour déterminer la propriété économique. Elle considère que seul doit être pris en compte le degré auquel l'utilisateur destinataire a exercé les fonctions humaines significatives pertinentes à la prise de risques (par exemple, décision de développement ou gestion de la recherche), pour en retirer un avantage[171]. Cette interprétation rapproche le critère des fonctions importantes, significatives, du critère de l'utilisation.
Même si elle soulève la question, l'OCDE ne se prononce pas sur l'hypothèse dans laquelle le bien serait co-développé par différentes divisions de l'entreprise. Faudrait-il, en ce cas, définir une clé de répartition, liée aux avantages respectifs retirés par les différentes subdivisions de l'entreprise, pour déterminer le montant des frais à affecter à l'actif ?
Le problème réside vraisemblablement dans le fait que la quantification des avantages retirés de la création d'un actif incorporel est difficile à évaluer[172].

78. Ainsi le droit français, par exemple, a pris en compte la notion d'avantages, même si la définition des actifs incorporels peut différer de celle donnée par l'OCDE.
En effet, il ressort des critères cumulatifs dégagés par la jurisprudence du Conseil d'Etat[173] que, pour être considéré comme une immobilisation incorporelle, le bien doit être une source régulière de profits, être pérenne et cessible[174].

---

[171] OCDE, Rapport 2010, pp. 33-35. Il est à noter que la mise à jour du Modèle de Convention du 18 juillet 2008 diffère de celle de 2010. Ainsi, les commentaires modifiés sous l'article 7 dans la version 2008, dans le paragraphe renuméroté 34, mentionnent que : *« Dans le cas de biens incorporels, les règles concernant les relations entre entreprises du même groupe (c'est-à-dire le versement de redevances ou les accords de partage des coûts) ne peuvent être appliquées aux relations entre des divisions d'une même entreprise. En fait, il peut être extrêmement difficile d'attribuer la « propriété » d'un bien incorporel à une seule division d'une entreprise et de prétendre que cette division devrait recevoir des redevances d'autres divisions comme si elle était indépendante. Puisqu'il n'y a qu'une entité juridique, il est impossible d'attribuer la propriété d'un bien à une division spécifique. De plus, il sera souvent difficile, en pratique, d'attribuer les coûts de création de biens incorporels à une seule division. Il peut donc être préférable de considérer que les coûts de création de droits intangibles sont attribuables à toutes les divisions de l'entreprise qui les utiliseront et que leurs coûts de création doivent être répartis en conséquence. Dans ce cas, il serait indiqué d'allouer les coûts réels de création de ces droits incorporels, entre les différentes divisions d'une entreprise sans tenir compte d'un élément de profit ou de redevances ».* Ce paragraphe des commentaires n'a pas été repris dans la version de 2010.
[172] Sur l'évaluation, en général, des actifs incorporels voir, OESTREICHER Andreas, "Valuation Issues in Transfer Pricing of Intangibles: Comments on the Scoping of an OECD Project" *Intertax,* 2011, Issue 3, pp. 126–131.
[173] CE, 21 août 1996, n° 154488, *SA Sife* ; *RJF,* n° 10/1996, n° 1137 ; CE, 16 octobre 2009, n° 308494, *Sté Pfizer Holding France, Droit Fiscal,* n° 4, 28 janvier 2010, pp. 18-21.

Il est à noter qu'en droit comptable et fiscal français, si les frais de recherche ne peuvent être immobilisés et doivent être comptabilisés en charge[175], les coûts de développement peuvent être soit immobilisés, soit comptabilisés en charges. Toutefois, ils ne sont immobilisables, sur option, qu'à la condition de se rapporter à des projets nettement individualisés, ayant de sérieuses chances de réussite technique ou de rentabilité commerciale[176].

79. Il serait ainsi paradoxal que l'application des recommandations de l'OCDE se traduise par une déductibilité immédiate des frais de recherche pour les entités juridiquement distinctes, alors que la fiction fiscale conduirait à attribuer aux subdivisions d'entreprises la propriété économique de ces mêmes biens.
Il semble cependant vraisemblable que les Etats appliqueraient leurs règles nationales de façon identique à un établissement stable et à une filiale, la distorsion n'existant que du fait des différences de législations.

2) Les biens incorporels manufacturiers acquis

80. Concernant les biens manufacturiers acquis, l'OCDE considère que, dans certains cas, la détermination de la propriété économique peut se faire selon les mêmes modalités que pour la création de biens. En effet, elle indique que la prise de décision dans les deux cas se fait à deux niveaux : le premier qui consiste à déterminer l'utilité du bien pour l'entreprise, le second qui consiste à savoir s'il faut créer ou acquérir un tel bien. A ce titre, les fonctions humaines importantes significatives liées à la prise active de décision portant sur la prise en charge et la gestion des risques seront souvent les mêmes[177].
Il semble que l'OCDE ne prenne pas en compte la valeur pour laquelle les biens seraient inscrits à l'actif de l'établissement stable. Elle ne vise que les critères – au cas particulier les fonctions humaines significatives pertinentes et la prise de risques – visant à individualiser le propriétaire économique, et non ceux tendant à évaluer le bien à affecter. En l'espèce, on peut supposer qu'une entreprise acquérant un bien incorporel immédiatement utilisable a pré-déterminé les composantes de l'entreprise amenées à l'utiliser, auquel cas l'affectation des coûts peut en être simplifiée. En revanche, s'agissant d'un bien en voie de développement, la détermination des utilisateurs potentiels peut être beaucoup plus difficile à évaluer.

---

[174] Le critère de cessibilité n'est plus une condition obligatoire : CE, 3 novembre 2003, n° 232393, 9ème et 10ème sous-sections, *SA Trinôme*, *RJF*, n° 01/2004, n° 5 ; CE 28 décembre 2007, n° 284899 et 285506, 9ème et 10ème sous-sections, *SA Clarence Dillon*, *RJF*, n° 03/2008, n° 269.
[175] Plan comptable général, article 311-3.
[176] VILLEMOT Dominique, « Le régime fiscal des immobilisations incorporelles », *Droit Fiscal*, 3 avril 2008, p. 10.
[177] Rapport 2010 précité, p. 35.

B. Les biens incorporels de commercialisation

81. Les biens incorporels de commercialisation sont ceux qui concernent la marque, le nom et le logo de l'entreprise[178]. A cet égard, l'OCDE considère qu'il n'existe pas de différence fondamentale entre les biens incorporels manufacturiers et les biens de commercialisation. Aussi, les fonctions humaines significatives pertinentes pour déterminer la propriété économique des actifs peuvent s'entendre des fonctions liées au contrôle et à la stratégie de marque, ou à leur protection et leur entretien[179]. Il semble que, s'agissant de biens juridiquement protégés, la question ne se pose pas dans les mêmes termes que pour les autres biens incorporels. En effet, le contrôle et la stratégie de marques ne sont généralement décidés qu'au plus haut niveau de l'entreprise, alors que la R&D peut être le fait de différentes composantes de l'entreprise.
Ainsi, l'OCDE convient de ce que la détermination du propriétaire peut être difficile, compte tenu par exemple de l'ancienneté de certaines marques. De façon plus étonnante, elle indique que cette difficulté à déterminer le propriétaire du bien s'applique à l'examen de biens incorporels de commercialisation entre entreprises liées.
L'appréciation de l'OCDE, tendant à considérer que le problème de la détermination du propriétaire se pose tant entre l'entreprise et ses établissements stables, qu'entre entreprises liées, paraît curieuse. En effet, entre entreprises liées, il ne peut y avoir qu'un problème de détermination du montant de la redevance de marque, et non un problème de détermination du propriétaire. Les entreprises, même liées, étant distinctes, le transfert de la propriété de l'actif incorporel ou de la licence de la marque ne peut être effectué que par le biais d'une convention. La position de l'OCDE pourrait s'expliquer par la primauté accordée à la notion de propriété économique, notion plus difficilement déterminable, sur la notion de propriété juridique.

82. De plus, certaines difficultés inhérentes aux systèmes comptables nationaux peuvent exister. Ainsi, en droit français, les marques créées ne peuvent pas être inscrites à l'actif du bilan[180]. En ce cas, il n'est pas possible d'affecter à une subdivision de l'entreprise un élément non quantifié *ab initio*. Concernant les marques acquises, elles doivent être immobilisées de manière séparée. Quant aux contrats de licence de marques, leur coût, pour autant qu'ils soient considérés comme des immobilisations incorporelles, est constitué par les redevances de marques.
Aussi, si l'idée d'affecter des immobilisations incorporelles à un établissement stable est conforme à la notion d'entreprise distincte, la détermination de ces biens est en pratique complexe, en raison, d'une part, de la difficulté à en déterminer le propriétaire même économique, et, d'autre part, de la quantification à effectuer.
Ce problème de quantification se pose également en ce qui concerne les passifs, particulièrement pour l'attribution du capital.

---

[178] *Ibid.*, p. 36.
[179] *Ibid.*, p. 36.
[180] PCG article 311-3.3, *« les dépenses engagées pour créer en interne des fonds commerciaux, des marques (...), ne peuvent pas être distinguées du coût de développement de l'activité dans son ensemble. Par conséquent, ces éléments ne sont pas comptabilisés en tant qu'actifs incorporels »*, Instruction 4-A-13-05 du 30 décembre 2005.

§ 2. L'attribution d'un capital libre suffisant

83. Aux fins de déterminer un bilan pour les établissements stables, l'OCDE préconise d'attribuer des lignes de passif similaires à celles comptabilisées par les entités juridiquement distinctes. Parallèlement le régime des provisions suit le régime général préconisé, c'est-à-dire la comptabilisation des provisions en fonction des fonctions humaines significatives pertinentes à la prise de risques.
En ce qui concerne le capital, dans le cadre de son analyse fonctionnelle et factuelle, l'OCDE recommande l'attribution d'un capital « libre » à l'établissement stable. Le capital libre est défini comme *« le financement qui ne donne pas lieu à un rendement déductible de l'impôt de la nature de l'intérêt »*[181].
Le but de l'attribution d'un capital libre à l'établissement stable est de mettre à disposition de ce dernier « *un capital qui lui a permis d'exercer les fonctions, d'assumer les risques et d'utiliser les actifs qui lui ont été attribués »*[182].
Ainsi, l'OCDE attribue au capital social ses deux fonctions historiques : la mesure de l'actif net, entendu comme la valeur du patrimoine, et la protection des créanciers[183].

84. Par ailleurs, les passifs, et notamment le capital « libre », ne sont déterminés qu'en fonction des risques attribués à l'entité, et non l'inverse.
La détermination des lignes à inscrire au passif contribue à harmoniser, et ce aux fins de l'attribution des bénéfices aux établissements stables, les règles applicables aux entreprises quelle que soit leur forme juridique. Ainsi, le passif de l'entité suit les règles appliquées pour l'attribution des actifs : le capital finance les actifs et couvre les risques, les provisions couvrent les risques.
Il convient donc de déterminer le capital à affecter (A), mais également d'envisager les problèmes soulevés par l'application des législations relatives à la sous-capitalisation (B).

---

[181] OCDE, Rapport 2010, p. 16.
[182] *Ibid.*
[183] Sur la nature du capital, voir GORE François, « La notion de capital social » in Etudes offertes à René RODIERE, Dalloz, 1981, pp. 85-97. Pour l'auteur, ce n'est pas le capital qui est le gage effectif des créanciers, mais l'actif social puisqu'il représente seul des biens saisissables. Cette protection des créanciers par le capital ou l'actif social semble ne plus jouer particulièrement pour les sociétés dans la mesure où la loi pour l'initiative économique n° 2003-721 du 1er août 2003 a prévu la création de la SARL au capital d'un euro. Sur la question voir KRUGER Hervé, « Liberté de gestion et endettement des entreprises en droit fiscal », LGDJ, Bibliothèque Finances Publiques et Fiscalité, tome 48, 2007, particulièrement pp. 253-257. L'auteur mentionne que dans le projet de loi pour l'initiative économique l'exposé des motifs justifiait la suppression du capital par les motifs suivants : *« la garantie des créanciers par un capital minimum est illusoire, le capital social étant le plus souvent dépensé dans les premières semaines d'activités et certaines entreprises, notamment dans le secteur des service à la personne ou des services intellectuels [dans lesquels] l'utilité d'un capital de départ n'est pas avérée »*.

A. La détermination du capital à affecter

85. Si le principe d'un capital à affecter relève du postulat dans le cadre de l'approche de l'entité fonctionnellement distincte (1), sa détermination emprunte plusieurs voies possibles, notamment l'approche en fonction du capital effectif ou économique, et celle relative à la sous-capitalisation (2).

1) Le principe du capital libre suffisant

86. Comme le rappelle l'OCDE, même s'il n'est pas forcément nécessaire d'attribuer un capital à l'établissement stable, la même solvabilité que l'entreprise dans son ensemble lui étant attribuée, et ses besoins pouvant être couverts par le recours à l'emprunt, l'hypothèse de travail suppose que *« l'ES doit disposer d'un montant adéquat de capital libre pour financer les activités qu'il exerce, les actifs qu'il emploie et les risques qu'il assume »*[184]. La démarche se fait en deux étapes : la détermination des risques et des actifs, et la détermination du capital dit « libre ».
L'hypothèse de l'OCDE concerne l'attribution formelle d'un capital, cette dernière entraînant la prise en compte des risques de sous-capitalisation.

87. L'OCDE, qui appréhende l'établissement stable en tant qu'entité fonctionnellement distincte, considère qu'il est impératif, pour plusieurs raisons, d'attribuer, même en l'absence d'obligations formelles, un capital dit « libre » à l'établissement stable[185].
En premier lieu, cette démarche est cohérente avec la notion d'entité fonctionnellement distincte, l'attribution des actifs supposant corrélativement une attribution des passifs[186].
En second lieu, l'OCDE considère que cette attribution est conforme au principe de pleine concurrence, l'absence de capital libre pouvant offrir de larges possibilités d'évasion fiscale[187].

---

184 OCDE, Rapport 2010, p. 38.

185 Il est à noter que la mise à jour du Modèle de Convention fiscale du 18 juillet 2008 diffère de celle de 2010. Commentaires sous l'article 7 version 2008, paragraphe renuméroté 45 : *« Selon le principe de pleine concurrence, un établissement stable doit disposer d'un capital suffisant pour couvrir les fonctions qu'il exerce, les actifs dont il est le propriétaire économique et les risques qu'il assume. Dans le secteur financier, les réglementations fixent des niveaux minimums en capital réglementaire destiné à servir d'amortisseur au cas où les risques inhérents à l'activité se traduiraient par des pertes financières. Le capital fournit un garde-fou analogue dans les secteurs non financiers »*. Ce paragraphe n'a pas été repris dans les commentaires de 2010. Toutefois, ces derniers mentionnent l'obligation d'attribution d'un capital dans les paragraphes 21 et suivants des commentaires sous l'article 7.

186 La question de la sous-capitalisation des entreprises ne se pose pas uniquement en droit fiscal, puisque la jurisprudence judiciaire a déjà jugé que l'insuffisance de capital social pouvait être constitutive d'une faute de gestion. Cass com. 23.novembre 1999 n° 97-12834, non publié au Bulletin: *« L'arrêt retient, par motifs propres, qu'en créant une société sans apporter de fonds propres suffisants pour assurer son fonctionnement dans des conditions normales et en poursuivant l'activité sans prendre aucune mesure pour remédier à cette insuffisance de fonds propres, M. Y... a commis des fautes de gestion »*.

187 OCDE, Rapport 2010, p. 40. Cette hypothèse pourrait viser les cas de sous-capitalisation.

88. L'OCDE se fonde sur le fait que la délimitation entre dettes et fonds propres devrait se faire réellement, mais dans la seule mesure du possible, en fonction des actifs et des risques spécifiques attribués à l'établissement stable[188].
Si la question de la corrélation entre les actifs et les capitaux propres semble peu sujette à discussion, il semble que la question des risques, au demeurant non identifiés par l'OCDE, est plus complexe. En réalité, il est difficile de savoir ce qui pourrait permettre d'identifier des risques spécifiques à l'établissement stable et au surplus de les quantifier. Cette démarche renvoie à l'ensemble des problématiques liées à la détermination des prix de transfert. De ce fait, l'identification et la quantification des risques effectuées par l'entreprise sont susceptibles d'être remises en cause par les administrations fiscales.
De surcroît, l'OCDE, sans cependant développer cette approche, considère que l'attribution d'un capital permet d'éviter, ou, à tout le moins, d'atténuer la double imposition ou l'imposition insuffisante. Cette question renvoie aux différences d'approche des législations nationales en matière de qualification et d'imposition des dettes par rapport aux fonds propres.
Aux fins de cette détermination, l'OCDE examine plusieurs approches possibles : l'approche de la répartition du capital, la méthode de répartition du capital économique, et l'approche fondée sur la sous-capitalisation. En toute hypothèse, ces trois approches sont basées sur la notion de capital « suffisant » et « adéquat ».

2) Les différentes approches possibles

89. La première approche vise à attribuer un capital effectif à l'entreprise : le capital est attribué proportionnellement aux actifs et aux risques tels qu'ils ont été prédéterminés lors de la phase précédente. Une autre approche est fondée sur la répartition du capital économique. Elle suppose que les entreprises aient mis en place des systèmes d'évaluation des risques, ceux-ci étant considérés comme pertinents aux fins de la détermination du capital[189].
La troisième approche est fondée sur la sous-capitalisation. Dans cette approche, l'analyse fonctionnelle et factuelle permet de déterminer le montant du financement nécessaire, sans distinction entre dette et capital libre, et ensuite d'opérer la répartition entre les dettes portant intérêts et le capital.

---

188 *Ibid.*, p.41 *« Le problème qui se pose ensuite est de savoir comment répartir un montant adéquat de capital « libre » et de dettes portant intérêt entre les différentes divisions de l'entreprise. La répartition serait effectuée en fonction du lieu où les actifs et où les risques correspondants sont assumés et devrait tenir compte, dans la mesure du possible, des fonctions, actifs et risques spécifiques à l'établissement par rapport aux fonctions, actifs et risques de l'entreprise dans son ensemble. On tiendrait compte ainsi du fait que certaines activités des entreprises comportent des risques plus élevés et nécessitent plus de capital « libre » que d'autres ; par conséquent, les activités exercées par l'intermédiaire d'un ES peuvent nécessiter, proportionnellement, du capital « libre » en quantité plus ou moins importante que celui de l'entreprise dans son ensemble ».*

189 Voir, Van WANROOIJ Josine, "Comments on the Proposed Article 7 of the OECD Model Convention", *Intertax*, 2009, vol. 37, Issue 5, pp. 305-306.

90. Dans un souci d'application cohérente des règles, et dès lors que les pays d'implantation de l'établissement stable et celui du siège peuvent utiliser des méthodes différentes, l'OCDE préconise, sous conditions, de prendre en compte, aux fins du calcul des intérêts, la méthode de l'Etat d'implantation[190].
Il est à noter que, si certains pays, comme la France, n'ont pas encore élaboré de législation visant à attribuer un capital « libre » aux établissements stables, d'autres, comme l'Allemagne, avaient déjà pris en compte les recommandations de l'OCDE à cette fin[191]. Toutefois, l'Allemagne n'applique cette allocation de capital qu'aux seuls établissements stables allemands de sociétés bancaires étrangères[192].
En réalité, les deux premières approches préconisées par l'OCDE ont pour point commun de se fonder sur la notion de risque, qui demeure difficile à déterminer avec précision. L'approche par la sous-capitalisation est plus intéressante en ce qu'elle rapproche les établissements stables des entités juridiquement distinctes, en termes de modalités de financement des structures et en matière de lutte contre les abus.

B. L'application des règles fiscales de lutte contre la sous-capitalisation

91. La sous-capitalisation est le pendant de l'attribution d'un capital libre et renvoie aux modalités de financement des groupes. La question première est de savoir si, et dans quelle mesure, les limites imposées par les législations y afférentes sont applicables aux établissements stables (1). Ensuite, il apparaît que ces législations, bien qu'admises dans leur principe, sont limitées dans leur application, notamment par la jurisprudence européenne (2).

---

[190] OCDE, Modèle de Convention fiscale modifié le 18 juillet 2008, Commentaires sous l'article 7, paragraphe renuméroté 48 : *« Compte tenu de l'importance de cette question, le Comité s'est efforcé de trouver une solution pratique. Les pays membres de l'OCDE sont pour cette raison convenus d'accepter que soit utilisé, pour la détermination du montant d'intérêts déductibles qui sera utilisé pour le calcul de l'allègement de la double imposition, le capital imputé en application de la méthode employée par l'État où se situe l'établissement stable sous réserve que les deux conditions suivantes soient réunies : premièrement, si la différence entre le montant du capital imputé par cet État et par l'État de l'entreprise s'explique par l'existence d'un conflit dans le choix des méthodes d'imputation du capital préconisé dans les législations internes, et deuxièmement, si les États sont d'accord que l'État dans lequel se situe l'établissement stable a utilisé une méthode autorisée d'imputation du capital et s'ils sont également d'accord que méthode aboutit à un résultat conforme au principe de pleine concurrence dans le cas considéré ».* Ce paragraphe n'a pas été repris en tant que tel en 2010. Toutefois dans les commentaires modifiés de 2010, l'OCDE préconise, en toute hypothèse l'élimination de la double imposition. Voir § 49 des commentaires sous l'article 7.
[191] Bundesministerium der Finanzen, « Grundsätze der Verwaltung zur Bestimmung des Dotationskapitals bei Betriebsstätten international tätiger Kreditinstitute", Bundessteuerblatt 2005, Part I, p. 917.
[192] SEITZ Georg, "Attribution of profits to Permanent Establishments of multinational Banking Enterprises in Germany-How to determine the "free capital" under the decree of the German Federal Ministry of Finance", *Intertax,* 2006, Vol 34, Issue 2, pp. 86-95.

1) L'application des règles de sous-capitalisation aux établissements stables

92. Dans la mesure où il est prévu d'affecter un capital libre à l'établissement stable, et où l'établissement stable est assimilé aux fins de l'imposition à une entité juridiquement distincte, les législations relatives aux problèmes de sous-capitalisation sont susceptibles de s'appliquer. Jusqu'à la rédaction du rapport de 2008, l'OCDE préconisait une interdiction générale de déduction des intérêts liés à des prêts ou comptes fournisseurs internes, à l'exception de ceux ayant lieu dans le domaine bancaire. Cette interdiction s'appuyait, d'une part, sur des considérations juridiques, l'OCDE considérant que *« le transfert de la jouissance d'un capital contre rémunération et promesse de restitution à l'échéance est un acte formel qui n'est guère compatible avec la véritable nature juridique de l'établissement stable... »,* et, d'autre part, sur des considérations économiques, *« les dettes et les créances internes pouvant se révéler inexistantes ... »*[193].

Incidemment, l'OCDE abordait la question du capital minimal sous l'angle de la sous-capitalisation, mais sans apporter de recommandations spécifiques[194]. Toutefois, la question de la sous-capitalisation n'était pas exempte des préoccupations de l'OCDE, puisque, dès son rapport de 1987[195], elle indiquait : *« La sous-capitalisation ou la capitalisation dissimulée pose une question préliminaire, à savoir si le paiement en cause résulte ou non d'un prêt. Cette question préliminaire devait être examinée de plus près à une date ultérieure ».*

Pour certains auteurs, même en l'absence de dispositions spécifiques, le principe de pleine concurrence, prévu à l'article 9 des conventions établies sur le modèle de l'OCDE, permettait l'application des règles de sous-capitalisation, c'est-à-dire le refus de la déduction des intérêts[196].

Toutefois, du fait de l'absence de prise en compte, sauf dans certains cas spécifiques[197], des intérêts dans les relations entre un établissement stable et son siège, la question d'une éventuelle sous-capitalisation des établissements stables ne se posait pas.

93. En 2010, le sujet de la sous-capitalisation n'est abordé par l'OCDE que dans le but de l'affectation d'un capital libre. Il s'agit, dans cette optique, de procéder, dans un

---

[193] OCDE, Commentaires du 31 mars 1994 sous l'article 7 § 18.

[194] OCDE, commentaires du 31 mars 1994 sous l'article 7 § 18.1 : *« Si les emprunts contractés par le siège d'une entreprise étaient exclusivement destinés à financer ses activités ou, de manière évidente et exclusive l'activité d'un établissement stable donné, le problème se réduirait à une simple question de sous-capitalisation du bénéficiaire effectif de ces prêts. En réalité, les emprunts contractés notamment par le siège de l'entreprise ne serviront généralement que dans une certaine proportion aux besoins de celui-ci, car l'autre partie servira à doter les succursales d'un capital de base ».*

[195] OCDE, Rapport 1987, § 19.

[196] GERBINO Elie, Joly Société, n° 12/2001, p. 1191 : *« A notre sens, le déguisement d'un apport en prêt (...) comprend a fortiori celui du non-paiement, ce qui autoriserait l'Administration à refuser la déductibilité en France de l'aide ultérieure apportée par la mère à sa filiale étrangère sous-capitalisée ».*

[197] OCDE, commentaires du 31 mars 1994 sous l'article 7, § 19, concernant les entreprises financières. Pour ces entreprises, la facturation des intérêts est liée à leur activité.

premier temps, à un calcul du financement nécessaire, et, dans un second temps, de répartir ce besoin en financement entre capital et dettes portant intérêts[198].
Du fait, cependant, de la difficulté à définir la quotité du capital libre, le rapport de 2010 n'évoque pas l'application des législations de lutte contre la sous-capitalisation. En réalité, on pourrait supposer qu'il existe une étroite corrélation entre le montant du capital libre à affecter et les règles restrictives. En quelque sorte, le capital serait considéré comme suffisant, dès lors que le ratio dettes/fonds propres ne tomberait pas sous le coup des règles nationales relatives à la sous-capitalisation.
Cette supposition apparaît possible, mais réductrice. Elle est possible, car des Etats comme la France ont transposé aux établissements stables les règles applicables à la sous-capitalisation des filiales[199]. Elle est réductrice, car le capital, dans sa fonction de garantie des créanciers, n'a pas la même importance pour les établissements stables que pour les entités juridiquement distinctes.

94. En toute hypothèse, la plupart des pays européens se sont dotés de dispositifs visant à lutter contre la sous-capitalisation des entreprises[200]. En effet, le pendant d'un capital faible est généralement un endettement important induisant des charges financières[201]. Aussi, aux fins d'éviter une érosion de la base imposable des entreprises, les Etats ont défini « *un endettement fiscalement acceptable par rapport aux fonds propres* »[202].
Par ailleurs, les législations nationales ont, pour certaines d'entre elles, fait l'objet d'une refonte dans les années 2000, afin de les rendre conformes aux principes du droit de l'Union européenne de liberté d'établissement et de circulation des capitaux. Il en est ainsi, notamment, des lois françaises, néerlandaises et allemandes.
Si la majorité des pays européens applique une distinction franche entre capitaux propres et dettes aux fins d'imposition[203], un Etat au moins, la Belgique, a partiellement aboli les différences pour inciter les entreprises à renforcer leurs fonds propres.

Sans entrer dans le détail de législations complexes, il est à noter que le point commun à toutes ces dispositions aboutit, sous réserve de quelques modifications, à une assimilation entre les établissements stables et les filiales.
Seront étudiés, successivement, la loi française (a), et certains aspects des lois néerlandaises, et allemandes (b).

---

[198] OCDE, Rapport 2010, pp. 43-45.
[199] CGI, article 212, applicable à compter des exercices ouverts en 2007.
[200] IFA, Cahiers de droit international, « International aspects of thin capitalization », 1996, vol. 81 b, Kluwer law.
[201] Sur la différence entre la sous-capitalisation entendue comme un endettement excessif par rapport aux capitaux propres et la capitalisation dissimulée ou déguisée c'est à dire l'utilisation d'instruments de dette censés remplacer indûment des capitaux propres voir, KRUGER Hervé, « Liberté de gestion et endettement des entreprises en droit fiscal », LGDJ, Bibliothèque Finances Publiques et Fiscalité tome 48, 2007, pp. 284-286.
[202] BRAUNS Patrick, DAMBRE Benoît, « Compétition fiscale : la Belgique renforce son attractivité », *Option Finance*, n° 911/912, 18 décembre 2006, p. 31.
[203] France, Allemagne, Pays Bas, Espagne, etc…

a) La loi française en matière de sous-capitalisation

95. L'article 113 de la loi de Finances pour 2006[204] a profondément modifié le régime de lutte contre la sous-capitalisation inscrit à l'article 212 du code général des impôts[205]. Les dispositions législatives ont été commentées par l'administration fiscale le 31 décembre 2007[206]. Dans la définition donnée par l'administration fiscale des entreprises concernées, l'établissement stable, en tant qu'il est soumis à l'impôt sur les sociétés, est visé, au même titre que les autres structures soumises à l'impôt de plein droit ou sur option[207].
Antérieurement, une telle disposition visant les établissements stables français de sociétés étrangères n'existait pas dans la loi fiscale.

96. L'évolution du dispositif législatif est due à plusieurs facteurs.
En premier lieu, le Conseil d'Etat avait censuré à deux reprises l'application faite par l'administration fiscale de la législation antérieure, qui instaurait un régime discriminant entre les sociétés mères françaises et les sociétés mères étrangères[208].
En second lieu, la Cour de Justice des Communautés européennes avait également sanctionné, pour atteinte à la liberté d'établissement, les mesures de lutte contre la sous-capitalisation telles qu'elles existaient dans les droits allemand et néerlandais[209].
Par ailleurs, il est possible que l'évolution des recommandations OCDE, tendant à la reconnaissance des établissements stables comme entités fiscales à part entière, ait pu conduire à la prise en compte à leur égard des règles relatives à la lutte contre la sous-capitalisation.

97. Compte tenu des particularités des établissements stables, l'instruction opère une distinction selon que ceux-ci tiennent ou non une comptabilité propre.
Ainsi, l'instruction prévoit que : *« Les établissements stables ne possèdent ni personnalité juridique, ni capitaux propres. Ils disposent, toutefois, en principe, de quasi-fonds propres pour financer l'exercice de leurs activités. Pour apprécier le ratio d'endettement, il convient, pour les établissements stables, de comparer le montant moyen des avances rémunérées par l'établissement stable au montant de ses quasi-fonds propres.*

---

204 Loi de Finances pour 2006 n° 2005-1719 du 30 décembre 2005, JO du 31.
205 Modifié en dernier lieu par la loi n° 2011-1977 du 28 décembre 2011.
206 Instruction du 31 décembre 2007, BOI 4-H-8-07.
207 Instruction précitée, § 3 : *« Lorsqu'un établissement français d'une société étrangère remplit les conditions pour être soumis à l'impôt sur les sociétés tant au regard des critères internes retenus par la jurisprudence (...) que ceux définis par les conventions fiscales internationales, il convient d'appliquer les dispositions de l'article 212 pour déterminer le bénéfice imposable de cet établissement »*.
208 CE, 30 décembre 2003, n° 249047, *SARL Coréal Gestion*, *RJF, n°* 03/2004, n° 233, arrêt rendu dans le cadre de la compatibilité de la loi française avec le droit communautaire et CE, 30 décembre 2003 n° 233894, *SA Andritz*, *RJF, n°* 03/2004, n° 238 rendu dans le cadre de la compatibilité de la loi française avec les clauses de non-discrimination contenues dans les conventions relatives à la double imposition.
209 CJCE, 12 décembre 2002, aff C-324/00, *Lankhorst Hohorst GmbH et Finanzamt Steinfurt*, Rec. p. I-1179 et 18 septembre 2003, aff C-168/01, *Bosal Holding BV*, Rec. p. I-9409.

Ainsi, si l'établissement tient une comptabilité propre et a renseigné la ligne « dotations au capital », c'est ce montant majoré du résultat de l'exercice qu'il convient de retenir pour le calcul du ratio d'endettement.
Dans le cas inverse, il convient de déterminer le mode de financement de l'établissement stable. S'il est financé par voie d'emprunts et d'avances rémunérées du siège, le montant des capitaux propres sera considéré comme égal au résultat de l'exercice. En revanche, si l'établissement stable est financé par des avances non rémunérées du siège et s'il assimile lui-même ces avances à des dotations en capital en les déclarant comme telles dans sa déclaration fiscale de résultat, le montant des capitaux propres sera considéré comme égal au montant moyen de ces avances non rémunérées au cours de l'exercice majoré du résultat de l'exercice »[210].
Si la notion de « quasi-fonds propres » ne s'assimile pas pleinement à celle de capitaux propres[211], la différence ne paraît pas dirimante en ce qui concerne l'application du dispositif.

98. La législation française apparaît en conformité avec le principe de l'entité fonctionnellement distincte. L'établissement stable est assimilé à une entreprise juridiquement distincte si les activités sont identiques et analogues et exercées dans des conditions identiques ou analogues. Ainsi, s'il n'est financé que par voie d'emprunt et d'avances rémunérées du siège, il ne fonctionne pas, *de facto*, comme une entreprise juridiquement distincte, laquelle a une obligation de capital minimum[212], et ses quasi-fonds propres ne sont constitués que de son seul résultat. Indirectement, la loi française encourage les sièges étrangers à doter leurs établissements stables d'un capital suffisant. En règle générale, ce souci de doter les structures de capitaux propres suffisants se retrouve constamment dans les autres législations dotées de système de lutte contre la sous-capitalisation.
Il est à noter que la législation française, comme les législations allemandes et néerlandaises, tient compte de la notion de groupe pour calculer les ratios d'endettement.
Ainsi, dans sa nouvelle rédaction, l'article 212 III du CGI prévoit : *« Les dispositions du II ne s'appliquent pas si l'entreprise apporte la preuve que le ratio d'endettement du groupe auquel elle appartient est supérieur ou égal à son propre ratio d'endettement au titre de l'exercice mentionné au II. Pour l'application des dispositions du premier alinéa, le groupe s'entend de l'ensemble des entreprises françaises ou étrangères placées sous le contrôle exclusif d'une même société ou personne morale, au sens du II de l'article L. 233-16 du code de commerce. L'appréciation des droits de vote détenus indirectement par la société ou personne morale s'opère en additionnant les pourcentages de droits de vote détenus par chaque entreprise du groupe ».*
La notion de groupe est ici plus large que celle qui prévaut dans les systèmes d'intégration fiscale nationaux.
Cette notion de groupe, au sens des comptes consolidés, se retrouve dans les législations étrangères modifiées à la suite des arrêts de la Cour.

---

[210] Instruction précitée, § 81 et suivants.
[211] Notamment en raison de l'absence de prise en compte des provisions réglementées.
[212] Un tempérament à l'obligation d'un capital minimum a été opéré par l'introduction de la SARL au capital d'un euro par la loi n° 2003-721 pour l'initiative économique dite « loi Dutreil » du 1er août 2003.

b) Les lois étrangères en matière de sous-capitalisation

99. Les particularités des législations néerlandaise et allemande, qui ont été modifiées afin de tenir compte de la jurisprudence européenne en matière de liberté d'établissement, seront brièvement mentionnées.

La législation néerlandaise :

100. La législation néerlandaise relative à la sous-capitalisation a été modifiée à la suite de l'arrêt *Bosal*[213], qui avait condamné l'Etat néerlandais pour atteinte à la liberté d'établissement. Elle prévoit une absence de déduction des frais financiers, lorsque le ratio d'endettement est considéré comme insuffisant[214].
De la même façon qu'en droit français, la société a la possibilité de prouver qu'elle n'est pas sous-capitalisée, dès lors que son ratio d'endettement n'est pas supérieur à celui du groupe (au sens de groupe établissant des comptes consolidés) dont elle fait partie.
En outre, les règles néerlandaises, comme les règles allemandes, mais à la différence des règles françaises, prennent en compte les groupes nationaux intégrés en tant qu'entité fiscale unique. Dans ce cas, le ratio dettes/fonds propres ne s'apprécie qu'au regard du groupe dans son ensemble. Ainsi, les règles relatives à la sous-capitalisation ne sont susceptibles de s'appliquer que dans le cas d'un endettement extérieur.

La législation allemande

101. Les règles relatives à la sous-capitalisation ont été mises en place en droit allemand à compter de 1994[215].
La législation a été modifiée[216] à la suite de l'arrêt *Lankhorst-Hohorst*[217], dans lequel la Cour de justice des Communautés a considéré que les règles allemandes alors en vigueur étaient contraires à la liberté d'établissement.
La loi allemande prévoit désormais que les intérêts sont déductibles à hauteur des produits financiers résultant de prêts. Au-delà de ce seuil, la déduction est limitée à 30% du bénéfice avant déduction des intérêts et des amortissements, et abstraction faite des produits financiers présentant la nature d'intérêts[218].
Si le droit allemand prend en considération le groupe intégré (Organschaft), comme entité fiscale unique insusceptible de se voir appliquer la législation sur la sous-capitalisation, il ne reconnaît pas, en revanche, la notion de financement global pour les sociétés étrangères possédant un établissement stable.

---

[213] CJCE, 18 septembre 2003, aff. C-168/01, *Bosal Holding BV*, Rec. p.I-9409.
[214] KRUGER Hervé, « Gestion fiscale du financement des groupes multinationaux et principes s », *Petites Affiches*, n° 199, 5 octobre 2006, pp. 5-10.
[215] Körperschaftsteuergesetz, article 8, créé par la loi du 13 septembre 1993.
[216] Loi du 14 août 2007, "Unternehmenssteuerreformgesetz 2008", Bundesgesetzblatt, Teil I, 2007, p. 1912.
[217] CJCE, 12 décembre 2002, aff C-324/00, *Lankhorst Hohorst GmbH et Finanzamt Steinfurt*, Rec. p. I-1179.
[218] VIEGENER Johannes, « La réforme fiscale 2008 en Allemagne », *Droit Fiscal,* n° 49, 6 décembre 2007, p. 15.

Ainsi, comme dans la loi française, l'établissement stable allemand d'une société étrangère peut se voir appliquer les règles de sous-capitalisation.

Force est de constater que, dans la mesure où l'établissement stable est assimilé à une entreprise juridiquement distincte, il ne devrait pas y avoir d'obstacle théorique à l'application de ces règles, certains Etats les ayant d'ailleurs intégrées dans leur arsenal législatif.
Les limitations en la matière ont été apportées par les textes et la jurisprudence européens.

2) Les limites apportées par le droit de l'Union européenne

102. La préoccupation des Etats de limiter la faculté de déduction des charges financières entre entreprises liées n'est pas récente[219]. Toutefois, cette possibilité de limitation s'est heurtée à la jurisprudence de la Cour de Justice relative aux libertés d'établissement et de circulation des capitaux[220].
Il est à noter que la Cour n'a pas eu à connaître des problématiques de sous-capitalisation dans le cas des établissements stables : d'une part, parce que les Etats membres ont généralement conclu des conventions sur la base du modèle de l'OCDE qui, avant les modifications introduites en 2008, refusait la déductibilité des intérêts entre un établissement stable et l'entreprise dans son ensemble ; d'autre part, parce que la question de la sous-capitalisation des établissements stables n'a été inscrite, lorsque tel est le cas, que récemment dans la législation des Etats membres.

Avant de s'interroger sur l'applicabilité des normes européennes aux établissements stables, (b), il convient de définir les normes européennes actuelles s'appliquant en matière de sous-capitalisation (a).

a) Les normes européennes actuelles en matière de sous-capitalisation

103. La Cour de Justice s'est prononcée dans deux arrêts sur la compatibilité des règles afférentes à la sous-capitalisation avec le droit de l'Union.
Le premier arrêt concernait la compatibilité de la législation allemande avec le droit de l'Union[221], le second celle de la législation britannique[222].
Par ailleurs, la Commission européenne, dans une communication en date du 10 décembre 2007[223], a visé spécifiquement les législations de lutte contre la sous-

---

[219] En ce qui concerne la France les premiers textes en la matière a été la loi du 13 janvier 1941 et le décret n° 48-1986 du 9 décembre 1948, codifié à l'article 212 du Code général des impôts.
[220] KRUGER Hervé, « Liberté de gestion et endettement des entreprises en droit fiscal », LGDJ, Bibliothèque Finances Publiques et Fiscalité, tome 48, 2007, pp. 351-363 ; KRUGER Hervé, « Gestion fiscale du financement des groupes multinationaux et principes communautaires », *Les Petites Affiches,* n° 199, 5 octobre 2006, pp. 5-10.
[221] CJCE, 12 décembre 2002, aff C-324/00, *Lankhorst Hohorst GmbH et Finanzamt Steinfurt,* précité.
[222] CJCE 13 mars 2007, aff C-524/04, *Test Claimants in the Thin Cap Group Litigation,* Rec. p. I-2107.

capitalisation, reprenant à son compte les conclusions formulées par la Cour dans les arrêts précités.

104. Il ressort de la jurisprudence et de la communication de la Commission que, dans des situations purement européennes, ces législations ne peuvent généralement trouver à s'appliquer, car elles portent atteinte à la liberté d'établissement.
A cet égard, il est souligné que la deuxième Directive bancaire européenne 89/646/CE du 15 décembre 1989 a transposé le principe de la liberté d'établissement en matière bancaire. Il en résulte qu'une succursale bancaire d'une banque établie dans l'Union européenne n'est assujettie qu'à la seule réglementation de son pays d'origine, et qu'elle n'a pas l'obligation d'un capital minimum. En revanche, les succursales françaises de banques hors de l'Union restent soumises à une dotation minimale. Ce type de réglementation induit des risques d'évasion fiscale, les entreprises bancaires hors Union pouvant être tentées d'implanter une succursale en France par l'intermédiaire d'une société établie dans l'Union.

105. Par ailleurs, le raisonnement adopté par la Cour dans ses arrêts suppose de rechercher si la mesure en cause porte atteinte à une des libertés fondamentales garanties par le Traité, s'il existe des justifications à cette entrave, et si la législation est proportionnée à l'objectif recherché.
En ce qui concerne l'atteinte aux libertés fondamentales, la Cour a jugé systématiquement que les législations en cause portaient atteinte à la liberté d'établissement, car elles établissaient une discrimination selon que la société prêteuse était résidente ou non-résidente.
Pour l'éventuelle atteinte à la liberté de circulation des capitaux, la jurisprudence s'est clarifiée. Dans l'arrêt *Lankhorst Hohorst*[224], la Cour s'était bornée à constater: *« Une telle différence de traitement entre filiales résidentes en fonction du siège de leur société mère constitue une entrave à la liberté d'établissement, en principe interdite par l'article 43 CE(...) ».*
L'évolution jurisprudentielle a conduit la Cour à prendre position sur une éventuelle restriction à la liberté de circulation des capitaux.
Ainsi, dans l'arrêt *Test Claimants in the Thin Cap Group Litigation*[225], la Cour a clairement indiqué: *«Une législation telle que celle en cause au principal, qui ne vise que des relations au sein d'un groupe de sociétés, affecte de manière prépondérante la liberté d'établissement et doit donc être examinée au regard de l'article 43 CE. À supposer que cette législation ait, comme le soutiennent les demanderesses au principal, des effets restrictifs sur la libre prestation des services et sur la libre circulation des capitaux, de tels effets seraient la conséquence inéluctable d'une éventuelle entrave à la liberté d'établissement et ils ne justifient pas un examen de ladite législation au regard des articles 49 CE et 56 CE ».*

---

223 Commission, Communication 10 décembre 2007, COM/2007/785, IP/07/1878 et MEMO/07/558.
224 CJCE, 12 décembre 2002, *Lankhorst Hohorst GmbH et Finanzamt Steinfurt*, précité, point 32.
225 CJCE 13 mars 2007, aff C-524/04, *Test Claimants in the Thin Cap Group Litigation*, précité, points 33 et 34.

106. Les justifications apportées à l'atteinte à la liberté d'établissement ne peuvent être admises que si elles constituent des motifs impérieux d'intérêt général.
Dans les deux jurisprudences précitées, les gouvernements nationaux avaient fait valoir la nécessité d'assurer la cohérence du système fiscal national. Ce motif a été écarté à deux reprises par la Cour[226].
De la même manière, les gouvernements allemand et britannique avaient excipé de motifs liés à la lutte contre les pratiques abusives.
Bien que non reconnu en l'espèce, ce motif de justification était présent dès l'arrêt *Lankhorst Hohorst*[227].
Dans l'arrêt *Test Claimants in the Thin Cap Group Litigation*, la Cour a validé le motif lié à la lutte contre les pratiques abusives sous réserve, d'une part, que la législation pour qualifier les pratiques d'abusives se base sur un examen d'éléments objectifs et vérifiables, et, d'autre part, que les intérêts ne soient requalifiés [en bénéfices distribués] que pour autant qu'ils excèdent ce qui aurait été convenu dans des conditions de pleine concurrence[228].

107. Il semble que l'évolution de la jurisprudence ait conduit à faire de la lutte contre les pratiques abusives le motif de justification unique permettant, dans le cas des législations de lutte contre la sous-capitalisation, une restriction à la liberté d'établissement.
Ainsi, dans sa communication en date du 10 décembre 2007, la Commission a considéré qu'il convenait de permettre aux Etats de protéger leur base imposable de l'érosion fiscale due à des montages purement artificiels ayant pour but d'éluder l'impôt[229].

---

[226] Arrêts précités *Lankhorst Hohorst*, point 42 et *Test Claimants in the Thin Cap Group Litigation*, points 66-70.
[227] Arrêt *Lankhorst Hohorst* précité, point 37: « *En ce qui concerne plus spécifiquement la justification fondée sur le risque d'évasion fiscale, il importe de souligner que la législation en cause au principal n'a pas pour objet spécifique d'exclure d'un avantage fiscal les montages purement artificiels dont le but serait d'échapper à l'emprise de la législation fiscale allemande, mais vise, de manière générale, toute situation dans laquelle la société mère a son siège, pour quelque raison que ce soit, en dehors de la République fédérale d'Allemagne. Or, une telle situation n'implique pas, en elle-même, un risque d'évasion fiscale, une telle société étant en tout état de cause soumise à la législation fiscale de l'État où elle est établie* ».
[228] Arrêt *Test Claimants in the Thin Cap Group Litigation* précité, point 92.
[229] Communication de la Commission au Conseil, au Parlement européen et au Comité économique et social européen COM(2007) 785 final du 10 décembre 2007 : « *L'application des mesures de lutte contre les abus dans le domaine de la fiscalité directe. Au sein de l'Union européenne et dans les rapports avec les pays tiers La suppression pure et simple des règles relatives à la sous-capitalisation ou l'exclusion de leur champ d'application des accords avec les prêteurs résidant dans d'autres États membres et États de l'EEE permettrait d'éliminer les différences de traitement entre filiales résidentes qui se fondent sur la localisation du siège de leur maison mère au sein de l'UE et de l'EEE. La Commission estime cependant qu'il convient que les États membres soient en mesure de protéger leur assiette fiscale de toute érosion artificielle due à des montages de financement par l'emprunt, et ce même au sein de l'UE et de l'EEE. À la suite de l'affaire Lankhorst, certains États membres ont tenté de se protéger de toute accusation de discrimination en étendant l'application de leurs règles en matière de sous-capitalisation aux transactions réalisées dans un cadre strictement national. Comme cela est expliqué plus haut, il n'est pas souhaitable d'aller dans ce sens. Dans l'affaire Thin Cap, la CJE a reconnu que les mesures visant à faire obstacle à la sous-capitalisation ne sont pas*

Il en résulte que la Commission ne souhaite pas, à la différence d'autres atteintes aux libertés fondamentales[230], admettre de motif d'intérêt général autre que celui de l'abus de droit, dès lors que les règles anti-abus – règles sur les sociétés étrangères contrôlées et règles relatives à la lutte contre la sous-capitalisation – sont spécifiques.
Cette position opère un durcissement dans l'application des règles de lutte contre la sous-capitalisation. En effet, pour les Etats ayant institué ce type de règles, il s'agissait, *a priori* uniquement, de réintégrer une fraction de charges considérées comme non déductibles sur le fondement de l'acte anormal de gestion ou du transfert de bénéfices[231].
La Cour et la Commission, en ne considérant comme justifications à l'application de ces législations que la lutte contre les montages artificiels ayant pour seul but d'éluder l'impôt, restreignent, à tout le moins dans le cadre strictement européen, considérablement le champ d'application de ces législations.

108. Toutefois, il convient de noter que, hors du cadre européen, les législations nationales relatives à la sous-capitalisation ne tombent pas sous le coup des jurisprudences précitées. En effet, dans l'arrêt *Test Claimants in the Thin Cap Group Litigation*, la Cour a jugé que, dès lors que les prêts sont accordés par des structures établies dans des pays tiers détenant directement ou indirectement (par exemple, par le biais d'un établissement stable situé dans un pays membre) le contrôle de la société emprunteuse, l'article 43 du TCE est insusceptible de s'appliquer. Les législations en cause, relevant de l'article 43 (liberté d'établissement) et non de l'article 56 (liberté de circulation des capitaux), ne sont pas soumises à l'examen de la Cour[232].
Outre le contrôle de compatibilité de ces législations avec les libertés fondamentales, les législations nationales ayant donné lieu aux arrêts précités appliquaient une présomption de distribution de bénéfices à la fraction d'intérêts rejetés.
Aussi, la question se pose de savoir si, et dans quelle mesure, la Cour pourrait rendre des arrêts identiques dans le cas des établissements stables.

---

condamnables en soi. Il convient cependant d'en limiter l'application aux montages purement artificiels. Pour ce faire, on pourra contrôler que les modalités des accords de financement par l'emprunt entre sociétés apparentées ne dépassent pas le cadre des accords qui auraient été conclus entre sociétés non apparentées, ou, à défaut, qu'elles se justifient par des motivations commerciales légitimes ».

[230] Voir en ce sens, les arrêts sur les pertes transfrontalières ; CJCE, 13décembre 2005, aff C-446/03, *Marks & Spencer Plc*, Rec. p. I-10837 ; 18 juillet 2007, aff C-231/05, *Oy AA*, Rec. p. I-6373 ; 15 mai 2008, aff C-414/06, *Lidl Belgium,* Rec. p. I-3601, qui ont reconnu comme motifs de justification suffisants au moins deux des trois motifs suivants : la préservation de la répartition du pouvoir d'imposition des Etats membres, le risque de double emploi des pertes, et le risque d'évasion fiscale.

[231] DE WAAL Allard, « Sous-capitalisation, abus de droit et acte anormal de gestion », *Droit Fiscal,* n° 7/1997, pp. 252-255.

[232] CJCE, 13 mars 2007, aff C-524/04, *Test Claimants in the Thin Cap Group Litigation*, points 34 et 104-105: *« À supposer que cette législation ait, comme le soutiennent les demanderesses au principal, des effets restrictifs sur la libre prestation des services et sur la libre circulation des capitaux, de tels effets seraient la conséquence inéluctable d'une éventuelle entrave à la liberté d'établissement et ils ne justifient pas un examen de ladite législation au regard des articles 49 CE et 56 CE »* .Voir, également en ce sens les arrêts du 14 octobre 2004, *Omega*, aff. C-36/02, Rec. p. I-9609, point 27; *Cadbury Schweppes et Cadbury Schweppes Overseas*, précité, point 33, et du 3 octobre 2006, *Fidium Finanz*, aff. C-452/04, Rec. p. I-9521, points 48 et 49.

b) L'application des normes européennes au cas particulier des établissements stables

109. Du strict point de vue de l'application des principes, il ne semble pas douteux que la jurisprudence européenne afférente aux règles de lutte contre la sous-capitalisation s'applique de la même manière, que la structure sous-capitalisée en cause soit une filiale ou un établissement stable. En effet, à de multiples reprises, la Cour a jugé, et ce conformément à l'article 43[233] du TCE, qu'il ne pouvait être mis aucune restriction à l'établissement d'une société dans un autre Etat par l'intermédiaire d'un établissement stable[234].

A ce titre, il ne peut y avoir de discrimination entre la filiale et l'établissement stable d'une société étrangère, ou de législation rendant *« moins attrayant l'exercice de la liberté d'établissement »*[235].

Au préalable, il convient d'écarter le cas où il n'existe pas, dans la législation nationale considérée, de différence selon le cas où la société prêteuse est résidente ou non-résidente.

Dans ce cas, en effet, il n'existe pas de restriction à la liberté d'établissement sanctionnable par la Cour, que les structures soient des entités juridiquement distinctes ou des établissements stables.

Ainsi, dans l'arrêt *Test Claimants in the Thin Cap Group Litigation*, la Cour note: *« En l'absence de mesures d'unification ou d'harmonisation, les Etats membres demeurent compétents pour définir par voie conventionnelle ou unilatérale les critères de répartition de leur pouvoir de taxation, en vue notamment, d'éliminer les doubles impositions... »*[236].

Pour reprendre les propos de l'Avocat général GEELHOED dans ses conclusions[237]: *« Pour relever de l'article 43 CE, le traitement fiscal défavorable doit être le fruit d'une discrimination, directe ou occulte, résultant des règles propres à un système fiscal donné, et non simplement de disparités ou de la répartition des compétences fiscales entre les systèmes fiscaux de deux ou de plusieurs États membres ou encore de la coexistence d'administrations fiscales nationales (nous avons parlé à ce propos de «quasi-restrictions») ».*

110. En revanche, le point de savoir si l'absence de distribution de bénéfices *stricto sensu* par les établissements stables pourrait modifier l'application des jurisprudences

---

[233] TFUE, Article 49 : *« Dans le cadre des dispositions visées ci-après, les restrictions à la liberté d'établissement des ressortissants d'un État membre dans le territoire d'un autre État membre sont interdites. Cette interdiction s'étend également aux restrictions à la création d'agences, de succursales ou de filiales, par les ressortissants d'un État membre établis sur le territoire d'un État membre ».*

[234] CJCE, 21 septembre 1999, aff. C-307/97, *Saint Gobain ZN*, Rec. p. I-6161, point 35; 14 décembre 2000, *AMID*, aff. C-141/99, Rec. p. I-11619, point 20 ; 23 février 2006, *Keller Holding*, aff. C-471/04, Rec. p. I-2107, point 29.

[235] CJCE, 28 février 2008, aff. C-293/06, *Deutsche Shell*, Rec. p. I-1129, point 28 : *« Il importe de rappeler que, conformément à une jurisprudence constante, doit être considérée comme une entrave toute mesure qui interdit, gêne ou rend moins attrayant l'exercice de ladite liberté (voir arrêts du 30 novembre 1995, Gebhard, C-55/94, Rec. p. I-4165, point 37, et du 5 octobre 2004, CaixaBank France, C-442/02, Rec. p. I-8961, point 11) ».*

[236] Arrêt précité, point 49.

[237] Conclusions de l'Avocat général M. L. A. GEELHOED, présentées le 29 juin 2006, point 40.

précitées, présente un intérêt. Dans l'arrêt *Test Claimants in the Thin Cap Group Litigation*, la Cour notait que la disposition en cause, qualifiant de distribués les revenus excédentaires, *« reflétait un choix unilatéral du législateur »*[238].
Les établissements stables ne distribuent pas de bénéfices. Aussi, dans le cas d'application à leur égard de règles visant à lutter contre la sous-capitalisation, il n'y aurait qu'une augmentation de la base imposable dans l'Etat de la société emprunteuse[239].
Quel que soit le système national de neutralisation de la double imposition, exemption ou imputation, il n'y aurait pas de traitement fiscal défavorable du fait de la résidence de la société prêteuse.
En effet, si l'Etat du prêteur applique un système d'imposition des bénéfices territorial ou mondial avec bénéfice d'exemption, l'augmentation des bénéfices imposables de la succursale n'est pas prise en compte par l'Etat du siège du fait de l'application du régime d'exemption.
Si l'Etat du prêteur applique un système d'imposition des bénéfices mondiaux avec application du régime de l'imputation, le crédit d'impôt accordé neutralise l'augmentation de la base imposable dans le pays d'accueil. Quand bien même le crédit d'impôt serait limité à l'impôt payé dans les mêmes conditions dans le pays de résidence, cela relèverait plus des disparités entre les systèmes fiscaux que d'une discrimination fondée sur la nationalité[240].

111. Ainsi, l'application des règles de lutte contre la sous-capitalisation aux établissements stables, compte tenu de l'impossibilité de qualifier la fraction non déductible des intérêts en revenus présumés distribués, ne relèverait pas de l'article 49 (ex article 43 du TCE) du TFUE.
Dès lors que l'établissement stable est considéré comme une entité fonctionnellement distincte aux fins de l'imposition, il ne semble donc pas y avoir d'obstacles à l'application des règles de lutte contre la sous-capitalisation à son encontre, pour autant qu'elles ne créent pas une discrimination fondée sur le lieu d'établissement du prêteur. Par surcroît, les normes européennes n'ayant pas banni ce type de législations, les conditions de leur application ne pourraient pas être plus strictes que celles s'appliquant aux filiales.

*

***

112. Aux fins d'établissement d'un bilan, la notion conventionnelle d'entité fonctionnellement distincte est nécessaire, utile, et en grande partie compatible avec l'application des normes européennes et nationales.
En effet, dans la mesure où l'établissement stable a pour finalité la répartition de la matière imposable entre l'Etat d'implantation et l'Etat du siège et où, par nature, l'établissement est doté d'une permanence telle qu'il est imposé selon les règles de son Etat d'implantation, il paraît opportun de lui appliquer les mêmes règles, en termes de

---

[238] Arrêt précité point 51.
[239] En l'absence de *branch tax* sur le territoire européen.
[240] Par analogie avec les termes employés dans l'arrêt CJCE, 12 décembre 2006, aff. C-446/04, *Test Claimants in the FII Group Litigation*, Rec. p. I-11753.

définition des lignes bilantielles, que celles s'appliquant à des entreprises juridiquement distinctes.
Ainsi, les réflexions de l'OCDE sur les revenus attribuables à l'établissement stable, transposées dans le Modèle de Convention fiscale mis à jour en juillet 2010, conduisent à une unification de plus en plus importante des normes s'appliquant aux entreprises, qu'elles soient dotées ou non de la personnalité morale.

113. A cet égard, le fait d'attribuer à l'établissement stable des lignes d'actifs correspondant aux actifs immatériels et des lignes de passif correspondant à un capital permet certainement une appréhension plus juste de la valeur économique d'un établissement.
De surcroît, la prise en compte de ces nouvelles lignes de bilan permettrait de résorber les distorsions qui existent entre l'activité pure, soumise au principe de pleine concurrence, quand bien même elle est réalisée avec le siège ou d'autres établissements du siège, et les activités annexes, considérées comme ne pouvant donner lieu à comptabilisation, du fait de l'unicité de l'entreprise[241].

114. Cependant, une prise en compte indifférenciée des bilans des établissements stables et des entités juridiquement distinctes n'est pas aisée pour plusieurs raisons.
Tout d'abord, l'établissement stable n'est effectivement pas doté de la personnalité morale, ce qui implique qu'il n'existe pas de liens contractuels matérialisables pour certaines opérations conclues avec le siège ou d'autres parties de l'entreprise.
Ensuite, parce que les recommandations de l'OCDE ne sont pas nécessairement conciliables avec le droit de l'Union européenne.
En effet, l'OCDE cherche, en ce qui concerne les établissements stables, à éviter les doubles impositions entre deux Etats, en permettant l'établissement de l'assiette de l'impôt sur un territoire national.
L'Union européenne part du postulat économique du Marché commun et vise à supprimer les entraves fiscales au marché unique[242].
Il en résulte que l'Union européenne, considérant que le marché européen est équivalent à un marché intérieur, n'a pas toujours une approche identique à celle de l'OCDE. Il en

---

[241] DE WAAL Allard, « De l'inégalité de traitement entre succursales et filiales », *RDAI,* n° 5/1997, pp. 631-652. Ainsi, s'il est communément admis que les « cessions » de stocks entre les différentes parties de l'entreprise doivent se faire *at arm's length principle*, il n'en va pas de même des intérêts des emprunts et des redevances d'usage d'actifs incorporels qui sont considérés comme ne pouvant être déduits du fait de l'absence de personnalité morale de l'établissement stable. Il est d'ailleurs intéressant de noter que dès lors que les intérêts correspondent à l'activité de l'entrepris (activité bancaire), ils deviennent d'ailleurs déductibles. Cf. KRUGER Hervé, « Liberté de gestion et endettement des entreprises en droit fiscal », LGDJ, Bibliothèque Finances Publiques et Fiscalité tome 48, 2007, pp. 295 et suivantes.

[242] Voir par exemple, la Directive du Conseil du 3 juin 2003, 2003/49/CE, concernant un régime fiscal commun applicable aux paiements d'intérêts et de redevances effectués entre des sociétés associées d'États membres différents qui prévoie dans l'exposé de ses motifs que : *« Dans un marché unique ayant les caractéristiques d'un marché intérieur, les opérations entre sociétés d'États membres différents ne devraient pas être soumises à des conditions fiscales moins favorables que celles qui sont applicables aux mêmes opérations effectuées entre sociétés du même État membre ».*

est ainsi en ce qui concerne les questions relatives aux transferts d'actifs ou à la sous-capitalisation.

115. La différence de logique entre les deux approches se retrouve également en ce qui concerne la détermination du résultat. Là également, l'OCDE fait prévaloir la notion d'entité fonctionnellement distincte appliquée aux établissements stables, alors que l'Union européenne a tendance à considérer que l'établissement stable, étant partie d'un « groupe », du moins au niveau européen, il convient de supprimer, comme pour certaines filiales, les obstacles fiscaux à son activité.

CHAPITRE 2 : LES ANALOGIES ENTRE LES ÉTABLISSEMENTS STABLES ET LES ENTITÉS JURIDIQUEMENT DISTINCTES DANS LA DÉTERMINATION ET L'IMPOSITION DU RÉSULTAT

116. L'établissement d'un bilan, en tant que fondement comptable participant à la détermination du résultat imposable, est nécessaire mais insuffisant pour affecter un bénéfice. En effet, la base imposable est duale : elle correspond à la fois à la variation de l'actif net et aux bénéfices résultant de la différence entre les produits et les charges fiscalement admis.

Historiquement, la détermination de la base imposable de l'établissement stable s'est faite en considération du résultat, c'est-à-dire en vertu de l'approche basée sur la différence entre les produits et les charges fiscalement admis, et correspondant à ceux qui auraient été réalisés par une entreprise juridiquement distincte. Ainsi, dans son rapport révisé sur l'imputation des bénéfices aux établissements stables, l'OECE notait : *« (...) l'idée, généralement entérinée dans les accords bilatéraux conclus depuis la guerre [est], que les bénéfices à imputer à un établissement stable sont ceux que cet établissement aurait réalisés, si au lieu de traiter avec son entreprise mère, il avait traité avec une entreprise entièrement distincte, aux conditions et aux prix du marché ordinaire »*[243]. Etait ainsi posé le principe d'une imposition des bénéfices de l'établissement stable similaire à celle des entreprises distinctes, principe définitivement entériné par l'OCDE dans ses rapports de 2008 et 2010, préconisant l'approche unique de l'entité fonctionnellement distincte[244].

117. Toutefois, les bénéfices pris en compte dans les premiers Modèles de Conventions s'entendaient spécifiquement des bénéfices industriels et commerciaux, lesquels n'étaient cependant affectés à l'établissement stable que sous certaines conditions.

L'évolution du Modèle de Convention a permis d'élargir le spectre des revenus actifs pris en compte, en incluant des bénéfices n'ayant pas la nature de bénéfices industriels et commerciaux. En outre, les dernières propositions de l'OCDE, recommandant d'allouer à l'établissement stable des lignes bilantielles équivalentes à celles données aux entreprises distinctes et juridiquement indépendantes, induisent la comptabilisation de charges et de produits, considérés comme des revenus passifs, qui, jusqu'alors, n'étaient pas affectés aux établissements stables.

Cependant, le Modèle de Convention et les recommandations de l'OCDE ne sont qu'une des approches de la notion de bénéfices d'entreprise imposables. Aussi, les droits nationaux et le droit de l'Union sont susceptibles d'en donner des interprétations différentes.

Ainsi, s'il est acquis que les revenus actifs des entreprises sont imposables dans l'Etat d'implantation de l'établissement stable dans des conditions similaires à celles prévalant pour les entreprises distinctes (section 1), l'évolution du droit conduit à la prise en

[243] OECE, 9 mars 1959, FC/WP7(59)1, p. 10.

[244] OCDE, 2008, Rapport sur l'attribution de bénéfices aux établissements stables, § 79, p. 32 : *« ...que cet établissement aurait perçus, dans des conditions de pleine concurrence, s'il avait été une entreprise distincte et juridiquement indépendante exerçant des fonctions identiques et analogues dans des conditions identiques et analogues, déterminées en appliquant le principe de pleine concurrence visé à l'article 7 ».*

compte de certains revenus passifs, l'OCDE et l'Union européenne n'ayant toutefois pas la même approche (section 2).

SECTION 1 : L'IMPOSITION DES BÉNÉFICES D'ENTREPRISE DE L'ÉTABLISSEMENT STABLE

118. L'imposition de l'établissement stable résulte d'un nécessaire compromis entre l'Etat de *situs* – celui de l'établissement stable – et l'Etat de la résidence – celui du siège[245]. La compétence générale d'imposition de l'Etat de résidence des entreprises n'est limitée que par l'existence d'un établissement stable dans un autre Etat[246].
En tant qu'entité fonctionnellement distincte, l'établissement stable est imposé par l'Etat de *situs* selon les règles de cet Etat, sans que puisse y faire obstacle le fait qu'il n'est pas considéré comme un résident dans le pays (§ 1).
Cependant, l'établissement stable, s'il est considéré comme une entreprise distincte pour la détermination de ses revenus actifs imposables, est juridiquement une partie de l'entreprise. A cet égard, le contrôle de ses résultats imposables est similaire à celui qui est appliqué aux sociétés entre lesquelles existent un lien de dépendance, c'est-à-dire le contrôle relatif aux prix de transfert (§ 2).

[245] TENORE Mario, " Timing Issues Related to Changes in Treaty Residence or Source", *Intertax*, 2006, vol. 34, Issue 3, pp. 137-138.
[246] A cet égard, l'OCDE, comme les organismes qui l'ont précédé, inscrit « en creux » la compétence de l'Etat de l'établissement stable. Ainsi, le premier projet de convention de la SDN de 1927 proposait d'allouer à l'Etat de la source les profits d'activité dès lors que l'entreprise disposait d'un établissement stable ; SDN, 1927, Comité d'experts, « Double imposition et Evasion fiscale », article 5. Le Modèle de Convention fiscale concernant le revenu et la fortune de l'OCDE, tel que modifié en 2010, prévoit en son article 7 que : *« Les bénéfices d'une entreprise d'un Etat contractant ne sont imposables que dans cet Etat, à moins que l'entreprise n'exerce son activité dans l'autre Etat contractant par l'intermédiaire d'un établissement stable qui y est situé (...) Aux fins de cet article et de l'article (23 A) (23 B), les bénéfices qui sont attribuables dans chaque Etat contractant à l'établissement stable mentionné au paragraphe 1 sont ceux qu'il aurait pu réaliser, en particulier dans ses opérations internes avec d'autres parties de l'entreprise, s'il avait constitué une entreprise distincte et indépendante exerçant des activités identiques ou analogues dans des conditions identiques ou analogues, compte tenu des fonctions exercées, des actifs utilisés et des risques assumés par l'entreprise par l'intermédiaire de l'établissement stable et des autres parties de l'entreprise».*

§ 1. L'imposition des bénéfices d'entreprise de l'établissement stable considéré comme une entité fonctionnellement distincte

119. Dès le XIXème siècle, les premières conventions internationales ont mis en place le mécanisme de l'imposition dans l'Etat de *situs* des établissements stables des entreprises. Le but de ces traités était de prévenir la double imposition pouvant résulter d'une implantation dans une ville ou un territoire disposant d'une fiscalité propre[247]. Cette imposition à la source a été étendue, à la suite de la Seconde Guerre mondiale, par l'inclusion des chantiers de construction dans la catégorie des établissements stables[248]. Il apparaît que, si la compétence de l'Etat d'implantation est limitée par certaines conditions, qui perdurent en partie dans le Modèle actuel de Convention (A), les prises de position récentes de l'OCDE semblent favoriser une imposition dans l'Etat de *situs* (B).

A. La limitation du pouvoir d'imposition de l'Etat d'implantation

120. La formulation de l'article 7 du Modèle de Convention de l'OCDE introduit une compétence d'imposition résiduelle de l'Etat de *situs*. En effet, l'imposition des entreprises non-résidentes ne lui est accordée que si celles-ci ont établi sur son territoire un établissement stable. Or l'établissement stable, tel qu'il est défini dans les conventions, n'existe que sous certaines conditions. A cet égard, le Modèle de convention de l'OCDE stipule, notamment : *« Au sens de la présente Convention, l'expression « établissement stable » désigne une installation fixe d'affaires par l'intermédiaire de laquelle une entreprise exerce tout ou partie de son activité. (...) Lorsqu'une personne – autre qu'un agent jouissant d'un statut indépendant – agit pour le compte d'une entreprise et dispose dans un Etat contractant des pouvoirs qu'elle y exerce habituellement lui permettant de conclure des contrats au nom de l'entreprise, cette entreprise est considérée comme ayant un établissement stable dans cet Etat pour toutes les activités que cette personne exerce pour l'entreprise... »*[249]. Ainsi, la définition de l'établissement stable se subdivise en deux branches, l'une matérielle, l'existence d'une installation fixe d'affaires (1), l'autre juridique, la dépendance d'un agent (2).

---

[247] Les conventions sont nées entre les différentes villes prussiennes. Jusqu'à l'unification et l'établissement de l'empire allemand par Bismarck, existaient des royaumes, des principautés et des villes libres, ayant chacun leurs propres systèmes politiques, juridiques et fiscaux. Voir, par exemple, SKAAR Arvid A., " Permanent establishment. Erosion of a Tax Treaty Principle", Kluwer law International, series on international taxation n° 13, 1991, Deventer, Boston, pp. 72-75.

[248] Les conférences de Mexico (1943) et Londres (1946) organisées sous l'égide de la SDN ont inclu dans leurs Modèles de Conventions à l'article 5-2 les chantiers de construction constitutifs d'établissements stables *« lorsqu'ils sont destinés à être utilisés pendant une année au moins ou qu'ils existent depuis au moins un an »*. Voir, SDN, 1946, Modèles de conventions fiscales de Londres et de Mexico, commentaires et textes ; Voir également, PIJL Hans, "The Relationship Between Article 5, Paragraphs 1 and 3 of the OECD Model Convention", *Intertax*, 2005, vol. 33, Issue 4, pp. 189-193.

[249] OCDE, Modèle de Convention fiscale mis à jour le 22 juillet 2010, article 5 § 1 et 5.

1) L'existence d'une installation fixe d'affaires

121. La notion d'établissement est, en droit conventionnel, le critère clé permettant de légitimer l'imposition des entreprises dans l'Etat d'implantation. Outre la permanence de l'installation, il suppose une présence matérielle suffisante pour que puissent y être rattachées les opérations économiques. La référence à l'installation fixe d'affaires, comme condition *sine qua non* d'une imposition à la source, n'est cependant pas une évidence : d'une part, cette condition est un des points ayant fait l'objet de discussions lors des travaux de la SDN ; d'autre part, l'évolution des échanges internationaux, et particulièrement l'essor du commerce électronique, la rend difficile d'application.

122. Dès le XIXème siècle, les conventions fiscales faisaient ressortir la nécessité d'une place fixe d'affaires pour caractériser un établissement stable[250]. Cependant, rien n'interdit *a priori* à un Etat d'imposer les revenus produits sur son territoire en l'absence d'un lieu fixe d'affaires. A cet égard, les conférences de Mexico (1943) et Londres (1946) ont apporté des réponses différentes à la question de la nécessité d'une installation fixe d'affaires. Le Modèle de Convention de Mexico faisait prévaloir une imposition à la source décorrélée de la notion d'établissement stable, entendu comme une installation fixe d'affaires[251]. Cette position est celle qui a été prise par les Etats d'Amérique latine, lors de la signature du « Pacte andin »[252]. En revanche, le Modèle de Londres réintroduisait la notion d'établissement stable, entendu comme une installation fixe d'affaires, pour légitimer une imposition à la source[253]. L'actuel Modèle de Convention de l'OCDE reprend le critère de l'installation fixe d'affaires pour caractériser l'établissement stable[254]. Il ressort des commentaires de l'OCDE, relatifs à l'installation fixe d'affaires, que la notion se subdivise en trois critères : une installation d'affaires (locaux, matériels...), fixe, c'est-à-dire établie dans un lieu précis, et une activité exercée par l'intermédiaire de cette installation, généralement au moyen de

---

[250] Convention du 21 juin 1899 entre la Prusse et l'Autriche Hongrie : *„Der... Betrieb eines stehenden Gewerbes sowie das aus diesen Quellen herrührende Einkommen sollen nur in demjenigen Staate zu den direkten Staatsteuern herangezogen werden, in welchen... eine Netriebstätte zur Ausübung des Gewerbes unterhalten wird. Als Betriebstätten gelten Zweigniederlassungen, Fabrikationsstätten, Niederlagen, Comtoire, Ein-und Verkaufstellen und sonstige Geschäftseinrichtungen zur Ausübung des stehenden Gewerbes durch den Unternehmer selbst, Geschäftsteilhaber, Prokuristen oder andere ständige Vertreter"*. « Seul l'Etat sur le territoire duquel se trouve un lieu (fixe) établi pour pouvoir exercer une activité économique, peut attirer cette activité et le revenu de cette activité pour ses impôts directs. Ces lieux sont dépendances, lieux de production, dépôts, bureaux, magasins d'achat et de vente et autres aménagements nécessaires à l'exercice de cette activité économique par l'entrepreneur lui même, son associé, son fondé de pouvoir ou autres représentants permanents » (traduit par nous). Le terme « Betriebstätte » signifie à la fois « établissement stable » et « place fixe ».

[251] SDN, Modèle de Convention de Mexico, article 4 : *« Les revenus provenant de toute activité industrielle commerciale, ou agricole et de toute autre activité lucrative, doivent être imposés seulement dans l'Etat dans lequel l'activité est exercée »*.

[252] Accord d'intégration sous-régional, 26 mai 1969, signé à Carthagène (Colombie), par la Bolivie, l'Equateur, la Colombie, le Pérou et le Venezuela.

[253] SDN, Modèle de Convention de Londres, article 4 : *« Les revenus provenant de toute activité industrielle commerciale, ou agricole et de toute autre activité lucrative, doivent être imposés seulement dans l'Etat dans lequel le contribuable dispose d'un établissement stable »*.

[254] OCDE, Modèle de Convention, article 5 § 1.

personnels[255]. Il est à noter que la jurisprudence européenne, bien que rendue en matière de TVA, prend, sur ce point, une position identique à celle de l'OCDE[256].

123. Cette exigence d'une installation fixe d'affaires, constitutive d'un établissement stable, est liée à la nécessité d'établir un lien économique suffisant entre l'entreprise et l'Etat d'accueil, justifiant la compétence d'imposition de cet Etat. Cependant, si elle pouvait paraître nécessaire dans le cadre de l'activité économique déployée par les entreprises à la fin du XIXème siècle et au cours du XXème siècle, elle apparaît inadaptée aux nouvelles formes d'activité économique.

L'application des normes conventionnelles existantes au commerce électronique a fait l'objet de nombreux débats n'ayant, pour lors, pas abouti à des conclusions définitives[257]. Cependant, la nécessité d'une installation fixe d'affaires pour constituer un établissement stable n'a pas été remise en cause par les travaux de l'OCDE[258]. Il est toutefois permis de s'interroger sur l'adéquation de la notion d'installation fixe d'affaires avec celle de commerce électronique.

Si l'on s'en tient à la matérialité de l'installation, seuls peuvent être éligibles à ce critère, les serveurs[259] et le réseau par lequel transitent les opérations.

Les commentaires de l'OCDE sous l'article 5 du Modèle de Convention prévoient qu'un serveur peut constituer une base fixe d'affaires, dès lors que les autres critères –

---

[255] OCDE, commentaires sous l'article 5, § 2 et suivants. Voir également, GOUTHIERE Bruno, « Les impôts dans les affaires internationales », Editions Francis LEFEBVRE 7ème édition, 2007, pp. 199 et suivantes.

[256] Voir, par exemple, pour la caractérisation d'un établissement stable en matière de TVA, CJCE, 4 juillet 1985, aff. C-168/84, *Gunter Berkholz contre Finanzamt Hamburg-Mitte-Altstadt*, Rec. p. 2251, points 18-19; 17 juillet 1997, aff. C-190/95, *ARO Lease*, Rec. p. I-4383, point 15; 28 juin 2007, aff. C-73/06, *Planzer Luxembourg Sarl contre Bundeszentralamt für Steuern*, Rec. p. I-5655, point 54.

[257] Sur la question du commerce électronique et de la fiscalité applicable, voir, *inter alia*, HUET Frédéric, « La fiscalité du commerce électronique », Litec, 2000, 356 pp ; MELOT Nicolas, « Territorialité et mondialité de l'impôt: étude de l'imposition des bénéfices des sociétés de capitaux à la lumière des expériences françaises et américaines », Dalloz, 2004, Nouvelle Bibliothèque des Thèses, pp. 275-294 ; Travaux de l'Association Henri Capitant, Journées nationales tome V, Toulouse 2000, « Le contrat électronique », Editions Panthéon-Assas, Paris, 2002 ; VERGES Alexandra C., « Commerce électronique : Une fiscalité à inventer », *Gazette du palais*, 23-25 mars 1997, pp. 11-12 ; LE GALL Jean-Pierre, « Internet : Cyber-fiscalité ou cyber-paradis fiscal ? », *JCP éd. E.*, n° 5, 29 janvier 1998, pp. 164-174 ; BOUTELLIS Olivier, « Fiscalité du commerce électronique. De l'arrêt Lease Plan Luxembourg du 7 mai 1998 à la Communication 98/374 de la Commission des Communautés européennes », *Droit Fiscal*, n° 31-36/1998, pp. 1046-1050 ; X., « La fiscalité du commerce électronique (approche internationale) », *Revue de Fiscalité Européenne et Droit International des Affaires*, n° 1999/4, pp. 49-59 ; HINNEKENS Luc, "The Challenges of Applying VAT and Income Tax Territoriality Concepts and Rules to International Electronic Commerce", *Intertax*, 1998, vol. 26, Issue 1, p. 52 ; WANG Minyan, « Tax Jurisdiction in Electronic Commerce From the Perspective of Public International Law – A Particular Examination of Income Tax », *Intertax*, 2006, vol. 34, Issue 11, pp. 530-551.

[258] OCDE, 2004, Rapport final, « Les règles actuelles d'imposition des bénéfices industriels et commerciaux prévues par les conventions conviennent-elles au commerce électronique ?», 90 pp. La question n'a pas non plus été résolue par l'ONU ; ONU, 9 mai 2001, groupe spécial d'experts de la coopération internationale en matière fiscale, « Le commerce électronique : une gageure pour l'Administration fiscale », 21 pp.

[259] Encore convient-il de préciser qu'il est possible d'avoir des « sous-serveurs » dématérialisés.

de durée et d'activité réelle exercée à partir du serveur – sont remplis[260]. Cette position peut se concevoir si l'on considère qu'une entreprise dispose d'un serveur, situé dans un pays tiers, à partir duquel elle exerce son activité. En réalité, les entreprises n'utilisent que rarement un seul serveur, se servant d'architectures multiples en fonction des tâches à accomplir. De surcroît, la localisation du serveur utilisé peut être ignorée de l'entreprise utilisatrice.

124. Il semble que les recommandations de l'OCDE, tendant à adapter des activités par nature immatérielles, à la notion d'établissement stable, par nature liée à une présence physique, ne sont pas pertinentes. En effet, il ne s'agit pas de savoir dans quelle mesure une société commerçant sur le réseau dispose d'une installation fixe d'affaires, mais de déterminer si une imposition dans l'Etat de source, même en l'absence d'un établissement stable traditionnel, est envisageable[261]. La position de l'OCDE s'établit prioritairement sur la notion de *situs*. Or le fondement de l'imposition dans l'Etat de la source est celui de *« l'origine des richesses »*[262]. Aussi, comme le rappelait l'OCDE, *« l'une des justifications de ce droit est que les facteurs de production appartenant à des étrangers bénéficient normalement des services publics et de la protection du droit de propriété assurés par l'Etat du pays d'accueil »*[263].

125. Cette formulation apparaît inadaptée au commerce électronique. Cependant, la question de l'origine des richesses, en ce qu'elle justifie une imposition à la source, mérite d'être étudiée. En effet, même en considérant que les nouvelles technologies ont modifié l'appréhension du rattachement des opérations imposables à un territoire donné, il n'en demeure pas moins que les transactions en elles-mêmes existent, quand bien même leur source est délicate à déterminer.

La solution la plus simple, consistant à rattacher le bénéfice à la résidence de l'entreprise, paraît inéquitable, car le commerce traditionnel, exercé par le biais d'établissement stable ou de structures juridiquement distinctes, serait défavorisé par rapport au commerce électronique. En outre, une telle imposition à la résidence favoriserait les pays développés, et particulièrement les Etats-Unis, au détriment des pays en voie de développement[264]. De plus, une telle position créerait une

[260] OCDE, commentaires sous l'article 5, § 42-2. L'éventuelle modification des commentaires de l'OCDE tendant à reconnaître qu'un serveur ne peut jamais constituer un établissement stable n'a pas été retenue par le rapport final de 2004 précité.

[261] Voir, par exemple, MELOT Nicolas, « Territorialité et mondialité de l'impôt: étude de l'imposition des bénéfices des sociétés de capitaux à la lumière des expériences françaises et américaines », Dalloz 2004, Nouvelle Bibliothèque des Thèses, p. 294. L'auteur pense que seul l'aménagement de la notion d'établissement stable permettra de répartir le droit d'imposer. A l'inverse, certains auteurs pensent que la notion d'établissement stable est inappropriée. Voir, par exemple, HUET Frédéric, « La fiscalité du commerce électronique », Litec, 2000, pp.25-40; LE GALL Jean-Pierre, « Internet : Cyber-fiscalité ou cyber-paradis fiscal ? », *JCP éd. E.*, n° 5, 29 janvier 1998, p. 168.

[262] OCDE, 2004, Rapport final, Les règles actuelles d'imposition des bénéfices industriels et commerciaux prévues par les conventions conviennent-elles au commerce électronique ?, p. 14.

[263] OCDE, 1991, L'imposition des bénéfices dans une économie globale – questions nationales et internationales .

[264] HUET Frédéric, « La fiscalité du commerce électronique », Litec, 2000, pp. 136-139. Les Etats-Unis préconisent une imposition à la résidence.

discrimination en raison de la forme juridique des structures, ce qui semble contraire à la position développée par l'OCDE, tendant à aligner le régime fiscal des établissements stables sur celui des entités juridiquement distinctes.

126. Ainsi, la notion d'installation fixe d'affaires n'est pas adaptée au commerce électronique. Cela ne préjuge toutefois pas d'une absence d'imposition dans un Etat de source pour plusieurs raisons. La première est que le principe de répartition de la base imposable, qui est au cœur des conventions relatives à la double imposition, prévoit une imposition à la source des revenus d'activités[265]. En ce domaine, l'OCDE semble adopter une définition de plus en plus large des revenus imposables[266]. La seconde est que l'installation fixe d'affaires n'est qu'une des composantes de la notion d'établissement stable, celle-ci comprenant également l'agent dépendant.

2) L'établissement stable agent dépendant

127. A défaut d'une installation fixe d'affaires, un établissement stable peut être constitué lorsque l'entreprise dispose dans un autre Etat d'un agent dépendant[267]. En ce sens, l'établissement stable se distingue d'une entité juridiquement distincte, dans la mesure où doit exister, théoriquement, une dépendance à la fois économique et juridique[268].
L'agent dépendant a été associé au concept d'établissement stable dès les premières conventions de double imposition[269]. Il a cependant fallu attendre le premier projet de convention de la SDN en 1927 pour que soit créée une distinction entre les agents dépendants et les agents indépendants[270]. Par la suite, la définition de l'agent dépendant

[265] WANG Minyan, « Tax Jurisdiction in Electronic Commerce From the Perspective of Public International Law – A Particular Examination of Income Tax », *Intertax*, 2006, vol. 34, Issue 11, pp. 539-540.
[266] Cf. *Infra* B.
[267] A titre d'exemple, voir l'arrêt CE, 12 mars 2010, n° 307235, *Sté Imagin'Action Luxembourg*, *RJF*, n° 05/2010, n° 465.
[268] Voir, par *a contrario*, les commentaires OCDE sous l'article 5 § 6, § 37.
[269] Convention du 21 juin 1899 entre la Prusse et l'Autriche Hongrie précitée *Supra*, note 250 .
[270] SDN, 1927, Double imposition et évasion fiscale, comité d'experts, article 5.2, *« Le fait qu'une entreprise effectue des transactions avec un pays étranger par le biais d'un agent bonafide disposant d'un statut indépendant (courtier, commissionnaire, etc.) ne doit pas signifier que l'entreprise en question a un établissement permanent dans ce pays »*. En cela, le projet de convention de la SDN reprenait les conclusions de la chambre internationale de commerce de 1925 ; Chambre internationale de commerce, 1925, résolutions du 3ème Congrès.

a été précisée dans les Modèles de Mexico et de Londres[271]. Actuellement, le Modèle de Convention de l'OCDE ne propose pas de définition de l'agent dépendant[272].

128. L'agent dépendant, tel qu'il est mentionné dans le Modèle de Convention de l'OCDE constitue une restriction au pouvoir d'imposition de l'Etat de *situs*. Cependant, tant les commentaires de l'OCDE, que les arrêts rendus par les juridictions nationales semblent élargir le concept de l'agent dépendant.
Le paragraphe 32 des commentaires de l'OCDE sous l'article 5 paragraphe 5 a fait l'objet d'un amendement le 31 mars 1994. Le commentaire suivant a ainsi été rajouté : *« L'expression de « pouvoirs (...) lui permettant de conclure des contrats au nom de l'entreprise « ne restreint pas l'application du paragraphe à un agent concluant des contrats littéralement au nom de l'entreprise ; le paragraphe s'applique aussi à un agent qui conclut des contrats qui engagent l'entreprise même si ces contrats ne sont pas effectivement conclus au nom de l'entreprise ».* Les commentaires offrent de ce fait une interprétation extensive de l'agent dépendant : l'agent dépendant peut être celui avec lequel l'entreprise a un lien de représentation directe ou indirecte[273]. Hormis le risque de double imposition que cette définition extensive fait courir à l'entreprise, cette approche induit, théoriquement, une compétence d'imposition accrue de l'Etat de *situs* de l'agent.
A cet égard, les juridictions nationales, amenées à se prononcer sur le concept de l'agent dépendant, ont pu faire prévaloir une approche factuelle de l'agent dépendant.

129. La Cour italienne a, dans un arrêt *Philip Morris* du 7 mars 2002[274], jugé que l'interprétation [relative à l'agent dépendant] ne devait pas être limitée à la représentation directe, mais incluait toutes les activités qui contribuaient à la conclusion des contrats, et que : *«La participation directe dans les négociations contractuelles [pouvait] être assimilée à la capacité à conclure les contrats ».*
De manière identique, la Cour administrative de Paris a, dans un arrêt du 2 février 2007 concernant une société commissionnaire[275], arrêt ultérieurement annulé par le Conseil

---

[271] Modèles de Londres et de Mexico, article 5 § 4 : *« Lorsqu'une entreprise d'un des Etats contractants a régulièrement des relations d'affaires dans un autre Etat par le biais d'un agent qui y est établi et qui est autorisé à agir en son nom, elle est supposée avoir un établissement stable dans cet Etat. Un établissement stable devra, par exemple, être supposé exister lorsque l'agent : est un fondé de pouvoir qui est habituellement en contact avec l'entreprise pour laquelle il travaille ; est lié par un contrat de travail et négocie habituellement pour le compte de l'entreprise en contrepartie de sa rémunération ; est habituellement en possession, dans le but de vendre d'un dépôt ou d'un stock de produits appartenant à l'entreprise ».*

[272] OCDE, Modèle de Convention, article 5 § 5 : *« (...) Lorsqu'une personne agit pour le compte d'une entreprise et dispose dans un Etat contractant de pouvoirs qu'elle y exerce habituellement lui permettant de conclure des contrats au nom de l'entreprise, cette entreprise est considérée comme ayant un établissement stable dans cet Etat pour toutes les activités que cette personne exerce pour l'entreprise (...) ».*

[273] La représentation directe s'entend de celle dans laquelle le représentant agit au nom du représenté, la représentation indirecte étant la relation dans laquelle le représentant n'agit pas au nom du représenté. Certains auteurs en droit français considèrent cette dernière comme une « représentation incomplète ». Voir, par exemple, LE TOURNEAU Philippe, « Mandat », Dalloz, 2009, Répertoire de droit civil, § 92 et suivants.

[274] Italie, Cour de cassation, 7 mars 2002, n° 3368.

[275] CAA Paris, 2 février 2007, n° 05-2361, *Zimmer Ltd*, *RJF*, n° 05/2007, n° 603.

d'Etat[276], conclu que : « [La société commissionnaire] *disposait, de pouvoirs habituels pour engager la société, (...) elle était soumise aux instructions de la société, ou sous le contrôle de celle-ci, en ce qui concerne les modalités de vente et la réalisation des projets publicitaires et des nouvelles brochures ; que les risques liés à l'exécution des contrats de vente des produits étaient supportés par la société; qu'enfin, il résulte de l'instruction que la société [commissionnaire] agissait exclusivement pour le compte de la société [anglaise] ; que la société [commissionnaire] ne peut être regardée par suite comme ayant « joui d'un statut indépendant », au sens de la convention précitée* ».

130. Dans ces deux arrêts, les juridictions nationales ont fait prévaloir une analyse du lien réel existant entre les parties, sans s'en tenir à la qualification juridique du représentant et du contrat de représentation. Aussi, pour nombre d'auteurs, ces jurisprudences sont contraires tant aux droits nationaux qu'au droit fiscal international[277]. Il semble que, quoique ces arrêts ne soient pas exempts de reproches, ils procèdent du pouvoir de requalification reconnu à l'administration fiscale[278]. En outre, la formulation des commentaires de l'OCDE sous l'article 5 semblait laisser place à une telle interprétation[279]. En ce sens, la prévalence de la substance sur la forme dans l'interprétation de la notion d'agent dépendant est susceptible d'induire une compétence d'imposition accrue de l'Etat de *situs*. Ainsi, même si l'établissement stable-agent dépendant se différencie des entités juridiquement distinctes, l'élargissement de la notion permet le rapprochement des régimes applicables aux deux formes de structures, et ce, en conformité avec l'approche autorisée de l'OCDE de l'entité fonctionnellement distincte.
Le pouvoir d'imposition de l'Etat de *situs* est par ailleurs renforcé par la prise en compte de catégories de revenus qui, à l'origine, n'entraient pas dans la catégorie des bénéfices d'entreprise attribuables aux établissements stables.

---

276 CE, 31 mars 2010, n° 304715, *Zimmer Ltd, RJF,* n° 06/2010, n° 568.

277 Voir, *inter alia*, TRUTALLI Federico, « What's going on in... Italy Independant Legal Entities or Permanent Establishments ? Recent Court Decisions and Anticipated Changes in the Law », *European Taxation*, August 2002, pp.364-370 ; PIJL Hans, "The Zero-Sum Game, the Emperor's Beard and the Authorized OECD Approach", *European Taxation,* January 2006, pp. 29-35; CACCIAPUOTI Emilio, « Private Equity Funds, Permanent Establishments and Italian Operations », *European Taxation*, April 2007, pp. 168-176; GELIN Stéphane, « Du nouveau sur le régime fiscal du commissionnaire ? », *FR,* 25/07, pp. 11-12; PERROTIN Frédérique, « Le statut du commissionnaire dans la ligne de mire du juge administratif », *Petites Affiches*, 10 décembre 2007, pp. 3-4 ; GUTMANN Daniel, « La filiale commissionnaire : un établissement stable ? », in Etudes de fiscalité des entreprises : Etudes à la mémoire du Professeur Maurice COZIAN, Litec, 2009, pp.537-552. Pour une opinion contraire, voir, par exemple, LE GALL Jean-Pierre, « Etablissement stable. Contrat de commission », *RTD com.*, 2007, p. 853.

278 *Infra*, § 269 et suivants.

279 Dans son arrêt *Zimmer Ltd* précité, le Conseil d'Etat abandonne la notion de « pouvoir d'engager en fait », qui limite la possibilité de requalification d'un commissionnaire en agent dépendant. Le président de la section du contentieux, M. Philippe MARTIN, a, dans une allocution prononcée au CEFEP le 20 mai 2010, indiqué que la requalification sur un fondement juridique restait possible. Voir également BLANLUET Gauthier, « L'arrêt Zimmer : une victoire du droit au service d'une plus grande sécurité juridique », *Droit Fiscal*, n° 16, 22 avril 2010, pp. 3-4.

B. Bénéfices et pouvoir d'imposition de l'Etat de *situs*

131. Lors de la rédaction des premiers Modèles de Conventions, les bénéfices d'entreprise de l'établissement stable s'entendaient des bénéfices industriels et commerciaux[280]. L'actuel article 7 du Modèle de Convention de l'OCDE ne fait référence qu'aux *« bénéfices d'entreprise »*, sans distinguer en fonction de la nature des revenus. Cependant, les commentaires sous l'article semblaient perpétuer le critère de l'activité industrielle ou commerciale[281]. Toutefois, la notion de bénéfices d'entreprise a été étendue aux bénéfices tirés d'une activité libérale (1). En outre, à partir des années 2000, le Modèle et les commentaires ont évolué dans le sens d'une prise en compte élargie des bénéfices d'entreprise à attribuer à l'établissement stable. Ainsi, les commentaires publiés en juillet 2008 ont pris en compte les prestations de services (2).

1) Les bénéfices d'entreprise : de l'activité industrielle et commerciale à l'activité libérale

132. A titre liminaire, il convient de préciser qu'il n'existe pas de prise de position commune des Etats sur la détermination de l'assiette territoriale sur laquelle peut être imposé l'établissement stable. A cet égard les Etats apportent des solutions différentes : quelques Etats imposent les établissements stables sur une base mondiale de revenus[282], alors que d'autres les imposent sur une base territoriale[283]. Il est à noter, cependant, que la différenciation entre base mondiale et base territoriale ne vaut que pour les revenus d'activité, à l'exclusion des revenus passifs. Le fait d'appliquer un système territorial aux établissements stables peut tendre à rapprocher le régime fiscal de ces derniers de celui des structures juridiquement distinctes[284].

133. Si le champ d'application territorial de l'impôt sur les bénéfices des établissements stables ne fait pas l'objet d'une harmonisation, la nature des revenus actifs à lui attribuer fait l'objet d'un plus large consensus.
Le concept d'établissement stable a été intrinsèquement lié à l'existence de bénéfices industriels et commerciaux, comme l'attestent les travaux de l'OECE[285]. Si, désormais,

---

[280] Il est à noter toutefois que les Modèles proposés à l'issue des conférences de Londres et de Mexico incluaient les activités agricoles. Voir, Mexico, 1943, Londres 1946, Modèles de Conventions articles 4.

[281] Voir, par exemple, OCDE, commentaires sous l'article 7 § 1.

[282] Il en est ainsi, par exemple du Royaume-Uni et de l'Espagne. Voir sur la question, BAKER Philip, COLLIER Richard S., General Report, Cahier de droit fiscal international, "The attribution of profits to permanent establishments", Vol. 91 b, 2006, p. 42.

[283] Il en est ainsi, par exemple de la France et du Luxembourg.

[284] Il en est de même pour ceux qui, à l'instar de la France, pratiquent une territorialité de l'imposition tant pour leurs résidents, que pour les non-résidents.

[285] OECE, Rapport du groupe de travail n° 1 sur la notion d'établissement stable , WP/1 (56)1 du 17 septembre 1956 : *« On admet généralement en matière d'imposition internationale, que les bénéfices industriels ou commerciaux d'une entreprise située dans un des Etats contractants ne peuvent être assujettis à l'impôt dans l'autre Etat contractant que si l'entreprise en question exerce une activité sur le territoire de ce dernier par l'entremise d'un établissement stable lui-*

le Modèle de Convention de l'OCDE emploie le terme de bénéfices d'entreprise[286], il n'en donne pas de définition[287].
Dans ses commentaires publiés en avril 2000, l'OCDE mentionne dès le premier paragraphe les revenus industriels et commerciaux. Ainsi, l'OCDE indique dans les remarques préliminaires des commentaires sous l'article 7 : *« Le critère de l'établissement stable est couramment utilisé dans les relations internationales de double imposition, en vue de déterminer si un élément particulier du revenu doit ou non être imposé dans le pays où il est produit ; mais ce critère ne fournit pas, par lui-même une solution complète à la double imposition des bénéfices industriels et commerciaux »*. Et plus loin, *« (...) lorsqu'une entreprise d'un Etat contractant exerce une activité industrielle et commerciale dans l'autre Etat contractant, les autorités de ce second Etat doivent se poser deux questions avant d'imposer les bénéfices d'entreprise (...) »*[288].

134. La formulation des commentaires dans le Modèle de Convention, mis à jour en 2008, est différente. Ainsi, le paragraphe 1 des commentaires sous l'article 7 a remplacé le terme « bénéfices industriels et commerciaux » par le terme « bénéfices d'entreprise »[289]. En revanche, l'emploi du terme « bénéfices industriels et commerciaux » reste présent dans certains commentaires sous l'article[290]. Il en est de même dans la mise à jour réalisée en juillet 2010. Si l'on ne peut exclure que l'OCDE veuille conserver aux bénéfices industriels et commerciaux leur caractère de seuls revenus imposables des établissements stables, il semble néanmoins que l'expression « bénéfices d'entreprise » soit plus appropriée au rattachement des bénéfices à l'établissement stable. En effet, les bénéfices à imputer à l'établissement stable comprennent non seulement les bénéfices tirés d'une activité libérale, mais aussi certaines prestations de services.

---

même situé sur ce territoire; ce principe figure au demeurant dans toutes les conventions actuelles tendant à éviter les doubles impositions. Si l'entreprise fait du commerce ou des affaires sur le territoire de l'autre Etat contractant, les bénéfices qu'elle réalise ainsi peuvent être passibles d'un impôt dans cet autre Etat, mais dans la mesure seulement où ils sont imputables à l'établissement stable ».

[286] Ce qui est plus en conformité avec les termes anglais employés de « business profits ».

[287] A la différence de l'OCDE, le Modèle de convention de l'ONU offre une liste de ce qui est considéré comme des bénéfices d'entreprise. Modèle de Convention de l'ONU, article 7 § 7 : *" For the purposes of the Convention, the term « business profits » means income from any trade or business, including income derived by an enterprise from the performance of personal services, and from the rental of tangible personal property".* « Le terme "revenus d'activité" signifie les revenus de tout commerce ou activité d'affaires, incluant les revenus provenant de prestations de services et de la location de biens corporels propres » (traduit par nous).

[288] Il est à noter que ce paragraphe est inchangé depuis le Modèle de Convention de 1977.

[289] OCDE, 18 juillet 2008, Mise à jour 2008 du Modèle de Convention, Commentaires sous l'article 7, remarques préliminaires § 1 .

[290] Le § 9 des commentaires sous le 1 de l'article 7 indique que : *« Ce paragraphe traite de deux questions. En premier lieu, il réaffirme le principe généralement énoncé dans les conventions de double imposition, selon lequel une entreprise d'un État ne doit pas être imposée dans l'autre État, à moins qu'elle n'exerce une activité industrielle ou commerciale dans cet autre État par l'intermédiaire d'un établissement stable qui y est situé. Il semble inutile de souligner ici les avantages de ce principe ».*

135. La notion de bénéfices à attribuer à l'établissement stable a intégré, à compter de 2000, les revenus des professions libérales, du fait de la suppression de l'article 14 du Modèle de Convention.

Ainsi, les commentaires sous l'article 7 précisent désormais : *« Avant 2000, le revenu tiré d'une profession libérale et d'autres activités de caractère indépendant faisait l'objet d'un article séparé, à savoir l'article 14. Les dispositions de cet article étaient semblables à celles qui s'appliquaient aux bénéfices des entreprises, mais on y retrouvait le concept de base fixe plutôt que d'établissement stable, puisqu'il avait originellement été considéré que ce dernier concept ne devait s'appliquer que dans le cadre des activités industrielles et commerciales. (...). La suppression de l'article 14 a eu pour conséquence que le revenu tiré d'une profession libérale ou d'autres activités de caractère indépendant constituent désormais des bénéfices d'entreprise au sens de l'article 7, ce qui a été confirmé par l'ajout d'une définition des termes activités et affaires selon laquelle ces termes comprennent l'exercice de professions libérales ou d'autres activités de caractère indépendant »*[291].

L'assimilation des revenus des professions libérales aux bénéfices d'entreprise de l'établissement stable présente l'intérêt d'avoir une approche du bénéfice attribuable qui se rapproche de celle prévalant pour les entités juridiquement distinctes. De ce fait, il pourrait être considéré que tous les revenus d'activité réalisés sous conditions de l'existence d'un établissement stable sont imposables par l'Etat de *situs*. Cette question relève néanmoins des définitions données par les Etats dans leur droit interne, ou dans les conventions qu'ils ont signées, des revenus des établissements stables. Cependant, au niveau international, les commentaires de l'OCDE vont dans le sens d'un élargissement des revenus d'activité attribuables aux établissements stables. A cet égard, l'introduction, en 2008, de commentaires concernant les prestations de services, jusqu'alors exclues du bénéfice d'entreprise, tend à accroître les compétences d'imposition de l'Etat de *situs*.

2) La prise en compte des prestations de services : un accroissement du pouvoir d'imposition de l'Etat de *situs*

136. A la différence du Modèle de Convention de l'ONU[292], le Modèle de Convention de l'OCDE, jusqu'aux modifications intervenues en 2008[293], ne prenait pas en compte, aux fins de l'imposition par l'Etat de *situs*, les prestations de services exécutées par un non-résident sur le territoire de cet Etat. Dans ses commentaires modifiés, l'OCDE mentionne deux cas dans lesquels les prestations de services sont considérées comme étant rattachées à un établissement stable : lorsque les prestations sont exécutées par l'intermédiaire d'une personne physique, présente sur le territoire pendant une période d'au moins 183 jours sur un an et que ces prestations représentent au moins 50% des recettes brutes de l'entreprise, ou lorsque, pendant au moins 183 jours, des prestations

[291] OCDE, Commentaires sous l'article 7, § 2.1.

[292] ONU, Modèle de Convention fiscale, article 7 § 7 : *« Aux fins de la convention, le terme « profits d'affaires » signifie les revenus provenant de tous commerces ou affaires, incluant les revenus dérivés des prestations de services... ».*

[293] OCDE, Modèle de Convention fiscale 2008, commentaires sous l'article 5, § 42-11 à 42-48.

de services sont exécutées pour un même projet, ou des projets connexes, par une ou plusieurs personnes physiques[294].

137. Ainsi, malgré l'absence d'une installation fixe d'affaires ou d'un chantier de construction, des prestations exécutées dans un Etat autre que celui du siège seront imposables, sous conditions, dans cet autre Etat[295].
Si la condition relative à la durée de présence dans l'Etat d'exécution de la prestation paraît cohérente avec la notion de permanence nécessaire à la constatation d'un établissement stable, il convient, cependant, de noter que certaines des conditions d'imposition des revenus provenant des prestations de services sont particulièrement restrictives. Il en est ainsi, notamment, de la condition relative au pourcentage – 50% – que doivent représenter ces prestations par rapport aux recettes brutes de l'entreprise. Cette condition, qui n'existe pas pour les établissements stables « classiques », représente un seuil d'imposabilité supplémentaire de l'établissement stable prestataire, qui ne paraît pas adapté à la plupart des entreprises. En effet, la condition de recettes n'est susceptible de s'appliquer qu'aux petites structures d'entreprise, c'est-à-dire celles ne disposant que d'un seul établissement stable à l'étranger. En outre, ce seuil n'est pas requis lorsque les prestations sont exécutées pour un même projet ou des projets connexes. De manière identique, l'alinéa a) ne parle que d'une seule personne physique, alors que l'alinéa b) prévoit la participation d'une ou plusieurs personnes physiques.

138. Les conditions posées limitent le champ d'imposition des prestations de services et laissent en suspens plusieurs questions. L'exigence d'interposition de personnes physiques, exécutant physiquement une prestation dans l'Etat de *situs*, laisse à part les

---

294 OCDE, Modèle de Convention fiscale 2010, commentaires sous l'article 5, § 42-23 : *« Nonobstant les dispositions des paragraphes 1, 2 et 3, si une entreprise d'un État contractant exécute des prestations de services dans l'autre État contractant a) par l'intermédiaire d'une personne physique qui est présente dans cet autre État pendant une période ou des périodes excédant au total 183 jours durant toute période de douze mois et si plus de 50 pour cent des recettes brutes imputables aux activités d'exploitation active exercées par l'entreprise au cours de cette ou ces périodes proviennent des prestations de services exécutées dans cet autre État par l'intermédiaire de cette personne, ou b) pendant une période ou des périodes excédant au total 183 jours durant toute période de douze mois, et ces prestations de services sont exécutées pour un même projet ou pour des projets connexes par l'intermédiaire d'une ou plusieurs personnes physiques qui sont présentes et exécutent ces prestations de services dans cet autre État les activités exercées dans cet autre État dans le cadre de l'exécution de ces prestations de services sont réputées être exercées par l'intermédiaire d'un établissement stable de l'entreprise situé dans cet autre État, sauf si ces prestations de services sont limitées à celles qui sont mentionnées dans le paragraphe 4 et qui, si elles étaient exécutées par l'intermédiaire d'une installation fixe d'affaires, ne feraient pas de cette installation un établissement stable au regard des dispositions de ce paragraphe. Aux fins de ce paragraphe, les prestations de services exécutées par une personne physique pour une entreprise ne sont pas considérées être exécutées par une autre entreprise par l'intermédiaire de cette personne physique à moins que cette autre entreprise ne supervise, dirige ou contrôle la manière dont ces prestations de services sont exécutées par cette personne physique ».*

295 HJI PANAYI Christiana, "Recent Developments regarding the OECD Model Convention and EC Law", *European Taxation*, October 2007, pp. 452-454.

prestations ne nécessitant pas une telle intermédiation[296]. Quant aux différents seuils prévus dans le cadre des alinéas a) et b), ils instaurent des conditions supplémentaires à celles existant pour les établissements stables originels, qui ne semblent pas nécessairement justifiées. Ainsi, lorsque différentes prestations sont rendues à un même client, elles peuvent être considérées comme n'étant pas exécutées pour un même projet, et, en conséquence, non imposées par l'Etat de la *situs*[297]. Cette position de l'OCDE semble d'autant moins justifiée que l'établissement stable est généralement considéré comme celui par l'intermédiaire duquel une entreprise exerce tout ou partie de son activité[298].

139. Toutefois, l'élargissement de la notion d'établissement stable traduit une extension de la compétence d'imposition des Etats de *situs,* et tend à prendre en compte, en termes de résultats, toutes les activités d'entreprise. En outre, cette nouvelle définition rapproche le régime fiscal des établissements de celui des structures juridiquement distinctes.

Si la détermination du résultat d'activité des établissements stables présente des similitudes de plus en plus importantes avec celle des entités juridiquement distinctes, il n'en demeure pas moins que l'établissement reste une partie de l'entreprise considérée dans son ensemble.

A ce titre, l'établissement est susceptible de faire l'objet d'un contrôle de ses prix de transfert, non comme une entité distincte, mais comme une entreprise liée.

§ 2. L'imposition des bénéfices de l'établissement stable considéré comme une entreprise liée: la détermination des prix de transfert

140. La problématique des prix de transfert renvoie au contrôle des revenus actifs des entreprises. Dès lors qu'existe une dépendance économique ou juridique entre deux entreprises, et que les conditions des transactions diffèrent de celles existant entre des entreprises indépendantes, les administrations fiscales concernées imposent les bénéfices qui auraient dû être réalisés[299].

Les dispositions relatives aux prix de transfert s'appliquent tant aux structures juridiquement distinctes, qu'aux établissements stables. En cela, la fiction de l'établissement stable, considéré comme une entité fiscalement autonome par l'Etat dans lequel il est implanté, est portée à son faîte. Cependant, les conséquences attachées à un contrôle des prix de transfert vont être différentes selon qu'il s'agit du contrôle

[296] La condition d'interposition des personnes physiques ne permet pas de résoudre les questions posées par l'imposition du commerce électronique.

[297] OCDE, Modèle de Convention fiscale, commentaires sur l'article 5, § 42-40.

[298] OCDE, Modèle de Convention, article 5 § 1. Dès lors que l'établissement exerce une activité de l'entreprise, on voit mal ce qui justifie de disjoindre les différentes prestations.

[299] RASSAT Patrick, MONSELLATO Gianmarco, « Les prix de transfert », Maxima, Paris 1998, pp. 21-22 : *« Si l'on voulait donner une définition des manipulations liées aux prix de transfert de manière intrinsèque, on pourrait dire que tout modification de flux entre deux entités d'apparence indépendante et qui, en fait, appartiennent à un même groupe, et qui vise la diminution de la charge fiscale globale dudit groupe, est une manipulation des prix de transfert. En effet, le prix de la transaction à l'intérieur du groupe est différent de celui qu'il aurait été entre deux entités autonomes et indépendantes ».*

d'une structure juridiquement distincte, ou de celui d'un établissement stable. Le propos ne consiste pas à dresser une critique du principe du contrôle des prix de transfert en étudiant la nécessité d'imposer les entreprises liées comme des entreprises indépendantes, mais d'établir les points de ressemblance et de dissemblance entre le contrôle appliqué aux établissements stables et celui appliqué aux structures juridiquement distinctes.
Tant les droits nationaux que le droit international recourent à la notion de prix de transfert[300], corollaire du principe de pleine concurrence (A).Toutefois, la mise en œuvre du principe pourrait, en l'absence d'unification des droits nationaux, être sujette à une remise en cause par les instances européennes (B).

A. Les prix de transfert : un principe communément admis par les droits nationaux et le droit conventionnel

141. Les prix de transfert occupent une place importante dans la mise en oeuvre du contrôle fiscal par les Etats. Il s'agit d'éviter l'érosion de la base imposable due à des accords conclus entre sociétés liées, et qui ne correspondraient pas aux relations existant entre sociétés indépendantes. Le contrôle n'a pas pour objet de contester une base imposable sur un fondement juridique et/ou comptable, mais de modifier cette assiette imposable en appréhendant les relations économiques existant à l'intérieur d'un groupe. Pour la mise en œuvre du contrôle, une dépendance de droit ou de fait doit exister (1). Cette dépendance établit une présomption, certes réfragable, mais réelle, de transfert indirect des bénéfices (2).

1) L'existence d'une dépendance juridique ou économique

142. La condition de dépendance juridique ou économique est due au postulat selon lequel une entreprise dominante dans un groupe formel ou informel aura la capacité d'imposer des conditions différentes aux entreprises liées. Les législations relatives aux prix de transfert qui, pour certaines, ont été élaborées antérieurement au Modèle de Convention de l'OCDE, invoquent systématiquement cette condition. Après avoir rappelé la position de l'OCDE sur la problématique des prix de transfert (a), la législation française sera plus particulièrement étudiée (b).

[300] Sur la question de l'alignement des législations nationales sur les propositions faites en matière de prix de transfert par l'OCDE, voir, par exemple, CALDERON Jose, "The OECD Transfer Pricing Guidelines as a Source of Tax Law: Is Globalization Reaching the Tax Law?", *Intertax*, 2007, vol. 35, Issue 1, pp. 4-29.

a) L'OCDE et les relations entre entreprises liées

143. Le Modèle de Convention de l'OCDE prévoit : *« Lorsque une entreprise d'un Etat contractant participe directement ou indirectement à la direction, au contrôle ou au capital d'une entreprise de l'autre Etat contractant ou que, les mêmes personnes participent directement ou indirectement à la direction, au contrôle ou au capital d'une entreprise d'un Etat contractant et d'une entreprise de l'autre Etat contractant, et que, dans l'un et l'autre cas, les deux entreprises sont, dans leurs relations commerciales ou financières, liées par des conditions convenues ou imposées qui diffèrent de celles qui seraient convenues entre des entreprises indépendantes, les bénéfices qui, sans ces conditions, auraient été réalisés par l'une des entreprises mais n'ont pu l'être en fait à cause de ces conditions, peuvent être inclus dans les bénéfices de cette entreprise et imposés en conséquence »*[301].

144. Les prix de transfert ne sont pas abordés par l'OCDE uniquement sous l'angle des conventions relatives à la double imposition. L'Organisation a édité en 1979[302] un rapport spécifique, qui a été modifié en 1995 et en 2010[303]. En septembre 2008, l'OCDE a également publié un projet de rapport intitulé « Réorganisations d'entreprises et prix de transfert »[304]. Ce rapport fait suite à la constatation en vertu de laquelle l'absence d'interprétation commune des Etats concernant l'application du principe de pleine concurrence crée une insécurité juridique due aux prix de transfert[305], particulièrement lors des réorganisations d'entreprises. Dans le projet de modification du rapport de 1979[306], le Comité des Affaires Fiscales précisait : *« Il y a plusieurs raisons pour lesquelles les pays membres de l'OCDE et d'autres pays ont adopté le principe de pleine concurrence*[307]*. Une importante raison est que le principe de pleine concurrence fournit une large parité de traitement fiscal entre les entreprises multinationales et les entreprises indépendantes. Parce que le principe de pleine concurrence met les entreprises associées et les entreprises indépendantes sur un pied d'égalité aux fins de l'impôt, il évite la création d'avantages ou de désavantages fiscaux, qui, sinon, créeraient une distorsion des positions de compétitivité relative de chaque type d'entités »*[308].

---

301 OCDE, Modèle de Convention fiscale, article 9, « entreprises associées ».

302 OCDE, 1979, Rapport sur les prix de transfert à l'attention des entreprises multinationales et des administrations fiscales.

303 OCDE, Révision du rapport sur les prix de transfert 1979, approuvé par le Conseil de l'OCDE le 13 juillet 1995 ; OCDE, Principes de l'OCDE applicables en matière de prix de transfert à l'attention des entreprises multinationales et des administrations fiscales, approuvé par le Conseil de l'OCDE le 22 juillet 2010.

304 OCDE, 19 septembre 2008, Projet de rapport sur les réorganisation d'entreprises et les prix de transfert.

305 SILBERZTEIN Caroline, « Projet de rapport de l'OCDE sur les aspects prix de transfert des réorganisations d'entreprises », *Droit Fiscal*, n° 46, 13 novembre 2008, pp. 11-15.

306 OCDE, Committee on fiscal affairs, Task Force on the Revision of the 1979 Transfer Pricing Report 31 mars 1995.

307 Nous traduisons la notion « arm's length principle » par « principe de pleine concurrence ».

308 OCDE, Committee on fiscal affairs précité, § 24. Traduit par nous.

145. En ce qui concerne plus particulièrement l'application du principe de pleine concurrence aux établissements stables, l'OCDE, dans son rapport de 2010, préconise de leur appliquer les mêmes méthodes qu'aux structures juridiquement distinctes[309]. Ainsi, dès lors que les prix pratiqués entre un établissement stable et son siège diffèrent de ceux consentis aux entreprises tierces, les établissements stables sont susceptibles de tomber sous le coup des législations relatives aux prix de transfert.
L'étude de l'application du principe de pleine concurrence en droit national révèle, néanmoins, des difficultés à qualifier la dépendance pour les entités juridiquement distinctes.

b) La dépendance économique et juridique en droit français

146. En droit français, le principe du transfert des bénéfices à l'étranger a été posé dès le début des années 1930[310]. Plusieurs fois remanié[311], l'article 57 du Code général des impôts prévoit notamment : *« Pour l'établissement de l'impôt sur le revenu dû par les entreprises qui sont sous la dépendance ou qui possèdent le contrôle d'entreprises situées hors de France, les bénéfices indirectement transférés à ces dernières, soit par voie de majoration ou de diminution des prix d'achat ou de vente, soit par tout autre moyen, sont incorporés aux résultats accusés par les comptabilités. Il est procédé de même à l'égard des entreprises qui sont sous la dépendance d'une entreprise ou d'un groupe possédant également le contrôle d'entreprises situées hors de France. La condition de dépendance ou de contrôle n'est pas exigée lorsque le transfert s'effectue avec des entreprises établies dans un Etat étranger ou dans un territoire situé hors de France dont le régime fiscal est privilégié au sens du deuxième alinéa de l'article 238 A ».*

147. La rédaction diffère sensiblement de celle proposée par le Modèle de Convention de l'OCDE, notamment en raison du fait que l'Etat français réfute la nécessité de dépendance économique ou juridique lorsque l'entreprise bénéficiaire du transfert est établie dans un Etat considéré comme étant à fiscalité privilégiée.
En ce qui concerne l'appréciation de la dépendance juridique, le Conseil d'Etat a jugé que celle-ci s'appliquait aux filiales et aux établissements stables[312].
La notion de dépendance ne suscite pas d'interrogation pour les établissements stables : par nature, ils sont juridiquement dépendants. En revanche, en ce qui concerne les entités juridiquement distinctes, il semble, d'une part, que la Haute Assemblée retienne plus facilement la dépendance juridique (la filialisation) que la dépendance de fait, et, d'autre part, que cette dépendance juridique soit difficile à qualifier.

---

[309] OCDE, Rapport sur l'attribution de bénéfices aux établissements stables, 2010, § 184 et suivants : *« L'approche autorisée de l'OCDE consiste à comparer les opérations internes entre l'ES et l'entreprise dont il fait partie et les transactions entre entreprises indépendantes ».*
[310] Loi du 31 mai 1933 article 76, transposé à l'article 57 du Code général des impôts.
[311] La dernière modification en date a été apportée par l'ordonnance n°2004-281 du 25 mars 2004, articles 27-II-4 et 27 III et par la loi n° 2004-1343 du 9 décembre 2004 article 78-XVIII.
[312] CE, 14 juin 1974, n° 81624, *Dupont,* n° 10/1974, p. 353, *Droit Fiscal,* 1974, n° 33-38, Comm 1058.

148. Sur le premier point, le Conseil d'Etat, dans un arrêt en date du 18 mars 1994, a refusé de considérer qu'il existait une dépendance de fait entre une société française et une société suisse[313]. Comme le notait TIXIER et Thierry LAMULLE dans leur note sous l'arrêt : *« Cet arrêt a pour effet de réduire le champ d'application de l'article 57 du CGI. La dépendance juridique semble être plus facilement retenue pour l'application de ce texte réprimant les transferts indirects de bénéfices »*[314]. Théoriquement en effet, la dépendance juridique est plus facile à qualifier qu'une dépendance de fait. A cet égard, il convient de citer les conclusions du commissaire du gouvernement Philippe MARTIN, qui indiquait[315] : « *Ce critère du lien de dépendance est destiné à caractériser des situations particulières dans lesquelles une entreprise a la capacité de dicter à une autre des conditions économiques défavorables à l'entreprise dépendante mais correspondant à l'intérêt de l'entreprise dominante ou du groupe. C'est cette situation particulière de rapport de domination qui justifie la précaution fiscale prise à l'encontre d'entreprises qui sont spécialement susceptibles de ne pas respecter entre elles le jeu de la pleine concurrence. Or, ce qui a été constaté par la cour d'appel de Rouen, c'est une relation classique de client à fournisseur dans laquelle l'un des partenaires économiques peut avoir un pouvoir de négociation supérieur à l'autre. Admettre dans ce cas l'applicabilité de l'article 57 du CGI reviendrait à élargir considérablement le champ de cet article puisque les relations économiques entre des entreprises de tailles différentes sont manifestement courantes. Tel n'est pas l'objet de l'article 57 du CGI, dont le caractère très délimité résulte, au demeurant, du sens littéral de la notion de lien de dépendance »*.

149. Cependant, ce second point relatif à la qualification de dépendance juridique ne présente pas de caractère d'évidence, compte tenu, notamment, de la définition qu'en donne la doctrine administrative[316]. Ainsi, la doctrine administrative reconnaît que, si

---

[313] CE, 18 mars 1994, 9ème et 8ème sous sections, n° 68799-70814, SA Sovemarco Europe, Droit Fiscal, n° 40/1994, Comm. 1703 ; TIXIER Gilbert, LAMULLE Thierry : *« Considérant que, dans le dernier état de ses mémoires, l'administration renonce à soutenir, eu égard à la difficulté d'identifier avec certitude les personnes physiques ou morales qui les contrôlaient, que la société Rotel était sous dépendance de la société française, ainsi que l'avait pourtant admis la commission départementale des impôts, et affirme, inversement, que la société française était dépendante de la société suisse ; que, toutefois, ni "l'étroite communauté d'intérêt qui, selon l'administration, unissait les deux sociétés, et serait démontrée, notamment, par le fait qu'aucun contrat ne régissait leurs relations commerciales, ni le fait que, dans les motifs de l'arrêt du 15 avril 1985, par lequel la cour administrative d'appel a condamné, pour fraude fiscale, le président-directeur général de la société anonyme "Sovemarco-Europe" et a constaté qu'il y avait une "inter-dépendance économique" entre la société anonyme "Sovemarco-Europe" et la société Rotel et que la première était "tributaire" de la seconde, "tant pour ses approvisionnements, notamment en robots Steca ... que pour la fixation des prix " ne suffisent à caractériser l'existence d'un lien de dépendance au sens de l'article 57 du code général des impôts ».*

[314] Note TIXIER Gilbert, LAMULLE Thierry , *Droit Fiscal* précité.

[315] Conclusions MARTIN Philippe sous l'arrêt *SOVEMARCO*, *RJF*, n° 05/1994, p. 290.

[316] Doctrine administrative, DB 4 A-1211, du 9 mars 2001, n° 3, 4, 5 : *« Une entreprise française est placée sous la dépendance d'une entreprise étrangère, lorsque cette dernière possède une part prépondérante de son capital ou la majorité absolue des suffrages susceptibles de s'exprimer dans ses assemblées. Il en est de même lorsque l'entreprise étrangère exerce, au sein de l'entreprise française, directement ou par personnes interposées, des fonctions comportant le pouvoir de décision.*

l'article 57 a vocation à s'appliquer aux relations entre sociétés mères et filiales, il n'y a pas pour autant dans ce cas de présomption de dépendance, cette dernière étant une question de fait.

Ainsi, tant la prévalence du critère de dépendance juridique sur celui de dépendance économique, que l'appréciation de fait de la dépendance juridique, conduisent à un contrôle facilité des prix de transfert entre un établissement stable et son siège, alors que ce contrôle sera plus difficile à mettre en œuvre dans les rapports entre structures juridiquement distinctes. En ce sens, l'établissement stable français d'une société étrangère sera susceptible de tomber systématiquement sous le coup de la législation relative aux prix de transfert, et ce, beaucoup plus qu'une filiale de société étrangère, pour laquelle l'administration devra préalablement établir l'existence de liens de dépendance entendus comme des liens de domination[317].

De surcroît, le processus d'imposition des structures concernées par l'application des législations relatives aux prix de transfert va s'opérer différemment selon qu'il s'agit d'établissements stables ou de structures juridiquement distinctes.

2) La présomption de transfert de bénéfices

150. En droit français, à supposer le lien de dépendance établi, l'article 57 du CGI prévoit une présomption de transfert des bénéfices à l'étranger, réintégrables dans le bénéfice de la société imposée en France. Dès lors que les bénéfices tombent sous le coup de l'article 57 du CGI, il y a non seulement imposition en France du fait de la réintégration dans les bénéfices de l'entreprise française (a), mais également « distribution », ce qui peut susciter l'application d'une retenue à la source (b).

C'est ainsi qu'un lien de dépendance a été considéré comme établi entre deux sociétés dont l'une détenait la majorité des actions ou des parts de l'autre et qui, par ailleurs, étaient administrées par les mêmes dirigeants ou administrateurs (CE, arrêt du 3 janvier 1946, req. n° 71963. RO, p. 3).

Par personne interposée, il faut comprendre :

- les gérants, administrateurs, directeurs de l'entreprise dirigeante (et les membres de leur famille) ;

- toute entreprise placée elle-même sous la dépendance de l'entreprise dirigeante ;

- toute personne qui possède un intérêt dans le commerce ou l'industrie de chacune des entreprises, ou une part de leur capital.

Ainsi, par exemple, l'existence d'un lien de dépendance entre deux sociétés est établi lorsque la quasi-totalité du capital de la société française est détenu indirectement par la société étrangère, cette dernière exerçant en outre un contrôle sur les produits fabriqués par la société française (CE, arrêt du 25 janvier 1989, req. n° 49847).

L'article 57 est susceptible de trouver application notamment dans les relations entre sociétés mères et filiales (CE, arrêts du 23 mai 1960, req. n° 42218 ; du 23 février 1966, req. n° 64449. RO, p. 73 ; du 18 avril 1966. req. n° 63621). Toutefois, la notion de dépendance étant également une question de fait, on ne saurait être tenu par la définition restrictive de l'article 145 du CGI qui conditionne l'application du régime fiscal prévu en faveur de ces sociétés ».

317 Nous reprenons ici les conclusions du Commissaire du gouvernement M. MARTIN sous l'arrêt *SOVEMARCO* précité.

a) L'imposition du bénéfice considéré comme transféré

151. Dans le cadre du contrôle des prix de transfert, l'administration fiscale doit apporter la preuve du lien de dépendance, et de la nature et du montant de l'avantage consenti.

En ce qui concerne la charge de la preuve, comme le notent des commentateurs : *« (...) les règles de dévolutions de la charge de la preuve sont pour l'administration beaucoup plus contraignantes dans le cadre d'un acte anormal de gestion opposé par ladite administration à l'occasion de transactions conclues entre deux entreprises françaises, que dans le cadre d'un transfert indirect de bénéfices invoqué par l'administration sur le fondement de l'article 57 du CGI et au titre de transactions conclues entre entreprises françaises et entreprises établies dans d'autres Etats membres. En effet, en matière d'acte anormal de gestion, il incombe à l'administration d'établir que la transaction n'a pas été conclue dans l'intérêt de l'entreprise, tandis que, dans le cadre de l'article 57 du CGI, il appartient au contribuable d'établir que la transaction a été conclue dans l'intérêt de l'entreprise »*[318].

Toutefois, pour certains auteurs, les règles de preuve seraient alourdies dans le cadre purement interne de l'acte anormal de gestion entre sociétés liées. De ce fait, les preuves de l'acte anormal de gestion interne tendraient à se rapprocher des règles de preuve liées aux transferts de bénéfices à l'étranger[319].

En toute hypothèse, les règles particulières afférentes à la charge de la preuve en matière de prix de transferts s'appliqueront systématiquement aux établissements stables : par nature l'établissement stable est détenu par une entreprise étrangère. Ainsi, un établissement stable ne fait généralement pas l'objet d'un rehaussement fondé sur un acte anormal de gestion dans les relations qu'il entretient avec son siège[320], du fait, non de son absence de personnalité morale, mais de la qualité d'entreprise étrangère de son siège.

152. Outre le problème de la qualification des liens de dépendance et de la dévolution de la charge de la preuve, le postulat commun aux régimes de prix de transfert est que les administrations fiscales, lors des contrôles, fixent une normalité des prix pour les entreprises.

Si la légitimité, au regard des Etats, de la réglementation en matière de prix de transfert n'est pas en cause, il n'en demeure pas moins que ceux-ci, et ce quelles que soient les méthodes de contrôle employées, considèrent que les relations à l'intérieur d'un groupe

---

[318] TALY Michel, SCHIELE Pascal, « Les dispositions françaises tendant au contrôle des prix de transfert sont-elles euro-compatibles ? », *Droit Fiscal,* n° 29/2003, pp. 960-965.

[319] BOURTOURAULT Pierre-Yves, BENARD Marc, « Relations intragroupe, prix de transfert et acte anormal de gestion. Vers une convergence des règles de preuve applicables aux opérations nationales et internationales ? », *Droit Fiscal*, n° 50, 10 décembre 2009, pp. 9-14.

[320] Il est difficile de comparer l'établissement stable d'une entreprise étrangère avec des structures nationales dépourvues de la personnalité juridique. Il ne saurait y avoir d'acte anormal de gestion entre une succursale française et son siège français, l'acte anormal de gestion présupposant l'existence d'un tiers. Cependant, cette comparaison existe dans la jurisprudence . Voir, par exemple, CJCE, 15 mai 2008, aff. C-414/06, *Lidl Belgium*, Rec. p. I-3601 ; 23 octobre 2008, aff. C-157/07, *Finanzamt für Körperschaften III in Berlin contre Krankenheim Ruhesitz am Wannsee-Seniorenheimstatt GmbH*, Rec.p. I-8061 et nos développements *Infra*, § 609 et suivants.

doivent être fiscalement traitées comme celles entre entreprises indépendantes. A *contrario*, le Professeur LE GALL a pu souligner : *« L'existence d'un groupe implique, par définition, des politiques différentes y compris en matière de prix. Comment s'attendre à ce qu'un groupe entreprenne de pénétrer un marché de la même manière qu'un producteur le ferait avec des distributeurs indépendants ? »*[321].

153. En matière de contrôle des prix de transfert entre un établissement stable et son siège, il convient en outre de noter que la comparabilité des situations, aux fins de l'application du principe de pleine concurrence, n'est pas fondée sur les relations contractuelles comme pour des entreprises distinctes, mais sur les actifs et les profits attribués respectivement. A cet égard, les nouvelles recommandations formulées par l'OCDE pour l'attribution des profits aux établissements stables devraient influer sur l'application à ces derniers du principe de pleine concurrence. En effet, le principe va s'appliquer en relation avec les actifs attribués, c'est-à-dire à ceux dont la propriété économique est transférée en considération des fonctions humaines significatives.
Hormis la question de la comparabilité des situations, évoquée ci-dessus, qui permet d'imposer les bénéfices considérés comme indûment minorés, se pose également la question de la distribution des bénéfices transférés à l'étranger.

b) Les bénéfices distribués et l'application des retenues à la source

154. L'administration française, lorsqu'elle fait application de l'article 57 du CGI, considère généralement qu'il y a désinvestissement au sens des articles 108 et suivants du même code. Or, par essence, le fait qu'il y ait eu transfert de bénéfices implique que ceux-ci ont déjà été appréhendés par l'entreprise de l'autre Etat. Aussi, les distributions sont en général passibles des retenues à la source prévues aux articles 119 bis et suivants du code[322]. Toutefois, le désinvestissement s'apprécie différemment selon qu'il a lieu du fait d'une structure juridique ou d'un établissement stable.

155. En ce qui concerne les structures juridiquement distinctes, il ressort de la jurisprudence du Conseil d'Etat que l'applicabilité de la retenue à la source est conditionnée par la rédaction des conventions fiscales[323].
Dans un considérant de principe, le Conseil d'Etat a exposé : « *Considérant que les dividendes mentionnés à l'article 10 de la convention franco-néerlandaise n'étant définis ni par cet article, qui se borne à énumérer les titres concernés, ni par aucune autre stipulation de cette convention, ils doivent être définis comme des produits distribués par une société à ses associés en vertu d'une décision prise par l'assemblée générale de ses actionnaires ou porteurs de parts dans les conditions prévues par la loi du 24 juillet 1966 modifiée sur les sociétés commerciales ; que tel n'est pas le cas de revenus réputés distribués au sens de l'article 109-1-1° du CGI ; que ces revenus ne sont mentionnés dans aucun des articles qui précèdent l'article 22 de la convention ;*

[321] LE GALL Jean-Pierre, « Quelques réflexions sur l'« arm's length principle » après le 46ème congrès de l'International Fiscal Association », *Droit Fiscal*, n° 50/1992, pp. 1941-1944.
[322] CGI, article 115 quinquies en ce qui concerne les établissements stables.
[323] CE, 13 octobre 1999, n° 190083, *Ministre contre SA Banque française de l'orient, RJF*, n° 12/1999, n° 1587, conclusions ARRIGHI DE CASANOVA, *RJF*, n° 12/1999, p. 938.

que dès lors c'est par une exacte application des stipulations des articles 10 et 22 de la convention que la CAA de Paris a jugé que l'avantage susmentionné ne pouvait être assujetti à la retenue à la source visée par l'article 119 bis 2 du CGI ; qu'il suit de là que le Ministre de l'Economie et des Finances n'est pas fondé à demander l'annulation de l'arrêt attaqué ».

156. Ce faisant, le Conseil d'Etat adopte une définition stricte de la notion de dividende[324], qui ne se confond pas avec celle de revenus distribués[325]. Dans le cas de l'arrêt *Banque française de l'Orient*, statuant sur l'application de la retenue à la source consécutive à l'application par l'administration de l'article 57 du CGI relatif aux transferts de bénéfices, il a été jugé que s'agissant de revenus réputés distribués, et non pas de dividendes, la retenue à la source était inapplicable.
Dans ses conclusions, le Commissaire du gouvernement faisait référence, pour les rejeter comme postérieurs à la rédaction de la convention en cause au cas d'espèce, aux commentaires de l'OCDE sous l'article 10 du Modèle de Convention fiscale, lesquels prévoient, depuis 1977, que sont également considérés comme dividendes les distributions cachées de bénéfices[326]. Les conventions étant d'interprétation littérale[327], il n'est cependant pas certain que la solution adoptée par le Conseil d'Etat serait différente pour une convention signée postérieurement aux commentaires de 1977, et ne prévoyant pas de notion extensive des dividendes.

157. Pour les établissements stables, l'existence d'une retenue à la source est également conditionnée par la rédaction des conventions fiscales. Le Conseil d'Etat a ainsi pu juger, dans le cadre de l'application de la convention franco-polonaise, que la « clause-balai » de la convention faisait obstacle à l'application de l'article 115 quinquies du CGI[328].
L'idée même d'une retenue à la source ne paraît pas aberrante, que ce soit pour une structure distincte ou un établissement stable ayant procédé à un transfert de bénéfices au profit d'une entreprise liée résidente d'un Etat étranger.

---

[324] Comme le notaient les Commissaires du gouvernement ARRIGHI de CASANOVA (concluant sous l'arrêt précité) et AUSTRY concluant sous l'arrêt CE, 26 février 2001, n° 219334, *Min. c/ société Anzalone*, *RJF*, n° 05/2001, pp. 403-406, il n'y a pas en droit fiscal de définition des dividendes. Le droit fiscal renvoie à la définition commerciale donnée par la loi du 24 juillet 1966 et actuellement codifiée à l'article L 232.12 du Code de commerce.
[325] Il est à noter que l'arrêt de la CAA de Paris du 8 juillet 1997, n° 93-572, confirmé par le Conseil d'Etat, faisait état de revenus distribués en Arabie Saoudite qui, compte tenu de la convention applicable, étaient passibles de la retenue à la source de l'article 119 bis 2.
[326] OCDE, Modèle de Convention fiscale, Commentaires sous l'article 10, § 28, renuméroté le 23 juillet 1992 : *« Sont considérés comme dividendes non seulement les distributions de bénéfices décidées chaque année par l'assemblée générale des actionnaires, mais encore les autres avantages appréciables en argent, tels que actions gratuites, bonus, bénéfices de liquidation et distributions cachées de bénéfices. Les allègements prévus au présent article s'appliquent pour autant que l'Etat dont la société débitrice est résidente impose les prestations sus mentionnées comme les dividendes ».*
[327] BERGERES Maurice-Christian, « Droit et conventions fiscales internationales », *Droit Fiscal*, n° 19, 11 mai 2007, p. 19.
[328] CE, 30 janvier 2001, n°199543, *SA Bank Polska*, *RJF*, n° 04/2001, n°489.

Cependant, la différence de nature juridique entre les sociétés et les établissements stables emporte des conséquences distinctes. En effet, la société ayant transféré les bénéfices est considérée comme ayant accompli un acte anormal de gestion procurant un avantage indu. En ce sens, la retenue à la source permet d'imposer le désinvestissement. Ce raisonnement vaut parce que les sociétés ne sont pas obligées de distribuer des dividendes, et parce qu'en l'absence de distribution aucun revenu n'est appréhendé par l'actionnaire.
En revanche, en ce qui concerne les établissements stables, les revenus sont appréhendés, à tout le moins comptablement, par le siège, du fait de l'absence de personnalité juridique de l'établissement. A cet égard, peu importe le sens dans lequel s'est opéré le transfert de bénéfices (majoration ou minoration des prix de ventes ou d'achats), puisque les opérations aboutissent théoriquement à une totale neutralité dans la comptabilité du siège[329].

158. Cependant, si le résultat comptable ne varie pas du fait des prix de transfert, le résultat fiscal imposable va dépendre de la méthode d'élimination de la double imposition.
En effet, si l'Etat du siège pratique la méthode d'exemption, le bénéfice initial et rehaussé ne sera pas pris en compte fiscalement dans l'Etat du siège. Dans ce cas, l'établissement stable est imposé comme une société juridiquement distincte et il conviendrait, par parallélisme, d'appliquer une retenue à la source. Si, en revanche, l'Etat du siège pratique la méthode d'imputation, la neutralité fiscale ne va pas être effective à hauteur du différentiel de taux d'impôt sur les sociétés.

A titre d'exemple :

Un établissement stable situé en France réalise en N un bénéfice imposable de 100, le siège étranger déclare un bénéfice global de 300 (dont 100 relatifs au bénéfice français). Le transfert indirect de bénéfices au titre de cette année N est estimé à 50.
En l'absence de transfert de bénéfices, les résultats déclarés auraient été respectivement de 150 et de 300 (on suppose qu'il y a eu une majoration des charges de l'établissement stable et une majoration des produits du siège. Dans ce cas, le bénéfice de 300 est identique puisque la comptabilité du siège prend en compte à la fois le produit réalisé par le siège et la charge comptabilisée au titre de l'établissement). Le crédit d'impôt accordé du fait du résultat de l'établissement stable va donc varier, ce qui, en cas de crédit non plafonné, peut présenter un intérêt lorsque l'Etat d'implantation de l'établissement stable pratique des taux plus élevés.

[329] A titre d'exemple, si une administration procède à un rehaussement (de 100) sur le fondement de l'article 57 du CGI du résultat originel (de 50) d'un établissement stable, l'opération pour le siège va se traduire par un résultat de 150. En effet, même en l'absence de rehaussement, le siège a bénéficié du transfert de bénéfices et intégré dans sa propre comptabilité le transfert à hauteur de 100.

En ce sens, et en l'absence d'harmonisation des systèmes fiscaux, la retenue à la source pourrait se justifier en tant qu'instrument dissuasif[330].

159. Dans le cas inverse de transferts de bénéfices au profit d'établissements stables, le Conseil d'Etat a rendu un arrêt traitant de l'interposition d'une filiale étrangère entre une société mère française et des succursales étrangères[331]. Des abandons de créances avaient été consentis par la société mère, la SA Guerlain, à deux succursales étrangères détenues par une filiale Hong-Kongaise de la SA. Le Conseil d'Etat a jugé que : *« Les abandons de créance consentis aux succursales de Singapour et d'Australie, dépourvues de personnalités juridique, l'ont été nécessairement à la filiale Guerlain Pacific Asia Ltd à laquelle lesdites succursales appartiennent ».* Le transfert de bénéfices n'a pas été apprécié au niveau des succursales, mais au niveau de la filiale, seule détentrice juridique de la créance. Aussi, bien que le Conseil d'Etat n'aborde pas la question, les abandons de créances ont dû être imposés dans l'Etat d'implantation des établissements stables, alors que l'éventuelle retenue à la source aura été appliquée aux distributions effectuées au profit de la filiale de Hong-Kong.
De cet arrêt, résulte une distorsion dans le traitement de l'imposition des transferts de bénéfices à l'étranger selon qu'ils concernent des filiales ou des établissements stables.
A cet égard, il n'est pas certain que l'arrêt du Conseil d'Etat soit compatible avec les règles européennes.

160. En toute hypothèse, la question des « distributions », et donc des éventuelles retenues à la source, ne se pose pas – ou du moins se pose différemment – dans le cadre européen, compte tenu de la suppression de principe des retenues à la source, lorsque les distributions interviennent entre des structures unies par un lien de dépendance[332] au sens du droit de l'Union[333]. Par ailleurs, la suppression des retenues à la source ne préjuge pas de la compatibilité des législations afférentes aux prix de transfert avec le droit européen.

---

[330] La retenue à la source a pour double fonction d'éviter la fraude et de simplifier la perception de l'impôt. En ce sens, voir, ROLLE Giovanni, "Is corporate income tax a withholding tax? Some comments on the *Athinaïki Zythopoiia* case", *ECTR,* 2003/1, pp. 36-42.

[331] CE, 11 avril 2008, n° 281033, 10ème et 9ème sous sect., *SA GUERLAIN, RJF,* n° 07/2008, n°788 ; Chronique Julie BURGUBURU, « Transfert de bénéfices et expansion à l'étranger : une jurisprudence au parfum », *RJF*, n° 07/2008, pp. 667-671 ; TALY Michel, note sous l'arrêt SA Guerlain, *Droit Fiscal*, n° 18/2008, Comm 302.

[332] Voir les conditions posées aux articles 115 quinquies et 119 ter du CGI, tenant notamment à la forme des sociétés et au pourcentage de détention.

[333] Conseil, Directive du 23 juillet 1990, n°90/435/CEE, concernant le régime fiscal commun applicable aux sociétés mères et filiales d'États membres différents, article 5 : « *Les bénéfices distribués par une filiale à sa société mère sont exonérés de retenue à la source » ; Article 6 : « L'État membre dont relève la société mère ne peut percevoir de retenue à la source sur les bénéfices que cette société reçoit de sa filiale »* ; *Article 7 : « 1. L'expression «retenue à la source »utilisée dans la présente directive ne comprend pas le paiement anticipé ou préalable (précompte)de l'impôt sur les sociétés à l'État membre où est située la filiale, effectué en liaison avec la distribution des bénéfices à la société mère ».*

B. Les prix de transferts à l'épreuve du droit de l'Union européenne et du droit de la Convention européenne des Droits de l'Homme

161. Se poser la question de la légalité en droit de l'Union européenne des législations nationales en matière de prix de transfert peut paraître paradoxal, ces régimes étant communément admis en droit fiscal international.
L'Union européenne n'est pas indifférente aux questions concernant les prix de transferts, même si, à la différence de l'OCDE, elle n'a formalisé que relativement récemment la problématique[334](1). En outre, la jurisprudence européenne, qu'elle relève de la Cour de justice de l'Union ou de la Cour européenne des droits de l'Homme, ne semble pas opposée à des traitements différenciés d'élimination des doubles impositions (2).

1) La norme européenne en matière de prix de transfert

162. Le texte de la Convention relative à l'élimination des doubles impositions en cas de correction des bénéfices d'entreprises associées reprend littéralement l'article 9 du Modèle de Convention OCDE[335]. S'y ajoute cependant un paragraphe concernant les établissements stables, qui reprend le paragraphe 2 de l'article 7 du Modèle de Convention de l'OCDE tel qu'il se lisait antérieurement aux modifications intervenues en 2010[336].
En outre, le Conseil formalise la procédure à suivre pour éliminer les doubles impositions.
Par la suite, la Commission a proposé, dans le cadre des travaux sur l'assiette commune consolidée (ACCIS), la création d'un forum conjoint sur les prix de transfert[337].

163. Dans le document de travail en date du 26 février 2007[338] la Commission ne fait pas mention des spécificités relatives aux établissements stables.

---

[334] Conseil, 23 juillet 1990, Convention relative à l'élimination des doubles impositions en cas de correction des bénéfices d'entreprises associées - Acte final - Déclarations communes - Déclarations unilatérales, 90/436/CEE, JO L 225 du 20 août 1990, pp. 10- 24 ; Conseil, 11 mars 2002, adoption de la proposition de la commission sur la création d'un « Forum conjoint de l'UE sur les prix de transfert ».
[335] Convention précitée, article 4.
[336] *Ibid.*, *« Lorsqu'une entreprise d'un État contractant exerce son activité dans un autre État contractant par l'intermédiaire d'un établissement stable qui y est situé, il est imputé à cet établissement stable les bénéfices qu'il aurait pu réaliser s'il avait constitué une entreprise distincte exerçant des activités identiques ou analogues dans des conditions identiques ou analogues et traitant en toute indépendance avec l'entreprise dont il constitue un établissement stable ».*
[337] Commission, 23 octobre 2001, « Vers un marché intérieur sans entraves fiscales – Une stratégie pour permettre aux entreprises d'être imposées sur la base d'une assiette consolidée de l'impôt sur les sociétés couvrant leurs activités dans l'Union européenne », COM (2001) 582.
[338] Commission, 26 février 2007, Document de travail des services de la Commission, Rapport préparé par le forum conjoint de l'UE sur les prix de transfert ; Documents accompagnant la communication de la commission au Conseil, au Parlement Européen et au Comité Economique et Social Européen concernant les activités du forum conjoint de l'UE sur les prix de transfert dans le domaine de la prévention et du règlement des différends et concernant les lignes

En revanche, dans sa communication du 7 novembre 2005[339], la Commission faisait état de la documentation nécessaire à l'établissement des bénéfices imputables à un établissement stable : *« En ce qui concerne les exigences en matière de documentation relative à l'imputation de bénéfices à un établissement stable, les États membres se fonderont sur des éléments d'appréciation identiques à ceux utilisés pour la documentation relative aux prix de transfert ».* Cette formulation confirme, s'il en était besoin, à quel point les notions de prix de transfert et d'établissement stable sont proches.
L'absence de personnalité juridique de l'établissement stable et son caractère extra-territorial font que son activité est en permanence confrontée à la problématique des prix de transfert. S'agissant de questions touchant à la territorialité de l'imposition, le fait que les résultats de l'établissement stable soient appréhendés par le siège peut permettre une localisation (ou une délocalisation) des bénéfices et/ou des pertes.

Si le législateur européen appréhende la notion de prix de transfert essentiellement par le biais du règlement des différends pouvant survenir entre Etats membres, la Cour de Justice de l'Union et la Cour européenne des droits de l'Homme peuvent avoir une lecture différente.

2) Les prix de transfert et la jurisprudence européenne

164. La législation afférente aux prix de transfert soulève deux questions différentes en matière de contentieux européen : d'une part, celle de la compatibilité d'une telle législation avec les articles du Traité relatifs aux libertés fondamentales (a) ; d'autre part, celle de la compatibilité avec la Convention européenne des droits de l'Homme (CEDH), et plus particulièrement de son article 6 (b).

directrices relatives aux accords préalables sur les prix de transfert, COM (2007) 71 Final, SEC (2007) 246.

[339] Commission, 7 novembre 2005, Communication de la Commission au Conseil, au Parlement Européen et au Comité Economique et Social Européen concernant les travaux menés par le forum conjoint de l'UE sur les prix de transfert dans le domaine de la documentation en matière de prix de transfert pour les entreprises associées dans l'UE. Proposition de Code de conduite relatif à la documentation des prix de transfert pour les entreprises associées au sein de l'UE, COM (2005) 543 Final.

a) La législation sur les prix de transfert et l'application des libertés fondamentales du Traité sur le fonctionnement de l'Union (TFUE)

165. La Cour de justice s'est prononcée dans un seul cas sur la compatibilité des législations relatives aux prix de transfert avec les textes de l'Union, dans un arrêt mettant en cause l'Etat belge[340]. En outre, le sujet a indirectement fait l'objet d'un arrêt[341].
En l'espèce, ce dernier arrêt concernait la législation britannique relative à la sous-capitalisation, qui était intégrée à la législation plus générale relative aux prix de transfert entre 1998 et 2004[342]. Deux points particuliers paraissent devoir être relevés dans l'arrêt.

166. En premier lieu, la Cour précise : *« À cet égard, il convient de relever, d'une part, que la différence de traitement à laquelle sont soumises, dans le cadre d'une législation telle que celle en cause au principal, les filiales de sociétés mères non-résidentes par rapport aux filiales de sociétés mères résidentes, peut restreindre la liberté d'établissement même si, sur le plan fiscal, la position d'un groupe de sociétés transfrontalier n'est pas comparable à celle d'un groupe de sociétés résidant toutes dans le même État membre. Certes, au sein d'un groupe de sociétés, le risque que le financement d'une filiale soit aménagé afin d'organiser un transfert des bénéfices vers un État où ceux-ci sont soumis à un impôt inférieur n'existe normalement pas si toutes les sociétés concernées sont soumises, dans un même État membre, au même taux d'imposition. Toutefois, cela n'exclut pas que les règles adoptées par un État membre pour viser spécifiquement la situation des groupes transfrontaliers puissent, dans certains cas, constituer une restriction à la liberté d'établissement des sociétés concernées »*[343]. La Cour en conclut que *« la différence de traitement à laquelle sont soumises (...) les sociétés emprunteuses en fonction du lieu du siège de la société apparentée constitue une restriction à la liberté d'établissement »*[344].
La restriction à la liberté d'établissement a également été reconnue dans l'arrêt précité concernant la législation belge[345].

---

340 CJUE, 21 janvier 2010, aff. C-311/08, *Société de Gestion Industrielle SA*, Rec. p. I-487, conclusions KOKOTT du 10 septembre 2009.
341 CJCE, 13 mars 2007, aff. C-524/04, *Test Claimants in the Thin Cap Group Litigation contre Commissioners of Inland Revenue*, Rec. p. I-2107.
342 La législation britannique applicable à compter de 1998 (annexe 28 AA de l'Income and Corporation Taxes Act 1988), considère que les transactions entre deux sociétés sous contrôle commun relèvent des règles afférentes aux prix de transfert si les conditions dans lesquelles elles ont été conclues diffèrent de ce qu'elles auraient été si ces sociétés n'avaient pas été sous contrôle commun et lorsque ces conditions procurent à l'une des sociétés concernées un avantage potentiel au regard de la législation fiscale du Royaume-Uni. A compter de 2004, les règles s'appliquent, même si les deux parties à la transaction sont assujetties à l'impôt au Royaume-Uni.
343 Arrêt *Test Claimants in the Thin Cap Group Litigation* précité, points 59 et 60.
344 *Ibid.*, point 63.
345 Arrêt *Société de Gestion Industrielle SA* précité, point 55.

167. La comparaison des motifs de l'arrêt avec la législation française relative aux prix de transfert permet de relever qu'il existe vraisemblablement une restriction à la liberté d'établissement au sens donné par la jurisprudence européenne[346].
En effet, d'une part, l'article 57 du CGI ne vise que les situations transfrontalières, et, d'autre part, la preuve à apporter par l'administration fiscale pour procéder à un rehaussement sur le fondement du transfert de bénéfices est différente de celle à apporter en cas d'acte anormal de gestion consenti entre sociétés françaises[347].
En outre, concernant l'application des législations sur les prix de transfert aux établissements stables de sociétés étrangères, il n'est pas exclu qu'une restriction à la liberté d'établissement puisse être caractérisée. Ainsi, la situation d'une succursale de société française et celle d'une succursale de société étrangère ne sont pas comparables. Il ne peut y avoir application aux succursales françaises de sociétés françaises d'un dispositif se rapprochant peu ou prou de celui des prix de transfert. En effet, il ne saurait y avoir au sein d'une même entité juridique de rehaussement tenant à un transfert de bénéfices, serait-il qualifié d'acte anormal de gestion.
En ce sens, les succursales de droit interne bénéficient d'un régime plus favorable que les succursales étrangères, le régime appliqué à ces dernières étant susceptible de tomber sous le coup d'une atteinte à la liberté d'établissement.

168. Toutefois, les législations sur les prix de transfert ne visant, par essence, que les transferts de bénéfices à l'étranger, il semble que la comparaison entre des situations purement internes et des situations transfrontalières n'est pas nécessairement adéquate. Ainsi, les législations relatives aux prix de transfert devraient trouver à s'appliquer dès lors qu'existent des distorsions dans les conditions de pleine concurrence.
Telle n'a pas été la position de la Cour, puisque, en second lieu, elle a admis que la restriction à la liberté d'établissement ne pouvait être justifiée que sous deux conditions : *« D'une part, cette législation se base sur un examen d'éléments objectifs et vérifiables permettant d'identifier l'existence d'un montage purement artificiel à des seules fins fiscales en prévoyant la possibilité pour le contribuable de produire, le cas échéant et sans être soumis à des contraintes administratives excessives, des éléments concernant les raisons commerciales sous-jacentes à la transaction en cause et, d'autre part, lorsque l'existence d'un tel montage est établie, ladite législation ne qualifie ces intérêts de bénéfices distribués que dans la mesure où ils excèdent ce qui aurait été convenu dans des conditions de pleine concurrence »*[348].

169. La seconde condition, tenant à l'imposition des seuls bénéfices soustraits à l'impôt, ne semble pas poser de problème de compatibilité avec les législations nationales.

---

[346] Voir sur le point de l'atteinte aux libertés de circulation, CALDERON Jose, "European Transfer Pricing Trends as the Crossroads: Caught Between Globalization, Tax Competition and EC Law", *Intertax*, 2005, vol. 33, Issue 3, pp. 113-116.
[347] Sur ce sujet voir, TALY Michel, SCHIELE Pascal, « Les dispositions françaises tendant au contrôle des prix de transfert sont-elles euro-compatibles ? », *Droit Fiscal,* n° 29/2003, pp. 960-965.
[348] Arrêt *Test Claimants in the Thin Cap Group Litigation* précité, point 92.

En revanche, l'applicabilité des législations suppose l'existence d'un montage purement artificiel[349]. Or, pour les Etats disposant de législations relatives aux prix de transfert, il s'agit de réprimer des actes anormaux de gestion, et non de mettre en œuvre des procédures d'abus de droit[350]. Ainsi, la jurisprudence de la Cour paraît réduire le pouvoir d'imposition des Etats de *situs*, en limitant leurs possibilités de contrôle aux seuls montages abusifs, et ce, qu'il s'agisse d'entités juridiquement distinctes ou d'établissements stables.
Toutefois, un tempérament semble avoir été apporté dans un arrêt ultérieur. En effet, dans l'arrêt *Société de gestion industrielle*[351], la Cour a admis deux motifs justifiant la restriction à la liberté d'établissement : la répartition équilibrée du pouvoir d'imposition[352] et la prévention de l'évasion fiscale. Sur ce dernier point, la Cour a assoupli la jurisprudence antérieure, considérant que la législation nationale, n'ayant pas pour objet spécifique d'exclure les montages purement artificiels, pouvait néanmoins être justifiée par l'objectif de prévention de l'évasion fiscale pris ensemble avec celui de la répartition équilibrée du pouvoir d'imposition entre les Etats membres[353].
Cette jurisprudence semble ainsi valider les législations relatives aux prix de transferts.

170. Toutefois, quand bien même les éléments fournis concluraient à l'applicabilité des législations, encore faudrait-il que le contribuable ne soit pas soumis à « *des contraintes administratives excessives* ».
Bien que la Cour ne précise pas ce qu'il faut entendre par « contraintes administratives excessives », l'Avocat général, dans ses conclusions, fournit une réponse brève[354], et s'appuie, dans la suite de ses développements, sur des considérations factuelles.
Ces précisions jurisprudentielles sont à rapprocher de l'article L.13 B du LPF, qui prévoit les conditions dans lesquelles les entreprises peuvent justifier de leur politique de prix de transfert[355]. Les dispositions de l'article L.13 B ont fait l'objet de critiques

---

[349] Sur la jurisprudence européenne relative aux montages artificiels à but fiscal voir, CJCE, 16 juillet 1998, aff. C-264/96, *ICI*, Rec. p. I-4695; 12 décembre 2002, aff. C-324/00 *Lankhorst-Hohorst*, Rec. p. I-11779; 11 mars 2004, aff. C-9/02, *De Lasteyrie du Saillant*, Rec. p. I-2409 ; 12 septembre 2006, aff. C-196/04, *Cadbury Schweppes*, Rec. p. I-7995, point 55: *« Il s'ensuit que, pour qu'une restriction à la liberté d'établissement puisse être justifiée par des motifs de lutte contre des pratiques abusives, le but spécifique d'une telle restriction doit être de faire obstacle à des comportements consistant à créer des montages purement artificiels, dépourvus de réalité économique, dans le but d'éluder l'impôt normalement dû sur les bénéfices générés par des activités réalisées sur le territoire national ».*

[350] Dans la mesure où l'arrêt en cause concernait des rehaussements liés à la sous-capitalisation, les législations spécifiques à ce domaine ne peuvent être justifiées que par l'existence de montages artificiels.

[351] CJUE, 21 janvier 2010, aff. C-311/08, *Société de Gestion Industrielle SA*, Rec ; p. I-487, conclusions KOKOTT du 10 septembre 2009.

[352] *Ibid.*, point 63.

[353] *Ibid.*, point 66.

[354] Conclusions de l'Avocat Général M. L. A. GEELHOED présentées le 29 juin 2006 sous l'affaire C-524/04, point 67 : *« Les renseignements exigés du contribuable pour réfuter la présomption ne doivent pas être disproportionnés ni rendre cette réfutation excessivement difficile ou impossible ».*

[355] LPF, article L.13 B : *« Lorsque, au cours d'une vérification de comptabilité, l'administration a réuni des éléments faisant présumer qu'une entreprise a opéré un transfert indirect de bénéfices,*

sévères de la doctrine[356]. Il est de fait que l'article étend le champ des contreparties telles qu'elles semblent ressortir de la jurisprudence européenne[357].
Par surcroît, l'article L 13 AA du LPF impose désormais des obligations documentaires à certaines entreprises dans le domaine des prix de transfert[358].

---

au sens des dispositions de l'article 57 du code général des impôts, elle peut demander à cette entreprise des informations et documents précisant :
1° La nature des relations entrant dans les prévisions de l'article 57 du code général des impôts, entre cette entreprise et une ou plusieurs entreprises exploitées hors de France ou sociétés ou groupements établis hors de France ;
2° La méthode de détermination des prix des opérations de nature industrielle, commerciale ou financière qu'elle effectue avec des entreprises, sociétés ou groupements visés au 1° et les éléments qui la justifient ainsi que, le cas échéant, les contreparties consenties ;
3° Les activités exercées par les entreprises, sociétés ou groupements visés au 1°, liées aux opérations visées au
4° Le traitement fiscal réservé aux opérations visées au 2° et réalisées par les entreprises qu'elle exploite hors de France ou par les sociétés ou groupements visés au 1° dont elle détient, directement ou indirectement, la majorité du capital ou des droits de vote.
Les demandes visées au premier alinéa doivent être précises et indiquer explicitement, par nature d'activité ou par produit, le pays ou le territoire concerné, l'entreprise, la société ou le groupement visé ainsi que, le cas échéant, les montants en cause. Elles doivent, en outre, préciser à l'entreprise vérifiée le délai de réponse qui lui est ouvert. Ce délai, qui ne peut être inférieur à deux mois, peut être prorogé sur demande motivée sans pouvoir excéder au total une durée de trois mois.
Lorsque l'entreprise a répondu de façon insuffisante, l'administration lui adresse une mise en demeure d'avoir à compléter sa réponse dans un délai de trente jours en précisant les compléments de réponse qu'elle souhaite. Cette mise en demeure doit rappeler les sanctions applicables en cas de défaut de réponse ».
356 DE WAAL Allard, « Un nouveau régime de contrôle des prix de transfert », *RDAI*, n° 5/1996, pp. 653-671 ; SILBERZTEIN Caroline et PRIOL Jean-Marc, « Contrôle des prix de transfert ; un dispositif critiquable ? », *Droit Fiscal*, n° 42/1998, pp. 1285-1291 ; GELIN Stéphane, LE BOULANGER Arnaud, « Prix de transfert : du principe de pleine concurrence à l'analyse de la valeur dans l'entreprise », *Droit Fiscal*, n° 48/2001, p. 1673 .
357 Ainsi que l'indiquait la Cour dans l'arrêt précité Test *Claimants in the Thin Cap Group Litigation*, « les raisons commerciales sous-jacentes à la transaction en cause ».
358 LPF, article L 13 AA : *« Les personnes morales établies en France : a) Dont le chiffre d'affaires annuel hors taxes ou l'actif brut figurant au bilan est supérieur ou égal à 400 000 000 d'euros, ou b) Détenant à la clôture de l'exercice, directement ou indirectement, plus de la moitié du capital ou des droits de vote d'une entité juridique — personne morale, organisme, fiducie ou institution comparable établie ou constituée en France ou hors de France — satisfaisant à l'une des conditions mentionnées au a, ou c) Dont plus de la moitié du capital ou des droits de vote est détenue, à la clôture de l'exercice, directement ou indirectement, par une entité juridique satisfaisant à l'une des conditions mentionnées au a, ou d) Bénéficiant de l'agrément prévu à l'article 209 quinquies du code général des impôts, et, dans ce cas, toutes les entreprises imposables en France faisant partie du périmètre de consolidation, ou e) Appartenant à un groupe relevant du régime fiscal prévu à l'article 223 A du même code lorsque ce groupe comprend au moins une personne morale satisfaisant l'une des conditions mentionnées aux a, b, c ou d, doivent tenir à disposition de l'administration une documentation permettant de justifier la politique de prix de transfert pratiquée dans le cadre de transactions de toute nature réalisées avec des entités juridiques liées au sens du 12 de l'article 39 du même code établies ou constituées hors de France, ci-après désignées par les termes : " entreprises associées " ».*

Ainsi, les législations nationales relatives aux prix de transfert sont susceptibles de constituer une restriction prohibée aux libertés fondamentales, dans la mesure où elles instituent une différence de traitement en fonction du lieu d'établissement. En outre, l'éventuelle justification à ces restrictions ne pourrait être admise que dans des conditions strictes. Aussi, sur les points développés, il n'est pas certain, contrairement à l'opinion de certains commentateurs, que l'arrêt *Test Claimants in the Thin Cap Group Litigation* constitue un *« plaidoyer indirect en faveur de l'euro-compatibilité de l'article 57 du CGI »*[359].

171. Cette jurisprudence de la Cour de l'Union tend à restreindre le pouvoir d'imposition des Etats de *situs*, tant pour les structures juridiquement distinctes, que pour les établissements stables. Cependant, la restriction est plus importante en ce qui concerne les établissements stables, dans la mesure où leur siège est nécessairement étranger. Ainsi, la jurisprudence européenne concernant l'assouplissement du critère d'évasion fiscale mériterait d'être confirmée, faute de quoi les transferts de bénéfices entre un établissement stable et son siège ne pourraient pas faire l'objet de rehaussements. En revanche, pour les structures juridiquement distinctes, l'existence, dans le cadre national, de rehaussements fondés sur la théorie de l'acte anormal de gestion pourrait conduire la Cour à ne pas constater de discrimination fondée sur la résidence de la société mère[360].
Toutefois, l'application de la législation relative aux prix de transfert, outre son incompatibilité éventuelle avec le droit de l'Union, pourrait être également jugée non conforme aux stipulations de la Convention européenne des droits de l'Homme.

b) La législation sur les prix de transfert et la Convention européenne des droits de l'Homme

172. En droit français, la question de la compatibilité de la législation sur les prix de transfert avec les normes européennes se pose particulièrement en ce qui concerne la sanction prévue désormais aux articles 1735-II et 1735 ter du CGI. L'absence de réponse à une demande de l'administration fiscale dans le délai prévu à l'article L.13 B du LPF est sanctionnée par une amende de 10 000 € pour chaque exercice concerné par la demande. L'absence de réponse à la mise en demeure ou une réponse partielle aux demandes mentionnées à l'article L 13 AA sont, quant à elles, sanctionnées par une amende de 10 000 € pour chaque exercice ou *« d'un montant pouvant atteindre 5 % des bénéfices transférés au sens de l'article 57 »*.

---

359 TRONNET Jean, « La décision CJCE Test Claimants in the Thin Cap Group Litigation (13 mars 2007, aff. C-524/04) : un plaidoyer « indirect » en faveur de l'« euro-compatibilité » de l'article 57 du CGI ? », *Droit Fiscal*, n° 21, 22 mai 2008, pp. 9-11.

360 BOURTOURAULT Pierre-Yves, BENARD Marc, « Relations intragroupe, prix de transfert et acte anormal de gestion. Vers une convergence des règles de preuve applicables aux opérations nationales et internationales ? », *Droit Fiscal*, n° 50, 10 décembre 2009, pp. 9-14. Pour les auteurs, du fait du rapprochement des règles de preuve entre les opérations nationales et internationales, il n'existerait pas de discrimination au sens du droit entre sociétés résidentes et sociétés non-résidentes. La distinction s'opérerait entre sociétés membres d'un groupe et sociétés réellement distinctes.

La Convention européenne des droits de l'Homme stipule dans son article 6 § 1 : *« Toute personne a droit à ce que sa cause soit entendue équitablement, publiquement et dans un délai raisonnable devant un tribunal indépendant et impartial, établi par la loi, qui décidera soit des contestations sur ses droits et obligations de caractère civil, soit du bien fondé de toute accusation en matière pénale dirigée contre elle ».*
Le contentieux des sanctions entre dans la compétence de la Cour européenne des droits de l'Homme, à la différence du contentieux lié à l'acte d'imposition[361]. Toutefois, la question peut se poser de savoir s'il n'y a pas un élargissement de la compétence de la Cour depuis l'arrêt *Jussila contre Finlande,* du 23 novembre 2006, dans lequel la Cour note : *« En outre, la Cour n'est pas convaincue par la thèse selon laquelle les procédures de redressement fiscal doivent ou devraient, en raison de leur nature même, échapper à la protection de l'article 6.(...) Si la Cour ne doute pas de l'importance de l'impôt pour le bon fonctionnement de l'Etat, elle n'est pas convaincue qu'il faille affranchir les sanctions fiscales des garanties procédurales contenues dans l'article 6 pour préserver l'efficacité du système fiscal ni d'ailleurs que pareille démarche puisse se concilier avec l'esprit et le but de la Convention. (...) Si la Cour a jugé que les exigences de l'article 6 § 1 de la Convention s'étendent au contentieux des pénalités fiscales, elle a exclu du champ d'application de cette disposition les litiges portant sur l'imposition proprement dite (Ferrazzini c. Italie [GC], précité). Toutefois, il n'est pas rare que ces différents éléments se trouvent combinés dans une même instance et il est parfois impossible de distinguer les phases d'une procédure qui portent sur une « accusation en matière pénale » de celles qui ont un autre objet ».*

173. Il résulte de la jurisprudence de la Cour européenne des droits de l'Homme, que le droit à un procès équitable se traduit, notamment, par le fait que les sanctions fiscales (assimilées à des sanctions pénales) doivent être proportionnées[362].
Au cas particulier de la pénalité prévue à l'article 1735 II du CGI, la question se pose d'autant plus que l'administration assimile généralement la réponse insuffisante à un défaut de réponse[363]. Ainsi, que ce soit en cas d'absence de réponse ou de réponse

[361] Cour européenne des droits de l'Homme, 23 novembre 2006, requête n° 73053/01, Gde Chambre, *Jussila c/ Finlande.* Voir en outre l'arrêt CE, 26 mai 2008, n° 288583, 3è et 8è s-s, *min c/Société Norelec, RJF,* n° 08-09/2008, n° 981, étendant les garanties du procès équitable à la phase pré contentieuse: *« En excluant par principe qu'un contribuable puisse invoquer la méconnaissance des stipulations de cet article pour contester la procédure d'établissement d'une pénalité fiscale alors que la mise en oeuvre de cette procédure pourrait, dans certains cas, emporter des conséquences de nature à porter atteinte de manière irréversible au caractère équitable d'une procédure ultérieurement engagée devant le juge de l'impôt, la cour administrative d'appel a commis une erreur de droit... » ;* BERGER Vincent, « La jurisprudence de la Cour européenne des droits de l'Homme et le droit fiscal », *Droit Fiscal*, n° 24, 17 juin 2010, pp. 11-18.

[362] Cour EDH, 23 septembre 1998, aff. 68/1997/852/1059, *Malige c/ France*, Rec. 1998-VII : *« Quant à la proportionnalité de la sanction, la Cour note, avec la Commission, que la loi elle-même a prévu dans une certaine mesure la modulation du retrait de points en fonction de la gravité de la contravention commise par le prévenu».*

[363] Doctrine de base, DB 5 B-8221, n° 11, à jour au 1er août 2001, *« D'une manière générale, pour pouvoir être regardées comme constituant une réponse à la demande de justifications adressée par le service, les explications fournies par les contribuables doivent être appuyées d'éléments de preuve suffisants. Lorsque de tels éléments ne sont apportés que sur certains points seulement de la demande, le contribuable peut être regardé comme s'étant abstenu de répondre au surplus de*

considérée comme insuffisante, le contribuable est passible systématiquement de l'amende de 10 000 €.
La sanction n'étant pas modulable, il n'est pas exclu que la Cour européenne des droits de l'Homme puisse considérer que le principe de la proportionnalité de la sanction n'est pas respecté. Cependant, la jurisprudence européenne ne semble pas emprunter la voie d'une sanction à l'encontre des pénalités à taux proportionnel[364].

174. En outre, le procès doit respecter le principe de l'égalité des armes[365]. Ce principe ne suppose pas une égalité parfaite entre le contribuable et l'administration, mais suppose que le contribuable ne soit pas dans une situation de net désavantage par rapport à l'administration[366]. Dans le cadre de la procédure relative aux prix de transfert, il apparaît que l'administration est dans une situation plus favorable que le contribuable, notamment à cause des documents qui sont exigés du contribuable lors de la mise en œuvre de l'article L.13 B du LPF. Par essence, et compte tenu des moyens de renseignements dont dispose l'administration[367], les documents que cette dernière peut obtenir aux fins d'établir des comparaisons avec les prix pratiqués par l'entreprise présumée opérer un transfert de bénéfices, sont incomparables à ceux que peut obtenir l'entreprise. Dans ce cas, une évolution de la jurisprudence européenne au regard de l'article 6 § 1, telle qu'elle semble avoir été initiée par l'arrêt *Jussila contre Finlande* précité, se traduirait par une prise de position défavorable à l'administration.
En toute hypothèse, une éventuelle incompatibilité de la législation afférente aux prix de transfert avec la Convention européenne des droits de l'Homme concernerait autant les établissements stables que les entités juridiquement distinctes.
Aussi, en matière de prix de transfert, une des solutions aux risques posés par l'application des normes européennes réside vraisemblablement dans la mise en place d'accords préalables (APP), solution préconisée à la fois par l'Union européenne et par l'OCDE[368].

---

cette demande. Par suite, l'intéressé peut être taxé d'office sur les sommes faisant l'objet des points sur lesquels il n'a pas apporté d'éléments de preuve suffisants ».

[364] Cour EDH, 7 juin 2012, aff. 4837/07, *Segame c/ France.*

[365] Cour EDH, 23 janvier 1996, aff. 59/1994/506/588, *Bulut c/ Autriche*, point 47 : *« La Cour rappelle que, selon le principe de l'égalité des armes - l'un des éléments de la notion plus large de procès équitable - chaque partie doit se voir offrir une possibilité raisonnable de présenter sa cause dans des conditions qui ne la placent pas dans une situation de désavantage par rapport à son adversaire (arrêt Dombo Beheer B.V. c. Pays-Bas du 27 octobre 1993, série A n° 274, p. 19, § 33) ».*

[366] CE, 6 juin 2007, n° 270955, 9ème et 10ème s-s, *Min. c/ Lemarinier*, *RJF*, n°10/2007, n° 1042 : « *que dans ces conditions, les dispositions de l'article R 200-18 du LPF ne placent pas le contribuable dans une situation de net désavantage par rapport au ministre chargé du budget et laissent à chaque partie une possibilité raisonnable de contester les pénalités fiscales qui, ayant le caractère d'accusations en matière pénale, seraient en litige ; qu'ainsi, les dispositions de l'article R 200-18 du LPF doivent être regardées comme compatibles avec le principe de l'égalité des armes découlant des stipulations précitées de l'article 6 § 1 de la Convention européenne des droits de l'Homme ».*

[367] Par exemple le droit de communication prévu aux articles L.81 et suivants du LPF.

[368] OCDE, commentaires sous l'article 9 du Modèle de Convention fiscale ; OCDE, 1979, Rapport sur les prix de transfert à l'attention des entreprises multinationales et des administrations fiscales ; OCDE, Révision du rapport sur les prix de transfert 1979, approuvé par le Conseil de l'OCDE le 13 juillet 1995 ; Commission européenne, 7 novembre 2005, Communication de la

175. En matière de détermination du bénéfice d'entreprise attribuable aux établissements stables, la tendance majeure semble être à un accroissement du pouvoir d'imposition de l'Etat de *situs*. En effet, dès lors que l'analyse de comparabilité entre les établissements stables et les entités juridiquement distinctes est satisfaite, l'établissement stable se voit soumis, tant sur le bénéfice initial que sur le bénéfice rehaussé, aux mêmes normes que les structures juridiques. Cette tendance n'est remise en cause que par l'application des normes européennes, qui refusent une discrimination en raison de la nationalité ou de la résidence des structures.
Toutefois, l'assiette imposable des établissements stables, considérés comme des entités fonctionnellement distinctes, pourrait s'accroître, non seulement en raison des revenus actifs pris en compte, mais également en raison des revenus passifs, depuis la publication des rapports de l'OCDE de juillet 2008 et juillet 2010.

SECTION 2 : LA PRISE EN COMPTE DES REVENUS PASSIFS DANS LA DÉTERMINATION ET L'IMPOSITION DU RÉSULTAT

176. Les évolutions dans la prise en compte de nouveaux éléments dans la détermination du résultat de l'entité fonctionnellement distincte résultent des approches complémentaires de l'OCDE et de l'Union européenne.
Dans son approche autorisée de l'entité fonctionnellement distincte, l'OCDE préconise la prise en compte de transactions intra-groupe, qui, jusqu'alors, ne l'étaient pas.
Du fait de l'attribution de certaines lignes bilantielles à l'établissement stable, particulièrement les actifs incorporels et le capital fictif, l'OCDE propose une prise en compte, en termes de résultat, des charges et produits y afférents, c'est-à-dire des redevances et des intérêts financiers.
L'Union européenne, quant à elle, n'adopte pas une approche fondée sur la détermination du résultat, mais sur la suppression des obstacles fiscaux au Marché Commun. Aussi, la prise en compte des intérêts et redevances par le droit de l'Union se fait sous l'angle de l'imposition unique et de la suppression des retenues à la source[369].
Les autres revenus passifs – les dividendes – feront l'objet d'une étude spécifique dans le titre II, la transmission du résultat s'opérant différemment en fonction de la nature des structures.

Commission au Conseil, au Parlement Européen et au Comité Economique et Social Européen concernant les travaux menés par le forum conjoint de l'UE sur les prix de transfert dans le domaine de la documentation en matière de prix de transfert pour les entreprises associées dans l'UE. Proposition de Code de conduite relatif à la documentation des prix de transfert pour les entreprises associées au sein de l'UE, COM (2005) 543 Final. Voir également l'Instruction du 28 novembre 2006, BOI 4 A-13-06 mettant en place une procédure simplifiée pour les PME des accords préalables sur les prix de transfert. Pour une critique, voir, MARKHAM Michelle, « The Advantages and Disadvantages of Using an Advance Pricing Agreement: Lessons for the UK from the US and Australian Experience", *Intertax,* 2005, vol. 33, Issue 5, pp. 214-229. *Infra*, § 869 et suivants.

[369] Pour un commentaire de la Directive "Intérêts redevances", voir, EICKER Klaus, "Overview on the recent developements of the EC directive on Withholding Taxes on Royalties and Interest Payments", *ECTR,* 2004/3, pp. 134-145.

Seront étudiées successivement les solutions apportées pour la détermination de l'assiette imposable (§ 1) et pour les modalités d'imposition de ces revenus (§ 2).

§ 1. La prise en compte des redevances et des intérêts dans l'assiette imposable de l'établissement stable

177. Dans son rapport de 2010 sur l'attribution des revenus aux établissements stables, l'OCDE préconise la prise en compte des redevances et des intérêts au niveau de ce dernier[370], en accord avec la prise en compte des actifs incorporels et du capital fictif au bilan de l'établissement stable (A). Cependant, les particularités du droit interne s'opposent à une inclusion totale de ces produits et de ces charges dans l'assiette imposable (B).

A. Les recommandations de l'OCDE et l'élargissement de l'assiette imposable

178. Les rapports 2008 et 2010 de l'OCDE n'envisagent la prise en compte des redevances que sous l'angle des produits pour l'établissement stable, du fait de l'attribution des actifs incorporels[371]. Ainsi, l'établissement stable est assimilé, aux fins de perception des redevances, à un concédant de droits incorporels, et non à un concessionnaire (1). En ce qui concerne les intérêts, antérieurement aux propositions faites en 2008, le principe de la déduction des intérêts versés entre un établissement stable et le siège existait dans le Modèle de Convention de l'OCDE, mais uniquement dans le cas où la dette donnant lieu au paiement des intérêts avait été contractée au profit de l'établissement[372]. Le rapport de 2010 et les nouveaux commentaires sous l'article 7 ouvrent la possibilité d'une déduction des intérêts dans les relations entre le siège et son établissement stable (2).

1) L'établissement stable et les revenus des droits incorporels

En tant qu'entité fonctionnellement distincte, l'établissement stable peut être concédant de droits incorporels (a), mais également concessionnaire (b).

---

[370] OCDE, 2010, Rapport sur l'attribution du revenu aux établissements stables, pp. 58-59.

[371] *Ibid.*

[372] OCDE, Modèle de Convention fiscale, article 11 § 5 : *« Les intérêts sont considérés comme provenant d'un Etat contractant lorsque le débiteur est un résident de cet Etat. Toutefois, lorsque le débiteur des intérêts, qu'il soit ou non résident d'un Etat contractant, a dans un Etat contractant un établissement stable pour lequel la dette donnant lieu à paiement des intérêts a été contractée et qui supporte la charge de ces intérêts, ceux-ci sont considérés comme provenant de l'Etat où l'établissement stable est situé ».*

a) L'établissement stable concédant de droits incorporels

179. Si l'OCDE envisage la perception de redevances par l'établissement stable, il convient tout d'abord de préciser la notion de redevances. La notion est définie de façon quasi similaire par le Modèle de Convention OCDE et la directive européenne concernant les intérêts et redevances. Selon l'article 12, « Redevances », du Modèle de Convention OCDE : *« Le terme « redevances » employé dans le présent article désigne les rémunérations de toute natures payées pour l'usage ou la concession de l'usage d'un droit d'auteur sur une œuvre littéraire artistique ou scientifique, y compris les films cinématographiques, d'un brevet, d'une marque de fabrique ou de commerce, d'un dessin, d'un modèle, d'un plan, d'une formule, ou d'un procédé secrets et pour des informations ayant trait à un expérience acquise dans le domaine industriel, commercial et scientifique »*[373].

180. Dans l'article 12 du Modèle de Convention, l'OCDE prévoit une imposition exclusive à la résidence du bénéficiaire effectif. Cependant, cette règle est modifiée lorsqu'il s'agit de redevances perçues par l'intermédiaire d'un établissement stable. En ce cas, le principe est celui de l'imposition dans l'Etat d'implantation[374], c'est-à-dire d'une imposition dans les bénéfices de l'établissement stable, conformément à l'article 7 du Modèle relatif aux bénéfices d'entreprises. Ces règles figuraient dans le premier projet de Convention fiscale de l'OCDE. Elles avaient cependant fait l'objet de débats avant leur adoption, certains Etats étant favorables au maintien d'une imposition dans l'Etat de *situs*[375].

---

[373] A comparer avec la définition donnée par le Conseil de l'Union dans la directive CE 2003/49/CE du 3 juin 2003 : *« On entend par redevances: les paiements de toute nature reçus à titre de rémunération pour l'usage ou la concession de l'usage d'un droit d'auteur sur une oeuvre littéraire, artistique ou scientifique, y compris les films cinématographiques et les logiciels informatiques, d'un brevet, d'une marque de fabrique ou de commerce, d'un dessin ou d'un modèle, d'un plan, d'une formule ou d'un procédé secret, ainsi que pour des informations ayant trait à une expérience acquise dans le domaine industriel, commercial ou scientifique. Les paiements reçus pour l'usage ou la concession de l'usage d'un droit concernant des équipements industriels, commerciaux ou scientifiques sont considérés comme des redevances »*.

[374] OCDE, Modèle de Convention, article 12 § 1 : *« Les redevances provenant d'un Etat contractant et dont le bénéficiaire effectif est un résident de l'autre Etat contractant ne sont imposables que dans cet autre Etat. » ; § 3 : « Les dispositions du paragraphe 1 ne s'appliquent pas lorsque le bénéficiaire effectif des redevances, résident d'un Etat contractant, exerce dans l'autre Etat contractant d'où proviennent les redevances une activité d'entreprise par l'intermédiaire d'un établissement stable qui y est situé et que le droit ou le bien générateur des redevances s'y rattache effectivement. Dans ce cas, les dispositions de l'article 7 sont applicables »*.

[375] OECE, FC/WP8 du 1er septembre 1958, groupe de travail n° 8 du Comité fiscal, deuxième rapport sur l'imposition directe des redevances pour la concession de licences d'exploitation et des rémunérations analogues : *« La Délégation autrichienne fait valoir qu'en général les relations entre une société-mère et sa filiale sont aussi étroites que celles qui existent entre le siège principal d'une entreprise et son établissement stable. Mais, tandis que le bénéfice d'un établissement stable n'est pas diminué par le paiement de soi-disant redevances au siège principal, les redevances qu'une filiale verse à sa maison-mère sont déductibles comme frais généraux pour la détermination du bénéfice de la filiale »*.

181. L'article 12 instaure une différence de traitement entre les entreprises distinctes et les établissements stables : l'entreprise étrangère sera imposée différemment selon qu'elle percevra des redevances d'une filiale ou d'un établissement stable. Si elle perçoit des redevances d'une filiale, elle sera imposée sur les produits. En revanche, si elle perçoit des redevances par l'intermédiaire d'un établissement stable, l'imposition dépendra du mode d'élimination de la double imposition. Dans le cas où la méthode choisie est la méthode de l'exemption, la société étrangère ne sera pas imposée sur les bénéfices d'entreprise, incluant les redevances perçues par l'établissement stable. Ainsi, quand bien même le siège est le bénéficiaire effectif des redevances, l'imposition au lieu de la résidence n'est pas requise. En revanche, si la méthode choisie est la méthode de l'imputation, le siège étranger sera imposé sur les bénéfices d'entreprise de l'établissement, mais pourra déduire de l'impôt dû celui acquitté par l'établissement.
Les différences de traitement entre entités juridiques et établissements stables, et entre établissements stables en fonction de la méthode d'élimination de la double imposition choisie, ne se justifient que s'il n'existe pas de flux réels entre l'établissement et son siège. Ainsi, s'il est conforme à la théorie de l'entité fonctionnellement distincte d'attribuer à l'établissement stable des redevances découlant de droits ou de biens qui lui sont rattachés, il serait, en revanche, illogique de ne pas imposer des redevances reversées au siège. Cette question relève cependant des modalités d'imposition du siège, et non de celles relatives à l'établissement stable.

182. Dans la détermination de l'assiette d'imposition de l'établissement stable, l'OCDE préconise la prise en compte, en termes de produits, des redevances *stricto sensu,* ou des autres revenus des biens incorporels.
Dans la mesure où l'OCDE propose d'attribuer la propriété économique des actifs incorporels sur la base d'une analyse fonctionnelle et factuelle, fondée sur les fonctions humaines significatives pertinentes[376], les établissements stables sont amenés à comptabiliser les biens incorporels manufacturiers et les biens de commercialisation. Pour l'OCDE, il en découle que *« si l'on conclut, selon l'analyse fonctionnelle et factuelle, que l'établissement stable a exercé, au moins en partie, la fonction de création d'un bien incorporel, ou qu'il assume des dépenses exceptionnelles de commercialisation de ce bien, il aura droit à une rémunération comparable à celle d'une entreprise indépendante exerçant une fonction similaire »*[377].
De surcroît, l'OCDE précise que les revenus de biens incorporels ne sont pas forcément identiques aux redevances, en ce qu'ils peuvent être pris en compte dans un calcul de répartition du bénéfice[378].

---

376 OCDE, Rapport 2010 précité, pp. 32-36.
377 *Ibid.*, p. 58.
378 *Ibid.*, § 204, p. 59 : *« De plus, il est également possible d'attribuer les revenus de biens incorporels sans « redevance » interne en appliquant une méthode fondée sur les bénéfices. Par exemple, si le bien incorporel est étroitement lié à une entreprise intégrée opérant au niveau mondial qui est rémunérée selon la méthode du partage des bénéfices, il serait possible d'imputer les revenus du bien incorporel dans le cadre du calcul du partage des bénéfices soit de façon explicite, en les prenant en compte directement, soit de façon implicite en prenant en compte leur incidence sur les autres facteurs. Dans ce cas, il n'est par conséquent pas nécessaire de calculer les revenus de redevances en eux-mêmes, ou d'induire l'existence d'un accord de répartition des coûts. En résumé, le but de l'analyse est d'assurer l'attribution adéquate des revenus des biens*

Ce faisant, l'OCDE se cantonne à une attribution des bénéfices calculée, non en fonction de paiements effectifs ou de contrats de licence, mais en application du principe de rémunération de pleine concurrence[379].
En ce sens, l'attribution à l'établissement stable de produits, jusqu'alors non pris en compte, se traduit par une nouvelle répartition de la masse imposable au bénéfice des Etats d'implantation[380]. Toutefois, la solution préconisée par l'OCDE pourrait conduire les sièges à localiser des actifs incorporels dans des établissements stables implantés dans des Etats bénéficiant d'un taux réduit d'imposition[381]. Ce risque est traité par l'OCDE dans les commentaires sous l'article 24 du Modèle de Convention relatif à la non-discrimination[382].
De manière identique, la non-discrimination concerne l'établissement stable concessionnaire des droits incorporels.

b) L'établissement stable, concessionnaire de droits incorporels

183. Bien que l'OCDE n'en fasse pas mention spécifiquement dans le Modèle de Convention, l'établissement stable, partie de l'entreprise dans son ensemble, pourrait être considéré comme concessionnaire d'un droit d'exploitation. En ce cas, il conviendrait de lui reconnaître, au même titre qu'une structure juridiquement distincte, la qualité de débiteur des redevances. Si cette possibilité semble pouvoir être admise, sous réserve des particularités des droits nationaux, dans les relations qu'il entretient avec les entreprises tierces, elle est, en revanche, rarement acceptée dans les relations avec le siège.
Cependant, l'article 24 du Modèle de Convention de l'OCDE stipule, d'une part : *« L'imposition d'un établissement stable qu'une entreprise d'un Etat contractant a dans l'autre Etat contractant n'est pas établie dans cet autre Etat d'une façon moins*

---

incorporels, et non de déterminer si une « redevance » interne doit ou ne doit pas être prise en compte ».

379 *Ibid.*, § 203 : *« Ce à quoi s'attache essentiellement l'article 7, c'est attribuer les bénéfices à l'établissement stable et, dans le contexte de la rémunération de biens incorporels, à faire en sorte d'imputer un revenu de pleine concurrence au propriétaire de ce bien. Il y a plusieurs façons de faire en sorte que le revenu d'un bien incorporel soit correctement attribué au sein de l'entreprise et l'attribution du revenu comme s'il s'agissait d'une redevance entre entreprises indépendantes dans des circonstances similaires n'est qu'une des solutions possibles. On notera toutefois que, dans le cas de l'approche autorisée de l'OCDE, l'utilisation du terme « redevance » ne signifie pas qu'il y ait un paiement effectif ou un contrat formel de licence entre deux divisions de la même entreprise ; ce qu'on vise, c'est la rémunération de pleine concurrence qui aurait dû être versée (et déduite du bénéfice) pour l'utilisation du bien incorporel si le fournisseur de ce bien avait été une entreprise distincte. La prise en compte de la redevance notionnelle ne vaut que pour l'attribution des bénéfices à l'établissement stable conformément à l'article 7 et n'emporte pas d'autres conséquences en ce qui concerne les retenues à la source, qui ne relèvent pas du présent Rapport ».*

380 Conformément à ce que préconisaient certains auteurs, pour lesquels, la raison des différences de traitement des revenus des incorporels entre les établissements stables et les entreprises liées n'était pas claire. Voir, VAN RAAD Kees, "Deemed Expenses of a Permanent Establishment under Article 7 of the OECD Model", *Intertax*, 2000, vol. 28, Issue 4, pp. 165-166.

381 Sur la question, voir, CHAVAGNEUX Christian, "Mondialisation : les multinationales adorent les paradis fiscaux », *Alternatives Economiques*, n° 272, septembre 2008, p. 64.

382 OCDE, Commentaires sous l'article 24, § 73 renuméroté le 18 juillet 2008.

favorable que l'imposition des entreprises de cet autre Etat qui exercent la même activité »[383], et, d'autre part *: « A moins que les dispositions du paragraphe 4 de l'article 12 ne soient applicables, les redevances et autres dépenses payées par une entreprise d'un Etat contractant à un résident de l'autre Etat contractant sont déductibles, pour la détermination des bénéfices imposables de cette entreprise, dans les mêmes conditions que s'ils avaient été payés à un résident du premier Etat »*[384].
Ainsi, dans la mesure où l'établissement stable doit être imposé dans les mêmes conditions que s'il avait constitué une entreprise distincte exerçant des activités identiques ou analogues, son absence de personnalité juridique ne devrait pas faire obstacle à la comptabilisation en charges des redevances versées au siège[385].

Parallèlement à la rémunération des actifs incorporels par l'attribution des redevances, l'OCDE, dans ses rapports de 2008 et 2010, aborde le problème de la déductibilité des intérêts lié à l'attribution d'un capital fictif à l'établissement stable.

2) Les intérêts imputables à l'établissement stable

184. Les intérêts, tels que définis par l'OCDE, désignent *« les revenus des créances de toute nature, assorties ou non de garanties hypothécaires ou d'une clause de participation aux bénéfices du débiteur, et notamment les revenus des fonds publics et des obligations d'emprunts, y compris les primes et lots attachés à ces titres. Les pénalisations pour paiement tardif ne sont pas considérées comme des intérêts au sens du présent article »*[386].
La définition donnée par le Conseil de l'Union européenne est quasiment identique, l'Union ne visant cependant pas les revenus de fonds publics[387].

La question des intérêts, versés ou reçus par l'établissement stable, se scinde en deux parties, selon qu'ils l'ont été en raison de relations financières avec le siège (b) ou avec des entreprises tierces (a).

---

[383] OCDE, Modèle de Convention, article 24 § 3.
[384] *Ibid.*, article 24 § 4.
[385] Dès lors, du moins que les structures juridiques peuvent déduire ces redevances en charges. Dans le cadre transfrontalier, l'OCDE reconnaît la possibilité de limiter la déduction des redevances, dès lors que les Etats contractants entendent lutter contre l'évasion fiscale. Voir, OCDE, commentaires sous l'article 24 § 73, renuméroté le 18 juillet 2008.
[386] OCDE, Modèle de Convention fiscale, article 11 § 3.
[387] Conseil, Directive 2003/49/CE du 3 juin 2003 concernant un régime fiscal commun applicable aux paiements d'intérêts et de redevances effectués entre des sociétés associées d'États membres différents, article 2 a).

a) Les intérêts versés ou reçus en externe

185. La question ne présente qu'un intérêt marginal, ayant déjà été réglée à l'origine de la Convention Modèle OCDE.
Compte tenu de la rédaction des articles 7 et 11 du Modèle de Convention, les intérêts qu'un établissement stable verse ou reçoit dans le cadre de ses relations avec les tiers concourent à la détermination de son bénéfice d'entreprise, au sens de l'article 7.
Toutefois, comme en matière de redevances, l'OCDE fait abstraction du fait que le bénéficiaire effectif est le siège situé dans un autre Etat[388], conformément à la théorie de l'entité fonctionnellement distincte.
Aux termes du paragraphe 4 de l'article 11 du Modèle de Convention : *« Les dispositions des paragraphes 1 et 2* [qui concernent l'imposition des intérêts à la résidence et la possibilité d'une retenue à la source] *ne s'appliquent pas lorsque le bénéficiaire effectif des intérêts, résident d'un Etat contractant, exerce dans l'autre Etat contractant d'où proviennent les intérêts, une activité d'entreprise par l'intermédiaire d'un établissement stable qui y est situé, et que la créance génératrice des intérêts s'y rattache effectivement. Dans ce cas, les dispositions de l'article 7 sont applicables ».*
La notion de bénéficiaire effectif, dont il est souvent excipé dans le cadre des relations internationales[389], n'a pas la même valeur dès lors qu'il y a intermédiation d'un établissement stable.

186. Dans le cas d'interposition d'un établissement stable, le bénéficiaire effectif est toujours le siège du fait de l'unicité de la personne morale. Cependant, les revenus sont considérés comme rattachés à l'établissement stable. Dans le cas inverse où les intérêts sont versés par l'établissement stable, alors que le débiteur légal est le siège, ces intérêts sont considérés comme provenant de l'Etat où l'établissement stable est situé, lorsque la dette donnant lieu à paiement des intérêts a été contractée pour le compte de l'établissement, et est supportée par lui, que le débiteur – le siège – soit situé ou non dans un Etat contractant[390].
Dans ses commentaires sous le paragraphe 4, l'OCDE indique : *« En l'absence d'un lien économique entre l'emprunt productif des intérêts et l'établissement stable, l'Etat de situation de celui-ci ne peut pas être considéré à ce titre comme celui d'où*

[388] Sur la question des clauses de bénéficiaires effectifs, voir, AUSTRY Stéphane, GELIN Stéphane, SOREL David, "Les clauses de bénéficiaire effectif ont-elles un effet utile?" *RJF*, n° 12/2008, pp. 1097-1103.
[389] A titre d'exemple, l'article 12 du Modèle de Convention de l'OCDE parle dans le § 1 du bénéficiaire effectif des redevances ; l'Union européenne dans la directive « intérêts redevances » précitée indique dans son article 1 § 4 que : *« Une société d'un Etat membre n'est considérée comme bénéficiaire des intérêts ou des redevances que si elle les perçoit pour son compte propre et non comme représentant, par exemple comme administrateur fiduciaire ou signataire autorisé, d'une autre personne »* ; en ce qui concerne la France, l'article 182 B bis du CGI pose également comme conditions de l'exonération de retenue à la source que le bénéficiaire effectif ne soit pas situé hors de l'Union européenne. La notion de bénéficiaire effectif a certainement pour objet de lutter contre la fraude internationale, mais ne désigne pas obligatoirement le siège d'un établissement stable.
[390] OCDE, Modèle de Convention, article 11 § 5.

provienment les intérêts ; il n'est pas fondé à taxer ces intérêts, même dans les limites d'une quotité imposable correspondant à l'importance de l'établissement stable »[391].

187. La formulation employée dans le Modèle de Convention et dans les commentaires paraît équivoque. En effet, l'article prévoit que l'Etat de la source est celui de situation de l'établissement stable, si la dette donnant lieu à paiement des intérêts a été contractée pour le compte de cet établissement. Dans cette hypothèse, il apparaît improbable que l'Etat de situation de l'établissement stable impose des intérêts qui constituent une charge, sauf à considérer qu'il existe un flux financier au profit du siège.
Dans le cas d'intérêts rattachables, en tant que produits ou en tant que charges, à l'établissement stable, lorsqu'ils sont dus à des relations avec des entreprises tierces, l'OCDE applique la logique de l'entité fonctionnellement distincte. En ce qui concerne les intérêts versés ou reçus en interne, la position de l'OCDE a évolué.

b) Les intérêts versés ou reçus en interne

188. Dans son rapport de 2010, l'OCDE prévoit, contrairement à ce qui existait antérieurement, la possibilité de la déduction des frais financiers en interne, tout en précisant que la fiction de l'enteprise distincte et indépendante ne s'applique pas à l'article 11. Ces modifications ont été introduites dans les commentaires sous l'article 7[392].
Dans les commentaires antérieurs à 2008 sous l'article 7 § 3 du Modèle de Convention, l'OCDE indiquait : *« Ainsi, l'interdiction de déduire des charges liées à des prêts ou des comptes fournisseurs internes demeurerait une règle d'application générale, sous réserve des problèmes spécifiques aux banques... »*[393].

189. Ces recommandations étaient liées à deux raisons principales :
« - d'un point de vue juridique, le transfert de la jouissance d'un capital contre rémunération et promesse de restitution à l'échéance, est, en fait, un acte formel qui n'est guère compatible avec la véritable nature juridique de l'établissement stable ;
- d'un point de vue économique, les dettes et créances internes peuvent se révéler inexistantes. En effet, dans l'hypothèse où l'entreprise serait exclusivement, ou de manière prépondérante, financée par du capital-actions, elle ne devrait pas être autorisée à facturer des intérêts qu'elle n'a manifestement pas supportés. S'il est vrai que la symétrie des charges et des recettes ne faussera pas le résultat global de l'entreprise, il n'en reste pas moins que les résultats partiels risquent d'être modifiés arbitrairement »[394].
Ainsi, l'approche antérieure concluait à une non-déductibilité de principe des intérêts entre le siège et son établissement stable.

190. Du fait de l'approche unique de l'entité fonctionnellement distincte, et notamment de la possibilité de l'attribution d'un capital libre et suffisant à l'établissement stable,

---

[391] OCDE, Commentaires sous l'article 11 § 5, § 27.
[392] OCDE, Commentaires sous l'article 7, à jour au 22 juillet 2010, § 28, 29, 50.
[393] OCDE, Modèle de convention fiscale, commentaires sous l'article 7 § 3, § 18.3.
[394] *Ibid.*, § 18.

l'OCDE prévoit, dans son rapport de 2010, qu'en certaines circonstances les transactions internes portant intérêts peuvent être prises en compte[395].
Reprenant l'analyse ayant servi à identifier les éléments à porter au bilan de l'établissement stable, l'OCDE prévoit, pour qualifier une transaction interne de trésorerie génératrice d'intérêts, d'identifier : *« une division de l'entreprise comme étant celle qui exerce les fonctions humaines significatives pertinentes pour déterminer la propriété économique des fonds ou de l'actif financier pour être (...) habilitée à percevoir un rendement de pleine concurrence sur ces fonds (...). En l'absence de ces fonctions humaines significatives, il ne serait pas possible de prendre en compte des transactions internes portant intérêts à des prix de pleine concurrence »*[396].

191. La difficulté à qualifier et à quantifier les fonctions humaines significatives, pertinentes à la prise de risque sera étudiée ultérieurement. Cependant, l'OCDE considère que la prise en compte d'intérêts dépend des approches pour l'attribution des intérêts externes. *A priori*, les Etats membres adoptent deux approches différentes.
La première approche est l'approche basée sur le suivi, qui remonte les mouvements internes de trésorerie jusqu'à la mise à disposition des fonds par le tiers. Dans cette hypothèse, l'OCDE, dans son rapport de 2010, indique que cela permettrait une imputation des intérêts à l'établissement. Dans l'approche inverse de fongibilité des fonds, les fonds empruntés sont considérés comme contribuant au besoin de financement de l'entreprise dans son ensemble, celle-ci répartissant ensuite les intérêts sur une base préétablie.
Dans ce cas, l'OCDE reconnaît qu'il ne serait pas nécessaire d'admettre des transactions internes portant intérêts.
S'il paraît logique d'attribuer à l'établissement stable les coûts de financement relevant d'opérations extérieures, il paraît en revanche difficile de déterminer la quotité attribuable lorsque les fonds n'ont pas été empruntés par l'établissement lui même, et ce, quelle que soit l'approche choisie. En effet, l'approche fondée sur le suivi semble irréaliste dans des groupes multinationaux. Quant à l'approche fondée sur la fongibilité, elle laisse toute latitude au siège dans la détermination de ce qu'il entend affecter à l'établissement stable, ce qui est contraire aux recommandations sur l'entité fonctionnellement distincte[397].
Concernant l'approche préconisée par l'OCDE, fondée sur les fonctions humaines significatives pertinentes, le siège disposera vraisemblablement de la propriété physique et économique des fonds, ce qui le conduirait à percevoir des intérêts des autres divisions de l'entreprise. Néanmoins, cette approche ne semble pas facilement réalisable, dans la mesure où elle ne permet pas de déterminer réellement la quotité attribuable à l'établissement stable.

---

[395] OCDE, Rapport 2010, § 151, p. 47.
[396] *Ibid.*, § 153, p. 47.
[397] C'est en ce sens qu'allaient les commentaires de l'OCDE sous l'article 7 § 3, § 18.2, rajoutés à la suite du rapport du 31 mars 1994 : *« De plus, il est bien connu que la répartition directe des charges totales d'intérêts peut ne pas refléter de façon fidèle les coûts de financement de l'établissement stable puisque le contribuable est à même de contrôler l'endroit où les emprunts sont contractés et certains ajustements peuvent s'avérer nécessaires pour traduire la réalité économique »*.

192. En outre, l'OCDE, si elle se penche sur le problème de répartition des financements extérieurs, ne répond pas aux problèmes posés par la rémunération des créances internes.
Les Etats membres ne reconnaissent généralement pas la déductibilité des intérêts liés à des créances du siège, du fait de l'unicité de la personne juridique et de l'impossibilité de détenir une créance sur soi-même.
En matière de financement, la limite est vraisemblablement celle consistant à « sous-capitaliser » un établissement stable situé dans un Etat ayant un taux d'impôt sur les sociétés élevé, et à lui faire supporter une charge d'intérêts importante. En ce sens, l'approche de l'OCDE, fondée sur l'attribution d'un capital « libre » suffisant, permettrait d'éviter ce type de difficulté.

Dans le cas des intérêts, comme dans celui des redevances, l'OCDE tend à attribuer aux établissements stables des revenus qui, jusqu'alors, n'étaient pas pris en compte. Cependant, ses propositions se heurtent aux particularités des droits nationaux, tel le droit français.

B. La prise en compte des charges financières et des redevances par le droit français

193. Les intérêts comme les redevances versés au siège ne sont généralement pas admis en tant que charges par le droit français. De surcroît, la déductibilité entre entreprises distinctes est soumise à des conditions particulières. Ainsi, les redevances versées peuvent être considérées comme des immobilisations et non comme des charges (1). Quant aux intérêts et autres charges financières, ils font l'objet d'un traitement différent selon qu'ils sont versés entre entreprises distinctes ou entre entreprises liées (2).

1) Le régime fiscal des redevances

194. En matière de redevances, le droit français s'écarte des recommandations de l'OCDE. Ainsi, le droit français n'établit pas de corrélation absolue entre la propriété du droit – ou du bien incorporel – et les revenus produits. La jurisprudence considère qu'il appartient au concessionnaire d'immobiliser les redevances de concession, sous le respect de certaines conditions[398]. Ainsi, bien que les redevances perçues par le concédant soient rattachées à ses produits d'exploitation, cela ne préjuge en rien de l'inscription à l'actif de son bilan du bien ayant donné lieu à leur perception.

195. La jurisprudence a développé les critères d'inscription à l'actif des redevances versées par le concessionnaire. La qualification fiscale des redevances, aux fins de détermination du bénéfice imposable, est une question ayant donné lieu à de longs débats doctrinaux pour déterminer s'il convenait d'immobiliser les redevances ou de les comptabiliser en charges.

[398] CE, 21 août 1996, n° 154488, 8ème et 9ème ss, *SA SIFE*, *RJF*, n° 10/1996, n° 1137 ; CE, 16 octobre 2009, n° 308494, *Sté Pfizer Holding France*, *RJF*, n° 01/2010, n° 4.

Stéphane AUSTRY, dans sa chronique consacrée à l'arrêt *SIFE*[399], situe les prémisses de cette jurisprudence dans un arrêt du Conseil d'Etat, rendu en Assemblée Plénière, concernant les concessionnaires de services publics. A cette occasion, le Conseil d'Etat avait déjà déterminé les critères cumulatifs de source, de profit, et de cessibilité, conduisant à immobiliser les redevances à l'actif du concessionnaire.
Par la suite, la Haute Assemblée a rendu plusieurs arrêts, notamment en matière de concession de brevets, visant à qualifier les redevances versées d'immobilisations, lorsqu'elles étaient une source régulière de profit dotée d'une pérennité suffisante[400].

196. Cette jurisprudence a soulevé les protestations vigoureuses d'une grande partie de la doctrine, celle-ci considérant que *« dès l'instant où les parties n'ont pas entendu expressément céder ou acquérir un droit de propriété, (...) elles ne doivent pas constituer un actif incorporel à inscrire au bilan des entreprises »*[401]. Dans une logique comptable et fiscale, les deux parties ne peuvent inscrire le même bien à leur actif, ce dernier serait-il établi aux seules fins de l'impôt. Cependant, le Conseil d'Etat, dans l'arrêt SIFE précité[402], a déterminé trois critères permettant de qualifier en immobilisations incorporelles des redevances: elles doivent constituer une source régulière de profits, être pérennes, et librement cessibles, ce dernier critère n'étant plus une condition retenue obligatoirement par le Conseil d'Etat[403] pour l'immobilisation des redevances.
Ces jurisprudences consacrent plutôt un critère patrimonial, déterminé comme l'augmentation ou non de la valeur d'un actif[404]. De plus ces actifs ne sont amortissables que[405] *« s'il est possible de déterminer la durée prévisible durant laquelle [ils] produiront des effets bénéfiques sur l'exploitation »*[406]. Ainsi, les redevances, qui constituent un produit pour le concédant, ne sont pas pour autant une charge pour le concessionnaire.

197. L'établissement stable, comme les entités juridiquement distinctes, devrait se voir appliquer les critères issus de la jurisprudence française.

---

[399] AUSTRY Stéphane, « Régime fiscal des contrats de concession de droits exclusifs d'exploitation », *RJF*, n° 12/1996, pp. 634-641.
[400] CE, 5 novembre 1984, n° 43573, *Droit Fiscal,* n° 30/1985, Comm. 1376 ; 12 février 1988, n° 62547, *RJF*, n° 04/1988, n° 383.
[401] DUPREZ Régis, « De l'inutilité et des dangers de l'immobilisations de certaines charges à l'actif », *Petites Affiches,* n° 43/94, 11 avril 1994, pp. 6-8; COZIAN Maurice, « Propos intégristes sur la jurisprudence relative à l'immobilisation des redevances, de brevets ou de marques », *BF,* n° 5/95, p. 304 ; COZIAN Maurice, ROSSIGNOL Jean-Luc, « Les immobilisations incorporelles à la lumière de la jurisprudence SA SIFE : arrêt de principe ou arrêt d'espèce ?», *Droit Fiscal,* n° 42, 18 octobre 2007, pp. 17-21.
[402] CE, 21 août 1996, n° 154488, 8ème et 9ème s-s, *SA SIFE, RJF,* n° 12/1996, n° 1137 ; *Pfizer Holding France* précité.
[403] CE, 3 novembre 2003, n° 232393, 9ème et 10ème s-s, *SA Trinôme Décisions*, *RJF*, n° 01/2004, n° 5 ; 28 décembre 2007, n° 284899 et 285506, 9ème et 10ème s-s, *Min c/ SA Clarence Dillon*, *RJF,* n° 03/2008, n° 269, Conclusions Laurent VALLEE p. 215.
[404] OLLEON Laurent, « Immobilisations incorporelles : grandeurs et servitudes de la jurisprudence SA Sife », *RJF, n°* 01/2004, pp. 3-6.
[405] CE, 1er octobre 1999, n° 177089, *min c/ Sté Foncia Particimo*, *RJF,* n° 11/1999, n° 1381.
[406] CE précité, *SA Clarence Dillon.*

Les redevances versées à son siège pour l'usage ou la concession des brevets ou des marques seraient, sous les conditions précitées, immobilisées dans son bilan fiscal[407].
En ce sens, l'attribution se fait en fonction du critère de propriété économique, que ce soit pour les entités juridiquement distinctes, ou pour les établissements stables.

198. La jurisprudence française n'est pas nécessairement incompatible avec les stipulations de la Convention Modèle OCDE. Dans ses commentaires modifiés, l'OCDE indique en effet : *« Les conditions de déductibilité des dépenses sont définies par le droit interne, sous réserve des dispositions de l'article 24 concernant la non discrimination »*[408]. Le risque d'incompatibilité de la jurisprudence française avec les recommandations de l'OCDE existe cependant dans un cas. En effet, dès lors que les conditions d'immobilisation des redevances ne sont pas remplies, les structures juridiquement distinctes peuvent comptabiliser en charges ces redevances. En revanche, le droit français n'admet pas la déductibilité des redevances versées par un établissement stable à son siège étranger[409]. Il paraîtrait néanmoins plus cohérent avec l'approche de l'entité fonctionnellement distincte d'accorder à l'établissement stable les mêmes charges que celles accordées aux entités juridiquement distinctes.
Parallèlement, bien que de façon différente, la déduction des charges financières est limitée en droit français, tant entre entités distinctes, qu'entre les établissements stables et leurs sièges.

2) La déductibilité des charges financières

199. En droit français, les limitations sont de deux ordres.
En premier lieu, les charges financières doivent correspondre à ce qui aurait été acquitté entre entreprises indépendantes (a). En second lieu, la question de la déductibilité de telles charges se pose de façon différente dans les relations entre un établissement stable et une autre partie de l'entreprise à laquelle il appartient (b).

---

407 On aboutirait alors à une double comptabilisation en termes de bilan des redevances, le concédant étranger ayant également légalement immobilisé l'actif incorporel. En outre, les redevances pour concession de brevet immobilisées pourraient faire l'objet d'un amortissement égal aux redevances versées, alors que les redevances pour utilisation de marque ne sont pas amortissables en l'état actuel de la jurisprudence.
408 OCDE, Commentaires ajoutés le 18 juillet 2008, sous l'article 7, § 30.
409 DB 4 H 1414, § 40, Il en est de même dans la plupart des pays de l'Union européenne : BAKER Philip, COLLIER Richard S., General Report, Cahier de droit fiscal international, "The attribution of profits to permanent establishments", Vol. 91b, 2006, pp. 45-46.

a) Une déductibilité conditionnée au caractère « normal » des intérêts

200. En l'état actuel du droit français, la question, en ce qui concerne les établissements stables, n'a pour l'instant qu'un intérêt théorique.
En effet, les intérêts entre un siège et son établissement stable sont, à l'exception de ceux consentis entre une banque étrangère à sa succursale française, considérés comme non déductibles[410]. Cependant, depuis 2006, les limites à la déduction des intérêts, dans les cas de sous-capitalisation, s'appliquent aux établissements stables.

201. En ce qui concerne les intérêts facturés entre entreprises indépendantes, leur déduction est limitée *« à un taux égal à la moyenne des taux effectifs moyens pratiqués par les établissements de crédit pour des prêts à taux variables aux entreprises d'une durée initiale supérieure à deux ans »*[411]. La seconde condition posée par le texte concerne l'obligation absolue de libération du capital social.
Cette limite de taux n'est cependant pas applicable aux *« intérêts afférents aux avances consenties par une société à une autre société lorsque la première possède au regard de la seconde la qualité de société mère au sens de l'article 145 »*[412].
L'évolution jurisprudentielle a conduit le Conseil d'Etat à admettre que la qualité de société mère pouvait être accordée à une société située à l'étranger, lorsque celle-ci remplissait les conditions qui lui auraient permis d'être éligible au régime si elle avait été française[413].
Dans un considérant de principe, la Haute Assemblée a jugé : « *La Cour administrative d'appel n'a pas commis d'erreur de droit en jugeant que la circonstance qu'en seule raison de ce qu'elle n'a pas d'établissement en France, une société ne se trouve pas soumise au régime fiscal français des sociétés mères n'est pas de nature à caractériser l'existence, entre une société filiale constituée par elle en France et les sociétés filiales françaises de sociétés établies en France et soumises audit régime, d'une différence de situation objective telle que cette société filiale puisse, sans qu'il en résulte une restriction à la liberté d'établissement contraire aux dispositions de l'article 52 du traité CE (devenu, après modification, article 43 CE), se voir appliquer un traitement moins favorable en vue de la détermination des bases d'impôt sur les sociétés dont elle est redevable (...) »*.
Bien que l'article 39-1-3° du CGI concernant la limite de taux ne mentionne pas, contrairement à l'article 212 dans sa rédaction issue de la loi de Finances pour 2006, le financement des établissements stables, ces derniers devraient, dans l'hypothèse où la

---

[410] Doctrine administrative, DB 4-H 1414 n° 41 mise à jour le 1er mars 1995, les avances entre une banque étrangère et sa succursale françaises sont traitées comme des avances commerciales génératrices d'intérêts déductibles dans le résultat de la succursale, sous condition qu'elles ne rémunèrent pas des avances en capital. La déductibilité est ainsi conditionnée à l'activité exercée, alors même que, quelle que soit l'activité considérée, on pourrait supposer que les avances consenties par un siège à sa succursale le sont dans le cadre de son activité.
[411] CGI, article 39-1-3° al. 1.
[412] *Ibid.*, al. 5.
[413] CE, 30 décembre 2003, n° 233894, *SA Andritz*, *Droit Fiscal,* n° 12, 18 mars 1994, pp. 477-480, note MASQUART Pierre; CE, 30 décembre 2003, n° 249047, *SARL Coréal Gestion*, *RJF,* n° 03/2004, n° 233. Ces arrêts ont été rendus en matière de sous-capitalisation prévue à l'article 212 du CGI.

déductibilité des intérêts serait admise, se voir appliquer l'absence de limitation des taux d'intérêts.

202. Les limites susceptibles de s'appliquer aux filiales et aux établissements stables, sont ainsi les suivantes.
Pour les filiales, les intérêts ne seront pas limités, pour autant que la société prêteuse ait la qualité de société mère. En conséquence, la qualité de filiale s'apprécie au regard du seuil minimum de détention de 5%. En cas de prêt par des sociétés sœurs, par exemple, la limite mentionnée au premier alinéa de l'article 39-1-3° s'appliquera. En ce sens, l'article 39-1-3° a une approche du groupe moins souple que celle de l'article 212 relatif à la sous-capitalisation.

203. Pour les établissements stables, et toujours dans l'hypothèse ou les intérêts seraient considérés comme déductibles, le point portant sur la libération totale du capital pose problème. En effet, dans la mesure où il n'y a pas de capital, mais un « quasi capital » affecté par le siège, il pourrait être considéré que les conditions nécessaires à la non-application de la limite d'intérêts ne sont pas remplies. Cependant, dans l'hypothèse où les intérêts entre un siège et sa succursale seraient déductibles, il semble que la limite de taux ne devrait pas pouvoir s'appliquer, ce qui suppose une modification de l'article 39-1-3°.
En l'état actuel du droit, cependant, les charges financières dues aux relations entre l'établissement stable et son siège ne sont en principe pas admises en déduction.

b) La déductibilité des charges financières existant entre l'établissement stable et l'entreprise dans son ensemble

204. La France, comme les pays membres de l'OCDE et de l'Union européenne, considère généralement que les intérêts, quels qu'ils soient, versés par un établissement stable à son siège ne sont pas déductibles de son bénéfice, du fait de l'unicité de la personne morale[414]. Cette position préserve l'Etat de *situs* de l'érosion de l'assiette imposable, mais est incompatible avec une application étendue de la théorie de l'entité fonctionnellement distincte[415].
Cependant, ce principe n'est applicable que s'il est conforme à la convention bilatérale concernée.
Ainsi, dans un cas dans lequel une société américaine disposait d'un établissement stable français, il a été jugé : *« Il résulte clairement de ces stipulations de la convention franco-américaine qu'un établissement stable d'une société américaine peut, pour l'imposition en France de bénéfices qu'il y réalise déduire de son résultat imposable les charges financières afférentes au paiement des intérêts d'un emprunt contracté auprès du siège américain de la société, dès lors que le paiement de ces intérêts a un lien raisonnable avec les bénéfices réalisés en France et, de manière générale si le paiement*

---

[414] Pour la France, voir Réponse MESMIN, JO AN 19 janvier 1981.
[415] Rapellons que l'OCDE considère que la fiction de l'enteprise distincte et indépendante ne s'applique que dans le cadre des articles 7 et 23 A-23 B.

de ces intérêts présente bien le caractère de charge déductible au sens de l'article 39 du CGI »[416].
En l'espèce, l'emprunt avait été contracté par le siège pour le compte de l'établissement stable qui en supportait les intérêts. De plus, au vu de la formulation employée dans la convention, il est vraisemblable qu'une retenue à la source similaire à celle qui s'appliquerait pour une entreprise indépendante est prévue : les intérêts sont considérés comme payés au bénéficiaire effectif, lorsqu'ils sont comptabilisés en charges dans le résultat de l'établissement stable.

La solution semble cohérente avec la quasi-personnalité fiscale de l'établissement stable[417]. Si l'établissement stable est considéré comme une entité fonctionnellement distincte aux fins de détermination de ses bénéfices, il paraît difficile de créer une distinction entre ce qui relève de son résultat commercial et ce qui relève de son résultat financier[418].

205. La différence entre une entreprise indépendante et un établissement stable tient, au cas particulier, à la définition donnée au terme « paiement ». Les commentaires de l'OCDE sous l'article 11 donnent au terme « payé » un sens très large, la notion de payer signifiant : *« Exécuter l'obligation de mettre des fonds à la disposition du créancier de la manière prévue par le contrat ou les usages »*[419].
Dans le cas d'une filiale, ou de toute autre entreprise indépendante, le paiement devra vraisemblablement correspondre à un versement effectif.
Dans le cas de l'établissement stable, la seule constatation en charges des intérêts suffit à le faire considérer comme débiteur.
De ce fait, il peut exister une distorsion dans les impositions à acquitter. Le seul fait que l'établissement stable comptabilise en charges les intérêts le rend débiteur effectif, et impliquerait théoriquement le paiement immédiat de la retenue à la source prévue aux articles 119 quater et 125 A du CGI, alors que pour une structure juridiquement indépendante le paiement ne sera pas obligatoirement lié à la constatation d'une charge.

---

416 TA Versailles, 2 juillet 2004, n° 00-4261, 7ème ch, *Sté Mc Donald's system of France*. En l'espèce, la convention franco-américaine prévoyait, dans son article consacré aux intérêts : « *Toutefois, lorsque le débiteur des intérêts, qu'il soit ou non résident d'un Etat contractant, a dans un Etat contractant, un établissement stable ou une base fixe, pour lequel l'emprunt générateur des intérêts a été contracté et qui supporte la charge de ces intérêts, lesdits intérêts sont réputés avoir leur source dans l'Etat contractant où l'établissement stable ou la base fixe, est situé. Dans ce cas, ces intérêts sont considérés comme payés par l'établissement stable ou la base fixe au bénéficiaire effectif au plus tard lorsqu'ils sont comptabilisés dans les charges de cet établissement* ».
417 Même si, au cas particulier, le jugement a été rendu sur les stipulations particulières- et hors Modèle de Convention de l'OCDE -de la Convention franco-américaine.
418 Pour une opinion contraire, voir GOUTHIERE Bruno, « Les impôts dans les affaires internationales », Editions Francis LEFEBVRE, 7ème édition, 2007, p. 200 : *« Il aurait pu être possible de considérer que les intérêts effectivement payés par le siège (et non ceux prétendument payés par la succursale au siège) sont des dépenses à rattacher à la succursale française au titre des frais de siège ».*
419 OCDE, Commentaires sous l'article 11 § 1, § 5.

206. Toutefois, le cas particulier de la convention franco-américaine ne doit pas faire oublier que, dans les relations financières entre le siège et l'établissement stable, les intérêts ne constituent généralement pas des charges déductibles.
A cet égard, le traitement jurisprudentiel des abandons de créances est symptomatique de la difficulté à assimiler l'établissement stable aux filiales dans leurs relations financières.
En effet, le principe des abandons de créances consentis à des filiales ou des succursales étrangères se heurte au principe de territorialité de l'impôt, et, partant, à la territorialité des charges.
Dans un premier temps, la jurisprudence a reconnu la déductibilité des aides à caractère commercial consenties à des filiales étrangères[420]. Par la suite, dans un arrêt du 11 février 1994, le Conseil d'Etat a reconnu la déductibilité des aides à caractère financier consenties à des filiales étrangères[421].

207. En ce qui concerne les succursales, la jurisprudence, longtemps réticente, a admis, dans un arrêt *Télécoise*, la possibilité d'une déduction des aides à caractère commercial consenties par le siège à sa succursale, à condition néanmoins que l'aide apportée favorise le maintien ou le développement des activités en France de la société [422]. Dans cet arrêt, le Conseil d'Etat posait cependant en principe l'absence de vocation des filiales et des succursales à être traitées de manière identique. Cette jurisprudence a fait l'objet d'une application positive en 2010[423].

208. Une illustration de la distinction à opérer entre succursales et filiales a été donnée dans un arrêt du 11 avril 2008, dans lequel une société française avait consenti des abandons de créances à des succursales étrangères détenues par l'intermédiaire d'une filiale étrangère possédée à 99,99%[424].
Dans un considérant de principe, le Conseil d'Etat a jugé : *« Les abandons de créances consentis aux succursales de Singapour et d'Australie, dépourvues de personnalité juridique, l'ont été nécessairement à la filiale Guerlain Pacifique Asia Ltd à laquelle lesdites succursales appartenaient ; qu'en appréciant le caractère des abandons de créances litigieux au regard des relations entre la société anonyme Guerlain et sa filiale, la Cour Administrative d'Appel n'a pas commis d'erreur de droit ».*

209. Ainsi, la solution rendue sous l'empire de la jurisprudence *Télécoise* se trouve limitée lorsqu'il y a interposition d'une filiale. Comme l'ont noté les différents commentateurs, si les succursales avaient été détenues en propre par la SA Guerlain ou si elles avaient été des tiers, la déductibilité de l'aide à caractère commercial aurait

---

[420] CE, 27 novembre 1981, n° 16814 ; 30 mars 1987, n° 52754, Plénière, *SA Labo Industries, RJF,* n° 05/1987, n° 489, conclusions LAPRADE Martin.
[421] CE, 11 février 1994, n° 119726, *SA Les Editions Jean-Claude LATTES, RJF,* n° 04/1994, n° 396.
[422] CE, 16 mai 2003, n° 222956, *Télécoise, RJF,* n° 07/2003, n° 823.
[423] CAA Paris, 12 mai 2010, n° 08-5384, *SAS Beauté Créateurs, RJF,* n° 12/2010, n° 1147.
[424] CE, 11 avril 2008, n° 281033, 10ème et 9ème s-s, *SA Guerlain, Droit Fiscal,* n° 18, 1er mai 2008, pp. 28-31, conclusions VEROT Célia, note TALY Michel.

vraisemblablement été reconnue[425], compte tenu de l'intérêt commercial de développer des marchés à l'étranger.
Par cet arrêt, le Conseil d'Etat marque les limites d'une assimilation entre une succursale et une filiale, puisqu'il prend soin de préciser que les abandons l'ont nécessairement été à la filiale.
Cette position jurisprudentielle paraît éloigner d'autant plus le juge français d'une éventuelle reconnaissance des abandons de créance à caractère financier consentis à des succursales, seraient-elles détenues directement.
En ce sens, le commissaire du gouvernement, Mme MITJAVILLE, dans ses conclusions sous l'arrêt *Télécoise*, faisait apparaître l'absence d'intérêt financier propre du siège à consentir un abandon de créance[426].
Ainsi, non seulement un abandon de créance à caractère commercial est apprécié au regard du débiteur juridique, et non du débiteur économique, mais, en outre, un abandon de créance à caractère financier n'est jamais susceptible d'être justifié du point de vue du siège d'un établissement stable. Cependant, si l'établissement stable dispose d'une personnalité fiscale, et si il est en outre tenu de présenter des éléments comptables susceptibles de justifier de son résultat imposable, un abandon de créance à caractère financier consenti par le siège, aux fins de combler l'actif net négatif de son établissement serait envisageable.

210. Compte tenu de la position adoptée par l'OCDE sur l'entité fonctionnellement distincte, la déduction d'abandon de créances à caractère financier, dans la mesure où elle correspond à un intérêt du siège (de maintenir son renom par exemple), devrait être autorisée.

---

[425] TALY Michel, note précitée ; BURGUBURU Julie « Transfert de bénéfices et expansion à l'étranger : une jurisprudence au parfum », *RJF*, n° 07/2008, pp. 667-671.
[426] CE, 16 mai 2003, n° 222956, *Sté Télécoise*, conclusions Mme MITJAVILLE Marie-Thérèse, *Droit Fiscal*, n° 30-35/2003, pp. 1018-1027 : *« Seule l'aide consentie à la succursale en vue du maintien ou du développement des activités du siège en France peut être prise en compte à l'exclusion de l'intérêt financier. Cela n'est pas transposable au cas de l'établissement stable. Il subsiste en effet une différence entre filiale et succursale. La société mère reçoit des dividendes qui, contrairement aux bénéfices remontant de l'établissement stable, sont imposables à l'impôt sur les sociétés même si pour éviter une double imposition économique, ils en sont exonérés par le régime mère-filiale. La société mère dispose de titres de participation, dont la valeur s'apprécie ou se maintient selon l'état de sa filiale, et elle acquittera en France un impôt sur les plus-values de cession de ces titres si elle les vend, tandis qu'en cas de fermeture de l'établissement et de vente de ses actifs, cette cession sera imposée à l'étranger et le bénéfice éventuel de liquidation remontera sans impôts français au siège, le siège en d'autres termes ne vend pas le compte courant de l'établissement, et n'est pas imposé sur cette cession. Bref, le siège n'a pas à la différence de la société mère, au-delà de l'intérêt qu'il poursuit en aidant son établissement en vue de maintenir ou développer l'activité de son exploitation française, un intérêt propre, correspondant à un enrichissement possible et taxable en France, à maintenir son établissement étranger, dont il attend seulement des bénéfices locaux qui remonteront sans impôt en France. Aussi rien ne permet de rattacher le comblement du passif de cet établissement en tant que tel à un intérêt propre du siège. Ajoutons que le fil du raisonnement qui vous permet, si vous nous suivez, de vous affranchir de l'unicité de personne morale pour regarder l'établissement stable comme un tiers par rapport à l'entreprise du siège est centré sur l'existence de relations commerciales entre eux ».*

Par surcroît, cette position du juge français est susceptible d'aller à l'encontre de la jurisprudence de l'Union européenne relative à la non-discrimination.
En effet, la Cour, amenée à se prononcer sur une atteinte à la liberté d'établissement, a indiqué que : *« même si, selon leur libellé, les dispositions relatives à la liberté d'établissement visent à assurer le bénéfice du traitement national dans l'État membre d'accueil, elles s'opposent également à ce que l'État d'origine entrave l'établissement dans un autre État membre d'un de ses ressortissants ou d'une société constituée en conformité avec sa législation »*[427].
L'arrêt *Guerlain* précité tombe vraisemblablement sous le coup de cette jurisprudence, en ce qu'il prévoit un traitement différent entre les filiales et les succursales[428].
Ainsi, dans le cadre national, la déductibilité de principe des charges financières subit un traitement différent, selon qu'elles sont versées par une entreprise juridiquement indépendante ou par un établissement stable.
En outre, pour être déductibles, les charges financières doivent correspondre à ce qui aurait été convenu entre des entreprises indépendantes, ce qui renvoie au problème des entreprises liées étrangères.

211. Cependant, si l'évolution du Modèle de Convention de l'OCDE conduit à prendre en compte les redevances et les charges financières dans l'assiette imposable, il conviendra également de leur appliquer les mêmes modalités d'imposition que celles applicables aux entreprises distinctes. En ce sens, les retenues à la source ne seraient pas forcément inopportunes, dès lors que l'établissement est assimilé, aux fins de l'impôt, à une entité distincte. A cet égard, cependant, le droit conventionnel, le droit interne, et le droit européen n'adoptent pas des approches similaires.

§ 2. Les modalités d'imposition des redevances et des intérêts

212. Le principe, en ce qui concerne les revenus passifs, est celui d'une imposition à la résidence du bénéficiaire effectif, sauf dans le cas des établissements stables, lorsque les biens, droits, ou créances productifs de redevances ou d'intérêts lui sont rattachés. Toutefois, dans certains cas, des retenues à la source sont applicables. A cet égard, l'OCDE et le droit interne prévoient la possibilité des retenues à la source (A), alors que le droit de l'Union européenne prévoit, sous conditions, la suppression des retenues à la source génératrices de double imposition[429] (B).

---

[427] *Inter alia*, CJCE, 13 décembre 2005, aff, C-446/03, *Marks & Spencer Plc,* Rec. p. I-10837, point 31.
[428] Etant entendu, qu'au cas particulier filiales et succursales étaient hors de l'Union européenne et que la Cour n'aurait pu statuer sur le fondement d'une entrave à la liberté d'établissement.
[429] Conseil, Directive, 3 juin 2003, 2003/49/CE concernant un régime fiscal commun applicable aux paiements d'intérêts et de redevances effectués entre des sociétés associées d'États membres différents, Journal officiel n° L 157 du 26/06/2003 pp.49-54

A. L'existence de retenues à la source

213. En matière de redevances, le Modèle de Convention ne prévoit pas de retenues à la source.
En revanche, une telle retenue est prévue pour les intérêts (1). Le droit national, quant à lui, prévoit l'application de retenues à la source dans les deux cas, sous réserve de l'application du droit de l'Union européenne (2).

1) Les retenues à la source et le Modèle de Convention

214. Bien que la question ait été controversée en ce qui concerne les redevances[430], le Modèle de Convention de l'OCDE retient l'imposition unique à la résidence, sans possibilité de retenue à la source. En revanche, concernant les intérêts, l'article 11 du Modèle prévoit l'application d'une retenue à la source, dans la limite de 10% des sommes versées[431].
La question du lieu d'imposition des intérêts versés a été controversée antérieurement à l'élaboration du Modèle de Convention.
Sous l'égide de la Société des Nations, les conférences de Mexico, en 1943, et de Londres, en 1946, ont abouti à des divergences de points de vue en ce qui concerne le lieu d'imposition des intérêts[432].

---

430 Voir *Supra*, note de bas de page 374.

431 OCDE, Modèle de Convention fiscale article 11 § 2.

432 OECE, 18 novembre 1958, FC WP 12 (58) Partie II, Groupe de travail n°12 du comite fiscal (Allemagne - Italie - Suisse) , Rapport sur l'imposition des dividendes,
« D'après les dispositions du texte de Londres, les intérêts sur toutes les catégories de dettes ne sont imposables, en principe, que dans l'Etat où le créancier a son domicile fiscal. C'est l'opposé de la règle contenue dans l'article IX du projet de Mexico. On a estimé, en effet, que, notamment en ce qui concerne les intérêts, le pays d'où provient le capital a un droit de priorité pour imposer ces intérêts, quel que soit le lieu où le capital est investi. Néanmoins, il a été admis que l'Etat du débiteur pouvait imposer lesdits intérêts par voie de déduction ou de retenue à la source, au même titre que s'ils étaient versés à des nationaux ou à des personnes résidant dans le pays. D'autre part, on a considéré que l'impôt retenu à la source ne devait pas dépasser un certain pourcentage à fixer par voie d'accord.
En ce qui concerne à la fois les dividendes et les intérêts, il convient de relever que le traitement des revenus provenant de capitaux mobilier est l'un des aspects les plus complexes du problème de la double imposition internationale. On se heurte, en cette matière, à un conflit d'intérêts entre les pays exportateurs de capitaux et les pays importateurs de capitaux. L'imposition des revenus de capitaux dans le lieu où le créancier ou bénéficiaire a son foyer d'habitation sert mieux les intérêts fiscaux de la première catégorie de pays, alors que l'imposition au foyer d'habitation du débiteur ou, plutôt, au lieu où sont utilisés les investissements est plus favorable à la seconde catégorie.
La solution pratique du problème dépend, dans la plupart des cas, de la mesure dans laquelle chacun des Etats contractants est disposé à limiter ses droits fiscaux afin de faciliter les placements internationaux. A cet égard, il conviendrait de tenir compte, non seulement de l'incidence d'un impôt sur les revenus des capitaux importés et de ses effets immédiats sur les recettes publiques, mais aussi des répercussions possibles, dans le domaine économique et fiscal,

215. Le Modèle de Convention de l'OCDE élaboré ultérieurement s'est, en la matière, inspiré du modèle de Londres, mais sans aller jusqu'à supprimer toute imposition dans l'Etat de la source.
Cependant, cette imposition dans l'Etat de résidence du bénéficiaire, assortie de retenues à la source, ne vaut que si le débiteur des intérêts est une structure juridiquement distincte.
En effet, le paragraphe 4 de l'article 11 du Modèle de Convention précise : *« Les dispositions des paragraphes 1 et 2 [principe d'imposition à la résidence et retenue à la source plafonnée à 10%] ne s'appliquent pas lorsque le bénéficiaire effectif des intérêts, résident d'un Etat contractant, exerce dans l'autre Etat contractant d'où proviennent les intérêts, une activité d'entreprise par l'intermédiaire d'un établissement stable qui y est situé, et que la créance génératrice des intérêts s'y rattache effectivement. Dans ce cas, les dispositions de l'article 7 sont applicables »*[433].

216. Ainsi, le même flux financier va être imposé différemment, selon que le bénéficiaire effectif reçoit les intérêts par l'intermédiaire d'une société ou d'un établissement stable.
Une société recevant des intérêts d'une autre société, et les reversant, va être imposée sur les intérêts qu'elle aura reçus au titre des produits. La société bénéficiaire ultime des intérêts sera théoriquement, quant à elle, doublement imposée : en premier lieu sur les intérêts qu'elle aura perçus au titre des produits ; en second lieu en tant que débiteur à la source[434].
En revanche, dans le cas où un établissement stable reçoit des intérêts d'une société dont la créance est inscrite à son actif et les reverse à son siège, il n'y aura pas de retenue à la source, seuls les produits reçus étant imposés dans le chef de l'établissement stable[435].

217. En résumé, si l'établissement stable est le bénéficiaire d'intérêts dus à une créance se rattachant à son activité, il est imposé sur ces revenus, mais le bénéficiaire effectif reste le siège. L'établissement stable est alors à la fois bénéficiaire et débiteur – notionnel –, sans pour autant que le siège soit, *a priori,* redevable d'une retenue à la

---

du développement industriel et commercial et de l'accroissement de richesse que peuvent provoquer dans les deux pays les mouvements de capitaux ».

[433] Il est à noter que cette formulation laisse en suspens le problème des intérêts perçus par un établissement stable, mais provenant d'un pays tiers. Voir GUSMEROLI Michele, « Triangular Cases and the Interest and Royalties Directive : Untying the Gordian Knot ? Part 1-2", *European Taxation*, January 2005, pp. 2-13, February 2005, pp. 39-51.

[434] Etant entendu qu'un crédit d'impôt compensant la retenue à la source sera généralement accordé par l'Etat de la résidence.

[435] Sous réserve d'une *branch tax* concernant l'ensemble du revenu. En outre, les commentaires de l'OCDE sous l'article 11 § 4, § 24 indiquent que *: « Il [l'article] se borne à prévoir que, dans l'Etat de la source, les intérêts sont imposables au titre de bénéfices de l'établissement stable qui y est possédé par le bénéficiaire résident de l'autre Etat s'ils sont produits par des créances qui font partie de l'actif de l'établissement stable ou se rattachent effectivement d'une autre façon à cet établissement. Dans ce cas le paragraphe 4 dispense l'Etat de la source des intérêts de toute limitation prévue à l'article ».*

source[436]. Il ne saurait, dans ce cas, y avoir qu'une seule retenue à la source, celle due par l'établissement en tant que débiteur originel.
Si l'établissement stable est le payeur d'intérêts, dus à une dette contractée pour son compte, il en est le débiteur effectif, et, dans ce cas, la Convention Modèle ne fait pas mention de l'impossibilité de prélever une retenue à la source[437]. Cependant, dans les relations financières dues à des prêts entre l'établissement et le siège, il ne saurait, *a priori*, y avoir de retenue à la source[438].
Cette distinction crée une distorsion entre ce qui relève des produits et ce qui relève des charges. Au demeurant, si l'on considère que, tant les charges que les produits font l'objet d'une comptabilisation dans le résultat de l'établissement stable, il conviendrait, par parallélisme, d'imposer les intérêts de la même façon que ceux provenant d'une structure distincte. Dans ce cas, lorsque des flux effectifs, et non notionnels, existeraient entre l'établissement stable et le siège, des retenues à la source seraient envisageables.

Le droit français, quant à lui, prévoit l'application de retenues à la source pour les redevances et les intérêts.

2) les retenues à la source et le droit français

218. Les retenues à la source s'appliquent, en droit français, sur les revenus payés à l'étranger.
En matière d'intérêts, les retenues sont prévues, sous conditions, aux articles 119 quater et 125 A III du CGI. Elles sont obligatoires lorsque le débiteur est établi ou domicilié en France, et que les intérêts sont payés hors de France dans un Etat ou territoire non coopératif au sens de l'article 238-O-A[439].

---

[436] Les Etats appliquant une « branch tax » sont peu nombreux et celle-ci porte sur l'ensemble du revenu. Voir, Cahier de droit fiscal international, "The attribution of profits to permanent establishments", Vol. 91b, 2006.
[437] La question demeure de savoir si la convention applicable est celle existant entre l'Etat du siège, débiteur légal et l'Etat du bénéficiaire, ou celle existant entre l'Etat de l'établissement stable et l'Etat du bénéficiaire. Voir, OCDE, Commentaires sous l'article 11 § 5, § 28 : *« Le paragraphe 5 n'apporte pas de solution à l'hypothèse, qu'il laisse en dehors de ces prévisions, où le bénéficiaire et le débiteur sont bien des résidents des Etats contractants, mais où les sommes empruntées l'ont été pour les besoins d'un établissement stable du débiteur situé dans un Etat tiers et qui supporte la charge des intérêts. En l'état actuel du paragraphe 5, seule la première phrase de ce paragraphe trouvera donc à s'appliquer en pareil hypothèse. Les intérêts seront censés provenir de l'Etat contractant dont le débiteur est un résident et non de l'Etat tiers sur le territoire duquel est situé l'établissement stable pour le compte duquel l'emprunt a été contracté et qui doit payer les intérêts. Ainsi, les intérêts seront imposés à la fois dans l'Etat contractant dont le débiteur est un résident et dans l'Etat contractant où réside le bénéficiaire. Mais si la double imposition pourra être supprimée entre ces deux Etats suivant les modalités prévues à l'article, elle ne sera pas éliminée entre eux et l'Etat tiers, si ce dernier Etat impose à la source les intérêts de l'emprunt, lorsque le paiement est à la charge de l'établissement stable situé sur son territoire »*.
[438] Ce d'autant plus que le principe de l'interdiction de déduire des charges liées à des prêts internes demeure une règle d'application générale. Voir OCDE, Commentaires sous l'article 7, § 42.
[439] CGI, article 125 A. III modifié par la Loi 2009-1674 du 30 décembre 2009 art 22. Antérieurement à la modification apportée par la loi de Finances rectificatives pour 2009, les

Concernant les redevances, et contrairement aux préconisations de l'OCDE dans son article 12 du Modèle de Convention tendant à l'imposition uniquement dans l'Etat de résidence du bénéficiaire, la France, comme la plupart des pays européens, assujettit à une retenue à la source les redevances payées à des non-résidents[440].

219. Les retenues à la source sur les redevances sont codifiées aux articles 182 B et 182 B bis du CGI. Le principe d'une retenue à la source est posé par l'article 182 B[441], qui prévoit, conformément au Modèle de Convention OCDE, que, lorsque les redevances sont versées à des personnes ou des sociétés qui ont une installation professionnelle permanente, il n'y a pas lieu à retenue.

La formulation particulière de l'article 182 B a donné lieu à des hésitations jurisprudentielles[442]. En effet, la retenue à la source frappe les redevances perçues par des personnes ne disposant pas d'exploitation professionnelle en France, mais néanmoins passibles de l'IS.

Or par essence, et en application du principe de territorialité codifié à l'article 209-I du CGI, sont imposables à l'IS les bénéfices réalisés dans des entreprises exploitées en France.

Il ressort de la jurisprudence du Conseil d'Etat qu'il y a en réalité prévalence de la forme sur la substance[443]. Formellement, la société bénéficiaire des redevances n'est pas assujettie à l'IS sur le territoire français, puisqu'elle ne dispose pas d'installation professionnelle en France (au sens où, éventuellement, elle peut disposer d'un établissement stable auquel les redevances ne peuvent être attachées du fait de l'absence « d'attraction fiscale » de l'établissement stable). En revanche, l'activité du bénéficiaire serait assujettie à l'IS s'il l'avait exercée en France.

220. La différence entre un établissement stable et une entité distincte versant des redevances à leur siège tient au différentiel de taux susceptible d'exister entre la retenue à la source et l'imposition à l'IS. Si le taux de la retenue à la source est fixé à 33 1/3 par l'article 182 B II, la plupart des conventions prévoient un taux réduit d'imposition. Par surcroît, l'excédent de retenue à la source n'est pas restituable[444].

Ainsi, si la société étrangère perçoit des redevances d'une entité juridiquement distincte, elle sera débitrice de la retenue à la source, au taux prévu par la convention (ou, à

---

paiements effectués au profit de personnes n'ayant pas leur siège social en France étaient soumis à retenue.

[440] IBFD, "Survey on the Implementation of the EC Interest and Royalties Directive", 21 juin 2006, pp. 10-14. Au 19 décembre 2005, sur 20 Etats européens, seuls 4 avaient aboli, sans conditions, toute retenue à la source sur les redevances.

[441] CGI, article 182 B-I : *« Donnent lieu à l'application d'une retenue à la source lorsqu'ils sont payés par un débiteur qui exerce une activité en France à des personnes ou des sociétés, relevant de l'impôt sur le revenu ou de l'impôt sur les sociétés, qui n'ont pas dans ce pays d'installation professionnelle permanente »*.

[442] CE, 30 juin 1997, n° 169179, *APBP, Petites Affiches,* 6 mars 1998, n° 28, p. 17 note DONSIMONI Patrick.

[443] CE, 25 mai 2007, n° 288288, *GIE Compagnie industrielle des polyéthylènes de Normandie, RJF*, n° 08-09/2007, n° 896 ; Chronique BURGUBURU Julie, « L'article 182 B peut être appliqué sans retenue », *RJF,* n° 08-09/2007, pp. 703-709.

[444] Instruction, BOI 5 N-24-77 n° 77, DB 5 B 7124, 1er août 2001, n° 60 et 61.

défaut, au taux de 33 1/3), sans possibilité d'obtenir la restitution de l'excédent en cas d'IS insuffisant.

221. Si, en revanche, la société étrangère perçoit des redevances de son établissement stable, ce dernier sera imposé sur les bénéfices d'entreprise au taux de droit commun de l'IS, et, potentiellement, à la même retenue à la source que les sociétés, et sous les mêmes conditions. Par ailleurs, la « branch tax », prévue à l'article 115 quinquiès du CGI au taux de 25%, et qui concerne l'intégralité des revenus de l'établissement, est susceptible de s'appliquer.
Ainsi, selon la forme de structure interposée choisie, le montant de l'imposition peut être différent.
En réalité, le siège comptabilise le bénéfice dégagé par son établissement stable et neutralise la double imposition juridique, alors que dans le cas de la redevance versée par une société, il perçoit de ce fait un revenu propre, lequel peut faire l'objet d'une double imposition économique[445].
Il n'en demeure pas moins que les structures juridiquement distinctes et les établissements stables ne sont pas imposés en droit français de manière identique, ce qui est contraire à l'approche de l'entité fonctionnellement distincte, et, vraisemblablement, au principe de non-discrimination.
Par ailleurs, le droit de l'Union prévoit, sous conditions, l'abolition des retenues à la source.

B. L'application du droit de l'Union européenne aux intérêts et aux redevances

222. L'Union européenne a adopté une directive le 3 juin 2003 concernant le régime fiscal commun applicable aux paiements d'intérêts et de redevances effectués entre des sociétés associées d'États membres différents[446].
Dans le préambule à la directive, le Conseil notait : *« Il est nécessaire de faire en sorte que les paiements d'intérêts et de redevances soient soumis une fois à l'impôt dans un État membre ».*
A la différence du droit conventionnel issu du Modèle de Convention de l'OCDE, qui prévoit d'éliminer les doubles impositions dues à l'existence de régimes fiscaux distincts, le droit européen vise à l'établissement d'un marché commun, ce qui suppose une facilitation des échanges, notamment par la suppression des entraves fiscales entre entreprises associées d'Etats membres différents.
A cette fin, la directive prévoit la suppression des retenues à la source effectuées entre des entreprises associées (1). L'application de la directive suppose que certaines

---

445 Voir, par exemple, CAMACHO PALMA Rui, "Withholding Tax Issues between Permanent Establishments and Head Offices: International and Portuguese Perspectives", *European Taxation*, August 2008, pp. 426-434; CHARLES-PERONNE Delphine, « Rapport France », in IFA, Cahiers de droit fiscal international, "The attribution of profits to permanent establishments", 2006, Vol. 91 b, p. 321.

446 Conseil, Directive, 3 juin 2003, 2003/49/CE, concernant un régime fiscal commun applicable aux paiements d'intérêts et de redevances effectués entre des sociétés associées d'États membres différents, JO n° L 157 du 26 juin, pp. 49-54.

conditions soient remplies, ce qui a pu donner lieu à une jurisprudence favorable aux retenues à la source (2).

1) Le principe de l'imposition unique des redevances et des intérêts

223. La directive du Conseil préconise une imposition unique des redevances et des intérêts à la résidence. La directive précise les modalités de son application aux établissements stables, mais impose des conditions à l'exonération des retenues à la source, tant pour les établissements stables que pour les entités juridiquement distinctes.
En ce qui concerne l'application aux établissements stables, la directive se différencie du Modèle de Convention de l'OCDE, en ce qu'elle prévoit en son article 1 alinéa 2 : *« Un paiement effectué par une société d'un Etat membre ou par un établissement stable situé dans un autre Etat membre est réputé échu [donc exonéré de retenue à la source] dans cet Etat membre, ci-après dénommé « Etat d'origine » ».*
Du texte même de la directive, il ressort que les établissements stables sont réellement considérés comme des entités fiscalement distinctes aux fins de son application, puisque *« lorsqu'un établissement stable d'une société d'un Etat membre est considéré comme payeur ou bénéficiaire d'intérêts ou de redevances, aucune autre partie de la société n'est considérée comme payeur ou bénéficiaire des intérêts ou redevances concernés au sens du présent article »*[447].

224. En ce sens, l'Union européenne va plus loin que l'OCDE : d'une part, parce qu'elle aborde la question de l'établissement stable concessionnaire de redevances et payeur d'intérêts ; d'autre part, parce qu'elle assimile réellement l'établissement stable à une entité fiscalement distincte[448].
Toutefois, cette approche se heurte à la difficulté de déterminer quelle partie de l'entreprise est réellement le concédant ou le concessionnaire des redevances, notamment en ce qui concerne les redevances de marques. En outre, si cette formulation permet théoriquement de résoudre le problème posé par le paragraphe 5 de l'article 11 du Modèle de Convention relatif à l'Etat de source des intérêts[449], en pratique, et dès lors qu'il y aura affectation par le siège d'emprunts à différents établissements stables, l'application de l'article de la directive sera difficile à mettre en œuvre.

225. De surcroît, il convient de noter que le texte de la directive aurait mérité d'être plus clair en ce qui concerne la définition de l'établissement stable. En effet, dans l'article 3 c), l'établissement stable est défini comme *« une place fixe d'affaires, située dans un Etat membre, dans laquelle l'activité d'une société d'un Etat membre est exercée en tout ou en partie »*. Ainsi, la directive ne prend en compte ni l'établissement stable constitué par un chantier de construction, ni l'établissement stable-agent dépendant.

---

[447] *Ibid.*, article 1 § 6.
[448] Etant entendu, néanmoins, que l'Union européenne n'adopte cette approche que dans le cas des entreprises liées, c'est-à-dire dans le cadre de groupes, juridiques ou économiques.
[449] OCDE, Commentaires sous l'article 11 § 5, § 27 : « *Par contre l'hypothèse c)* [l'emprunt est contracté par le siège de l'entreprise et son produit est affecté à plusieurs établissements stables situés dans différents pays] *tombe en dehors des prévisions du paragraphe 5 dont le texte ne permet pas d'attribuer une pluralité de sources à un même emprunt »*.

Aussi, une difficulté à l'application de la directive tient au fait qu'elle restreint son champ d'application aux hypothèses où les participations dans les sociétés ou entités associées sont continues pendant deux ans. De ce fait, les établissements stables « temporaires », comme les chantiers, sont susceptibles d'être exclus de l'application de la directive.
Cette situation crée une distorsion, due à la nature de l'activité, entre établissements stables pérennes et établissements stables temporaires, la retenue à la source sur les intérêts versés restant théoriquement applicable dans le second cas.
En l'absence de jurisprudence européenne, la question d'une éventuelle discrimination sur le fondement des libertés fondamentales garanties par le Traité peut donc se poser.

226. Le principe d'exonération des retenues à la source est limité par les conditions posées par la directive. Sont concernés par la directive les entreprises associées, revêtant une forme sociale particulière, et les établissements stables de ces sociétés[450].
Sont considérées comme sociétés associées d'une autre société, celles qui :
« Détiennent une participation d'au moins 25% dans le capital de l'autre société, ou lorsque l'autre société détient une participation directe d'au moins 25% dans leur capital ou lorsqu'une troisième société détient une participation directe d'au moins 25% dans leur capital ou dans le capital de l'autre société »[451]. La formulation de la directive exclut de l'exonération de retenues les participations indirectes. De plus, la directive précise : *« Un établissement stable n'est considéré comme payeur d'intérêts ou de redevances que si les paiement concernés constituent dans l'Etat membre dans lequel il est situé une charge fiscalement déductible ».*

227. Il est à noter que les pays européens, compte tenu de l'unicité de la personne morale, refusent de considérer comme des charges déductibles les redevances et les intérêts entre le siège et son établissement stable[452]. De surcroît, en ce qui concerne la France, le risque d'immobilisation des redevances ferait de celles-ci une charge non déductible au sens de la directive[453].
Lorsqu'une des conditions fait défaut, les Etats n'ont pas d'obligation d'appliquer la directive.
Pour les sociétés, de la même manière que dans la directive « mère-fille »[454], les conditions cumulatives pour faire partie du champ d'application de la directive sont : la forme sociale (les sociétés de capitaux), qui sont considérées par la législation interne comme ayant leur résidence dans l'Union, et qui sont assujetties à l'impôt sur les sociétés[455].

[450] Sur les limites à l'application de la directive, voir, par exemple, GUSMEROLI Michele, « Triangular Cases and the Interest and Royalties Directive : Untying the Gordian Knot ? Part 1-2", *European Taxation*, January 2005, pp. 2-13, February 2005, pp. 39-51.
[451] Directive précitée, article 3 b).
[452] TIRARD Jean-Marie, « La fiscalité des sociétés dans l'Union Européenne », Groupe Revue Fiduciaire, 7ème édition, 2006, p. 66.
[453] Sauf à considérer que les amortissements sont égaux aux redevances versées annuellement.
[454] Conseil, Directive, 23 juillet 1990, n° 90/435/CEE, remplacée par la directive 2011/96/UE concernant le régime fiscal commun applicable aux sociétés mères et filiales d'États membres différents.
[455] Directive précitée, article 3.

A cela s'ajoute un critère « territorial», au sens de l'Union européenne.
Les établissements stables de sociétés résidentes d'un Etat membre, qui sont établis dans un pays tiers, sont exclus du champ d'application de la directive, de même que les sociétés n'étant pas considérées par la législation interne ou le droit conventionnel comme résidentes d'un Etat membre[456].

228. De prime abord, il semble que les situations des établissements stables établis dans un pays tiers et des sociétés établies dans un pays tiers soient traitées de façon identique par la directive. Formellement, tel est bien le cas.
Cependant, il résulte de la nature même de l'établissement stable que les redevances et les intérêts vont obligatoirement être pris en compte dans la comptabilité du siège, qu'ils soient dus à des relations avec le siège ou à des relations avec des tiers, et ce, quel que soit le lieu d'implantation de l'établissement stable.
S'il y avait application d'une retenue à la source, elle varierait selon que l'établissement stable est le bénéficiaire ou le débiteur des droits.

229. S'il est le bénéficiaire, il sera assujetti à la retenue à la source pour les redevances ou les intérêts qui lui auront été versés par l'entreprise européenne. Le paradoxe pourrait être que le siège de l'établissement, bénéficiaire effectif, soit une entreprise européenne, de même que l'entreprise versante. Dans ce cas, l'interposition de l'établissement stable créerait une imposition qui n'aurait pas été due entre les deux entreprises européennes.
S'il est débiteur, la question se subdivise en fonction de la qualité du bénéficiaire :
- Soit il est débiteur de son siège, et la neutralité de l'imposition dépend à la fois du système interne en cause et du système de neutralisation de la double imposition. Concernant la neutralisation de la double imposition, si l'Etat du siège pratique le système d'exemption des revenus des établissements stables, la retenue à la source serait envisageable au même titre que celle existant entre entreprises indépendantes. Si l'Etat du siège pratique le système d'imputation, la retenue à la source ne se justifie que sous un angle répressif, puisque le revenu de l'établissement stable est pris en compte non plus seulement comptablement, mais également fiscalement par le siège[457].
- Soit il est débiteur d'une autre structure non liée au siège, et dans ce cas il devrait être imposé à une retenue à la source dans les conditions de droit commun.

Pour les filiales extra-européennes, en revanche, qu'elles soient ou non associées (au sens de la directive), la retenue à la source sera perçue et imputée selon les modalités prévue par les Etats.

230. Cette double dichotomie de traitement – entre entreprises associées et non associées, et européennes-non européennes – paraît artificielle à plusieurs égards.
D'abord, parce que la situation d'un établissement stable, par hypothèse détenu à 100%, est différente de celle d'une filiale détenue à 25%, et ensuite parce que des entreprises

---

[456] *Ibid.*, article 1 § 8 et article 3 a).
[457] Ne pas imposer de retenue présente le risque de favoriser les transferts de bénéfices, en fonction, par exemple de la situation bénéficiaire ou déficitaire du siège et de la législation applicable.

tierces vont se voir appliquer une retenue à la source, qui ne sera pas appliquée entre entreprises associées, pourtant censées contracter dans les conditions du marché [458].
En outre, la directive européenne fait du territoire européen un « supra » territoire national, en excluant de son champ d'application toutes les entreprises parties prenantes ne faisant pas partie de l'Union européenne[459].
En ce sens, il est permis de se demander ce que serait la position de la jurisprudence européenne, au regard notamment de l'application du principe de liberté de circulation des capitaux.

2) L'application de la jurisprudence européenne

231. La jurisprudence européenne ne s'est pas spécifiquement prononcée sur les retenues à la source concernant les redevances[460]. En revanche, plusieurs arrêts ont été rendus en matière de retenues à la source sur les dividendes sortants, et un arrêt a été rendu en matière de retenues à la source sur les intérêts[461].
Il paraît opportun de considérer l'apport de ces différentes jurisprudences à l'analyse des retenues à la source sur les redevances et intérêts.

232. En premier lieu, dès lors que le litige serait dans le champ d'application de la directive concernant le régime fiscal commun applicable aux paiements d'intérêts et de redevances effectués entre des sociétés associées d'Etats membres différents, il ne fait pas de doute que l'Etat membre concerné serait sanctionné.
En second lieu, dès lors que les conditions de la directive ne seraient pas applicables, les fondements sur lesquels pourrait être assis l'arrêt, pourraient, à tout le moins en ce qui concerne les filiales, ne pas être ceux constitutifs d'une atteinte à la liberté d'établissement[462].

---

[458] En ce sens voir de FREMINET Patrick « A défaut d'une harmonisation, une coordination fiscale est-elle possible ? », *Les Petites affiches,* n° 97, 15 mai 2002, p. 41 : *« Enfin, concernant la directive « intérêts / redevances » précitée, je me contenterai de souligner qu'elle est vraiment extrêmement limitée puisqu'elle ne prévoit la suppression de retenue à la source que pour les entreprises qui ont un lien de 25 % entre elles. Ainsi, il est évident que les redevances entre entreprises liées posent un problème de prix de transfert, mais pas les redevances entre entreprises tierces qui a priori sont à prix normal... Celles-ci continueront à payer la retenue ! Comprenne qui voudra, moi en tout cas j'ai définitivement renoncé à comprendre ce point-là, qui me paraît tout à fait regrettable. Si on doit supprimer les retenues à la source sur redevances et intérêts, supprimons-les aussi de grâce entre entreprises qui ne sont pas parentes ! ».*

[459] Cette position est en accord avec la position de l'Union européenne qui tend à favoriser les échanges dans les « groupes ». Il y a cependant un côté artificiel à supposer que les groupes se construisent exclusivement à l'intérieur des frontières de l'Europe.

[460] Pour Stéphane AUSTRY, l'article 182 B, concernant l'application des retenues à la source sur les redevances, est certainement contraire au Traité en ce qu'il crée une discrimination entre résidents et non résidents, du fait notamment de l'absence de restitution de l'excédent de RAS perçue. AUSTRY Stéphane, « Jusqu'à quand les articles 182 A et 182 B resteront-ils encore indemnes de l'épreuve du droit communautaire ? » *FR,* n° 39/08, pp. 35-38.

[461] CJCE, 22 décembre 2008, Aff. C-282/07, *Truck Center,* Rec. p. I-10767, conclusions KOKOTT du 18 septembre 2008.

[462] CJCE, 12 décembre 2006, aff. C-374/04, *Test Claimants in Class IV of the ACT Group Litigation,* Rec. p. I-11673, point 39: *« Or, dès lors qu'il s'agit d'une participation qui confère au*

233. Dans les cas où la Cour s'est prononcée, elle l'a fait en considération de la nature des liens unissant les structures en cause.
Ainsi, la Cour a pu juger : *« Conformément à une jurisprudence constante, relèvent du champ d'application matériel des dispositions du traité CE relatives à la liberté d'établissement les dispositions nationales qui trouvent à s'appliquer à la détention par un ressortissant de l'État membre concerné, dans le capital d'une société établie dans un autre État membre, d'une participation lui permettant d'exercer une influence certaine sur les décisions de cette société et d'en déterminer les activités»*[463].
La notion d'influence certaine semble être une notion purement factuelle, dont l'appréciation devrait relever des juridictions internes, et qui dépend essentiellement de la taille des groupements en cause.
L'intérêt de la distinction entre entrave à la liberté d'établissement et entrave à la liberté de circulation des capitaux tient au fait que l'entrave à la liberté de circulation des capitaux est également sanctionnée dans le cas de relations avec les pays tiers[464].
Ainsi, dans l'exemple d'une filiale ne rentrant pas *stricto sensu* dans le cadre de la directive, et pour laquelle il va être considéré que la société mère ne détient pas une participation suffisante lui permettant d'exercer une influence déterminante sur les activités de sa filiale, la retenue à la source payée serait susceptible de constituer une entrave à la liberté de circulation des capitaux, et ce, quel que soit le lieu de situation de la mère.
En revanche, les litiges relatifs à un établissement stable ne pourront jamais être jugés sous l'angle de la liberté de circulation des capitaux, mais uniquement sous l'angle d'une atteinte éventuelle à la liberté d'établissement, laquelle ne s'applique que dans le cadre européen[465].

234. En ce sens, la jurisprudence européenne crée une distinction entre les établissements stables et les filiales, ce d'autant plus si les maisons mères sont situées hors de l'Union européenne.
Dès lors que la Cour se refuse à un examen d'une atteinte à la liberté de circulation des capitaux lorsque la liberté d'établissement est en cause, les Etats dans lesquels sont situés des établissements stables ayant leur siège à l'extérieur de l'Union ne risqueraient pas de sanction jurisprudentielle. En revanche, dans le cas des filiales pour lesquelles la détermination de l'influence déterminante par leur mère reste incertaine, la législation applicable pourrait être jugée non conforme à la liberté fondamentale de circulation des capitaux[466].

---

détenteur une influence certaine sur les décisions de la société et lui permet d'en déterminer les activités, ce sont les dispositions du traité CE relatives à la liberté d'établissement qui trouvent à s'appliquer ». Les sociétés étaient détenues à 100%.
[463] CJCE, 13 mars 2007, aff. C-524/04, *Test Claimants in the Thin Cap Group Litigation*, Rec. p. I-2107, point 27.
[464] TFUE, article 63.
[465] Arrêt *Test Claimants in the Thin Cap Group Litigation* précité, point 34 : *« À supposer que cette législation ait, comme le soutiennent les demanderesses au principal, des effets restrictifs sur la libre prestation des services et sur la libre circulation des capitaux, de tels effets seraient la conséquence inéluctable d'une éventuelle entrave à la liberté d'établissement et ils ne justifient pas un examen de ladite législation au regard des articles 49 CE et 56 CE ».*
[466] WATHELET Melchior, « Souveraineté fiscale des Etats membres et Cour de justice : nouvelles tendance ou confirmation ? », *RJF*, n° 02/2008, pp 90-102.

La compatibilité *stricto sensu* des retenues à la source sur les redevances, lorsqu'elles sont versées en dehors du champ d'application de la directive « intérêts et redevances », a été appréciée par la Cour au regard des dispositions pertinentes du Traité relatives aux libertés de circulation.
Dans ses conclusions sous l'arrêt *Truck Center* précité, l'Avocat général avait considéré qu'une telle retenue à la source se justifiait aux motifs que *« les divergences de modes de recouvrement entre non-résidents et résidents constituent une différence objective susceptible de justifier le prélèvement d'une retenue à la source limitée aux rémunérations versées à une société non-résidente »*[467]. En outre, cette restriction – non constitutive d'une discrimination – *« (...) est justifiée par des raisons impérieuses d'intérêt général. En effet, la différence de traitement litigieuse sert – comme nous l'avons expliqué – à garantir un recouvrement efficace de l'impôt »*[468].

235. La Cour a conclu à une incomparabilité des situations entre résidents et non-résidents, non constitutive d'une atteinte à la liberté d'établissement[469]. La Cour a développé un raisonnement en trois points : les situations ne sont pas comparables, car, dans le premier cas, l'Etat agit comme Etat de résidence, alors que dans le second il agit comme Etat de source[470] ; les impositions sont distinctes, car fondées sur des bases juridiques différentes[471] ; les sociétés se trouvent dans des situations différentes au regard du recouvrement de l'impôt[472]. Pour les commentateurs, le raisonnement de la Cour n'est pas convaincant[473]. En effet, si ces différences entre résidents et non-résidents sont avérées, leur mise en œuvre implique que les résidents et les non-résidents ne seraient jamais dans des situations comparables.
En toute hypothèse, cet arrêt implique que, hors des cas d'application de la directive « intérêts-redevances », les retenues à la source sont admises dans l'Union européenne. Elles devraient donc s'appliquer aussi bien aux établissements stables qu'aux filiales.

236. Lorsque la directive européenne s'applique, les différences d'imposition ne résultent que des différences de systèmes juridiques et fiscaux des Etats. En ce sens, si l'on excepte la définition restrictive donnée à l'établissement stable, les filiales et les établissements stables entrant dans le champ d'application de la directive sont soumis à des règles identiques. Cependant, le principe de suppression des retenues à la source

---

[467] CJCE, 22 décembre 2008, aff. C-282/07, *Truck Center*, Rec. p. I-10767, conclusions KOKOTT du 18 septembre 2008, point 36.
[468] Conclusions KOKOTT précitées, point 51.
[469] Arrêt *Truck Center* précité, point 41.
[470] *Ibid.*, point 42.
[471] *Ibid.*, point 43.
[472] *Ibid.*, point 47.
[473] WATHELET Melchior, AUSTRY Stéphane, « Retenues à la source au sein de l'Union européenne : des conclusions inquiétantes pour le contribuable », *FR*, n° 50/08, p. 5 ; De BROE Luc, "Are we Heading towards an Internal Market without Dividend Withholding Tax but with Interest and Royalty Withholding Tax? Some Observations on Advocate General's KOKOTT opinion in Truck Center", *ECTR*, 2009/1, pp. 2-3; De BROE Luc, BAMMENS Niels, "Truck Center Belgian Withholding Tax on Interest Payments to Non-resident Companies Does not Violate EC Law: A Critical Look at the ECJ's Judgment in Truck Center", *ECTR*, 2009/3, pp. 131-137; LANG Michael, "Recent Case Law of the ECJ in Direct Taxation: Trends, Tensions and Contradictions", *ECTR*, 2009/3, pp. 100-101.

connaît des exceptions liées à la fois à la rédaction de la directive et à l'application de la jurisprudence européenne. Le droit de l'Union reconnaissant les retenues à la source, il peut en résulter des distorsions dans l'imposition des structures. Ces différences d'imposition concernent les diverses structures juridiques, mais également les établissements stables, et toutes les entreprises hors Union européenne. De ce fait, les modalités d'imposition des intérêts et redevances ne sont, pour lors, pas unifiées.

*
**

237. Le principe de l'attribution des profits à l'établissement stable, sur le fondement du concept d'entité fonctionnellement distincte, est apparu dès les premiers Modèles de Convention rédigés sous l'égide de la SDN. Les bénéfices d'entreprises attribuables à l'établissement stable, et imposables par l'Etat de *situs,* étaient cependant restreints, du fait de la définition même de l'établissement stable, et du fait de la prise en compte des seuls bénéfices industriels et commerciaux. L'évolution du Modèle de Convention de l'OCDE contribue à élargir la notion d'établissement stable et la catégorie des revenus actifs qui lui sont imputables.
De surcroît, les propositions formulées par l'OCDE de prise en compte des revenus passifs que sont les redevances et les intérêts, y compris dans les relations entre le siège et l'établissement stable, jusqu'alors ignorés dans la détermination du résultat, aboutissent à une plus grande cohérence de la notion même d'entité fonctionnellement distincte, et permettent une appréhension plus fine de la matière imposable.
Ce faisant, l'OCDE adopte, pour d'autres revenus que les revenus d'activités, la logique consistant à appliquer aux établissements stables le principe de pleine concurrence. Ainsi, dans la mesure où les revenus de l'établissement stable doivent être déterminés comme ceux d'une entité distincte, s'il exerce *« des activités identiques ou analogues » dans des « conditions identiques ou analogues »*, il apparaît cohérent d'attribuer aux établissements stables des lignes bilantielles et des résultats comparables à ceux des entités juridiquement distinctes, y compris dans les relations existant avec le siège.

238. Toutefois, l'accroissement théorique de l'assiette imposable de l'établissement stable, qui bénéficie aux Etats de *situs*, ne conduit pas à attribuer à ces derniers un pouvoir d'imposition absolu.
En effet, les conventions fiscales, comme le droit de l'Union européenne, ne résolvent pas les risques liés à la double imposition. En matière conventionnelle, la double imposition économique, qui concerne des contribuables distincts, n'est, à la différence de la double imposition juridique, pas réglementée par la Convention Modèle OCDE.
En outre, les droits nationaux et le droit de l'Union européenne ont, pour des raisons différentes, des interprétations divergentes de celles proposées par l'OCDE.
Les droits nationaux refusent en règle générale, et pour des questions d'unicité de la personne morale, d'accorder aux établissements stables les déductions des charges financières et des redevances correspondant aux relations avec le siège.
L'Union européenne, du fait de sa prise en compte des liens entre entités associées, s'oppose à l'imposition des transferts d'actifs d'un établissement stable vers son siège, et à la double imposition des revenus passifs des filiales et des établissements stables. En ce sens, l'Union européenne rapproche le régime d'imposition des établissements

stables de celui des filiales, et non de celui des entités juridiquement distinctes ne possédant pas la qualité de filiales.
Le droit de l'Union européenne s'attache particulièrement à résoudre le problème de double imposition dans le cadre des groupes intra-européens. Dans ce contexte, si le régime d'imposition des établissements stables peut être comparable à celui de certaines filiales, les structures juridiquement distinctes ne vont pas nécessairement bénéficier d'un régime identique à celui des filiales. Le droit de l'Union pallie, seulement en partie, les carences conventionnelles.

239. Ainsi, les analogies entre établissements stables et entités juridiquement distinctes se traduisent par une uniformisation des bases imposables, tendant à accroître les pouvoirs d'imposition des Etats de *situs*. Ce pouvoir d'imposition est total pour les impositions initiales, mais est en partie affaibli, dans le cadre européen, par l'interdiction des discriminations dans les relations transfrontalières.

Les analogies entre établissements stables et entités juridiquement distinctes ne se traduisent donc pas, nécessairement, par une imposition identique. Aussi, il convient d'analyser les différences entre établissements stables et entités juridiquement distinctes, aux fins de déterminer l'Etat détenant le pouvoir d'imposition.

TITRE 2 : LA PERSISTANCE DE DIFFÉRENCES DANS L'IMPOSITION DES ÉTABLISSEMENTS STABLES ET DES ENTITÉS JURIDIQUEMENT DISTINCTES

240. L'établissement stable se différencie des entités juridiquement distinctes à plusieurs égards. L'absence de personnalité morale, si elle ne constitue pas un obstacle absolu à la comparaison avec les entités juridiquement distinctes, ne permet pas d'assimiler l'établissement stable à une structure juridiquement distincte. L'OCDE, elle-même, note que le concept d'entité fonctionnellement distincte appliqué à l'établissement stable n'est qu'une fiction, créée à des fins fiscales, qui n'induit pas des obligations juridiques identiques.
Cette absence de personnalité morale suscite des difficultés, à la fois en termes de qualification des activités et en termes de quantification du patrimoine et des résultats à attribuer à l'établissement stable.

241. De surcroît, l'établissement stable, de par sa nature même, s'inscrit nécessairement dans le cadre des relations transfrontalières. En effet, l'entreprise, dont l'établissement stable est un démembrement, est étrangère. Ainsi, à la différence des entités juridiquement distinctes, l'attribution des revenus des établissements stables est obligatoirement extra-territoriale. En ce sens, l'attribution des revenus va s'effectuer sur des bases et selon des modalités différentes, selon qu'elle est le fait d'un établissement ou d'une entité distincte, certaines particularités existant au profit des entités juridiquement distinctes ayant la qualité de filiales.
En la matière, les recommandations de l'OCDE et le droit de l'Union européenne ont parfois des approches différentes, les propositions de l'OCDE s'inscrivant dans un cadre bilatéral, alors que celles de l'Union européenne s'établissent sur les relations multilatérales.

Ces dissemblances entre les établissements stables et les entités juridiquement distinctes se retrouvent dans l'attribution des postes de bilan (chapitre 1 : Les limites à une approche comparée établissement stable-entité juridiquement distincte dans la détermination et l'imposition des postes de bilan), et dans la détermination et la prise en compte du résultat (chapitre 2 : Les limites à une approche comparée établissement stable-entité juridiquement distincte dans la détermination et l'imposition du résultat).

CHAPITRE 1 : LES LIMITES A UNE APPROCHE COMPARÉE ÉTABLISSEMENT STABLE – ENTITÉ JURIDIQUEMENT DISTINCTE DANS LA DÉTERMINATION ET L'IMPOSITION DES POSTES DU BILAN

242. S'il apparaît, comme cela a été montré dans le titre précédent, que les textes et la pratique, tant nationaux qu'internationaux, tendent à une assimilation de l'approche bilantielle des établissements stables et des filiales, il n'en demeure pas moins que cette approche se heurte à des limites qui tiennent essentiellement à l'absence de personnalité juridique de l'établissement stable.
L'analyse téléologique effectuée par l'OCDE est à cet égard insuffisante pour permettre d'obtenir une présentation identique des bilans des établissements stables et des entités juridiquement distinctes.
L'OCDE considère qu'il ne s'agit que d'une fiction, ayant pour seul but d'attribuer les bénéfices d'entreprise à l'Etat d'implantation de l'établissement stable[474]. De ce fait, dès lors que certaines lignes de bilan ne sont pas attribuées – ou attribuables – à l'établissement stable, le pouvoir d'imposition de l'Etat de *situs* peut se trouver amoindri.
De surcroît, si l'établissement stable ne peut être complètement identifié à une entité juridiquement distincte aux fins de l'établissement du bilan, il ne peut l'être non plus à une filiale[475]. Toutefois, en la matière, l'OCDE et le droit de l'Union peuvent avoir une approche différente. En effet, l'OCDE favorise l'approche de l'entité fonctionnellement distincte, qui accroît la comparabilité des établissements stables et des entités juridiquement distinctes, alors que l'Union européenne favorise une approche économique du groupe et la suppression des entraves fiscales dans le Marché commun. En ce sens, l'Union européenne rapproche le régime des établissements stables de celui des filiales.

---

[474] OCDE, 2010, Rapport sur l'attribution de bénéfices aux établissements stables, § 11, p. 15 : *« L'hypothèse selon laquelle un établissement stable est considéré comme une entreprise fonctionnelle distincte n'est qu'une fiction nécessaire pour déterminer les bénéfices commerciaux de cette partie de l'entreprise en vertu de l'article 7. L'approche autorisée de l'OCDE ne doit pas être perçue comme nécessitant que l'établissement stable soit considéré comme une entreprise distincte traitant avec le reste de l'entreprise dont il fait partie aux fins des autres dispositions de la Convention ».*

[475] *Ibid.*, § 33, 34, p. 21 : *« La prise en compte (ou non) des transactions internes entre un établissement stable et le reste de l'entreprise dont il fait partie comporte plusieurs aspects. Premièrement, un établissement stable n'est pas équivalent à une filiale et en fait il n'est ni juridiquement ni économiquement distinct du reste de l'entreprise dont il fait partie.(...) En second lieu, les transactions internes entre un établissement stable et le reste de l'entreprise dont il fait partie n'ont pas de conséquence juridique pour l'entreprise dans son ensemble. Il est donc nécessaire d'examiner plus attentivement les transactions internes entre un établissement stable et le reste de l'entreprise dont il fait partie que les transactions entre deux entreprises associées. Il est aussi nécessaire d'examiner plus attentivement la documentation (en l'absence inévitable de contrats juridiquement contraignants par exemple) qui pourrait exister par ailleurs et considérant la singularité de la question, les pays souhaiteraient qu'il incombe aux contribuables de prouver clairement que la transaction interne doit être prise en compte ».*

243. Les limites à une approche comparée entre les établissements stables et les entités juridiquement distinctes sont à la fois d'ordre factuel et normatif. Elles ressortent, d'une part, des définitions données par l'OCDE, qui a recensé dans ses différents rapports certaines des difficultés d'application[476], et, d'autre part, de l'absence d'harmonisation juridique, comptable, et fiscale au niveau européen. En ce sens, la volonté de faire de l'établissement stable une « entité fonctionnellement distincte » aux fins de l'imposition se trouve limitée.
Si la distinction entre des limites de fait (section 1) et des limites de droit (section 2) peut paraître artificielle, les deux étant souvent étroitement liées, elle repose sur l'idée que l'établissement stable n'est pas un concept unitaire[477]. A cet égard, la présentation du bilan d'un établissement stable tient autant à des problèmes factuels (nature, fonctions de l'établissement...), qu'à des problèmes juridiques et comptables.

SECTION 1 : LES LIMITES « FACTUELLES » À LA COMPARAISON BILANTIELLE ÉTABLISSEMENT STABLE - ENTITÉ JURIDIQUEMENT DISTINCTE

244. Les limites factuelles s'entendent de celles dues à l'applicabilité des recommandations formulées par l'OCDE.
Ces limites sont de deux ordres : les limites dues à l'application des recommandations formulées par l'OCDE, et les limites qui concernent les situations non prévues par l'OCDE, ou dont les conséquences sont insuffisamment évaluées, comme, par exemple, la qualification par les autorités fiscales d'un établissement stable.
Dans les recommandations positives formulées par l'OCDE, particulièrement celles contenues dans les rapports de 2008 et 2010, certaines, comme l'attribution du capital libre et les fonctions humaines significatives pertinentes, conduisent à s'interroger sur leur applicabilité, l'OCDE elle-même ayant recensé des difficultés : attribution du capital libre suffisant, attribution des actifs incorporels, etc. (§ 1).
En outre, l'OCDE, dans les divers rapports relatifs à l'attribution de bénéfices aux établissements stables, émet des recommandations qui concernent les établissements stables déclarés, mais ne mentionne pas les implications liées à la qualification d'un établissement stable par les autorités fiscales (§ 2).

---

[476] OCDE, Rapport 2010 précité, § 124,166, etc.
[477] Le concept d'établissement stable peut avoir une définition donnée par les droits nationaux. En outre, il est également défini par les conventions de double imposition. Sur la question, voir, par exemple, BAKER Philip, COLLIER Richard S., General Report, Cahier de droit fiscal international, "The attribution of profits to permanent establishments", 2006, Vol. 91b, pp. 21-67 ; AARNIO Katri, "Treatment of permanent establishments and subsidiaries under EC law: towards a uniform concept of secondary establishment in European tax law?", *ECTR*, 2006, vol. 15, pp. 18-26.

§1. Les limites liées aux définitions et recommandations données par l'OCDE

245. De manière générale, l'OCDE prévoit que la détermination des actifs et passifs se fait en fonction des fonctions humaines significatives pertinentes à l'attribution d'actifs et à la prise de risque, dans le cadre d'une analyse fonctionnelle et factuelle.
Si l'OCDE indique, dans le rapport de juillet 2010, que l'analyse fonctionnelle et factuelle doit être déterminante pour l'attribution des actifs et passifs, il n'en demeure pas moins que l'attribution de certaines lignes bilantielles paraît complexe à mettre en œuvre.
Il en est ainsi, notamment, de l'attribution d'un capital libre suffisant (A), et de l'attribution des actifs et passifs en application des fonctions humaines significatives pertinentes (B).

A. Les limites liées à l'attribution d'un capital libre

246. Dans l'approche autorisée donnée par l'OCDE, les établissements stables se voient attribuer un capital libre suffisant pour couvrir les fonctions qu'ils exercent et les risques qu'ils assument. Toutefois, l'OCDE, qui, dans les rapports précédents celui de 2008, ne prévoyait pas cette attribution de capital, sauf dans le cas particulier des établissements bancaires, recense des difficultés à cette allocation de capital.
L'attribution d'un capital à l'établissement stable suppose de doter l'établissement d'un capital identique à celui d'une entité juridiquement distincte.
Pour l'OCDE, le capital a pour fonction de servir « *d'amortisseur au cas où les risques inhérents à l'activité se traduiraient par des pertes financières* »[478].
Ainsi, pour l'OCDE, le capital a pour fonction principale de garantir les risques. Ce faisant, elle adopte une démarche fondée sur le caractère de nécessité d'un capital social, et sur le caractère suffisant de la dotation.
Cependant, ces deux caractéristiques ne sont pas aisées à déterminer. De surcroît, en l'absence d'un système commun international d'impôt sur les bénéfices, l'efficience d'une telle détermination n'est pas certaine.

Outre les limites, relevées par l'OCDE, à l'attribution d'un capital libre (1), il semble que l'approche autorisée comporte intrinsèquement sa propre limite, c'est-à-dire la détermination du caractère suffisant du capital à attribuer (2).

---

[478] OCDE, Rapport 2010, § 30.

1) Les limites à l'attribution d'un capital libre recensées par l'OCDE

247. Si l'OCDE préconise, malgré l'absence d'obligation formelle, d'attribuer une ligne de capital au passif d'un établissement stable, c'est dans le but de faire de ce dernier une entité fonctionnant comme une entité juridiquement indépendante, c'est-à-dire susceptible de *« financer les activités qu'il exerce, les actifs qu'il emploie et les risques qu'il assume »*[479].

Aux fins de l'application de l'approche autorisée de l'entité fonctionnellement distincte, cette condition apparaît légitime et nécessaire.

Toutefois, l'OCDE reconnaît qu'il n'existe pas d'approche unique de l'attribution du capital à une entité non dotée de la personnalité morale, compte tenu de la complexité liée à la multiplicité des circonstances présidant à la création d'un établissement stable [480].

Parmi les limites identifiées, figure notamment celle due au fait que l'entreprise dans son ensemble pourrait se financer par emprunt, le montant du capital affecté à l'établissement stable se trouvant ainsi supérieur à celui de l'entreprise[481].

Dans ce cas précis, l'OCDE ne donne pas de solution. Théoriquement, dans le cadre de l'approche de l'entité fonctionnellement distincte, cet état de fait ne devrait pas être un obstacle fiscal, l'établissement stable pouvant se voir doter d'un capital supérieur à celui de l'entreprise dans son ensemble. Cette possibilité ne semble cependant pas être admise, l'établissement stable étant alors considéré comme un démembrement d'entreprise, et non réellement comme une entité fonctionnellement distincte.

248. En outre, l'OCDE convient implicitement du fait que, dans certaines circonstances, la totalité du capital, défini en application de ses recommandations, ne doit pas être affecté à l'établissement stable[482]. En d'autres termes, l'OCDE admet qu'il existe un risque d'immixtion dans la gestion des entreprises, dû à l'attribution d'un capital déterminé proportionnellement aux actifs et aux risques. Ce risque d'immixtion, qui dépasse le cadre des établissements stables, induit également un risque de double imposition ou de non-imposition[483]. Or la différence de régimes fiscaux entre les pays membres ne permet pas de résoudre les problèmes liés à la double imposition – ou à la

---

[479] *Ibid.*, § 107, p. 38.

[480] *Ibid.*, § 147, p.46.

[481] *Ibid.*, § 134 : *« L'approche fondée sur la sous-capitalisation présente l'avantage d'éviter certains des problèmes que pose la détermination du montant du capital « libre » à attribuer dans les situations où l'entreprise dans son ensemble est entièrement financée par l'emprunt. Toutefois, l'une des faiblesses de cette méthode est que le montant total du capital « libre » attribué aux différents établissements stables peut être supérieur au montant du capital libre que possède l'entreprise dans son ensemble ».*

[482] *Ibid.*, § 126 : *« On a par exemple fait observer que si, en principe, la totalité du capital libre doit être attribuée, il y a des cas où il ne faut pas procéder ainsi. Par exemple, une société peut avoir mis des fonds pour acquérir une autre entreprise ou peut disposer d'un excédent temporaire de trésorerie du fait de la vente d'une autre entreprise. La manière dont ces cas seraient traités serait déterminée au cas par cas ».*

[483] *Ibid.*, § 119 : *«Les règles applicables à la qualification des dettes/fonds propres pour les instruments financiers peuvent varier d'un pays à l'autre et ces différences peuvent se traduire par une double imposition ou par une imposition insuffisante (...)».*

non-imposition. Il semble, toutefois, que les risques de double imposition existent plus particulièrement dans les cas de remise en cause par l'Etat hôte de la déductibilité des intérêts liée à la sous-capitalisation de l'établissement stable. Quant aux risques de non-imposition, ils sont également liés au ratio dettes/fonds propres pour les entités se finançant essentiellement par l'emprunt.

249. Compte tenu des recommandations données, la latitude laissée à une entreprise pour attribuer un capital fictif à son établissement stable est moins grande que celle accordée aux entités juridiquement distinctes pour déterminer leur propre capital[484].
Cependant, il semble difficile de remettre en cause la décision d'une entreprise de se financer par emprunt plutôt que par fonds propres[485].
En réalité, l'OCDE préconise d'appliquer l'analyse fonctionnelle et factuelle, laquelle permettrait d'attribuer un capital en fonction des caractéristiques propres d'un établissement stable, sans qu'il y ait une seule approche acceptée au niveau international.
En ce cas, la nécessité de l'attribution d'un capital à l'établissement stable perd de sa pertinence, dans la mesure où elle varie en fonction de l'appréciation qui en est faite par l'entreprise, de la nature de l'établissement, et de la législation de l'Etat d'implantation de l'établissement.
En ce sens, le capital à attribuer ne serait déterminé qu'*a posteriori*, dès lors que les autorités fiscales le trouveraient insuffisant. Ce type d'approche ne permet pas d'avoir une approche globale du financement de l'établissement stable, approche qui paraît en toute hypothèse inadéquate compte tenu de la diversité des situations factuelles, et de garantir la sécurité juridique des opérateurs.

En quelque sorte, si le postulat de la nécessité d'un capital « libre » est établi, la détermination de sa quotité paraît incertaine et, en toute hypothèse, variable, selon les législations internes et selon les fonctions de l'établissement.

---

[484] En ce qui concerne les filiales, même si la société mère peut influer sur le montant du capital inscrit au passif de sa filiale, il n'en demeure pas moins que cette dernière est soumise à la législation de l'Etat dans lequel elle est implantée.

[485] Sur l'ensemble de la question, voir, KRUGER Hervé, « Liberté de gestion et endettement des entreprises en droit fiscal », LGDJ, Bibliothèque Finances Publiques et Fiscalité tome 48, 2007, 493 pp.

2) Le caractère suffisant du capital à attribuer

250. Le principal problème à l'attribution d'un capital « libre » est la détermination de sa quotité. Dans certains secteurs, tel le secteur bancaire réglementé, cette question pose moins de problèmes, les règles particulières au seuil de capital du secteur bancaire s'appliquant[486].
La difficulté concernant les entreprises autres que les entreprises bancaires avait été envisagée par l'OCDE dès le rapport du 2 août 2004.[487]
Dans l'approche autorisée de l'OCDE, telle qu'elle s'entend en 2010, le capital libre sert à financer les actifs et les risques. Ainsi, si l'établissement stable se voit attribuer 10% des actifs et/ou des risques, il conviendrait de lui attribuer 10% du capital[488].

251. Cette approche est beaucoup plus stricte que celle qui prévaut pour les entités juridiquement distinctes.
Hormis les secteurs réglementés, tel le secteur bancaire, les législations nationales attribuent généralement un capital minimum en fonction de la structure sociétaire, sans qu'il y ait une corrélation absolue entre le montant du capital et les actifs et/ou les risques supportés.
Qui plus est, en droit français par exemple, cette obligation d'un capital minimum n'existe que pour les sociétés dont les associés ont une responsabilité limitée[489], c'est-à-dire traditionnellement les sociétés de capitaux soumises à l'impôt sur les sociétés[490].
En outre, la fonction traditionnelle du capital social, en tant que garantie des risques, s'est, à tout le moins en droit français, considérablement amoindrie[491].
Or, juridiquement, l'établissement stable n'est pas une société[492] : seule la fiction fiscale en fait une structure soumise à l'impôt sur les sociétés par détermination de la loi[493].

---

486 OCDE, Rapport 2010 précité, Parie II ; Rapport du 2 août 2004 § 60 : *« Dans le secteur financier, les réglementations fixent des niveaux minimum en capital afin de servir d'amortisseur au cas où les risques inhérents à l'activité se traduiraient par des pertes financières ».*

487 OCDE, Rapport du 2 août 2004 : *« Un dernier point à garder présent à l'esprit est qu'il existe des différences importantes entre une entreprise bancaire réglementée et une entreprise non financière, ce qui entraîne des difficultés supplémentaires pour résoudre les problèmes de financement au sein d'entreprises non financières. L'environnement réglementaire et les forces du marché font en général que les entreprises bancaires ont un éventail de ratios dettes/fonds propres plus étroit que les entreprises non financières, catégorie d'entreprises qui, par définition, inclut une gamme d'activités plus large que la banque ».*

488 OCDE, Rapport 2010, § 121.

489 Selon la distinction opérée par COZIAN Maurice, VIANDIER Alain et DEBOISSY Florence, « Droit des sociétés », Litec, collection Manuels, 22ème édition, 2009.

490 Avec le cas particulier de la SARL considérée comme société de capitaux en droit fiscal et donc imposée aux conditions des articles 206 et suivants du CGI, mais qui, en droit des sociétés, a la nature d'une société empruntant à la fois aux sociétés de personnes et aux sociétés de capitaux ; MERLE Philippe, «Droit commercial, sociétés commerciales », Précis Dalloz, 2007, 11ème édition, § 12 et suivants.

491 Dans les motifs exposés lors du vote de la loi n° 2003-721 du 1er août 2003 pour l'initiative économique -ayant autorisé la création de la SARL au capital d'un euro-, il était par exemple mentionné que : *« La garantie des créanciers par un capital minimum est illusoire, le capital social étant le plus souvent dépensé dans les premières semaines d'activité »* ; Projet de loi pour l'initiative économique, exposé des motifs, JO 23 décembre 2002, n° 507.

252. La comparaison éventuelle de l'établissement stable avec certaines formes de sociétés le rapprocherait des sociétés de personnes, plus que des sociétés de capitaux.
En effet, dans le cas de l'établissement stable, la responsabilité de « l'associé » – le siège dont l'établissement est une émanation – est, comme pour les associés de sociétés de personnes, illimitée. Ce point est d'ailleurs pris en compte par l'OCDE, tant dans son rapport de 2004, que dans celui de 2010[494].
Cette comparabilité avec les sociétés de personnes peut s'établir non seulement sur le capital social, mais aussi sur la question du redevable de l'imposition.
Dans le cas des sociétés dites « semi-transparentes »[495], le capital social ne joue pas le même rôle que dans le cas des sociétés de capitaux. En effet, dans la mesure où la responsabilité des associés est juridiquement illimitée, la structure sociale n'a pas besoin d'un capital important représentatif d'une garantie pour les créanciers. Ainsi, traditionnellement, les sociétés considérées comme semi-transparentes (sociétés civiles, SNC, etc.) ont un capital structurellement faible, et ce, qu'elles aient ou non opté pour leur assujettissement à l'impôt sur les sociétés.
De ce fait, même en droit fiscal français, ce n'est pas tant l'imposition ou non à l'impôt sur les sociétés qui importe en matière de capital, mais la nature de la structure sociétaire.
En ce sens, on pourrait concevoir que l'établissement stable ne soit pas doté d'un capital minimum, dans la mesure où il n'est pas nécessairement responsable vis-à-vis des créanciers.

253. En outre, le montant du capital n'est pas corrélé à la dévolution territoriale de l'impôt : les associés non-résidents [des sociétés de personnes françaises] sont imposables en France sur la quote-part leur revenant[496], qu'ils disposent ou non d'un

---

[492] Par référence aux conditions nécessaires à la constitution d'une société prévues aux articles 1832 et suivants du Code civil.
[493] Code général des impôts article 209.I : *« Sous réserve des dispositions de la présente section, les bénéfices passibles de l'impôt sur les sociétés sont déterminés d'après les règles fixées par les articles 34 à 45, 53 A à 57, 237 ter A et 302 septies A bis et en tenant compte uniquement des bénéfices réalisés dans les entreprises exploitées en France ainsi que de ceux dont l'imposition est attribuée à la France par une convention internationale relative aux doubles impositions ».*
[494] OCDE, Rapport 2010, § 68, p. 29 : *« Dans le cadre d'un établissement stable et de son siège social, par opposition avec une société mère et sa filiale, c'est l'entreprise dans son ensemble qui supporte juridiquement le risque. Toutefois, avec l'approche autorisée de l'OCDE, il est possible de considérer que c'est l'établissement stable qui assume le risque, même si, juridiquement parlant, c'est l'entreprise dans son ensemble et il n'existe pas d'accord contractuel contraignant permettant d'attribuer ce risque à une partie donnée de l'entreprise ».*
[495] COZIAN Maurice, « Le régime fiscal des sociétés de personnes (sociétés dites semi-transparentes) », *Revue des sociétés*, 1980, pp. 217-231.
[496] CE, 9 février 2000, n° 178 389, *Hubertus AG*, *RJF*, n° 03/2000, n° 342 ; GOUTHIERE Bruno, « Fiscalité internationale des sociétés de personnes : où en est-on ? », *BF*, n° 7/03, pp. 495-504; LE GALL Jean-Pierre, « Fiscalité internationale des sociétés de personnes : l'arrêt DIEBOLD : un incident ou un cataclysme ? », *Droit Fiscal*, n°15/2000, p. 621. *Contra*, CAA Paris, 10 avril 2008, n° 06PA03686, *Sté Quality Invest*, *Droit Fiscal*, n° 41/2008, Comm 537, note DIEU Frédéric ; CHAULIN Vincent, « Les limites de la translucidité des sociétés de personnes françaises à l'international », *Droit Fiscal*, n° 46, 13 novembre 2008, pp. 3-4. Dans cet arrêt, la CAA s'est fondé sur la « clause balai » de la convention franco norvégienne pour refuser l'imposition en France de la société Norvégienne du fait de sa participation dans le capital d'une société civile

établissement stable en France[497]. Cette question est toutefois controversée : une partie de la doctrine est favorable à la théorie de la « dette de l'impôt »[498], une autre considère cette théorie comme étant inapplicable[499]. Selon la théorie de la « dette de l'impôt », l'associé étranger est redevable de la dette d'impôt née à l'occasion des opérations réalisées par la société de personnes française. En ce sens, peu importe le lieu de situation du payeur de l'impôt, la société redevable de l'impôt restant la société de personne française[500]. Par comparaison avec les établissements stables, ces derniers sont, en tant qu'entreprise fiscalement distincte, redevables de l'impôt, même si l'entreprise étrangère est juridiquement responsable de l'impôt à acquitter.
A cet égard, le montant du capital à attribuer à l'établissement stable importerait peu, puisque le risque qu'il est supposé couvrir serait supporté par le siège.

254. Pour d'autres auteurs, en revanche, il convient d'opérer une double qualification concernant, d'une part, la nature du revenu, et, d'autre part, la territorialité[501]. Ainsi, si une société de personnes se bornait à détenir passivement des participations dans une autre société française, la quote-part de l'associé étranger de la société de personnes ne serait pas imposable en France, du fait de l'absence d'entreprise exploitée en France au sens de l'article 209.I du Code général des impôts. Cette position, qui est conforme à la théorie de la semi-transparence, ne convainc pas totalement, dans la mesure où elle suggère la nécessité d'une société de personnes constituant une entreprise exploitée en France, c'est-à-dire un établissement stable, ce qui ne semble pas, de surcroît, être la position de la jurisprudence française.

255. Ainsi, il semble qu'il pourrait être utilement fait application des principes – minimalistes – applicables aux sociétés de personnes en ce qui concerne l'attribution de capital aux établissements stables.
Le seul tempérament à apporter à la question du caractère suffisant du capital tient au fait que l'établissement stable est obligatoirement soumis à l'impôt sur les sociétés,

---

française. Cet arrêt a été cassé par le Conseil d'Etat CE, 11 juillet 2011, n° 317024, *Quality Invest*, *FR*, n° 31/11, p. 1 ; *RJF* n° 10/2011, n° 1063.

497 DE WAAL Allard, « Transparence, translucidité, théorie de la dette d'impôt. Les différents visages de la société de personnes et leurs conséquences dans l'ordre fiscal international », *Droit Fiscal*, n° 45-46/1994, pp. 1624-1629.

498 GEST Guy, « Les associés non-résidents de sociétés de personnes françaises peuvent-ils se prévaloir des conventions fiscales internationales ? », *Revue française de comptabilité*, 07-08/1993 pp. 68-70 ; Cf. CE, 4 avril 1997, n° 144211, 9e et 8e s.-s., *Sté Kingroup Inc. : « en jugeant que la Société Kingroup Inc., qui a été assujettie à l'impôt sur les sociétés, en application des dispositions précitées de l'article 239 quater du CGI, à raison de la part lui revenant des bénéfices réalisés en France par le GIE France-Canada Semences au titre des exercices clos de 1980 à 1986, ne pouvait, pour contester le bien-fondé de cette imposition, se prévaloir utilement des stipulations des articles précités de la convention franco-canadienne du 2 mai 1975, la cour administrative d'appel de Paris n'a pas méconnu la portée de ces dernières (...) »*, *RJF*, n° 05/1997, n° 424.

499 DE WAAL Allard, « Transparence, translucidité, théorie de la dette de l'impôt. Les différents visages de la société de personnes et leurs conséquences dans l'ordre fiscal international », *Droit Fiscal*, n°45-46/1994, pp. 1624-1629.

500 Cf. GEST Guy précité.

501 Cf. DE WAAL Allard précité.

puisqu'il constitue une « entreprise exploitée en France » au sens de l'article 209 du CGI. De ce fait, il tombe sous le coup des lois relatives à la sous-capitalisation.
Ainsi, même si le capital attribué n'est corrélé ni à une obligation juridique *(« en l'absence d'obligations réglementaires, il n'est généralement pas nécessaire d'attribuer formellement du capital libre à un établissement stable »*[502]), ni à son assujettissement à l'impôt sur les sociétés, il semble, malgré tout, que le capital doit être « suffisant » pour que les règles relatives à la sous-capitalisation ne s'appliquent pas[503]. Il s'agit plutôt d'une obligation « en creux » que de l'application, préconisée par l'OCDE, consistant à affecter un capital en fonction des actifs et des risques. En réalité, il apparaît que l'approche de l'OCDE gagnerait à se fonder sur une méthode unique d'attribution du capital, essentiellement aux fins de s'assurer que la dotation minimale permet d'éviter des implantations d'établissements ayant pour seule fin le cantonnement des charges financières.

Définir le caractère suffisant du capital à affecter n'est pas l'unique problème existant dans le cadre des recommandations de l'OCDE ; il convient également de définir les fonctions humaines significatives pertinentes.

B. Les limites liées aux fonctions humaines significatives pertinentes

256. Dans les recommandations formulées par l'OCDE, l'attribution des actifs et des risques en fonction des activités humaines significatives pertinentes complète l'analyse fonctionnelle et factuelle[504]. Si cette dernière a pour rôle une analyse de comparabilité semblable à celle qui prévaut entre entreprises associées, l'absence de lien juridique a conduit l'OCDE à compléter son analyse fonctionnelle et factuelle par la prise en compte des fonctions humaines significatives pertinentes.
En premier lieu, se pose le problème de savoir ce que sont les fonctions humaines significatives pertinentes (1). Dans la mesure où l'établissement stable n'est qu'une partie de l'entreprise considérée dans son ensemble, cette évaluation peut être délicate à effectuer.

---

[502] OCDE, Rapport 2010, § 115.

[503] Cependant, dans le cadre européen, il est vraisemblable que les règles afférentes à la sous-capitalisation ne s'appliqueraient que dans le cas de montages abusifs, ainsi que l'a indiqué la Commission dans sa communication du 10 décembre 2007 ; Commission, Communication de la Commission au Conseil, au Parlement européen et au Comité économique et social européen, « L'application des mesures de lutte contre les abus dans le domaine de la fiscalité directe – au sein de l'Union européenne et dans les rapports avec les pays tiers », COM/20007/785 Final.

[504] OCDE, Rapport 2010, § 15, p. 16 : *« Toutefois, pour tenir compte des problèmes soulevés par le fait que les actifs, les risques, le capital et les droits et obligations découlant de transactions conclues avec des entreprises distinctes appartiennent à l'entreprise dans son ensemble plutôt qu'à une partie quelconque de celle-ci et qu'aucune transaction juridique n'est conclue par les différentes parties d'une même entité entre elles, il s'est révélé nécessaire de compléter l'analyse fonctionnelle prévue à l'article 9. Par conséquent, l'approche autorisée de l'OCDE attribue à l'établissement stable les risques à l'égard desquels les fonctions importantes pertinentes à la prise en charge et/ou à la gestion (ultérieure au transfert) des risques sont exercées par des personnes rattachées à l'établissement stable et elle attribue aussi à l'établissement stable la propriété économique d'actifs à l'égard desquels ces fonctions sont ainsi exercées »*.

En second lieu, il apparaît que l'analyse fondée sur les fonctions humaines significatives pertinentes pourrait difficilement s'appliquer à certains types d'établissements stables, tels les établissements stables de construction (2).

1) La détermination des fonctions humaines significatives pertinentes

257. La détermination des actifs et des risques est établie différemment par l'OCDE et par l'Union européenne. Par essence, la nature de l'établissement stable est dichotomique : il est considéré comme une entité autonome aux fins d'imposition, mais le siège est responsable de son exploitation, compte tenu de son absence de personnalité morale propre.

Pour attribuer à l'établissement stable des lignes bilantielles d'actif ou de passif, l'OCDE se fonde, dans le rapport de juillet 2010, sur la détermination des fonctions humaines significatives pertinentes, étant entendu que cette détermination repose sur une fiction[505]. Ces propositions ont été reprises dans les modifications apportées au Modèle de Convention en 2010 et dans les commentaires sous l'article [506].

En faisant des fonctions humaines significatives pertinentes à l'attribution d'actifs – ou à la prise de risques – une condition nécessaire à l'attribution des actifs et passifs, l'OCDE s'affranchit de la norme juridique[507]. Dans le cas de la prise de risques, il est difficile de déterminer des fonctions humaines significatives pertinentes, dans la mesure où le risque peut être assumé par l'entreprise dans son ensemble. De surcroît, même si l'on se place sous l'angle d'un risque « économique », tel qu'il semble être entendu par l'OCDE, il est également susceptible d'être supporté par l'entreprise dans son ensemble, dans le cas par exemple d'une couverture des pertes.

258. Toutefois, en ce qui concerne les passifs, cette approche semble possible pour la comptabilisation de provisions. Ainsi, les provisions pour risques et charges paraissent être typiquement le cas de risques pouvant être attribués à l'établissement stable, qu'il s'agisse des provisions pour litige ou des provisions pour impôt[508]. En revanche, l'unicité de la personne morale s'oppose à la constitution de provisions pour dépréciation des comptes de tiers, si le tiers en question s'avère être le siège ou un autre démembrement de l'entreprise. Dans ce cas, l'unicité de la personne morale prévaut sur la notion d'entité fonctionnellement distincte. Dans le cadre de l'attribution d'un bénéfice à l'établissement stable, l'ensemble des provisions justifiées devrait pouvoir être pris en compte dans ses comptes de passif.

---

[505] *Ibid.*, § 68 : *« Dans le cadre d'un établissement stable et de son siège social, par opposition avec une société mère et sa filiale, c'est l'entreprise dans son ensemble qui supporte juridiquement le risque. Toutefois, avec l'approche autorisée de l'OCDE, il est possible de considérer que c'est l'établissement stable qui assume le risque, même si, juridiquement parlant, c'est l'entreprise dans son ensemble et il n'existe pas d'accord contractuel contraignant permettant d'attribuer ce risque à une partie donnée de l'entreprise. De fait, on devrait considérer que l'établissement stable assume tous les risques à l'égard desquels les fonctions humaines importantes pertinentes à la prise de risques sont exercées par le personnel de l'établissement stable à la place d'affaires de l'établissement stable ».*

[506] OCDE, Modèle de Convention fiscale modifié, article 7 § 2.

[507] OCDE, Rapport 2010 précité, § 68.

[508] Ce point est pris en compte dans le rapport de 2010, § 70, p. 30.

259. Quant à la détermination des fonctions humaines significatives pertinentes pour l'attribution des actifs, il semble vraisemblable que celles-ci soient exercées à un niveau décisionnel élevé de l'entreprise. Concrètement, qu'il s'agisse de biens incorporels acquis ou créés, outre le problème de la quantification, le processus de décision sera souvent pris par le siège étranger, ce qui privera *de facto* l'établissement stable de l'attribution de ces actifs.
En outre, dès lors qu'il y aurait changement dans les fonctions humaines significtives pertinentes, cela devrait induire une modification des actifs attribués, donc une réévaluation fréquente des bilans[509]. Cette situation est préjudiciable tant à l'entreprise qu'aux tiers avec lesquels elle est en relation.

260. En droit de l'Union, en revanche, il n'existe pas précisément de définition de la succursale, ou de l'établissement stable, permettant de déterminer l'étendue de la responsabilité de ceux-ci.
A cet égard, il convient de se reporter aux conclusions de l'Avocat général[510] sous l'affaire Centros, qui indiquait : *« Examinons, cela dit, les notions de «succursale» et de «filiale»(...). Tout d'abord, étant donné que la nationalité constitue un attribut de la personnalité, la succursale, dont l'activité s'identifie à celle de la société dont elle dépend, ne peut avoir de nationalité distincte de cette dernière; sa situation juridique est régie par l'ordre d'appartenance de la société étrangère, dont elle constitue une simple ramification. Le principe opposé s'applique aux filiales. En outre, bien que la succursale soit dotée d'une certaine autonomie de gestion, c'est malgré tout à la société mère qu'il y a lieu de ramener l'activité liée aux transactions effectuées, pour le compte de la société mère, par celui qui est affecté au service de l'établissement annexe.(...) Enfin, sur la base du principe de l'unité du patrimoine, les dettes (et, par corollaire, les créances) contractées dans l'exercice des activités de la succursale doivent être imputées à la société (alors qu'il n'y a pas lieu de parler de dettes de la succursale), même si — pour des raisons de commodité pratique — il sera en pareil cas normalement permis au créancier de citer la société à comparaître devant la juridiction du lieu où se trouve établie la succursale(...) ».*

[509] Toutefois, il n'est pas certain que ce soit la position de l'OCDE, dans la mesure où l'Organisation prévoit que : *« Le terme « prise de risques » désigne la prise en charge initiale mais il n'est pas nécessaire que la même partie de l'entreprise soit ultérieurement considérée comme ayant continué de prendre le risque. L'attribution des risques dans le cadre de l'article 7 s'entend de l'équivalent aux fins de l'impôt de la prise en charge de risques par une entreprise distincte, avec les avantages et les charges qu'elle comporte, en particulier la possibilité de réaliser des gains ou de subir des pertes en raison de la concrétisation ou de la non concrétisation de ces risques »,* OCDE, Rapport 2010, § 21.
La formulation retenue par l'OCDE ouvre la voie à différentes interprétations possibles. En effet, prévoir qu'il n'est pas nécessaire que la même partie de l'entreprise soit ultérieurement considérée comme ayant continué de prendre le risque pourrait supprimer la possibilité de transferts imposables au sein de l'entreprise. Cependant, l'OCDE prévoit ces transferts ultérieurement dans son rapport, dès lors qu'ils atteignent un « seuil critique », seuil, par ailleurs, non expressément défini.
[510] Conclusions de M. l'Avocat général Antonio LA PERGOLA, présentées le 16 juillet 1998 sous l'affaire C-212/97, *Centros*, Rec. p. I-1459.

261. L'Avocat général met en évidence une responsabilité, et donc des risques, relevant du siège[511]. Cette position est conforme à celle soutenue par la doctrine française dans le domaine de la responsabilité civile encourue vis-à-vis des tiers[512]. Le siège est responsable, que le gérant de l'établissement soit mandataire ou qu'il soit salarié.

L'absence de personnalité juridique de l'établissement entraîne des difficultés à déterminer précisément les actifs et les risques attribuables du fait des fonctions humaines importantes pertinentes.

<u>2) L'application du concept de fonctions humaines, significatives, pertinentes à l'attribution d'actifs et à la prise de risques : le cas des chantiers</u>

262. Le concept d'établissement stable n'est ni unique ni unitaire[513] : les conventions relatives à la double imposition signées entre Etats peuvent prévoir des durées différentes pour la qualification d'établissement stable[514], et la notion même d'établissement stable recouvre des réalités différentes.
Les établissements stables fonctionnant en permanence sur un territoire donné sont difficilement comparables aux établissements stables installés pour la durée d'une seule opération[515]. Il en est ainsi, par exemple, des établissements stables de construction, pour lesquels des durées variables peuvent être prévues dans les conventions fiscales.

---

[511] Cette situation est à comparer avec celle d'une filiale détenue à 100% : si le droit fiscal applique le principe d'autonomie de la filiale quel que soit le pourcentage de détention, il n'en va pas de même de certaines autres branches du droit. Ainsi, dans un arrêt rendu en matière de droit de la concurrence, la CJCE a pu juger qu'il existait une présomption simple selon laquelle la mère exerçait une influence déterminante sur le comportement de sa filiale détenue à 100%. Au cas particulier, la mère a été tenue pour solidairement responsable du comportement anti concurrentiel de ses filiales. CJCE, 10 septembre 2009, aff. C-97/08 P, *Akzo Nobel NV*, Rec ; p. I-8237, points 47 et 59.

[512] BERNUT POUILLET Axelle, « Succursales françaises : responsabilités respectives du gérant et de la maison mère », *RDAI*, n° 3/2000, pp. 281-300.

[513] Pour certains auteurs, le concept d'établissement stable est unitaire au niveau de l'Etat d'accueil mais pas au niveau de l'Etat d'origine ; AARNIO Katri, "Treatment of permanent establishments and subsidiaries under EC law: towards a uniform concept of secondary establishment in European tax law?", *ECTR*, 2006/1, pp. 18-26. Cette position ne tient pas compte de ce que les conventions signées par l'Etat d'accueil peuvent prévoir des modalités de caractérisation des établissements stables différentes en fonction du pays co-signataire.

[514] Pour exemple, on peut citer dans les Instructions commentant les conventions, celle du 20 mai 2008, BOI 14 A-3-08, n° 53, « Publication de la convention entre le gouvernement de la République Française et le gouvernement de la République Gabonaise en vue d'éviter les doubles impositions et de prévenir l'évasion et la fraude fiscales », signée a Libreville le 20 septembre 1995, qui prévoit, en son article 5, une durée de 6 mois pour que les chantiers de construction soient qualifiés d'établissements stables et celle du 14 mai 2007, BOI 14 A-4-07, n° 69, « Publication de la convention entre le gouvernement de la République Française et le gouvernement de la République de Slovénie en vue d'éviter les doubles impositions en matière d'impôts sur le revenu et sur la fortune et de prévenir l'évasion et la fraude fiscales (ensemble un protocole) » signée a Ljubljana le 7 avril 2004, qui prévoit une durée de 12 mois pour que les chantiers de construction soient qualifiés d'établissements stables.

[515] Ce que certains auteurs nomment différence entre les établissements stables « authentiques » et les établissements de construction. BENDLINGER Stefan, GÖRL Maximilian, SCHON Christian, "Taxation of Large-Scale Construction Projects and the OECD Discussion Draft on the

263. Dans le cas de ce type d'établissement, la distinction entre ce qui relève du siège et ce qui relève de l'établissement stable est particulièrement délicate, que ce soit au niveau des actifs, des fonctions, ou des risques.
Tout d'abord, dans ce type d'établissement, le processus est unique. Le siège installe un chantier de construction, qui, selon la durée, va revêtir ou non la qualification d'établissement stable. La question de la détermination des fonctions humaines significatives pertinentes à la prise de risques est complexe du fait de l'imbrication des différentes activités : seule l'exécution peut être séparée des activités nécessaires au projet.
En outre, compte tenu de la durée, qui peut être relativement courte, le siège peut détacher provisoirement un ou des salarié(s) aux fins de superviser une partie de l'exécution. Cependant, cela n'induit pas une détermination stricte de la répartition des risques. Dans cet exemple, un salarié, détaché deux mois pour la bonne fin d'exécution du chantier, induit-il un transfert des risques ? Le Conseil d'Etat, dans un arrêt de 2002, a jugé, conformément aux conclusions du commissaire du gouvernement, que les activités de supervision ou de surveillance ne révèlaient pas l'existence d'un établissement stable, même si elles étaient afférentes à un chantier suffisamment long, dès lors qu'elles n'étaient pas prévues en tant que telles dans la convention[516].
Pour certains auteurs, dans le cas particulier des chantiers de construction, il n'existe ni transfert de la propriété économique, ni transfert des risques[517]. Ainsi, l'existence d'un établissement stable, ou plus exactement l'établissement stable entendu comme seuil d'imposabilité dans l'Etat de *situs*, ne serait pas conditionnée par le transfert des risques.

264. En ce sens, dans ses commentaires publiés sous l'article 5 en juillet 2008, l'OCDE a apporté des précisions concernant la prise en compte de certaines prestations de services aux fins de caractériser un établissement stable[518]. Ces dispositions s'appliquent particulièrement au cas des chantiers exécutés dans différents endroits d'un même pays, et pour lesquels les conditions d'application du paragraphe 3 de l'article 5 ne sont pas remplies[519]. Ainsi, les nouveaux commentaires prévoient : « *Si chacun des chantiers où un même projet est exécuté a une durée trop courte pour que chacun d'entre eux constitue un établissement stable (...), l'existence d'un établissement stable sera néanmoins présumée si les conditions de la disposition alternative sont remplies. Ce résultat est conforme à l'objet de la disposition, qui est de soumettre à l'imposition par l'État de la source les entreprises non-résidentes qui sont présentes dans un pays pendant une durée suffisamment longue, nonobstant le fait que leur présence en un*

Attribution of Profits to Permanent Establishment", *Intertax*, 2006, vol. 34, Issue 4, pp. 180-185. L'établissement stable de construction ne remplit pas réellement le critère de permanence, PIJL Hans, "The Relationship Between Article 5, Paragraphs 1 and 3 of the OECD Model Convention", *Intertax*, 2005, vol. 33, Issue 4, p. 192.

[516] CE, 30 décembre 2002, n° 229072, *Chupin*, *RJF*, n° 03/2003, n° 261, Conclusions Stéphane AUSTRY.

[517] BENDLINGER Stefan, GÖRL Maximilian, SCHON Christian, précités, p. 182.

[518] OCDE, Commentaires sous l'article 5, § 42-11 et suivants. *Supra*, § 136 et suivants.

[519] OCDE, Modèle de Convention, article 5 § 3 : *« Un chantier de construction ou de montage ne constitue un établissement stable que si sa durée dépasse 12 mois ».*

quelconque lieu de ce pays n'est pas suffisamment longue pour que ce lieu devienne un établissement stable de l'entreprise concernée »[520].

265. Ainsi, l'OCDE adopte une position qui favorise l'Etat d'implantation de l'établissement stable, sans pour autant qu'il y ait un transfert des risques. En effet, dans la mesure où chaque chantier, pris isolément, ne constituerait pas un établissement stable, il est vraisemblable que le transfert des risques ne soit pas effectif.
Il en va de même pour les risques de construction qui, compte tenu de la durée de vie relativement courte de l'établissement stable, sont obligatoirement assumés par le siège. En droit français, ces risques de construction relèvent de la garantie pour vices cachés et de la garantie décennale de construction[521].
Dans ces deux cas, il semble que la garantie et les assurances seront assumées par le siège, du fait de l'impossibilité pour l'établissement stable de garantir un éventuel dédommagement.
La question du transfert des risques se rencontre lorsque l'établissement n'aura été créé que pour une seule opération. Le cas des établissements stables de construction est le plus fréquent, mais d'autres formes d'activités peuvent susciter des problèmes identiques.

266. Il n'est pas inenvisageable ainsi, compte tenu de la latitude laissée par l'OCDE aux Etats, de considérer qu'il existe des établissements stables pour lesquels il n'y aurait ni transfert de certains actifs, ni transferts des risques. En ce cas, il s'agit d'une application de l'analyse fonctionnelle et factuelle, qui ne permet pas d'attribuer une part des frais de fonctionnement du siège à l'établissement stable. Cependant, une absence d'attribution d'actifs pourrait conduire les administrations fiscales de l'Etat hôte et de l'Etat de résidence de l'entreprise à modifier la base imposable.

267. Dans tous les cas, que ce soit pour la ligne de capital ou pour l'attribution de certains actifs, la nature de l'établissement stable pose des difficultés à leur prise en compte.
Une des raisons en est que l'établissement stable n'est pas indépendant de son siège. En ce sens, même s'il est comptablement possible d'attribuer certains postes de bilan à l'établissement stable, il n'en demeure pas moins que cette attribution se fait sur décision du siège, lequel, en outre, reste le seul titulaire des risques. Cette situation, dans laquelle le siège dispose du pouvoir d'attribution des postes de bilan à son établissement stable, induirait un accroissement du pouvoir d'imposition de l'Etat de résidence du siège.
Cependant, dès lors qu'il est établi que l'établissement doit avoir des postes de bilan correspondant à ceux d'une entité juridiquement distincte, la détermination du caractère suffisant des actifs et passifs attribués reste sous le contrôle des administrations fiscales des Etats de *situs* et de résidence.

Ce contrôle *a posteriori* des administrations fiscales, particulièrement dans les Etats d'implantation des établissements, emporte des conséquences aggravées lorsqu'il n'y a

[520] OCDE, Commentaires sous l'article 5, § 42.28.
[521] Code de la construction et de l'habitation, article L 111-28.

pas eu de déclaration d'établissement stable en tant que tel, ou que les administrations décident de requalifier une entité juridiquement distincte en établissement stable.

§ 2. Les limites dues au contrôle de qualification effectué par les administrations fiscales

268. Dans le cadre de son approche formalisée dans les rapports de juillet 2008 et 2010, l'OCDE apporte un éclairage sur les bases devant servir à l'imposition de l'établissement stable.
Cependant, l'OCDE n'envisage pas le cas dans lequel une structure est requalifiée en établissement stable par les autorités fiscales du pays hôte.
Cette possibilité n'est cependant pas complètement ignorée de l'OCDE, puisque l'article 5 du Modèle de Convention fiscale prévoit qu'un agent dépendant est considéré comme ayant un établissement stable dans l'Etat d'exercice[522]. Les commentaires précisent que les personnes visées peuvent être des sociétés ou des personnes physiques[523].
Par ailleurs, bien que cela ne figure pas expressément dans le texte du Modèle de Convention ou dans les commentaires, lorsque la structure en cause entre dans les caractéristiques de l'établissement stable, tel que prévu par l'article 5 du Modèle de Convention, il pourrait y avoir un conflit de qualification entre l'Etat hôte et l'Etat du siège.
Ainsi, un Etat pourrait considérer que les activités exercées sur son territoire le sont par l'intermédiaire d'un établissement stable, alors que l'Etat du siège ne considérerait pas qu'il y ait implantation d'un établissement stable à l'étranger.

Hormis le cas de requalification d'une activité en activité exercée par l'intermédiaire d'un établissement stable, qui découle de la lecture des trois premiers paragraphes de l'article 5 du Modèle de Convention, l'OCDE et les droits nationaux n'ignorent pas la possibilité de requalifier une filiale en établissement stable[524].
En France, la possibilité de requalification a été posée dans un arrêt du 20 juin 2003[525] et admise par la CAA de Paris le 2 février 2007[526].

---

522 OCDE, Modèle de Convention fiscale, article 5 § 5 : *« (...) lorsqu'une personne -autre qu'un agent jouissant d'un statut indépendant auquel s'applique le paragraphe 6- agit pour le compte d'un entreprise et dispose dans un Etat contractant de pouvoirs qu'elle y exerce habituellement lui permettant de conclure des contrats au nom de l'entreprise, cette entreprise est considérée comme ayant un établissement stable dans cet Etat pour toutes les activités que cette personne exerce pour l'entreprise à moins que les activités de cette personne ne soient limitées à celles qui sont mentionnées au § 4 (...) ».*

523 OCDE, Commentaires sous l'article 5 § 5, points 32 et 41.

524 Cour suprême italienne, 20 décembre 2001, n° 3367 et 3368, *« Philip Morris »*.

525 CE, 20 juin 2003, n° 224407, *Interhome AG*, conclusions AUSTRY Stéphane, *Droit Fiscal*, n° 30-36/2004, pp. 1234-1239 ; DIBOUT Patrick, LE GALL Jean-Pierre, « Un hybride atypique : la filiale française établissement stable de sa société mère étrangère », *Droit Fiscal*, n° 47-48/2004, pp. 1662-1669 et 1699-1703 ; DONSIMONI Patrick, « L'affaire Interhome AG ou le risque de qualification d'une filiale en établissement stable », *L'année fiscale 2004*, PUF, pp. 293-300 ; OLLEON, Laurent, «Une filiale peut cacher un établissement stable », *RJF*, n° 10/2003, pp. 751-755 ; GUTMANN Daniel, « A propos de l'arrêt du Conseil d'état du 20 juin 2003, la

La requalification d'une structure, qu'elle ait ou non la personnalité morale, en établissement stable, emportera des conséquences, en l'état actuel de la législation, sur le bilan et donc sur le montant de l'imposition. Seront étudiées, dans un premier temps, les conditions de la requalification (A), et, dans un second temps, les conséquences d'une telle requalification (B).

A. La qualification d'établissement stable par les autorités fiscales

269. L'établissement stable, tel qu'il est défini dans le Modèle de Convention de l'OCDE, se scinde en deux branches exclusives l'une de l'autre[527] : l'existence d'une installation fixe d'affaires[528] ou un agent dépendant[529].
Le risque de requalification en établissement stable se subdivise également en deux cas : la requalification « classique » d'une structure non dotée de la personnalité morale, par exemple un chantier pour lequel la notion de durée permettant une requalification va être débattue, et une requalification plus complexe, qui consiste à considérer que la filiale d'une société étrangère est en réalité un établissement stable de cette société.

Dans le premier cas, l'entreprise dans son ensemble, n'ayant pas considéré avoir un établissement stable à l'étranger, n'y a pas acquitté d'impôt sur les sociétés. Dans le second cas, en revanche, la filiale, du fait de son enregistrement en tant que personne morale, a été assujettie à l'impôt dans le pays hôte.
Le premier cas ne posant pas de problème initial de double imposition, il ne sera évoqué qu'au titre des conséquences pratiques d'attribution des lignes bilantielles aux fins d'établir une base imposable.
En revanche, la requalification d'une filiale en établissement stable pose à la fois des problèmes d'assiette et des problèmes factuels liés à la requalification.

Le juge a tout d'abord admis le principe de la requalification (1), avant d'admettre la requalification elle-même (2).

---

requalification d'une filiale en établissement stable par l'arrêt Ste Interhome AG : une solution contraire au droit? », *Revue des sociétés,* n° 2/2004, pp. 385-393.
[526] CAA Paris, 2 février 2007, n° 05-2361, 2è ch, *« Société ZIMMER Ltd », RJF*, n° 05/2007, n° 603 ; PIERRE Jean-Luc, *Revue de droit des sociétés*, juin 2007, pp. 41-43, arrêt ultérieurement annulé par le Conseil d'Etat.
[527] A titre d'exemple, voir CE, 12 mars 2010, n° 307235, *Sté Imagin'Action Luxembourg*, *RJF*, n° 05/2010, n° 465.
[528] OCDE, Modèle de Convention, article 5 § 1. L'installation fixe d'affaires inclut les chantiers, alors que ceux-ci pourraient être considérés comme une branche indépendante.
[529] *Ibid.*, § 5.

1) Le principe d'une requalification d'une filiale en établissement stable

270. L'OCDE reconnaît la possibilité pour une filiale d'être considérée comme un établissement stable de la société mère[530]. Ainsi, même si le fait pour une société d'être contrôlée par une structure d'un autre Etat ne peut, en soi, être constitutif un établissement stable[531], une filiale *« constituera un établissement stable pour la société mère, (...) si la filiale ne peut être considérée comme un agent dépendant au sens du paragraphe 6 et si elle dispose de pouvoirs, qu'elle exerce habituellement lui permettant de conclure des contrats au nom de la société mère »*[532].

271. Il convient de revenir brièvement sur les conditions dans lesquelles le droit français a conclu à la possibilité de requalification d'une filiale en établissement stable, le propos n'étant pas de procéder à une critique des arrêts en ayant admis le principe.
Dans ses conclusions sous l'arrêt *Interhome AG*, le commissaire du gouvernement Stéphane AUSTRY indiquait, qu'à son sens, une installation fixe d'affaires ayant la forme d'une filiale ne pouvait être requalifiée en établissement stable[533].
En revanche, la question se posait de savoir si un agent dépendant, au sens du paragraphe 5 de l'article 5 du Modèle de Convention fiscale, pouvait être, malgré sa qualité de filiale, un établissement stable.
A cette question, le Conseil d'Etat a répondu, dans un considérant de principe : *« Pour l'application de ces stipulations, une société résidente de France contrôlée par une société résidente de Suisse ne peut constituer un établissement stable de cette dernière que si elle ne peut être considérée comme un agent indépendant de la société résidente de Suisse et si elle exerce habituellement en France, en droit ou en fait, des pouvoirs lui permettant d'engager cette société dans une relation commerciale ayant trait aux opérations constituant les activités propres de cette société »*[534] .

272. Selon l'administration fiscale française, l'établissement stable résulte *« d'un faisceau d'indices qui démontre que, contrairement aux apparences, le pouvoir de décision n'est pas exercé au lieu du siège étranger mais en France »*[535].

---

[530] Dans le premier Modèle de Convention de la SDN en 1927, la définition de l'établissement stable incluait nommément les filiales. SDN, 1927, « Double imposition et évasion fiscale », article 5.2 : *« Les centres de direction effective, filiales, succursales, fabriques, agences, magasins, bureaux, dépôts, pourront être considérés comme des établissements stables »* Dans le second projet, de 1928, les filiales n'étaient plus considérées comme pouvant constituer des établissements stables.
[531] OCDE, Modèle de Convention fiscale, article 5 § 7.
[532] OCDE, Commentaires sous l'article 5, § 41.
[533] AUSTRY Stéphane, Conclusions sous l'arrêt Interhome AG du 20 juin 2003 : *« Le critère de l'installation fixe d'affaires repose donc sur une approche purement matérielle de la notion d'établissement stable, qui exclut à notre avis qu'une personne juridiquement distincte de la société étrangère puisse être regardée en tant que telle comme un établissement stable de cette dernière », Droit Fiscal*, n° 30-36/2004, p. 1236 ; *BDCF*, n° 10/2003, n° 130.
[534] CE, 20 juin 2003, n° 224407, *Interhome AG*.
[535] Intervention de M. LAVAL Jean-Pierre, Directeur de la DVNI, lors de la 7ème conférence annuelle Les Echos, du 21 juin 2005, « Panorama des redressements fiscaux : actualités, enjeux et

Cette formulation semble pour le moins étonnante. L'administration fiscale semble opérer une confusion entre les notions d'établissement stable et celle d'entreprise indépendante. En effet, l'établissement stable ne suppose pas un pouvoir de décision absolu au lieu d'implantation[536]. Par essence, l'établissement stable est un établissement dépendant du siège, conformément aux stipulations conventionnelles, et ce, qu'il soit installation fixe d'affaires ou agent dépendant.

273. A cet égard, il convient de se reporter à la lettre de l'article 5 de la Convention Modèle de l'OCDE, lequel mentionne, dans un premier temps, *« l'expression établissement stable désigne une installation fixe d'affaires par l'intermédiaire de laquelle une entreprise exerce tout ou partie de son activité »*[537], et, dans un second temps, *« qu'une entreprise n'est pas considérée comme ayant un établissement stable dans un Etat contractant du seul fait qu'elle y exerce son activité par l'entremise d'un courtier, d'un commissionnaire général ou de tout autre agent jouissant d'un statut indépendant, à condition que ces personnes agissent dans le cadre ordinaire de leur activité »*[538].

274. Selon les Professeurs DIBOUT et LE GALL, *« la personnalité juridique propre et donc distincte de l'agent en France ne suffit pas à écarter la qualification d'établissement d'un représentant exerçant habituellement une activité en France. C'est plutôt la personnalité professionnelle distincte du représentant, entendue au sens de la disposition d'un statut indépendant, qui permet d'écarter l'assujettissement à l'impôt sur les société de la société étrangère »*[539]. Ils en déduisent que *« la capacité d'engager la société étrangère doit être appréciée en droit, mais aussi en fait »*. Le Conseil d'Etat a modifié son approche de la capacité d'engager la société étrangère dans un arrêt du 31 mars 2010[540]. En effet, le Conseil d'Etat a abandonné la formulation utilisée dans l'arrêt *Interhome*, en privilégiant exclusivement une approche juridique du pouvoir d'engagement.

275. A cette fin, le Conseil d'Etat a pu juger qu'un commissionnaire constituerait un établissement stable d'une société étrangère uniquement « *s'il ressort soit des termes mêmes du contrat de commission, soit de tout autre élément de l'instruction, qu'en dépit de la qualification de commission donnée par les parties au contrat qui les lie, le commettant est personnellement engagé par les contrats conclus avec des tiers par son commissionnaire qui doit alors, de ce fait, être regardé comme son représentant (...) »*. L'arrêt *Zimmer* a rappelé, conformément aux principes du droit civil, que le commissionnaire n'a pas le pouvoir juridique d'engager son commettant. Il est à noter également que la question de la dépendance de la société Zimmer n'était pas débattue

---

prospectives. Compte-rendu de la 7ème conférence annuelle », *Droit Fiscal*, n° 43, 27 octobre 2005, pp. 1667-1668.

[536] Sur les critères de « pouvoir d'engagement » et de « dépendance », voir, GUTMANN Daniel, « La filiale commissionnaire : un établissement stable ? », in Etudes de fiscalité des entreprises : Etudes à la mémoire du Professeur Maurice COZIAN, Litec, 2009, pp. 547-552.

[537] Modèle de Convention fiscale, article 5 § 1.

[538] *Ibid.*, § 6.

[539] DIBOUT Patrick, LE GALL Jean-Pierre, « Un hybride atypique : la filiale française établissement stable de sa société mère étrangère », *Droit Fiscal*, n°47-48/2004, p. 1664.

[540] CE, 31 mars 2010, n° 304715, 308525, *Société Zimmer Ltd*, *RJF*, n° 06/2010, n° 568.

devant le Conseil d'Etat[541]. Ainsi, le degré de dépendance entre la société étrangère et le commissionnaire ne constitue plus un critère suffisant pour requalifier un agent en agent dépendant constitutif d'un établissement stable. Néanmoins, la possibilité d'une requalification reste ouverte.
De l'avis des commentateurs, même si les conditions nécessaires à la requalification d'une filiale en établissement stable sont restrictives, il n'en demeure pas moins que cette possibilité laissée aux administrations emporte de lourdes conséquences économiques[542].

<u>2) L'admission du principe de requalification d'une filiale en établissement stable</u>

276. La requalification d'une filiale en établissement stable a été admise en 2007 par la CAA de Paris[543], arrêt cassé ultérieurement par le Conseil d'Etat[544].
En l'espèce, une société française immatriculée sous la forme de SAS, qui distribuait en France les produits de sa société mère britannique, s'est vue qualifiée par l'administration fiscale d'établissement stable de cette dernière. Les rehaussements étaient fondés sur le passage par la société française du statut de distributeur au statut de commissionnaire, ce qui entraînait une diminution de la base imposable, sans que soit prouvé un réel changement d'activité. En confirmant la position de l'administration, le raisonnement de la Cour, construit en deux étapes, a permis de requalifier la filiale en établissement stable.

277. D'une part, bien que n'engageant pas *stricto sensu* la société britannique dans des liens contractuels du fait de sa qualité de commettant et non de mandataire, la structure française investissait néanmoins la société étrangère dans une relation commerciale.
Ce faisant, la Cour se livre à une interprétation factuelle – et non juridique – en s'appuyant sur les stipulations du Modèle de Convention fiscale et ses commentaires[545].

---

541 GELIN Stéphane, GUTMANN Daniel, AUSTRY Stéphane, « Commissionnaire et établissement stable : lumières et zones d'ombre de la décision Zimmer », *RJF*, n° 06/2010, pp. 451-456.
542 GUTMANN Daniel « La filiale commissionnaire : un établissement stable ? », in Etudes de fiscalité des entreprises : Etudes à la mémoire du Professeur Maurice COZIAN, Litec, 2009 : *« Certes, de tels risques sont largement évités, en pratique, par le caractère restrictif des conditions entourant la requalification. Pour que celle-ci ait lieu, il faut en effet un cumul entre une dépendance factuelle de la filiale à l'égard de la mère et l'existence de pouvoirs tout aussi factuels ».*
543 CAA Paris, 2 février 2007, n° 05-2361, 2è ch, *Société ZIMMER Ltd*, *RJF*, n° 05/2007, n° 603 ; PIERRE Jean-Luc, *Revue de droit des sociétés*, juin 2007, pp. 41-43 ; LE GALL Jean-Pierre, « Etablissement stable. Contrat de commission », *RTD com.*, 2007, p. 853.
544 CE, 31 mars 2010, n° 304715, 308525, *Société Zimmer Ltd*, *RJF*, n° 06/2010, n° 568.
545 OCDE, commentaires sous l'article 5, § 32. Cf. également, pour une approbation de l'arrêt, la note de LE GALL Jean-Pierre précitée : *« On ne peut qu'approuver la cour d'appel de Paris. Quelle circonstance justifie en effet la reconnaissance d'un établissement stable ? A l'évidence qu'un agent, sur le territoire d'Etat, accomplisse des opérations commerciales sur le territoire de cet Etat, pour le compte de l'entreprise de l'autre Etat, dont elle est supposée dépendante (infra). Que le client final ait un recours contre l'entreprise de l'autre Etat ou non est donc totalement indifférent, dès lors que celle-ci est engagée par les actes de son agent, envers ce dernier ».* Contra, GUTMANN Daniel, « La filiale commissionnaire : un établissement stable ? »in Etudes

Cette position a été désavouée par le Conseil d'Etat, à qui avait été déféré l'arrêt, qui a fait prévaloir la réalité juridique sur une éventuelle dépendance factuelle[546]. Les conditions plus strictes posées par le Conseil d'Etat emporteront comme conséquence principale que les rectifications opérées par l'administration fiscale s'effectueront sur le terrain des prix de transfert.
D'autre part, la CAA, par l'appréciation factuelle des liens de dépendances entre les différentes sociétés, en a conclu que la société française agissait exclusivement pour le compte de la société britannique. Ainsi, les deux caractéristiques de l'établissement stable-agent dépendant étaient réunies : la capacité à engager la société étrangère et le lien de dépendance.
Même si la solution adoptée par la Cour administrative n'a pas été suivie par le Conseil d'Etat, il semble nécessaire, dans la mesure où la possibilité d'une requalification existe, de se pencher sur les conséquences d'une éventuelle requalification.

Au cas particulier, la requalification par l'administration fiscale avait pour but d'élargir l'assiette imposable, c'est-à-dire le résultat fiscal de la structure : en changeant de statut pour devenir commissionnaire, la société française diminuait son chiffre d'affaires. Cependant, si l'aspect le plus visible de la requalification apparaît en termes de détermination du résultat, il existe également en termes de détermination du bilan.

B. Les conséquences bilantielles de la découverte d'un établissement stable

278. Dans l'arrêt *ZIMMER Ltd*, rendu par la CAA de Paris, l'intérêt de la requalification résidait dans l'élargissement de la base imposable sur le territoire français.
Cependant, il existe également des conséquences, en termes de bilan, d'une qualification ou d'une requalification en établissement stable.

Les conséquences bilantielles de la découverte ou de la requalification d'un établissement stable vont être, dans les faits, sensiblement différentes selon qu'il va s'agir de la requalification d'une activité en activité exercée par l'intermédiaire d'un établissement stable (1) ou de la requalification d'une filiale en établissement stable (2).

---

de fiscalité des entreprises : Etudes à la mémoire du Professeur Maurice COZIAN, Litec, 2009, pp.537-552.
[546] Arrêt CE, *Zimmer Ltd* précité.

1) L'exercice d'une activité considérée comme étant exercée par l'intermédiaire d'un établissement stable

279. Lorsqu'une activité n'est pas considérée par le siège comme exercée par l'intermédiaire d'un établissement stable, le problème principal va être d'attribuer l'intégralité des lignes de bilans à l'établissement. *A priori* en effet, le siège considérant la structure comme n'étant pas assujettie à l'impôt étranger, aucune comptabilité n'a été établie, du moins tenue selon les normes du pays d'accueil.
En France, d'un point de vue procédural, il y aura taxation d'office, dès lors que l'établissement, considéré comme soumis à l'impôt sur les sociétés en France, n'aura pas souscrit de déclaration dans les 30 jours d'une mise en demeure[547].
Si la société dépose sa déclaration dans le délai, la procédure de rectification contradictoire s'appliquera, quand bien même la comptabilité ne serait pas présentée, ou ne serait pas appuyée de pièces justificatives, ou comporterait des erreurs, omissions ou inexactitudes graves et répétées[548]. En revanche, en l'absence de dépôt dans le délai, l'établissement sera taxé d'office, ce qui lui fait supporter la charge de la preuve de l'exagération de l'imposition établie par l'administration[549].

280. En l'état actuel du droit français, les établissements stables, à l'exception des succursales bancaires, ne sont pas tenus d'avoir un capital minimum (sauf à relever des règles relatives à la sous-capitalisation depuis 2007), ni d'inscrire à leur actif les immobilisations incorporelles.
En ce sens, il paraît improbable que l'administration puisse établir une minoration d'actif sur la base de l'article 38-2 du CGI, pour défaut d'inscription d'actifs, ou, avant 2007, déterminer un capital minimum en tant qu'il permet l'application des règles liées à la sous-capitalisation.
Par ailleurs, l'établissement n'ayant pas tenu de comptabilité, les amortissements et les provisions ne seront pas déductibles, faute d'avoir été comptabilisés.

281. Ainsi, la découverte d'un établissement stable par les autorités fiscales conduit à établir une base imposable majorée par rapport à celle d'une entité distincte.
Factuellement, la preuve de la détermination des actifs et passifs à affecter à l'établissement stable pourra être difficile à apporter par le siège, ce d'autant plus si l'établissement fait l'objet d'une procédure de taxation d'office, la charge de la preuve étant renversée.
Le problème se pose différemment pour les filiales requalifiées en établissement stable, car, du fait de leur immatriculation en tant que personnes morales, elles sont astreintes à la tenue d'une comptabilité[550].

---

547 Articles L. 66 et L. 68 du Livre des procédures fiscales (LPF).
548 Article L. 55 du LPF.
549 Articles L 66. à L 76. A du LPF.
550 Article 54 du CGI.

2) La filiale en tant qu'établissement stable

282. La première question qu'il convient de se poser concerne le périmètre de la requalification.
S'il y a requalification, l'établissement stable remplace-t-il la filiale ou est-il créé *ex nihilo ?* Le seul arrêt rendu en droit français ne permet pas de répondre à la question[551].
Toutefois, il paraît difficile de considérer que l'administration fiscale puisse créer un établissement stable dénué de tout lien avec la structure juridique préexistante[552].
Il semble que, si le principe même d'une requalification était admis, il ne pourrait concerner que l'élargissement de la base imposable, en partant de la comptabilité préalablement établie par l'entreprise juridiquement distincte.
Hormis les cas généraux de réévaluation des résultats par l'administration fiscale, il n'est pas exclu qu'une filiale et un établissement stable n'aient pas exactement la même base imposable, que ce soit en termes de résultats ou en termes de variation d'actif net.

283. En ce qui concerne l'actif net, il existe plusieurs cas qui, compte tenu des prises de positions de l'OCDE, anciennes et actuelles, pourraient poser problème.
En ce qui concerne le capital libre, au vu du rapport de l'OCDE de 2010, qui prévoit l'attribution d'un capital libre suffisant à la prise de risques et au montant des actifs[553], la question se pose d'une remise en cause du montant du capital de la filiale requalifiée en établissement stable. En effet, dans le rapport précité, l'OCDE préconise d'attribuer un capital dit « libre », qui soit suffisant pour couvrir les actifs et les risques. Or les filiales, en fonction de leur forme juridique, sont astreintes à un capital minimum qui n'est pas forcément le reflet de ces actifs et de ces risques. Même si l'hypothèse semble peu probable, il est loisible de se demander si l'administration fiscale ne pourrait pas être tentée de rétablir le capital à un niveau lui permettant d'imposer une variation d'actif net[554].
Quant aux provisions, s'il est admis que la filiale puisse constituer une provision pour créances douteuses sur sa mère, par définition étrangère, qu'en serait-il en cas de requalification de la filiale en établissement stable ?
La réponse n'est pas évidente. Néanmoins, il apparaît que l'administration fiscale aura vraisemblablement, compte tenu de l'unicité de la personne morale, tendance à remettre en cause ce type de provisions.

284. En ce qui concerne les actifs, à la différence des filiales, les établissements stables ne peuvent, à l'heure actuelle, inscrire les redevances d'immobilisations incorporelles, dues à leurs relations avec le siège, à leur actif[555]. De ce fait, il n'existe pas de dépréciation de ces redevances.

---

551 Arrêt ZIMMER Ltd précité, PERROTIN Frédérique, « Le statut du commissionnaire dans la ligne de mire du juge administratif », *Les Petites Affiches*, n° 246, 10 décembre 2007, p. 3.
552 LE GALL Jean-Pierre, "Can a subsidiary be the permanent establishment of its foreign parent company ?", *Tax law Review*, 2007, n° 3, pp. 179-213.
553 OCDE, Rapport 2010, § 115.
554 Plus probablement les rectifications éventuelles auraient lieu par le biais de l'application des règles de sous-capitalisation.
555 *Supra*, § 194 et suivants.

S'il est exclu de fonder un rehaussement sur une majoration d'actifs dans le cas de la requalification d'une filiale en établissement stable, les dépréciations y afférentes pourraient en revanche, en l'état actuel du droit, être rejetées.
En ce sens, il serait souhaitable que les recommandations formulées par l'OCDE depuis 2008, tendant à attribuer à l'établissement stable les mêmes postes de bilan que ceux existant pour les entreprises juridiquement distinctes, s'appliquent, notamment pour des raisons de sécurité juridique. Si l'établissement stable et les entités juridiquement distinctes déterminent leurs actifs et leurs passifs de la même manière, et sans préjuger du caractère juridiquement opportun d'une requalification, le risque d'une rectification de la base imposable sur le fondement de la variation d'actif net serait nul[556]. Restent toutefois les problèmes liés à la quantification des lignes bilantielles à inscrire, notamment en ce qui concerne le capital et les immobilisations incorporelles.

285. Les limites factuelles à l'attribution de lignes bilantielles à l'établissement stable comme s'il s'agissait d'une entité juridique distincte ne sont pas les seules. Ces limites factuelles rejoignent les limites juridiques et comptables, qui restreignent l'assimilation de l'établissement stable à une structure juridiquement distincte.

SECTION 2 : LES LIMITES JURIDIQUES ET COMPTABLES

286. Le concept d'établissement stable s'ancre, de par sa nature même, dans le droit fiscal international. Cependant, il ressort aussi du droit interne aux fins d'imposition de l'assiette dans l'Etat d'implantation. Ainsi, l'établissement stable est aux frontières de plusieurs droits : le droit conventionnel, le droit de l'Union européenne, et le droit interne.
Cette interaction entre plusieurs sources de droit ne facilite pas une approche unique du concept d'établissement stable.
De surcroît, l'établissement stable est un concept purement fiscal, le droit des sociétés ne connaissant que l'établissement secondaire dépourvu de personnalité juridique distincte de celle du siège étranger[557].

287. Cette ambivalence de l'établissement stable, entité fiscalement autonome et juridiquement inexistante, crée des distorsions dans l'application des règles.
Dans l'ordre interne, le concept d'établissement stable se heurte à l'application des droits fiscaux nationaux qui concernent des sujets de droit.
Dans l'ordre international, l'absence de droits comptables ou fiscaux unifiés aboutit à des différences d'interprétation. L'ambivalence des approches se retrouve dans le Modèle de Convention de l'OCDE relatif à la double imposition, puisque, d'un côté, la convention ne s'applique qu'aux résidents – ce que les établissements stables ne sont

[556] A la différence d'une rectification de la base imposable sur le résultat. En effet, si l'on prend le cas d'une requalification du commissionnaire en établissement stable, les produits d'exploitation sont nécessairement plus élevés.
[557] Code de commerce, article R.123-40 : *« Est un établissement secondaire au sens de la présente section tout établissement permanent, distinct du siège social ou de l'établissement principal et dirigé par la personne tenue à l'immatriculation, un préposé ou une personne ayant le pouvoir de lier des rapports juridiques avec les tiers »*.

pas[558] – et, de l'autre, plusieurs de ses articles visent expressément les établissements stables en tant que tels[559].
De surcroît, le droit de l'Union européenne reconnaît l'établissement stable essentiellement sous l'angle de l'application des libertés fondamentales prévues par le Traité.
En tant qu'entité fiscalement distincte, l'établissement stable se voit confronté à des limites normatives, qu'elles soient juridiques, comptables, ou fiscales (§ 1), et à l'évolution du droit de l'Union (§ 2).

§ 1. Les divergences normatives

288. Les divergences normatives sont juridiques et comptables.
D'un point de vue juridique, c'est l'absence de personnalité qui crée les distorsions bilantielles. En particulier, le fait de faire appel au concept de propriété économique, aux fins d'établissement d'un bilan, n'est pas d'application aisée dans les Etats, tel la France, qui ne reconnaissent que partiellement cette notion[560] (A).
En matière comptable, l'absence d'unification du droit conduit nécessairement à des divergences, compte tenu de l'unicité de la personne morale et de l'application d'au moins deux droits différents, celui de l'Etat de *situs* et celui de l'Etat du siège, l'établissement stable traduisant un compromis entre l'imposition dans l'Etat de résidence du siège et l'imposition dans l'Etat d'implantation (B).

A. Les discordances entre propriété réelle et propriété économique

289. La propriété économique, telle qu'elle est définie par l'OCDE, s'entend de *« l'équivalent aux fins de l'impôt de la propriété par une entreprise distincte, avec les avantages et les charges qu'elle comporte (par exemple, le droit au revenu découlant de la propriété de l'actif, notamment les redevances, le droit d'amortir un bien amortissable, et la possibilité de réaliser des gains ou de subir des pertes en raison de la plus value ou de la dévaluation de l'actif) »*[561]. L'OCDE précise que l'assimilation

---

[558] OCDE, Modèle de Convention, article 1 : *« La présente convention s'applique aux personnes qui sont des résidents d'un Etat contractant ou des deux Etats contractants » ; Article 4 : « Au sens de la présente Convention, l'expression « résident d'un Etat contractant » désigne toute personne qui, en vertu de la législation de cet Etat, est assujettie à l'impôt dans cet Etat en raison de son domicile, de sa résidence, de son siège de direction ou de toute autre critère de nature analogue (...) ».*
[559] OCDE, Modèle de Convention, articles 5 et 7. Cependant, plusieurs autres articles prennent en compte les particularités des établissements stables, notamment en ce qui concerne les revenus passifs : intérêts, redevances et dividendes.
[560] Pour certains économistes, *« la détermination d'un droit de propriété peut inclure toutes les coutumes, règles et normes qui définissent et délimitent les usages autorisés ou légitimes des actifs »*. CORIA Benjamin, WEINSTEIN Olivier, "Les nouvelles théories de l'entreprise", Le Livre de Poche, 1995, pp. 79-85. Sur la notion de propriété économique, voir BLANLUET Gauthier, « Essai sur la notion de propriété économique en droit privé français. Recherches au confluent du droit fiscal et du droit civil », LGDJ, Bibliothèque de droit privé, 1999, 493 pp.
[561] OCDE, Rapport 2010, note 4 sous paragraphe 14.

entre la propriété économique et la propriété juridique n'est établie qu'aux fins de l'impôt.

290. Toutefois, cette approche peut susciter deux types de problèmes. En premier lieu, en droit français, la propriété est un droit absolu et perpétuel ; en second lieu, l'attribution économique ne résout pas les problèmes de responsabilité civile.
Conformément aux dispositions du Code civil, *« la propriété est le droit de jouir et de disposer des choses de la manière la plus absolue (...)* [562]*»*. Le droit de propriété se définit donc comme le cumul de *l'usus*, du *fructus* et de *l'abusus*. En outre, en droit français, la propriété ne s'éteint pas par le non-usage[563].
Ainsi, l'attribution à un établissement stable des immobilisations corporelles, du fait de leur utilisation, se heurte à deux grands principes du droit de la propriété[564].
S'il est envisageable de concevoir que l'établissement stable dispose de *l'usus* et du *fructus*, il paraît difficile, compte tenu de l'absence de propriété réelle, de lui conférer la totalité de *l'abusus*, seule l'entreprise, propriétaire juridique du bien, pouvant l'aliéner.

291. Peut aussi se poser la question de la transformation et de la destruction du bien, autres prérogatives de l'*abusus*, par l'établissement utilisateur. En effet, dans certains cas, le bien va être modifié aux fins de la prestation rendue par ce dernier. Or celui-ci ne dispose pas de ce droit de transformation.[565]
Aussi, l'établissement stable utilisateur du bien n'aura pas le pouvoir d'en disposer *de jure* et *de facto* comme un propriétaire. A titre d'exemple, est-il envisageable de considérer que l'établissement peut louer une partie d'un immeuble lui étant affecté et quelle est en ce cas la protection des locataires ?
En réalité, il semble que l'établissement dispose plus d'un droit personnel, c'est-à-dire d'un droit de jouissance conféré, que d'un droit réel[566], le siège conférant, non pas la chose elle-même, mais l'utilité de la chose à l'établissement stable.
A ce titre, l'établissement aurait le pouvoir de percevoir les fruits, mais ne serait pas pour autant propriétaire.

292. En conférant le caractère de droit de jouissance aux biens inscrits à l'actif fiscal de l'établissement stable, la distinction entre actifs corporels et incorporels s'atténuerait. En revanche, la distinction entre établissement stable et entité juridiquement distincte serait plus importante.

---

[562] Code civil, article 544.
[563] Cass civ., 22 juin 1983, 3ème chambre.
[564] Il est à noter que la protection de ce droit est également garantie par la Convention européenne des droits de l'Homme, article 1 Protocole 1 : *« toute personne a droit au respect de ses biens. Nul ne peut être privé de sa propriété que pour cause d'utilité publique et dans les conditions prévues par la loi et les principes généraux de droit international public. Les dispositions précédentes ne portent pas atteinte au droit des Etats de mettre en vigueur les lois qu'ils jugent nécessaires pour réglementer les biens conformément à l'intérêt général ou pour assurer le paiement des impôts ou d'autres contributions ou des amendes ».*
[565] BERNUT POUILLET Axelle, « Succursales françaises : responsabilités respectives du gérant et de la maison mère », *RDAI*, n° 3/2000, pp. 281-300.
[566] ZENATI-CASTAING Frédéric, « La propriété, mécanisme fondamental du droit », *RTD civ.*, 2006, p. 445.

Cependant, il est évident que l'absence de propriété au sens juridique du terme pose des problèmes de quantification des biens à inscrire à l'actif fiscal de l'établissement stable. L'absence de personnalité juridique propre de l'établissement stable ne fait cependant pas obstacle à l'inscription de biens à son actif fiscalisable[567].
Si la question de la quantification est propre à l'établissement stable, il faut bien convenir, toutefois, que l'adoption des normes IAS/IFRS va dans le sens de la prise en compte, en termes de bilan, de la propriété économique au détriment de la propriété juridique, aussi bien pour les établissements stables que pour les entités juridiquement distinctes[568]. Toutefois, cette approche est critiquée, certains auteurs considérant qu'il n'existe pas de réalité économique par nature[569].

293. Quant aux problèmes liés à la responsabilité civile, il est loisible de penser que celle-ci incombe au siège en application de l'article 1384 du Code civil concernant la responsabilité des commettants du fait de leurs préposés[570]. Cependant, cette affirmation doit être nuancée au regard de l'arrêt *ZIMMER Ltd*[571]. En effet, au cas d'espèce d'un commissionnaire ayant signé des contrats en son nom propre, seule sa responsabilité pouvait être recherchée.
Pour certains auteurs, la circonstance que le client n'ait pas de recours contre l'entreprise de l'autre Etat est sans incidence[572]. D'autres, en revanche, considèrent que la question est de savoir si un commissionnaire engage contractuellement son

[567] BLANLUET Gauthier, « Essai sur la notion de propriété économique en droit privé français. Recherches au confluent du droit fiscal et du droit civil », LGDJ, Bibliothèque de droit privé, 1999, pp. 33-36. Même si l'auteur ne fait pas mention des établissements stables, nous pensons qu'un parallèle peut être établi avec la situation des sociétés dépourvues de personnalité morale telle la société en participation.
[568] Ainsi, selon la norme IAS 38, une immobilisation ne doit être comptabilisée que si, notamment, il est probable que les avantages économiques futurs iront à l'entité. La norme IAS opère ainsi un transfert de la comptabilisation des actifs vers les propriétaires économiques. Pour autant, il nous semble que dans le cas de l'établissement stable l'idée même d'avantages économiques futurs revenant à l'entité peut poser problème.
[569] Voir, par exemple, Assemblée Nationale, Rapport d'information numéro 1508 du 10 mars 2009, déposé en application de l'article 145 du Règlement par la Commission des Finances, de l'Economie Générale et du Plan relatif aux enjeux des nouvelles normes comptables, et présenté par MM. Dominique BAERT et Gaël YANNO., 164 pp, particulièrement p. 28 : *« Cependant, tout en levant le voile sur la fiction du patrimoine juridique, l'approche économique de la comptabilité qui est celle des normes IFRS apparaît quelque peu biaisée par l'orientation de celles-ci vers les investisseurs. En effet, il n'existe pas une réalité économique par nature. Comme en physique quantique, les caractéristiques d'un objet varient selon le point de vue, et il y a autant « d'images fidèles » pertinentes de l'entreprise que d'utilisateurs de la comptabilité. Les normes IFRS ne donnent donc à voir qu'une certaine réalité économique, celle propre à satisfaire les besoins d'informations des seuls investisseurs ».*
[570] Code civil, article 1384 al.5 : *« Les maîtres et les commettants, du dommage causé par leur domestiques et préposés dans les fonctions auxquelles ils les ont employés ».*
[571] CAA Paris, 2 février 2007, n° 05-2361, 2è ch, *Société ZIMMER Ltd* ; CE CE, 31 mars 2010, n° 304715, 308525, *Société Zimmer Ltd*, RJF, 06/2010, n° 568.
[572] LE GALL Jean-Pierre, « Etablissement stable. Contrat de commission », *RTD com.*, 2007, p. 853.

commettant auprès de ses clients[573]. Compte tenu de l'absence de personnalité juridique de l'établissement stable, il conviendrait que les tiers puissent disposer de recours contre le siège.
La « quasi-propriété » ou propriété économique, outre le problème de sa qualification, renvoie à des difficultés de comptabilisation.

B. Les obligations comptables de l'entreprise

294. L'entreprise dans son ensemble est le propriétaire juridique du bien. A cet égard, elle décide de l'affectation du bien aux besoins de son établissement stable. Or cette affectation est à la fois fonction des besoins de l'établissement et de ceux de l'entreprise. En ce cas, conformément aux normes comptables internationales, il convient de savoir si l'entreprise doit assurer une certaine pérennité de l'affectation. Il semble que, compte tenu de la définition des actifs, l'entreprise soit tenue, à tout le moins pendant une période correspondant à celle retenue par le pays de la source pour la définition des immobilisations, de laisser à disposition de l'établissement les actifs corporels qu'elle lui affecte. Dans le cas inverse, l'établissement ne pourrait être considéré que comme « quasi-locataire » des immobilisations en cause.

Le problème majeur concerne toutefois l'inscription comptable du bien et les implications liées à cette inscription, telle la valeur d'inscription et la comptabilisation des plus ou moins-values (1). Du fait de l'absence d'unification des cadres comptables et fiscaux, les effets relatifs aux problèmes de comptabilisation diffèrent, en outre, en fonction des systèmes de limitation de la double imposition prévus par les Etats (2).

1) Les difficultés liées à l'inscription comptable

295. Juridiquement, le bien ne doit être inscrit qu'à l'actif de l'entreprise dans son ensemble, qui est à la fois la seule propriétaire du bien et seule astreinte à la tenue d'une comptabilité[574].
Cependant, aux fins de l'imposition dans l'Etat d'implantation, l'établissement, même non astreint à la tenue d'une comptabilité dans le pays où il opère, doit pouvoir justifier de la correction des écritures permettant le calcul de son résultat imposable[575].

---

[573] GELIN Stéphane, « Conventions internationales : Du nouveau sur le régime fiscal du commissionnaire? », *FR*, n° 25/07, p. 11.
[574] Les économistes considèrent, en revanche, que le droits de propriété sont partitionnables, ce qui signifie que plusieurs agents peuvent avoir des droits sur les mêmes actifs. CORIA Benjamin, WEINSTEIN Olivier, "Les nouvelles théories de l'entreprise", Le Livre de Poche, 1995, pp. 83-84.
[575] MANDELBAUM, Jean-François « La double imposition des succursales à l'étranger, la fiction bilantielle de l'établissement stable » Editions l'Harmattan, collection entreprises et management, novembre 2007, p. 84, citant la conférence EFE du 25 octobre 2005 : *« Afin que cette fiction bilantielle soit opposable aux fisc, il convient uniquement de fournir des documents « para-comptables », ces documents pouvant être des documents internes à l'entreprise ».* Voir toutefois, CAA Paris, 12 décembre 2007, n° 05-3744, *Sté SRI International*, *RJF*, n° 05/2008, n° 541 : *« Considérant qu'il est constant que la société qui établissait selon une méthode forfaitaire*

En matière d'obligations comptables, la Cour de justice de l'Union s'est prononcée dans l'arrêt *Futura participations*[576].

296. A cette occasion, la Cour a jugé que l'article 52 du Traité (devenu article 43 du TCE et 49 du TFUE) relatif à la liberté d'établissement s'opposait « *à ce que le report de pertes soit subordonné à la condition que, pendant l'exercice au cours duquel des pertes ont été subies, le contribuable ait tenu et conservé, dans cet État, une comptabilité relative aux activités qu'il y a exercées, qui soit conforme aux règles nationales en la matière* »[577].
Toutefois, la Cour a nuancé sa position, en indiquant, par ailleurs, que l'Etat membre où était implantée la succursale pouvait exiger que le contribuable démontre, de façon *« claire et précise »,* que le montant des pertes subies était réel en fonction de la législation applicable[578]. En l'absence de jurisprudence ultérieure sur la question, il est délicat d'expliciter la position de la Cour sur la question.
Ce problème reste cependant marginal, la plupart des établissements stables déclarés établissant une comptabilité selon les normes en vigueur dans l'Etat d'accueil[579].

297. Du fait de l'absence de personnalité juridique de l'établissement stable, le risque d'une double comptabilisation des actifs corporels, et donc la constatation d'un double amortissement existe. De surcroît, la valeur d'inscription du bien peut être variable en fonction des normes comptables du pays d'implantation de l'établissement et du pays de résidence de l'entreprise[580], et de l'affectation totale ou partielle du bien à l'établissement[581].
En ce cas, une solution possible consiste à isoler, dans la comptabilité de l'entreprise, la valeur et les taux d'amortissement admis par le pays d'implantation de l'établissement.

---

le résultat imposable en France n'a présenté aucun des documents visés à l'article 54 du CGI (...) qu'ainsi, à défaut de comptabilité ou de pièces en tenant lieu... ». Contra, CE 13 juillet 2011, n° 313440, *Sté Stanford Research Institute International, Droit Fiscal*, 29 septembre 2011, n° 529 : la succursale doit pouvoir présenter les documents et pièces comptables mentionnées à l'article 54 du CGI.

[576] CJCE, 15 mai, aff. C-250/95, *Futura participations*, Rec. p. I-2471.

[577] *Ibid.*, point 43.

[578] Pour une critique de l'arrêt voir, ANIDO Caamaño, CARRERO Calderón, "Accounting, the permanent establishment and EC law: the *Futura Participations* case", *ECTR*, 1999/1, pp. 24-38. Pour les auteurs, le raisonnement de la Cour n'est pas clair en ce qu'il distingue entre le principe de non discrimination pour l'application de la loi fiscale luxembourgeoise concernant les pertes, alors qu'en ce qui concerne l'obligation comptable, il est fait application de la prohibition des restrictions à la liberté d'établissement. Sur le fond, ils pointent le risque de voir la plupart des législations relatives à la comptabilité être déclarées contraires aux textes européens.

[579] Il en va évidemment différemment, dès lors que le siège n'a pas considéré avoir d'établissement stable implanté à l'étranger.

[580] Il convient, par exemple de déterminer qu'elle doit être la valeur d'inscription : la valeur brute ou la valeur nette comptable, celle-ci pouvant être différente selon les taux d'amortissement admis par les deux pays.

[581] Ce cas vise spécifiquement l'hypothèse où un bien corporel n'est affecté qu'en partie à l'établissement stable. S'il existe une répartition entre, par exemple, l'entreprise et son établissement, la valeur de l'actif à prendre en compte peut être différente, en application de la législation locale, de la clé de répartition déterminée par l'entreprise.

Cette solution aboutit à une complexification de la tenue de la comptabilité de l'entreprise dans le pays de résidence. En supposant que l'entreprise dispose de plusieurs établissements opérant dans des pays différents, elle tiendrait une comptabilité protéiforme, à la cohérence discutable, et de surcroît difficilement contrôlable par les administrations fiscales. En revanche, si l'entreprise comptabilise selon les normes admises dans le pays de résidence, il peut en résulter une distorsion de résultat[582].
Il en est de même au niveau de la prise en compte de la plus-value. La distorsion vient de ce que le pays d'implantation de l'établissement peut exonérer la plus-value, alors que le pays de résidence l'impose, ou l'inverse. Il est également possible que les deux pays l'imposent mais sur des bases différentes.

298. La situation est également problématique si le bien cesse de faire partie du quasi-patrimoine de l'établissement, pour être fictivement transféré dans le giron de l'entreprise.
Selon les principes de l'OCDE, les transactions internes au sein d'une entité juridique doivent être effectuées selon *l'arm's length principle*[583].
En ce qui concerne le transfert des actifs corporels, l'OCDE préconise[584] une analyse fonctionnelle et factuelle pour déterminer s'il s'agit d'un transfert définitif ou d'un transfert s'apparentant à une location ou à une licence.
Ainsi, un bien corporel, qui se sera valorisé pendant la durée d'utilisation par l'établissement stable, sera l'objet d'une plus-value imposable, qui s'apparente à une plus-value latente, lors du « transfert » du bien à l'entité juridique.

Cette absence d'unification comptable se traduit par des conséquences différentes en fonction des régimes fiscaux des Etats.

2) Les effets de l'absence de systèmes comptables et fiscaux unifiés

299. Ces problèmes n'ont pas la même résonance selon que le pays de résidence pratique le régime de territorialité ou le régime du bénéfice mondial avec application du système de l'imputation[585].
Si l'Etat de résidence applique le système du bénéfice territorial, son établissement stable étranger ne peut être imposé à l'impôt sur les sociétés pour les opérations qu'il réalise à l'étranger, y compris, on peut le supposer, sur les plus-values de cessions d'actifs.

---

582 Supposons un immeuble acquis pour un montant de 100, pour lequel le pays de résidence admet un amortissement annuel de 20 et le pays de la source de 10. Il en résulte que, si l'entreprise comptabilise un amortissement de 20, il n'en demeure pas moins que l'établissement est obligé de déclarer un amortissement de 10.
583 OCDE, principes directeurs . Voir particulièrement l'article 9 du Modèle de Convention fiscale qui prévoit que les transactions entre entreprises associées doivent se faire selon le principe de pleine concurrence.
584 OCDE, Rapport 2008, pp. 67-68.
585 S'agissant de pays relevant du régime de territorialité ou de mondialité avec exemption, la question revêt une acuité moindre, les résultats de l'établissement n'influant pas sur la détermination du bénéfice global de l'entreprise imposable dans l'Etat de résidence de celle-ci.

Il en va de même si l'Etat du siège pratique le bénéfice du régime mondial avec exemption. Dans ce type de régime, les difficultés d'application sont faibles, le bilan fiscal du siège ne retraçant pas les opérations réalisées à l'étranger[586].

300. Si l'Etat de résidence pratique le régime du bénéfice mondial avec imputation, l'établissement est imposé dans l'Etat de *situs* sur ses plus-values d'actifs, et le siège inclut dans ses résultats la plus-value réalisée, imputant ensuite l'impôt prélevé par l'Etat de *situs* – ou de source – en totalité ou en partie.
Même en faisant abstraction des discordances comptables inhérentes à des régimes fiscaux différenciés (calcul de la plus-value compte tenu des amortissements réalisés par exemple), les régimes mondiaux avec imputation limitent généralement le crédit d'impôt étranger au montant qui aurait été acquitté si la société avait été résidente.
Ainsi, au cas particulier des plus-values sur cessions d'actifs, si l'Etat de *situs* – ou de source – n'impose pas ce type de profits, mais que l'Etat de la résidence l'impose, la plus-value va être imposée au taux de l'Etat de résidence sans bénéficier d'un crédit d'impôt. Parallèlement, si l'Etat de *situs* – ou de source – impose à un taux supérieur à celui pratiqué par l'Etat de la résidence, le crédit d'impôt va être limité à celui qui aurait été accordé par l'Etat de la résidence.

301. L'existence de différentes règles comptables et fiscales pour un même revenu suscite donc une grande complexité dans leur mise en œuvre.
Comptablement, si le référentiel commun, dans l'Union européenne, est constitué par les normes IAS/IFRS[587], il ne s'applique obligatoirement qu'aux sociétés établissant des comptes consolidés.
Il n'est pas certain, par ailleurs, que le référentiel IAS/IFRS soit particulièrement adapté aux établissements stables en l'état des règles actuelles. En effet, ces normes font une part plus large aux comptes de bilans qu'aux comptes de résultat : les produits sont définis comme un accroissement d'actif ou une réduction de passif[588].
Compte tenu de la difficulté à établir un bilan pour l'établissement stable, notamment du fait de l'absence de personnalité juridique, la prééminence comptable du bilan sur le résultat pourrait être plus complexe à appliquer pour les établissements stables que pour les entités juridiquement distinctes. En revanche, la prédominance de la substance sur la forme, favorisée par les normes IFRS, pourrait être favorable à l'établissement du bilan pour les établissements stables. En toute hypothèse, l'harmonisation comptable n'est, pour l'heure, pas effective, et elle ne permettrait pas une application indifférenciée du droit fiscal aux établissements stables et aux entités juridiquement distinctes.

---

586 MELOT Nicolas, « Territorialité et mondialité de l'impôt: étude de l'imposition des bénéfices des sociétés de capitaux à la lumière des expériences françaises et américaines », Dalloz 2004, Nouvelle Bibliothèque des Thèses, pp. 458-465.
587 International Accounting Standard (IAS), International Financial Reporting Standard(IFRS), L'Europe a adopté par règlement l'obligation d'établir les comptes consolidés selon les normes IAS/IFRS dès lors qu'elles ont des actions cotées. Règlement (CE), 19 juillet 2002, n° 1606/2002 du Parlement européen et du Conseil sur l'application des normes comptables internationales.
588 SALAÜN Yvon, DELORME Thibault; BELIN-ZERBIB Sarah, « IFRS et droit », *Joly Sociétés,* avril 2005, pp. 449-464.

Outre ces divergences normatives, il n'est pas certain que les préconisations de l'OCDE, tendant à assimiler l'établissement stable à une entité juridiquement distincte, soient en totale conformité avec le droit de l'Union européenne.

§ 2. Les divergences liées à l'évolution du droit de l'Union européenne

302. Les recommandations de l'OCDE et les règles européennes sont loin d'être opposées.
Le droit de l'Union a, dès l'origine, reconnu des principes importants du droit international : non-discrimination[589], principe de pleine concurrence, etc.
Cependant, si le droit de l'Union a le souci, comme l'OCDE, d'éviter les doubles impositions, il appréhende également la notion de « groupe de sociétés ».
Là où l'OCDE voit des entités distinctes qui doivent se conformer au principe de pleine concurrence, l'Union européenne envisage la limitation des impositions intra-groupe, à tout le moins au niveau des transferts d'actifs (A).
De surcroît, la jurisprudence européenne, bien qu'appliquant un principe de non discrimination aux établissements stables[590], prend en compte leur spécificité due à l'absence de personnalité juridique, ce point concernant plus particulièrement les passifs (B).

A. La prise en compte par le droit de l'Union de la notion de groupe aux fins de surseoir à l'imposition

303. Bien que la fiscalité directe ne rentre pas spécifiquement dans le champ d'application du Traité instituant la Communauté européenne[591], la Commission a, dès les années 60, élaboré des propositions concernant la fiscalité des entreprises.
Ces propositions se sont traduites, notamment, par l'adoption de deux directives en 1990 : les directives dites « mère-fille »[592] et « fusions »[593]. En 2001, le Conseil de l'Union a adopté le texte créant la société européenne[594].

La directive « mère-fille », qui concerne les distributions de dividendes et ne concerne donc pas le bilan, ne sera pas étudiée, mais les cas prévus par la directive « fusions » relatifs à la matière fiscale (1), et par le règlement instituant la société européenne (2) seront abordés. Dans les deux cas, l'esprit des textes, à défaut de leur lettre, conduit à limiter, dans des situations « intra-groupe », l'imposition des transferts d'actifs.

---

[589] OCDE, Modèle de Convention fiscale article 24, TFUE article 18.

[590] Par exemple, CJCE, 28 janvier 1986, aff. C-270/83, *Commission contre France*, Rec. p. 273, 21 septembre 1999, aff. C-307/97, *Saint Gobain ZN*, Rec. p. I-6161.

[591] A l'exception de l'article 115 du TFUE prévoyant des mesures d'harmonisation.

[592] Conseil, Directive 90/435/CEE, 23 juillet 1990, JO L 225 du 20 août 1990, pp. 6-9, modifiée par la Directive 2003/123/CE, 22 décembre 2003, JO L 7 du 13 janvier 2004, pp. 41-44 et abrogée par la directive 2011/96/UE du 30 novembre 2011, JO L 345 du 29 décembre 2011, pp. 8-16.

[593] Conseil, Directive 90/434/CEE, 23 juillet1990, JO L 225 du 20 août 1990, p. 1–5, modifiée par la Directive 2005/19/CE, 17 février 2005 JO L 58 du 4 mars 2005, p. 19.

[594] Conseil, Règlement n° 2157/2001 relatif au statut de la société européenne (SE) du 8 octobre 2001, JO L 294 du 10 novembre 2001, pp. 1-21.

1) La directive « fusions »

304. Le propos n'est pas ici de commenter la directive, mais de voir en quoi elle influe sur les transferts d'actifs ou de passifs. Il n'est pas non plus de constater la faisabilité des fusions transfrontalières au vu des textes en question[595].
Au préalable, il convient de rappeler que la Cour de Justice, en matière de droit des sociétés, a dénié à un Etat le droit de refuser les fusions transfrontalières, aux motifs que sa législation afférente aux fusions ne concernait que des opérations de restructuration interne[596].
En droit commercial français, la transposition de la directive sur les fusions transfrontalières des sociétés de capitaux s'est accomplie tardivement[597]. Ainsi, le droit des sociétés, après le droit fiscal, a pris en compte les fusions de sociétés européennes[598].
Les dispositions des directives précitées ne s'appliquent que pour autant que des Etats membres de l'Union européenne sont concernés. En ce sens, dès lors qu'il y aurait une pluralité d'apporteurs, dont certains seraient membres de l'Union et d'autres non, l'interrogation subsiste d'une application, à tout le moins partielle, des dispositions de la directive[599].

305. Le but de la directive fiscale, tel qu'il est indiqué dès l'introduction, est de faciliter fiscalement les restructurations transfrontalières de sociétés[600].

---

[595] Sur l'ensemble de la question, voir l'étude publiée par les services de la Commission le 22 janvier 2009 : « Survey of the Implementation of Council Directive 90/434/CE (The Merger Directive, as amended) ».
[596] CJCE 13 décembre 2005, aff. C-411/03, *SEVIC System AG*, Rec. p. I-10805, point 19: *« Les opérations de fusions transfrontalières, à l'instar des autres opérations de transformation de sociétés, répondent aux nécessités de coopération et de regroupement entre sociétés établies dans des États membres différents. Elles constituent des modalités particulières d'exercice de la liberté d'établissement, importantes pour le bon fonctionnement du marché intérieur, et relèvent donc des activités économiques pour lesquelles les États membres sont tenus au respect de la liberté d'établissement prévue à l'article 43 CE »* ; MENJUCQ Michel, « Fusions transfrontalières des sociétés de capitaux », Lamy droit des affaires, mai 2006, pp. 10-13.
[597] Directive 2005/56/CE, 26 octobre 2005, du Parlement européen et du Conseil sur les fusions transfrontalières de sociétés de capitaux, transposée, en droit français, par la loi 2008-649 du 3 juillet 2008, JO du 4.
[598] FRANCESCHI Jean-Marc, MAXWELL Winston, « Fusions transfrontalières : tout ça pour ça ? », *Revue Lamy Droit des Affaires*, n° 30, septembre 2008, pp. 11-13 ; Le NABASQUE Hervé, "Les fusions transfrontalières après la loi n° 2008-649 du 3 juillet 2008", *Revue des sociétés*, n° 3/2008, pp. 493-530.
[599] En ce sens, voir, GINTER Eric, « Restructurations et fiscalité », *Petites Affiches*, n° 97, 15 mai 2002, p. 45. En revanche, la directive s'applique dans des situations purement internes : CE, 17 juin 2011, n° 324392, *SARL Méditerranée Automobiles*, *RJF*, n° 10/2011, n° 1035.
[600] Directive 90/434/CEE, 23 juillet 1990 : *« Considérant que les fusions, scissions, apports d'actifs et échanges d'actions intéressant des sociétés d'États membres différents peuvent être nécessaires pour créer dans la Communauté des conditions analogues à celles d'un marché intérieur et pour assurer ainsi l'établissement et le bon fonctionnement du marché commun; que ces opérations ne doivent pas être entravées par des restrictions, des désavantages ou des distorsions particuliers découlant des dispositions fiscales des États membres; qu'il importe, par conséquent, d'instaurer pour ces opérations des règles fiscales neutres au regard de la*

A ce titre, dès 1990, la directive prévoyait en son article 4, que *« la fusion ou la scission n'entraîne aucune imposition des plus-values qui sont déterminées par différence entre la valeur réelle des éléments d'actif et de passif transférés et leur valeur fiscale »*.
Selon les Professeurs Le GALL et DIBOUT, si la notion de différence entre les passifs réels et les passifs fiscaux n'a pas de sens en droit français, elle s'entend dans une approche anglo-saxonne de tous les gains susceptibles d'en résulter[601].
La directive de 2005 a ajouté aux cas prévus de fusion et de scission, celui de la scission partielle, entendue comme la transmission d'une ou plusieurs branches partielles d'activité, laissant au moins une branche d'activité dans la société apporteuse[602].
Il semblerait que, ni en droit des sociétés, ni en droit fiscal, le cas des transmissions universelles de patrimoine ne soit prévu par les directives[603].

306. Toutefois, l'application du régime de faveur, impliquant l'absence d'imposition des plus-values latentes, est notamment subordonnée au rattachement des éléments à un établissement stable (créé ou préexistant) de la société bénéficiaire de l'apport dans l'Etat de la société apporteuse.
Ainsi, la réalisation de fusions ou scissions transfrontalières aboutit à la succursalisation d'une filiale : lors de l'opération de restructuration, les actifs et passifs sont inscrits au bilan de l'établissement stable de la société bénéficiaire à la valeur qu'ils auraient eu si l'opération de restructuration n'avait pas eu lieu.
Au cas particulier, il semble évident que la directive ne vise pas les transferts d'actifs au sens strict, mais une modification de structure qui, fiscalement, ne modifie pas l'imposition.
En effet, l'établissement stable créé (ou préexistant) de la société bénéficiaire des apports va être imposé dans les mêmes conditions que s'il s'agissait d'une filiale, dans la mesure où les actifs n'ont pas été physiquement transférés.
Il en va de même de la filialisation d'une succursale, la directive de 2005 considérant que ses dispositions s'appliquent également à ce cas[604].

---

concurrence afin de permettre aux entreprises de s'adapter aux exigences du marché commun, d'accroître leur productivité et de renforcer leur position concurrentielle sur le plan international ».

[601] LE GALL Jean-Pierre, DIBOUT Patrick, « La fiscalité des fusions d'entreprises communautaires », *La semaine juridique éditions E.*, n° 2/1991, pp. 13-27.

[602] Il est toutefois permis de regretter que la directive fusion n'ait pas prévu le cas des apports partiels d'actifs pour rapprocher leur régime de celui applicable aux fusions ou aux scissions.

[603] Sur la question voir, par exemple, Le NABASQUE Hervé, "Les fusions transfrontalières après la loi n° 2008-649 du 3 juillet 2008", *Revue des sociétés*, n° 3/2008, pp. 493-530. Il précise que les transmissions universelles de patrimoine sont une particularité du droit français, qui ne sont d'ailleurs pas prises en compte par le droit des sociétés mais relèvent exclusivement de l'article 1844-5 du Code civil.

[604] Directive 2005/19/CE, du 17 février 2005, article 9 : *« Certains doutes subsistent quant à l'application de la directive 90/434/CEE à la filialisation des succursales. Dans ces opérations, les actifs rattachés à un établissement stable qui constituent une «branche d'activité» au sens de l'article 2, point i), de la directive 90/434/CEE, sont transférés à une société nouvellement créée qui sera une filiale de la société apporteuse. Dans la mesure où ces opérations consistent en l'apport d'actifs d'une société d'un État membre, sous la forme d'un établissement stable situé dans un autre État membre, à une société de ce dernier État membre, il conviendrait de préciser qu'elles sont couvertes par le champ d'application de la directive »*.

En revanche, en dehors des cas de création d'un établissement stable, la directive n'aborde pas le problème des transferts d'actifs et n'envisage pas le cas des transferts réels d'actifs dans le cadre d'une fusion.
Il est possible que, lors de l'élaboration des différentes versions des directives précitées, le souci du Conseil et de la Commission ait été de faciliter les restructurations transfrontalières, tout en évitant une perte de matière imposable pour les Etats membres.

307. Toutefois, dans une communication de 2006[605], la Commission a estimé que les principes dégagés pour les personnes physiques par la jurisprudence européenne[606] s'appliquaient également aux sociétés. A cet égard, la Commission a notamment indiqué que, bien que la plupart des Etats membres imposent les profits lors du transfert d'actifs entre un établissement stable et son siège, *« les contribuables qui exercent leur droit à la liberté d'établissement en émigrant vers un autre Etat membre ne sauraient être assujettis à une charge fiscale perçue plus tôt ou d'un montant supérieur que les contribuables qui continuent à résider dans le même Etat membre »*[607].
En règle générale, sur le problème particulier des transferts d'actifs entre établissement stable et siège, la Commission européenne considère qu'il conviendrait pour l'État de départ *« d'accorder un report fiscal jusqu'à la cession effective des actifs par l'établissement stable ou jusqu'à leur transfert vers un pays tiers »*[608].

308. Dans ce contexte, apparaissent les divergences d'approche entre l'OCDE et la Commission européenne, l'OCDE étant favorable à la notion stricte d'entité fonctionnellement distincte, et donc à une imposition immédiate du transfert d'actifs entre établissement stable et siège, et la Commission européenne à un sursis d'imposition.
Le sursis d'imposition est juridiquement plus adapté au cas des transferts entre établissement stable et siège, à condition que les plus-values en report d'imposition soient effectivement imposées lors de la réalisation des actifs, ce qui suppose non seulement une coopération accrue entre les Etats membres, mais également une harmonisation, à tout le moins comptable, des règles applicables. En l'état actuel du fonctionnement de l'Union, tel n'est pas le cas. Aussi, d'un point de vue pratique, une imposition immédiate présente l'avantage de simplifier la tâche des administrations fiscales concernées, permet d'assurer la perception de l'impôt, et préserve les recettes des Etats d'implantation des établissements stables.

Les cas de fusions transfrontalières sont dans la pratique relativement peu nombreux[609], compte tenu des divergences dans l'application des règles fiscales et comptables par les

---

[605] Commission européenne, 19 décembre 2006, Communication de la Commission au Conseil, au Parlement européen et au Comité économique et social européen, « Imposition à la sortie et nécessité de coordonner les politiques fiscales des États membres », COM (2006) 825.
[606] CJCE, 11 mars 2004, aff. C-9/02, *De Lasteyrie du Saillant*, Rec. p. I-2409 ; *Bulletin Joly Société*, 1er mai 2004, p. 692.
[607] Communication de la Commission précitée, p. 6.
[608] *Ibid.*, p. 8.
[609] LOY Michael, « Les fusions transfrontalières : entre présent et avenir », *JCP E.*, n° 31-34, 2 août 2007, p. 25.

Etats membres. C'est pourquoi l'adoption du règlement instituant la société européenne contribue à faciliter le régime des restructurations transfrontalières.

2) La société européenne

309. Le règlement relatif au statut de la société européenne du 8 octobre 2001[610] prévoit le sursis d'imposition pour les plus-values latentes résultant du transfert de siège d'une société européenne. Antérieurement, les Etats membres considéraient généralement que le transfert de siège s'assimilait à une liquidation de la société, donnant lieu à imposition de toutes les plus-values, y compris les plus-values latentes et celles en report d'imposition[611].

Comme le rappelle la directive du 17 février 2005 relative aux fusions, l'intérêt des dispositions concernant la société européenne (SE) et la société coopérative européenne (SCE)[612] tient à ce que, lors du transfert de siège, elles ne sont ni dissoutes ni liquidées.

En conséquence, les transferts de siège n'emportent pas les conséquences habituellement liées à la cessation d'entreprise.

Les différences avec la directive « fusion » tiennent essentiellement en quelques points : seules les sociétés anonymes (SA) peuvent créer une société européenne, et le capital de cette dernière doit être d'au moins 120 000 €. De surcroît, la création d'une société européenne offre une sécurité juridique plus importante que pour les opérations réalisées dans le cadre de restructurations transfrontalières[613].

310. En revanche, les ressemblances avec les dispositions prévues dans le cadre des fusions transfrontalières sont nombreuses.

Ainsi, la directive de 2005 a intégré les dispositions relatives au transfert de siège des sociétés européennes. De surcroît, dans l'introduction précédant la modification de la Directive, le Conseil de l'Union européenne a prévu les mêmes dispositions en matière de transferts des actifs de la SE et de la SCE que celles prévues pour les opérations de fusion ou de scission.

Ainsi, dans le paragraphe 4, le Conseil indique : *« Si, au moment du transfert du siège statutaire, les actifs de la SE ou de la SCE demeurent effectivement rattachés à un établissement stable appartenant à la SE ou à la SCE et situé dans l'État membre duquel le siège statutaire a été transféré, cet établissement stable doit bénéficier d'avantages similaires à ceux prévus par les articles 4, 5 et 6 de la directive 90/434/CEE ».*

---

[610] Conseil européen, Règlement n° 2157/2001 du 8 octobre 2001, JO L 294 du 10 novembre, pp. 1-21, entré en vigueur le 8 octobre 2004.

[611] Pour la France, Code général des impôts, article 221.

[612] Conseil, Règlement n° 1435/2003 relatif au statut de la société coopérative européenne (SEC) du 22 juillet 2003, JO L 207 du 18 août 2003, pp. 1-24.

[613] SUPIOT Marie, PASCAL Héléna, "La réalisation des fusions transfrontalières : de la société européenne à la dixième directive, *Option Finance,* n° 958, 3 décembre 2007, pp. 28-29.

311. Les problématiques sont similaires à celles développées pour les fusions transfrontalières, c'est-à-dire la nécessité de conserver un établissement stable dans l'Etat originel du siège pour bénéficier du régime de faveur[614].
En conséquence, la Commission, dans sa communication du 19 décembre 2006, a estimé que les réponses concernant les transferts d'actifs à l'occasion de restructurations transfrontalières s'appliquaient aux transferts de siège intra-européen.
Ainsi, la Commission indique que les principes énoncés par l'arrêt *De Lasteyrie Du Saillant* s'appliquent au cas des transferts de siège des sociétés européennes[615].
Comme pour les opérations de restructurations impliquant des sociétés résidentes d'Etats membres différents, la Commission considère que l'absence de vente ne justifie pas l'imposition par l'Etat d'origine de la société.
Seule une mutation ultérieure, et non un transfert, qu'il s'agisse d'un transfert de siège ou d'un transfert des éléments d'un établissement stable à son siège, peut justifier l'imposition des plus-values.

312. En outre, la jurisprudence européenne a eu à se prononcer plusieurs fois sur la notion et les conséquences d'un transfert de siège.
Dans le premier arrêt rendu en la matière, l'arrêt *Daily Mail*, la Cour avait considéré que la liberté d'établissement, garantie par l'article 43 du TCE, ne conférait pas *« aux sociétés de droit national, un droit de transférer leur siège de direction et leur administration centrale dans un autre Etat membre, tout en gardant leur qualité de sociétés de l'Etat membre selon la législation duquel elles ont été constituées »*[616].
En 2008, dans l'arrêt *Cartesio*, la Cour a jugé, contrairement aux conclusions de l'Avocat général, *« qu'en l'état actuel du droit communautaire, les articles 43 CE et 48 CE doivent être interprétés en ce sens qu'ils ne s'opposent pas à une réglementation d'un État membre qui empêche une société constituée en vertu du droit national de cet État membre de transférer son siège dans un autre État membre tout en gardant sa qualité de société relevant du droit national de l'État membre selon la législation duquel elle a été constituée »*[617].

---

614 HAYAT Mirko, « Imposition des transferts d'actifs et des bénéfices: où en est la société européenne? », *Droit Fiscal*, n° 24, 12 juin 2008, pp. 9-15.
615 Commission, 19 décembre 2006, Communication de la Commission au Conseil, au Parlement européen et au Comité économique et social européen, « Imposition à la sortie et nécessité de coordonner les politiques fiscales des États membres », COM (2006) 825 : *« Les modifications apportées en 2005 à la directive sur les fusions (90/434/CEE) garantissent que, moyennant le respect de certaines conditions, le transfert du siège social d'une société européenne ou d'une société coopérative européenne d'un État membre à l'autre ne se traduira pas par l'imposition immédiate des plus-values non réalisées sur les éléments d'actif maintenus dans l'État membre d'origine d'où le siège social est transféré. En revanche, les modifications ne font aucune mention des actifs qui ne restent pas liés à un établissement stable dans l'Etat membre d'où le siège social a été transféré. Or, la Commission estime que les principes énoncés dans l'arrêt de Lasteyrie s'appliquent à ces actifs «transférés» ».*
616 CJCE, 27 septembre 1988, aff. C-81/87, *Daily Mail*, Rec. p. 5483.
617 CJCE, 16 décembre 2008, aff C-210/06, *Cartesio*, Rec. p. I-9641, point 124.

313. Pour certains auteurs, ce dernier arrêt ne tranche pas la question de l'imposition à la sortie ou *exit tax*[618]. Pour d'autres, l'application de l'arrêt conduit, dans l'application des impositions à la sortie, à distinguer selon les différentes formes de sociétés[619].
Cette question a, semble-t-il, été tranchée dans un arrêt *National Grid Indus BV* de septembre 2011[620]. Des termes de l'arrêt, il ressort que l'Etat de sortie est en droit de fixer définitivement le montant de l'imposition des plus-values latentes, mais ne peut recouvrer cette imposition immédiatement. Cette position jurisprudentielle semble pouvoir être critiquée, compte tenu notamment des difficultés transnationales à recouvrer l'impôt[621].

314. Hormis les cas limitativement prévus par le droit positif de l'Union (GEIE, SE, SCE et fusions), il semblerait que la souveraineté des Etats membres continue à s'exercer sur les conditions auxquelles ils entendent soumettre le rattachement d'une structure à leur ordre juridique national.
En l'absence de directive sur le sujet du transfert de siège, la Cour persiste à considérer que l'Etat de sortie ne contrevient pas à l'article 49 du TFUE s'il prévoit des conditions à la prise en compte d'une société dans l'ordre juridique interne.
Cette position, qui est contestée par une partie de la doctrine comme contraire à l'applicabilité effective de l'article 49 du TFUE, restreint *de facto* l'ambition de la Commission de supprimer les obstacles à l'établissement des sociétés.

315. Tant la jurisprudence que les textes européens prennent en compte la notion de « groupe » de sociétés, que ce soit dans le cadre de restructurations ou de transferts intra-européens, ce qui n'est pas le cas à l'heure actuelle de l'OCDE.
Le groupe n'est pas ici entendu comme celui étant fiscalement intégré, mais comme celui dans lequel différentes réorganisations marquent la vie des sociétés : créations de succursales ou de filiales, restructurations, transferts de siège, etc.
Le droit de l'Union européenne diffère également des recommandations de l'OCDE en ce qu'il a pris position sur les pertes en capital.

---

618 SZUDOCZKY Rita, "How Does the European Court of Justice Treat Precedents in Its Case Law? Cartesio and Damseaux from a different perspective: Part I", *Intertax*, 2009, vol. 37, Issue 6/7, pp. 355-356. Pour l'auteur, la question du transfert de siège et celle de l'impôt à la sortie sont différentes.

619 SCHNEEWEISS Hermann, " Exit Taxation after Cartesio : The European Fundamental Freedom's Impact on Taxing Migrating Companies", *Intertax*, 2009, vol. 37; Issue 6/7, pp. 363-374. Pour l'auteur, les transferts concernant les sociétés obligées de modifier leur forme sociale pour s'implanter dans un pays (converting corporation), les sociétés étrangères, et les sociétés européennes, sont couverts par la liberté d'établissement. En revanche, le transfert d'une société nationale ne l'est pas.

620 CJUE, 29 novembre 2011, aff. C-371/10, *National Grid Indus BV*, non encore publié au Recueil.

621 Contra, GUTMANN Daniel, « Liberté d'établissement et transfert de siège », *FR*, n° 48/11, p. 9.

B. L'attribution des pertes en capital

316. De manière générale, l'OCDE ne fournit pas de réponse pour la prise en compte des pertes. En revanche, le droit de l'Union, dans son optique de construction du Marché commun, a élaboré une jurisprudence concernant les pertes. Dans ce paragraphe, seules les positions prises en matière de pertes en capital seront étudiées.
La prise en compte par le siège des pertes en capital de son établissement stable étranger a été jugée par la Cour en 2008[622]. En l'espèce, était en cause la filialisation d'un établissement stable italien d'une société allemande. Du fait de la différence existant à l'époque entre les taux de change de la lire italienne et le deutschmark, le siège avait imputé en perte la variation négative de change entre le cours lors de la cessation de l'établissement et celui correspondant au capital de dotation, perte qui a été remise en question par l'administration fiscale allemande. Il s'agissait donc d'une perte définitive liée à la disparition de l'établissement stable.
La Cour a jugé, au cas particulier, que le fait pour les autorités allemandes de ne pas admettre la perte constituait une restriction aux libertés d'établissement et de circulation des capitaux, qui n'était pas justifiée par un motif d'intérêt général[623].
Il convient de se demander si la réponse aurait été identique s'il s'était agi, non pas d'une perte terminale, mais d'une perte en cours d'existence de l'établissement stable (1), et si les mêmes réponses auraient été apportées dans le cas de filiales (2).

1) La nature des pertes en capital

317. La perte en capital, au sens où l'entend l'arrêt *Deutsche Shell*, s'entend de la dépréciation monétaire de la valeur du capital[624] (a).
Peuvent également exister des pertes en capital non liées à une dépréciation monétaire inhérente à l'implantation dans deux Etats ayant des monnaies différentes. Il peut s'agir par exemple de pertes imputées sur le capital (réduction de capital suivie ou non d'une augmentation), ou de pertes liées à des avances du siège, portées par la succursale en capital (b). Ces distinctions peuvent aboutir à une prise en compte différente des pertes.

a) La perte afférente à une dépréciation monétaire du capital

318. La perte résulte de la différence des valeurs de change entre la monnaie du siège et la monnaie du lieu de l'établissement.
Cette différence de valeur ne se produit pas exclusivement à la dissolution de l'établissement, mais existe dès lors que la ligne de bilan du siège correspond à un montant établi en différentes devises.

---

622 CJCE du 28 février 2008, aff. C-293/06, *Deutsche Shell*, Rec. p. I-1129, conclusions SHARPSTON du 8 novembre 2007.
623 *Ibid.*, points 44, 53.
624 Au cas particulier, il s'agissait du capital de dotation alloué par le siège à son établissement étranger.

Le gouvernement allemand, dans l'affaire *Deutsche Shell* précitée, alléguait d'ailleurs ce fait pour dénier à la perte son caractère de réelle perte économique[625]. L'examen de cette situation factuelle a été renvoyé à la juridiction nationale.

319. Juridiquement, il apparaît que la perte en capital, subie par le siège du fait de la dotation consentie à son établissement étranger, ne peut être prise en compte qu'au niveau du siège. En effet, par essence, l'établissement stable ne subit pas de perte de change, dans la mesure où il établit ses comptes dans la monnaie de son lieu d'implantation.
Il ne s'agit pas ici de choisir le lieu de localisation d'une perte[626], mais d'imputer la perte à l'entité qui la subit.

320. En ce qui concerne les pertes liées à une dépréciation monétaire du capital, il ne s'agit pas de pertes d'exploitation, qui devraient en ce cas être rattachées territorialement à l'établissement stable. Toutefois, et comme le précise la Cour[627], ce n'est pas parce que les pertes ne sont pas déductibles dans l'Etat de l'établissement stable qu'elles doivent être prises en compte par l'Etat du siège.
En ce qui concerne les pertes liées à une dépréciation monétaire du capital, il ne s'agit pas d'un problème de territorialité de l'imposition, mais de déterminer la structure subissant la perte.
Aussi, la solution devrait être identique pour les pertes en capital définitives, et pour celles dues à la dépréciation monétaire, subies par le siège pendant l'exploitation de son établissement étranger.
Il ne semble pas non plus que le système choisi par l'Etat du siège pour remédier aux risques de double imposition (exemption ou imputation) ait une importance.
Dans la mesure où il s'agit seulement de déterminer le titulaire de la perte, les régimes conventionnels sont indifférents.
Les autres pertes en capital peuvent, en revanche, subir un traitement différent.

---

[625] Arrêt précité point 24 : « *Le Finanzamt et le gouvernement allemand font valoir que, dans le cas d'espèce, il n'y a pas eu de véritable perte économique due au taux de change applicable lors de la cession de l'établissement stable et du rapatriement du capital de dotation de celui-ci. Ils soulignent également que Deutsche Shell et l'établissement stable formaient une entité économique indivisible et que, dans le bilan du groupe, il existait en permanence des fluctuations financières liées à l'évolution du taux de change* ». Sur la déductibilité des pertes considérées comme de réelles pertes économiques, voir, inter alia, MEUSSEN Gerard T.K., "Cross-Border Loss Compensation and Permanent Establishments: Lidl Belgium and Deutsche Shell", *European Taxation*, May 2008, pp. 233-236.

[626] Voir l'arrêt de la Cour, 15 mai 2008, aff. C-414/06, *Lidl Belgium GmbH &Co*, Rec. p. I-3601 sur la possibilité de choisir le lieu d'imputation des pertes et nos développements dans le titre 1 de la Seconde Partie.

[627] CJCE, *Deutsche Shell* précité, points 41 et 42 : « *Les États membres demeurent compétents pour déterminer les critères d'imposition des revenus et de la fortune, en vue d'éliminer, le cas échéant par la voie conventionnelle, les doubles impositions. Ladite compétence implique également qu'un État membre ne saurait être tenu de prendre en considération, aux fins de l'application de sa législation fiscale, les résultats négatifs d'un établissement stable situé dans un autre État membre et appartenant à une société dont le siège se trouve sur le territoire du premier État pour la seule raison que de tels résultats ne sont pas susceptibles d'être pris en compte, sur le plan fiscal, dans l'État membre où l'établissement stable est situé* ».

b) Les autres pertes en capital

321. Les autres pertes en capital peuvent être de deux sortes : les pertes imputées sur le capital, généralement suivies d'une recapitalisation (« coup d'accordéon »), et les pertes liées à des avances et affectant le capital.
A priori, la capitalisation des pertes par l'opération de réduction-augmentation de capital ne concerne pas les établissements stables dans la mesure où, en l'état actuel des conventions de double imposition, il n'y a pas d'obligation d'allouer une ligne de capital.
En toute hypothèse, que ce soit dans le cas d'un « coup d'accordéon » ou dans le cas de pertes liées à des avances, les pertes ne devraient pas pouvoir être allouées au siège. En effet, il s'agit de pertes d'exploitation, territorialement rattachées à l'établissement stable, et qui entrent donc dans sa base d'imposition. Dans ces cas, le titulaire de la perte n'est pas le siège, mais la succursale étrangère.

322. La prise en compte de ces pertes va toutefois varier selon le système d'imposition des bénéfices.
Dans un système purement territorial, les pertes se rattachant à une exploitation étrangère ne peuvent pas être prises en compte au niveau du résultat du siège[628].
En revanche, dans un système d'imposition mondial des bénéfices, les revenus sont rattachés au siège, seule se posant la question de la neutralisation de la double imposition.
Si l'Etat du siège pratique l'exemption des bénéfices des établissements étrangers[629], la solution est identique à celle pratiquée dans le système territorial, la perte étant également rattachée à l'établissement stable.
Si l'Etat du siège pratique l'imputation, la perte aura la valeur du crédit d'impôt y attaché. Si le crédit est total, la perte aura la valeur afférente aux taux d'impôt sur les sociétés de l'Etat d'établissement ; si le crédit est limité à ce qui aurait été accordé par l'Etat du siège, la valeur de la perte correspond à ce taux.
Dans les Etats pratiquant le régime du bénéfice mondial avec imputation, la perte est fiscalement prise en compte par le siège, ce qui n'est pas le cas dans les régimes mondiaux avec le bénéfice d'exemption et les régimes territoriaux.

Outre les différences liées au système d'imposition de l'établissement, les pertes en capital ne seront pas traitées de façon identique selon qu'elles concernent un établissement stable ou une filiale[630].

[628] CE, 20 novembre 1974, n° 85191, *RJF*, n° 01/1975, n° 10.
[629] Comme l'Allemagne, par exemple.
[630] La question des pertes en capital ne se pose pas pour les entités juridiquement distinctes qui ne constituent pas des filiales, puisque la dépréciation ne peut exister que lorsque existent des liens capitalistiques.

2) L'application des solutions aux filiales

323. La question se pose différemment en ce qui concerne les filiales.
En effet, le capital de la filiale a pour contrepartie des titres de participations de la société mère. Ceux-ci peuvent se déprécier ou s'apprécier en fonction de l'activité de la filiale à l'étranger.

a) La perte afférente à une dépréciation monétaire du capital

324. Les filiales constituant des entités juridiquement distinctes, la société mère ne peut, sauf cas particulier, déduire directement la perte résultant d'une dépréciation monétaire du capital.
Cependant, si la valeur de la participation s'amoindrit du fait de fluctuations monétaires, la mère devrait pouvoir constater des provisions pour dépréciation de titres en cours de vie de la filiale.
En droit français, ces provisions ne sont pas déductibles du bénéfice global, mais suivent le régime des moins-values à long terme[631].
De surcroît, les provisions constituées pour des dépréciations de participations de filiales étrangères ne sont admises que pour la fraction qui excède les sommes déduites, et non rapportées au résultat, correspondant à la provision constituée en franchise d'impôt, égale aux pertes subies au cours des cinq premières années d'exploitation[632].

325. Dans un cas afférent à une perte en capital terminale, la filiale étant dissoute et ne pouvant rembourser la participation en capital de sa mère, le Conseil d'Etat a jugé que cette perte était déductible[633].
Là également, comme dans l'arrêt *Deutsche Shell,* il s'agit de l'impossibilité de rembourser le capital.
Territorialement, le titulaire de la perte est le siège ou la société mère, ce qui induit une prise en compte dans l'Etat de résidence du siège – ou de la mère – de la perte en cause.

b) Les autres pertes en capital

326. En droit français, de manière générale, les apports en capital effectués ne doivent pas avoir pour effet d'augmenter la valeur de la participation de la société mère aux fins de déduction par celle-ci des pertes financières, qu'elles soient directes ou indirectes (provisions).

---

[631] CGI, article 39-5 c al.8.
[632] Application combinée des dispositions des articles 39-1-5° et 39 octies A du CGI. Ces provisions concernent les établissements de vente, bureau d'études ou bureau de renseignements ainsi que les filiales détenues à au moins 10%.
[633] CE, 20 novembre 1974, n° 85191, RJF, n° 01/1975, n° 10 : « *Considérant que la perte subie au titre de la participation au capital de la société Y a été regardée, d'ailleurs à juste titre, comme une perte sur portefeuille déductible des bénéfices imposables en France de la société requérante et ne donne pas lieu à litige* ».

En effet, les pertes en capital se rattachent à l'aspect financier de la gestion. Aussi, traditionnellement, la jurisprudence reconnaît la possibilité de déduire les pertes à hauteur de la situation nette négative de la filiale[634].
Jusqu'en 1994, la jurisprudence française considérait que les aides à caractère financier accordées à une filiale n'étaient pas déductibles du bénéfice français en application du principe de territorialité de l'impôt.[635]
La possibilité de déduire des aides à caractère financier à des filiales établies à l'étranger a été reconnue sous les mêmes conditions que celles présidant à la déductibilité des aides à caractère financier nationales, c'est-à-dire sous condition d'un actif net négatif.[636]
Ainsi, à la différence des établissements stables, des pertes en capital liées à une filiale étrangère peuvent être déduites sous conditions par la société mère.
Cette solution vaut pour les apurements des pertes par voie d'augmentation-réduction du capital, qui sont assimilés à des abandons de créances à caractère financier[637].

Les pertes en capital ne sont pas envisagées de la même façon selon qu'elles concernent un établissement stable ou une filiale. L'unicité de la personne morale dans le cas des établissements stables permet au siège de déduire les pertes monétaires en capital, mais cette unicité, combinée à la territorialité de l'imposition de ces établissements, fait obstacle à la prise en compte des autres pertes en capital.

**
*

327. L'approche préconisée par l'OCDE, et acceptée par les Etats, de l'entité fonctionnellement distincte, a pour objectif de permettre une assimilation à des fins fiscales de l'établissement stable aux filiales. Elle permet à la fois de clarifier les normes applicables, et d'assurer la sécurité juridique aux opérateurs.
Cependant, cette approche n'est pas aisée à mettre en œuvre pour différentes raisons. Une d'entre elles est la difficulté, en termes de bilan, d'affecter à un établissement stable l'intégralité des lignes bilantielles qui sont inscrites dans la comptabilité d'une structure juridiquement distincte. Il en va ainsi, notamment, du capital et des actifs incorporels.

328. En effet, l'OCDE préconise d'attribuer des lignes bilantielles en fonction d'une approche économique fondée à la fois sur une comparabilité des situations, et sur une prise en compte des fonctions humaines importantes pertinentes à la prise de risque. La difficulté à qualifier et à quantifier, compte tenu de l'absence de personnalité morale de l'établissement stable, ces fonctions humaines significatives pertinentes peut éloigner le régime fiscal des établissements stables de celui des entités juridiquement distinctes. De ce fait, le pouvoir d'imposition de l'Etat d'implantation se trouve réduit.

---

[634] CE 30 avril 1980, n° 16253, Plén, *RJF*, n° 06/1980, n° 467.
[635] CE, 15octobre 1986, n° 39415 et 40744, 8e et 7e s.-s, *RJF*, n° 12/1986, n° 1066.
[636] CE, 11 février 1994, n° 119726, *SA Les Editions Jean-Claude Lattès*, *RJF*, n° 04/1994, n° 396.
[637] CE 26 mars 2008, n° 301413, *SA Financière Fauvernier* , *RJF*, n° 06/2008 n° 637.

Tel n'est pas le cas, en revanche, lorsque l'Etat de *situs* découvre un établissement stable. Dans cette hypothèse, le conflit de qualification peut provoquer des doubles impositions.
En outre, l'absence d'harmonisation juridique et comptable pèse sur la fiscalité applicable aux établissements stables.

329. Néanmoins, l'harmonisation des normes comptables, la pratique internationale et la mise en place de règles européennes permettront de pallier certaines de ces difficultés.
Les limites à une approche comparée des bilans des établissements stables et des entités distinctes tiennent, pour l'essentiel, à la définition à la fois extensive donnée par l'OCDE dans ses rapports de 2008 et 2010 (considérant que l'établissement stable est une entreprise fonctionnellement distincte), et restrictive, en ce sens que l'établissement stable est supposé être déclaré. En outre, les obstacles existant à une approche indifférenciée, même à des fins strictement fiscales, tiennent à des considérations juridiques et comptables, qu'elles soient nationales ou européennes. Ces difficultés se retrouvent également dans la détermination du résultat

CHAPITRE 2 : LES LIMITES À UNE APPROCHE COMPARÉE ÉTABLISSEMENT STABLE – ENTITÉ DISTINCTE DANS LA DÉTERMINATION ET L'IMPOSITION DU RÉSULTAT

330. Bien que les prises de position de l'OCDE tendent à rapprocher le régime fiscal des établissements stables et des entités juridiquement distinctes, il n'en demeure pas moins qu'il existe des limites à la comparaison dans la détermination et la transmission des résultats.
Les limites à une approche juridique et fiscale identique dans la détermination et l'imposition du résultat sont principalement de deux ordres.
Elles sont dues, en premier lieu, à la nature des revenus. En effet, bien que les recommandations de l'OCDE prévoient un élargissement de la catégorie des revenus attribués à l'établissement stable, du fait à la fois de la prise en compte de bénéfices autres qu'industriels et commerciaux, mais aussi de certains revenus passifs (les intérêts et les redevances), toutes les activités susceptibles de générer un revenu ne sont pas constitutives de bénéfices d'entreprise pour l'établissement stable. Il en est ainsi, notamment, des activités à caractère préparatoire ou auxiliaire, et de certaines activités patrimoniales. L'absence de prise en compte de certains revenus différencie ainsi les établissements stables des entités juridiquement distinctes, et induit une limitation dans le pouvoir d'imposition de l'Etat d'implantation.

331. En second lieu, les limites sont liées à la nature de l'établissement. En effet, l'établissement stable n'existe que dans le cadre particulier des activités transfrontalières. En ce sens, son existence, préalable à l'attribution d'un résultat, est tributaire de l'existence ou non d'une convention de double imposition, et des dispositions des droits internes. A cet égard, l'absence de reconnaissance d'une personnalité distincte du siège confère à l'établissement la qualité de non-résident, ce qui entraîne des distinctions avec les entités juridiquement distinctes. De surcroît, cette absence de personnalité distincte se traduit par des différences dans la transmission du résultat. En effet, si les structures juridiques peuvent distribuer tout ou partie de leur résultat à leurs associés, les établissements stables voient, à tout le moins comptablement, leur résultat appréhendé par le siège.
Cependant, en matière de distribution des résultats, comme en matière bilantielle, il existe des divergences entre les recommandations effectuées par l'OCDE et le droit de l'Union européenne.

332. En la matière, le droit de l'Union, à la différence du droit conventionnel, cherche à faciliter la construction de « groupes » à l'échelle européenne, en abolissant la double imposition juridique ou économique des revenus.
Le droit conventionnel, quant à lui, ne se préoccupe que des doubles impositions juridiques, et laisse subsister certaines retenues à la source, considérant qu'il appartient aux Etats de limiter les effets des doubles impositions.

Ce chapitre sera donc consacré aux limites à une approche comparée entre les établissements stables et les entités juridiquement distinctes dues, d'une part, à la nature des revenus de l'établissement stable (section 1), et, d'autre part, à la nature de l'établissement stable lui-même (section 2).

SECTION 1 : LES LIMITES LIÉES À LA NATURE DES REVENUS

333. La détermination des revenus à prendre en compte dans le résultat de l'établissement stable est une question récurrente en droit conventionnel, et qui peut être appréhendée de façon différente par les législations nationales.
En matière de revenus actifs, la catégorie des bénéfices d'entreprise se trouve limitée non seulement du fait de l'exclusion par l'OCDE de certains revenus, mais aussi par les droits nationaux, qui dénient à l'établissement stable le droit d'exercer certaines activités (§ 1). En outre, cette catégorie de bénéfices se heurte aux autres catégories de revenus visés spécifiquement par les conventions, tels les revenus tirés des biens immobiliers (§ 2).

§ 1. Les bénéfices d'entreprise exclus de l'assiette d'imposition

334. La Convention Modèle de l'OCDE exclut expressément les activités à caractère préparatoire et auxiliaire des activités caractérisant un établissement stable[638]. Aussi, tous les revenus retirés de ces activités seront attribués au siège. Il en est de même du résultat terminal, dû à la disparition de l'établissement stable ou du siège (A). Par ailleurs, la catégorie des bénéfices d'entreprise peut se trouver restreinte, certains Etats étant réticents à admettre que les activités patrimoniales entrent dans le champ d'application de l'article 7 concernant les bénéfices des entreprises (B).

A. Les activités préparatoires et terminales

335. Bien que l'établissement stable soit caractérisé, notamment, par l'existence d'une installation fixe d'affaires, l'ensemble des activités exercées dans ce cadre n'entre pas dans la catégorie des bénéfices d'entreprise des établissements stables.
Ainsi, les activités préparatoires ou auxiliaires et les opérations de simple stockage sont exclues expressément de la définition de l'établissement stable, seraient-elles exercées par l'intermédiaire d'une installation fixe d'affaires (1).
Parallèlement, la dissolution d'un établissement stable ou de son siège va entraîner des conséquences différentes de celles prévalant pour la dissolution des entités juridiquement distinctes (2).

1) Les activités préparatoires ou auxiliaires

336. Antérieurement au premier Modèle de Convention de l'OCDE de 1963, il n'existait pas de liste énumérant les activités préparatoires et auxiliaires constitutives d'une absence de reconnaissance d'un établissement stable. Cependant, toutes les activités effectuées par l'intermédiaire d'une place fixe d'affaires n'entraient pas dans la définition de l'établissement stable. Ainsi, les activités exercées par une entreprise à l'étranger n'étaient-elles constitutives d'un tel établissement que si elles revêtaient un

---

[638] OCDE, Modèle de Convention, article 5 § 4.

caractère de productivité[639]. Abandonnant en 1963 le critère de productivité, l'OCDE a établi une liste des activités insusceptibles de caractériser un établissement stable.

337. Des termes mêmes de l'article 5 paragraphe 4 du Modèle de Convention de l'OCDE, il ressort : *« Nonobstant les dispositions précédentes du présent article on considère qu'il n'y a pas d'établissement stable si :*
a) Il est fait utilisation aux seules fins de stockage, d'exposition ou de livraison de marchandises appartenant à l'entreprise ; b) Des marchandises appartenant à l'entreprise sont entreposées aux seules fins de stockage d'exposition ou de livraison ; c) Des marchandises appartenant à l'entreprise sont entreposées aux seules fins de transformation par une autre entreprise ;d) Une installation fixe d'affaires est utilisée aux seules fins d'acheter des marchandises ou de réunir des informations pour l'entreprise ; e) Une installation fixe d'affaires est utilisée aux seules fins d'exercer, pour l'entreprise, toute autre activité de caractère préparatoire ou auxiliaire ; f) Une installation fixe d'affaires est utilisée aux seules fins de l'exercice cumulé d'activités mentionnées aux alinéas a) à e), à condition que l'activité d'ensemble de l'installation fixe d'affaires résultant de ce cumul garde un caractère préparatoire ou auxiliaire »[640].

338. Si les alinéas a) à c) semblent correspondre à l'absence d'une activité économique exercée sur le territoire, il semble que les cas exposés aux alinéas suivants soulèvent des interrogations. En effet, malgré la présence d'une installation fixe d'affaires caractérisant normalement un établissement stable, l'exercice de certaines activités ne sera jamais considéré comme rattachable à un établissement stable[641].
Une des explications fournie par l'OCDE consiste à indiquer qu'il ne peut être attribué dans ce cadre de bénéfices à un établissement stable, car le laps de temps entre ces opérations et la réalisation des bénéfices est trop important[642].

---

[639] SDN, Modèles de Londres (1946) et de Mexico (1943), article 5 § 1 : *« Le terme établissement stable inclut (...) toutes les autres places fixes d'affaires ayant un caractère productif ».* Il est à noter, en revanche, que les projets de 1927 et 1928 incluaient les dépôts dans la catégorie des établissements stables. SDN, 1927, 1928, Double imposition et évasion fiscale, article 5. Sur la question, voir, SKAAR Arvid A., " Permanent establishment. Erosion of a Tax Treaty Principle", Kluwer law International, series on international taxation n° 13, 1991, Deventer, Boston, pp. 84-92, 281-283.

[640] Il est à noter que la Convention Modèle de l'ONU recourt à la même formulation.

[641] Sur la question des opérations préparatoires et auxiliaires voir, OECE, 5 janvier 1957, Groupe de travail n°1 du Comité Fiscal, FC/WP 1 (57) 1, Rapport sur la notion d'établissement stable : *« Le Groupe estime qu'une exposition permanente, de même qu'un organisme n'ayant d'autre objet que la recherche scientifique, peuvent fort bien contribuer à la productivité des entreprises mères. Cela est bien évident, mais le Groupe estime aussi que les services qu'ils rendent à l'entreprise mère précèdent de trop loin la réalisation effective du bénéfice de cette dernière pour qu'il soit possible de leur imputer, à juste titre, une part des bénéfices et pour qu'ils constituent des unités imposables. Le Groupe souligne, bien entendu, qu'une dérogation ne doit être accordée que dans la mesure où ces organismes observent scrupuleusement les conditions édictées. C'est ainsi que la dérogation serait caduque si l'exposition devait être mise à profit par la société mère pour négocier des contrats ou pour effectuer des livraisons ou si, encore, l'établissement de recherches se livrait à des travaux de fabrication ».*

[642] OCDE, commentaires sous l'article 5-4, § 23 : *« On reconnaît qu'une telle installation d'affaires peut effectivement contribuer à la productivité de l'entreprise, mais les services*

A l'appui de ses commentaires, l'OCDE cite, à titre d'exemple, les opérations publicitaires ou de recherches scientifiques.
Le critère décisif, selon l'OCDE, pour décider du caractère préparatoire ou auxiliaire, consiste à chercher si les activités *« constituent en elles-mêmes une part essentielle et notable des activités de l'ensemble de l'entreprise »*[643]. On peut en déduire que, si une installation fixe d'affaires a un objet identique à celui de l'entreprise dans son ensemble, elle n'exerce pas d'activités préparatoires et auxiliaires[644].

339. Ce critère paraît difficile à appréhender. En effet, considérons par exemple les opérations de publicité. Elles relèvent, pour la plupart des sociétés, de la nature des opérations de caractère auxiliaire. Cependant, le fait même d'avoir une installation fixe d'affaires par l'intermédiaire de laquelle sont exercées ces opérations publicitaires a pour but de favoriser la connaissance d'une marque ou d'un projet et d'induire des bénéfices à partir d'un marché donné.
A cet égard, les recommandations faites par le Comité fiscal de l'OECE en 1958 étaient plus pertinentes, en ce qu'elles prévoyaient que les opérations permettant à la société de négocier ou de conclure des contrats caractérisaient une installation fixe, qualifiée d'établissement stable.
A contrario, l'établissement stable d'une société peut parfaitement être créé pour exercer une part ni essentielle ni notable des activités de l'entreprise[645].

340. Même si la difficulté à qualifier et à quantifier les résultats à attribuer à ces opérations préparatoires et auxiliaires existe, il convient de lire l'article 5 du Modèle de Convention en relation avec l'article 7.
Dans la mesure où l'article 7 prévoit que les bénéfices doivent être attribués de la même façon à un établissement stable et à une entreprise distincte, si ils exercent des activités identiques et analogues dans des conditions identiques et analogues, la différence pouvant exister entre une installation fixe d'affaires pratiquant des opérations publicitaires et une société indépendante exerçant la même activité n'apparaît pas clairement.

341. De surcroît, les droits internes peuvent hésiter à qualifier d'activités préparatoires et auxiliaires exclues certaines des activités exercées. En droit français, l'article 209-I du CGI et la jurisprudence permettent de considérer que ces activités sont exercées en France, et donc imposées par la France.[646].

---

précèdent de trop loin la réalisation des bénéfices pour qu'il soit possible d'attribuer à cette installation fixe d'affaires, une partie quelconque de ces bénéfices ».

643 *Ibid.*, § 24.

644 *Ibid.*

645 Si une entreprise a une activité de fabrication et son établissement stable une activité de commercialisation exerce-t-il une *« part essentielle et notable des activités de l'entreprise » ?*

646 Pour une application jurisprudentielle voir CE, 23 juin 1978, n° 99444, *RJF*, n° 09/1978, n° 343 et CE 17 mai 1989, n° 34380, 9e et 8e sous-sections, *Procofrance, RJF*, n° 07/1989, n° 815, conclusions de Mme LIEBERT-CHAMPAGNE, *RJF*, n° 07/1989, pp. 399-401 : *« Par a contrario, on peut penser que les opérations telles que les études préparatoires, la fabrication ou l'achat des matériels exportés, la constitution d'une documentation technique doivent être considérées comme effectuées en France ».*

La jurisprudence du Conseil d'Etat fait prévaloir, comme critère de rattachement des opérations, *« [celles] effectivement réalisées dans le pays d'implantation »*[647]. Dans ce cas, les notions d'Etat de source et d'Etat de *situs* se recoupent complètement.
Il semble donc qu'il conviendrait de distinguer, dans ce que l'OCDE appelle des opérations préparatoires et auxiliaires, celles pouvant être rattachées au siège du fait de leur nature réellement préparatoire et auxiliaire (i.e., études de faisabilité), de celles pouvant être rattachées à une activité à l'étranger (i.e., ouverture d'un bureau publicitaire).
Un cas particulier pourrait être celui des chantiers. En effet, du fait d'un caractère de permanence réduit dans l'Etat du chantier, les études doivent-elles être rattachées à l'établissement stable ? Il n'existe vraisemblablement pas de réponse certaine à cette question. Tout dépendra de divers facteurs que sont : la nature des études (théoriques ou pratiques), l'implication des salariés du chantier dans l'élaboration et dans la mise en pratique des études, le matériel utilisé sur place, etc. Plus probablement, la solution consistera en un partage des coûts entre le siège et l'établissement stable-chantier.

342. Il n'en demeure pas moins qu'en la matière il existe des différences dirimantes dans le rattachement des revenus entre les établissements stables et les structures juridiquement distinctes[648]. La plupart des opérations revêtant un caractère préparatoire exercées par un bureau, et non une structure juridiquement distincte, va, aux fins de l'imposition, être rattachée au siège de l'établissement étranger, faisant ainsi supporter les coûts aux Etats de résidence des entreprises. Ainsi, la notion d'entité fonctionnellement distincte s'efface au profit de l'unicité de l'entreprise, induisant une unicité d'imposition dans l'Etat de résidence du siège.
La différence, dans la base d'imposition, entre établissements stables et entités juridiquement distinctes existe non seulement pour ces activités préparatoires et auxiliaires, mais aussi lors de la cessation des structures.

2) L'imposition des résultats lors de la cessation de l'activité de la structure

343. L'OCDE ne traite pas de la question de l'imposition des résultats lors de la cessation de l'activité de l'établissement stable. Néanmoins, des différences peuvent exister entre les établissements stables et les structures juridiquement distinctes lors de la cessation de l'activité de l'entreprise. Ces différences concernent l'imposition des résultats suite à la cessation, et le régime du report des déficits.

344. En droit français, lorsqu'il y a cessation d'activité de l'entreprise, l'impôt sur les bénéfices non encore imposés est établi[649]. La base d'imposition comprend également

---

[647] Arrêt précité du 23 juin 1978.
[648] La différence peut se justifier par le fait que les entreprises peuvent souhaiter effectuer des opérations considérées comme accessoires sur un territoire, sans subir les contraintes liées à la création d'une société.
[649] CGI, article 201 : *« Dans le cas de cession ou de cessation, en totalité ou en partie, d'une entreprise industrielle, commerciale, artisanale ou minière, ou d'une exploitation agricole dont les résultats sont imposés d'après le régime du bénéfice réel, l'impôt sur le revenu dû en raison des bénéfices réalisés dans cette entreprise ou exploitation et qui n'ont pas encore été imposés est*

les plus-values latentes et les provisions devenues sans objet. Toutefois, dans le cas où il y a cessation de la structure par fusion ou transmission universelle de patrimoine placées sous le régime de faveur de l'article 210 A du CGI, les conséquences d'une cessation d'entreprise ne s'appliquent pas[650].
En ce qui concerne les sociétés, les opérations de liquidation vont avoir pour effet le partage entre les associés de l'actif net subsistant à l'issue des opérations, et la constatation fiscale du boni ou du mali de liquidation en résultant.
Ainsi, les sociétés associées d'autres sociétés vont annuler les titres figurant à l'actif de leur bilan et constater dans leurs comptes soit un mali (comptabilisé en charge s'il s'agit d'un vrai mali et en immobilisation incorporelle s'il s'agit d'un mal technique), soit un boni de liquidation.

345. En revanche, la dissolution d'un établissement stable ne va pas emporter les mêmes conséquences. Tout d'abord, il n'y aura pas, du fait de l'absence de personnalité juridique de l'établissement stable, annulation des titres au niveau du siège. Ensuite, si l'activité du siège lui-même est considérée comme cessée, il y aura cessation d'activité au niveau de l'établissement stable, quand bien même celui-ci aurait continué son activité sous la même forme.
A cet égard, le Conseil d'Etat a jugé que la reprise, par la société étrangère détentrice de la totalité du capital du siège étranger, de l'établissement stable après la dissolution du siège, constituait une cessation d'entreprise[651].
Ainsi, à la différence d'une structure juridiquement distincte, la cessation d'activité du siège emporte des conséquences sur l'établissement stable.

346. Une autre différence a trait au régime des reports déficitaires.
Si, de prime abord, le régime des déficits semble identique en ce qui concerne les structures juridiquement distinctes et les établissements stables, du fait de l'imposition terriroriale des bénéfices (et donc des déficits)[652], la solution peut différer dans les cas de requalification d'une filiale en établissement stable, ou d'un conflit de qualification sur l'existence d'un établissement stable entre l'Etat de l'entreprise et l'Etat d'exercice

---

immédiatement établi » ; article 221 : « L'impôt sur les sociétés est établi dans les mêmes conditions et sous les mêmes sanctions que l'impôt sur le revenu (bénéfices industriels et commerciaux, régime d'imposition d'après le bénéfice réel ou d'après le régime simplifié) ».

[650] Instruction, 21 août 2002, BOI 13-D-2-02.

[651] CE, 27 mai 2002, n° 125959, 9e et 10e s.-s., *Société Superseal Corporation, RJF,* n° 08-09/2002, n° 900, *« que, dès lors qu'en vertu du droit des sociétés canadien auquel elles étaient soumises, les patrimoines respectifs des deux sociétés étaient distincts, et ne se sont confondus que par l'effet d'un transfert de propriété corrélatif à la dissolution d'Armalux Glass Industries, la cour administrative d'appel, dont l'arrêt n'est pas, sur ce point, insuffisamment motivé, a, contrairement à ce que soutient la société requérante, écarté le moyen sus-analysé sans commettre d'erreur de droit »,* Conclusions Goulard Guillaume, *BDCF,* n° 08/2002, n° 104, obs. TIRARD Jean-Marie, *BGFE,* n° 04/2002, p. 7 ; *Joly Sociétés,* août 2002, note DEROUIN Philippe, p. 912.

[652] LIEBERT CHAMPAGNE Monique, « Subventions entre entreprises et acte anormal de gestion », *RJF,* n° 12/1986, p. 635.

de l'activité. En effet, il semble que, dans la mesure où la qualification d'une structure serait en jeu, les articles 201 et 221 du CGI pourraient s'appliquer[653].
Ainsi, dans le cas de rehaussements proposés à une filiale requalifiée en établissement stable, il serait envisageable que l'activité de la filiale soit considérée comme cessée, ce qui emporterait une interdiction de l'imputation des déficits subis par celle-ci antérieurement à sa requalification[654].

347. De manière différente, dans le cas de conflit de qualification entre Etats, si le siège considère que la structure à l'étranger n'a pas le caractère d'un établissement stable, il appréhende directement les déficits. Dans ce cas, la situation pourrait dépendre du régime de prise en compte des résultats. Si l'Etat du siège pratique le régime de l'exemption, il a bénéficié, en ne considérant pas l'établissement comme un établissement stable, de déficits qui ne lui sont pas imputables. En revanche, si l'Etat du siège pratique le système de l'imputation, il a normalement fait remonter les déficits réalisés par l'établissement. En ce cas, peu importe qu'il y ait qualification d'un établissement stable par l'Etat de *situs*.

348. Les opérations préparatoires et celles liées à la disparition de la structure ne sont pas les seules pour lesquelles des différences dans la détermination du revenu imposables vont exister entre les établissements stables et les entités juridiquement distinctes. En effet, si les activités préparatoires et auxiliaires ne permettent pas de qualifier un établissement stable, c'est essentiellement en raison du caractère faiblement économique de leur exécution[655].

---

[653] CGI, article 201 : *« Dans le cas de cession ou de cessation, en totalité ou en partie, d'une entreprise industrielle, commerciale, artisanale ou minière, ou d'une exploitation agricole dont les résultats sont imposés d'après le régime du bénéfice réel, l'impôt sur le revenu dû en raison des bénéfices réalisés dans cette entreprise ou exploitation et qui n'ont pas encore été imposés est immédiatement établi »* ; article 221 : *« L'impôt sur les sociétés est établi dans les mêmes conditions et sous les mêmes sanctions que l'impôt sur le revenu (bénéfices industriels et commerciaux, régime d'imposition d'après le bénéfice réel ou d'après le régime simplifié).*
2 En cas de dissolution, de transformation entraînant la création d'une personne morale nouvelle, d'apport en société, de fusion, de transfert du siège ou d'un établissement à l'étranger, l'impôt sur les sociétés est établi dans les conditions prévues aux 1 et 3 de l'article 201 ».
[654] La plupart des commentateurs se sont penchés sur le risque de double imposition du fait de la requalification. OLLEON Laurent, « Une filiale peut cacher un établissement stable », *RJF*, n° 10/2003, p. 751 ; DIBOUT Patrick, LE GALL Jean-Pierre, « Un hybride atypique : la filiale française établissement stable de sa société mère étrangère », *Droit Fiscal, n°* 47-48/2004, pp. 1662-1669 et 1699-1703 ; DONSIMONI Patrick, « L'affaire Interhome AG ou le risque de qualification d'une filiale en établissement stable », In *L'année fiscale* 2004, p. 293 ; GUTMANN Daniel, "La requalification d'une filiale en établissement stable par l'arrêt *Sté Interhome AG* : une solution contraire au droit ?», *Revue des sociétés*, 2004, p. 385 ; LE GALL Jean-Pierre, « Etablissement stable. Contrat de commission », *RTD com.*, 2007, p. 853. La question des déficits reportables, pas plus que celle de la double imposition, n'est tranchée.
[655] SKAAR Arvid A., " Permanent establishment. Erosion of a Tax Treaty Principle", Kluwer law International, series on international taxation n° 13, 1991, Deventer, Boston, pp. 279-283. Pour l'auteur, l'entreprise, dans le cas d'activités préparatoires et auxiliaires, n'est pas considérée comme participant suffisamment à la vie économique de l'Etat dans lequel ces activités sont exercées pour y disposer d'un établissement stable.

Pour une raison similaire, la nature économique des activités patrimoniales a fait l'objet de discussions.

B. L'entreprise et l'activité patrimoniale

349. A lire l'article 7 du Modèle de Convention fiscale de l'OCDE concernant le revenu et la fortune[656], aucune distinction n'est faite selon la nature des revenus, lorsqu'ils sont établis comme si l'établissement stable avait constitué une entreprise distincte.
La question de l'activité à prendre en compte nécessite, néanmoins, de se pencher sur les caractéristiques constitutives de l'entreprise.
La notion d'entreprise est-elle déterminée uniquement par un critère économique (1) ? Et comment convient-il alors de traiter les activités de gestion de patrimoine (2) ?

1) La notion d'entreprise

350. La notion d'entreprise a été essentiellement déterminée par les économistes[657].
Elle ne fait pas l'objet d'une définition juridique, que ce soit en droit interne français[658], dans le Modèle de Convention de l'OCDE, ou en droit de l'Union.
En droit français, bien que la notion soit ancienne, elle n'est pas pour autant définie[659].

---

656 Modèle de Convention fiscale, article 7 tel qu'il se lisait avant les propositions de modifications de 2010: *« (...) lorsqu'une entreprise d'un Etat contractant exerce son activité dans l'autre Etat contractant par l'intermédiaire d'un établissement stable qui y est situé, il est imputé dans chaque Etat contractant à cet établissement stable les bénéfices qu'il aurait pu réaliser s'il avait constitué une entreprise distincte exerçant des activités identiques ou analogues dans des conditions identiques ou analogues et traitant en toute indépendance avec l'entreprise dont il constitue un établissement stable ».*

657 Sur la question, voir, *inter alia*, COASE Ronald H., « The nature of the Firm », Economica, 1937, vol. 4, pp. 386-405; WILLIAMSON Oliver E., WINTER Sydney G., "The Nature of the Firm: Origins, Evolution and Development", Oxford University Press, 1991, 256 pp.; CYERT Richard M., MARCH James G., "A Behaviour Theory of the Firm", Blackwell Publishers, 2nde Edition, 1992, 252 pp.; BAUDRY Bernard, DUBRION Benjamin, « Analyses et transformations de la firme », Editions La Découverte, collection Recherche, Paris, 2009, 375 pp.; GABRIE Hubert, JACQUIER Jean-Louis, « La théorie moderne de l'entreprise, l'approche institutionnelle », Economica, collection gestion, 1994, 329 pp.

658 LAMARCHE Thierry, « La notion d'entreprise », *RTD com.*, octobre/décembre 2006, pp. 709-732 ; PAILLUSSEAU Jean, CAUSSAIN Jean-Jacques, LAZARSKI Henry, PEYRAMAURE Philippe, « Cessions d'entreprise », Dalloz, Collection Droit de l'entreprise, 4ème édition, 1999, pp. 1-8 : « La notion même d'entreprise n'est pas une notion juridique ».

659 Voir par exemple, les Professeurs DIDIER , « Droit commercial, Tome I Introduction générale, l'entreprise commerciale », Economica 2005, particulièrement p. 208 : *« Les économistes et les comptables nationaux définissent l'entreprise comme « une unité de production marchande ». (...) Nous autres juristes n'avons pas encore une définition de l'entreprise qui ait rencontré un large consensus »* ; FASQUELLE Daniel, in « Droit de l'entreprise », LAMY 2006/2007, particulièrement p. 45 : *« La notion juridique d'entreprise a beaucoup intéressé les juristes qui ont tenté de l'appréhender juridiquement depuis une quarantaine d'années. L'entreprise apparaît comme la réunion d'une cellule économique rassemblant des éléments*

L'OCDE et l'Union européenne semblent avoir une approche différente de la notion d'entreprise. Si l'OCDE a une vision large, bien que non délimitée, de la notion d'entreprise (a), le droit de l'Union promeut une approche plus restrictive (b).

a) L'entreprise selon les définitions de l'OCDE

351. L'article 3 du Modèle de Convention, qui définit les termes employés, stipule : *« Le terme entreprise s'applique à l'exercice de toute activité ou affaire (...) les termes « activité » par rapport à une entreprise, et « affaires » comprennent l'exercice de professions libérales ou d'autres activités de caractère indépendant ». Ainsi, l'entreprise est : « à la fois qualifiée par référence à la personne qui l'exploite et comme une entité exerçant une activité »*[660].

Les commentaires précisent que le point de savoir si une activité est exercée dans le cadre d'une entreprise relève de la législation interne des Etats contractants[661]. La définition de l'entreprise se distingue de celle de la société qui est *« une personne morale ou une entité considérée comme personne morale aux fins de l'imposition »*[662]. La société est une entreprise, alors que l'entreprise n'est pas obligatoirement une société.

352. Le terme « activités d'entreprise » est employé dans plusieurs articles du Modèle de Convention. Il en est ainsi, notamment, des articles relatifs aux revenus perçus par des établissements stables, qui, dans ce cas, sont désignés comme ceux dérivant d'une activité qu'une entreprise exerce par l'intermédiaire d'un établissement stable[663].

Ainsi, l'établissement stable n'est pas une entreprise, mais exerce une activité d'entreprise pour l'entreprise dont il est une émanation. Dans le corps du Modèle, l'OCDE n'assimile jamais l'établissement stable à une entreprise[664]. Cette absence d'assimilation crée une différence avec les structures juridiquement distinctes, qui sont nécessairement des entreprises.

L'OCDE recourt par ailleurs plus volontiers à la notion d'entreprise qu'à celle de société, le seul article faisant référence à la société étant l'article afférent aux dividendes. Ainsi, l'article 9 parle des entreprises associées, alors même que les commentaires sous l'article ne mentionnent que les sociétés mères et filiales et les sociétés sous contrôle commun.

De surcroît, dans certains cas, l'OCDE ne mentionne pas les activités d'entreprise, mais les revenus perçus par des résidents. Ainsi, outre les revenus dits passifs, les articles 6 et

---

matériels et d'une cellule sociale composée d'éléments humains, le tout étant tourné vers une activité économique durable ».

660 DIBOUT Patrick, note sous les arrêts CE, 31 juillet 2009, n° 30381 et 297933, 3ème et 8ème sous-sections, *Min. c/ Sté Swiss International Air Lines AG*, *Droit Fiscal*, n° 50, 10 décembre 2009, p. 39 ; VAN RAAD Kees, "The Term 'Enterprise' in the Model Double Taxation Conventions-Seventy Years of Confusion", *Intertax*, 1994, Issue 11, pp. 491-504.

661 OCDE, Commentaires sous l'article 3, § 4.

662 OCDE, Modèle de Convention, article 3 b).

663 Les articles concernés sont les articles 7 « bénéfices des entreprises », 10 « dividendes », 11 « intérêts », 12 « redevances ».

664 Ce qui n'est pas le cas dans les rapports de 2008 et 2010 relatifs aux revenus attribuables aux établissements stables.

13 du Modèle relatifs aux biens immobiliers parlent des revenus ou des gains qu'un résident tire des biens immobiliers. Dans ces articles, l'OCDE ne fait référence ni aux entreprises ni aux activités d'entreprise[665]. Ces articles décorrèlent ainsi les revenus de l'activité exercée de la forme de la structure.

353. Cependant, si, pour être imposés, certains revenus ne nécessitent pas l'existence d'une activité d'entreprise, cela ne détermine en rien le périmètre des activités d'entreprise imposables. La définition extensive de l'OCDE – l'exercice de toute activité – ne permet pas de déterminer si l'ensemble des activités sont constitutives d'une activité imposable. En particulier, l'OCDE ne se prononce pas sur l'imposition des activités patrimoniales exercées par un établissement stable. Au vu du caractère très large de la définition, il pourrait être soutenu que toutes les activités exercées par des établissements stables sont considérées comme des activités d'entreprise. En ce sens, les articles relatifs aux revenus passifs perçus par l'intermédiaire d'un établissement stable considèrent ces revenus comme des bénéfices d'entreprise[666]. *A contrario*, la lettre de l'article 7 du Modèle de Convention peut laisser à penser que seules les activités « productives » de l'entreprise sont susceptibles de constituer un bénéfice attribuable à un établissement stable[667]. En effet, l'établissement stable doit exercer tout ou partie de l'activité du siège. Ainsi, ce n'est que si le siège exerce une activité patrimoniale que l'établissement stable pourrait avoir une activité purement patrimoniale.

L'OCDE, du fait de la diversité des solutions dans les droits internes, ne définit pas réellement les activités d'entreprise. En revanche, l'Union européenne a ébauché des définitions.

---

[665] Sauf à considérer les dispositions de l'article 6 § 4 : « Les dispositions des paragraphes 1 et 3 s'appliquent également aux revenus provenant des biens immobiliers d'une entreprise ».
[666] Il en est ainsi des articles 10, 11 et 12.
[667] D'autant qu'historiquement les bénéfices des établissements stables étaient les bénéfices industriels et commerciaux.

b) L'entreprise selon l'Union européenne

354. En droit de l'Union, la qualification d'entreprise requiert que celle-ci exerce une activité économique[668].

La principale difficulté tient à la définition de l'activité économique, qui résulte d'une interaction entre les domaines juridique et économique.

En matière de droit de la concurrence, une définition, vraisemblablement non exhaustive, a été donnée par la jurisprudence en 1987[669] : « *Il n'est pas contesté que l'amministrazione autonoma dei monopoli di stato (ci-apres "aams") participe à l'activité économique en ce qu'elle offre, (...), des biens et des services sur le marché* ».

Cette définition paraît restrictive et, comme le note le Professeur IDOT[670], d'une part, *« les solutions retenues dans une branche du droit ne sont pas nécessairement transposables dans une autre branche »*, et, d'autre part, *« cette approche fonctionnelle [de la part de l'Union européenne] est donc de prime abord un obstacle à la reconnaissance d'une définition unitaire de l'entreprise »*.

355. En ce sens, il convient également de se demander si les définitions données par la Cour en matière de TVA peuvent s'appliquer en matière de fiscalité directe[671].

En matière de TVA, la Cour a jugé que : *« (...) La simple acquisition et la simple détention de parts sociales ne doivent pas être considérées comme des activités économiques, au sens de la sixième directive, conférant à leur auteur la qualité d'assujetti. En effet, la simple prise de participations financières dans d'autres entreprises ne constitue pas une exploitation d'un bien visant à produire des recettes*

---

668 CJCE, 23 avril 1991 , aff. C-41/90 *Klaus Höfner et Fritz Elser contre Macrotron GmbH,* Rec. p. I-1979. Arrêt rendu en matière de droit de la concurrence qui précise, en son § 21, que *: « A cet égard, il y a lieu de préciser, dans le contexte du droit de la concurrence, que, d'une part, la notion d'entreprise comprend toute entité exerçant une activité économique, indépendamment du statut juridique de cette entité et de son mode de financement (...)».*

669 CJCE, 16 juin 1987, aff. C-118/85, *Commission contre République italienne*, Rec. p. 2599 ; TPICE, 4 mars 2003 aff. T-319/99, Rec. II-357 : *« Le Tribunal a rappelé à bon droit (...) que la notion d'« entreprise » comprend, dans le contexte du droit de la concurrence, toute entité exerçant une activité économique, indépendamment du statut juridique de cette entité et de son mode de financement. Conformément à la jurisprudence de la Cour, il a également souligné (...) que c'est le fait d'offrir des biens ou des services sur un marché donné qui caractérise la notion d'activité économique ».*

670 IDOT Laurence, « La notion d'entreprise », *Revue des sociétés,* 2001, p. 191.

671 COZIAN Maurice, « La notion d'activité économique vue à travers le prisme de la jurisprudence de la Cour de Justice des Communautés européennes en matière de TVA », in Mélanges en l'honneur de Claude CHAMPAUD, « Le droit de l'entreprise dans ses relations externes à la fin du XX ème siècle », Dalloz 1997, pp. 225-243 : *« Le Conseil d'Etat avait transposé en matière de TVA la théorie des actes de commerce par accessoire qui a cours en droit commercial. Ainsi, les sociétés commerciales par la forme étaient soumises à la TVA pour l'ensemble de leurs opérations, même si certaines étaient civiles par nature. Il y avait de ce fait concordance entre le champ de la TVA et celui de l'impôt sur les sociétés. C'est cette attitude globalisante -et combien simplificatrice- qui est radicalement remise en cause par la jurisprudence de la CJCE ».*

ayant un caractère de permanence parce que l'éventuel dividende, fruit de cette participation, résulte de la simple propriété du bien »[672].
Toutefois la TVA, à la différence de l'impôt sur les sociétés, permet, aux fins de son assujettissement, de scinder les activités en fonction de leur caractère économique. Même si le critère de lucrativité n'est pas un critère suffisant pour caractériser l'activité économique dans certaines matières régies par le droit de l'Union[673], il reste, qu'en matière de TVA, les activités économiques sont celles *« effectuées à titre onéreux par un assujetti agissant en tant que tel »*[674].
La question de la transposition de ces solutions à l'impôt sur les sociétés reste posée en droit de l'Union, dans la mesure où il n'existe pas de définition donnée par les textes, et où la Cour ne s'est jamais réellement prononcée sur le sujet.
Aussi, certains droits nationaux, comme le droit français, sont réticents à admettre que les établissements stables puissent, en tant que démembrement d'une entreprise, exercer une activité purement patrimoniale.

2) Holdings, activités d'entreprise et établissement stable

356. S'il ne fait aucun doute qu'une société peut avoir une activité de holding pure, il n'en va pas forcément de même en ce qui concerne un établissement stable.
Les textes faisant référence à l'établissement stable le définissent comme *« toute installation fixe d'affaires située dans un Etat membre dans laquelle l'activité d'une société d'un autre Etat membre est exercée en tout ou en partie »*[675].
Cette formulation, outre le fait qu'elle réduit l'établissement stable à une installation fixe d'affaires en excluant l'agent dépendant, laisse deux questions ouvertes : celle de la qualification en établissement stable d'une société exerçant une activité de holding mixte et dans laquelle l'établissement exercerait une activité de holding pure, et celle de la possibilité pour un établissement stable d'être holding, alors que cette activité n'est pas exercée par le siège.

357. Certains droits nationaux considèrent que l'activité de l'établissement stable est restreinte à une activité économique telle qu'elle est entendue en matière de TVA.
Ainsi, l'administration française considère qu'une holding pure ne peut être constitutive d'un établissement stable au sens conventionnel du terme[676]. L'administration estime que la holding ayant une activité civile, et non commerciale, la structure est

---

[672] CJCE, 27 septembre 2001, aff. C-16/00, *Cibo Participations SA,* Rec. p. I-6663.
[673] CJCE, 16 novembre 1995, aff. C-244/94, Fédération française des sociétés d'assurance, Rec. p. I-4013, point 21 : *« Enfin, le seul fait que la CCMSA ne poursuit pas un but lucratif n' enlève pas à l'activité qu'elle exerce sa nature économique, dès lors que, compte tenu des caractéristiques relevées au point 17, elle peut donner lieu à des comportements que les règles de concurrence visent à réprimer ».*
[674] CGI, article 256-I.
[675] Conseil, Directive, 23 juillet 1990, n° 90/435/CE, remplacée par la directive du 30 novembre 2011, n° 2011/96/CE concernant le régime fiscal commun applicable aux sociétés mères et filiales d'Etats membres différents.
[676] « Panorama des redressements fiscaux : actualités, enjeux et prospectives. Compte-rendu de la 7ème conférence annuelle », *Droit Fiscal,* n° 43, 27 octobre 2005, pp. 1661-1674 et particulièrement page 1670.

patrimoniale et n'exerce pas d'activité économique[677]. Cependant, dans certains cas, l'administration requiert que les titres soient cantonnés dans une structure, que celle-ci dispose ou non de la personnalité morale[678].
Certains droits, comme le droit allemand, réservent spécifiquement la qualification d'établissements stables à ceux ayant une activité commerciale. Ainsi, la circulaire spécifique aux établissements stables de 1999[679] indique dans son article 1-1 qu'il s'applique aux établissements stables d'entreprises commerciales. La notion d'entreprise commerciale est également reprise dans le corps du texte, lorsque la circulaire vise la définition de l'installation fixe d'affaires[680].
Par ailleurs, devant la Cour de justice de l'Union européenne, l'administration allemande défend la position consistant à considérer que les activités non économiques sont constitutives, en matière d'impôt sur les sociétés, de montages abusifs[681].

358. Toutefois, le fait d'exclure de la qualification d'établissement stable les entités exerçant une activité patrimoniale risque de tomber sous le coup de la jurisprudence européenne relative aux libertés de circulation, en particulier la liberté d'établissement.
En effet, l'article 49 du TFUE prévoit expressément que les restrictions à la liberté d'établissement sont interdites, celles-ci s'entendant également de celles relatives à la création d'agences, de succursales ou de filiales.
Compte tenu de la jurisprudence européenne en matière de liberté d'établissement, il apparaît peu vraisemblable que la Cour valide la législation d'un Etat proscrivant la constitution de holding pure sous forme de succursale, alors que celle-ci est autorisée pour les sociétés[682].

---

[677] Le cas ne vaut pas en ce qui concerne les holding mixtes entendues comme celles qui *« sont animatrices effectives de leur groupe, participent activement à la conduite de sa politiques et au contrôle des filiales et rendent, le cas échéant et à titre purement interne au groupe, des services spécifiques, administratifs, juridiques, comptables, financiers ou immobiliers »*, Cass. Com., 27 septembre 2005, n° 03-20665, X c/ DGI, note MEDUS Jean-Louis, Joly sociétés, 1/2006, § 9.
[678] Ainsi, en application de la directive 2005/19/CE sur les fusions, un établissement stable portant les titres dus à la fusion ou à la scission sera créé au lieu de la société fusionnée.
[679] Bundesministerium der Finanzen, 24 décembre 1999, *„Gründsätze der Verwaltung für die Prüfung der Aufteilung der Einkünfte bei Betriebsstätten international tätiger Unternehmen (Betriebsstätten-Verwaltungsgrundsätze)"*. « Principes administratifs applicables à l'examen de la répartition des revenus dans le cas d'établissements stables d'entreprises opérant en matière internationale (Principes administratifs des établissements stables) ». Traduit par nous.
[680] *Ibid.*, § 1.1.1.1 : *« Un établissement stable doit être une base fixe et l'entrepreneur doit réaliser ses propres activités commerciales à cet égard »*. Traduit par nous. Les textes ultérieurs ne recourent pas à la notion d'activité industrielle et commerciale, mais la circulaire n'a, semble-t-il, pas été rapportée.
[681] Conclusions de M. l'Avocat général Paolo MENGOZZI présentées le 29 mars 2007 sous l'affaire n° C-298/05, *Colombus Container*, Rec. p. I-10451, point 181 *« Par ailleurs, contrairement à ce qu'insinue le gouvernement allemand, je ne crois pas que le fait qu'un établissement tel que Columbus consacre ses activités à la détention ainsi qu'à la gestion de capitaux et qu'il effectue, le cas échéant, des placements financiers dans d'autres États membres puisse être déterminant quant à la constatation de l'existence d'un montage purement artificiel, dans le sens où cet établissement n'accomplirait pas d'activités économiques effectives dans l'État membre d'accueil »*.
[682] CJCE, 28 janvier 1986, aff. C-270/83, *Commission contre République française*, Rec. p. 273.

En l'occurrence, il y aurait certainement atteinte à la liberté d'établissement, atteinte difficilement justifiable sous l'angle, admis par la jurisprudence européenne, de motifs impérieux d'intérêt général[683]. Ainsi, la nécessité de cohérence du système fiscal, même si elle constitue un motif recevable lorsqu'il s'agit d'impositions dans le chef d'un même contribuable[684], ne devrait pas pouvoir être invoquée[685].
La seule justification qui paraît invocable serait celle d'un montage abusif, lequel supposerait l'existence d'un but exclusivement fiscal. Or, dans la mesure où les entités juridiquement distinctes et les établissements stables sont imposés de manière identique par l'Etat d'implantation, ce dernier ne peut justifier d'une restriction « à l'entrée ». De surcroît, et quand bien même un risque d'abus de droit existerait, une interdiction générale d'exercice par un établissement stable d'une activité de holding pure contreviendrait au critère de proportionnalité de la Cour[686].

359. Le concept d'établissement stable pourrait être réservé, conformément à certains droits nationaux, à des activités économiques entendues comme industrielles, commerciales, et libérales, ce qui exclurait les activités civiles. Cependant, compte tenu de la jurisprudence européenne en matière de liberté d'établissement, il n'est pas certain que la Cour accepterait une telle restriction à la liberté d'établissement.
Il serait opportun que les instances européennes définissent le concept d'activité économique en matière d'impôt sur les bénéfices, ce qui permettrait de résoudre une partie des problèmes soulevés par les activités patrimoniales.
L'activité patrimoniale ne se cantonne pas à la gestion de titres. Elle est également liée à la possession de biens immobiliers.

---

683 Encore faut-il, dans le cas de l'admission d'un motif impérieux d'intérêt général, que la législation en cause soit propre à garantir la réalisation de l'objectif en cause et qu'elle n'aille pas au-delà de ce qui est nécessaire pour atteindre cet objectif ; CJCE 13 décembre 2005, aff. C-446/03, *Marks & Spencer*, Rec. p. I-10837, point 35; 12 septembre 2006, aff. C-196/04 *Cadbury Schweppes et Cadbury Schweppes Overseas*, Rec. p. I-7995, point 47.

684 CJCE, 18 septembre 2003, aff. C-168/01, Bosal Holding BV, Rec. p. I-9409, point 32 a contrario: *« En effet, contrairement aux succursales ou établissements d'exploitation, les sociétés mères et leurs filiales sont des personnes morales distinctes, chacune étant soumise à une imposition qui lui est propre, de sorte qu'un lien direct dans le cadre d'une même imposition fait défaut et que la cohérence du système fiscal ne saurait être invoquée ».*

685 Dans la mesure où les établissements stables et les sociétés sont imposées de manière identique dans l'Etat de la source, cet Etat ne peut invoquer la cohérence du système.

686 CJCE, 12 septembre 2006, aff. C-196/04, *Cadbury Schweppes et Cadbury Schweppes Overseas*, Rec, p. I-7995, points 60 et suivants; 27 novembre 2008, aff. C-418/07, *Papillon*, Rec. p. I-8947, points 52 et suivants.

§ 2. Bénéfices d'entreprise et activités immobilières

360. L'articulation entre les bénéfices d'entreprise et les revenus immobiliers reste en pratique d'application délicate, compte tenu de la rédaction des conventions fiscales bilatérales[687] (A).
En droit interne français, les solutions dépendent non seulement de la nature de l'activité exercée par la structure, mais aussi de sa forme (B).

A. Biens immobiliers d'entreprise, bénéfices d'entreprise et application du droit conventionnel

Le principe de l'imposition des revenus tirés de biens immobiliers est celui de l'imposition dans l'Etat de la source (1). Cependant, les conventions fiscales étant d'interprétation stricte, ce principe ne prévaut pas systématiquement (2).

1) Le principe de l'imposition dans l'Etat de la source en droit conventionnel

361. Le Modèle de Convention de l'OCDE comporte deux articles spécifiques concernant les biens immobiliers. L'article 6 concerne les revenus courants et l'article 13 les gains retirés de leur cession.
En application de l'article 6 alinéa 1, *« Les revenus qu'un résident d'un Etat contractant tire de biens immobiliers (y compris les revenus des exploitations agricoles ou forestières) situés dans l'autre Etat contractant, sont imposables dans cet autre Etat ».*
A la différence de l'article concernant les bénéfices d'entreprise, l'existence d'un établissement stable n'est pas requise, la simple situation de l'immeuble étant suffisante. *A fortiori*, si un établissement stable dispose à son actif de biens immobiliers situés sur le même territoire, il est, bien que non-résident, imposé sur les revenus afférents à ces biens. Il s'agit d'une véritable imposition dans l'Etat de source du revenu. *A contrario*, la formulation particulière de l'article 6, qui concerne les revenus perçus par les résidents d'un Etat, pourrait laisser supposer que l'article 6 n'est pas applicable aux biens détenus par l'intermédiaire d'un établissement stable, si ces biens sont situés dans un Etat autre que celui du siège ou celui de l'établissement stable[688]. Toutefois, la Convention Modèle prévoyant que l'article s'applique également aux biens immobiliers d'une entreprise indépendamment de toute notion de résidence, le principe d'une

---

[687] ARNOLD Brian J., "At Sixes and Sevens: The Relationship between the Taxation of Business Profits and Income from Immovable Property under Tax Treaties", *Bulletin for International Taxation*, n° 1/2006, pp. 5-18. Pour l'auteur, l'article 6 du Modèle de Convention ne fournit pas une définition exhaustive des revenus des biens immobiliers.

[688] Sur la question, voir, par exemple, ARNOLD Brian J., "At Sixes and Sevens: The Relationship between the Taxation of Business Profits and Income from Immovable Property under Tax Treaties", *Bulletin for International Taxation*, n° 1/2006, pp. 5-18; SAVERIO SCANDONE Francesco, PAPALLARDO EREDE Bonelli, « The Interaction between Business Profits and Income from Immovable Property under Tax Treaties : Is It All about Definitions ? », *Intertax*, 2009, vol. 37, Issue 4, pp. 223-234.

imposition dans l'Etat de la source devrait prévaloir quel que soit le mode d'exploitation choisi[689].
En outre, le principe d'imposition dans l'Etat de la source est en vigueur pour les revenus immobiliers et pour les gains en capital qu'un résident tire de l'aliénation de biens immobiliers visés à l'article 6[690].

362. Il est à noter que l'article 13 relatif aux gains en capital fait, à la différence de l'article 6, référence à la notion d'établissement stable pour imposer ces gains[691].
Ainsi, si les gains proviennent de l'aliénation de biens immobiliers figurant à l'actif d'un établissement stable, ils sont imposables dans l'Etat de *situs* de l'établissement. Il s'agit d'une imposition dans l'Etat de *situs* et non réellement une imposition dans l'Etat de source des revenus. Le texte, en lui-même, n'instaure pas de différences selon le lieu de situation des immeubles : il suffit que les biens soient à l'actif de l'établissement stable. Une interprétation large de l'article pourrait créer une différence dans l'imposition des gains en capital selon que la structure bénéficiaire est une entité juridiquement indépendante ou un établissement stable. En effet, si une société aliène un immeuble dans un autre Etat, la plus-value est imposable dans cet autre Etat. En revanche, si un établissement stable procédait à la même opération, et que le bien immobilier soit situé dans un Etat tiers, le gain serait imposable dans l'Etat de l'établissement stable. L'assiette d'imposition de l'établissement stable serait ainsi plus large que celle d'une structure juridiquement distincte.

363. Cette distinction ne paraît pas justifiée. En effet, si l'on considère que les établissements stables doivent être considérés comme des entités fonctionnellement distinctes, les revenus provenant de l'aliénation de biens immeubles doivent être imposés de la même façon.
En droit français, les dispositions de l'article 13 du Modèle de Convention ont fait l'objet d'une interprétation stricte, conduisant à faire prévaloir l'article relatif aux bénéfices d'entreprise sur l'article relatif aux gains en capital.

<u>2) L'interprétation stricte des conventions et l'articulation entre les bénéfices d'entreprise et les revenus immobiliers</u>

364. Le Conseil d'Etat, dans un arrêt du 25 février 2004, a pris position sur l'imposition des gains retirés de la cession de parts de société immobilière.
Le Conseil d'Etat a jugé qu'en l'absence de précisions sur les personnes à qui s'appliquaient les dispositions de la convention franco-britannique afférentes aux gains immobiliers, ceux-ci relevaient de la catégorie des bénéfices industriels et

---

[689] OCDE, Modèle de Convention, article 6-4 : « *Les dispositions des paragraphes 1 et 3 s'appliquent également aux revenus provenant des biens immobiliers d'une entreprise* ».
[690] OCDE, Modèle de Convention, article 13.
[691] OCDE, Modèle de Convention fiscale, article 13 al. 2 : « *Les gains provenant de l'aliénation de biens immobiliers qui font partie de l'actif d'un établissement stable qu'une entreprise d'un Etat contractant a dans l'autre Etat contractant, y compris de tels gains provenant de l'aliénation de cet établissement stable, sont imposables dans cet autre Etat* ».

commerciaux, catégorie inapplicable au cas d'espèce en l'absence d'établissement stable[692].

Le Conseil d'Etat fait ainsi prévaloir l'article relatif aux bénéfices d'entreprise sur ceux relatifs aux revenus immobiliers permanents ou exceptionnels[693].
En quelque sorte, dès lors que les conventions ne prévoient pas expressément que les dispositions relatives aux revenus immobiliers ne s'appliquent pas aux revenus d'entreprise, et que les biens sont inscrits à l'actif d'une entreprise industrielle et commerciale, il existe une « attraction » de la catégorie des bénéfices d'entreprise. En l'espèce, l'arrêt du Conseil réduit le principe d'imposition dans l'Etat de la source, en favorisant une imposition dans l'Etat de la résidence, ce qui n'aurait pas été le cas si la structure avait été juridiquement distincte.
La solution du Conseil d'Etat paraît discutable, dans la mesure où elle fait entrer dans la catégorie des bénéfices industriels et commerciaux des revenus qui sont par nature civils[694].

365. Outre l'interprétation de l'article 13, l'articulation des stipulations des articles 6 et 7 du Modèle de Convention de l'OCDE peut susciter des conflits d'interprétation[695].

---

692 CE, 25 février 2004, n°250328, 9ème et 10è s-s, *Sté Hallminster Ltd*, *Droit Fiscal*, n° 51/2004, Comm 911 : « *Considérant qu'aux termes du 1 de l'article 6 de la convention fiscale entre la France et le Royaume-Uni (...): « Les bénéfices industriels et commerciaux d'une entreprise d'un Etat contractant ne sont imposables que dans cet Etat, à moins que l'entreprise exerce son activité dans l'autre Etat contractant par l'intermédiaire d'un établissement stable qui y est situé... » ; qu'il est précisé au 5 de ce même article que « l'expression » bénéfices industriels et commerciaux « désigne les revenus tirés par une entreprise de la conduite d'une exploitation industrielle et commerciale », à l'exclusion, toutefois, de revenus visés à certains autres articles de la convention ; que ne figure pas au nombre de ceux-ci l'article 13, dont le 1 stipule que : « Les gains qu'un résident d'un Etat contractant tire de l'aliénation de biens immobiliers, tels qu'ils sont définis au paragraphe 2 de l'article 5 et situés dans l'autre Etat, sont imposables dans cet autre Etat... », mais ne renvoie pas au paragraphe 4 du même article, qui rend ses dispositions applicables aux revenus provenant des biens immobiliers d'une entreprise ; qu'en jugeant qu'il en résultait que la plus-value réalisée par la société commerciale Hallminster Limited à l'occasion de l'aliénation des parts, assimilables à des biens immobiliers en vertu des définitions du 2 de l'article 5 de la convention, qu'elle détenait dans la société civile d'exploitation du vignoble de Château-Latour avait constitué, non pas un gain soumis à la règle fixée au 1 de l'article 13, mais un revenu entrant dans la catégorie des bénéfices industriels et commerciaux régis, notamment, par le 1 de l'article 6, de sorte qu'elle n'était pas imposable en France, à défaut que la société Hallminster Limited, y ait exercé son activité par l'intermédiaire d'un établissement stable, la cour administrative d'appel a (...) fait une exacte application des stipulations de la convention ».*

693 Voir également CE, 22 mai 1992, n° 63266, 8ème et 9ème s-s, *SPA Raffaella*, *RJF*, n° 07/1992, n° 960.

694 PONS Thierry, GRIGNARD Marianne, « Interprétation des traités fiscaux et gains immobiliers réalisés par les sociétés : qui perd gagne ? », *Droit Fiscal*, n° 19, 11 mai 2006, pp. 921-925.

695 SAVERIO SCANDONE Francesco, PAPALLARDO EREDE Bonelli, « The Interaction between Business Profits and Income from Immovable Property under Tax Treaties : Is It All about Definitions ? », *Intertax*, 2009, vol. 37, Issue 4, pp. 225-226. Pour les auteurs, l'article 6 ne s'appliquera pas dans les relations entre le siège et l'établissement stable, et l'Etat de l'établissement stable peut imposer les revenus sur le fondement de l'article 7.

D'une part, l'article 7 concernant les bénéfices réalisés par des établissements stables prévoit : *« lorsque des bénéfices comprennent des éléments de revenus traités séparément dans d'autres articles de la présente Convention, les dispositions de ces articles ne sont pas affectées par les dispositions du présent article »*. D'autre part, l'article 6 prévoit : *« les revenus qu'un résident d'un Etat contractant tire de biens immobiliers situés dans un autre Etat contractant, sont imposables dans cet autre Etat »*.

366. Ainsi, un établissement stable n'étant pas résident au sens des conventions, la question se pose de l'applicabilité de l'article 6 dans le cas où un établissement stable, situé dans un Etat A, tire des revenus d'immeubles situés dans un Etat B, le siège étant lui-même situé dans un Etat C. Si l'on s'en tient à la stricte lecture de l'article 6, les revenus considérés seraient ceux perçus par le siège, seul résident au sens conventionnel, dans l'Etat B, ce qui renvoie au problème de détermination des conventions applicables. La solution serait différente pour une entité juridiquement distincte, imposable en toute hypothèse au lieu de situation de l'immeuble[696].
Le Modèle de Convention de l'OCDE ayant vocation à traiter des relations bilatérales, l'interposition d'un établissement stable suscite ainsi des conflits d'interprétation. Certains articles du Modèle, comme les articles 6 et 13, sont susceptibles d'induire des différences difficilement justifiables dans l'imposition des établissements stables et dans celle des sociétés.

La détermination de la catégorisation et de l'imposition des revenus immobiliers ne se pose pas uniquement dans le cadre de l'interprétation des articles du Modèle de Convention, mais également en droit interne en fonction de l'activité de l'entreprise et de sa forme sociale.

B. Biens immobiliers d'entreprise et droit interne

367. Le droit interne distingue la nature des revenus en fonction de l'activité de l'entreprise à laquelle ils se rattachent (1). De surcroît, la jurisprudence a adopté une qualification des revenus en fonction de la forme sociale de l'entreprise les percevant (2).

1) L'activité de l'entreprise : critère déterminant pour la qualification des revenus ?

368. Deux cas doivent être distingués : les immeubles situés à l'étranger d'entreprises françaises, et les immeubles situés en France et appartenant à des entreprises étrangères. La doctrine administrative prévoit, en ce qui concerne les revenus des immeubles figurant à l'actif d'une entreprise ayant son siège en France, *« qu'il convient de distinguer les deux hypothèses suivantes :*

[696] *Ibid.*, p. 231.

a. Les immeubles situés à l'étranger sont affectés à l'exercice d'une activité commerciale habituelle dans le pays de leur situation ou constituent de par leur gestion, l'exploitation d'une véritable entreprise indépendante.
Lorsqu'une entreprise française exerce une activité commerciale habituelle dans le pays où sont situés les immeubles, les revenus de ces immeubles – qui figurent à l'actif du bilan de l'établissement étranger – doivent en principe être compris dans les résultats de l'activité étrangère et échappent par suite à toute imposition en France.
Il en est de même dans le cas d'une société immobilière ayant pour objet la gestion des immeubles lui appartenant et qui est réputée exercer personnellement une activité commerciale dans le pays étranger de la situation des immeubles, lorsqu'elle possède dans ce pays un représentant qualifié chargé d'en assurer la gestion (CE, arrêt du 5 juin 1937, req. n° 42274).
b. Les immeubles à l'étranger ne sont pas affectés à une activité commerciale habituelle de la personne morale propriétaire et les conditions de leur gestion ne sont pas caractéristiques d'une activité détachable de celle du siège.
Dans les situations de ce type, les revenus des immeubles situés à l'étranger sont imposables en France.
Il est précisé que les opérations effectuées à l'étranger par une société immobilière ayant son siège en France, doivent être regardées comme non détachables de l'activité de gestion immobilière exercée dans notre pays et ne constituent pas, par suite, l'exercice habituel d'une activité commerciale à l'étranger, lorsque lesdites opérations sont organisées, contrôlées et gérées par le siège de l'entreprise en France »[697].

369. La doctrine française s'écarte des recommandations faites par l'OCDE.
En effet, dans le cadre français, l'imposition au lieu de situation des immeubles est réservée aux cas dans lesquels il existe une activité commerciale exercée par le biais d'un établissement stable ou d'un représentant.
Qui plus est, le revenu est alors rattaché aux bénéfices de l'établissement stable, sans qu'il soit établi de distinction selon la nature des revenus en cause.
Cette approche apparaît cohérente avec l'approche patrimoniale concernant les holdings pures, qui tend à considérer qu'un établissement stable ne peut exercer d'activité purement civile. Ce faisant, l'administration française restreint l'imposition dans l'Etat de source au profit de l'imposition dans l'Etat de la « résidence ».
Cependant, les commentaires plus récents publiés par l'administration fiscale[698] privilégient le principe d'imposition dans l'Etat de source des revenus.
Dans ce cas, il n'existerait plus de réelle différence selon que les biens sont détenus par une société ou par un établissement stable, ce dernier étant assimilé, aux fins d'imposition des revenus immobiliers, à une entreprise résidente.

---

[697] Doctrine administrative, DB 4 H 1413 § 27-28 à jour au 1er mars 1995.
[698] Voir les commentaires publiés par l'Administration, de la convention fiscale signée avec l'Algérie le 17 octobre 1999, BOI 14 B-3-03 du 22 mai 2003, § 33 : *« Les dispositions des paragraphes 1 et 3 de l'article 6 s'appliquent également aux revenus des biens immobiliers des entreprises industrielles, commerciales, artisanales, non commerciales ou agricoles, et aux revenus des biens immobiliers servant à l'exercice d'une profession indépendante (article 6, paragraphe 4). Le droit d'imposition de l'Etat de la source a donc priorité sur le droit d'imposition de l'autre Etat. Il s'exerce même dans le cas où les biens immobiliers dont sont tirés les revenus ne font pas partie d'un établissement stable ou d'une base fixe situés dans cet Etat ».*

370. En ce qui concerne les revenus retirés par les sociétés étrangères des immeubles situés en France, la solution est plus complexe. En effet, elle dépend de l'existence ou non d'une convention, et, lorsqu'une telle convention existe, de sa rédaction.
Les conventions élaborées conformément au Modèle de l'OCDE attribuent le droit d'imposition des revenus immobiliers à l'Etat d'implantation de l'immeuble. Cependant, certaines conventions conditionnent l'imposition à l'existence d'un établissement stable, ce qui aboutit à une imposition dans la catégorie des bénéfices d'entreprise et non dans la catégorie des revenus immobiliers[699].

Cependant, la jurisprudence du Conseil d'Etat semble également subordonner l'imposition sur le territoire français à la lucrativité de l'exploitation, et à la forme sociale des structures propriétaires.

2) La prise en compte de la forme juridique de la société étrangère pour qualifier le revenu

371. Le Conseil d'Etat, dans un arrêt rendu le 24 mai 2006[700], a déchargé une société anonyme monégasque du supplément d'impôt sur les sociétés qui lui avait été notifié, considérant que la société ne pouvait pas être assimilée à une SA française, et qu'elle n'exerçait pas d'activité lucrative permettant son imposition sur le fondement de l'article 206 du CGI[701].
Dans un arrêt rendu en juillet 2009[702], le Conseil d'Etat a semblé corréler l'article 206. 1 du CGI avec les stipulations de la convention franco-britannique. Ainsi, après avoir jugé que la société étrangère ne disposait pas d'une entreprise exploitée en France au sens de l'article 209.1 du CGI, le Conseil d'Etat a indiqué : *«(...) Le ministre invoque l'article 5 de la convention fiscale franco-britannique en combinaison avec les dispositions du I de l'article 209 du CGI dans sa rédaction issue de l'article 3 de la loi du 28 décembre 1959 et (...) la société requérante, société de capitaux de droit britannique, est imposable à l'impôt sur les sociétés en vertu du 1 de l'article 206 du même Code ».*
Si, au cas particulier, la société n'était pas imposable en France faute de revenus positifs, la question reste ouverte de savoir si l'article 206.1 du CGI aurait pu fonder une imposition sur le territoire français, du fait du caractère de société de capitaux de l'entreprise étrangère[703]. Cette possibilité, peu probante au regard de l'article 209 I. du CGI, mérite cependant d'être discutée.

---

[699] Voir, par exemple, sous l'empire de l'ancienne convention franco-italienne, CE, 22 mai 1992, n° 63266, *SPA Raffaella*, *RJF*, n° 07/1992, n° 960.
[700] CE, 24 mai 2006, n° 278737, 3ème et 8ème s-s, *Sté immobilière Saint Charles*, *RJF*, n° 08-09/2006, n° 996 ; *Droit Fiscal*, n° 50, 14 décembre 2006, n° 785, Conclusions GLASER Emmanuel.
[701] Pour une critique de l'arrêt voir LE GALL Jean-Pierre, « Régime fiscal des affaires », *RTD Com.*, janv-mars 2007, pp. 254-258.
[702] CE, 31 juillet 2009, n° 296471, *Sté Overseas Thoroughbred Racing Stud Farms Limited*, *RJF*, n° 11/2009, n° 979.
[703] Pour certains auteurs, l'article 206 n'a vocation qu'à régir le champ d'application matériel de l'impôt sur les sociétés, et ne saurait en aucun cas permettre d'asseoir la compétence fiscale de l'Etat français. En ce sens, voir AUSTRY Stéphane, GUTMANN Daniel, « L'imposition des sociétés étrangères propriétaires d'immeubles en France : une nouvelle orientation de la

372. La jurisprudence française établit une distinction dans l'imposition des revenus immobiliers en fonction de la nature de la structure : les structures étrangères ne sont pas obligatoirement imposées sur les revenus immobiliers provenant de leurs immeubles français. Le Conseil d'Etat a ainsi réduit le pouvoir d'imposition de l'Etat de la source, en considérant, non la source du revenu, mais la nature de la structure et des revenus produits. En ce sens, des distorsions dans l'imposition des non-résidents seraient créées, selon qu'ils disposent ou non d'un établissement stable, qu'ils exercent ou non une activité à caractère patrimonial, et selon la structure sociale.

373. Ainsi, si la jurisprudence considère traditionnellement que, compte tenu des stipulations combinées des conventions fiscales et de l'article 206-1 du CGI, les SA étrangères assimilables à des SA françaises sont passibles de l'impôt sur les sociétés français sur les revenus de leurs immeubles, et ce, même en l'absence d'un établissement stable, une interrogation pourrait subsister en ce qui concerne les sociétés de personnes.
Une société de personnes étrangère, qualifiée comme telle par le droit français, n'exerçant pas d'activité commerciale et ne disposant pas d'un établissement stable sur le territoire français, ne pourrait pas être assujettie à l'impôt sur les sociétés, ni du fait de sa forme, ni du fait de son activité.
En outre, pour qu'il y ait imposition, la société de personnes étrangère devrait être considérée comme résidente de l'Etat dans lequel elle est constituée, conformément aux dispositions de l'article 6 du Modèle de Convention[704].
Toutefois en la matière, et bien que le cas ne soit pas prévu par l'instruction administrative relative aux sociétés de personnes étrangères, il pourrait être fait application de la théorie de la « transparence » de la société de personnes, aux fins d'appliquer la convention idoine à ses associés[705].

374. En matière patrimoniale, qu'il s'agisse de la gestion de titres ou d'immeubles, les solutions sont complexes, du fait, pour les établissements stables, de la nature de leurs activités, et, pour les sociétés, non seulement de leurs activités, mais également de leur structure sociale.
En toute hypothèse, il apparaît que l'ensemble des revenus d'activité n'est pas imposé de façon identique pour les établissements stables et pour les entités juridiquement distinctes. L'absence d'imposition de certains revenus pour les établissements stables tient essentiellement aux caractéristiques historiques des établissements. A l'origine,

---

jurisprudence », *FR*, 41/09, pp. 9-11 ; DAUMAS Vincent, « 'Subsidiarité' des conventions fiscales : un pragmatique retour à l'orthodoxie », *RJF*, n° 11/2009, pp. 823-824. Pour autant, le Conseil d'Etat a jugé à plusieurs reprises que des personnes morales étrangères, situées dans un Etat non lié à l'Etat français par une convention relative à la double imposition, était imposables en France. En ce sens, voir, CE, 18 janvier 1984, n° 24343, *RJF*, n° 03/1984, n° 283 ; 26 janvier 1990, n° 64211, *Fondation « arts et industries »*, *RJF*, n° 03/1990, n° 264.

[704] En pratique, la plupart des pays n'accordent pas la personnalité morale à certaines sociétés de personnes. A cet égard voir OCDE, Questions de fiscalité internationales n° 6 : « L'application du Modèle de Convention fiscale de l'OCDE aux sociétés de personnes »

[705] Instruction du 29 mars 2007, BOI 4 H-5-07, n° 47, « Sociétés de personnes étrangères » ; également CE du 13 octobre 1999, n° 191191, 8ème et 9ème s-s, *Diebold Courtage*, *RJF*, n° 12/1999, n° 1492 ; Chronique MIGNON Emmanuelle, « Fiscalité internationale des sociétés de personnes : la transparence n'est pas le vide », *RJF*, n° 12/1999, pp. 931-937.

n'étaient imposés que les revenus d'activités industrielles et commerciales de structures revêtant un caractère de permanence suffisant. Les opérations préparatoires et auxiliaires demeurent non imposées, et des interrogations subsistent en ce qui concerne les activités patrimoniales.

Par ailleurs, la nature même de l'établissement stable, démembrement d'une entreprise ne disposant pas de la personnalité morale, fait obstacle à l'imposition de certains revenus.

SECTION 2 : LES LIMITES LIÉES À LA NATURE DE L'ÉTABLISSEMENT STABLE

375. L'établissement stable, dépourvu de la personnalité juridique, n'est, à la différence des sociétés, pas considéré comme un résident. Ainsi, les établissements stables ne sont généralement imposés que sur les revenus qu'ils perçoivent dans leur Etat d'implantation, à la différence des sociétés qui, en tant que résidentes, sont imposées sur leurs revenus mondiaux[706]. L'établissement stable, de par sa nature même, dépend de différents droits : le droit interne qui détermine son assiette d'imposition, le droit conventionnel qui règle les conflits avec l'Etat du siège, mais également le droit de l'Union européenne (§ 1). Par ailleurs, l'absence de personnalité juridique induit une attribution de son résultat différente de celle qui prévaut pour les structures juridiquement distinctes, ces dernières étant également soumises à des régimes différents selon qu'elles sont considérées, ou non, comme des filiales (§ 2).

§ 1. L'imposition de l'établissement stable : entre droit interne, droit conventionnel et droit de l'Union européenne

376. Les bénéfices d'entreprise réalisés par l'établissement stable sont imposés par l'Etat dans lequel il est implanté. Ce postulat induit deux conséquences. En premier lieu, les résultats de l'établissement stable, à la différence de ceux de certaines sociétés, vont être systématiquement imposés par l'Etat de *situs*. En second lieu, bien que le droit de l'Union européenne s'oppose à toute discrimination dans l'imposition des résidents et des non-résidents, certaines distinctions vont être établies (A).
Par ailleurs, les droits nationaux et le droit conventionnel peuvent ne pas avoir une définition identique, ce qui infère la possibilité d'une imposition fondée uniquement sur une définition conventionnelle (B).

---

[706] L'imposition territoriale des sociétés est une particularité française.

A. Le rattachement de l'établissement stable à l'ordre fiscal interne

377. Le résultat imposable des établissements stables se rattache à l'ordre fiscal interne de l'Etat hôte. Ainsi, le résultat va être déterminé en tenant compte des règles fiscales de l'Etat d'accueil, sans que puisse y faire obstacle le fait qu'il ne soit considéré ni comme résident ni comme national. A cet égard, le rattachement de l'établissement stable à l'ordre fiscal interne de l'Etat de *situs* se distingue de celui des sociétés (1).
En outre, bien que le droit conventionnel et le droit de l'Union européenne promeuvent un principe de non-discrimination en fonction de la nationalité et/ou de la résidence, ce principe n'est pas d'application absolue, et peut susciter des différences dans l'imposition des établissements stables et des structures juridiquement distinctes (2).

1) L'établissement stable à l'épreuve des notions de nationalité et de résidence

378. Le droit fiscal appréhende difficilement les notions de nationalité et de résidence et leurs implications.
Conventionellement, l'établissement stable d'une entreprise est considéré comme un non-résident aux fins de l'imposition par l'Etat de *situs*[707]. Cependant, la non-résidence ne conduit pas nécessairement à une imposition de l'établissement sur une base territoriale. Ainsi, certains Etats, indépendamment de leur régime d'imposition territorial ou mondial, imposent les établissements stables implantés sur leur territoire soit sur une base mondiale, soit sur une base territoriale[708]. Le Royaume-Uni et l'Espagne, qui ont un système d'imposition mondial, imposent les établissements stables sur la base de leurs revenus mondiaux[709]. Dans ces cas, il y a imposition par l'Etat de *situs* de l'ensemble des revenus. En revanche, le Luxembourg, dont le système est fondé sur une imposition mondiale des résidents, impose les établissements stables non-résidents uniquement sur la base de leurs revenus actifs de source luxembourgeoise[710]. Dans ce cas, il existe une coïncidence entre l'Etat de *situs* et l'Etat de source des revenus actifs.

379. La France, conformément au principe de territorialité de l'impôt sur les sociétés prévu à l'article 209.I du CGI, impose les établissements stables sur les revenus actifs de source française.
Pour certains auteurs, l'établissement stable se distingue de ce fait de la résidence.

---

[707] Conformément à l'article 4 du Modèle de Convention de l'OCDE qui stipule que : *« l'expression « résident d'un Etat contractant » désigne toute personne qui, en vertu de la législation de cet Etat est assujettie à l'impôt dans cet Etat en raison de son domicile, de sa résidence, de son siège de direction ou de tout autre critère de nature analogue(...) »*.
[708] BAKER Philip, COLLIER Richard S., General Report, Cahier de droit fiscal international, "The attribution of profits to permanent establishments", 2006, Vol. 91b, p. 42.
[709] IFA, Cahiers de droit fiscal international, "The attribution of profits to permanent establishments", 2006, Vol. 91b, Rapporteur pour le Royaume-Uni, SENIOR Andrew, pp. 665-689, et particulièrement p. 665 ; Rapporteur pour l'Espagne GARCIA FRIAS Angels, pp. 579-605, et particulièrement p. 581.
[710] IFA, Cahiers de droit fiscal international, "The attribution of profits to permanent establishments", 2006, Vol. 91b, Rapporteurs pour le Luxembourg, CHAMBERS Paul, O'DONNELL Keith, pp. 455-467 et particulièrement p. 456.

Selon Pierre-Jean DOUVIER, les deux notions sont mêmes antinomiques, en ce que *« la résidence pour les personnes morales, est une question de mondialisation de l'imposition, ce qui vise aussi bien les profits que les pertes réalisés dans des Etats autres que celui d'installation de la société. En revanche, l'établissement stable est un concept purement territorial, même dans certains Etats appliquant le concept de mondialisation »*[711].

Un arrêt du Conseil d'Etat a pu jeter le trouble sur l'application de la notion de résidence aux établissements stables[712]. Dans cet arrêt, rendu en matière d'applicabilité de la retenue à la source sur les dividendes prévue à l'article 119 bis 2 du CGI, le Conseil d'Etat a jugé : *« qu'il suit de là que l'établissement situé en France d'une société étrangère doit être assimilé à un siège en France pour l'application des dispositions précitées de l'article 4-1 de la loi du 12 juillet 1965, codifié sous l'article 119 bis-2 du code général des impôts »*. De ce fait, la retenue à la source était inapplicable aux dividendes perçus par l'intermédiaire d'un établissement stable.

Cet arrêt ne rend pas l'établissement stable résident. En effet, il y a simple assimilation à un siège pour l'application des retenues à la source. L'établissement est considéré comme une structure fiscalement distincte, ce qui suppose de ne pas effectuer une retenue à la source sur les dividendes qu'il a perçus. Dans la mesure où les titres étaient inscrits à l'actif de l'établissement stable, les revenus y relatifs entraient dans les revenus de l'établissement stable imposables sur le fondement de l'article 209-I du CGI (et de l'article de la convention franco-suisse applicable au cas d'espèce).

380. En réalité, l'établissement stable reste un non-résident pour lequel les Etats déterminent la base, territoriale ou mondiale, sur laquelle il doit être imposé.

Par ailleurs, l'établissement stable, démembrement de l'entreprise considérée dans son ensemble, ne bénéficie pas de la nationalité de l'Etat dans lequel il est implanté.

Pour les sociétés, les notions de nationalité et de résidence sont théoriquement différenciées. Le droit conventionnel français, à la différence du droit d'autres pays européens[713], fait traditionnellement primer la notion de siège social pour caractériser à la fois la nationalité et la résidence[714]. Cependant, les conventions fiscales conclues plus récemment consacrent le critère du siège de direction effective pour caractériser les résidents[715]. Les différences d'acception entre nationalité et résidence ont pour

---

711 DOUVIER Pierre-Jean, « Résidence de l'entreprise : l'établissement stable et la résidence des sociétés dans l'union européenne », *Petites affiches,* 15 mai 2002, pp. 30-33.

712 CE, 19 décembre 1975, n° 84774-91895, *X.*

713 L'Irlande par exemple utilise la notion de siège de direction effective pour qualifier le rattachement à son ordre juridique.

714 Par exemple, instruction du 9 mai 1978, BOI 14 A-3-78, portant convention avec la République populaire du Bénin , article 2 : *« Pour l'application de la présente convention, le domicile des personnes morales est au lieu du siège social statutaire, celui des groupements de personnes physiques n'ayant pas la personnalité morale au lieu du siège de leur direction effective».*

715 Par exemple, Deuxième avenant a la convention entre la France et le Grand-Duché de Luxembourg tendant à éviter les doubles impositions et à établir des règles d'assistance administrative réciproque en matière d'impôts sur le revenu et sur la fortune, signée à Paris le 1er avril 1958, signée à Luxembourg le 24 novembre 2006, Instruction du 19 février 2008, BOI 14 A-1-08, article 2 : « *Celui [le domicile fiscal] des personnes morales et des groupements de*

conséquence que des sociétés disposant de la nationalité ne sont pas nécessairement imposées dans l'Etat dont elles ont la nationalité.

381. Ainsi, le droit français fonde l'imposition à l'impôt sur les sociétés sur la notion d'exploitation en France[716]. Par essence, l'établissement stable, à la différence des sociétés, et en dehors de toute référence au droit conventionnel, entre dans les prescriptions de l'article 209.I du CGI. En effet, l'établissement stable est par nature exploité en France, et donc soumis territorialement à l'impôt sur les sociétés. En revanche, une structure juridiquement distincte, dotée de la personnalité morale, et inscrite au registre du commerce et des sociétés, peut être considérée comme n'étant pas exploitée en France.
C'est en ce sens, semble-t-il, que le Conseil d'Etat s'est prononcé dans l'arrêt *SARL TBF*[717], rendu en matière de retenues à la source sur les redevances.
En l'espèce, le Conseil d'Etat a indiqué : *« Considérant qu'une société française peut ne disposer en France d'aucune installation professionnelle permanente mais exercer ses activités par l'intermédiaire d'installations professionnelles permanentes implantées à l'étranger ; que dans ces conditions, la retenue à la source prévue par l'article 182 B du Code général des impôts s'appliquerait aux sommes versées à l'étranger en rémunération des prestations fournies ou utilisées en France... »*.

382. Dans ses conclusions, Mme la Commissaire du gouvernement précisait que le Conseil avait déjà jugé à plusieurs reprises qu'il n'y avait pas assimilation entre le siège social et l'activité professionnelle[718].
Si l'on s'en tient à la lettre stricte de l'article 209.I du CGI, les sociétés, mêmes immatriculées en France, ne seraient donc pas soumises à l'impôt sur les sociétés en l'absence d'exploitation effective en France. Cette position est celle adoptée par la doctrine administrative, qui précise que *« les entreprises qui exploitent exclusivement des établissements situés à l'étranger et ne possèdent en France que leur siège social échappent généralement à toute taxation dans notre pays »*[719].
Même si cette appréciation semble contradictoire avec l'article 206 du même code, lequel prévoit : *« Sous réserve des dispositions des articles 8 ter, 239 bis AA, et 1655 ter, sont passibles de l'impôt sur les sociétés quel que soit leur objet, les sociétés anonymes, les sociétés en commandite par actions, les sociétés à responsabilité limitée n'ayant pas opté pour le régime des sociétés de personnes (...) »*, la détermination du

---

personnes physiques n'ayant pas la personnalité morale est au lieu de leur centre effectif de direction, ou si cette direction effective ne se trouve ni dans l'un ni dans l'autre des Etats contractants, au lieu de leur siège ».

[716] CGI, article 209-1: *« Sous réserve des dispositions de la présente section, les bénéfices passibles de l'impôt sur les sociétés sont déterminés d'après les règles fixées par les articles 34 à 45, 53 A à 57, 237 ter A et 302 septies A bis et en tenant compte uniquement des bénéfices réalisés dans les entreprises exploitées en France ainsi que de ceux dont l'imposition est attribuée à la France par une convention internationale relative aux doubles impositions ».*

[717] CE, 28 mars 2008, 10ème et 9ème sous sections, n° 281405, *SARL TBF*, *Droit Fiscal*, n° 18, 1er mai 2008, pp. 32-34.

[718] Conclusions LANGEAIS Claire sous l'arrêt précité qui cite les arrêts suivants : CE du 20 juin 1953, n°77693 ; CE du 6 décembre 1957, n° 30650, et CE du 29 juin 1981, n° 16095.

[719] Doctrine administrative 4 H 1413 § 29 mise à jour le 1er mars 1995.

bénéfice territorialement imposable prime sur la notion de sociétés soumises, de par la loi, à l'impôt sur les sociétés.

383. Cependant, la jurisprudence française peine à déterminer les différences entre nationalité et résidence pour les sociétés. Ainsi, une évolution dans les termes employés par la jurisprudence peut être relevée. Dans un arrêt rendu le 17 janvier 1996[720], le Conseil d'Etat indiquait : *« S'agissant des personnes morales constituées conformément à la législation suisse, la localisation hors de France de leur siège de direction effective ne se distingue pas de leur nationalité »*. Par la suite, la Haute Assemblée, dans un arrêt en date du 15 décembre 2004[721], a jugé que : « *(...)Par suite, la différence de traitement qu'instaurent ces dispositions n'est pas fondée, s'agissant de personnes morales, sur le lieu de leur siège social, qui détermine leur nationalité, mais sur celui de l'établissement auquel se rattache l'activité immobilière »*.
Dans cet arrêt, le Conseil d'Etat n'a pas pris position sur la distinction entre résidence et nationalité pour les personnes morales[722].

384. La question d'une distinction entre nationalité et résidence des personnes morales a, semble-t-il, été tranchée dans un arrêt de juillet 2010[723]. Au cas d'espèce, le ministre arguait d'une différence entre les notions de nationalité et de résidence pour justifier d'une discrimination non prohibée du fait de la résidence. Le Conseil d'Etat n'a pas suivi l'approche de l'administration fiscale et a condamné une discrimination fondée sur la nationalité.
De ce fait, aucune distinction en termes d'application différenciée de la loi fiscale ne peut être opérée entre la résidence, entendue comme le lieu de direction effective, et le siège[724].
La notion de siège réel – entendu comme la direction effective – est toutefois à employer avec précaution, car elle tend à entretenir une confusion entre la nationalité et la résidence, au sens qu'en donne une partie de la doctrine anglo saxonne[725].

385. Ainsi, dans la mesure où, tant le Modèle de Convention de l'OCDE[726] que les conventions signées par l'Etat français précisent que « les sièges de direction » constituent des établissements stables, il pourrait être fait application du critère de résidence pour imposer les structures dans les Etats de *situs*. Ainsi, les sociétés et les établissements stables disposant de la direction effective sur le territoire d'un Etat

---

720 CE, 17 janvier 1996, n° 120646, *SA NIKE*, *RJF*, n° 03/1996, n° 322.
721 CE, 15 décembre 2004, n° 257337, *Ministre contre société de promotion écologique*, *RJF*, n° 03/2005, n° 261.
722 Dans la première partie de son raisonnement, le commissaire du gouvernement proposait de consacrer le critère du lieu d'établissement comme permettant de distinguer la nationalité de la résidence, raisonnement non retenu par le Conseil d'Etat. Conclusions OLLEON Laurent, *RJF*, n° 03/2005, pp. 147-151.
723 CE, 5 juillet 2010, n° 309693, *Pinacothèque d'Athènes*, *RJF*, n° 11/2010, n° 1092.
724 FOUQUET Olivier, « Peut-on distinguer la résidence et la nationalité des sociétés? », *RTD com.*, 2011, p. 819.
725 EDWARDS V., « EC Company law » Clarendon Press, Oxford 1999 : « Dans la théorie du siège social réel, nationalité et résidence d'une société se trouvent emmêlées de façon inextricable ».
726 OCDE, Modèle de Convention relative à la double imposition, article 5.

seraient considérés comme résidents et imposés de façon identique. En revanche, les sociétés nationales ne seraient pas imposées, dès lors qu'elles ne seraient pas considérées comme ayant leur siège de direction effective en France.
Il serait ainsi fait application d'un critère qui permettrait de simplifier l'approche comparée entre les entités juridiquement distinctes et les établissements stables.

386. Le droit international et conventionnel gagnerait également à une clarification des notions. En effet, les conventions ne s'appliquent théoriquement qu'aux seuls résidents des Etats contractants. Néanmoins, les établissements stables, bien que non-résidents, se voient également appliquer certains articles des conventions.
Ainsi, la nationalité n'étant pas la résidence, il pourrait être fait application aux établissements stables, à l'instar de ce qui existe pour les personnes physiques, du critère de résidence, tout en considérant qu'ils ne sont pas nationaux de l'Etat d'implantation[727].
En outre, les notions de nationalité et de résidence renvoient à l'application du critère de non-discrimination qui existe en droit conventionnel et en droit de l'Union européenne.

2) L'application du principe de non-discrimination

387. L'OCDE[728] et l'Union européenne reconnaissent l'existence d'un principe général de non-discrimination (a).
Pour général qu'il soit, ce principe a pu être interprété de façon large par les Etats et être considéré comme non applicable dans certains cas (b).

a) Le principe général de non-discrimination

388. Dans ses commentaires publiés en 1977, l'OCDE précisait que les clauses d'égalité de traitement entre les ressortissants d'Etats différents s'appliquaient dans les relations fiscales internationales antérieurement aux conventions relatives à la double imposition[729].
Dans l'article 24 du Modèle de Convention fiscale, l'OCDE pose au premier paragraphe un principe général de non-discrimination en raison de la nationalité[730].
Ce critère étant restrictif[731], l'OCDE a, en 1992, modifié le paragraphe 3 de l'article 24[732], qui prévoit : *« L'imposition d'un établissement stable qu'une entreprise d'un Etat*

---

[727] Peut-être est-ce le sens des modifications apportées en 2008 par l'OCDE instaurant le critère de 183 jours pour les prestations de services aux fins de qualifier un établissement stable. Ce critère rapproche les établissements stables des personnes physiques, pour lesquelles il existe une réelle distinction entre la nationalité et la résidence.
[728] Modèle de Convention fiscale, article 24.
[729] Commentaires sur l'article 24 § 1, 2 ; ces commentaires sont inchangés depuis le Modèle de Convention de 1977.
[730] Modèle de Convention fiscale, article 24 : « *Les nationaux d'un Etat contractant ne sont soumis dans l'autre Etat contractant à aucune obligation y relative, qui est autre ou plus lourde que celles auxquels sont ou pourraient être assujettis les nationaux de cet autre Etat qui se trouvent dans la même situation, notamment au regard de la résidence* ».

contractant a dans l'autre Etat contractant n'est pas établie dans cet autre Etat d'une façon moins favorable que l'imposition des entreprises de cet autre Etat qui exercent la même activité. La présente disposition ne peut être interprétée comme obligeant un Etat contractant à accorder aux résidents de l'autre Etat contractant les déductions personnelles, abattements et réductions d'impôt en fonction de la situation ou des charges de famille qu'il accorde à ses propres résidents ». Dans ses commentaires sur l'article, l'OCDE distingue entre ce qui relève de la base imposable et ce qui relève du taux de l'impôt. L'Organisation rappelle que les personnes non-résidentes peuvent être taxées différemment des personnes résidentes, à condition *« qu'il n'en résulte pas pour les premières d'imposition plus lourde que pour les secondes, (...) les modalités de l'imposition pouvant être adaptées aux circonstances particulières dans lesquelles elle est établie »*[733].

389. Le paragraphe supplée aux conditions posées dans le paragraphe 1 de l'article, en ajoutant au principe de non-discrimination fondé sur la nationalité celui fondé sur le lieu d'établissement. Il est à noter que, dans la mesure où la nationalité de l'entreprise n'est pas mentionnée dans le paragraphe, celui-ci s'applique lorsqu'une entreprise d'un Etat possède un établissement stable dans un autre, même si elle n'est pas nationale du premier Etat. Cette hypothèse pourrait viser le cas d'une personne physique ne disposant pas de la nationalité de l'Etat dans lequel elle est résidente et possédant un établissement stable dans un autre Etat.

390. La non-discrimination en raison de la nationalité est prévue également par le Traité fondateur des Communautés européennes[734]. Ce principe a, en matière de fiscalité directe, fait l'objet d'interprétations par la Cour.
Dans un des premiers arrêts rendus en matière de fiscalité directe[735], la Cour avait jugé discriminatoire et contraire à l'article 52 du traité relatif à la liberté d'établissement (devenu l'article 43 du TCE et l'article 49 du TFUE), le fait pour l'Etat français de refuser le bénéfice de l'avoir fiscal aux établissements stables de sociétés d'assurance étrangères, alors que le bénéfice de cette disposition était accordé aux sociétés françaises.

391. La disposition relative à la non-discrimination mentionnée dans l'arrêt doit être soulignée. La Cour relève que : *«Même si l'on ne saurait exclure totalement qu'une distinction selon le siège d'une société ou qu'une distinction selon la résidence d'une*

---

[731] GOUTHIERE Bruno, « De la portée du principe de non-discrimination inclus dans les conventions fiscales », *RDAI*, n° 2/1988, p. 257.

[732] Le paragraphe modifié par le rapport « La révision du Modèle de Convention », adopté par le Conseil de l'OCDE le 23 juillet 1992 était, antérieurement, rédigé comme suit : *« L'expression « se trouvant dans la même situation » doit s'entendre de contribuables (personnes physiques, personnes morales, sociétés de personnes et associations) placés au regard de la législation et de la réglementation fiscale de droit commun, dans des circonstances de droit ou de fait analogues »*.

[733] OCDE, Commentaires sous le § 3 de l'article 24, § 20, modifiés le 23 juillet 1992.

[734] TCE, article 12 ; TFUE, article 18. Toutefois, cet article ne s'applique qu'en l'absence d'autres dispositions spécifiques du Traité. Ainsi, en ce qui concerne les sociétés, il est fait application des dispositions relatives aux libertés de circulation.

[735] CJCE, 28 janvier 1986, aff C-270/83, *Commission c/ République française*, Rec. p. 273.

personne physique puisse, sous certaines conditions, être justifiée dans un domaine comme le droit fiscal, il y a lieu d'observer en l'espèce, que les dispositions fiscales françaises ne font, en ce qui concerne la détermination de la base imposable en vue de l'établissement de l'impôt sur les sociétés, aucune différence entre les sociétés ayant leur siège social en France et les succursales et agences situées en France de sociétés ayant leur siège à l'étranger »[736]. En conséquence, la Cour en déduit que les modalités d'imposition ne peuvent être différentes pour les succursales et les agences de sociétés étrangères, compte tenu de leur situation objectivement comparable à celle de sociétés françaises.
Il est à noter que, à cette occasion, la Cour assimile le siège d'une société à la résidence d'une personne physique, pour indiquer que toute distinction en fonction de ce critère ne saurait être par principe exclue. Cela traduit, s'il en était besoin, la difficulté pour les sociétés à dissocier la nationalité de la résidence. Il semble, cependant, qu'en posant la possibilité d'une différenciation en fonction du siège de la société, la Cour établit un critère de nationalité/résidence qui se distingue de celui de la résidence des personnes physiques.

392. En outre, le droit de l'Union européenne est plus strict, en ce qui concerne le principe de non-discrimination, que le droit issu des conventions modèle OCDE.
En effet, les atteintes aux libertés fondamentales, garanties par le Traité et constitutives de discriminations prohibées, s'entendent de celles qui rendent moins attrayant l'exercice des libertés, sans même qu'il y ait une discrimination fondée sur la nationalité[737]. En ce sens, toute mesure fiscale rendant moins attrayante l'implantation d'un établissement stable serait constitutive d'une restriction interdite. A cet égard, la Cour a jugé que le fait de soumettre à un taux d'imposition plus élevé les établissements stables de sociétés étrangères que les sociétés résidentes était constitutif d'une discrimination prohibée par l'article 43 du TCE[738].

393. Dans cet arrêt, qui relevait des interactions entre le droit de l'Union européenne et les conventions internationales, la Cour a considéré que les établissements stables, bien que non-résidents, devaient bénéficier des conventions conclues entre l'Etat de leur implantation et un Etat tiers, de la même façon que les sociétés résidentes[739].

---

736 *Ibid.*, point 19.
737 En ce sens voir les conclusions de Mme l'Avocat général KOKOTT du 30 mars 2006 sous l'affaire C-470/04, N, Rec. p. I-7409 : *« L'article 43 CE s'oppose à toute mesure nationale qui, même applicable sans discrimination tenant à la nationalité, est susceptible de gêner ou de rendre moins attrayant l'exercice par les ressortissants s de la liberté d'établissement garantie par le traité ».*
738 CJCE, 29 avril 1999, aff. C-311/97, *Royal Bank of Scotland*, Rec. p. I-2651, point 28 : *« A cet égard, il convient de relever que, en ce qui concerne le mode de détermination de la base imposable, la législation fiscale hellénique n'établit pas, entre les sociétés ayant leur siège en Grèce et celles qui, tout en ayant leur siège dans un autre État membre, ont un établissement stable en Grèce, de distinction qui soit de nature à fonder une différence de traitement entre les deux catégories de sociétés ».*
739 CJCE, 21 septembre 1999, aff. C-307/97, *Compagnie de Saint Gobain Zn* , conclusions de M. l'Avocat général J. MISCHO rendues le 2 mars 1999: *« En l'occurrence, s'agissant d'une convention de double imposition conclue entre un État membre et un pays tiers, le principe du traitement national impose à l'État membre partie à ladite convention d'accorder aux*

Cela conduit à renforcer un principe de non-discrimination fondé, non plus sur des notions de nationalité ou de résidence, mais sur le lieu d'implantation des entreprises et sur la similarité dans l'exercice des activités.
En effet, si la société française Saint Gobain s'était implantée sous la forme d'une filiale en Allemagne, elle aurait, en tant que société résidente, bénéficié des conventions relatives à la double imposition conclues par la République allemande.
Dans la mesure où l'établissement stable qu'elle possédait en Allemagne exerçait dans des conditions similaires à celles d'une filiale, le fait de ne pas le faire bénéficier des conventions internationales constituait une entrave à la liberté d'établissement.

394. Cet arrêt affirme également la prééminence du droit de l'Union européenne sur le droit conventionnel, en ce qu'il oblige un Etat membre à étendre le bénéfice de ses conventions à toutes les structures établies sur son territoire, alors même qu'elles ne sont pas, théoriquement, bénéficiaires des conventions. Ainsi, il semble qu'il ne puisse exister de différence dans l'imposition des établissements stables et des filiales.
Cependant, le principe de non-discrimination ne s'entend que si des règles différentes sont appliquées à des situations comparables, ou des règles identiques à des situations différentes.

b) Un principe de non-discrimination limité

395. La Cour le relève à de multiples reprises, la discrimination ne peut « *consister que dans l'application de règles différentes à des situations comparables ou bien dans l'application de la même règle à des situations différentes* »[740].
Deux points doivent être distingués : d'une part, la Cour admet que les résidents et les non-résidents ne sont généralement pas dans une situation comparable ; d'autre part, la discrimination « à rebours », par laquelle un Etat traite moins favorablement ses nationaux que les non-nationaux, n'est pas prohibée.

396. Sur le premier point, la Cour constate que les résidents et les non-résidents ne sont généralement pas dans des situations comparables[741].
Cependant, si la Cour accepte de considérer qu'il n'y a pas obligatoirement de discrimination prohibée dans des législations accordant des avantages fiscaux exclusivement aux résidents, les arrêts rendus en ce sens ne concernent que des personnes physiques[742].
Pour les sociétés, comme le rappelait l'arrêt *Royal Bank of Scotland* : *« Il importe de relever dans ce contexte que leur siège au sens précité sert à déterminer, à l'instar de la*

établissements stables de sociétés non-résidentes les avantages prévus par la convention aux mêmes conditions que celles qui s'appliquent aux sociétés résidentes ».

[740] CJCE, 14 février 1995, aff. C-279/93, *Schumacker,* Rec. p. I-225, point 30; 29 avril 1999, aff. C-311/97, *Royal Bank of Scotland,* précité, point 26.

[741] Arrêt Schumacker précité, point 34 : « *En conséquence, le fait pour un Etat membre de ne pas faire bénéficier un non-résident de certains avantages fiscaux qu'il accorde au résident n'est, en règle générale, pas discriminatoire, puisque ces deux catégories de contribuables ne se trouvent pas dans une situation comparable* ».

[742] CJCE, arrêt *Schumacker* précité et *Wielockx,* 11 août 1995, aff. C-80/94, Rec. p. I-2493.

nationalité des personnes physiques, leur rattachement à l'ordre juridique d'un État. Admettre que l'État membre d'établissement puisse librement appliquer un traitement différent en raison du seul fait que le siège d'une société est situé dans un autre État membre viderait donc cette disposition de son contenu »[743].

En ce sens, la jurisprudence européenne considère que le fait d'appliquer un traitement différent aux établissements stables de sociétés étrangères aboutit à créer une discrimination prohibée.

S'il est entendu que toute discrimination en fonction de la nationalité est prohibée, les juges considèrent également que les établissements stables, par nature non-résidents, sont dans des situations objectivement comparables à celles des sociétés résidentes.

Ainsi, la Cour constate de façon récurrente que, concernant la base imposable, les législations en cause ne doivent pas établir de distinction qui soit *« de nature à fonder une différence de traitement entre les deux catégories de sociétés »*[744].

397. La base imposable étant déterminée de façon identique par la loi interne de l'Etat, il n'y a donc pas lieu d'imposer différemment les établissements stables et les filiales, puisqu'ils sont dans *« une situation objectivement comparable »*.

Ainsi, les établissements stables de sociétés non-résidentes sont assimilés, pour les besoins de l'imposition, à des résidents et sont donc objectivement dans la même situation.

Cette solution permet d'appliquer strictement les principes relatifs à la liberté d'établissement et de simplifier l'imposition des établissements stables.

Cependant, force est de constater que les établissements stables et les sociétés ne sont pas dans des situations comparables. Il en est ainsi, notamment, en matière d'appréhension des revenus. L'associé d'une société ne bénéficie des revenus de cette dernière qu'en cas de distribution. En revanche, les revenus de l'établissement stable sont appréhendés en toute hypothèse. Ainsi, il ne serait pas forcément incohérent d'avoir une fiscalité relative aux « distributions » différenciée, selon qu'il s'agit d'un établissement ou d'une filiale. Parallèlement, la fiscalité en matière de pertes n'est pas identique en ce qui concerne les filiales et les établissements stables[745].

398. Le second point concerne la possibilité d'une discrimination « à rebours », amenant un Etat à traiter ses ressortissants moins favorablement que des ressortissants étrangers. En la matière, le Traité ne contient pas de dispositions spécifiques. Quant à la jurisprudence, rendue dans des matières autres que la fiscalité directe, elle est fluctuante[746].

---

[743] CJCE, arrêt *Royal Bank of Scotland* précité, point 23.

[744] CJCE, arrêt *Royal Bank of Scotland* précité, point 28, et CJCE, 28 janvier 1986, aff C-270/83 *Commission contre République française*, point 19.

[745] On peut noter qu'en la matière, la Cour, si elle continue à juger qu'il y a bien atteinte à la liberté d'établissement au sens de l'article 43, est plus encline à accepter les justification à l'entrave. CJCE, 15 mai 2008, aff. C-414/06, *Lidl Belgium*, Rec. p. I-3601, point 33: *« Par conséquent, l'objectif de préserver la répartition du pouvoir d'imposition entre les deux États membres concernés, qui se reflète dans les dispositions de la convention, est susceptible de justifier le régime fiscal en cause au principal, étant donné qu'il sauvegarde la symétrie entre le droit d'imposition des bénéfices et la faculté de déduction des pertes »*. *Infra*, § 513.

[746] Pour des arrêts contre la discrimination « à rebours » en matière de liberté d'établissement et de prestations de services, voir, par exemple, CJCE, 6 octobre 1981, aff. C-246/80, *Broekmeulen*,

Dans les droits internes, la possibilité d'une discrimination « à rebours » dans la détermination du résultat des entités juridiquement distinctes et des établissements stables existe. A titre d'exemple, la fiscalité française en matière d'assurance réserve un traitement plus favorable aux succursales de sociétés étrangères qu'aux sociétés françaises. Les sociétés françaises sont tenues, en application de l'article 38 bis B bis du CGI, à l'obligation de répartir de manière actuarielle la différence entre le prix de remboursement et le prix d'achat de certains titres à revenu fixe sur la durée résiduelle du titre concerné. Or, en application de l'article L. 363-1 du Code des assurances, le contrôle des sociétés étrangères et de leurs succursales établies en France est exercé par les autorités de contrôle de l'Etat d'origine. Ainsi, les succursales de sociétés étrangères d'assurance ne sont pas soumises à l'obligation de réintégration de certaines plus-values sur titres.
Cet exemple démontre que le résultat des établissements stables et des sociétés peut être établi de manière différente, sans être *a priori* contraire au droit international et au droit de l'Union européenne.

399. Les difficultés à définir précisément les notions de nationalité et de résidence, et le fait que l'établissement stable ne soit considéré ni comme national ni comme résident, peuvent aboutir à des différences dans l'assiette d'imposition des diverses formes de structures.
D'autres difficultés pourraient résulter de ce que les conventions internationales seraient un fondement autonome, en droit français, à l'imposition des établissements.

B. Les conventions internationales, fondement à l'imposition des établissements ?

400. A la seule lecture du Code général des impôts, trois dispositions[747] prévoient spécifiquement l'attribution par une convention du droit d'imposition à l'Etat français. Pour les sociétés, le droit d'imposition initial n'est jamais attribué par une convention. En revanche, l'article 209.I du CGI laisse supposer une possibilité d'imposition sur le fondement d'une convention pour les établissements stables.
La jurisprudence française a rendu divers arrêts en matière de subsidiarité des conventions, qui ont donné lieu à des divergences d'interprétation de la doctrine (1). La

---

Rec. p. I-2311 ; 5 octobre 1994, aff. C-381/93, *Commission contre France*, Rec. p. I-5145. Pour un arrêt favorable, rendu en matière de circulation des marchandises, voir, par exemple, CJCE, 18 février 1987, aff. C-98/86, *Mathot*, Rec. p. I-809.

[747] Il s'agit des articles 4 bis : *« Les personnes de nationalité française ou étrangère, ayant ou non leur domicile fiscal en France, qui recueillent des bénéfices ou revenus dont l'imposition est attribuée à la France par une convention internationale relative aux doubles impositions » ;* 165 bis *: « Nonobstant toute disposition contraire du présent code, sont passibles en France de l'impôt sur le revenu tous revenus dont l'imposition est attribuée à la France par une convention internationale relative aux doubles impositions »*, et 209.I : *« Sous réserve des dispositions de la présente section, les bénéfices passibles de l'impôt sur les sociétés sont déterminés d'après les règles fixées par les articles 34 à 45, 53 A à 57, 237 ter A et 302 septies A bis et en tenant compte uniquement des bénéfices réalisés dans les entreprises exploitées en France ainsi que de ceux dont l'imposition est attribuée à la France par une convention internationale relative aux doubles impositions ».*

portée de ces arrêts, rendus en matière d'imposition des établissements stables, doit toutefois être nuancée (2).

1) Les conventions fiscales en tant que sources autonomes de l'imposition des établissements stables

401. La doctrine[748] s'accorde à reconnaître que le Conseil d'Etat a posé, dans son arrêt du 28 juin 2002, *Sté Schneider Electric*[749], le principe de subsidiarité de l'application des conventions, en jugeant : *« Que si une convention bilatérale conclue en vue d'éviter les doubles impositions peut, en vertu de l'article 55 de la Constitution, conduire à écarter, sur tel ou tel point, la loi fiscale nationale, elle ne peut pas, par elle-même, directement servir de base légale à une décision relative à l'imposition ».*

Moins d'un an après la décision *Schneider*, le Conseil d'Etat a paru juger, à l'inverse, que la convention franco-suisse pouvait être directement invoquée à l'appui d'une imposition[750].

Il paraît utile de retranscrire une partie des conclusions du commissaire du gouvernement Stéphane AUSTRY, qui avait également conclu sous l'arrêt *Schneider Electric* précité: *« Vous avez également rappelé que, avant de se prononcer sur l'invocation des stipulations d'une convention fiscale internationale, le juge de l'impôt devait d'abord vérifier que les revenus sont bien imposables sur le fondement de la loi interne, en vertu de ce qu'il est d'usage d'appeler le principe de subsidiarité des conventions fiscales. Vous êtes toutefois ici dans une situation différente de celle dans laquelle vous vous trouvez habituellement lorsque vous devez faire application d'une convention fiscale, dans la mesure où les stipulations de cette dernière ne sont pas invoquées par le contribuable pour faire échec à l'application de la loi interne, mais par l'administration pour fonder l'imposition. (...) Vous vous trouvez donc ici dans une hypothèse où la question de savoir si des revenus sont imposables en France en vertu d'une convention fiscale commande l'application de la loi interne, car c'est sans doute seulement l'attribution à la France par la convention fiscale franco-suisse du droit d'imposer les bénéfices réalisés par la société Interhome AG qui permet de fonder au regard du droit interne leur imposition en France ».*

402. L'arrêt *Interhome* a suscité la perplexité d'une partie de la doctrine.

---

748 OLLEON Laurent, « Article 209 B et conventions fiscales : après les ténèbres, la lumière », *RJF,* n° 10/2002, p. 755 ; DIBOUT Patrick, « L'inapplicabilité de l'article 209 B du CGI face à la convention fiscale franco-suisse du 9 septembre 1996 (A propos de l'arrêt CE, Ass., 28 juin 2002, Schneider Electric) », *Droit Fiscal,* n°36/2002, pp. 1133-1141 ; NOUEL Christian, REEB Sonia, « L'article 209 B du CGI est incompatible avec les conventions fiscales ne réservant pas expressément son application ? », *Joly sociétés,* 08-09/2002, p. 901. A l'inverse, Maurice-Christian BERGERES considère qu'il s'agit d'un principe de supplétivité et non d'un principe de subsidiarité, « Le principe de subsidiarité des conventions fiscales internationales », *Droit Fiscal,* n° 36/2005, p. 1328.

749 CE, 28 juin 2002, n° 232276, Ass., *Sté Schneider Electric, RJF,* n° 10/2002, n° 1080, *Droit Fiscal,* n° 36/2002, comm. 657, *Joly sociétés,* 08-09/2002, pp. 897-900 ; conclusions AUSTRY Stéphane, *BDCF,* n° 10/2002, n° 120.

750 CE, 20 juin 2003, n° 224407, *Sté Interhome AG, Droit Fiscal,* n° 30-36/2004, pp. 1234-1239, conclusions AUSTRY Stéphane.

Les Professeurs BERGERES[751] et DIBOUT[752] ont considéré, pour le premier, que le jugement conduisait à ce que *« l'attribution conventionnelle du droit d'imposer peut être examinée de façon immédiate et directe comme condition de l'applicabilité consécutive de la base légale interne de l'imposition »*, et, pour le second, à ce que *« il n'y aurait pas lieu, en pareil cas, à une analyse autonome sur le terrain de la règle de territorialité interne »*.
En revanche, pour le Professeur GUTMANN et Stéphane AUSTRY[753], les deux arrêts ne sont pas incompatibles, *« le fondement juridique de l'imposition n'étant pas la convention fiscale elle-même, par l'effet de l'article 55 de la Constitution, mais, plus classiquement, la loi fiscale interne, même si le CGI renvoie, pour déterminer la base légale de l'imposition, aux stipulations d'une convention fiscale »*.

403. L'arrêt *Interhome* est à rapprocher d'un autre arrêt, rendu en avril 2006[754], par le Conseil d'Etat. Dans cet arrêt, rendu également en matière de qualification d'un établissement stable, le Conseil d'Etat a cassé l'arrêt de la Cour administrative d'appel qui avait jugé, d'une part, qu'il n'y avait pas d'entreprise exploitée en France au sens de l'article 209.I du CGI, et que, d'autre part, qu'il n'y avait pas établissement stable au sens de la convention fiscale franco-libanaise. Le Commissaire du gouvernement, dans ses conclusions, mentionnait que, lorsque l'administration fiscale soutenait qu'une entreprise étrangère disposait d'un établissement stable en France, l'ordre d'examen des questions, qui impose au juge d'examiner le litige d'abord au regard du droit interne, puis, si l'impôt est régulièrement dû sur ce fondement, au regard de la convention fiscale, était inversé.
Le Conseil d'Etat a cassé l'arrêt de Cour administrative d'appel pour erreur de droit, et a jugé que la représentation de la société libanaise constituait bien une installation fixe d'affaires constitutive d'un établissement stable, sans se prononcer sur le caractère de bénéfices réalisés dans des entreprises exploitées en France.
Toutefois, dans un arrêt du 31 juillet 2009, le Conseil d'Etat, contrairement aux conclusions de son Rapporteur public, s'est placé, aux fins d'examen de la situation, sur le terrain du droit interne, avant de procéder à une analyse sur le fondement de la convention franco-britannique[755], confirmant ainsi l'approche retenue par l'arrêt *Schneider Electric.*

Le débat porte ainsi sur l'existence potentielle de différences dans l'approche légale de l'imposition des établissements stables et des structures juridiquement distinctes, du fait d'une possibilité d'imposition des établissements stables par la seule détermination des

---

751 BERGERES Maurice-Christian, « Le principe de subsidiarité des conventions fiscales internationales », *Droit Fiscal,* n° 36/2005, p. 1328.
752 DIBOUT Patrick, « L'inapplicabilité de l'article 209 B du CGI face à la convention fiscale franco-suisse du 9 septembre 1996 (A propos de l'arrêt CE, Ass., 28 juin 2002, Schneider Electric) », *Droit Fiscal,* n°36/2002, pp. 1133-1141.
753 AUSTRY Stéphane, GUTMANN Daniel, « Incidence de la jurisprudence Schneider Electric », *FR,* n° 53/07, pp. 11-14.
754 CE, 5 avril 2006, n° 281098, 10ème et 9ème sous sect, *Min. c/ Sté MIDEX, Droit Fiscal,* n° 40, 5 octobre 2006, pp. 1724-1728, conclusions VALLEE Laurent.
755 CE, 31 juillet 2009, n° 296471, *Sté Overseas Thoroughbred Racing Stud Farms (TRSF) Ltd, RJF,* n° 11/2009, n° 979.

conventions. Dans ce contexte, la portée des différents arrêts précités semble devoir être nuancée[756].

2) Les conséquences limitées de la jurisprudence

404. L'article 209.I du CGI pose, certes, un critère alternatif pour l'imposition sur le territoire français : soit les bénéfices des entreprises exploitées en France, soit ceux dont l'imposition est attribuée à la France par une convention relative aux doubles impositions.
Cependant, le principe d'un examen liminaire de l'imposition au regard du droit interne sur le fondement de l'article 209.I al. 1 peut s'appliquer au cas particulier des établissements stables.
C'est en ce sens, semble-t-il, que l'arrêt *Overseas TRSF* a été rendu[757].
En effet, la notion d'entreprise exploitée en France est plus large que celle d'établissement stable, mais l'englobe. L'établissement stable est par nature exploité en France.
Certes, les conventions fiscales relatives à la double imposition attribuent le droit d'imposer à l'Etat d'implantation de l'établissement stable, dont elles donnent par ailleurs une définition.
Le fait que l'établissement stable ne dispose pas d'une définition en droit interne a certainement contribué aux jurisprudences *Interhome* et *Midex* précitées, le juge recourant aux caractéristiques telles que définies par les conventions.
Néanmoins, en cas de qualification par l'administration fiscale d'un établissement stable, il paraît légitime de fonder le droit d'imposer sur l'exploitation en France, en laissant le cas d'invocation primaire d'une convention fiscale aux circonstances particulières d'une entreprise non exploitée en France, mais dont le bénéfice est conventionnellement attribué à l'Etat français[758].

405. L'attribution à l'établissement stable des bénéfices d'entreprise se heurte donc à divers problèmes liés à l'absence d'un ordre fiscal international, ce qui renvoie non seulement aux définitions différenciées données par les différents droits concernés, mais aussi à la nature juridiquement non distincte de l'établissement stable qui induit des distinctions dans la détermination de la base d'imposition.
L'absence de personnalité distincte de l'établissement stable génère également des différences dans l'attribution des revenus. Si les revenus des filiales ne peuvent être légalement appréhendés par les associés que par le biais des distributions de dividendes,

---

[756] DAUMAS Vincent, « 'Subsidiarité' des conventions fiscales : un pragmatique retour à l'orthodoxie », *RJF*, n° 11/2009, pp. 819-824.
[757] CE, 31 juillet 2009, *Overseas TRSF* précité.
[758] Voir DIBOUT Patrick, note sous les arrêts CE, 31 juillet 2009, n° 30381 et 297933, 3ème et 8ème sous-sections, *Min. c/ Sté Swiss International Air Lines AG*, *Droit Fiscal*, n° 50, 10 décembre 2009, pp. 35-40 : *« On voit mal, en pratique, comment une société étrangère pourrait être regardée comme n'exploitant pas une entreprise en France, au sens du droit interne, tel qu'éclairé classiquement par la jurisprudence, en y étant cependant imposable à raison d'un établissement stable, certes qualifié selon les critères conventionnels, mais réputé constituer le support d'exercice de l'activité de l'entreprise, donc de son exploitation en France, au sens du droit interne ».*

les bénéfices des établissements stables sont, à tout le moins comptablement, appréhendés directement par le siège.

§ 2. La transmission des revenus des sociétés et des établissements stables

406. L'attribution des revenus s'effectue de manière différente selon qu'elle est opérée par une structure juridiquement distincte ou par un établissement stable. Les revenus des structures juridiquement distinctes peuvent être distribués aux associés qui, dans certains cas, sont en outre considérés comme ayant la qualité de société mère. L'OCDE, indépendamment de la qualité de l'associé, prévoit une répartition de la charge d'imposition entre l'Etat de la source et l'Etat de la résidence[759]. En revanche, l'Union européenne a une approche fondée à la fois sur la qualité d'associé et sur celle de société mère.
Du fait de la différence de nature entre les établissements stables et les sociétés, les revenus attribués soit au siège soit à l'associé ne sont pas identiques, et la double imposition peut être neutralisée différemment (A). De surcroît, l'interposition d'un établissement stable dans la distribution pose le problème des relations triangulaires dans un cadre international (B).

A. Les revenus « distribués » et la neutralisation de la double imposition

407. Les définitions données à la notion de distribution par les différents organismes internationaux et celles données par les droits internes peuvent différer, bien que le dénominateur commun soit l'affectation du résultat des sociétés de capitaux. Cependant, indépendamment des différences de définitions, les revenus transmis par un établissement stable à son siège ne seront pas identiques aux dividendes distribués par une société à une société associés, quand bien même cette dernière détiendrait la totalité du capital (1). De surcroît, du fait de l'absence de personnalité morale de l'établissement stable, la neutralisation de la double imposition au niveau du siège ne portera que sur la double imposition juridique, alors qu'elle est susceptible, en ce qui concerne les sociétés, de porter sur la double imposition juridique et la double imposition économique (2).

1) Les revenus transmis

408. La détermination des revenus transmis oblige à se pencher sur la définition des dividendes, qui revêt des réalités différentes en fonction du droit applicable (a). En outre, la distribution va donner lieu, dans le cadre particulier du régime mère-fille, au prélèvement d'une quote-part de frais et charges minorant le résultat transmis (b).

---

[759] OCDE, Modèle de Convention, article 10.

a) La définition des dividendes

409. L'appréhension de la notion de dividendes se fait différemment selon qu'elle procède des conventions bilatérales, du droit de l'Union européenne, ou du droit interne. En règle générale, les conventions donnent une définition empirique des dividendes, charge aux Etats de l'adapter aux particularités de leur droit.

Le Modèle de Convention de l'OCDE définit les dividendes comme *« les revenus provenant d'actions, actions ou bons de jouissance, parts de mines, parts de fondateurs, ou d'autres parts bénéficiaires à l'exception des créances, ainsi que les revenus d'autres parts sociales soumis au même régime fiscal que les revenus d'actions par la législation de l'Etat dont la société distributrice est un résident »*[760].

Toutefois, les commentaires du Modèle précisent que, compte tenu de la diversité des législations, les pays membres restent libres de tenir compte des particularités de leur droit[761]. Par ailleurs, les commentaires adoptent une définition large de la notion de dividendes, en précisant que *« sont considérés comme dividendes, non seulement les distributions de bénéfices décidées chaque année par l'assemblée générale des actionnaires, mais encore les autres avantages appréciables en argent, tels que actions gratuites, bonus, bénéfices de liquidation et distributions cachées de bénéfices »*[762].

Il est à noter que la définition n'a que très peu variée depuis l'origine du Modèle de Convention de l'OCDE[763].

La Convention Modèle de l'ONU, quant à elle, prévoit que le terme « dividendes », *« s'applique également aux revenus qui sont soumis au même traitement fiscal que les revenus d'actions sous les lois de l'Etat dont le payeur est résident »*[764].

---

[760] OCDE, Modèle de Convention fiscale, article 10 § 3

[761] OCDE, Commentaires sous l'article 10 § 3, § 23 : *« Etant donné que les législations des pays membres de l'OCDE sont très diverses, il n'est pas possible de définir la notion de dividendes de manière complète et exhaustive.(...) Aux termes de cette étude [de 1963], il n'a pas paru possible, étant donné les divergences qui subsistent entre les pays Membres en matière de législation sur les sociétés et de législation fiscale, de donner de la notion de dividendes une définition qui serait indépendante de la législation interne ».*

[762] *Ibid.*, § 28.

[763] OECE, 28 novembre 1958, FC/WP12 (58) 1 Partie I ; Groupe de travail n° 12, Imposition des dividendes *:*

« La définition des dividendes comme des revenus provenant d'actions, actions de jouissance, parts de mines (Kuxe), bons de jouissance, parts de fondateur, obligations participant aux bénéfices et autres parts sociales sous forme de papiers-valeurs ainsi que de parts de sociétés coopératives et de société à responsabilité limitée correspond à celle qui se trouve dans différentes conventions. C'est le genre du titre qui importe. La condition essentielle est qu'il existe, d'une part, un sujet de droit indépendant (les versements faits par des sociétés de personnes sont ainsi exclus) et, d'autre part, un rapport fondé sur un contrat de société, rapport qui justifie une participation aux bénéfices. L'énumération pourra être complétée, le cas échéant. Il faudra notamment préciser si les certificats de sociétés d'investissement que connaissent certains Etats doivent être inclus ou non dans cette définition. Peu importe le genre des dividendes. Il faut y inclure non seulement les versements en espèces, mais aussi les avantages appréciables en argent accordés aux actionnaires (distributions cachées de bénéfices) et les autres prestations que les législations internes des Etats contractants assimilent aux dividendes (par exemple, les actions gratuites) ».

[764] ONU, Modèle de Convention fiscale, article 10 § 5.

Ces définitions sont plus larges que celles données en droit de l'Union européenne.

410. Le droit européen dérivé ne donne pas de définition des dividendes, la directive européenne se bornant à mentionner : *« Les distributions de bénéfices (...), des bénéfices distribués autrement qu'à l'occasion de la liquidation de cette dernière* [la filiale]*»*[765]. A la différence du droit conventionnel, le droit européen s'intéresse, non à qualifier strictement les dividendes[766], mais à déterminer dans quelle mesure ces derniers pourront être éligibles à l'application du régime « mère-fille » dont le but est de supprimer les « entraves » fiscales.
La directive ne fait mention des revenus que pour en déterminer les modalités de neutralisation. Ainsi, toute participation n'ouvre pas droit à une neutralisation de l'imposition des distributions.
La participation doit exister entre certaines formes de sociétés[767], atteindre un certain pourcentage[768] et une certaine durée[769].

411. En droit fiscal français, les revenus distribués, notion plus large que celle de dividendes, sont définis aux articles 108 à 111 du CGI. Ainsi, les revenus distribués comprennent non seulement les dividendes *stricto sensu*[770], c'est-à-dire les distributions prélevées sur les bénéfices, mais également les distributions occultes, et, en ce qui concerne les associés, toutes les sommes ou valeurs mises à leur disposition[771]. Toutefois, la doctrine administrative considère que les distributions exceptionnelles de réserves, *« dès lors qu'elles constituent des partages partiels d'actifs »*, ne sont pas des distributions de dividendes[772].
La définition que donne l'administration fiscale française des dividendes se rapproche de celle de l'OCDE en ce qu'elle comprend les distributions occultes.

---

765 Conseil européen, 30 novembre 2011, directive 2011/96/UE concernant le régime fiscal commun applicable aux sociétés mères et filiales d'États membres différents, articles 1, 4.

766 Les conventions bilatérales doivent qualifier les revenus, dans la mesure où elles déterminent, d'une part, la compréhension des systèmes fiscaux des deux Etats et, d'autre part, l'application de la Convention.

767 Uniquement les sociétés assujetties de plein droit à l'impôt sur les sociétés et revêtant une des formes énumérées par la directive. Cf. Directive précitée, article 2.

768 Originellement de 25%, le pourcentage de détention est abaissé à 10% à compter du 1er janvier 2009. Cf. Directive précitée, article 3.

769 Directive § 3.2 b) qui prévoit que les Etats peuvent soumettre l'applicabilité de la directive à une condition de détention des titres de deux ans. Pour l'application du délai de deux ans, voir, CJCE, 17 octobre 1996, aff. C-283/94, *Denkavit International BV*, Rec. p I-5063, point 25 : *«Il ressort des termes de cette disposition, et notamment de l'emploi du présent ("conservent") dans toutes les versions linguistiques sauf dans la version danoise, que la société mère doit, pour bénéficier de l'avantage fiscal, détenir une participation dans la filiale pendant une certaine période, sans qu'il soit nécessaire que cette période ait déjà pris fin au moment de l'octroi de l'avantage fiscal ».*

770 Tels que définis par le Code de commerce, article L 232-12 : *« Après approbation des comptes annuels et constatation de l'existence de sommes distribuables, l'assemblée générale détermine la part attribuée aux associés sous forme de dividendes ».*

771 Sur la notion de dividendes, voir MICHA GOUDET Raphaëlle, « Nature juridique des dividendes », *JCP Editions E.*, n° 3, 15 janvier 1998, pp. 68-72 ; PLAGNET Bernard, « Une évolution dans la définition des revenus distribués ? », *Droit Fiscal,* n° 9/1990, pp. 368-370.

772 Instruction du 14 décembre 2001, BOI, 4 J-2-01.

412. Ce n'est cependant pas cette approche extensive qui a été retenue par le Conseil d'Etat dans un arrêt du 13 octobre 1999 concernant l'application de la Convention franco-néerlandaise,[773]. Au cas particulier, le Conseil d'Etat a jugé de l'inapplicabilité de la retenue à la source de l'article 119 bis 2 du CGI, en refusant l'assimilation entre revenus réputés distribués et dividendes[774].
L'intérêt de la qualification est loin d'être nul, dans la mesure où les revenus réputés distribués, non assimilables à des dividendes, se trouvent soumis à une imposition dans l'Etat de résidence du bénéficiaire en application de la « clause balai » des conventions[775]. De surcroît, la qualification ou non de dividendes va influer sur l'application de la retenue à la source[776].
A cet égard, et sauf à ce que les conventions prévoient une définition des dividendes incluant les revenus réputés distribués, il s'agit d'une première différence entre les revenus distribués par les filiales et ceux transmis par les établissements stables[777].
En effet, si la notion de dividendes est définie restrictivement par la convention bilatérale applicable, l'Etat d'imposition va être exclusivement celui de la résidence. En revanche, pour les revenus transmis par les établissements stables à leur siège, l'imposition va être effectuée dans l'Etat de *situs*[778] et neutralisée, parfois en partie, par l'Etat de la résidence.

413. Il va de soi, néanmoins, qu'il est difficile de comparer la situation d'une personne morale décidant de distribuer tout ou partie de son résultat à celle d'un établissement stable qui, dénué de personnalité juridique, voit l'intégralité de son résultat pris en compte, à tout le moins comptablement, par le siège.
De ce fait, une différence majeure entre les bénéfices distribués par une filiale et ceux transmis par un établissement stable tient à la comptabilisation du résultat attribué. En

---

[773] CE, 13 octobre 1999, n° 190083, 8ème et 9ème s-s, *SA Banque française de l'Orient*, *RJF*, n° 12/1999, n° 1587.
[774] *Ibid.*, « *Considérant que les dividendes mentionnés à l'article 10 de la convention franco-néerlandaise n'étant définis ni par cet article, qui se borne à énumérer les titres concernés, ni par aucune autre stipulation de cette convention, ils doivent être définis comme des produits distribués par une société à ses associés en vertu d'une décision prise par l'assemblée générale de ses actionnaires ou porteurs de parts dans les conditions prévues par la loi du 24 juillet 1966 modifiée sur les sociétés commerciales; que tel n'est pas le cas des revenus réputés distribués au sens de l'article 109-1-1° du CGI ; que ces revenus ne sont mentionnés dans aucun des articles qui précèdent l'article 22 de la convention* ».
[775] OCDE, Modèle de Convention, article 21 : « *Les éléments du revenu d'un résident d'un Etat contractant, d'où qu'ils proviennent, qui ne sont pas traités dans les articles précédents de la présente Convention, ne sont imposables que dans cet Etat* ».
[776] Voir par exemple GEST Guy, « La qualification des revenus réputés distribués au regard des conventions fiscales internationales. Commentaires de l'instruction administrative du 2 juillet 1991 (BOI 4 J-2-91) », *Droit Fiscal,* n° 48/1991, pp 1713-1717 ; VERGNAT Antoine, de WAAL Allard, « Distribution exceptionnelle de réserves et retenue à la source », *Droit Fiscal,* n° 22-23/2002, pp. 836-840, qui considèrent que le fait d'exclure les réserves de la notion de dividendes et donc de les soumettre à une retenue à la source est incompatible avec la Directive.
[777] L'idée de distribution est consubstantielle à l'existence de la personnalité morale des entités distributrices. Cependant, les bénéfices réalisés par les établissements stables étant considérés comme appréhendés dès leur réalisation par le siège, et compte tenu de l'existence d'une retenue à la source sur ces revenus, il y a quasi-distribution.
[778] Sauf les cas particuliers de relations triangulaires avec intermédiation de l'établissement stable.

effet, dans le cas des structures juridiquement distinctes, il existe une distorsion produits/charges. Le dividende distribué n'est, d'un point de vue comptable, jamais une charge, mais une modalité d'affectation du résultat. En revanche, le dividende reçu est toujours comptablement un produit financier de participation, même si fiscalement il peut faire l'objet d'une exonération partielle[779]. Dans le cas des établissements stables, en revanche, l'intégralité du bénéfice réalisé va être transmis au siège, sans qu'il y ait de distorsion comptable ou fiscale[780].
Une seconde distorsion réside dans la possibilité pour l'Etat de l'associé de ne pas exonérer la totalité du dividende distribué, quand bien même le capital de la société distributrice est détenu en totalité.

b) La quote-part de frais et charges et la notion de revenu net

414. La directive mère-fille, dans son article 4, laisse la possibilité pour chaque Etat *« de prévoir que des charges se rapportant à la participation et des moins-values résultant de la distribution des bénéfices de la société filiale ne sont pas déductibles du bénéfice imposable de la société mère »*. En ce cas, les frais de gestion, s'ils sont fixés forfaitairement, ne peuvent excéder 5% du bénéfice distribué.
La directive introduit, par le biais de la non-déductibilité chez la société mère de la quote-part de frais et charges se rapportant à la participation, une distorsion entre les revenus distribués par la filiale et les revenus imposables dans le chef de la mère[781].

415. En droit français, la doctrine administrative et la jurisprudence considèrent que la quote-part de frais et charges non déductible ne constitue pas une fraction du dividende imposable, mais simplement une charge, dont la déductibilité est refusée du seul fait qu'elle se rapporte à un revenu non imposable[782]. Cette disposition implique notamment

---

[779] Par exemple, en droit français, CGI, articles 145 et 216, afférents au régime mère-fille qui prévoit sous certaines conditions (nature des titres, durée de détention, pourcentage de détention) une exonération partielle de 95% du dividende reçu.
[780] Un même bénéfice réalisé par une filiale ou une succursale va être imposé de la même façon dans l'Etat d'implantation (à l'exception des charges non prises en compte dans le cas des succursales), mais en revanche son appréhension par une société mère ou un siège se fera selon des modalités différentes.
[781] Directive, article 4 § 3 : la filiale va distribuer 100, et la société mère va être exonérée à hauteur de 95 et être imposée sur 5.
[782] Instruction, 5 juillet 1999, BOI 4 H 4-99, § 17 : *« En application des termes mêmes de la loi, l'article 216 résultant de l'article 43 de la loi de finances pour 1999 fixe un mode de calcul pour la réintégration des charges afférentes à des produits qui ne sont pas imposés et ne peut s'analyser comme conduisant à l'imposition d'une partie des dividendes »*. Pour une application jurisprudentielle antérieure, voir CE, 23 avril 1997, n° 145611, 8è et 9è s-s, *Fournier Industries, RJF*, n° 06/1997, n° 543: « *La cour administrative d'appel s'est fondée sur ce que la défalcation prévue par l'article 216 avait pour objet « d'annuler », forfaitairement, la déduction de frais comptabilisés parmi l'ensemble des charges d'exploitation de la société mère, mais afférents à l'acquisition de produits soustraits à l'impôt, et non de laisser soumise à l'impôt sur les sociétés, en tant que telle, une fraction de revenus distribués incluant un crédit d'impôt imputable ; qu'en statuant ainsi, la Cour a fait une exacte application des dispositions précitées des articles 209 bis et 216 du CGI* » .

que les crédits d'impôts reçus doivent être inclus dans la base donnant lieu à l'application de la quote-part[783].
La réglementation française, considérant la quote-part de frais et charges comme calculée sur l'ensemble du bénéfice distribué – crédits d'impôts inclus –, a été validée par la Cour de justice de l'Union européenne dans un arrêt du 3 avril 2008[784].
La distorsion entre le revenu distribué par la filiale et celui qui va être neutralisé dans l'Etat de la société mère se justifie par l'objectif de neutralité fiscale de la distribution transfrontalière[785]. En effet, si le crédit d'impôt destiné à compenser la retenue à la source due par la société mère n'était pas inclus dans les bénéfices distribués, il en résulterait une distorsion au profit de la société mère qui verrait son revenu imposable minoré[786].
Cette position s'explique notamment par le fait qu'au cas particulier le crédit d'impôt était destiné à compenser une retenue à la source génératrice d'une double imposition juridique dans le chef de la société mère. En revanche, l'avoir fiscal, qui a pour but d'éviter la double imposition économique, n'a pas été considéré comme étant un revenu distribué[787].

416. Il résulte des différents arrêts que, d'une part, la Cour fait prévaloir le but – l'atténuation de la double imposition – sur la forme – l'instauration d'un prélèvement[788]

---

[783] Instruction administrative précitée § 17 al 2.

[784] CJCE 3 avril 2008, aff. C-27/07, *Banque fédérative du Crédit Mutuel*, Rec. p. I-2067, point 36 : *« Ceci étant précisé, il convient, en premier lieu, de relever que le libellé de l'article 4, paragraphe 2, de la directive ne s'oppose pas à l'inclusion des crédits d'impôt dans le montant forfaitaire des frais de gestion se rapportant à la participation de la société mère dans la société filiale ».*

[785] Conclusions de l'Avocat Général SHARPSTON sous l'affaire précitée, points 34 et 37.

[786] En ce sens, voir les conclusions du Commissaire du Gouvernement Célia VEROT sous l'arrêt CE, 17 janvier 2007, n° 262967, *Banque fédérative du Crédit Mutuel*, *BDCF*, n° 01/2007, n° 43, arrêt ayant donné lieu au renvoi préjudiciel devant la CJCE.

[787] CJCE, 25 septembre 2003, aff. C-58/01, *Océ van der Grinten NV*, Rec. p. I-9809, conclusions TIZZANO du 23 janvier 2003, point 56: *« En effet, l'avoir fiscal est un instrument fiscal visant à éviter une double imposition, en termes économiques, une première fois dans le chef de la filiale et une seconde fois dans le chef de la société mère bénéficiaire des dividendes, des bénéfices distribués sous forme de dividendes. Il ne constitue donc pas un rendement de titres ».* Il en découle que le prélèvement opéré sur un avoir fiscal qui n'est pas considéré comme un revenu distribué ne peut être assimilé à une retenue à la source prohibée. De la même manière, le Conseil d'Etat, dans un arrêt du 25 mai 2007, a jugé que les stipulations de la convention franco-italienne ne permettant pas la suppression total de la double imposition des dividendes n'étaient pas incompatibles avec la Directive « mère-filles »; CE 25 mai 2007, n° 282049, *Sté Fiat Partecipazioni SpA*, *RJF*, n° 08-09/2007, n° 922, conclusions OLLEON Laurent, *BDCF*, n° 08-09/2007, n° 99, commentaires LEHERISSEL Hervé, *BGFE*, n° 04/2007, pp. 10-12.

[788] A cet égard, voir les § 88 et 89 de l'arrêt Océ Van der Grinten précité : *« Dans ces conditions, la retenue à la source en cause au principal peut être considérée comme relevant d'un ensemble de dispositions conventionnelles relatives au paiement de crédits d'impôt aux bénéficiaires de dividendes et visant par là même à l'atténuation de la double imposition. Il y a donc lieu de répondre à la deuxième question que l'article 7, paragraphe 2, de la directive doit être interprété en ce sens qu'il autorise une imposition telle que le prélèvement de 5 % prévu par la convention relative à la double imposition en cause au principal même si ce prélèvement, en ce qu'il s'applique aux dividendes versés par la filiale à sa société mère, constitue une retenue à la source au sens de l'article 5, paragraphe 1, de la même directive ».*

– , et, d'autre part, que si la double imposition juridique est théoriquement supprimée par les articles 5 et 6 de la directive, les dispositions nationales ou conventionnelles relatives à la double imposition économique peuvent consister en une atténuation de cette dernière, et pas nécessairement en une suppression[789].
Cependant, le fait d'inclure dans la base imposable de la société mère une quote-part de 5% de frais de gestion liée à la participation, et ce, que les crédits soient ou non inclus, implique une différence dans la détermination du revenu appréhendé, à la fois entre sociétés filiales selon qu'elles satisfont ou non aux conditions de détention précédemment exposées[790], mais aussi entre filiales et établissements stables[791].
Ces différents points renvoient au problème de la neutralisation de la double imposition, le mode d'implantation déterminant les modalités de la neutralisation éventuelle.

2) La neutralisation de l'imposition

417. La neutralisation de l'imposition se subdivise en deux branches que sont la double imposition économique – l'imposition du même revenu auprès de deux contribuables différents – et la double imposition juridique – l'imposition du même revenu auprès du même contribuable.
Selon la nature de l'entité en cause, l'approche va être sensiblement différente.
Ainsi, si la double imposition économique ne concerne que les relations entre entités juridiquement distinctes, et plus particulièrement celles entre mères et filiales (a), l'imposition de l'établissement stable, du fait de l'absence de personnalité juridique, se traduit théoriquement par une double imposition juridique du siège. Néanmoins, les relations mère-filles ne sont pas exemptes du problème de double imposition juridique, lequel se pose particulièrement lorsque l'Etat d'implantation de la société distributrice prélève une retenue à la source dont le débiteur est l'associé (b).

[789] En ce sens, voir les conclusions de l'Avocat Général Yves BOT présentées le 3 juillet 2007 sous l'arrêt CJCE, 20 mai 2008, Gde Chambre, *Orange European Smallcap Fund NV*, Rec. p. I-3747, points 48-51.
[790] Ce n'est que dans le cadre du régime mère-fille qu'il y aura une imposition maximale chez la mère de 5% du revenu distribué. Si le pourcentage de détention de la filiale est insuffisant, l'imposition portera sur la totalité du revenu distribué.
[791] Dans le cadre de l'imposition du résultat transmis par les établissements stables, il n'existe pas de quote-part de 5% non neutralisée dans le résultat du siège.

a) La neutralisation de la double imposition économique

418. La double imposition économique ne concerne que les dividendes versés par des structures juridiquement distinctes. En ce sens, le fait que la double imposition économique ne soit pas toujours neutralisée introduit une distorsion dans le choix de la structure, établissement stable ou filiale.
En droit interne français, l'élimination de la double imposition économique dans un groupe de sociétés date des années 1920[792]. Elle est de surcroît en grande partie effacée depuis la suppression du système de l'avoir fiscal et du précompte[793]. La disparition de l'avoir fiscal et du précompte, dont le but, au demeurant, était la neutralisation de la double imposition[794], est due à la jurisprudence de la Cour de justice de l'Union européenne qui a condamné le dispositif[795].

419. En droit international et conventionnel, l'idée de neutraliser la double imposition économique due à la distribution existe depuis l'origine des conventions relatives à la double imposition[796]. Néanmoins, la double imposition économique, dans les relations entre entités juridiquement distinctes, est admise par le Modèle de Convention, celui-ci ne visant spécifiquement que l'élimination de la double imposition juridique[797].
Le droit de l'Union européenne ne prohibe pas de manière générale les doubles impositions, compte tenu de l'absence de texte en la matière. Il ne prévoit pas de mesure générale de neutralisation de la double imposition, puisque la double imposition peut résulter de l'exercice par les Etats membres de leurs compétences respectives[798].

---

[792] Loi du 31 juillet 1920, article 27, JORF du 1er août, p. 10934, notamment modifiée par la loi n° 52-401 du 14 avril 1952, article 45, JO du 15, p. 3930.

[793] Loi de Finances pour 2004, n° 2003-1311 du 30 décembre 2003, article 93 ; Instruction, 28 avril 2005, BOI 4 J-2-05.

[794] Sous le régime de l'avoir fiscal et du précompte, la France avait conclu des accords d'extension de l'avoir fiscal avec les pays européens suivants : Autriche, Belgique, Espagne, Finlande, Grande-Bretagne, Italie, Luxembourg, Pays-Bas, Suède (Allemagne jusqu'en 2001). La disparition de la possibilité de bénéficier de l'avoir fiscal français aboutit à une imposition majorée des contribuables. A cet égard voir les conclusions de M. l'Avocat Général L.A GEELHOED rendues le 6 avril 2006, sous aff. C-513/04, *Kerckhaert et Morres,* Rec. p. I-10967.

[795] CJCE, 7 septembre 2004, Gde Ch, aff. C-319/02, *Petri Manninen*, Rec. p. I-7477. CJUE, 15 septembre 2011, aff. C-310/09, *Accor SA*, non encore publié au Recueil, conclusions Mengozzi du 22 décembre 2010. Cette jurisprudence a été reprise par la jurisprudence française: CAA Versailles, 20 mai 2008, n° 07VE00529, *Min. c/ Sté Rhodia*, *Droit Fiscal*, n° 41 du 9 octobre 2008, pp. 30-34, note MEIER Eric, TORLET Régis ; MAUBLANC Jean-Pierre, « Inconventionnalité des dispositifs d'avoir fiscal excluant les dividendes versés par des sociétés étrangères », *RMCUE*, n° 513, décembre 2007, pp. 638-641.

[796] SDN, Comité financier, Rapport du 7 février 1925, cité par l'OECE, 28 novembre 1958, FC/WP12 (58) 1 Partie I ; Groupe de travail n° 12, Imposition des dividendes.

[797] OCDE, Modèle de Convention fiscale, articles 23 A et 23 B.

[798] CJCE, 14 novembre 2006, Gde Ch., aff. C-513/04, *Kerckhaert et Morres*, Rec. p. I-10967, point 22 : *« Or, le droit communautaire, dans son état actuel et dans une situation telle que celle au principal, ne prescrit pas de critères généraux pour la répartition des compétences entre les États membres s'agissant de l'élimination de la double imposition à l'intérieur de la Communauté. En effet, abstraction faite de la directive 90/435/CEE du Conseil, du 23 juillet 1990, concernant le régime fiscal commun applicable aux sociétés mères et filiales d'États*

Cependant, l'Union européenne a, dans la directive du 23 juillet 1990[799] remplacée par la directive du 30 novembre 2011[800], établi le principe d'élimination de la double imposition économique[801]. Ce principe ne vaut néanmoins que dans les relations mère-fille, telles que définies par la directive.

420. Concernant les dividendes entrants, la directive modifiée préconise, lorsque les conditions d'application sont remplies, que le pays de résidence n'impose pas les dividendes préalablement imposés[802]. Lorsque les conditions d'application de la directive ne sont pas remplies, les Etats membres restent néanmoins tenus au respect des exigences européennes, et notamment celles découlant de l'exercice des libertés de circulation[803].
A cette fin, la Cour a rendu de nombreux arrêts en matière d'imposition des dividendes entrants et sortants.
L'imposition des dividendes entrants ou sortants renvoie aux dispositions qui doivent être prises par les Etats selon qu'ils sont Etat de la source ou Etat de la résidence.

En matière de dividendes entrants, la Cour a jugé que l'Etat de résidence ne pouvait pas limiter le bénéfice de dispositions nationales, visant à atténuer la double imposition

---

membres différents (JO L 225, p. 6) (...) aucune mesure d'unification ou d'harmonisation visant à éliminer les situations de double imposition, n'a été adoptée, à ce jour, dans le cadre du droit communautaire ».

799 Conseil, Directive du 23 juillet 1990, n° 90/435/CEE, concernant le régime fiscal commun applicable aux sociétés mères et filiales d'Etats membres différents, article 1 et 4, JO L 225 du 28 août 1990, p. 6.

800 Conseil, 30 novembre 2011, directive 2011/96/UE concernant le régime fiscal commun applicable aux sociétés mères et filiales d'États membres différents ; JO L 345 du 29 décembre 2011, pp. 8-16.

801 Directives précitées, article 4. L'Etat de la structure percevant les dividendes doit, soit s'abstenir de les imposer, soit autoriser la structure à déduire l'impôt acquitté par la filiale.

802 Directive 2011/96/UE article 4 § 1 : *« Lorsqu'une société mère ou son établissement stable perçoit, au titre de l'association entre la société mère et sa filiale, des bénéfices distribués autrement qu'à l'occasion de la liquidation de cette dernière, l'Etat membre de la société mère et l'Etat membre de son établissement stable : soit s'abstiennent d'imposer ces bénéfices soit les imposent en autorisant la société mère et l'établissement stable à déduire du montant de leur impôt la fraction de l'impôt sur les sociétés afférente à ces bénéfices et acquitté par la filiale et toute sous-filiale, à condition qu'à chaque niveau la société et sa sous-filiale relèvent des définitions de l'article 2 et respectent les exigences prévues à l'article 3, dans la limite du montant dû de l'impôt correspondant».*

803 CJCE, 12 décembre 2006, aff. C-374/04, Test Claimants in Class IV of the ACT Group Litigation, Rec. p. I-11673, point 36; CJCE, 8 novembre 2007, aff. C-379/05, Amurta, Rec. p. I-9569, point 24: *« À cet égard, il convient d'indiquer que, pour des participations ne relevant pas de la directive 90/435, il appartient effectivement aux États membres de déterminer si, et dans quelle mesure, la double imposition économique des bénéfices distribués doit être évitée et d'introduire, à cet effet, de façon unilatérale ou au moyen de conventions conclues avec d'autres États membres, des mécanismes visant à prévenir ou à atténuer cette double imposition économique. Toutefois, ce seul fait ne leur permet pas d'appliquer des mesures contraires aux libertés de circulation garanties par le traité CE »* ; CJUE, 10 février 2011, aff. C-436/08 et 437/08, 3e ch., *Haribo Lakritzen Hans Riegel BetriebsgmbH et Osterreichische Salinen AG*, non encore publiés au Recueil, conclusions Kokott du 11 novembre 2010.

économique, aux sociétés résidentes[804]. Parallèlement, dans un arrêt rendu en matière de libre circulation des capitaux, la Cour a jugé que la législation britannique, qui ne supprimait que la double imposition juridique (par le remboursement de la retenue à la source), mais pas la double imposition économique liée à des dividendes étrangers, était contraire à la liberté de circulation des capitaux prévue à l'article 56 du TCE[805].

421. En ce qui concerne les dividendes sortants, l'Etat de la source n'est soumis aux impératifs des libertés de circulation que s'il exerce sa compétence fiscale sur les dividendes versés à des non-résidents[806].
Ainsi, la jurisprudence européenne considère qu'il appartient en général à l'Etat de résidence de l'actionnaire final de prévenir la double imposition économique, sauf à ce que l'Etat de la source étende sa compétence aux dividendes sortants versés à des non-résidents[807].

---

[804] Voir CJCE, 6 juin 2000, aff. C-315/02, *Verkooijen*, Rec. p. I-7063.
[805] CJCE, 12 décembre 2006, aff. C-446/04, *Test Claimants in the FII group Litigation*, Rec. p. I-11753, points 63 et 64: *« Si, dans ce dernier cas, l'État de résidence de la société bénéficiaire accorde un dégrèvement pour la retenue à la source prélevée dans l'État de résidence de la société distributrice, un tel dégrèvement a pour seul effet d'éliminer une double imposition juridique dans le chef de la société bénéficiaire. Ce dégrèvement ne supprime pas, en revanche, l'imposition en chaîne qui existe lorsque les bénéfices distribués sont imposés, dans un premier temps, au titre de l'impôt sur les sociétés dû par la société distributrice dans son État de résidence et, dans un second temps, au titre de l'impôt sur les sociétés dû par la société bénéficiaire. Une telle différence de traitement a pour effet de dissuader les sociétés résidant au Royaume-Uni d'investir leurs capitaux dans des sociétés établies dans un autre État membre. En outre, elle produit également un effet restrictif à l'égard des sociétés établies dans d'autres États membres en ce qu'elle constitue à leur encontre un obstacle à la collecte de capitaux au Royaume-Uni. En effet, dans la mesure où les revenus de capitaux d'origine étrangère sont fiscalement traités de manière moins favorable que les dividendes distribués par des sociétés établies au Royaume-Uni, les actions des sociétés établies dans d'autres États membres sont moins attrayantes pour les investisseurs résidant au Royaume-Uni que celles de sociétés ayant leur siège dans cet État membre »*.Voir également, Voir également CJUE, 10 février 2011, aff. C-436/08 et 437/08, *Haribo Lakritzen Hans Riegel BetriebsgmbH und Osterreichische Salinen AG*, non encore publié au Recueil.
[806] CJCE, 12 décembre 2006, aff. C-374/04, *Test Claimants in Class IV of the ACT Group Litigation*, Rec. p. I-11673, point 70: *« Or, si l'État membre de résidence de la société génératrice des bénéfices à distribuer décide d'exercer sa compétence fiscale non seulement sur les bénéfices générés dans cet État, mais également sur le revenu provenant dudit État perçu par les sociétés bénéficiaires non-résidentes, c'est le seul exercice par ce même État de sa compétence fiscale qui, indépendamment de toute imposition dans un autre État membre, engendre un risque d'imposition en chaîne. En pareil cas, pour que les sociétés bénéficiaires non-résidentes ne soient pas confrontées à une restriction à la liberté d'établissement prohibée, en principe, par l'article 43 CE, l'État de résidence de la société distributrice doit veiller à ce que, par rapport au mécanisme prévu par son droit national afin de prévenir ou d'atténuer l'imposition en chaîne, les sociétés actionnaires non-résidentes soient soumises à un traitement équivalent à celui dont bénéficient les sociétés actionnaires résidentes »*.
[807] *Ibid.*, point 74 : *« Les articles 43 CE et 56 CE ne s'opposent pas à ce qu'un État membre, lors d'une distribution de dividendes par une société résidente dudit État, accorde aux sociétés bénéficiaires desdits dividendes qui résident également dans cet État un crédit d'impôt correspondant à la fraction de l'impôt acquittée par la société distributrice sur les bénéfices*

Cette position, qui se justifie en ce qui concerne les personnes physiques par le fait que *« s'agissant d'un mécanisme visant à la prévention ou à l'atténuation de la double imposition économique par l'octroi d'un avantage fiscal à l'actionnaire final, il importe de relever que c'est normalement l'État membre de résidence de celui-ci qui est le mieux placé pour apprécier la capacité contributive personnelle dudit actionnaire »*[808], mérite d'être nuancée pour les sociétés. Il semble que le parallèle, établi par la Cour entre l'imposition des personnes physiques et l'imposition des personnes morales en matière de dividendes, ne s'impose ni ne se justifie systématiquement[809]. En effet, la situation des personnes physiques et des personnes morales n'est pas identique en termes d'imposition du revenu.

En règle générale, les Etats membres imposent les personnes physiques résidentes sur leur revenu mondial[810]. En revanche, concernant les personnes morales, la compétence est partagée entre le pays de résidence et le pays de source. Ainsi, même dans les systèmes pratiquant une imposition dite « mondiale » des revenus des sociétés, les non-résidents sont assujettis à l'impôt au lieu de leur établissement.

422. De surcroît, la neutralité de la double imposition économique est fonction du système d'élimination de la double imposition. Lorsque la distribution est effectuée dans le cadre de systèmes d'exemption successifs, la neutralité est assurée, le dividende n'étant pas imposé dans l'Etat de l'actionnaire. En revanche, la neutralité n'est pas totale lorsque coexistent des régimes d'imputation successifs ou des systèmes mixtes[811]. Dans la première hypothèse, celle de régimes d'imputation successifs, la neutralité de l'imposition est assurée par le fait que l'Etat de la société bénéficiaire accorde un crédit d'impôt correspondant à l'impôt acquitté dans le pays de la source[812].

Cependant, les Etats n'accordent généralement un tel crédit d'impôt qu'à hauteur de l'impôt qui aurait dû être perçu dans une situation purement interne[813].

---

distribués, mais n'en accorde pas aux sociétés bénéficiaires qui résident dans un autre État membre et qui ne sont pas assujetties à l'impôt dans ce premier État au titre de ces dividendes ».

[808] *Ibid.*, point 60

[809] Pour autant, le raisonnement de la Cour est similaire dans les deux cas. Sur la question voir LANG Michael, "ECJ case law on cross-border dividendes taxation- recent developments", *ECTR,* 2008/2, pp. 67-77.

[810] Voir les conditions en droit français, CGI, article 4.

[811] Pour une analyse critique, voir, ENGLISCH Joachim, "Taxation of Cross-Border Dividends and EC Fundamental Freedoms" *Intertax,* 2010, Issue 4, pp. 197–221.

[812] Il est à noter que le projet de directive ne prévoyait que le système de l'exemption et non le système de l'imputation ; VAN THIEL S., RATTRA C., MEER M. "Corporate Income Taxation and the Internal Market without Frontiers: Adoption of the Merger and Parent-Subsidiary Directives", *European Taxation,* November 1990, pp. 326-333.

[813] Tel est le cas par exemple avec deux pays pratiquant le crédit d'impôt, Grande Bretagne et Allemagne. Voir également dans la convention franco-britannique du 22 mai 1968, « Dividendes de source britannique revenant à des résidents de France. Montant du crédit d'impôt imputable sur l'impôt français correspondant », article 9, commentée par l'instruction du 18 juin 1999, BOI 14 B 5-99, et dans la convention franco-allemande « en vue d'éviter les doubles impositions et d'établir des règles d'assistance administrative et juridique réciproque en matière d'impôts sur le revenu et sur la fortune ainsi qu'en matière de contribution des patentes et de contributions foncières », signée le 21 juillet 1959, modifiée par les avenants des 9 juin 1969 et 28 septembre 1989, article 9, commentée par l'Instruction du 23 août 1991, BOI 14 A-3-91.

Ainsi, lorsqu'il existe une différence de taux entre les Etats, le crédit d'impôt accordé à la société bénéficiaire des dividendes ne permet pas d'aboutir à une neutralité de l'impôt, et ce d'autant plus si ce crédit n'est pas restituable en cas d'excédent.

423. La seconde hypothèse concerne le cas où la société, résidente d'un Etat qui pratique un régime d'imputation, distribue à une société implantée dans un Etat qui pratique un régime d'exemption.
Dans ce cas, la « chaîne » permettant de limiter les effets de la double imposition est partiellement rompue. L'Etat dans lequel réside la société bénéficiaire n'accordera pas l'imputation d'un crédit d'impôt, dès lors que lui même ne prélève pas d'impôt sur ce même revenu. Concrètement, si l'on suppose une société française qui bénéficie de l'application du régime mère-fille, et qui reçoit des dividendes d'une société située en Allemagne, il ressort des sipulations conventionnelles que le crédit d'impôt accordé par l'Etat allemand n'est ni imputable ni restituable[814].
Ainsi, la double imposition économique n'étant pas neutralisée, il en résulte une différence dans les revenus distribués par les filiales et ceux transmis par les établissements stables. En ce sens, le choix de la structure n'est pas neutre.
La distorsion existe également lorsque l'on considère la double imposition juridique.

b) la neutralisation de la double imposition juridique

424. Les revenus de l'établissement stable, du fait de l'absence de personnalité juridique, sont susceptibles d'induire une double, voire une triple imposition juridique du siège. En effet, si l'Etat de résidence du siège pratique le système de l'imputation limitée[815], le risque d'une double imposition existe. De surcroît, si l'Etat d'implantation de l'établissement stable a mis en place une retenue à la source ou « branch tax » sur les bénéfices dégagés par l'établissement stable, il existe un risque de triple imposition. Les relations entre sociétés peuvent également donner lieu à une double imposition juridique si l'Etat d'implantation de la société distributrice prélève une retenue à la source.

425. En droit français, la double imposition juridique se limite, en ce qui concerne les sociétés, aux sociétés associées n'entrant pas dans le cadre de la directive mère-fille, et aux associés situés dans des pays tiers. En ce qui concerne les établissements stables, la double imposition potentielle ne s'applique que si les sièges sont situés hors de l'Union européenne[816]. De manière générale, les crédits d'impôts étrangers ne sont pas

---

[814] Instruction du 19 mars 1993, BOI 14 B-25-93, Commentaires de l'avenant signé le 28 septembre 1989 avec le Gouvernement de la République Fédérale d'Allemagne (J.O. du 7 novembre 1990) modifiant la convention fiscale franco-allemande du 21 juillet 1959 et commentaires divers concernant cette convention § 60.

[815] Les Etats ne neutralisent généralement l'impôt étranger qu'à hauteur de l'impôt qui aurait été acquitté si la structure avait été imposée sur leur territoire. Pour un exemple susceptible d'induire une double imposition, voir, RUSSO Raffaele, "Italian Ruling on Attribution of Profits to Permanent Establishments", *European Taxation*, August 2005, pp. 352-356. Dans cet exemple mettant en cause l'établissement stable roumain d'une société italienne, la double imposition résulte de la différence de législation et d'imposition des plus-values sur immeubles.

[816] Du fait de l'exonération de « branch tax » pour les établissements stables situés dans l'Union européenne, article 115 quinquies du CGI.

imputables lorsqu'ils sont relatifs à des revenus exonérés dans le cadre de l'application du régime mère-fille.

426. La Convention Modèle OCDE, si elle répartit en matière de dividendes la charge de l'imposition entre l'Etat de source et l'Etat de résidence[817], préconise d'éliminer la double imposition juridique, soit par la méthode d'exemption des revenus, soit par la méthode d'imputation de l'impôt acquitté localement[818]. Le droit conventionnel fait supporter la neutralisation de la double imposition juridique, qu'elle concerne les établissements stables ou les sociétés, sur l'Etat de la résidence. Cependant, le droit conventionnel ne permet pas de pallier les conséquences dues à des systèmes d'imposition et de neutralisation différents[819]. Dans l'exemple de la convention franco-allemande, et sans préjuger de l'application du droit européen, la retenue à la source prélevée par l'Etat allemand au taux conventionnel réduit de 5% ne peut être déduite que des impôts liés à une redistribution[820]. Ainsi, compte tenu de l'évolution de la législation française et de la disparition du précompte et de l'avoir fiscal[821], la retenue à la source, en l'absence de redistribution soumise elle-même à retenue à la source, constitue une charge définitive de la société bénéficiaire de la distribution.

427. En matière de neutralisation de la double imposition juridique, le droit de l'Union européenne, dans son optique de construction d'un Marché unique, apporte des solutions différentes de celles données par le droit conventionnel.
La directive « mère-fille » prévoit, lorsque les conditions à son application sont remplies, la suppression de toute retenue à la source[822]. En la matière toutefois, la jurisprudence européenne autorise, sous conditions, le prélèvement des retenues[823].

---

[817] OCDE, Modèle de Convention, article 10 qui limite le pourcentage de retenue à la source à : 5% du montant brut des dividendes si le bénéficiaire effectif est une société qui détient au moins 25 % du capital de la société qui paie les dividendes et 15% dans les autres cas.
[818] OCDE, Modèle de Convention, articles 23 A et 23 B.
[819] TENORE Mario, " Timing Issues Related to Changes in Treaty Residence or Source", *Intertax*, 2006, vol. 34 Issue 3, pp. 132-142.
[820] Instruction du 19 mars 1993, BOI 14 B-25-93, Commentaires de l'avenant signé le 28 septembre 1989 avec le Gouvernement de la République Fédérale d'Allemagne, JO du 7 novembre 1990, modifiant la convention fiscale franco-allemande du 21 juillet 1959, § 9 : *« L'impôt allemand ainsi retenu à la source est, en cas de redistribution par la société mère résidente de France, bénéficiaire des dividendes provenant de sa filiale allemande, imputable sur le montant du précompte exigible (v. art. 146-2 du C.G.I.) et de la retenue à la source due le cas échéant à raison de cette redistribution, lorsque le régime fiscal des sociétés mères prévu aux articles 145 et 216 du C.G.I. est applicable ».*
[821] Loi de Finances pour 2004, n° 2003-1311 du 30 décembre 2003, article 93 ; Instruction du 28 avril 2005, BOI 4 J-2-05.
[822] Directive 90/435/CEE, modifiée par la directive 2003/123/CE, et remplacée par la directive 2011/96/UE, articles 5 et 6. Sur l'interprétation des définitions données par la directive, voir, *inter alia*, MAISTO Guglielmo, "The 2003 amendments to the EC Parent-Subsidiary Directive: what's next?", *ECTR*, 2004/4, pp.164-181 ; STAVROPOULOS Ioannis F., « The EC Parent-Subsidiary Directive and the Decision of the European Court of Justice in Burda », *European Taxation*, March 2009, pp. 150-154.
[823] Même si le principe reste l'interdiction des retenues à la source. Voir, CJCE, 4 octobre 2001, aff. C-294/99, *Athinaïki Zythopoïïa*, Rec. p. I-6797; ROLLE Giovanni, "Is corporate income tax a withholding tax? Some comments on the Athinaïki Zythopoiia case", *ECTR*, 2003/1, p. 36-42.

Dans la mesure où, en matière de dividendes, la compétence d'imposition est partagée entre l'Etat de la source et l'Etat de la résidence, les retenues à la source sont susceptibles de s'appliquer. Ainsi, comme le faisait remarquer l'Avocat général M. L.A. GEELHOED dans ses conclusions sous l'affaire *« Test Claimants in Class IV »*[824] : *« Ce mode de répartition de la compétence fiscale implique qu'un opérateur économique percevant des revenus de source étrangère puisse, en l'absence de règles de priorité entre les États concernés, être soumis à la double imposition juridique ».*

428. Cependant, la jurisprudence conditionne l'application des retenues à deux exigences : les retenues à la source doivent être imputables dans l'Etat de résidence de l'actionnaire ; l'Etat de résidence n'a pas d'obligation de compenser les retenues à la source prélevées.
Les retenues à la source ne peuvent être appliquées que si elles sont imputables dans l'Etat de la résidence[825].
La Cour a jugé, dans le cas d'une distribution par une société française à une société néerlandaise, que, dans la mesure où les sociétés néerlandaises étaient exonérées d'impôt sur les dividendes reçus, les dispositions conventionnelles admettant la possibilité d'une imputation de la retenue à la source, inapplicables en l'espèce, ne pouvaient couvrir la discrimination opérée par la législation française[826].
Il semble qu'en l'espèce, le jugement de la Cour revient à faire dépendre une double imposition juridique de l'absence d'une double imposition économique, et transfère *de facto* l'obligation d'élimination de la double imposition à l'Etat de la source[827].

429. Cependant, il n'est pas certain, au vu de la jurisprudence postérieure à l'arrêt *Denkavit*, qu'il y ait un basculement total des compétences entre Etats de la source et Etats de la résidence. Ainsi, la jurisprudence n'a pas résolu formellement la question du

---

[824] Conclusions présentées le 23 février 2006, sous aff. C-374-04, *Test Claimants in Class IV of the Act Group Litigation*, Rec. p. I-11673.
[825] CJCE, 14 décembre 2006, aff. C-170/05, *Denkavit Internationaal, et Denkavit France*, Rec. p. I-5063.
[826] *Ibid.*, § 46 et 47 : *« S'agissant du traitement fiscal résultant de la convention franco-néerlandaise, il convient de rappeler qu'une société non-résidente, telle que Denkavit Internationaal, est, en principe, autorisée, en vertu de cette convention, à imputer sur son impôt dû aux Pays-Bas la retenue à la source de 5 % prélevée sur les dividendes de source française. Cette imputation ne peut toutefois excéder le montant de l'impôt néerlandais normalement dû sur ces dividendes. Or, il est constant que les sociétés mères néerlandaises sont exonérées par le Royaume des Pays-Bas de l'impôt sur les dividendes de source étrangère, donc de source française, de sorte qu'aucune réduction n'est accordée au titre de la retenue à la source française. Force est donc de constater que l'application combinée de la convention franco-néerlandaise et de la législation néerlandaise pertinente ne permet pas de neutraliser les effets de la restriction à la liberté d'établissement relevée dans le cadre de la réponse à la première question ».*
[827] Voir, CJCE, 18 juin 2009, aff. C-303/07, *Aberdeen Property Fininvest Alpha Oy*, Rec. p. I-5145. Voir également ENGLISCH Joachim, "Taxation of Cross-Border Dividends and EC Fundamental Freedoms" *Intertax*, 2010, Issue 4, p. 205. Pour l'auteur, la Cour a considéré, dans un arrêt de 1984 (C-242/03 Weidert & Paulus, Rec. p. I7379), que les mécanismes, prévus pour compenser la double imposition juridique n'étaient pas applicables au cas de la double imposition économique.

choix de l'Etat devant neutraliser la double imposition juridique en matière de dividendes.
Dans deux arrêts concernant les retenues à la source en matière de dividendes, l'un rendu en matière d'impôt sur le revenu et l'autre en matière d'impôt sur les sociétés, la Cour, conformément aux conclusions des Avocats généraux, a considéré qu'il convenait de distinguer les traitements inégaux, provenant de l'exercice parallèle par deux Etats membres de leurs compétences fiscales, des discriminations prohibées par le Traité[828].

430. Dans ces arrêts, rendus en matière de fiscalité des dividendes, la Cour a jugé qu'il n'appartenait pas à l'Etat de résidence de « compenser » les différences de traitements causées par l'existence de systèmes fiscaux différents, et donc de prendre à sa charge l'imputation des impôts prélevés à la source.
Sur ce point, l'arrêt *Orange European Small Cap* a été confirmé par l'arrêt *Haribo*[829].
Selon certains auteurs, il en résulte que, lorsque *« les conventions fiscales ne prévoiraient plus l'octroi d'un crédit d'impôt par l'Etat de la résidence, l'Etat de la source, dépendant de la position de l'Etat de résidence, se verrait transférer l'obligation d'éliminer la retenue à la source et serait tenu de supporter le coût d'une telle mesure fiscale, supportée jusqu'alors par l'Etat de résidence »*[830].
Cependant, la jurisprudence de la Cour ne paraît pas strictement fixée en ce qui concerne le choix de l'Etat devant supprimer la double imposition, même si *« la lecture des cas Act Test Claimants et FII Test Claimants, suggère que la Cour a décidé que l'Etat de la résidence et non l'Etat de la source doit supprimer la double imposition internationale des dividendes, au moins lorsqu'ils sont payés à une société actionnaire dans le cadre d'un régime d'imputation (...) cette conclusion est incertaine, la Cour ayant décidé dans l'arrêt Bouanich rendu 11 mois avant la décision Act Test Claimants,*

---

[828] CJCE, 14 novembre 2006, Gde Chambre, aff.C-513/04, *Kerckhaert & Morres*, Rec. p. I-10967, point 20 : *« les conséquences défavorables que pourrait entraîner l'application d'un système d'imposition des revenus tel que le régime belge en cause au principal découlent de l'exercice parallèle par deux États membres de leur compétence fiscale »* ; CJCE, 20 mai 2008, Gde chambre, aff.C-194/06, *Orange European Smallcap Fund NV,* Rec. p. I-3747, point 64 : *« Il s'ensuit que, dans le cas d'une législation telle que celle en cause au principal, par laquelle, afin d'assimiler autant que possible le traitement fiscal des placements directs et ceux effectués par l'intermédiaire des organismes de placement collectif, un État membre a décidé d'octroyer à ceux-ci une compensation pour les retenues fiscales opérées à la source sur les dividendes originaires des États membres à l'égard desquels il s'est engagé, dans le cadre de conventions bilatérales, à permettre aux personnes physiques d'imputer lesdites retenues sur l'impôt sur les revenus dont elles sont redevables en application de son droit national, les articles 56 CE et 58 CE ne s'opposent pas à ce que cet État membre exclut cette compensation en ce qui concerne les dividendes provenant d'autres États membres, avec lesquels il n'a pas conclu de conventions bilatérales comprenant de telles dispositions, dans la mesure où il ne s'agit pas de situations objectivement comparables ».*

[829] CJUE, 10 février 2011, aff. C-436/08 et 437/08, 3e ch., *Haribo Lakritzen Hans Riegel BetriebsgmbH et Osterreichische Salinen AG*, non encore publiés au Recueil, conclusions Kokott du 11 novembre 2010.

[830] ACARD Claire, « Régime néerlandais des organismes de placement collectif, CJCE, 20 mai 2008, aff. C-194/06, *Orange European Smallcap Fund NV* », *Banque et Droit,* n° 120, juillet août 2008, pp. 49-53. Voir également Michaël LANG qui considère que le problème des retenues à la source doit être éliminé par l'Etat de la source ; LANG Michaël, "ECJ case law on cross-border dividendes taxation- recent developments", *ECTR,* 2008/2, pp. 67-77.

de demander à l'Etat de la source d'accorder les même concessions aux actionnaires nationaux et étrangers (...) »[831].

431. Il est clair cependant que la jurisprudence de la Cour ne traite pas de façon strictement identique les cas soumis, selon qu'ils concernent des dividendes entrants ou des dividendes sortants.
Ainsi, les jurisprudences précitées, *Kerckhaert et Morres, Orange European Smallcap Fund NV*, et *Haribo* concernaient des dividendes entrants. Dans ces trois cas, la Cour a jugé que l'Etat de la résidence n'était pas tenu de compenser les retenues à la source prélevées dans d'autres Etats[832]. Cependant, la Cour ne va pas jusqu'à demander formellement aux Etats de source d'éliminer leurs retenues.
En revanche, dans le cadre de dividendes sortants, la jurisprudence européenne est plus stricte en ce qu'elle oblige les Etats de la source à supprimer toute retenue si: l'Etat de la source instaure, de ce fait, un traitement discriminatoire entre les dividendes distribués à des résidents et à des non-résidents[833], et si la retenue à la source n'est pas factuellement (et non théoriquement) imputable en vertu d'une convention de double imposition dans l'Etat de la résidence[834].

432. La détermination de l'Etat devant supporter la neutralisation de la double imposition juridique peut emporter des conséquences différentes en fonction de la

---

[831] GRAETZ Michaël J., WARREN Alvin C.,“ Dividend taxation in Europe: When the ECJ makes tax policy“, *Common Market Law Review*, 44/2007, p. 1611. Traduit par nous.

[832] Arrêt *Orange European*...précité, point 41 : *« Toutefois, la qualité d'État membre de résidence de la société bénéficiaire des dividendes ne saurait entraîner l'obligation, pour cet État membre, de compenser un désavantage fiscal résultant d'une imposition en chaîne entièrement effectuée par l'État membre sur le territoire duquel est établie la société distributrice de ces dividendes, dans la mesure où le premier État membre n'impose ni ne prend en compte de manière différente, dans le chef des organismes de placement collectif établis sur son territoire, les dividendes perçus »*. PATO Antonio Calisto, "Cross Border direct issues of investment funds from the perspective of European law", *ECTR*, 2008/5, pp. 197-220; SPAAS Thomas, WEYN An, "The Lessons of Orange European Smallcap Fund", *ECTR*, 2009/2, pp. 53-66; LANG Michael, "Recent Case Law of the ECJ in Direct Taxation: Trends, Tensions and Contradictions", *ECTR*, 2009/3, pp. 98-113.

[833] CJCE, 18 juin 2009, aff. C-303/07, *Aberdeen Property Fininvest Alpha Oy*, Rec. p. I-5145 ; ACARD Claire, « Retenues à la source sur dividendes distribués aux OPCVM : entre éclairages et interrogations ? », *Banque et Droit,* n° 126, juillet août 2009, pp. 51-57 ; GRAU Romain, GENOT Etienne, « Application discriminatoire d'une retenue à la source sur les dividendes versés à une SICAV », *Droit Fiscal*, n° 60, 3 septembre 2009, pp. 60-64 ; MEIER Eric, TORLET Régis, « Le fabuleux destin des retenues à la source... », *Droit Fiscal*, n° 26, 25 juin 2009, pp. 8-14.

[834] CJCE, 14 décembre 2006, aff. C-170/05, *Denkavit Internationaal BV*, Rec. p. I-11949, point 56 : *« Dès lors, il y a lieu de répondre aux deuxième et troisième questions que les articles 43 CE et 48 CE doivent être interprétés en ce sens qu'ils s'opposent à une législation nationale prévoyant, pour les seules sociétés mères non-résidentes, une imposition par voie de retenue à la source des dividendes distribués par des filiales résidentes, quand bien même une convention fiscale entre l'État membre en cause et un autre État membre, autorisant cette retenue à la source, prévoit la possibilité d'imputer sur l'impôt dû dans cet autre État la charge supportée en application de ladite législation nationale, lorsqu'une société mère est dans l'impossibilité, dans cet autre État membre, de procéder à l'imputation prévue par ladite convention »* ; CJCE, 8 novembre 2007, aff. C-379/05, *Amurta SGPS*, Rec. p. I-9569.

nature juridique des structures. Ainsi, il n'a jamais été contesté que l'Etat de résidence du siège devait supprimer la double imposition juridique supportée par le siège du fait d'un établissement stable. En revanche, si l'évolution du droit de l'Union européenne conduisait à faire supporter la neutralisation de la double imposition juridique des sociétés sur les Etats de source, il en résulterait un manque à gagner pour ces Etats.

433. Cette solution, transférant les charges de l'imposition sur l'Etat de la source, existe dans le domaine de l'imposition du revenu des personnes physiques[835].
Cette situation ne se justifierait que dans le cadre d'un régime fiscal européen harmonisé. En effet, dès lors que le droit fiscal international, par le biais des conventions de double imposition, reconnaît une compétence d'imposition partagée entre deux Etats, et dès lors que l'Etat de la source a le droit de prélever une retenue, il paraîtrait inéquitable de lui faire supporter la charge d'élimination de la double imposition, alors que l'Etat de résidence garde généralement une compétence mondiale sur cette imposition[836].

434. De manière identique, l'absence d'un système harmonisé, en termes de méthodes de neutralisation de la double imposition juridique des sociétés, emporte des conséquences lorsqu'il existe plusieurs niveaux de distribution.
En effet, si un des Etats parties à la chaîne d'imposition pratique la méthode d'exemption, il contraint par ce choix celui des autres Etats parties.
Si l'on suppose trois niveaux comportant une société fille d'un Etat X, distribuant à une société mère d'un Etat Y, qui distribue à une société grand-mère d'un Etat Z. Si les Etats X et Z pratiquent la méthode de l'imputation et accordent des crédits d'impôts, mais que la société interposée se trouve soumise à la méthode de l'exemption, il apparaît que l'interposition de structure dans l'Etat Y va empêcher une neutralité de l'imposition.
A cet égard, la doctrine internationale, même si elle est en désaccord sur les solutions à apporter, considère qu'il y a une incohérence dans le traitement des dividendes transfrontaliers.
Pour le Professeur WATTEL, il conviendrait d'adopter un principe de territorialité stricte avec application du système de l'exemption[837]. D'autres auteurs, en revanche, considèrent que le système d'exemption favorise les « paradis fiscaux »[838]. Le

[835] CJCE, 14 février 1995, aff. C-279/93, Plén., *Schumacker*, Rec. p. I-225, points 35-36; 12 juin 2003, aff. C-234/01, *Gerritse*, Rec. p. I-5933; 14 septembre 1999, aff. C-391/97, *Gschwind*, Rec. p. I-5451, point 29; 1er juillet 2004, aff. C-169/03, *Wallentin*, Rec. p. I-6443, point 21. Il ressort de ces arrêts que, dès lors qu'un non-résident tire l'essentiel de ses revenus de l'Etat de source, il appartient à ce dernier de prendre en compte toutes les charges liées à cette imposition.
[836] En ce sens, la Commission européenne a décidé de traduire la Belgique devant la CJCE pour taxation discriminatoire des dividendes entrants, Com IP/07/67 du 22 janvier 2007. La Commission considère que le fait que la Belgique ne permette pas l'imputation de l'impôt retenu à la source à l'étranger constitue une restriction au sens de l'article 56 du TCE.
[837] WATTEL Peter J., "Corporate tax jurisdiction in the EU with respect to branches and subsidiaries; dislocation distinguished from discrimination and disparity; a plea for territoriality", *ECTR*, 2003/4, pp. 194-202.
[838] ARNOLD Brian J., "Relief from the International double Taxation of non-portfolio Dividends from Foreign Corporations", in Mélanges en l'Honneur de Jean-Pierre Le Gall « Fiscalité et entreprise: politiques et pratiques », *Dalloz* 2007, pp. 287-313.

Professeur LANG, quant à lui, constate que la Cour, dans les jugements rendus en matière de dividendes, n'a pas élaboré de politique fiscale en la matière[839]. Au demeurant, il constate également que, même dans le cas où un crédit intégral est accordé, un résident et un non-résident se trouvent dans des situations différentes, dans la mesure où toute retenue à la source, même remboursée intégralement, crée une distorsion dans le temps pour les non-résidents[840].

435. En l'absence d'un système fiscal commun dans l'Union européenne, il n'est pas certain qu'il appartienne à la Cour de sanctionner cette double imposition juridique qui n'est due qu'à la diversité des systèmes existants, et qui, au demeurant, est prévue par la plupart des conventions bilatérales[841]. En outre, si la Cour s'est prononcée de façon favorable aux contribuables, personnes physiques et personnes morales, en ce qui concerne la double imposition économique des dividendes entrants ou sortants[842], elle semble plus réticente à constater une discrimination en ce qui concerne la double imposition juridique[843].
En toute hypothèse, il semble que le partage de compétence fiscale entre l'Etat de la source et celui de la résidence soit de nature à entraîner des phénomènes de double imposition[844].
En laissant le libre choix de la méthode d'élimination de la double imposition, la Convention Modèle OCDE et la directive mère-fille privent le système d'atténuation de la double imposition d'une efficacité maximale[845].

---

[839] LANG Michael, "ECJ case law on cross-border dividendes taxation- recent developments", *ECTR*, 2008/2, pp. 67-77: *« Même s'il ne peut être requis de la Cour d'élaborer une telle politique, l'on peut espérer que la Cour applique ses standards de façon cohérente ».* Traduit par nous

[840] *Ibid.*, p. 71.

[841] Bien que la Cour rappelle que : *« Un État membre ne saurait exciper d'une convention destinée à éviter les doubles impositions aux fins d'échapper aux obligations qui lui incombent en vertu du traité »* ; CJCE, 18 juin 2009, aff. C-303/07, *Aberdeen Property Fininvest Alpha Oy*, Rec. p. I-5145, point 69.

[842] En ce qui concerne la double imposition économique sur
- dividendes entrants ; voir, par exemple, en ce qui concerne les personnes physiques, CJCE, 7 septembre 2004, aff. C-319/02, *Petri Manninen*, Rec. p. I-7477; en ce qui concerne les personnes morales, CJCE, 12 décembre 2006 ; aff. C-446/04, *Test Claimants in the FII group Litigation*, Rec. p. I-11753.
- dividendes sortants concernant les personnes morales, CJCE, 8 novembre 2007, aff. C-379/05, *Amurta*, Rec. p. I-9569 ; CJCE, 12 décembre 2006,aff. C-374-04, *Test Claimants in Class IV of the Act Group Litigation*, Rec. p. I-11673.

[843] En ce qui concerne la double imposition juridique sur dividendes entrants, pour les personnes physiques, CJCE, 14 novembre 2006, aff. C-513/04, *Kerckhaert et Morres*, Gde Chambre, Rec. p. I-10967, pour les personnes morales, CJCE, 20 mai 2008, Gde Chambre, *Orange European Smallcap Fund NV,* Rec. p. I-3747 *et* CJUE, 10 février 2011, aff. C-436/08 et 437/08, *Haribo Lakritzen Hans Riegel BetriebsgmbH und Osterreichische Salinen AG*, non encore publié au Recueil.

[844] Aussi, certains auteurs en déduisent que la solution parfaite, permettant de choisir l'Etat devant supprimer la double imposition, n'existant pas, il convient de supprimer toutes les doubles impositions. SNEL Freek P.J., « System to Prevent Accumulation of Taxation in Parent-Subsidiary Relationships », *Intertax*, 2005, vol. 33, Issue 11, pp. 527-536.

La question du choix de la méthode pose particulièrement problème dans le cas de distributions en chaîne. A cet égard, l'interposition d'un établissement stable dans la chaîne des participations crée une difficulté supplémentaire.

B L'interposition d'un établissement stable dans la distribution des revenus

436. A la lecture des textes régissant le régime des distributions, il apparaît d'importantes différences entre le droit conventionnel et le droit de l'Union européenne.
Ainsi, dans le cadre de la Convention Modèle de l'OCDE, l'établissement stable forme un « écran » entre la filiale et la société mère (1).
En revanche, le droit européen donne des solutions contrastées (2).
En outre, l'interposition de l'établissement stable dans le cadre de la perception de dividendes pose aussi la question de la convention fiscale applicable.

1) L'établissement stable et la Convention Modèle OCDE : un écran entre la mère et la filiale

437. Aux termes de l'article 10 § 4 du Modèle de Convention fiscale de l'OCDE : *« Les dispositions des paragraphes 1 et 2* [prévoyant la répartition de l'imposition entre l'Etat du bénéficiaire et l'Etat de la société distributrice] *ne s'appliquent pas lorsque le bénéficiaire effectif des dividendes, résident d'un Etat contractant, exerce dans l'autre Etat contractant dont la société qui paie les dividendes est un résident, une activité d'entreprise par l'intermédiaire d'un établissement stable qui y est situé, et que la participation génératrice des dividendes s'y rattache effectivement. Dans ce cas, les dispositions de l'article 7 sont applicables »*[846].

438. La formulation de l'article 10 comporte une importante restriction.
En effet, la société distributrice et l'établissement stable doivent être situés dans le même Etat. Les commentaires donnés par l'OCDE sur ce paragraphe sont lapidaires[847].

---

[845] En ce sens, voir CJCE, 3 avril 2008, aff. C-27/07, *Banque fédérative du Crédit Mutuel*, Rec. p. I-2067, point 44 : *« Or, ainsi que l'a relevé Mme l'Avocat général au point 36 de ses conclusions, la directive n'oblige pas un État membre à prévoir l'imputation de telles retenues à la source, lorsque cet État membre a, conformément à l'article 4, paragraphe 1, de la directive, opté pour un système d'exonération. Dans ce contexte, il ne saurait être reproché à un État membre qui a opté pour un système d'exonération de compenser l'impôt retenu à la source dans l'État membre de la société filiale par l'octroi d'un crédit d'impôt, tout en limitant l'imputabilité dudit crédit d'impôt aux cas où la société mère bénéficiaire redistribue les dividendes perçus, dans un délai de cinq ans, à ses propres actionnaires ».*

[846] Il est à noter que le Modèle ONU comporte une formulation identique au § 6 de l'article 10, puisque l'article prévoit qu'il n'y a pas lieu d'appliquer les dispositions de l'article dès lors que le bénéficiaire exerce par l'intermédiaire d'un établissement stable situé dans l'Etat du payeur.

[847] OCDE, commentaires sur l'article 10 § 4 du Modèle de Convention, § 31 : *« Il [le paragraphe] se borne à prévoir que, dans l'Etat de la source, les dividendes sont imposables au titre de bénéfices de l'établissement stable qui y est possédé par le bénéficiaire résident de l'autre Etat s'ils sont produits par des participations qui font partie de l'actif de l'établissement stable ou*

En réalité, il semble que le Modèle de Convention crée une « opacité » fiscale de l'établissement stable uniquement lorsque la société distributrice exerce ses activités dans le même Etat[848]. *A contrario*, si la filiale et l'établissement stable se situent dans deux Etats différents, faut-il déduire de la lettre du paragraphe 4 de l'article 10 qu'il conviendrait d'appliquer les paragraphes 1 et 2 de l'article 10, et donc de permettre une imposition partagée des dividendes ? Compte tenu des conditions posées par le paragraphe 4, la justification d'une telle position est malaisée.

439. En effet, lorsque les titres générateurs de dividendes sont inscrits au bilan de l'établissement stable, ils participent à la détermination de son bénéfice, que la filiale soit située dans l'Etat d'implantation de l'établissement ou non. Cette approche est par ailleurs plus cohérente avec la notion d'entité fonctionnellement distincte telle qu'elle est développée par l'OCDE.
La raison de cette formulation restrictive est vraisemblablement à chercher dans le caractère bilatéral des conventions[849]. Il est de fait que l'OCDE appréhende peu et difficilement les relations triangulaires, son Modèle de Convention ayant vocation à traiter des relations bilatérales entre résidents d'Etats contractants[850].
A cet égard, les commentaires sous les articles 23 A et 23 B du Modèle de Convention marquent la limite des conventions bilatérales[851].

---

se rattachent effectivement d'une autre façon à cet établissement. Dans ce cas, le paragraphe 4 dispense l'Etat de la source des dividendes de toute limitation prévue à l'article ».

[848] Nous entendons par « opacité », le fait de reconnaître une personnalité fiscale totale à l'établissement stable, lors même que les dividendes vont bénéficier au siège.

[849] OECE, 28 novembre 1958, 1958 FC/WP12(58)1 Partie I, groupe de travail n° 12 du Comité fiscal (Allemagne - Italie - Suisse), Rapport sur l'imposition des dividendes : *« Quant aux dividendes qui sont versés à une entreprise qui a un établissement stable dans l'Etat de la source, les membres allemand et suisse du Groupe de travail sont d'avis que les dividendes ne devraient être imposés intégralement et exclusivement dans l'Etat où se trouve un établissement stable de l'actionnaire que si les actions font partie du fonds de commerce de cet établissement stable. C'est d'ailleurs la solution qui se trouve aussi dans la plupart des conventions en vue d'éviter les doubles impositions existant entre les Etats membres de l'O.E.C.E. ».*

[850] OCDE, 23 juillet 1992, Report on the Triangular Cases, R(11)-11; DOURADO Ana Paula, "From the Saint-Gobain to the Metallgesellschaft Case: scope of non-discrimination of permanent establishments in the EC Treaty and the Most-Favoured-Nation Clause in EC Member States Tax Treaties", *ECTR* 2002/3, pp. 147-156; TENORE Mario, " Timing Issues Related to Changes in Treaty Residence or Source", *Intertax*, 2006, vol. 34, Issue 3, pp. 132-142.

[851] OCDE, Commentaires sur les articles 23 A et 23 B concernant les méthodes pour éliminer les doubles impositions, § 3 c): *« Il peut y avoir double imposition juridique internationale dans trois cas : lorsque chaque Etat contractant assujettit la même personne qui n'est pas résident d'un Etat contractant à l'impôt pour des revenus provenant d'un Etat contractant ou pour de la fortune qu'elle possède : ce peut être le cas par exemple lorsqu'un non-résident a un établissement stable dans un Etat contractant (E) par l'intermédiaire duquel il tire des revenus ou possède de la fortune dans l'autre Etat contractant (S) »* ; § 11 : *« Le conflit qui existe dans le cas c° du paragraphe 3 ci-dessus n'est pas couvert par la Convention puisque, aux termes de l'article 1, la Convention s'applique seulement aux personnes qui sont des résidents d'un Etat ou des deux Etats. Ce cas peut cependant être réglé par voie de procédure amiable »* ; § 10 : *« Lorsqu'un résident de l'Etat R reçoit des revenus provenant d'un Etat tiers par l'intermédiaire d'un établissement stable qu'il possède dans l'Etat E, cet Etat E peut imposer ces revenus s'ils sont imputables à cet établissement stable. L'Etat R doit, en vertu des articles 23 A et 23 B, accorder un dégrèvement pour le revenu imputable à l'établissement stable situé dans l'Etat E. Mais la*

440. Il est à noter que la France recourt dans ses conventions bilatérales à des formulations plus ou moins larges en ce qui concerne le rattachement des dividendes. Ainsi, si la convention franco-allemande prévoit dans son article 9 paragraphe 8[852], que : *« Les paragraphes (1) à (5) ne s'appliquent pas quand le bénéficiaire des dividendes possède un établissement stable dans l'autre État contractant et que les participations font partie de l'actif de cet établissement. Dans ce cas, l'article 4 [sur les bénéfices des entreprises] est applicable »*, la convention franco-britannique est plus restrictive[853] : *« Les dispositions du paragraphe 1 ne s'appliquent pas lorsque le bénéficiaire effectif des dividendes, résident d'un Etat contractant, exerce dans l'autre Etat contractant dont la société qui paie les dividendes est un résident une activité d'entreprise par l'intermédiaire d'un établissement stable qui y est situé, et que la participation génératrice des dividendes s'y rattache effectivement. Dans ce cas, les dispositions de l'article 7 [sur les bénéfices des entreprises] sont applicables ».*

441. Le problème principal auquel se heurte l'application du Modèle de Convention est lié à l'absence de reconnaissance de la qualité de résident à un établissement stable[854]. De plus, la rédaction de l'article 24 du Modèle de Convention ne concerne que le cas d'un établissement stable qu'un résident d'un Etat contractant possède dans un autre Etat contractant[855].
Si l'OCDE donne peu d'informations sur la façon dont il convient de traiter l'interposition des établissements stables dans le cas des relations triangulaires, l'Union européenne, par le biais des arrêts de la Cour de justice, et dans le cadre de la directive mère-fille, propose des solutions.

Convention ne comprend aucune disposition relative au dégrèvement que l'Etat E doit accorder pour les impôts perçus dans l'Etat tiers d'où le revenu provient ; toutefois en vertu du paragraphe 4 de l'article 24, tout dégrèvement prévu par la législation interne de l'Etat E (à l'exclusion de toute convention de double imposition) au profit de résidents de l'Etat E doit également être accordé à un établissement stable de l'Etat E d'une entreprise de l'Etat R ».

[852] Convention entre la République Fédérale d'Allemagne et la République Française en vue d'éviter les doubles impositions et d'établir des règles d'assistance administrative et juridique réciproque en matière d'impôts sur le revenu et sur la fortune ainsi qu'en matière de contributions des patentes et de contributions foncières du 21 juillet 1959 modifiée.

[853] Convention entre le gouvernement de la République Française et le gouvernement du Royaume-Uni de Grande Bretagne et d'Irlande du Nord en vue d'éviter les doubles impositions et de prévenir l'évasion et la fraude fiscales en matière d'impôts sur le revenu et sur les gains en capital du 19 juin 2008, article 11 § 3.

[854] OCDE, Modèle de Convention fiscale article 4.

[855] Il est à noter, cependant, que le § 1 de l'article 24 prévoit que les dispositions relatives à la non discrimination s'appliquent : *« Aux personnes qui ne sont pas des résidents d'un Etat contractant ou des deux Etats contractants ».*

2) L'établissement stable en droit de l'Union européenne: un statut contrasté

442. Le droit européen comporte une double approche en ce qui concerne l'établissement stable en tant qu'intermédiaire : d'une part, une approche basée sur la non-discrimination et l'application des libertés fondamentales garanties par le Traité (a) ; d'autre part, une approche fondée sur l'application de la directive mère-fille (b).

a) La jurisprudence européenne appliquée aux relations triangulaires

443. Dans le cas d'interposition d'un établissement stable dans la distribution de dividendes entre sociétés, la question s'est posée différemment en droit de l'Union européenne et en droit issu des recommandations de l'OCDE.
Le droit européen a pris position de façon plus large sur la non-discrimination, sans cependant apporter de réponse exhaustive à la question.
Dans son arrêt du 21 septembre 1999[856], la Cour a ainsi jugé que l'établissement stable allemand d'une société française ne pouvait se voir appliquer, aux fins d'imposition des dividendes, des dispositions différentes de celles qui l'auraient été s'il avait été constitué sous forme d'une filiale[857]. Ainsi, l'Allemagne devait traiter les dividendes entrants comme s'ils avaient été distribués à une filiale résidente, c'est-à-dire permettre à l'établissement stable, bien que non-résident, d'imputer les impôts acquittés à l'étranger, en application des conventions fiscales conclues entre l'Etat allemand et les Etats tiers.

444. Le fait que cette décision revienne, *de facto,* à assimiler l'établissement stable à un résident aux fins d'application des conventions, soulève différents problèmes.
En effet, l'établissement stable n'est qu'une émanation du siège et, par nature, ses revenus sont appréhendés par l'Etat de résidence.
Dans le cas jugé dans l'arrêt *Saint Gobain Zn*, il en résulte que l'Etat de résidence se trouve affecté par la convention conclue entre l'Etat d'implantation de l'établissement stable et l'Etat tiers. Comme le notait le Professeur DOURADO[858] : *« Cela signifie que*

---

[856] CJCE, 21 septembre 1999 aff. C-307/97, *Compagnie de Saint-Gobain Zweigniederlassung Deutschland (Zn*), Rec. p. I-6161.
[857] *Ibid., « A cet égard, il importe de relever que, en ce qui concerne le caractère imposable de la perception en Allemagne de dividendes provenant de participations dans des filiales et sous-filiales étrangères et de la détention de ces participations, les sociétés non-résidentes en Allemagne qui y exploitent un établissement stable et les sociétés résidentes en Allemagne sont dans des situations objectivement comparables. En effet, d'une part, la perception de dividendes en Allemagne y est imposable qu'elle soit le fait d'une société résidente ou d'une société non-résidente, dès lors que cette dernière les perçoit par l'intermédiaire d'un établissement stable situé en Allemagne. D'autre part, la détention de participations dans des filiales et sous-filiales étrangères en Allemagne y est imposable qu'elle soit le fait d'une société résidente ou d'une société non-résidente, dès lors que cette dernière détient de telles participations dans un établissement stable situé en Allemagne ».*
[858] DOURADO Ana Paula, "From the Saint-Gobain to the Metallgesellschaft Case: scope of non-discrimination of permanent establishments in the EC Treaty and the Most-Favoured-Nation Clause in EC Member States Tax Treaties", *ECTR,* 2002/3, pp. 147-156. Traduit par nous.

l'élimination de la double imposition doit aussi être garantie par l'Etat de résidence, que l'établissement stable soit couvert par la convention de double imposition entre l'Etat d'implantation et l'Etat de source ou non ».
La question ne se posait pas en ces termes dans l'arrêt *Saint Gobain Zn*, la France appliquant une méthode d'exemption.
Si, toutefois, l'Etat de résidence avait pratiqué la méthode de l'imputation, il aurait pu être débattu du point de savoir dans quelle mesure l'Etat de résidence devait compenser la différence potentielle entre les taux de retenues à la source de l'Etat de la source et ceux de l'Etat d'implantation de l'établissement stable[859].

445. Il semble que la situation dans laquelle l'Etat de résidence serait contraint de prendre en compte le différentiel de taux dans l'application des retenues à la source est incohérente.
En effet, la jurisprudence européenne considérant qu'il ne peut être créé de différences de traitement entre un établissement stable et une filiale lorsqu'ils sont placés dans des situations objectivement comparables, il paraît inéquitable qu'il incombe à l'Etat de résidence du siège de prendre en compte les conséquences de l'application d'une convention à laquelle il n'est pas partie.
Dans le cas ayant donné lieu à l'arrêt *Saint Gobain Zn,* si l'établissement stable avait été une filiale:

- L'Allemagne aurait accordé à la filiale un crédit pour la retenue à la source prélevée dans les Etats tiers ;
- La France aurait théoriquement accordé un crédit correspondant à la retenue à la source allemande dans l'hypothèse d'une redistribution effectuée par la filiale allemande[860].

446. Ainsi, même si les revenus de l'établissement stable sont attribués au siège – situation à comparer à celle d'une société redistribuant la totalité des dividendes perçus d'autres Etats – la justification en fait, à défaut d'en droit, de la prise en compte par l'Etat du siège de la totalité de la charge fiscale ayant pesé sur l'établissement stable n'est pas établie.

447. Le fait de considérer l'établissement stable comme un résident aux fins d'application des conventions devrait emporter les mêmes conséquences que celles prévalant pour les filiales[861].

---

[859] DOURADO Ana Paula précitée : *« Il existe également une incertitude sur ce qu'aurait pu être le jugement de la Cour si l'Etat de la résidence avait appliqué la méthode d'imputation au lieu de la méthode d'exemption. Si l'Etat R applique la méthode d'imputation dans le respect des revenus de l'ES, nous devons analyser le cas dans l'optique de la charge fiscale totale. Partant de ce que l'Etat S applique la convention R-S dans le respect des dividendes attachés à l'ES, l'Etat de l'ES doit accorder le crédit correspondant à l'impôt à la source ; mais si ce crédit est inférieur à la retenue à la source de la convention R-S, alors l'Etat R doit compenser la double imposition en résultant en accordant lui-même un crédit ».* Traduit par nous.

[860] Si ce n'est que l'Etat français, pratiquant le régime de l'exemption, ne rembourse pas la retenue à la source. Voir également *Supra,* § 417 et suivants les développements sur le régime des retenues à la source.

[861] CJCE, 5 juillet 2005, aff.C-376/03, *D*, Rec. p. I-5821, points 54-57 : *« À cet égard, il y a lieu de rappeler que le champ d'application d'une convention fiscale bilatérale est limité aux*

Dans le cas contraire, cela signifierait que l'établissement stable serait considéré comme résident pour l'application de conventions entre son Etat d'implantation et celui de la source des revenus, mais également dans le cadre de la convention entre l'Etat de la source des revenus et celui du siège, ce qui semble contraire à la nature des conventions. Une solution pourrait être de reconnaître à l'établissement stable la qualité de résident de son Etat d'implantation et d'en tirer toutes les conséquences lors de l'appréhension des résultats par le siège[862]. De surcroît, dans le cas des établissements stables, la Cour ne prend jamais en considération, dans son analyse, la situation globale des flux entre les établissements stables et le siège.
Cette analyse est déplorée par la doctrine fiscale. Ainsi, les Professeurs GRAETZ et WARREN notent : *« La Cour n'offre pas d'explication au fait de restreindre le champ de son analyse aux dividendes reçus sans regarder le flux entier du revenu de la société arrivant en définitive aux actionnaires »*[863].

448. La jurisprudence européenne a tendance à considérer l'établissement stable, à l'instar de l'OCDE, comme une entité « opaque » à laquelle il convient d'appliquer les mêmes dispositions que celles appliquées aux filiales, ce, nonobstant sa qualité de non-résident, mais sans en tirer toutes les conséquences en termes de flux globaux.
Il n'en est pas exactement de même dans le cadre de la directive européenne « mère-fille ».

---

personnes physiques ou morales mentionnées dans celle-ci. Toutefois, il existe des situations où les avantages d'une convention bilatérale peuvent être étendus à un résident d'un État membre n'ayant pas la qualité de partie à ladite convention. Ainsi, la Cour a jugé que, s'agissant d'une convention préventive de double imposition conclue entre un État membre et un pays tiers, le principe du traitement national impose à l'État membre partie à ladite convention d'accorder aux établissements stables de sociétés non résidentes les avantages prévus par la convention aux mêmes conditions que celles qui s'appliquent aux sociétés résidentes (voir arrêt Saint Gobain ZN, précité, point 59).
Dans un tel cas, l'assujetti non-résident disposant d'un établissement stable dans un État membre est considéré comme étant dans une situation équivalente à celle d'un assujetti résident de cet État ».

862 Les retenues à la source ou « branch tax » sont prohibées en droit de l'Union européenne (pour la France, article 115 quinquies du CGI). Toutefois, l'Etat Français applique cette imposition à la source dès lors que les sociétés étrangères n'ont par leur siège de direction effective dans l'Union européenne et n'y sont pas passibles de l'impôt sur les sociétés. Il en va de même en ce qui concerne les filiales non européennes ou non détenues à moins de 10%.

863 GRAETZ Michaël J., WARREN Alvin C.," Dividend taxation in Europe: When the ECJ makes tax policy", *Common Market Law Review,* 44/2007, p. 1594, traduit par nous. Voir, également, DOURADO Ana Paula, "From the Saint-Gobain to the Metallgesellschaft Case: scope of non-discrimination of permanent establishments in the EC Treaty and the Most-Favoured-Nation Clause in EC Member States Tax Treaties", *ECTR,* 2002/3, pp. 147-156.

b) La directive mère-fille et les relations triangulaires

449. La directive « mère-fille », telle qu'elle a été modifiée en 2003[864], modifications reprises en 2011[865], prévoit d'accorder le bénéfice de son application à la détention de capital par le biais d'un établissement stable.
Ainsi, l'article 3 § 1 a) mentionne : *« la qualité de société mère est reconnue i) au moins à une société d'un État membre qui remplit les conditions énoncées à l'article 2 et qui détient, dans le capital d'une société d'un autre État membre remplissant les mêmes conditions, une participation minimale de 10 %. ii) dans les mêmes conditions, à une société d'un État membre qui détient une participation d'au moins 10 % dans le capital d'une société du même État membre, participation détenue en tout ou en partie par un établissement stable de la première société situé dans un autre État membre ».*
Des termes de l'article, il résulte que la société mère ne perd pas cette qualité du fait de la possession des titres par l'intermédiaire d'un établissement stable si la société filiale est située dans le même Etat membre que la société mère.
Il est curieux de constater que la directive, qui avait vocation à s'appliquer entre sociétés d'Etat différents, s'applique, *in fine,* à des sociétés du même Etat membre.

450. L'article 3 peut, en outre, poser des problèmes d'interprétation, s'il est lu en corrélation avec l'article 1, qui prévoit notamment que chaque Etat membre applique la présente directive *«c) aux distributions de bénéfices perçues par des établissements stables, situés dans cet État membre, de sociétés d'autres États membres, et provenant de leurs filiales situées dans un État membre autre que celui où est situé l'établissement stable, d) aux distributions de bénéfices effectuées par des sociétés de cet État membre à des établissements stables, situés dans un autre État membre, de sociétés du même État membre dont elles sont des filiales ».*

[864] Le texte de la directive 90/435/CEE du 23 juillet 1990 prévoyait seulement son application aux sociétés mères *stricto sensu*. MAISTO Guglielmo, "The 2003 amendments to the EC Parent-Subsidiary Directive: what's next?", *ECTR,* 2004/4, pp.164-181.
[865] Directive 2011/96/UE du 30 novembre 2011.

Schématiquement :

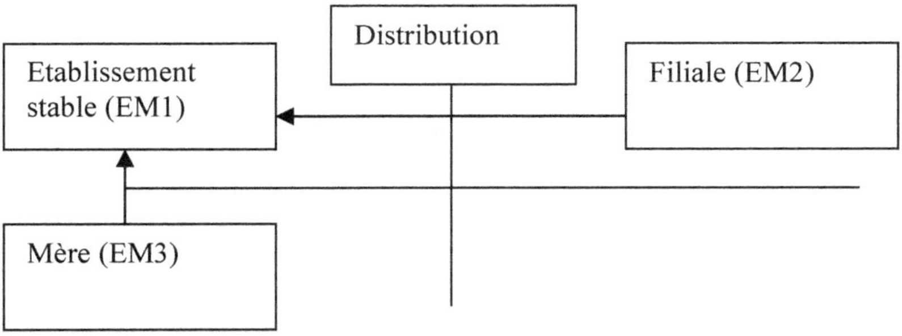

Dans ce premier cas, concernant les bénéfices perçus, l'Etat devant appliquer la directive est celui de l'établissement stable percevant des distributions de filiales situées dans un autre Etat membre, la mère pouvant ou non être située dans le même Etat que la filiale.
En revanche, la directive ne s'applique pas lorsque la filiale et l'établissement stable sont situés dans le même Etat[866].

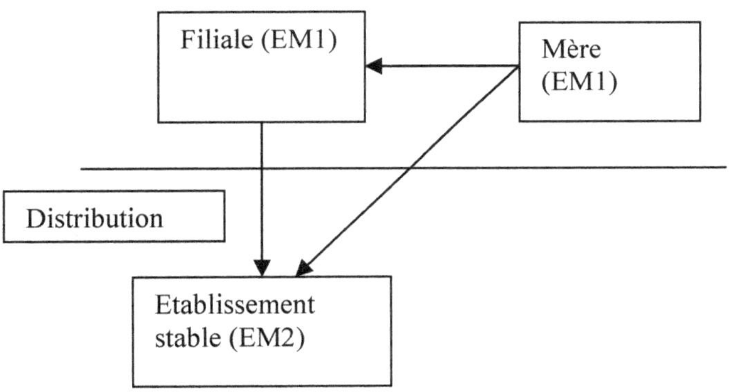

Dans ce second cas, concernant les bénéfices distribués, l'Etat devant appliquer la directive est celui où la filiale et la mère ont leur siège.

451. A la différence des bénéfices distribués directement entre sociétés fille et mère[867], l'interposition de l'établissement stable permet d'appliquer la directive à des sociétés du même Etat.

---

[866] Selon le Professeur MAISTO, la raison en est, conformément aux recommandations du Parlement européen, que dans ce cas, il ne s'agit pas réellement de transactions transfrontalières ; MAISTO Guglielmo, "The 2003 amendments to the EC Parent-Subsidiary Directive: what's next?", *ECTR*, 2004/4, pp.164-181.

[867] CE, Directive 90/435/CE, modifiée par la directive 2003/123/CE du 22 décembre 2003, et par la directive 2011/96/UE du 30 novembre 2011 article 1 § 1: *« a) Aux distributions de bénéfices reçus par des sociétés de cet État membre et provenant de leurs filiales d'autres États membres,*

Dans le premier cas, l'établissement stable est traité comme une filiale, c'est-à-dire comme une entité fiscalement « opaque ». A ce titre, il est tenu aux mêmes conditions qu'une société mère : exemption des résultats ou imputation de l'impôt au titre des bénéfices reçus de la filiale dont il détient les titres.
Dans le second cas, l'établissement stable est « translucide », puisque la société mère possède cette qualité, malgré le fait que l'établissement détienne les titres, et sous la condition que mère et filiale soient dans le même Etat membre.
Une lecture *a contrario* de l'article suggère que, si la mère et la filiale ne sont pas dans le même Etat, et que les titres sont détenus par l'intermédiaire d'un établissement stable, les Etats membres dont relèvent les sociétés mère et filiale ne seraient pas tenus à l'application de la directive et pourraient percevoir une retenue à la source[868].

452. Cette lecture a des conséquences opposées aux objectifs mentionnés en introduction à la directive: *« Les regroupements de sociétés d'États membres différents peuvent être nécessaires pour créer dans l'Union des conditions analogues à celles d'un marché intérieur et pour assurer ainsi le bon fonctionnement d'un tel marché intérieur. Ces opérations ne devraient pas être entravées par des restrictions, des désavantages ou des distorsions découlant en particulier des dispositions fiscales des États membres. Il importe, par conséquent, d'instaurer pour ces regroupements des règles fiscales neutres (...) ».*

453. Il est malaisé de comprendre en quoi l'interposition d'un établissement stable, lui-même détenu à 100% par le siège, devrait faire obstacle à l'application de la directive, dans la mesure où les sous-filiales, détenues dans les mêmes conditions que les filiales, sont éligibles à son application.
En effet, au cas particulier, il suffirait « d'opacifier » l'établissement stable et de le considérer comme une filiale pour appliquer la directive.
Il convient de noter également qu'une lecture stricte de la directive peut aboutir à des conséquences différentes pour les établissements stables et pour les filiales. En effet, les établissements stables doivent être situés dans l'Etat membre où ils sont redevables de l'impôt sur les sociétés, alors que les filiales doivent être soumises à l'impôt dans un Etat membre, sans qu'il y ait *a priori* d'obligation que ce soit le même Etat que celui où elles sont immatriculées[869].
Cette formulation pourrait encourager le *treaty shopping* intra-européen, en permettant à des sociétés de créer des filiales exerçant leur activité dans les pays bénéficiant d'un taux d'imposition peu élevé. En outre, la directive, s'appliquant au seul territoire européen, ne devrait pas pouvoir être invoquée dans le cas d'un établissement stable

---

b) aux distributions de bénéfices effectuées par des sociétés de cet État membre à des sociétés d'autres États membres dont elles sont les filiales ».

[868] Si l'on considère que la qualité de société mère n'est accordée, dans le cas d'intermédiation d'un établissement stable, que pour autant que la filiale soit située dans le même Etat membre, les articles 5et 6 ne trouvent pas à s'appliquer. Article 5 : *« Les bénéfices distribués par une filiale à sa société mère sont exonérés de retenue à la source »* ; article 6 : *« L'État membre dont relève la société mère ne peut percevoir de retenue à la source sur les bénéfices que cette société reçoit de sa filiale ».* Dans le même ordre d'idées, si la mère et la filiale sont dans le même Etat membre il n'y a pas de perception d'une retenue à la source…

[869] Directive 90/435/CEE modifiée en 2003 et 2011 nouvel article 2 a) et b).

situé dans un Etat tiers. Dans cette hypothèse, l'établissement stable ne serait plus « translucide » mais « opaque », ce qui induirait la possibilité de retenues à la source.

454. Pour le Professeur MAISTO, l'interposition d'un établissement stable situé dans un Etat tiers entre dans le champ d'application de la directive, le texte prévoyant seulement que les sociétés mères et filiales doivent être situées dans deux Etats membres différents, *« la circonstance que le paiement soit fait à un établissement stable situé dans un Etat tiers étant immatérielle dans l'optique de l'application du régime commun »*[870]. Il considère également que cette situation pourrait être constitutive d'une discrimination sur le fondement de l'article 56 du TCE. Pour des raisons précédemment développées, la non application de la directive à l'établissement stable situé dans un Etat tiers ne peut constituer une atteinte à la liberté de circulation des capitaux, les relations entre un établissement et son siège relevant exclusivement de la liberté d'établissement[871].

455. Un autre paradoxe de la directive concerne le cas des filiales transparentes.
L'article 4 § 2 prévoit en effet : *« Rien dans la présente directive n'empêche l'État membre de la société mère de considérer une filiale comme fiscalement transparente sur la base de l'évaluation par cet État membre des caractéristiques juridiques de la filiale au titre de la législation en vertu de laquelle elle a été constituée et, par conséquent, d'imposer la société mère sur la part des bénéfices de la filiale qui lui revient au moment où naissent ces bénéfices. Dans ce cas, l'État membre de la société mère s'abstient d'imposer les bénéfices distribués de la filiale »*.
Dans ce cas, l'interposition d'un établissement stable dans la détention des titres pose problème. En effet, la directive ne prévoit pas le cas où l'Etat d'implantation de l'établissement stable et celui de la société mère ne considèrent pas la filiale d'une manière identique.

456. Il semble que pour des raisons liées aux motifs de la directive, il conviendrait que ce soit la législation de l'Etat de l'établissement stable qui s'applique pour déterminer la qualification juridique de la filiale. En effet, si l'on considère qu'il appartient à l'Etat de *situs* de l'établissement stable d'exonérer les revenus ou d'imputer l'impôt précédemment acquitté, il lui appartient également de qualifier les revenus en fonction de l'entité dont il les perçoit[872].

---

[870] MAISTO Guglielmo, "The 2003 amendments to the EC Parent-Subsidiary Directive: what's next?", *ECTR,* 2004/4, pp.164-181.

[871] En ce sens, voir, CJCE, 6 novembre 2007, aff. C-415/06, *Stahlwerk Ergste Westig (SEW)*, JO C 514 du 23 février 2008, p. 29.

[872] Bien que cet exemple ne soit pas donné par l'OCDE dans son rapport relatif à l'application du Modèle de Convention fiscale de l'OCDE aux sociétés de personnes, OCDE, « Questions de fiscalité internationales » n° 6, Paris, 1999, 134 pp., on peut rapprocher l'hypothèse de celle donnée dans le cas 9 (p. 30), où l'Etat de résidence des associés de la société la considère comme fiscalement transparente alors qu'elle est considérée comme opaque dans son Etat d'établissement. Selon l'OCDE, les associés de la société devraient être considérés comme éligibles au bénéfice de la convention entre leur Etat et l'Etat de source des dividendes (différent par hypothèse de celui de la société de personnes), du fait qu'ils sont également assujettis à l'impôt sur ce revenu. Toutefois le comité des affaires fiscales indique que : *« Tout en adoptant cette approche, Le Comité a reconnu les difficultés administratives que sa mise en œuvre*

Cette approche poserait cependant un problème d'imposition, lorsque l'Etat d'implantation de l'établissement stable considérerait la société comme fiscalement transparente, alors que l'Etat du siège la considérerait comme opaque, et, qu'en outre, il exempterait les bénéfices de l'établissement stable[873]. Dans ce cas, on aboutirait à une double imposition du fait de l'interposition de l'établissement stable, alors que cette double imposition aurait été évitée dans le cas d'une relation directe mère-fille.

457. En ce sens, il serait préférable de considérer définitivement l'établissement stable comme un résident, de façon à éviter les difficultés d'application dues aux relations triangulaires.
En toute hypothèse, en matière de droit de l'Union, une partie des questions liées à l'imposition des groupes pourraient être résolues par la mise en oeuvre de l'ACCIS.
La nature de l'établissement stable fait obstacle, à tout le moins en partie, à le traiter comme une entité fonctionnellement distincte. En matière de dividendes, point d'achoppement à une approche identique, ni le droit conventionnel, ni le droit de l'Union européenne ne permettent d'avoir un système global cohérent et neutre, la difficulté principale résidant dans le caractère de non-résident de l'établissement stable.
En outre, les difficultés politiques à la création d'un système fiscal commun conduisent à un traitement transfrontalier des dividendes soumis à l'appréciation de la Cour de Justice.
Au cas particulier des dividendes, une ligne directrice dans la jurisprudence européenne est difficile à déterminer[874].

**
*

458. Dans la détermination du résultat des entreprises, la volonté d'assimiler, autant que faire se peut, l'établissement stable à une entité juridiquement distincte se heurte à différents problèmes.

---

soulèverait dans le cas d'une société de personnes ayant un grand nombre d'associés qui seraient résidents d'Etats différents ».

[873] La question ne se poserait pas dans les mêmes termes si l'Etat du siège optait pour la méthode d'imputation, puisque l'impôt payé par l'établissement stable et comprenant les dividendes distribués par la filiale, serait en partie neutralisé.

[874] LANG Michael, "ECJ case law on cross-border dividendes taxation- recent developments", *ECTR,* 2008/2, pp. 67-77; GRAETZ Michaël J., WARREN Alvin C.," Dividend taxation in Europe: When the ECJ makes tax policy", *Common Market Law Review,* 44/2007, pp. 1618-1619, qui indiquent que la Cour n'a pas dégagé une base de principes car elle n'explique pas pourquoi certaines caractéristiques et non d'autres sont pertinentes dans son approche de la non discrimination. Par ailleurs, les auteurs résument les décisions de la Cour en quatre occurrences : les dispositions appliquées aux actionnaires individuels pour réduire la double imposition économique doivent être étendues par l'Etat de résidence aux dividendes des sociétés étrangères ; les dispositions prises pour réduire l'imposition multiple et la double imposition doivent être étendues par l'Etat de résidence aux succursales ; les exemptions de retenues à la source doivent être étendues par les Etats de la source aux sociétés mères étrangères, mais les crédits destinés à réduire la double imposition économique ne doivent être étendus qu'aux établissements stables de sociétés étrangères ; les crédits d'impôts nationaux doivent être étendus par les Etats de source aux actionnaires individuels étrangers.

Tout d'abord, la notion d'établissement stable étant imparfaitement définie, et résultant le plus souvent de la volonté des Etats de « fixer » territorialement une entreprise à des fins d'imposition, des divergences d'appréciation dans la détermination des revenus devant être attribués à l'établissement stable apparaissent.
Ainsi, la nature des revenus à attribuer à l'établissement stable, même si elle est en partie déterminée par les stipulations des conventions bilatérales visant à éviter la double imposition, reste non seulement imprécise quant à son périmètre, mais également non unitaire quant à son acception par les Etats.
Elle reste imprécise, parce que ni le droit issu des recommandations de l'OCDE ni l'Union européenne n'ont évoqué le cas d'imposition d'un établissement stable ayant une activité purement patrimoniale, et non unitaire, car la différence de systèmes juridiques existant entre les Etats peut conduire à des appréciations divergentes quant au rattachement de certains bénéfices. Le cas des profits liés à des biens immeubles est à cet égard particulièrement problématique, ce d'autant plus que les règles de l'OCDE sont en la matière dissociées entre celles qui relèvent de la gestion et celles qui relèvent de l'aliénation.

459. En outre, la nature même de l'établissement stable, entité dépourvue de la personnalité morale, crée une distorsion avec les entités juridiquement distinctes.
L'absence de reconnaissance de la qualité de résident à l'établissement stable, alors que cette qualité est reconnue aux sociétés, suscite des difficultés dans l'application de règles identiques aux établissements stables et aux structures juridiquement distinctes.
Par ailleurs, la transmission du bénéfice – au siège pour les établissements stables ou aux associés, pour les sociétés – s'effectue de manière différente. Si l'OCDE tend à reconnaître que l'établissement stable peut être débiteur vis-à-vis de son siège de certains revenus passifs, comme les intérêts ou les redevances, l'absence de personnalité morale de l'établissement fait obstacle à ce qu'il soit distributeur de dividendes.
La question des distributions, qu'il y ait ou non intermédiation d'un établissement stable, renvoie au problème de la répartition de la masse imposable, et à la détermination de l'Etat – source *versus* résidence – devant supporter les coûts liés à la double imposition.
En ce sens, le fait que l'établissement ait un statut l'apparentant à un résident, sans pour autant l'être, crée une difficulté supplémentaire.

460. Le droit européen, quant à lui, n'édicte que des règles parcellaires en matière de répartition de l'impôt. Ainsi, malgré la volonté de créer un Marché unique libéré d'une partie des contraintes fiscales, le droit autant que la jurisprudence européenne restent à construire en ce qui concerne, notamment, l'appréhension de la double imposition et les relations avec les pays tiers[875]. En outre, certaines imprécisions dans les normes européennes et une jurisprudence dont les lignes directrices sont incertaines peuvent créer des difficultés à déterminer précisément des délimitations au pouvoir d'imposition des Etats.

---

[875] GRAETZ Michaël J., WARREN Alvin C.," Dividend taxation in Europe: When the ECJ makes tax policy", Common Market Law Review, 44/2007, p. 1577: *« l'approche générale de la Cour aux questions d'imposition du revenu est incohérente car elle cherche à éliminer la discrimination fondée à la fois sur l'origine et la destination des activités économiques- une quête impossible en l'absence d'harmonisation de la base et des taux... »*. Traduit par nous.

Cependant, dans l'optique d'achèvement du Marché commun, qui passe par la suppression des entraves fiscales, l'Union européenne adopte une approche fondée sur la notion de « groupe », qui infère une comparaison dans l'imposition des établissements stables et des filiales. Ce faisant, l'Union européenne appréhende plus largement que l'OCDE les flux transfrontaliers, à tout le moins sur le territoire européen, mais limite le pouvoir d'imposition des Etats de source ou de *situs*, lorsqu'existent de tels flux.

C'est pourquoi l'analyse de comparabilité entre les filiales et les établissements stables, dès lors qu'ils sont considérés comme appartenant à un groupe, va permettre d'affiner l'étude de la répartition du pouvoir d'imposition entre Etats.

PARTIE II: ÉTABLISSEMENTS STABLES ET FILIALES DANS LES GROUPES

461. La notion de groupe est difficile à déterminer avec précision. Toutefois, les groupes, même lorsqu'ils ne sont pas reconnus comme sujets de droit, sont caractérisés par l'existence d'une dépendance entre les diverses entités les composant. Les entités juridiquement distinctes n'appartiennent donc pas nécessairement dans un groupe. A proprement parler, les établissements stables, bien qu'étant dépendants du siège, peuvent également ne pas appartenir à un groupe, étant considérés simplement comme le démembrement d'une entreprise unique. Au sens large néanmoins, les établissements, du fait de leur dépendance au siège et de leur caractère transfrontalier, entrent dans le champ du groupe. Leur qualification d'entité fonctionnellement distincte dans l'Etat *de situs* ne peut créer d'obstacle à ce qu'ils soient considérés comme faisant partie d'un groupe, leur caractère nécessairement transfrontalier conduisant à les considérer, du point de vue de l'Etat du siège, comme appartenant à l'unité économique que constituent les groupes.

462. L'incidence des dépendances économiques et juridiques ne pouvait être ignorée par le droit fiscal. Aussi, bien que tous les États n'aient pas implanté une fiscalité spécifique, la tendance est à la mise en place de régimes prenant en compte la notion de groupe. Toutefois, la fiscalité dérogatoire applicable aux groupes est de manière générale cantonnée par les États à leur territoire national. En effet, les groupes transfrontaliers font rarement l'objet d'une fiscalité favorable, les États limitant alors les avantages octroyés au niveau national aux fins de contrer l'évasion fiscale.

463. L'Union européenne se veut, quant à elle, un territoire unique dans lequel sont *« éliminées les barrières qui divisent l'Europe »*[876]. Aussi, malgré sa compétence restreinte en matière de fiscalité directe, l'Union s'est penchée sur les groupes d'entreprises européennes et sur les entraves fiscales créant des obstacles à l'implantation des entreprises. Dans ce cadre, l'Union a abordé la fiscalité applicable aux groupes sous des angles différents. Elle a pu proposer des mesures ponctuelles visant à permettre une compensation transfrontalières des pertes, et des mesures plus globales ambitionnant la création, au niveau européen, d'une fiscalité spécifique aux groupes englobant la détermination de l'assiette imposable et la répartition de l'impôt.

La vision des groupes suppose de considérer à la fois les pertes et les bénéfices. Bien qu'il puisse sembler artificiel de scinder les bénéfices et les pertes, l'analyse portera, dans un premier temps, sur la fiscalité applicable aux pertes et particulièrement à leur transfert dans un cadre transfrontalier (*Titre 1 : Le transfert des pertes transfrontalières*), et, dans un second temps, sur celle applicable aux bénéfices (*Titre 2 : L'imposition des bénéfices des groupes*).

---

[876] Préambule du Traité sur le Fonctionnement de l'Union européenne (TFUE) du 13 décembre 2007.

TITRE I : LE TRANSFERT DES PERTES TRANSFRONTALIÈRES

464. La compensation transfrontalière des pertes ne constitue pas un sujet d'étude dans le cadre du droit fiscal international. Les conventions bilatérales ne mentionnent jamais la possibilité ou l'impossibilité d'une compensation entre les pertes et les bénéfices dans un cadre transfrontalier.
Au sein de l'Union européenne, la possibilité de transfert des pertes transfrontalières revêt une importance particulière. En effet, l'impossibilité de principe de compenser les pertes d'une structure avec les bénéfices d'une autre, dans un cadre transfrontalier, a été identifiée comme un obstacle majeur à la réalisation du Marché commun et à la compétitivité internationale des entreprises européennes[877]. La Commission européenne, bien qu'elle ait retiré en 2004[878] un projet de directive de 1990 portant sur ce sujet[879], continue à étudier les possibilités d'autoriser le transfert des pertes des filiales et des établissements stables[880]. Dans ce domaine, toutefois, aucun consensus n'a été trouvé entre les Etats membres, et la Commission n'a effectué aucune communication depuis 2006.

465. Aussi, en l'absence de dispositions spécifiques, la position de l'Union européenne dans le domaine du transfert des pertes s'est construite essentiellement par voie jurisprudentielle. De manière générale, l'absence d'une fiscalité directe harmonisée au sein de l'Union européenne semble faire obstacle à l'autorisation d'une compensation des pertes et des bénéfices dépassant le cadre national. Dans ce contexte, les arguments en défense des administrations fiscales, tendant à limiter une éventuelle transmission des pertes à leur territoire, ont pu être entendus (Chapitre 1 : Les obstacles au transfert des pertes transfrontalières).

Néanmoins, les articles du Traité afférents à la non-discrimination, ainsi que l'existence de régimes fiscaux nationaux des groupes visant à une « succursalisation » des filiales et des établissements stables étrangers, constituent autant d'arguments en faveur d'une compensation transfrontalière des pertes (chapitre 2 : La possibilité d'un transfert des pertes transfrontalières).

---

877 Commission européenne, Communication de la Commission au Conseil, au Parlement européen et au Comité économique et social européen, 23 octobre 2001, « Vers un marché intérieur sans entraves fiscales. Une stratégie pour permettre aux entreprises d'être imposées sur la base d'une assiette consolidée de l'impôt sur les sociétés couvrant l'ensemble de leurs activités dans l'Union européenne », COM (2001) 582, pp. 5, 13, 16.

878 JO C du 9 janvier 2004, n° 5, p. 20.

879 Commission européenne, Communication de la Commission au Conseil, au Parlement européen et au Comité économique et social européen, 28 novembre 1990, « Proposition de directive du Conseil relative à un régime de prise en compte par les entreprises des pertes subies par leurs établissements stables et filiales situés dans d'autres États membres », COM (1990) 595.

880 *Inter alia*, Commission européenne, 19 décembre 2006, Communication de la Commission au Conseil, au Parlement européen et au Comité économique et social européen: "Le traitement fiscal des pertes dans les situations transfrontalières", COM (2006) 824. Le problème est également envisagé sous l'angle d'une harmonisation plus globale de la fiscalité des entreprises dans le cadre de l'ACCIS ou de l'imposition à la résidence des PME. *Infra* Titre 2, chapitre 2.

CHAPITRE 1 : LES OBSTACLES AU TRANSFERT DES PERTES TRANSFRONTALIÈRES

466. L'impôt sur les sociétés est établi sur le résultat dégagé par les structures qui y sont soumises, indépendamment de la transmission de ce résultat. En ce sens, les pertes sont affectées à la structure qui les a réalisées, et demeurent ainsi dans l'État de *situs*. Dans un cadre purement national, les pertes peuvent toutefois être transmises à un autre titulaire que le titulaire originel, lorsqu'il existe des dispositifs législatifs particuliers l'autorisant. Il en est ainsi, notamment, des régimes d'intégration fiscale ou du régime du *group relief* britannique. En revanche, ces législations étendent rarement le bénéfice d'un transfert des pertes dans le cadre transfrontalier : seuls quatre États européens permettent une transmission des pertes non limitée au territoire national[881].

467. La transmission des pertes s'opère différemment pour les établissements stables et pour les filiales. En effet, la plupart des Etats pratiquent le système de mondialité de l'impôt sur les sociétés, qui, couplé avec la méthode du crédit d'impôt, autorise la prise en compte fiscale par le siège des pertes et des bénéfices des établissements stables étrangers[882]. Toutefois, le résultat dégagé par les établissements stables peut ne pas être affecté au siège, soit que l'État de résidence du siège ait adopté, dans le cadre de ses conventions bilatérales, un système d'exemption, soit que son système fiscal soit fondé sur une imposition territoriale des résultats. En revanche, la personnalité morale attachée aux filiales fait en principe systématiquement obstacle à la prise en compte des pertes, comme des bénéfices, par la société mère étrangère. De ce fait, la prise en compte des pertes transfrontalières peut, en fonction de la structure choisie et des systèmes de neutralisation de la double imposition appliqués, aboutir à une dissymétrie de traitement entre les bénéfices et les pertes.

468. La possibilité d'un transfert des pertes des entreprises à une autre structure demeure ainsi une exception. Les principales raisons au refus d'un transfert des pertes tiennent à plusieurs motifs : si les pertes peuvent revenir à plusieurs titulaires, il existe un risque d'emploi multiple des pertes dans des juridictions fiscales différentes ; ce sont les Etats qui déterminent leur compétence fiscale et il n'appartient pas aux entreprises de déterminer la juridiction de rattachement de leurs résultats.
Dans ce contexte, la Cour de justice de l'Union européenne a validé, sous conditions, les limites, introduites par les législations nationales, à un transfert transfrontalier des pertes. Ainsi, au stade des justifications, la Cour a admis des motifs d'intérêt général, qui, dès lors qu'ils garantissaient la réalisation des objectifs poursuivis par les législations et leur étaient proportionnés, entérinaient l'absence de transfert des pertes, aussi bien des établissements stables exemptés à leur siège, que des filiales à leur mère étrangère. Dans ce domaine spécifique du transfert des pertes, la Cour a admis des justifications particulières, l'arrêt novateur en la matière étant l'arrêt *Marks &*

[881] Danemark, France, Italie et Autriche. *Infra*, § 478, 726, 734.
[882] Il est à noter que pour les Etats pratiquant un système de territorialité de l'impôt sur les bénéfices et pour ceux pratiquant un système mondial mais avec exemption, les pertes, comme les bénéfices, ne sont pas, en principe, pris en compte dans l'État du siège.

Spencer[883]. En l'espèce, la Cour a reconnu, non des motifs considérés isolément, mais des justifications prises ensemble[884]. Les trois justifications admises alors par la Cour étaient la préservation de la répartition équilibrée du pouvoir d'imposition, le risque de double emploi des pertes, et le risque d'évasion fiscale.
Dans ces trois justifications qui, au demeurant, n'ont plus obligatoirement à être réunies[885], deux étaient complètement novatrices dans la jurisprudence de la Cour: la répartition équilibrée du pouvoir d'imposition et le risque de double emploi des pertes.

Après avoir analysé le risque de double emploi des pertes (section 1), le critère de préservation d'une répartition équilibrée du pouvoir d'imposition et ses liens avec les principes de cohérence du système fiscal et de territorialité sera défini (section 2).

SECTION 1 : UN TRANSFERT DES PERTES LIMITÉ PAR LE RISQUE DE LEUR DOUBLE EMPLOI

469. Un transfert des pertes hors de la juridiction dans laquelle elles ont été subies et à laquelle elles ont été originellement rattachées peut conduire à un double emploi de ces pertes : dans leur juridiction d'origine et dans la juridiction de résidence de la structure à laquelle elles sont transmises. Aussi, la Cour a admis qu'un risque de double emploi des pertes constituait un motif d'intérêt général, susceptible de justifier les restrictions introduites par les législations nationales[886]. Le risque de double emploi des pertes peut être vu en relation avec la prévention de l'évasion fiscale, même si l'arrêt *Marks & Spencer* en a fait des justifications distinctes[887]. En la matière cependant, la jurisprudence reste à la fois incomplète et imprécise. Elle est incomplète, car elle ne s'est pas prononcée sur le calcul et la prise en compte des pertes. Elle demeure

---

883 CJCE, 13 décembre 2005, aff. C-446/03, *Marks & Spencer plc contre David Halsey (Her Majesty's Inspector of Taxes)*, Rec. p. I-10837.

884 *Ibid.*, point 51 : *« Au vu de ces trois éléments de justification [la préservation de la répartition du pouvoir d'imposition, le risque de double emploi des pertes, le risque d'évasion fiscale], pris ensemble, il convient de relever qu'une réglementation restrictive telle que celle en cause au principal, d'une part, poursuit des objectifs légitimes compatibles avec le traité et relevant de raisons impérieuses d'intérêt général et, d'autre part, est propre à garantir la réalisation desdits objectifs ».*

885 Voir, CJCE, 18 juillet 2007, aff.C-231/05, *Oy AA*, Rec. p. I-6373, dans lequel la Cour admet les deux motifs que sont la répartition équilibrée du pouvoir d'imposition et le risque d'évasion fiscale; CJCE, 15 mai 2008, aff. C-414/06, *Lidl Belgium*, Rec. p. I-.601, point 40, dans lequel la Cour admet les deux motifs que sont la répartition équilibrée du pouvoir d'imposition et le risque de double emploi des pertes; CJUE, 25 février 2010, aff. C-337/08, *X Holding BV*, Rec. p. I-1215, point 33, dans lequel la Cour admet le seul motif de la répartition équilibrée du pouvoir d'imposition. CJUE, 6 septembre 2012, aff. C-18/11, *Philips Electronics UK Ltd.*

886 CJCE, 13 décembre 2005, aff. C-446/03, *Marks & Spencer plc contre David Halsey*, Rec. p. I-10837, point 48; 15 mai 2008, aff. C-414/06, *Lidl Belgium GmbH & Co. KG contre Finanzamt Heilbronn*, Rec. p. I-3601, point 36.

887 Arrêt *Marks & Spencer Plc* précité, point 49: *« Il y a lieu d'admettre que la possibilité de transférer les pertes d'une filiale non résidente à une société résidente comporte le risque que des transferts de pertes soient organisés au sein d'un groupe de sociétés en direction des sociétés établies dans les États membres appliquant les taux d'imposition les plus élevés et dans lesquels, par conséquent, la valeur fiscale des pertes est la plus importante ».*

imprécise, car il subsiste un doute, notamment lorsque sont en cause des établissements stables, sur l'impact des différents systèmes de neutralisation de la double imposition.
La notion de pertes à prendre en compte sera étudiée (§ 1), avant de se pencher sur l'impact des différents régimes de neutralisation de la double imposition lorsque des établissements stables interviennent dans le transfert des pertes (§ 2).

§ 1. La notion de prise en compte des pertes

470. La détermination de cette notion est fondamentale à la fois pour les établissements stables et pour les filiales. L'appréhension de la prise en compte des pertes suppose au préalable de déterminer la nature des pertes à prendre en compte et leur titulaire (A). Lorsqu'une telle perte est admise, il convient, en outre, de déterminer le moment de sa prise en considération (B).

A. La nature des pertes et leur titulaire

471. De manière générale, il n'existe pas *a priori* de principe en droit de l'Union selon lequel les bénéfices devraient être imposés au moins une fois dans un des Etats membres.
De ce fait, en l'absence d'harmonisation des systèmes fiscaux, certains revenus sont imposés deux fois et d'autres ne sont jamais imposés. En conséquence, certains auteurs en déduisent que, sous l'empire du droit de l'Union existant, il pourrait être procédé à une double déduction des pertes, leur « non-imposition » étant déjà admise par certaines des conventions relatives à la double imposition[888]. Pour une autre partie de la doctrine, les pertes devraient être prises en compte au moins une fois (de la même façon que les bénéfices devraient être pris en compte une seule fois)[889].
Cependant, il convient au préalable de définir les pertes (1), et ensuite de caractériser leur titulaire (2), ces deux questions étant étroitement liées.

1) La définition et le calcul des pertes

472. Si la Cour ne définit pas réellement les pertes, il n'en demeure pas moins que la jurisprudence crée une distinction en fonction de leur nature (a). De surcroît, le montant de la perte doit être calculé, et ce calcul est susceptible de s'effectuer différemment pour les établissements stables et pour les filiales (b).

---

888 ARGINELLI Paolo, "The Discriminatory Taxation of Permanent Establishments by the Host State in the European Union: a Too Much Separate Entity Approach", *Intertax,* 2007, Issue 2, pp. 99-100; LANG Michael, "The *Marks & Spencer* Case - The Open Issues Following the ECJ's Final Word", *European Taxation,* February 2006, pp. 61-64.
889 MEUSSEN Gerard T.K., "The *Marks & Spencer* case: reaching the boundaries of the EC Treaty", *ECTR,* 2003/3, pp. 147-148.

a) La définition des pertes

473. Les pertes peuvent revêtir deux natures distinctes : soit les pertes courantes réalisées par les structures pendant leur vie sociale, soit les pertes existant à l'issue de la vie sociale.
L'arrêt *Marks & Spencer,* s'il a posé comme principe au stade des justifications à l'atteinte à la liberté d'établissement que les Etats devaient pouvoir faire obstacle à une double prise en compte des pertes[890], a indiqué, dans le cadre du contrôle de proportionnalité, que les pertes pouvaient néanmoins être transmises à la mère, lorsque la filiale prouvait avoir épuisé toutes les possibilités d'imputation dans son Etat de résidence. A cet égard, la Cour a jugé que : « *La mesure restrictive en cause dans l'affaire au principal va au-delà de ce qui est nécessaire pour atteindre l'essentiel des objectifs poursuivis dans une situation où:*
- la filiale non-résidente a épuisé les possibilités de prise en compte des pertes qui existent dans son État de résidence au titre de l'exercice fiscal concerné par la demande de dégrèvement ainsi que des exercices fiscaux antérieurs, le cas échéant au moyen d'un transfert de ces pertes à un tiers ou de l'imputation desdites pertes sur des bénéfices réalisés par la filiale au cours d'exercices antérieurs, et
- il n'existe pas de possibilité pour que les pertes de la filiale étrangère puissent être prises en compte dans son État de résidence au titre des exercices futurs soit par elle-même, soit par un tiers, notamment en cas de cession de la filiale à celui-ci »[891].

474. L'arrêt *Marks & Spencer* concernait ainsi des pertes considérées comme définitives, puisque ne pouvant s'imputer ni sur des bénéfices antérieurs, ni sur des bénéfices ultérieurs.
Cet arrêt peut être rapproché de l'arrêt *Deutsche Shell*[892], dans lequel il a été considéré qu'une perte d'exploitation, constituant une *« réelle perte économique »*, devait être déduite par le siège.
Il convient également de mettre en parallèle ces deux arrêts avec l'arrêt *Lidl Belgium*, rendu dans le domaine du transfert des pertes d'un établissement stable, pertes exemptées du fait de la convention germano-luxembourgeoise. Dans cet arrêt, la Cour a pu juger qu'il existait un risque de double emploi de la même perte dans l'Etat de *situs* et dans l'Etat de résidence[893], ce qui, au cas particulier, interdisait la prise en compte par le siège de la perte dégagée par l'établissement stable. Dans cet arrêt, était en cause non une perte terminale, mais une perte d'exploitation, l'établissement stable continuant à fonctionner au Luxembourg[894]. Toutefois, la question reste posée de savoir ce qu'il en aurait été, dans ce cas, pour une perte définitive. Si l'on se fonde sur l'arrêt *Marks &*

---

[890] Arrêt *Marks & Spencer* précité, points 47 et 48.
[891] *Ibid.*, points 55-56.
[892] CJCE, 28 février 2008, aff.C-293/06, *Deutsche Shell GmbH contre Finanzamt für Großunternehmen in Hamburg*, Rec. p. I-3601, points 27 et 51.
[893] CJCE, 15 mai 2008, aff. C-414/06, *Lidl Belgium GmbH & Co. KG contre Finanzamt Heilbronn*, Rec. p. I-3601, point 36. Par comparaison, voir CJUE, 6 septembre 2012, aff. C-18/11, *Philips Electronics UK Ltd*, non encore publié au Recueil, dans lequel la Cour a fait primer la notion de pouvoir d'imposition sur le risque de double emploi des pertes.
[894] MEUSSEN Gerard T.K., "Cross-Border Loss Compensation and Permanent Establishments: Lidl Belgium and Deutsche Shell", *European Taxation,* May 2008, pp. 235-236.

Spencer, il semble que, pour un établissement stable, comme pour une filiale, une perte définitive, qui ne pourrait être prise en compte dans l'Etat d'implantation, pourrait être prise en compte dans l'Etat de résidence du siège ou de la société mère.

475. Les positions prises dans les divers arrêts précités doivent cependant être nuancées au regard de l'arrêt *Krankenheim*[895]. Dans cet arrêt, une société allemande bénéficiaire s'était implantée en Autriche par l'intermédiaire d'un établissement stable. Ce dernier avait réalisé des pertes pendant huit ans, des bénéfices au cours des quatre années suivantes, et avait, au cours du dernier exercice, été cédé. Les pertes avaient été déduites et les bénéfices ultérieurement réintégrés en Allemagne à due concurrence. Les pertes n'avaient donc pas été définitivement imputées par le siège. En Autriche, la circonstance que la société allemande ait été globalement bénéficiaire faisait obstacle au report des pertes de l'établissement stable sur les exercices ultérieurs. De ce fait, les bénéfices avaient également été imposés en Autriche[896]. La Cour considère que les mesures allemandes sont proportionnées[897]. Pour ce faire, elle rejette deux des arguments formulés par la société. En effet, elle observe, d'une part, que l'Etat allemand n'avait pas d'obligation d'aménager son régime fiscal pour garantir une imposition effaçant toute disparité découlant de la réglementation autrichienne[898], et, d'autre part, que la circonstance que le résultat de l'établissement stable au moment de la cession ait été globalement négatif était sans incidence[899].

476. Pour une partie de la doctrine, la solution adoptée dans l'arrêt *Krankenheim* n'est pas cohérente avec la jurisprudence antérieure[900]. Pour certains auteurs, en revanche, la contradiction entre les arrêts *Marks & Spencer*, *Lidl Belgium* et *Krankenheim* n'est qu'apparente, dans la mesure où, dans les deux premiers cas, les législations en cause n'autorisaient pas la déduction provisoire des pertes[901]. Ils en concluent que les Etats membres n'ont pas d'obligation d'autoriser la prise en compte de manière définitive, dans le chef du siège, des pertes finales réalisées par des établissements stables situés à l'étranger[902].
Une cohérence pourrait être trouvée dans la jurisprudence, si l'on considère qu'il existe une distinction entre les pertes finales et les pertes terminales. En effet, au cas particulier de l'arrêt *Krankenheim*, les pertes étaient finales dans l'Etat de *situs* de l'établissement stable, puisque, compte tenu de la législation autrichienne en vigueur,

---

[895] CJCE, 23 octobre 2008, aff. C-157/07, *Krankenheim Ruhesitz am Wannsee-Seniorenheimstatt*, Rec. p. I-8061.
[896] *Ibid.*, point 18. L'ensemble des bénéfices n'avaient cependant pas été imposés en Autriche puisque, notamment, les bénéfices réalisés l'année de la cession n'avaient pas été soumis à l'impôt.
[897] *Ibid.*, point 45.
[898] *Ibid.*, points 50-52.
[899] *Ibid.*, point 53.
[900] HASLEHNER Werner C., "Cross-Border Loss Relief for Permanent Establishments under EC Law", *Bulletin for International Taxation*, January 2010, pp. 41-42.
[901] O'SHEA Tom, "German Loss Deduction and Reintegration Rules and the ECJ", *Tax Notes International*, vol. 53, n° 11, 2009, 16 March, pp. 967-969; RAINGEARD de la BLETIERE Emmanuel, « Droit communautaire : chronique de l'année 2008 », *Droit Fiscal*, n° 9, 26 février 2009, p. 67.
[902] RAINGEARD de la BLETIERE Emmanuel précité.

elles ne pouvaient être reportées sur les exercices ultérieurs. En revanche, ces pertes étant réalisées pendant le cours de l'exploitation de l'établissement stable, elles n'étaient pas des pertes terminales. Dans ce cas, le droit de l'Union admettrait la transmission des pertes définitives, indépendamment de la structure en cause et du régime de neutralisation de la double imposition. Les pertes non définitives resteraient à la charge de la structure les ayant réalisées et ne seraient pas transmissibles.

477. Pour les commentateurs, les arrêts rendus par les tribunaux nationaux, postérieurement à l'arrêt *Krankenheim*, établissent une différence entre l'impossibilité de déduire les pertes pour des questions de droit ou pour des questions de fait. Ainsi, la Cour suprême allemande a pu juger que les pertes de l'établissement stable français d'une société allemande n'avaient pas à être prises en compte par le siège, l'établissement stable ayant épuisé la possibilité légale de report en avant des pertes, limitée à l'époque des faits à cinq ans[903].
De manière générale, les juridictions nationales ont statué en faveur d'une vision restrictive de la notion de pertes finales[904].

Par ailleurs, le transfert d'une perte impliquerait des différences dans le calcul du montant de la perte selon que seraient en cause une filiale ou un établissement stable.

b) Le calcul de la perte

478. Les résultats des établissements stables sont calculés selon les règles de l'Etat de *situs*, conformément aux règles de répartition de la compétence fiscale, telles qu'elles sont fixées, notamment, par les conventions de double imposition[905]. En ce sens, peu importe qu'il s'agisse de bénéfices ou de pertes. Cependant, lorsque l'Etat du siège pratique le régime du bénéfice mondial avec imputation des impôts acquittés à l'étranger, le siège retraite en principe les résultats de ses établissements stables étrangers en fonction de sa propre législation[906]. Il est à noter, cependant, que le droit français, qui autorise depuis 2009 la déduction temporaire des pertes pour les PME, prévoit le calcul des résultats en fonction des règles des Etats d'implantation, que ce soit pour les filiales ou les établissements stables étrangers[907].

479. Pour les filiales, l'arrêt *Marks & Spencer* a semblé préconiser de calculer les pertes en fonction des règles de l'Etat de résidence de la mère[908]. Cette position de la Cour

---

[903] BFH, 9 juin 2010, IR 100/07, IStR 2010, 670.

[904] Sur le sujet, voir, DA SILVA Bruno, "From Marks & Spencer to X Holding: The Future of Cross-Border Group Taxation in the European Union", *Intertax*, 2011, Issue 5; pp. 257–265; GEBHARDT Ronald, QUILITZSCH Carsten, "Cross-Border Loss Relief in the EU: Implications of Recent Developments in Germany Regarding Outbound Permanent Establishments", *ECTR*, 2011/6, pp. 263–272; GERSON Anna, "The Negative Harmonization Process of Losses in Foreign EU Subsidiaries: The Swedish Case", *ECTR*, 2011/6, pp. 273–282.

[905] OCDE, Modèle de Convention fiscale à jour au 19 juillet 2008, article 7.

[906] GEST Guy, « Territorialité de l'IS : le débat est ouvert », *RFC* n° 243, mars 1993, pp. 58-60 ; LANG Michael, "The *Marks & Spencer* Case - The Open Issues Following the ECJ's Final Word", *European Taxation*, February 2006, p. 62.

[907] CGI, article 209 C, Instruction du 20 janvier 2010, BOI 4 H-4-10, n° 21.

[908] Arrêt *Marks & Spencer* précité, point 22.

peut se justifier par le fait qu'elle a comparé la situation d'une société mère ayant des filiales nationales et étrangères[909].
Cependant, cela pourrait aboutir à créer des distorsions, notamment si la filiale est considérée comme ayant réalisé des pertes sous l'empire de la loi de la mère, et non sous l'empire de la loi de sa résidence, ou l'inverse. Dans le premier cas, la filiale pourrait faire valoir qu'elle n'a pas de possibilité d'imputer des pertes dans son Etat de résidence[910]. Le paradoxe serait alors de faire supporter à l'Etat de résidence de la mère le coût induit par les différences de législation. Dans le second cas, il n'y aurait *in fine* pas de pertes à imputer, puisque le résultat recalculé ne ferait pas apparaître de pertes dans l'Etat de résidence de la mère.

Dans le domaine de la définition des pertes et de leur calcul, la position de la Cour ne convainc pas totalement, car elle semble faire abstraction de la notion de titulaire de la perte.

2) Le titulaire de la perte

480. La détermination du titulaire de la perte est étroitement liée à la nature de la perte et à la nature des structures l'ayant réalisée. De surcroît, la détermination du titulaire de la perte s'effectue différemment selon que l'on se place au stade de la réalisation de la perte, ou au stade de son éventuelle transmission.
De manière générale, les pertes liées à l'exploitation appartiennent aux structures qui les subissent. Ces pertes, considérées comme étant réalisées au « premier niveau », ne suscitent pas de questionnement particulier pour les structures juridiquement distinctes.

481. En revanche, ce point est plus problématique au niveau des établissements stables. En effet, l'absence de personnalité juridique induit en théorie que les pertes réalisées par les établissements stables appartiennent au siège. Cette question doit toutefois être vue en relation avec le système d'élimination de la double imposition et la répartition de la compétence fiscale. A cet égard, l'arrêt *Deutsche Shell* a jugé que : « *Ladite compétence [la compétence d'imposition] implique également qu'un État membre ne saurait être tenu de prendre en considération, aux fins de l'application de sa législation fiscale, les résultats négatifs d'un établissement stable situé dans un autre État membre et appartenant à une société dont le siège se trouve sur le territoire du premier État pour la seule raison que de tels résultats ne sont pas susceptibles d'être pris en compte, sur le plan fiscal, dans l'État membre où l'établissement stable est situé. En effet, la liberté d'établissement ne saurait être comprise en ce sens qu'un État membre est obligé d'établir ses règles fiscales en fonction de celles d'un autre État membre afin de garantir, dans toutes les situations, une imposition qui efface toute disparité découlant des réglementations fiscales nationales, étant donné que les décisions prises par une*

[909] LANG Michael, "The *Marks & Spencer* Case - The Open Issues Following the ECJ's Final Word", *European Taxation,* February 2006, p. 62. Dans la mesure où la situation de la société mère est identique qu'elle ait des filiales nationales ou étrangères, il est convaincant que le même traitement soit appliqué aux pertes.
[910] *Ibid.*

société quant à l'établissement de structures commerciales à l'étranger peuvent, selon les cas, être plus ou moins avantageuses ou désavantageuses pour une telle société »[911]. Au cas particulier toutefois, comme dans l'arrêt *Rewe Zentralfinanz*[912] rendu dans le domaine des pertes des filiales, il n'existait pas réellement de questionnement sur le titulaire de la perte, celui-ci étant le siège dans l'arrêt *Deutsche Shell*[913], et la mère dans l'arrêt *Rewe*[914].

482. Le point central dans la détermination du titulaire de la perte se pose au stade du transfert des pertes. Il consiste dans la possibilité de changer de titulaire et de faire supporter la perte par une autre structure que celle l'ayant réalisée. Ainsi, la question du titulaire de la perte a été élargie par l'arrêt *Marks & Spencer*, dans la mesure où la Cour a considéré qu'une législation ne pouvait exclure la possibilité pour une mère de prendre en compte les pertes de ses filiales étrangères, si *« il n'existe pas de possibilités pour que ces pertes puissent être prises en compte dans son État de résidence [de la filiale] au titre des exercices futurs soit par elle-même [la filiale], soit par un tiers, notamment en cas de cession de la filiale à celui-ci »*[915]. Lu *a contrario*, l'arrêt *Marks & Spencer* considère que le titulaire initial de la perte est la filiale non-résidente, puisqu'elle doit avoir épuisé toutes les possibilités de prise en compte des pertes dans son Etat de résidence[916]. L'imputation des pertes dans l'Etat de résidence de la filiale, due à sa cession, semble une exigence légitime eu égard au risque de double emploi des pertes. Elle est difficile à mettre en œuvre de façon pratique. En effet, cela suppose que l'ex société mère puisse suivre l'évolution des résultats d'une filiale qui ne lui appartient plus[917]. Cette question est assez théorique, puisque, s'agissant de la vente d'une filiale déficitaire, le prix de vente tient vraisemblablement compte de ces déficits.

483. Le raisonnement relatif à la prise en compte des pertes dans l'Etat de résidence de la filiale a été appliqué aux établissements stables dans l'arrêt *Lidl Belgium*[918]. La conclusion qu'en tire la Cour est que, si les possibilités de prises en compte sont épuisées dans l'Etat de résidence de la filiale – ou dans l'Etat de *situs* de l'établissement – , les pertes doivent pouvoir être prises en compte par la mère dans son propre Etat de résidence (ou par le siège). En quelque sorte, la Cour considère qu'il convient de prendre en compte les pertes au moins une fois, même si cela suppose le transfert de la perte à un titulaire autre que le titulaire originel.

484. Si l'on considère qu'au cas particulier de l'arrêt *Marks & Spencer* seules les pertes terminales étaient visées, cette conclusion ne paraît cependant pas aller de soi.

---

[911] Arrêt *Deutsche Shell* précité, points 42 et 43.
[912] CJCE, 29 mars 2007, aff. C-674/04, *Rewe Zentralfinanz eG*, Rec. p. I-2647.
[913] Dans cet arrêt, le litige concernait une perte de change qui ne pouvait être qu'une perte du siège.
[914] Dans cet arrêt, le litige portait sur l'amortissement des participations dans les filiales. Le titulaire de la perte était la société mère.
[915] Arrêt *Marks & Spencer* précité, point 59.
[916] Arrêt *Marks & Spencer* précité, point 55.
[917] LANG Michael, "The *Marks & Spencer* Case - The Open Issues Following the ECJ's Final Word", *European Taxation,* February 2006, p. 63.
[918] CJCE, 15 mai 2008, aff. C-414/06, *Lidl Belgium*, Rec. p. I-3601, point 36.

En effet, d'une part, il s'agit du cumul de pertes d'exploitation réalisées par une entité juridiquement distincte, soumise au régime d'imposition de son Etat de résidence. Aussi, contraindre à un transfert des pertes des filiales à la mère revient à faire peser sur l'Etat de résidence de cette dernière des pertes subies dans un autre Etat. D'autre part, la perte est déjà prise en compte par la société mère par le biais de la neutralisation comptable de la participation qu'elle détient dans la filiale, laquelle induit une diminution de l'actif net, même s'il est vrai que la valeur de la participation n'est pas strictement corrélée au montant des pertes réalisées. Cet aspect du double emploi des pertes (par la réalisation des pertes elles-mêmes et par la dévalorisation de la participation) a été pris en compte par la Cour dans l'arrêt *Papillon*[919]. Au cas particulier, néanmoins, le raisonnement de la Cour est discutable en ce qu'elle considère : *« Dans l'hypothèse où la filiale est une société non-résidente, les pertes enregistrées par la sous-filiale seraient doublement prises en compte, une première fois sous la forme de pertes directes de cette dernière et une nouvelle fois sous la forme d'une provision constituée par la société mère pour dépréciation de sa participation dans ladite filiale, car les opérations internes ne seraient pas neutralisées, la filiale non-résidente ne relevant pas du régime de l'intégration fiscale »*[920]. Or, en principe, la dépréciation dans la sous-filiale est constatée dans le chef de la filiale. Le fait que la filiale ait constaté une dépréciation de sa participation dans sa sous-filiale n'entraîne pas nécessairement la constatation d'une dépréciation de la valeur de la filiale par la mère.

485. Il semble ainsi qu'en ce qui concerne les filiales, la société mère n'a pas vocation à prendre en compte les pertes de ses filiales autrement que par le biais de la dépréciation ou de l'annulation de la participation qu'elle détient. Ce propos doit cependant être nuancé par la prise en compte de l'existence de régimes de groupe. Ainsi, dans la mesure où il existe des régimes nationaux aboutissant à une « succursalisation » des filiales par la prise en compte des bénéfices ou des pertes que celles-ci réalisent, il pourrait être envisagé de transférer les pertes à la société tête de groupe. Toutefois, cette prise en compte ne peut se faire que par l'adoption de règles d'imposition communes aux Etats membres. En l'état actuel du droit de l'Union européenne, et compte tenu des règles de répartition des compétences fiscales des Etats, une solution jurisprudentielle semble inopportune. C'est en ce sens qu'a été rendu l'arrêt *X Holding BV*[921].

La prise en compte des pertes relève ainsi de la structuration même des systèmes fiscaux nationaux. Aussi, les pertes restent normalement attachées à l'Etat dans lequel elles ont été réalisées, leur transfert étant susceptible de créer un risque de double emploi et un risque d'évasion fiscale. Par ailleurs, la valeur des pertes, abstraction faite de la loi sous laquelle elles sont calculées, n'est pas absolue. En effet, elle est à la fois variable dans l'espace et dans le temps.

[919] CJCE, 27 novembre 2008, aff. C-418/07, *Société Papillon contre Ministère du Budget, des Comptes publics et de la Fonction publique*, Rec. p. I- 8947.
[920] *Ibid.*, point 48.
[921] CJUE, 25 février 2010, aff. C-337/08, *X Holding BV*, Rec. p. I-1215, conclusions KOKOTT du 19 novembre 2009.

B. La temporalité de la prise en compte des pertes

486. La prise en compte des pertes dans le temps peut être variable. Des termes utilisés par la Cour, il ressort que, dès lors que les pertes vont, *in fine*, être prises en compte, le moment de leur prise en compte est indifférent (1). La question se pose donc de savoir s'il conviendrait de permettre une transmission immédiate des pertes des filiales à leur mère (2).

1) Une prise en compte des pertes différenciée dans le temps

487. La question de la temporalité de la prise en compte des pertes se pose pour les établissements stables dont les résultats sont exemptés par l'Etat du siège, et pour les filiales.

En ce qui concerne les filiales, l'arrêt *Marks & Spencer* a indiqué que les pertes ne pouvaient être prises en compte dans l'Etat de résidence de la mère que lorsque la filiale avait épuisé les possibilités d'imputation dans son Etat de résidence[922]. Cette question a été posée indirectement à la Cour pour les établissements stables[923].

De ce fait, il existe potentiellement un décalage temporel entre la prise en compte des pertes pour les filiales résidentes et pour les filiales non-résidentes. Dans le cas du régime du *group relief*, en cause dans l'affaire *Marks & Spencer*, la raison d'être du système est de permettre une compensation immédiate des pertes. Le fait que les filiales résidentes voient leurs pertes compensées, sur le même exercice, avec les bénéfices de la mère – ou d'autres filiales – ne peut être comparé à la situation des filiales non-résidentes, qui verraient leurs pertes éventuellement compensées dans un futur incertain. Il est à noter, cependant, que la différence due au décalage temporel n'est que potentielle. En effet, si les structures sont globalement déficitaires, ou insuffisamment bénéficiaires, la prise en compte des pertes transférées va être différée dans le temps. Cela vaut également pour les systèmes d'intégration fiscale.

488. L'Avocat général POIARES MADURO, dans ses conclusions sous l'affaire *Marks & Spencer,* avait considéré, sans que ce point soit repris par la Cour, que la possibilité d'une prise en compte des pertes, fût-elle ultérieure, par la société mère résidente constituait un traitement fiscal équivalent[924]. Cette position a été implicitement confirmée par l'arrêt *Lidl Belgium*, dans lequel la Cour a jugé : *« Il existe manifestement un risque que la même perte soit employée deux fois. En effet, il ne saurait être exclu qu'une société fasse valoir, dans l'État membre où se situe son siège, les pertes subies par un établissement stable lui appartenant situé dans un autre État membre et que, malgré cette imputation, les mêmes pertes soient prises en compte, à un moment ultérieur, dans l'État membre où est situé l'établissement stable, lorsque ce dernier*

---

[922] *Marks & Spencer* précité, point 55.

[923] Requête du 12 janvier 2011, aff. C-18/11, *Philips Electronics UK Ltd.*

[924] Conclusions de l'Avocat général M. POIARES MADURO, présentées le 7 avril 2005, sous l'affaire C-446/03, point 80 : *« (...) Pourvu que le traitement des pertes soit équivalent pour le groupe, ces contraintes n'affectent pas la liberté d'établissement (...) ».*

dégage un bénéfice, empêchant ainsi l'État membre où la société principale a son siège d'imposer ce bénéfice »[925].
Ainsi, le fait que les pertes ne soient pas immédiatement déductibles ne constitue pas en soi un traitement défavorable.

489. Cette position a été critiquée par la doctrine[926], qui considère que le traitement ne peut être équivalent, la valeur des pertes n'étant pas identique dans le temps[927]. Il ne peut être ignoré, en effet, que la valeur des pertes n'est pas identique selon que leur imputation est immédiate ou différée. Par ailleurs, la valeur des pertes est corrélée au taux d'imposition de l'Etat dans lequel elles ont été réalisées, la valeur des pertes étant supérieure lorsque le taux est plus élevé.
Aussi, une partie de la doctrine est favorable à une prise en compte immédiate des pertes.

2) Une déduction immédiate des pertes des filiales?

490. Pour certains auteurs, il conviendrait de permettre une déduction immédiate des pertes des filiales, en autorisant leur réintégration lors de la réalisation de bénéfices ultérieurs, comme cela se pratique dans certains Etats pour les établissements stables[928]. Ce système, s'il a l'avantage de supprimer le risque de double emploi des pertes et d'être cohérent, pose des difficultés pratiques. En effet, cela suppose que les administrations fiscales puissent contrôler le montant des pertes étrangères et le montant de la réintégration ultérieure[929]. Par ailleurs, ce système n'est applicable que pour les pertes subies pendant la vie de la société. Dans le cas de pertes terminales, il n'y a plus de réintégration possible puisque la société disparaît.

---

[925] CJCE, 15 mai 2008, aff. C-414/06, *Lidl Belgium*, Rec. p. I-3601, point 36.
[926] ISENBAERT Mathieu, VALJEMARK Caroline, "M & S judgement: the ECJ caught between a rock and a hard place", *ECTR*, 2006/1, pp. 10-17. Pour les auteurs, l'Avocat général confond les effets: l'impossibilité d'utiliser les pertes dans le futur, avec les causes : l'avantage de trésorerie que procure l'imputation.
[927] LANG Michael, "The *Marks & Spencer* Case - The Open Issues Following the ECJ's Final Word", *European Taxation,* February 2006, p. 61; MEUSSEN Gerard T.K., "Cross-Border Loss Relief in the Eureopean Union following the Advocate General's Opinion in the Marks & Spencer Case", *European Taxation*, July 2005, pp. 284-285. Pour l'auteur, il existe bien un désavantage constituant une violation de l'article 43 du Traité, qui n'est pas justifiable sous l'angle de la cohérence fiscale; SAÏAC Julien, « Deduction of Losses Incurred in Another Member State by a Non-Resident Subsidiary following Marks & Spencer », *European Taxation*, December 2007, pp. 554-555.
[928] LANG Michaël, MEUSSEN Gérard T.K. précités, et ARGINELLI Paolo, "The Discriminatory Taxation of Permanent Establishments by the Host State in the European Union: a Too Much Separate Entity Approach", *Intertax,* 2007, vol.35, Issue 2, p. 99.
[929] LUDICKE Jochen, "Pending Cases by German Courts, Lidl Belgium", in LANG Michaël, SCHUCH Josef, STARINGER Claus., "ECJ Recent Developments in Direct Taxation 2007", Wien, Lindeverlag, 2007, p. 75. L'auteur indique que l'Allemagne a renoncé à ce système [de déduction des pertes avec réintégration lors de la réalisation de bénéfices] non seulement à cause des difficultés de contrôle, mais aussi car il existait des difficultés systématiques à exempter les profits tout en permettant la déduction des pertes.

491. Cette question renvoie à une obligation de prendre en compte les pertes au moins une fois, en faisant abstraction de la personnalité morale de la filiale. Le fait que les pertes ne soient identiques ni en valeur[930], ni en termes de temps, n'implique pas, en l'absence de système fiscal harmonisé, d'obligation de les prendre en compte, à tout le moins en ce qui concerne les filiales. Il semble en effet que la personnalité morale des filiales fait obstacle à ce qu'elles soient traitées comme des établissements stables. Cette position peut également être défendue dans le cadre des régimes d'intégration fiscale nationaux, dans la mesure où une position contraire reviendrait à créer, par voie jurisprudentielle, une obligation de consolidation européenne des résultats de toutes les entreprises opérant dans un cadre transfrontalier[931].

492. De plus, l'admission de la prise en compte des pertes des filiales par la mère n'aboutirait pas à comparer les filiales à des établissements stables, mais à les assimiler à des succursales de droit interne, ce qui est différent. Ainsi, les problématiques liées à la prise en compte des pertes à la fois en termes de calcul, de titulaire, et de temporalité se posent différemment pour les établissements stables et les filiales. Pour les établissements stables, le transfert des pertes est en outre directement corrélé au système de neutralisation de la double imposition.

§ 2. Les établissements stables et le transfert des pertes

493. En l'état actuel du droit de l'Union européenne, les pertes des filiales étrangères ne sont déductibles dans les résultats de la mère que sous des conditions restrictives. En revanche, les pertes des établissements peuvent l'être, en considération du système d'élimination de la double imposition (A). Par ailleurs, les pertes des filiales pourraient devenir déductibles du fait de l'interposition d'un établissement stable ou de leur transformation en établissement stable (B).

A. Les pertes des établissements stables et la neutralisation de la double imposition

494. La nature du système d'élimination des doubles impositions influe sur la prise en compte des pertes[932]. L'emploi de la méthode d'exemption ou de la méthode d'imputation crée des divergences dans la prise en compte des pertes (1). Ces divergences conduisent une partie de la doctrine à s'interroger sur la possibilité d'une déduction immédiate des pertes des établissements stables, indépendamment de la méthode de neutralisation choisie. Cette position est susceptible de modifier l'appréhension de l'imposition des établissements stables (2).

---

930 La valeur des pertes dépend du niveau d'imposition de l'Etat dans lequel elles sont réalisées. Leur valeur est d'autant plus importante que le taux d'imposition est élevé.

931 Sur ce point, voir l'arrêt CJUE, 25 février 2010, aff. C-337/08, *X Holding BV*, Rec. p. I-1215, conclusions KOKOTT du 19 novembre 2009.

932 Même si, au demeurant, les deux systèmes sont admis à la fois par l'OCDE (article 23 du Modèle de Convention) et par l'Union européenne : voir, par exemple Conseil, directive du 23 juillet 1990, 90/435/CEE, concernant le régime fiscal commun applicable aux sociétés mères et filiales d'États membres, CJCE, 23 février 2006, aff. C-471/04, Rec. p. I-2107, points 41-43.

1) L'absence de neutralité de l'imposition

495. Dans le cas où l'Etat du siège pratique le système d'imputation, les résultats de l'établissement stable sont intégrés dans les résultats du siège et l'impôt acquitté à l'étranger est imputé sur l'impôt dû par le siège, à concurrence du montant qui aurait été le sien si l'établissement stable avait été imposé dans l'Etat du siège. Dès lors qu'il y a réalisation de pertes à l'étranger, l'absence d'impôt acquitté dans l'Etat de *situs* ne fait cependant pas obstacle à la prise en compte de la perte, cette dernière figurant dans le résultat fiscal du siège. Le cas particulier du *group relief* doit être relevé. En effet, aux termes de l'arrêt *Philips Electronics UK Ltd*, le transfert des pertes entre un établissement stable et une société établis au Royaume-Uni doit être autorisé, quand bien même les pertes de l'établissement stable seraient prise en compte par le siège étranger[933]. En revanche, si l'Etat du siège pratique le système d'exemption, les pertes ne sont normalement pas déductibles dans l'Etat du siège.

496. Si l'on exclut de la comparaison le système d'exemption avec réintégration des pertes, qui existe actuellement dans six Etats de l'Union européenne[934], il apparaît, à partir d'un exemple simple, que la charge fiscale globale est différente selon que l'Etat du siège pratique le système d'exemption ou le système d'imputation.

Exemple :

Etat de *situs* l'établissement stable : taux d'imposition de 40%

année	Résultats de l'ES	Impôt dû
N	<100>	0
N+1	<200>	0
N+2	<100>	0
N+3	400	0
N+4	100	40
total		40

[933] CJUE, 6 septembre 2012, aff. C-18/11, *Philips Electronics UK Ltd*, non encore publié au Recueil, point 32.
[934] Belgique, Espagne, Chypre, Pays-Bas, Autriche, France (article 209 C du CGI).

Etat de résidence du siège : taux d'imposition de 30%, et plafonnement de l'imputation des impôts étrangers.

année	Résulats propres du siège	Résultats propres de l'ES	Résultat total de l'exercice avec imputation	Impôt dû avec imputation (pas de carry back mais report en avant)	Résultat avec exemption	Impôt dû avec exemption
N	200	<100>	100	30	200	60
N+1	200	<200>	0	0	200	60
N+2	<200>	<100>	<300>	0	<200>	0
N+3	<200>	400	0	0	<200>	0
N+4	100	100	100	0	0	0
total				30		120

Cet exemple ne permet pas de rendre compte de toutes les situations[935], mais, en toute hypothèse, il permet de révéler que, sous certaines conditions, le choix de la méthode n'est pas neutre[936], et que cette absence de neutralité ne peut pas toujours être compensée dans le temps[937].
Aussi, une partie de la doctrine préconise l'imputation immédiate des pertes des établissements stables dans le chef du siège, indépendamment de la méthode de neutralisation de la double imposition choisie par les Etats.

2) L'opportunité d'un transfert immédiat des pertes des établissements stables à leur siège

497. Certains auteurs recommandent, au moins au sein de l'Union européenne, une prise en compte des pertes de l'établissement stable par le siège, même si l'Etat de ce dernier pratique la méthode d'exemption[938]. A l'appui de leur raisonnement, ces auteurs font valoir un arrêt de la Cour administrative autrichienne qui, en 2001, a autorisé le transfert des pertes d'un établissement stable allemand à une société autrichienne, bien que la

[935] Les deux méthodes aboutissent à une neutralité parfaite dès lors que le siège réalise des profits et que les pertes de l'établissement sont ponctuelles (sur un an par exemple).
[936] Sans entrer dans les subtilités du raisonnement, le choix de la méthode est encore moins neutre dès lors que les revenus proviennent de trois Etats différents. En effet, compte tenu des retenues à la source pratiquées par les Etats tiers, et du fait que l'établissement stable recevant ces revenus doit bénéficier en application de l'arrêt *Saint Gobain Zn* (CJCE, 21 septembre 1999, aff. C-307/97, Rec. p. I-6161) de la convention conclue par son pays d'implantation avec l'Etat tiers, il va exister une distorsion dans le montant de la perte selon qu'elle va être exemptée ou imputée.
[937] Au sein de l'Union, 13 pays appliquent un report illimité des pertes (Belgique, Danemark, Allemagne, France, Irlande, Chypre, Luxembourg, Hongrie, Malte, PB, Autriche, Suède, Royaume-Uni) et 11 un report limité dans le temps (République Tchèque, Grèce, Espagne, Italie, Lettonie, Lituanie, Pologne, Portugal, Slovénie, Slovaquie, Finlande).
[938] WIMPISSINGER Christian, "Cross border transfer of losses, the ECJ does not agree with Advocate General Sharpston", *ECTR*, 2008/4, pp. 176-177.

convention conclue entre les deux pays prévît le système de l'exemption[939]. La Cour autrichienne s'est fondée sur le fait qu'une convention ne pouvait conduire à une imposition plus élevée, ce qui était le cas dès lors que la méthode d'exemption s'appliquait. En effet, aucune imposition supplémentaire n'aurait été due dans un cadre purement interne et dans un cas non couvert par une convention.
Cette position va à l'encontre des arrêts de la Cour de justice de l'Union européenne, qui a invoqué la symétrie dans le traitement des bénéfices et des pertes[940].

498. Cependant, il est indéniable qu'il existe une différence dans le traitement de pertes selon que le siège pratique le régime d'imputation ou le régime d'exemption. Schématiquement, on pourrait dire que le régime d'exemption aboutit à traiter l'établissement stable comme une entité juridiquement distincte, et le régime d'imputation à le traiter comme une entité dépendante du siège. Ces théories sont en réalité en partie inexactes.
Dans le régime d'exemption, l'établissement stable n'est pas assimilé à une entité juridiquement distincte, car cette dernière, en cas de pertes successives, verrait sa valeur d'actif dans le chef de la mère diminuer, par exemple par la constitution de provisions. Dans le régime d'imputation, l'établissement stable n'est pas non plus considéré comme une entité complètement dépendante du siège, puisque son résultat propre est déterminé en fonction des règles de l'Etat membre dans lequel il est implanté (mais éventuellement retraité selon les règles de l'Etat du siège).

499. Les problématiques liées à la prise en compte des pertes des établissements stables sont de deux ordres différents : les établissements stables peuvent-ils être assimilés à des structures juridiquement distinctes, et faut-il permettre l'imputation immédiate de leurs pertes dans le chef du siège ?
Sur le premier point, l'établissement stable est considéré comme une entité distincte aux fins de la détermination de son résultat, et non aux fins de la prise en compte de ce résultat[941]. En ce sens, il se distingue des entités juridiquement distinctes.
Sur le second point, l'élimination de la double imposition juridique ne se pose pas de la même façon en cas de pertes et en cas de bénéfices. En termes de bénéfices, les conventions relatives à la double imposition prévoient généralement l'une ou l'autre des méthodes pour éliminer la double imposition[942]. En revanche, en ce qui concerne les pertes, il n'y a pas, par essence, de double imposition, l'établissement stable n'étant pas imposé par l'Etat d'implantation. Toutefois, pour les auteurs partisans d'une prise en compte des pertes par les pays pratiquant l'exemption, l'imposition est créée par le biais

---

939 Verwaltungsgerichtshof, 21 septembre 2001, n° 99/14/0217 E, Internationales Steuerrecht 2001, p. 754.
940 CJCE, 15 mai 2008, aff. C-414/06, *Lidl Belgium GmbH & Co. KG contre Finanzamt Heilbronn*, point 33; 23 octobre 2008, aff. C-157/07, *Finanzamt für Körperschaften III in Berlin contre Krankenheim Ruhesitz am Wannsee-Seniorenheimstatt GmbH*, point 42.
941 TENORE Mario, "The Transfer of Assets from a Permanent Establishment to its General Enterprise in the Light of European Tax Law", *Intertax,* 2006, vol.34, Issue 8-9, pp. 386-392.
942 OCDE, Modèle de Convention fiscale articles 23 A et 23 B. En l'absence de convention, il existe un risque de double imposition juridique.

de la convention, puisque l'application de celle-ci conduit à augmenter le résultat du siège[943].

500. Si cette analyse est exacte en ce qu'il existe une différence de charge fiscale globale en fonction de la méthode choisie, elle pose un problème de cohérence. En effet, l'Etat d'implantation aurait un droit prioritaire d'imposition sur les bénéfices et l'Etat de résidence du siège un droit prioritaire de « non-imposition » sur les pertes. Cette solution pourrait conduire à un déséquilibre important au détriment des Etats de résidence[944].
En outre, dans la mesure où, tant le droit fiscal international que le droit de l'Union permettent une utilisation indifférenciée des méthodes, les Etats adoptent un système en considération de leurs objectifs.

L'utilisation de l'une ou l'autre des méthodes n'est pas neutre non plus en ce qui concerne les filiales. En effet, de par l'interposition d'un établissement stable ou de leur transformation en établissement stable, la prise en compte de leurs pertes pourrait être effectuée par leur société mère.

B. La prise en compte des pertes des filiales et l'intermédiation d'un établissement stable

501. Différentes situations peuvent se présenter : une filiale est interposée entre un établissement stable et le siège ; un établissement stable est interposé entre la filiale et la mère ; une filiale se transforme en établissement stable ; une filiale est requalifiée en établissement stable par l'administration fiscale du lieu d'implantation.
Dans le cas où une filiale est interposée entre un établissement stable et la société mère, les pertes de la filiale peuvent résulter intégralement de ses résultats dans l'établissement stable. Dans l'hypothèse où l'Etat de résidence de la filiale pratique le régime de l'imputation, la société bénéficie des pertes de son établissement stable. Or l'arrêt *Marks & Spencer* a conditionné la déductibilité des pertes des filiales par la mère à la situation dans laquelle *« la filiale a épuisé les possibilités de prise en compte des pertes dans son Etat de résidence »*[945]. Dans cette situation, les conclusions de l'arrêt *Marks & Spencer* seraient-elles applicables si les pertes continuaient à être déductibles dans l'Etat d'implantation de l'établissement stable, mais ne l'étaient plus dans l'Etat de la filiale interposée[946]? Une application stricte de l'arrêt *Marks & Spencer* conduirait à admettre un transfert des pertes de la filiale à la mère. Cette solution génèrerait cependant un risque de double emploi des pertes, à la fois dans l'Etat de l'établissement stable et dans celui de la mère. Dans l'hypothèse, en outre, où l'établissement stable

---

943 WIMPISSINGER Christian, "Cross border transfer of losses, the ECJ does not agree with Advocate General Sharpston", *ECTR*, 2008/4, pp. 173-179.
944 MULDERS Maurice, "Compensation of losses within the EC", *ECTR*, 1996/3, pp. 123-133.
945 CJCE, 13 décembre 2005, aff. C-446/03, *Marks et Spencer Plc*, Rec. p. I-10837, point 55.
946 LANG Michael, "The *Marks & Spencer* Case - The Open Issues Following the ECJ's Final Word", *European Taxation,* February 2006, p. 64.

serait situé dans un Etat tiers à l'Union, la Cour n'est pas compétente pour se prononcer sur les régimes refusant les transferts de pertes[947].

502. Dans l'hypothèse où un établissement stable est interposé entre la mère et la filiale, la réponse va dépendre du régime de l'Etat du siège. En effet, si l'Etat du siège pratique le régime de l'exemption, les pertes de la filiale pourront être prises en compte dans l'Etat de la filiale, et l'éventuelle dévaluation des titres inscrits à l'actif de l'établissement stable ne sera pas prise en compte par l'Etat du siège. En revanche, si l'Etat du siège pratique le régime d'imputation, la dévaluation des titres de la filiale conduira à une prise en compte, à tout le moins partielle, des pertes par le siège.

503. La troisième hypothèse, dans laquelle une filiale se transforme en établissement stable, se scinde en deux : soit la filiale se transforme en établissement stable, soit la mère absorbe par fusion sa filiale, ce qui a pour effet de transformer cette filiale en établissement stable[948]. Dans ce cas, le transfert des pertes dépend à la fois du régime appliqué par l'Etat du siège, et de celui appliqué par l'Etat d'implantation. Si l'Etat du siège pratique le régime de l'exemption, il n'y aura jamais de transfert de la perte. En revanche, si l'Etat du siège pratique le système de l'imputation, la réponse dépend de l'autorisation de l'Etat d'implantation : soit il admet le transfert des pertes de la filiale au nouvel établissement stable, soit non. En droit français par exemple, sous réserve que l'opération ne présente pas un caractère exclusivement fiscal, les fusions ou transmissions universelles de patrimoine placées sous le régime de faveur de l'article 210 A du CGI peuvent bénéficier, sur agrément, du transfert des déficits[949].

504. Il est à noter que l'éventualité d'une prise en compte des pertes par la mère dans l'Etat de la filiale n'a pas été envisagée par l'arrêt *Marks & Spencer*, la Cour s'étant bornée à indiquer qu'il ne devait pas exister *«de possibilité pour que les pertes de la filiale étrangère puissent être prises en compte dans son État de résidence au titre des exercices futurs soit par elle-même, soit par un tiers, notamment en cas de cession de la filiale à celui-ci»*[950].
En toute logique, et en fonction de la législation de l'Etat d'implantation considéré, les pertes devraient ainsi pouvoir être prises en compte, réserve faite du risque d'évasion fiscale.

505. Un dernier cas, particulier, semble pouvoir être discuté. Il s'agit de celui dans lequel il y a une requalification de la filiale en établissement stable par les autorités fiscales de l'Etat d'implantation.

---

947 Ordonnance de la Cour du 6 novembre 2007, aff. C-415/06, *Stahlwerk Ergste Westig GmbH (SEW) contre Finanzamt Düsseldorf-Mettmann*, Rec. p. I-151.
948 Conseil, Directive du 17 février 2005, 2005/19/CE modifiant la directive du 23 juillet 1990, 90/434/CEE concernant le régime fiscal commun applicable aux fusions, scissions, apports d'actifs et échanges d'actions intéressant des sociétés d'États membres différents, article 4.
949 Instruction du 21 août 2002, BOI 13 D-2-02.
950 Arrêt *Marks & Spencer* précité, point 55.

La jurisprudence française, qui a autorisé la possibilité d'une telle requalification dans les arrêts *Interhome AG*[951] et *Zimmer Ltd*[952], conduit à penser que, dans ce cas, les déficits seraient perdus en application des articles 201 et 221 du Code général des impôts relatifs à la cessation d'entreprise.
Le risque de double emploi des pertes, admis comme motif de justification de l'atteinte portée à la liberté d'établissement, s'apprécie difficilement. En effet, il est malaisé à mettre en œuvre aussi bien pour les établissements stables que pour les filiales, car sa détermination est conditionnée par les différents systèmes fiscaux. L'existence de systèmes fiscaux différents emporte également une répartition de la compétence fiscale entre les Etats. Pour la Cour, la préservation d'une répartition équilibrée du pouvoir d'imposition justifie les législations dans lesquelles le transfert des pertes est limité au territoire national.

SECTION 2 : UN TRANSFERT DES PERTES LIMITÉ PAR LA RÉPARTITION ÉQUILIBRÉE DU POUVOIR D'IMPOSITION

506. Le critère de répartition équilibrée du pouvoir d'imposition a été adopté par la Cour dans l'arrêt *Marks & Spencer*. Les contours d'un tel critère n'ont jamais été explicités par la jurisprudence. Pour les Etats défendeurs, la répartition équilibrée du pouvoir d'imposition s'appuie sur la répartition internationale des compétences fiscales, et induit la possibilité pour les Etats de faire obstacle au transfert des pertes. Cette compétence s'appuie sur l'analyse des systèmes fiscaux nationaux, et sur une étude de la répartition acceptée par les différents Etats. En ce sens, et bien que la Cour ne s'y réfère que rarement dans ses arrêts, l'idée même de répartition de la compétence fiscale ne peut être dissociée du principe de territorialité[953].
Ainsi, le critère de répartition équilibrée du pouvoir d'imposition permet aux Etats d'appuyer leur défense sur des motifs tirés de leurs systèmes fiscaux propres, et rejoint notamment le principe de cohérence des systèmes fiscaux (§ 1). En outre, le critère de répartition équilibrée du pouvoir d'imposition, tel qu'il semble être défini par la Cour, offre des points de comparaison avec le principe de territorialité qui, s'il n'est pas déterminé de façon précise, peut constituer, directement ou indirectement, un argument de justification (§ 2).

---

[951] CE, 20 juin 2003, n° 224407, *Interhome AG*, DIBOUT Patrick, LE GALL Jean-Pierre, « Un hybride atypique : la filiale française établissement stable de sa société mère étrangère », *Droit Fiscal*, n° 47-48/2004, pp. 1662-1669 et 1699-1703.
[952] CE, 31 mars 2010, n° 304715, 308525, *Société Zimmer Ltd*, *RJF*, n° 06/2010, n° 568 ; GELIN Stéphane, GUTMANN Daniel, AUSTRY Stéphane, « Commissionnaire et établissement stable : lumières et zones d'ombre de la décision Zimmer », *RJF*, n° 06/2010, pp. 454-455.
[953] La question de la territorialité est souvent présentée en défense par les Etats, et commentée par les Avocats généraux, mais la Cour ne répond pas toujours aux arguments présentés en ce sens, préférant se fonder sur une discrimination en raison de la résidence. Voir par exemple, CJCE, 14 décembre 2000, aff. C-141/99, *AMID*, Rec. p. I-11619 ; 18 juillet 2007, aff. C-231/05, *OY AA*, Rec. p. I-6373.

§ 1. La répartition équilibrée du pouvoir d'imposition

507. La répartition équilibrée du pouvoir d'imposition, justification initiée par l'arrêt *Marks & Spencer*[954], s'est trouvée systématiquement évoquée dans les arrêts ultérieurs relatifs aux transferts de pertes – ou de bénéfices.
L'intérêt de ce critère doit être déterminé en tenant compte de la nature des structures en cause dans la réalisation des pertes. A cet égard, ce motif a été invoqué dans le cas des transferts de pertes des filiales et des établissements stables (A). Par ailleurs, à l'origine, la préservation de la répartition du pouvoir d'imposition était un critère opérant dans la mesure où il n'était pas considéré isolément. L'évolution jurisprudentielle conduit à ce que cette justification soit désormais un critère autonome (B).

A. Un critère applicable aux filiales et aux établissements stables

508. La répartition équilibrée du pouvoir d'imposition se différencie de la répartition du pouvoir d'imposition, même si la différence est parfois floue (1). Néanmoins, ce critère a été appliqué à plusieurs reprises à la suite de l'arrêt *Marks & Spencer*, dans le cadre des relations existant entre les mères et les filiales, et entre les établissements stables et leurs sièges (2).

1) La notion de répartition équilibrée du pouvoir d'imposition

509. Si la Cour a pour tradition d'admettre que la fiscalité directe relève de la compétence des Etats membres, à la condition que ces derniers l'exercent dans le respect du droit de l'Union européenne[955], elle a également reconnu que : *« De telles différenciations [fondées sur la nationalité des travailleurs transfrontaliers] ne sauraient être considérées comme constitutives de discriminations interdites au titre de l'article 48 du traité. En effet, elles découlent, en l'absence de mesures d'unification ou d'harmonisation dans le cadre communautaire, notamment au titre de l'article 220, deuxième tiret, du traité, de la compétence qu'ont les parties contractantes de définir, en vue d'éliminer les doubles impositions, les critères de répartition entre elles de leur pouvoir de taxation »*[956].
L'existence d'une répartition du pouvoir d'imposition entre les Etats est liée au fait que l'Union européenne ne constitue pas l'entité compétente aux fins de l'établissement des impositions directes. Cette répartition se fonde généralement sur les conventions bilatérales.

510. Or dans l'arrêt Marks & Spencer, la Cour a jugé que : *« Donner aux sociétés la faculté d'opter pour la prise en compte de leurs pertes dans l'État membre de leur*

---

[954] Arrêt *Marks & Spencer* précité, point 45.
[955] Par exemple, CJCE, 15 mai 1995, aff. C-250/95, *Futura participations et Singer*, Rec. p. I-2471, point 19.
[956] CJCE, 12 mai 1998, aff. C-336/96, *Époux Robert Gilly et Directeur des services fiscaux du Bas-Rhin*, Rec. p. I-2793, point 30.

établissement ou dans un autre État membre compromettrait sensiblement une répartition équilibrée du pouvoir d'imposition entre les États membres (...)»[957]. Dans ce contexte, il ne s'agit plus simplement de la répartition entre Etats de la matière imposable, mais de préserver cette répartition. Ainsi, la répartition équilibrée du pouvoir d'imposition est liée, en creux, à la reconnaissance de la compétence fiscale des Etats. En effet, le refus par la Cour de permettre aux sociétés de choisir l'Etat dans lequel elles peuvent déduire leurs pertes s'inscrit dans le domaine du rattachement de l'imposition à une juridiction. Néanmoins, le critère « d'équilibre » dégagé par la Cour renvoie à une notion floue. S'il apparaît légitime que les Etats tentent de préserver leur compétence fiscale, l'idée même d'une répartition équilibrée du pouvoir d'imposition demeure une notion imprécise : s'agit-il d'admettre un droit général des Etats à bénéficier d'une répartition équilibrée ou du principe d'une répartition équilibrée dans le contexte spécifique des pertes ? De surcroît, la justification tirée d'une répartition équilibrée du pouvoir d'imposition a été, à tout le moins dans un premier temps, considérée comme un des éléments indétachable d'autres justifications prises ensemble.
Force est de reconnaître que la jurisprudence ultérieure, bien qu'appliquant cet élément de justification aux établissements stables et aux filiales, n'a pas été toujours très claire.

<u>2) Le champ d'application</u>

511. Plusieurs temps peuvent être définis dans la détermination de la notion de préservation de la répartition équilibrée du pouvoir d'imposition.
Dans un premier temps, la Cour a limité l'invocation du critère de répartition équilibrée, en jugeant notamment que: *« Une différence de traitement fiscal entre les sociétés mères résidentes, selon qu'elles disposent ou non de filiales à l'étranger, ne saurait être justifiée par le simple fait qu'elles ont décidé d'exercer des activités économiques dans un autre État membre, dans lequel l'État concerné ne peut exercer sa compétence fiscale. En tant que tel, un argument tiré de la répartition équilibrée du pouvoir d'imposition entre les États membres ne saurait donc justifier qu'un État membre refuse systématiquement d'accorder un avantage fiscal à une société mère résidente, au motif que celle-ci a développé une activité économique transnationale qui n'a pas, dans l'immédiat, vocation à générer des recettes fiscales au profit de cet État »*[958].
Cependant, *« cet élément de justification peut être admis lorsque le régime en cause vise à prévenir des comportements de nature à compromettre le droit d'un État membre d'exercer sa compétence fiscale en relation avec les activités réalisées sur son territoire »*[959].
Le premier arrêt, *Rewe Zentralfinanz*, à la différence de l'arrêt *Oy Aa*, a dénié toute pertinence au critère de répartition équilibrée du pouvoir d'imposition. Cependant, les deux arrêts ne se fondaient pas sur des problématiques identiques. En effet, il s'agissait, dans le premier cas, de la limite, établie par la législation allemande, à l'amortissement des titres de participation concernant des filiales étrangères, alors que l'arrêt *Oy Aa* concernait le régime finlandais du transfert des bénéfices. Ainsi, dans l'arrêt *Rewe*, la

[957] CJCE, 13 décembre 2005, aff. C-446/03, *Marks & Spencer Plc*, Rec. p. I-10837, point 46.
[958] CJCE, 29 mars 2007, aff. C-674/04, *Rewe Zentralfinanz eG*, Rec. p. I-2647, du 31 mai 2006, point 43; CJCE, 18 juillet 2007, aff. C-231/05, *Oy Aa*, Rec. p. I-6373, point 53.
[959] Arrêts *Rewe* précité, point 42 et *Oy Aa* précité, point 54.

répartition de la compétence fiscale n'était pas en cause, le seul Etat compétent étant l'Etat allemand.

512. L'arrêt *Marks et Spencer* semblait inviter à une définition correspondant à un traitement symétrique des bénéfices et des pertes. L'arrêt *Oy Aa*, qui a reconnu la pertinence du critère, l'a fait en considération des principes posés par l'arrêt *Marks & Spencer*, c'est-à-dire en déniant aux sociétés la possibilité de décider de l'Etat de prise en compte de leurs revenus. En effet, la Cour mentionne : *« De même, admettre qu'un transfert financier intragroupe transfrontalier, tel que celui en cause au principal, puisse être déductible des revenus imposables de son auteur aurait pour conséquence de permettre aux groupes de sociétés de choisir librement l'État membre dans lequel les bénéfices de la filiale sont imposés, en les soustrayant de l'assiette fiscale de cette dernière et, lorsque ce transfert est considéré comme un revenu imposable dans l'État membre de la société mère bénéficiaire, en les intégrant dans celle de la société mère. Cela compromettrait le système même de la répartition du pouvoir d'imposition entre les États membres, puisque, au gré du choix opéré par les groupes de sociétés, l'État membre de la filiale serait contraint de renoncer à son droit d'imposer, en tant qu'État de résidence de ladite filiale, les revenus de cette dernière, au profit, éventuellement, de l'État membre du siège de la société mère »*[960].

513. Ainsi, la répartition équilibrée du pouvoir d'imposition s'apparente à la notion de symétrie dans la prise en compte des bénéfices et des pertes. Cette position a été explicitée dans le domaine du transfert des pertes des établissements stables à leur siège. En effet, l'arrêt *Lidl Belgium* a confirmé que : *« l'objectif de préserver la répartition du pouvoir d'imposition entre les deux États membres concernés, qui se reflète dans les dispositions de la convention, est susceptible de justifier le régime fiscal en cause au principal, étant donné qu'il sauvegarde la symétrie entre le droit d'imposition des bénéfices et la faculté de déduction des pertes »*[961].

514. Un deuxième temps dans le critère de préservation de la répartition équilibrée du pouvoir d'imposition semble pouvoir être trouvé dans l'arrêt *X Holding BV*[962]. En effet, si la Cour admet la justification tirée de la répartition équilibrée du pouvoir d'imposition, elle ne le fait plus en considération d'une symétrie entre les bénéfices et les pertes. Au cas particulier, était en cause le régime d'intégration fiscale néerlandais. A la différence des législations visées dans les arrêts *Marks & Spencer* et *Oy Aa,* il s'agissait d'un régime de groupe, intégrant l'ensemble des bénéfices et des pertes des filiales nationales. En ce sens, il ne pouvait être question d'une symétrie entre les bénéfices et les pertes, puisque les régimes d'intégration prévoient une prise en compte, par la tête de groupe, des bénéfices et des pertes des filiales intégrées. Dans cet arrêt, la Cour se fonde sur le fait que : *« la société mère pouvant décider à son gré de constituer une entité fiscale avec sa filiale et de dissoudre cette entité tout aussi librement d'une année à l'autre, la possibilité d'inclure dans l'entité fiscale unique une filiale non-*

---

960 Arrêt *Oy Aa* précité, point 56.
961 CJCE, 15 mai 2008, aff. C-414/06, *Lidl Belgium*, Rec. p. I-3601, point 33.
962 CJUE, 25 février 2010, aff. C-337/08, *X Holding BV*, Rec. p. I-1215, conclusions KOKOTT du 19 novembre 2009.

résidente reviendrait à lui laisser la liberté de choisir le régime fiscal applicable aux pertes de cette filiale et le lieu où celles-ci seraient prises en compte »[963].

515. Dans l'ensemble des cas jugés, les développements de la Cour ne sont pas totalement convaincants. En effet, en ce qui concerne les filiales, la Cour a appuyé son raisonnement, notamment dans les arrêts *Marks & Spencer* et *Oy Aa*, sur le fait que l'assiette d'imposition se trouverait, dans le cas de transfert de pertes, augmentée dans l'Etat d'implantation et minorée dans l'Etat de transfert[964]. Or la diversité des régimes nationaux empêche de considérer ce postulat comme exact. En effet, l'Etat de résidence des filiales peut parfaitement ne pas modifier l'assiette d'imposition. L'arrêt *X Holding BV* fait, quant à lui, abstraction de la symétrie existant entre les bénéfices et les pertes dans les régimes d'intégration fiscale.
La Cour aurait pu fonder son raisonnement sur la répartition de la compétence fiscale, ce qui entraînait la constatation d'une absence d'atteinte à la liberté d'établissement.
Cela est d'autant plus vrai dans le contexte du transfert des pertes des établissements stables. En ce qui concerne les établissements stables, il ne semble pas qu'il y ait une comparabilité *ab initio* entre ce que la Cour appelle les établissements stables « nationaux » et les établissements stables étrangers, comme il sera vu dans le chapitre 2 ci-après. La répartition du pouvoir d'imposition est une évidence dans le cas des établissements stables, puisque les Etats décident du seuil à partir duquel l'activité réalisée sur un territoire est constitutive d'un établissement imposable. De surcroît, l'utilisation du critère de répartition équilibrée au stade des justifications crée une distorsion dans l'application de la jurisprudence selon que les Etats appliquent le système d'exemption ou d'imputation.
A défaut de comparer les situations au stade de la constatation d'une atteinte à la liberté d'établissement, la Cour aurait pu s'appuyer sur des justifications déjà existantes dans sa jurisprudence, comme la cohérence du système fiscal, critère utilisé dans deux des arrêts postérieurs à l'arrêt *Marks & Spencer*[965].

B. La pertinence du critère

516. L'arrêt *Marks & Spencer* a consacré la préservation de la répartition équilibrée du pouvoir d'imposition comme critère de justification de l'atteinte à la liberté d'établissement. Cependant, ce motif ne valait pas isolément, mais pris conjointement avec d'autres motifs. L'évolution de la jurisprudence a conduit à en faire un critère autonome (1). Cependant, une partie de la doctrine était d'avis que l'arrêt aurait pu être fondé sur le critère de cohérence fiscale. La question se pose donc de savoir ce qui différencie le critère de répartition équilibrée et le critère de cohérence (2).

---

963 *Ibid.*, point 31.
964 LANG Michael, "The *Marks & Spencer* Case - The Open Issues Following the ECJ's Final Word", *European Taxation,* February 2006, p. 57.
965 CJCE, 23 octobre 2008, aff. C-157/07, *Krankenheim Ruhesitz am Wannsee-Seniorenheimstatt*, Rec. p. I-8061; CJCE, 27 novembre 2008, aff. C-418/07, *Papillon*, Rec. p. I-8947, conclusions KOKOTT du 4 septembre 2008.

1) L'évolution du critère

517. A la suite de l'arrêt *Marks & Spencer*, la doctrine a majoritairement salué le fait que le critère de répartition du pouvoir d'imposition ne puisse pas être pris en compte isolément en tant qu'élément de justification de l'atteinte à la liberté d'établissement, mais seulement considéré conjointement avec d'autres motifs de justifications[966]. Au cas particulier de l'arrêt *Marks & Spencer*, il s'agissait du risque de double emploi des pertes et du risque d'évasion fiscale[967].
L'évolution de la jurisprudence a conduit à remettre en question la pertinence de motifs de justifications pris ensemble.

518. L'arrêt *Rewe* avait souligné que la préservation de la répartition équilibrée du pouvoir d'imposition ne valait, en tant qu'élément de justification, qu'en liaison avec deux autres éléments de justification[968]. La même année, l'arrêt *Oy Aa*[969] a limité à deux, et non plus à trois, les motifs de justification admis. Cet arrêt, dans lequel n'était pas en cause la déductibilité des pertes, mais un transfert de bénéfices, n'a retenu que deux des arguments présents dans l'arrêt *Marks & Spencer*, à savoir la répartition équilibrée du pouvoir d'imposition et le risque d'évasion fiscale.
De la même manière, l'arrêt *Lidl Belgium,* rendu dans le domaine du transfert des pertes des établissements stables, n'a reconnu que deux arguments, la répartition équilibrée du pouvoir d'imposition et le risque de double emploi des pertes[970], indiquant de plus formellement que la réunion des trois éléments n'était pas requise[971].
Certains auteurs en ont déduit que la répartition du pouvoir d'imposition était devenue un critère autonome de justification[972]. Cette opinion s'est vue confirmée par l'arrêt *X Holding BV*[973], et suscite la critique de la doctrine[974].

---

[966] LANG Michael, "The *Marks & Spencer* Case - The Open Issues Following the ECJ's Final Word", *European Taxation,* February 2006, p. 59. L'auteur considère même qu'aucune des justifications prises séparément n'est convaincante ; ARGINELLI Paolo, "The Discriminatory Taxation of Permanent Establishments by the Host State in the European Union: a Too Much Separate Entity Approach", *Intertax* 2007, vol.35, Issue 2, pp. 97-101; ISENBAERT Mathieu, VALJEMARK Caroline, "M &S judgement: the ECJ caught between a rock and a hard place", *ECTR*, 2006/1, pp. 10-17.

[967] CJCE, 13 décembre 2005, aff. C-446/03, *Marks & Spencer plc contre David Halsey*, Rec. p. I-10837, point 51.

[968] CJCE, 29 mars 2007, aff. C-674/04, *Rewe Zentralfinanz eG*, Rec. p. I-2647, point 41.

[969] CJCE, 18 juillet 2007, aff. C-231/05, *Oy Aa*, Rec. p. I-6373, point 60.

[970] CJCE, 15 mai 2008, aff. C-414/06, *Lidl Belgium GmbH & Co. KG contre Finanzamt Heilbronn*, Rec. p. I-3601, points 37 et suivants.

[971] *Ibid.*, point 40.

[972] WATHELET Melchior, « Souveraineté fiscale des Etats membres et Cour de justice : nouvelles tendances ou confirmation ? », *RJF,* n° 02/2008, pp. 90-102 ; WATHELET Melchior, « Les transferts de pertes de l'arrêt Marks & Spencer (2005) à l'arrêt Lidl Belgium (2008): tour de vis de la Cour de Justice? », *Option Finance,* n° 985, 16 juin 2008, pp. 24-25.

[973] CJUE, 25 février 2010, aff. C-337/08, *X Holding BV*, Rec. p. I-1215, conclusions KOKOTT du 19 novembre 2009.

[974] GUTMANN Daniel, « Le périmètre de l'intégration fiscale à l'épreuve du droit de l'Union européenne : réflexions sur l'arrêt X Holding de la CJUE », *Option Finance*, n° 1074, 26 avril 2010, pp. 28-29.

519. Par la suite, les conclusions de l'Avocat général sur l'arrêt *Philips Electronics UK Ltd*, ont été rendues dans le sens d'une prévalence du critère de répartition équilibrée du pouvoir d'imposition sur les autres motifs de justification.
En l'espèce, une demande de décision préjudicielle portant sur le système du *group relief* britannique a été introduite par le Royaume-Uni auprès de la Cour de justice de l'Union[975]. Il est demandé à la Cour de se prononcer sur le point de savoir si le le refus d'un transfert des pertes d'un établissement stable étranger vers une société résidente du Royaume-Uni, lorsque *« tout ou partie de ces pertes ou toute somme prise en considération pour calculer ces dernières correspond à, ou est représenté dans, une somme qui, pour les besoins d'un impôt étranger, est d'une manière ou d'une autre (et sur une période quelconque) déductible ou imputable sur des bénéfices obtenus à l'étranger par la société ou une autre personne »*, constitue une restriction à l'article 49 du TFUE.

520. Dans ce cas précis, le transfert d'une perte à un autre titulaire que son titulaire originel (un établissement stable à une société n'étant pas le siège) est sollicité, mais à l'intérieur d'un même système fiscal, celui du Royaume-Uni. Cependant, dans la mesure où les Pays-Bas prévoient une possibilité de déduire, au moins temporairement, les pertes des établissements stables situés à l'étranger, celles-ci pourraient être déduites deux fois.
Dans ces conclusions l'Avocat général fait prévaloir la répartition équilibrée du pouvoir d'imposition sur le risque de double emploi des pertes. En effet, elle considère, d'une part, que les Etats d'origine n'ont pas d'obligation de prendre en compte les pertes, et, d'autre part, que la double prise en compte des pertes ne peut être vu comme un motif autonome de justification de l'atteinte portée à la liberté d'établissement, mais seulement dans le cadre de la répartition équilibrée du pouvoir d'imposition[976]. Au cas particulier, elle considère que la répartition du pouvoir d'imposition du Royaume-Uni n'est pas affectée, dans la mesure où il est seul Etat compétent. Si la Cour a suivi les conclusions de l'Avocat général, elle ne s'est pas prononcée, en revanche, sur le caractère autonome du motif tiré du risque de double emploi des pertes[977].

521. Ce motif de justification a, en outre, été considéré comme proportionné aux objectifs poursuivis dans les arrêts *Oy Aa* et *X Holding BV*. Dans le premier arrêt, la Cour a jugé explicitement : *« N'admettre la déduction du transfert financier intragroupe effectué en faveur d'une société dont le siège se trouve dans un État membre appliquant un taux d'imposition inférieur à celui appliqué par l'État membre de l'auteur du transfert, que lorsque ce transfert financier intragroupe est spécifiquement justifié par la situation économique de la société bénéficiaire, ainsi qu'il a été proposé par Oy Aa, impliquerait néanmoins que le choix de l'État membre d'imposition relèverait en définitive du groupe de sociétés, qui disposerait ainsi d'une large marge de manœuvre à cet égard »*[978]. Quant à l'arrêt *X Holding BV*, il a admis la

---

[975] Requête du 12 janvier 2011, aff. C-18/11, *Philips Electronics UK Ltd.*
[976] Conclusions KOKOTT, 19 avril 2012, aff. C-18/11, *Philips Electronics UK Ltd*, points 63 et 64.
[977] CJUE, 6 septembre 2012, aff. C-18/11, *Philips Electronics UK Ltd*, non encore publié au Recueil point 28.
[978] Arrêt *Oy Aa* précité, point 65.

proportionnalité de la mesure, en refusant d'étendre aux filiales étrangères le régime applicable aux établissements stables étrangers, qui prévoyait une déduction temporaire des pertes suivie de la réintégration des bénéfices ultérieurs à due concurrence[979].

522. Les arguments liés à la proportionnalité ne sont cependant pas identiques dans les deux cas. Dans l'affaire *Oy Aa*, la proportionnalité ne se distingue pas du critère de répartition équilibrée du pouvoir d'imposition. En revanche, l'arrêt *X Holding BV* fonde le contrôle de proportionnalité sur une absence de comparaison des régimes fiscaux applicables aux établissements stables et aux filiales étrangères. Dans ce dernier cas, il aurait pu être considéré que le régime de groupe, qui ambitionne la création d'une entité fiscale unique, permettait d'étendre les dispositions applicables aux établissements stables aux filiales étrangères[980]. Ce faisant, la Cour aurait néanmoins outrepassé ses compétences et empiété sur la souveraineté fiscale des Etats. Il est à noter que le raisonnement de la Cour, fondé sur une comparabilité des structures nationales et étrangères de même nature, est discutable. En effet, si l'on s'en tient à cet argument, la législation néerlandaise ne traite pas de manière identique les établissements stables « nationaux » et les établissements stables étrangers, ces derniers ne bénéficiant que d'une déduction temporaire des pertes dans le chef du siège. La conclusion de la Cour, bien qu'appuyée sur des arguments inexacts, apparaît fondée.

523. En effet, l'extension aux filiales étrangères du régime applicable aux établissements stables pourrait être variable en fonction des divers régimes applicables aux établissements stables. Dans l'hypothèse où les résultats des établissements stables seraient exemptés par l'Etat du siège, le contrôle de proportionnalité conduirait à considérer la situation des filiales étrangères comme strictement comparable à celle des établissements stables étrangers. En revanche, lorsque L'Etat du siège appliquerait le système d'imputation aux établissements stables étrangers, une extension d'un tel système aux filiales conduirait à une transmission systématique des pertes à la mère.
En toute hypothèse, la préservation d'une répartition équilibrée du pouvoir d'imposition reste un critère flou. En ce sens, une justification fondée sur le critère de la cohérence fiscale peut être discutée.

<u>2) Répartition équilibrée du pouvoir d'imposition et cohérence fiscale</u>

524. L'argument d'une répartition équilibrée du pouvoir d'imposition n'allait pas de soi, et n'avait pas été proposé par l'Avocat général POIARES MADURO, qui inclinait, dans ses conclusions sous l'arrêt *Marks & Spencer*[981], pour une extension du critère de cohérence fiscale. Le critère de cohérence fiscale, posé par l'arrêt *Bachmann*[982], sert,

---

[979] Pour une critique de la position de la Cour sur la proportionnalité de la mesure, voir DE WILDE Maarten F., "On X Holding and the ECJ's Ambiguous Approach towards the Proportionality Test", *ECTR,* 2010/4, pp. 170–182.
[980] GUTMANN Daniel précité.
[981] Conclusions de l'Avocat général POIARES MADURO, sous l'affaire C-446/03, rendues le 7 avril 2005.
[982] CJCE, 28 janvier 1992, aff. C-204/90, *Hanns-Martin Bachmann*, Rec. p. I-249, conclusions MISCHO du 17 septembre 1991.

selon l'Avocat général POIARES MADURO, *« à corriger les effets de l'extension des libertés communautaires aux systèmes fiscaux dont l'organisation relève en principe de la seule compétence des États membres. Il faut éviter, en effet, que l'application des libertés de circulation puisse être à l'origine d'atteintes injustifiées à la logique interne des régimes fiscaux nationaux. Selon les termes de la Cour, la conception du système fiscal «appartient à chaque État membre». (...) Il n'en résulte pas, cependant, que cette notion puisse être utilisée comme argument pour s'opposer aux objectifs poursuivis dans le cadre du marché intérieur. (...) S'il apparaît qu'il existe un lien direct et nécessaire entre l'octroi d'un avantage fiscal et la compensation de cet avantage par un prélèvement fiscal déterminé, alors l'avantage peut être refusé au motif que ladite compensation ne peut être prélevée »*[983].
De l'avis d'une partie de la doctrine, il aurait, en effet, été préférable de fonder l'arrêt sur la cohérence fiscale et non sur un nouveau concept[984].

525. Le critère de la cohérence a été retenu dans deux arrêts rendus à un mois d'intervalle en matière de fiscalité directe des entreprises. L'arrêt *Krankenheim,* rendu dans le domaine du transfert des pertes des établissements stables, s'est fondé, non sur la répartition équilibrée du pouvoir d'imposition, mais sur la cohérence du système fiscal, en jugeant : *« La réintégration des pertes prévue par le régime fiscal allemand en cause au principal ne saurait être dissociée de la prise en compte antérieure de celles-ci. Cette réintégration, dans le cas d'une société possédant un établissement stable sis dans un autre État, au regard duquel l'État de résidence de cette société ne dispose d'aucun droit d'imposition, reflète en effet, ainsi que le relève la juridiction de renvoi, une logique symétrique. Il existait donc un lien direct, personnel et matériel entre les deux éléments du mécanisme fiscal en cause au principal, ladite réintégration constituant le complément logique de la déduction accordée précédemment »*[985]. Le critère de la cohérence du système fiscal a également été employé dans l'arrêt *Papillon*[986], qui concernait le régime français de l'intégration fiscale.
Il est de fait que la formulation adoptée dans les arrêts *Krankenheim* et *Papillon* sur l'existence du lien direct est en accord avec le principe de cohérence fiscale dégagé dans l'arrêt *Bachmann*[987], et les arrêts ultérieurs[988].

---

983 Conclusions de l'Avocat général POIARES MADURO sous l'arrêt *Marks & Spencer*, points 65, 68.

984 LANG Michael, "The *Marks & Spencer* Case - The Open Issues Following the ECJ's Final Word", *European Taxation,* February 2006 p. 57; LANG Michael, "Direct Taxation: Is the ECJ Heading in a New Direction?", *European Taxation,* September 2006, p. 424. Pour l'auteur il y a une volonté de la Cour de ne pas user de l'argument tiré de la cohérence fiscale; ISENBAERT Mathieu, VALJEMARK Caroline, "M & S judgement: the ECJ caught between a rock and a hard place", *ECTR*, 2006/1, p. 13. Pour les auteurs il s'agit simplement du principe fiscal de cohérence sous un autre nom. Pour une opinion différente, GUTMANN Daniel, « Fiscalité européenne », in *L'année fiscale* 2006, pp. 270-271.

985 CJCE, 23 octobre 2008, aff. C-157/07, *Finanzamt für Körperschaften III in Berlin contre Krankenheim Ruhesitz am Wannsee-Seniorenheimstatt GmbH*, Rec. p. I-8061, points 42 et 43.

986 CJCE, 27 novembre 2008, aff. C-418/07, *Papillon*, Rec. p. I-8947, point 51.

987 CJCE, 28 janvier 1992, aff. C-204/90, *Hanns-Martin Bachmann c/ Etat belge*, Rec. p. I-249, point 23.

988 Par exemple, CJCE, 7 septembre 2004, aff. C-319/02, *Manninen*, Rec. p. I-7477, point 42 ; 23 février 2006, C-471/04, *Keller Holding*, Rec. p. I-2107, point 40.

526. Cependant, la question demeure de savoir ce qui différencie la cohérence du système fiscal, telle qu'appliquée dans ces arrêts, de la répartition équilibrée du pouvoir d'imposition, telle qu'appliquée dans les autres arrêts rendus en matière de transfert des pertes.
Prima facie, la répartition équilibrée du pouvoir d'imposition nécessite la coexistence de deux systèmes fiscaux, alors que la cohérence ne s'applique qu'à un seul système. C'est en ce sens qu'a statué la Cour dans l'arrêt *Papillon*, en concluant que la prise en compte des bénéfices et des pertes ne se posait que dans le seul Etat français[989]. Plus surprenante est la solution de la Cour dans l'arrêt *Krankenheim*. En effet, dans cet arrêt, la Cour justifie la cohérence du système fiscal allemand, en arguant de la symétrie entre la réintégration des pertes et leur déduction provisoire antérieurement effectuée[990]. Or, dans l'arrêt *Lidl Belgium*, la Cour avait usé de la même terminologie, en appliquant la logique symétrique de prise en compte des bénéfices et des pertes à la répartition équilibrée du pouvoir d'imposition[991].

527. Il peut certes être soutenu que l'arrêt *Krankenheim* se prononçait en considération du seul régime allemand de déduction provisoire des pertes, alors que l'arrêt *Lidl Belgium* faisait valoir la répartition de l'imposition, telle que prévue par la convention entre l'Allemagne et le Luxembourg. Il n'en demeure pas moins que les arguments apportés aux fins d'établir la cohérence fiscale, ou la répartition équilibrée du pouvoir d'imposition, sont identiques[992]. De surcroît, les deux arrêts rendus sur le fondement de la cohérence fiscale avaient des implications transfrontalières. En effet, l'arrêt *Papillon* note que la question de la déduction des pertes ne se pose que dans le seul Etat français, la déduction pouvant alors être double, du fait de la prise en compte des pertes directes, et de la provision constituée par la société intégrante pour dépréciation des titres de la filiale étrangère[993]. Ce faisant, l'arrêt fait abstraction de la provision pouvant être constituée par la filiale étrangère interposée et venant en diminution de ses résultats. Parallèlement, l'arrêt *Krankenheim* rappelle que le désavantage subi par la société résulte de la législation de l'Etat d'accueil et de la répartition conventionnelle des compétences d'imposition entre l'Allemagne et l'Autriche[994].
Il résulte de cette analyse que les distinctions entre le principe de répartition équilibrée du pouvoir d'imposition et le principe de cohérence fiscale sont imprécises.

528. Pour certains auteurs, la Cour, dans les arrêts rendus en matière de transfert de pertes des filiales, se serait refusée à user du critère de cohérence pour des questions liées à l'absence d'unicité du contribuable[995]. Ainsi, la Cour n'a pas modifié sa jurisprudence relative à la cohérence fiscale. En ce sens, on peut considérer que

---

989 Arrêt *Papillon* précité, point 39.
990 Arrêt *Krankenheim* précité, point 42.
991 CJCE, 15 mai 2008, aff. C-414/06, *Lidl Belgium*, Rec. p. I-3601, point 33.
992 Sur le caractère interchangeable des deux notions voir, LANG Michael, "Recent Case Law of the ECJ in Direct Taxation: Trends, Tensions and Contradictions", *ECTR*, 2009/3, p. 109.
993 Arrêt *Papillon* précité, point 48.
994 Arrêt *Krankenheim* précité, points 51-52.
995 En ce sens, voir LANG Michael, "Direct Taxation: Is the ECJ Heading in a New Direction?", *European Taxation*, September 2006, p.60.

l'application d'un critère différent dans la forme, mais équivalent quant au fond à celui de la cohérence fiscale, peut être justifiée.
En revanche, la différence entre la cohérence fiscale et la répartition du pouvoir d'imposition apparaît difficilement dans les arrêts concernant les établissements stables. En effet, dans la mesure où la Cour entend la répartition du pouvoir d'imposition comme le « reflet d'une logique symétrique » dans la prise en compte des bénéfices et des pertes, il ne semble plus efficient de créer de distinction[996]. Le point de différence pourrait être éventuellement à rechercher dans la mention faite de l'impossibilité pour une société de choisir l'Etat dans lequel elle pourrait déduire ses pertes, qui renvoie à la répartition du pouvoir d'imposition. Cependant, ce point pourrait également être une composante de la cohérence fiscale, dans le sens où la cohérence suppose également de prendre en compte la finalité du régime en cause.

Indépendamment de la discussion portant sur d'éventuelles distinctions entre la répartition équilibrée du pouvoir d'imposition et le principe de cohérence fiscale, le critère de justification retenu par la Cour pose *inter alia* un postulat de symétrie. Dans ce contexte, la répartition équilibrée du pouvoir d'imposition peut être vue en corrélation avec le principe de territorialité.

§ 2. La territorialité : fondement de la répartition des compétences entre Etats ?

529. La notion même de territorialité de l'imposition est mal définie. En effet, il peut s'agir du principe d'imposition territorial, permettant l'imposition des seuls bénéfices réalisés sur le territoire[997], qu'ils le soient par des sociétés résidentes ou non-résidentes, et de la limitation de l'imposition des non-résidents sur le territoire d'implantation[998].
Le principe de territorialité et son périmètre d'application seront définis, ces notions étant imparfaitement déterminées par la Cour, et seront confrontés au problème particulier des pertes dans les situations transfrontalières (A), avant de discuter de la pertinence de ce critère en tant qu'argument de justification d'une atteinte à la liberté d'établissement (B).

---

[996] Même si dans le cas de l'arrêt *Krankenheim*, il ne s'agissait pas *stricto sensu* de corréler les bénéfices aux pertes, mais de corréler les pertes avec leur réintégration ultérieure.
[997] Dans l'Union européenne, seule la République française admet ce principe.
[998] Sur la question, voir par exemple, ARGINELLI Paolo, **"**The Discriminatory Taxation of Permanent Establishments by the Host State in the European Union: a Too Much Separate Entity Approach**"**, *Intertax,* 2007, Issue 2, pp. 106-107.

A. Les contours du principe de territorialité

530. La jurisprudence de la Cour ne permet pas de définir de façon précise la notion de territorialité, les Avocats généraux se faisant l'écho des hésitations relatives au principe (1).
Par surcroît, lors même que le principe de territorialité est discuté dans les arrêts ou les conclusions des Avocats généraux, son champ d'application n'apparaît pas de façon claire (2).

1) La notion de territorialité

531. Si l'on excepte la définition de l'imposition territoriale entendue comme celle circonscrivant l'imposition des bénéfices à ceux réalisés sur le territoire, indépendamment de la nationalité des sociétés (ce qui est le cas de l'Etat français), la territorialité peut néanmoins s'entendre de plusieurs façons différentes.
En effet, il peut s'agir, soit de la nécessité d'un lien économique se fondant sur une admission des dépenses en fonction des recettes imposables sur le territoire considéré, soit du droit d'imposition prioritaire d'un Etat sur certains revenus.
La reconnaissance d'un principe de territorialité par le droit fiscal international et par le droit de l'Union est incertaine. Dans le cadre du droit conventionnel, les Etats restreignent d'eux-mêmes leur compétence fiscale en répartissant l'imposition, ce qui est le cas par exemple pour les établissements stables[999]. Cependant, le droit conventionnel n'établit pas de symétrie entre les bénéfices et les pertes. Ainsi, les conventions s'articulent sur la répartition des revenus positifs, mais ne comportent aucune disposition en ce qui concerne les pertes. En ce sens, le droit conventionnel ne régit pas les transferts des pertes.

532. Le droit de l'Union européenne semble reconnaître un principe de territorialité, principe au demeurant non clairement défini. Dans un premier arrêt, *Futura Participations et Singer,* la Cour a reconnu l'existence d'un principe de territorialité, conformément aux conclusions de l'Avocat général et aux observations de la Commission. La Cour a ainsi jugé : *«Pour le calcul de l'assiette de l'impôt des contribuables non-résidents, seuls les bénéfices et les pertes qui proviennent de leurs activités luxembourgeoises sont pris en compte pour le calcul de leur impôt dans cet État. Un tel régime, qui est conforme au principe fiscal de territorialité, ne saurait être considéré comme comportant une discrimination, ostensible ou déguisée, interdite par le traité »*[1000]. Cependant, pour certains auteurs, le principe de territorialité dégagé dans l'arrêt *Futura Participations* n'est pas clair, car il met en relation les bénéfices et les

[999] LANG Michael, "The *Marks & Spencer* Case - The Open Issues Following the ECJ's Final Word", *European Taxation,* February 2006, pp. 54-67.
[1000] CJCE, 15 mai 1997, aff. C-250/95, *Futura Participations et Singer*, Rec. p. I-2471, points 21-22.

pertes, et non les recettes et les dépenses[1001]. La différence entre ces deux acceptions pourrait ne pas être uniquement sémantique. En effet, si les recettes et les dépenses concourent à la réalisation d'un bénéfice ou d'une perte, retenir la seule notion de recettes et dépenses engagées pour la réalisation du revenu réduit le champ d'application de la territorialité. La symétrie devrait s'établir en fonction des recettes et des dépenses, et des bénéfices et des pertes. Cette question n'est cependant pas tranchée par le droit de l'Union.

533. A la suite de l'arrêt *Futura Participation*, la notion de territorialité a été débattue, sans pour autant être clairement déterminée. A cet égard, il convient de citer les conclusions des Avocats généraux KOKOTT sous l'arrêt *N,* et POIARES MADURO sous l'arrêt *Marks & Spencer*.
Dans ses conclusions sous l'arrêt *N*, l'Avocat général indiquait : *« Il n'y a cependant pas de définition précise du principe de territorialité. Ce principe a notamment pour conséquence pratique que, en règle générale, les États ne peuvent assujettir à l'intégralité de leur système fiscal que les personnes établies sur leur territoire, tandis qu'ils devront imposer les revenus de source nationale versés à des personnes établies à l'étranger dans le cadre du régime d'assujettissement partiel. Le principe de territorialité a également trouvé un écho dans les modèles de convention élaborés par l'OCDE, sur la base desquels les États membres peuvent se répartir le pouvoir d'imposition de façon rationnelle »*[1002].
Dans ses conclusions sous l'arrêt *Marks & Spencer*, l'Avocat général POIARES MADURO donne, quant à lui, les précisions suivantes : *« Il ne faudrait pas se méprendre sur le sens exact que la Cour entend donner à ce principe [la territorialité]. Par là, la Cour reconnaît simplement la nécessité de tenir compte des contraintes découlant de la coexistence des souverainetés fiscales des États membres (...), l'exercice de la compétence fiscale de tout État membre nécessite un rattachement soit à la nationalité de l'assujetti soit à la localisation des revenus imposables sur le territoire de cet État. Il en résulte que, si un État est en droit de soumettre les contribuables résidents sur son territoire à une obligation fiscale illimitée, il ne peut imposer les contribuables étrangers que sur les revenus localisés sur son territoire (...).Le principe fiscal de territorialité prévient les conflits de compétences fiscales entre les États membres »*[1003].

534. Le principe de territorialité, tel que défini par les Avocats généraux, admet la répartition de la compétence fiscale entre Etats. Il semble cependant que leurs conclusions sont sujettes à discussion. A titre liminaire, il convient de rappeler que l'imposition des non-résidents n'est pas toujours fondée sur les revenus localisés sur le territoire. Il en est ainsi, notamment, des revenus financiers – les dividendes – perçus par un établissement stable et provenant de structures établies à l'étranger.

[1001] WEBER Dennis, "Is the limitation of tax jurisdiction a restriction of the freedom of movement?", Paper for the annual conference of the European Association of Tax Law Professors in Helsinki 7-9 June 2007, 28 pp.
[1002] CJCE, Conclusions KOKOTT, présentées le 30 mars 2006 sous l'affaire C-470/04, 7 septembre 2006, *N contre Inspecteur van de Belastingdienst ost/kantoor Almelo,* Rec. p. I-7409
[1003] Conclusions de l'Avocat général POIARES MADURO rendues le 7 avril 2005, sous l'affaire C-446/03, *Marks & Spencer*, Rec. p. I-10837, points 60 et 62.

De surcroît, d'une part, l'identification des entités auxquelles s'applique le principe de territorialité n'est pas identique, les personnes établies sur le territoire pour l'Avocat général KOKOTT, et les citoyens-contribuables pour l'Avocat général POIARES MADURO. Pour certains auteurs, la perception de la territorialité de l'Avocat général POIARES MADURO est restrictive lorsqu'il parle de citoyens-contribuables. En effet, en droit fiscal international, il suffit d'un lien, même faible, entre l'Etat et le contribuable ou l'événement générateur pour qu'il soit procédé à une imposition[1004]. D'autre part, et particulièrement dans les conclusions sous l'arrêt *Marks & Spencer*, l'Avocat général semble formuler le principe selon lequel, lorsque serait en cause un régime d'imposition mondial des revenus, la question de la territorialité ne se poserait plus.

De l'ensemble des analyses ne se dégage pas une définition unitaire du principe de territorialité. Néanmoins, il ressort des différentes acceptions que l'application du principe requiert un lien économique entre les revenus et l'Etat d'imposition. La question de savoir si ce lien économique doit s'exercer entre des recettes et des dépenses, ou entre des bénéfices et des pertes n'est pas tranchée, mais renvoie au champ d'application du principe de territorialité.

2) Le champ d'application du principe de territorialité

535. La question du champ d'application du principe de territorialité suppose au préalable de déterminer les Etats concernés par le principe, et ensuite de savoir dans quelle mesure il s'applique à plusieurs contribuables.
L'application d'un principe de territorialité dans l'Etat de la source ne semble pas soulever de problème particulier. L'arrêt *Futura* a admis qu'un Etat de source puisse conditionner la déductibilité des pertes à l'imposition des bénéfices[1005]. Il s'agit, néanmoins, du seul arrêt ayant admis le principe en tant que tel, et corrélant les pertes aux bénéfices.
Cela signifie-t-il pour autant que la question de la territorialité est réductible au seul Etat de la source des revenus ? Si, pour certains auteurs, cette conclusion s'impose[1006], d'autres sont plus hésitants sur une limitation du principe à l'Etat de la source[1007].

[1004] LANG Michael, "The *Marks & Spencer* Case - The Open Issues Following the ECJ's Final Word", *European Taxation*, February 2006, pp. 54-67.
[1005] Voir arrêt *Futura* précité, points 21 et 22, suivant en cela les conclusions de l'Avocat général LENZ présentées le 5 novembre 1996, point 27 : « *S'agissant de la première condition, la relation économique avec des revenus indigènes, aucune des parties ne met en doute le fait qu'une telle exigence est compatible avec le droit communautaire. Comme la Commission l'a mentionné dans ses observations, une telle règle est l'émanation du principe de territorialité en droit fiscal. Il résulte également de la convention franco-luxembourgeoise contre la double imposition que ne peuvent être déductibles au Luxembourg que des pertes qui ont un rapport avec des revenus qui ont été obtenus au Luxembourg* ».
[1006] WIMPISSINGER Christian, "Cross border transfer of losses, the ECJ does not agree with Advocate General Sharpston", *ECTR*, 2008/4, pp. 173-179. Pour l'auteur, le principe de territorialité est applicable quand l'Etat de la source demande un lien entre les pertes et les profits, mais pas quand l'Etat de résidence refuse les coûts ou ne garantit pas les bénéfices dus à une situation transfrontalière.

536. L'arrêt *Marks & Spencer* semble avoir reconnu le principe de territorialité dans le cas où l'Etat membre de résidence pratique le régime de l'imposition mondiale de ses résidents, même si, au cas particulier, il n'en fait pas une application positive[1008].
Toutefois, la formulation de l'arrêt : *« Dans une situation comme celle du litige au principal, il y a lieu d'admettre que l'État membre d'établissement de la société mère, en imposant les sociétés résidentes sur leurs bénéfices mondiaux et les sociétés non-résidentes exclusivement sur les bénéfices provenant de leur activité dans ledit État, agit conformément au principe de territorialité consacré par le droit fiscal international et reconnu par le droit communautaire»*, permet d'avoir une interprétation contraire. En effet, au vu des termes employés, la Cour peut avoir simplement visé la situation des non-résidents, et non celle des résidents[1009]. En toute hypothèse, la Cour dénie au principe de territorialité tel qu'exposé tout effet justificatif, sans cependant préciser les motifs de son rejet [1010].

537. Si la territorialité est entendue comme un lien économique entre les charges et les recettes, et/ou les pertes et les profits, il serait cependant concevable que l'Etat de résidence puisse se voir appliquer le principe[1011]. Telle n'est pas, semble-t-il, la position adoptée par la Cour.
En effet, dans un arrêt *Bosal*[1012], la Cour a pu juger : *« À cet égard, il convient d'indiquer que l'application faite du principe de territorialité dans l'arrêt Futura Participations et Singer, précité, concernait l'imposition d'un seul contribuable qui exerçait des activités dans l'État membre où il avait son établissement principal ainsi que dans d'autres États membres à partir d'établissements secondaires »*[1013]. Ainsi, le principe de territorialité ne serait applicable qu'au cas de contribuables uniques[1014], ce

[1007] KÖRNER Andreas, "Reference to the ECJ by the German Federal Fiscal Court for a Preliminary Ruling: Does European Law Require Cross-Border Loss Relief?", *Intertax*, 2003, Issue 12, pp. 489-495. Pour l'auteur, il n'y a pas eu de réponse sur le sujet.
[1008] CJCE, 13 décembre 2005, aff. C-446/03, *Marks & Spencer Plc*, Rec. p. I-10837, point 39.
[1009] WEBER Dennis, "Is the limitation of tax jurisdiction a restriction of the freedom of movement?", Paper for the annual conference of the European Association of Tax Law Professors in Helsinki 7-9 June 2007, p. 6: *« Bien qu'il puisse apparaître que la Cour assume que le principe de territorialité s'applique quand les résidents sont imposés sur leur profits mondiaux (ce qui peut être vrai, mais ce qui n'est pas nécessairement le cas), je suspecte que la Cour dans l'arrêt Marks & Spencer essaye de dire que l'imposition limitée des non-résidents (comparée à l'imposition illimitée) est en accord avec le principe de territorialité ».* Traduit par nous.
[1010] Arrêt Marks & Spencer précité, point 40 : *« Toutefois, la circonstance qu'il n'impose pas les bénéfices des filiales non résidentes d'une société mère établie sur son territoire ne justifie pas, en soi, une limitation du dégrèvement de groupe aux pertes subies par les sociétés résidentes ».*
[1011] Weber Dennis précité, p. 7.
[1012] CJCE, 18 septembre 2003, aff. C-168/01, *Bosal Holding BV et Staatssecretaris van Financiën*, Rec. p. I-9409.
[1013] *Ibid.*, point 38.
[1014] MARTIN Philip, "The Marks & Spencer EU group relief case - a rebuttal of the 'taxing jurisdiction' argument", *ECTR*, 2005/2, pp. 61-68. Pour l'auteur, il existe bien une différence de contexte entre les arrêts *Futura* et *Bosal*, le premier concernant une seule société et le second un groupe.

qui a été une des conditions d'application des motifs de justification tirés de la cohérence du système fiscal[1015].

538. La limitation que semble introduire l'arrêt *Bosal* au principe de territorialité ne convainc pas. En effet, le principe de territorialité de l'imposition ne peut être entendu uniquement comme l'absence d'imposition des établissements stables étrangers par l'Etat du siège. En n'imposant pas les filiales non-résidentes, l'Etat de résidence de la mère se conforme également au principe de territorialité de l'imposition, entendu comme la limitation du pouvoir d'imposition de l'Etat de résidence. En ce sens, la condition d'unicité du contribuable, aux fins de la reconnaissance de l'application du principe de territorialité à l'Etat de résidence, est inopportune[1016].
L'application de l'arrêt *Bosal* implique également qu'il n'y aurait jamais d'acceptation du principe de territorialité, en tant que justification d'une atteinte à la liberté d'établissement, lorsque seraient concernées des mères et filiales d'Etats membres différents, alors qu'il pourrait l'être dans le cas des établissements stables. Interprété *a contrario*, l'arrêt Bosal crée une distinction dans l'imposition des établissements stables et dans celle des filiales, ce qui n'était vraisemblablement pas le but poursuivi[1017].

Dans les arrêts rendus en matière de transfert de pertes, il n'est pas certain, par ailleurs, que le principe de territorialité n'ait pas été reconnu, dans la mesure où la Cour s'est appuyée dans plusieurs arrêts sur le principe de répartition équilibrée du pouvoir d'imposition[1018]. Ce point a néanmoins divisé la doctrine.

[1015] Voir, CJCE, 28 janvier 1992, aff. C-204/90, Bachmann, Rec. p. I-249; Bosal, précité, points 29 et 30: *« En ce qui concerne l'argument relatif à la nécessité de préserver la cohérence du régime fiscal, (...) un lien direct existait, s'agissant d'un seul et même contribuable, entre l'octroi d'un avantage fiscal et la compensation de cet avantage par un prélèvement fiscal, lesquels avaient été effectués dans le cadre d'une même imposition. Lorsqu'un tel lien direct fait défaut, parce qu'il s'agit, par exemple, d'impositions distinctes ou du traitement fiscal de contribuables différents, l'argument de la cohérence du système fiscal ne saurait être invoqué »*. Toutefois, la position de la Cour a évolué sur la cohérence du système fiscal, puisqu'elle ne semble plus exiger, depuis l'arrêt Manninen, l'unicité du contribuable (CJCE, 7 septembre 2004, aff. C-319/02, Petri Manninen, Rec. p. I-7477).

[1016] Pour une position similaire, voir, WEBER Dennis, "Is the limitation of tax jurisdiction a restriction of the freedom of movement?", Paper for the annual conference of the European Association of Tax Law Professors in Helsinki 7-9 June 2007, 28 pp; WEBER Dennis, "Het Bosal Holding Case: Analysis and Critique", *ECTR*, 2003/4 pp. 220-230; Conclusions de l'Avocat général GEELHOED sous l'affaire C-374/04, *Test Claimants in Class IV of the ACT Group Litigation (Pirelli, Essilor and Sony), Test Claimants in Class IV of the ACT Group Litigation (BMW) contre Commissioners of Inland Revenue*, présentées le 23 février 2006, points 62 et suivants. Pour une position contraire, voir par exemple, WIMPISSINGER Christian, "Cross border transfer of losses, the ECJ does not agree with Advocate General Sharpston", *ECTR*, 2008/4, pp. 173-179; ISENBAERT Mathieu, VALJEMARK Caroline, "M&S judgement: the ECJ caught between a rock and a hard place", *ECTR*, 2006/1, pp. 10-17.

[1017] WATTEL Peter J., "Corporate tax jurisdiction in the EU with respect to branches and subsidiaries; dislocation distinguished from discrimination and disparity; a plea for territoriality", *ECTR*, 2003/4, p. 200.

[1018] Voir sur ce point l'analyse de BAKER Philip, "Transfer Pricing and Community Law: The SGI Case", *Intertax*, 2010, Issue 4, p. 195. L'auteur considère (dans le cadre de l'arrêt SGI rendu

B. La pertinence du concept de territorialité en tant qu'élément de justification

539. La doctrine est divisée sur la question de la pertinence du concept de territorialité en tant qu'élément à prendre en compte dans le cadre de l'application du droit de l'Union européenne. Pour une partie de la doctrine, il s'agit d'un concept opérant, mais qui ne devrait pas être vu en tant que motif d'intérêt général pouvant justifier une atteinte à la liberté d'établissement, mais comme élément de comparabilité initial[1019]. Pour l'autre partie de la doctrine, il s'agit d'un principe qui ne peut constituer une justification, du moins prise isolément, dès lors qu'il permettrait de contourner les libertés fondamentales garanties par le Traité[1020]. La jurisprudence de la Cour permet de noter une évolution concernant le raisonnement applicable au principe de territorialité. Dans l'arrêt *Futura participations*, le principe s'est appliqué de façon positive au stade de la comparaison des situations[1021]. Par la suite, la Cour, dans plusieurs arrêts, a invoqué le principe au stade des justifications, sans cependant le retenir en tant que tel.
Il convient d'établir une distinction entre les arrêts rendus en matière de transfert de pertes des filiales étrangères (1), et ceux rendus en matière de transfert de pertes des établissements stables (2).

1) Principe de territorialité et transfert des pertes des filiales

540. En ce qui concerne les pertes des filiales, l'arrêt fondateur en la matière, l'arrêt *Marks & Spencer,* a reconnu le principe de la territorialité, mais lui a dénié, de manière lapidaire, tout effet utile[1022]. Par la suite, l'arrêt *Rewe*, qui ne concernait pas *stricto sensu* des pertes, mais des charges, a considéré que le principe de territorialité ne pouvait être invoqué, dans la mesure où il n'y avait pas en l'espèce de compétence fiscale concurrente, l'Etat allemand déniant unilatéralement une déduction qu'il

---

en matière de prix de transfert) que la territorialité et la repartition équilibrée du pouvoir d'imposition sont deux notions clairement liées par la Cour.

1019 MEUSSEN Gerard T.K., "Cross-Border Loss Compensation and Permanent Establishments: Lidl Belgium and Deutsche Shell", *European Taxation,* May 2008, pp. 233-236; WATTEL Peter J., "Corporate tax jurisdiction in the EU with respect to branches and subsidiaries; dislocation distinguished from discrimination and disparity; a plea for territoriality", *ECTR,* 2003/4, pp 194-202; WEBER Dennis, "Is the limitation of tax jurisdiction a restriction of the freedom of movement?", Paper for the annual conference of the European Association of Tax Law Professors in Helsinki, 7-9 June 2007, 28 pp.

1020 ARGINELLI Paolo, "The Discriminatory Taxation of Permanent Establishments by the Host State in the European Union: a Too Much Separate Entity Approach", *Intertax,* 2007, Issue 2, pp. 82-116; ISENBAERT Mathieu, VALJEMARK Caroline, "M &S judgement: the ECJ caught between a rock and a hard place", *ECTR*, 2006/1, pp. 10-17; LANG Michael, "The *Marks & Spencer* Case - The Open Issues Following the ECJ's Final Word", *European Taxation,* February 2006, pp. 54-67; GUTMANN Daniel, « Fiscalité européenne », in *L'année fiscale* 2006, pp. 269-270.

1021 CJCE, 15 mai 1997, aff. C-250/95, *Futura participations et Singer*, Rec. p. I-2471, point 22.

1022 Arrêt Marks & Spencer précité, point 40 : « Toutefois, la circonstance qu'il [l'Etat de résidence de la mère] n'impose pas les bénéfices des filiales non-résidentes d'une société mère établie sur son territoire ne justifie pas, en soi, une limitation du dégrèvement de groupe aux pertes subies par les sociétés résidentes ».

accordait, par ailleurs, aux sociétés mères de filiales nationales[1023]. Il semble que le postulat sur lequel s'appuie l'arrêt *Rewe* est inexact. Au cas particulier, la Cour juge que le principe de territorialité sur lequel s'appuie l'Etat allemand est non invocable, puisque l'affaire met en cause une société mère allemande soumise en Allemagne à une obligation fiscale illimitée. Le fait que la société allemande soit soumise à une obligation fiscale illimitée signifie seulement que les bénéfices de ses établissements stables étrangers sont théoriquement imposés en Allemagne, ce qui ne signifie nullement que le principe de territorialité, entendu comme un lien économique entre les revenus et les charges, ne serait pas applicable. En l'espèce, le problème paraît plutôt relever de la détermination du titulaire de la perte, et ce, indépendamment du système d'imposition considéré. S'agissant de la perte de valeur des participations détenues dans des filiales, le titulaire de la perte est la société mère allemande. Aussi, l'invocation d'un principe de territorialité ne paraissait pas pertinente dans ce cas.

541. L'arrêt *Oy Aa* semble, quant à lui, implicitement lier la question de la territorialité à celle de la répartition de la compétence fiscale. En effet, l'arrêt, s'il ne répond pas expressément aux arguments des gouvernements concernant l'application du principe de territorialité, justifie néanmoins le régime fiscal en cause, en indiquant : *« Cela [l'admission d'un transfert financier intra groupe transfrontalier] compromettrait le système même de la répartition du pouvoir d'imposition entre les États membres, puisque, au gré du choix opéré par les groupes de sociétés, l'État membre de la filiale serait contraint de renoncer à son droit d'imposer, en tant qu'État de résidence de ladite filiale, les revenus de cette dernière, au profit, éventuellement, de l'État membre du siège de la société mère »*[1024].

542. L'Avocat général KOKOTT avait été plus explicite dans ses conclusions, en reconnaissant au principe de territorialité la valeur de fondement à la répartition de la compétence fiscale[1025]. Dans ses conclusions, l'Avocat défendait le principe d'une répartition des compétences sur la base du principe de territorialité, et le principe d'une

---

[1023] CJCE, 29 mars 2007, aff. C-347/04, *Rewe Zentralfinanz eG, ayant droit à titre universel d'ITS Reisen GmbH contre Finanzamt Köln-Mitte*, Rec. p. I-2647, point 69 : *« Ainsi que l'a relevé M. l'avocat général au point 49 de ses conclusions, ce principe a pour fonction d'introduire, dans l'application du droit communautaire, la nécessité de tenir compte des limites des compétences fiscales des États membres. Or, dans l'affaire au principal, l'octroi de l'avantage réclamé par Rewe n'a pas pour conséquence de mettre en cause l'exercice d'une compétence fiscale concurrente. Il concerne les sociétés mères résidant en Allemagne qui sont soumises, à ce titre, à une obligation fiscale illimitée dans cet État. Par conséquent, la réglementation en cause au principal ne saurait être considérée comme une mise en œuvre du principe de territorialité »*.

[1024] CJCE, 18 juillet 2007, aff. C-231/05, *Oy Aa*, Rec. p. I-6373, point 56.

[1025] Conclusions KOKOTT du 12 septembre 2006 sous l'arrêt Oy Aa précité, point 53 : *« Cela compromettrait également la répartition des compétences fiscales en fonction du principe de territorialité si les contribuables pouvaient choisir librement dans quel État membre les bénéfices sont soumis à l'imposition en soustrayant les bénéfices d'une société de son assiette fiscale et en les intégrant à l'assiette de l'impôt d'une société apparentée établie dans un autre État membre »*.

répartition équilibrée des compétences sur le même fondement, en reprenant sur ce point la formulation de l'arrêt *Marks & Spencer*[1026].

Ainsi, bien que la formulation des arrêts ne permette pas de l'affirmer avec certitude, il semble que le principe de territorialité trouve un écho positif dans la jurisprudence de la Cour rendue dans le domaine des transferts de pertes des filiales. En revanche, de manière paradoxale, le principe de territorialité n'a pas été mentionné dans les arrêts rendus dans le domaine des transferts de pertes des établissements stables.

2) Principe de territorialité et transfert des pertes des établissements stables

543. Dans les arrêts *Deutsche Shell*[1027], *Lidl Belgium*[1028] et *Krankenheim*[1029], la Cour ne mentionne à aucun moment le principe de territorialité, alors qu'il s'agit vraisemblablement du problème central[1030]. Dans ces arrêts, la justification invoquée est la répartition équilibrée du pouvoir d'imposition, telle qu'énoncée par l'arrêt *Marks & Spencer*, pour les deux premiers, et la cohérence du système fiscal pour le dernier. Cependant, il semble, particulièrement en ce qui concerne les établissements stables, qu'il s'agit d'une forme du principe de territorialité[1031]. En effet, que le principe de territorialité soit entendu comme la répartition de la compétence fiscale, ou comme la symétrie dans la prise en compte des bénéfices ou des pertes, il trouve à s'appliquer dans les trois arrêts précités. La question, comme dans l'arrêt *Futura participations*, aurait dû être étudiée au stade de la comparabilité des situations[1032]. En effet, dès lors que les Etats abandonnent unilatéralement, ou par le biais des conventions bilatérales, une partie de leur compétence fiscale, il ne peut être soutenu que la situation des succursales nationales et celle des établissements stables étrangers sont comparables aux fins de l'imposition.

[1026] *Ibid.*

[1027] CJCE, 28 février 2008, aff. C-293/06, *Deutsche Shell GmbH contre Finanzamt für Großunternehmen in Hamburg*, Rec. p. I-1129.

[1028] CJCE, 15 mai 2008, aff. C-414/06, *Lidl Belgium GmbH & Co. KG contre Finanzamt Heilbronn*, Rec. p. I-3601.

[1029] CJCE, 23 octobre 2008, aff. C-157/07, Finanzamt *für Körperschaften III in Berlin contre Krankenheim Ruhesitz am Wannsee-Seniorenheimstatt GmbH*, Rec. p. I-8061.

[1030] MEUSSEN Gerard T.K., "Cross-Border Loss Compensation and Permanent Establishments: Lidl Belgium and Deutsche Shell", *European Taxation,* May 2008, pp. 233-236.

[1031] En ce sens voir, MARTIN Philip, "The Marks & Spencer EU group relief case - a rebuttal of the 'taxing jurisdiction' argument", *ECTR,* 2005/2, p. 64.

[1032] En ce sens, MEUSSEN Gerard T.K., "Cross-Border Loss Compensation and Permanent Establishments: Lidl Belgium and Deutsche Shell", *European Taxation,* May 2008, pp. 233-236; WEBER Dennis, "Is the limitation of tax jurisdiction a restriction of the freedom of movement?", Paper for the annual conference of the European Association of Tax Law Professors in Helsinki 7-9 June 2007, 28 pp. Pour une opinion contraire, SCHÖN Wolfgang, « Losing out at the Snooker Table : Cross-Border Loss Compensation for PE'S and the Fundamental Freedoms", in Hinnekens and Hinnekens, "A Vision of Taxes within and outside European Borders, Festschrift in honor of Pr. Dr. Frans Vanistandael", Kluwer Law International, 2008, pp. 813-830; WIMPISSINGER Christian, "Cross border transfer of losses, the ECJ does not agree with Advocate General Sharpston", *ECTR*, 2008/4, pp. 173-179.

544. La position jurisprudentielle, consistant à ne pas appliquer le principe de territorialité aux établissements stables, pourrait être vue comme la volonté de limiter le principe de territorialité à sa seule acception de l'imposition limitée des non-résidents sur le territoire d'implantation. En ce sens, la territorialité ne serait plus entendue comme nécessitant l'existence d'un lien économique permettant de lier les pertes aux bénéfices, celui-ci étant désormais pris en considération par le principe mal défini de répartition équilibrée du pouvoir d'imposition. De surcroît, compte tenu de l'évolution jurisprudentielle, il n'est pas non plus assuré que la territorialité puisse être vue comme l'existence d'un lien économique entre les recettes et les dépenses. Cependant, si tel était le cas, l'existence même du principe perdrait sa substance. En effet, dans la mesure où le droit fiscal accorde un droit d'imposition prioritaire sur certains revenus, il paraît logique de s'assurer d'une corrélation entre les revenus et les charges pris en considération aux fins de l'imposition.

**

*

545. Lorsque les entités sont juridiquement distinctes, les pertes leurs sont en principe fiscalement rattachées et ne peuvent faire l'objet d'un transfert. En revanche, lorsque les structures, quelle que soit leur nature juridique, font partie d'un groupe, un transfert des pertes en direction de la mère ou du siège peut être envisageable. Cette possibilité est néanmoins limitée par les législations nationales, particulièrement pour les pertes transfrontalières. Aux fins de valider les limitations introduites par les législations nationales, la Cour a proposé des motifs de justification novateurs : la préservation d'une répartition équilibrée du pouvoir d'imposition et le risque de double emploi des pertes.

Si les conclusions de la Cour tendant à limiter le transfert des pertes sont appropriées dans le contexte d'une fiscalité directe non harmonisée, les justifications apportées sont, en revanche, sujettes à discussion.

546. Les deux justifications peuvent s'apprécier différemment selon que sont en cause des pertes réalisées par des établissements stables ou des pertes réalisées par des filiales. La préservation d'une répartition équilibrée du pouvoir d'imposition est un des motifs employés indifféremment pour les établissements stables et pour les filiales. Cependant, le caractère imprécis de ce critère conduit à penser qu'il aurait pu ne pas être utilisé. En effet, la Cour semble fonder ce motif sur deux arguments différenciés : la symétrie dans la prise en compte des bénéfices et des pertes, et le refus de laisser aux entreprises la liberté dans le choix du régime fiscal applicable. Le premier argument renvoie probablement à la territorialité de l'imposition, même si ce critère est lui-même assez mal défini. Dans le domaine des pertes des établissements stables, le critère de territorialité semble constituer le fondement idoine. Cependant, ce critère aurait pu être invoqué au stade du contrôle de comparabilité des situations, plutôt qu'au stade des justifications. Le second argument repose sur la répartition de la compétence fiscale – et non sur la préservation d'une répartition équilibrée – généralement opérée par les conventions fiscales bilatérales. En ce sens, le motif de préservation d'une répartition équilibrée du pouvoir d'imposition, allégué par la Cour, n'est pas concluant.

547. La seconde justification, fondée sur le risque de double emploi des pertes, souffre de diverses imprécisions. Dans les premiers arrêts rendus dans le domaine des pertes, la Cour a semblé consacrer le principe selon lequel des pertes devraient être prises en compte une fois, quitte à transférer la perte à une autre structure que le titulaire originel, l'obstacle à un tel transfert étant constitué par le risque de double emploi de la même perte. Or la Cour n'a pas précisé, d'une part, si toutes les pertes, ou seulement les pertes considérées comme terminales, pouvaient être transférées, et, d'autre part, quel était exactement le risque de double emploi. Si le risque de double emploi des pertes est particulièrement lié à la répartition des compétences fiscales pour les filiales, la motivation de la Cour, dans les arrêts concernant les établissements stables, fait abstraction du système de neutralisation de la double imposition de l'Etat du siège. Ainsi, quand bien même l'emploi de l'un ou l'autre des systèmes n'est pas neutre en termes de valeur des pertes, le raisonnement fondé sur un double emploi des pertes trouve difficilement à s'appliquer au cas des établissements stables. En effet, dans la mesure où le siège pratiquerait la méthode du crédit d'impôt, les pertes pourraient se voir imputées deux fois, compte tenu des différences existant dans les législations des Etats membres, dans le calcul et le report des pertes.

A l'issue de cette analyse, les motifs de justification apportés par la Cour ne paraissent pas pleinement convaincants.

Aussi, la possibilité d'une transmission des pertes reste ouverte.

CHAPITRE 2 : LA POSSIBILITÉ D'UN TRANSFERT DES PERTES TRANSFRONTALIÈRES

548. Dans le cadre des groupes, le postulat d'une absence de transmission des pertes peut être remis en question.
Si le droit conventionnel, issu notamment du Modèle de Convention de l'OCDE, n'offre pas de réponse particulière à l'imputabilité des pertes dans le cadre des groupes[1033], l'Union européenne a, dès 1984, élaboré une réflexion sur le traitement fiscal à réserver aux pertes transfrontalières réalisées par les filiales et les établissements stables[1034]. Dans l'attente de l'adoption éventuelle d'un système européen d'imposition des groupes, seules des recommandations ont été émises par la Commission[1035].

549. Toutefois, malgré l'absence de texte spécifique, la Cour de Justice s'est prononcée à plusieurs reprises sur la compatibilité des dispositions nationales relatives à la prise en compte des pertes avec les libertés fondamentales garanties par le Traité. Dans la quasi-totalité des cas jugés, la Cour a conclu que les mesures nationales en cause constituaient une atteinte à la liberté d'établissement, et a ainsi admis le principe d'une transmission des pertes des établissements stables à leur siège, et des filiales étrangères à leur mère. De cette dernière approche découle la possibilité d'admettre une prise en compte des pertes réalisées par les filiales et les établissements stables exemptés, qui aboutit à une forme de « succursalisation » des structures en faisant abstraction de leur personnalité morale ou fiscale, cette possibilité existant par ailleurs dans certaines législations nationales.
La reconnaissance par la Cour d'une possibilité de transmission des pertes s'appuie ainsi sur une analyse de la comparabilité des situations à l'origine de l'atteinte à la liberté d'établissement. La comparaison s'effectue à la fois en fonction de la localisation des structures et en fonction de leur nature juridique. En effet, si, à l'origine, l'atteinte à la liberté d'établissement s'est fondée sur les discriminations en raison de la nationalité ou de la résidence des structures, elle porte aussi sur la nature juridique des structures choisies.

Il convient de s'interroger sur le point de savoir si, dans un cadre transfrontalier, la comparabilité en raison de la résidence des structures est pertinente (section 1), et s'il est nécessairement opportun de comparer des structures juridiquement identiques, voire

---

[1033] Il est à noter cependant que les commentaires, ajoutés en 2008, sous l'article 24 précisent : *« Il faut accorder aux établissements stables la faculté, admise dans la plupart des pays pour les entreprises résidentes, de reporter un déficit d'exploitation constaté à la clôture d'un exercice sur les résultats des exercices suivants ou précédents dans la limite d'une certaine période de temps (par exemple 5 ans). Il est à peine besoin de préciser que dans le cas des établissements stables, c'est le déficit résultant de leur exploitation propre, tel qu'il apparaît dans la comptabilité tenue séparément pour leurs opérations, qui pourra donner lieu à report ».*

[1034] Conseil, 11 septembre 1984, « Proposition de directive du Conseil concernant l'harmonisation des législations des Etats membres relatives au régime fiscal du report des pertes des entreprises », COM/84/404 Final, JO C 253 du 20 septembre 1984, p. 5.

[1035] Pour la dernière recommandation, Commission européenne, 19 décembre 2006, Communication de la Commission au Conseil, au Parlement européen et au Comité économique et social européen, « Le traitement fiscal des pertes dans les situations transfrontalières », COM (2006) 824 Final.

des structures juridiquement différentes (des filiales et des établissements stables), dès lors qu'elles interviennent, non plus dans un cadre interne, mais dans un cadre transfrontalier (section 2).

SECTION 1 : LA COMPARABILITÉ EN RAISON DE LA RÉSIDENCE DES STRUCTURES

550. Dans le cadre de la transmission des pertes, la Cour a exercé son contrôle sur le seul fondement d'une atteinte à la liberté d'établissement. En effet, elle a jugé que la liberté de circulation des capitaux n'était pas pertinente en la matière[1036]. La liberté d'établissement, définie à l'article 49 du Traité sur le Fonctionnement de l'Union Européenne (TFUE), s'entend de la liberté pour l'Etat d'implantation d'accorder un traitement identique à celui qu'elle applique à ses propres ressortissants, et de la garantie accordée par l'Etat d'origine à ses ressortissants de s'établir sur le territoire d'un autre Etat[1037]. Dans l'exercice de son contrôle relatif à la liberté d'établissement, la Cour recherche s'il existe un avantage fiscal, si celui-ci est accordé en matière interne et refusé en matière européenne, et si les situations sont comparables. L'avantage fiscal accordé dans une situation purement interne, et non transfrontalière, n'est constitutif d'une atteinte à la liberté d'établissement que si les situations sont comparables[1038]. Ainsi, la qualification d'une discrimination ou d'une restriction prohibées[1039] suppose le préalable d'une comparaison des situations des différents ressortissants[1040].

[1036] CJCE, 6 novembre 2007, aff. C-415/06, *Stahlwerk Ergste Westig GmbH (SEW)*, Ordonnance de la Cour, non publiée au Recueil.

[1037] TFUE, article 49 : « *Dans le cadre des dispositions visées ci-après, les restrictions à la liberté d'établissement des ressortissants d'un État membre dans le territoire d'un autre État membre sont interdites. Cette interdiction s'étend également aux restrictions à la création d'agences, de succursales ou de filiales, par les ressortissants d'un État membre établis sur le territoire d'un État membre. La liberté d'établissement comporte l'accès aux activités non salariées et leur exercice, ainsi que la constitution et la gestion d'entreprises, et notamment de sociétés au sens de l'article 54, deuxième alinéa, dans les conditions définies par la législation du pays d'établissement pour ses propres ressortissants, sous réserve des dispositions du chapitre relatif aux capitaux* ».

[1038] Voir LANG Michael, "Direct Taxation: Is the ECJ Heading in a New Direction?", *European Taxation*, September 2006, p. 422. L'auteur pense qu'il n'y a pas de raison pour que différents traitements appliqués à différentes situations ne puissent être jugés par la Cour, alors que la Cour donne l'impression de laisser le législateur national libre d'appliquer le traitement qu'il souhaite lorsque les situations ne sont pas comparables.

[1039] La Cour a établi une gradation dans le concept de restrictions. La Cour semble distinguer entre les restrictions discriminatoires et les restrictions non discriminatoires, ces dernières pouvant néanmoins être constitutives d'une atteinte à la liberté d'établissement ; O'SHEA Tom, "Freedom of establishment tax jurisprudence: Avoir Fiscal revisited", *ECTR*, 2008/6, pp. 259-275 ; RAINGEARD de la BLETIERE Emmanuel, « Les relations entre le droit communautaire et le droit fiscal international : nouvelles perspectives », Thèse Paris I, 2008, pp. 134-142.

[1040] Etant entendu que la comparabilité des situations peut s'établir au niveau des justifications, notamment dès lors qu'il s'agit de restrictions non discriminatoires, et non de discriminations. Voir RAINGEARD de la BLETIERE Emmanuel précité, pp. 145-147.

Dans ce contexte, la jurisprudence de la Cour s'est construite non seulement en raison des atteintes directes en fonction de la nationalité, mais aussi à raison des atteintes indirectes aboutissant, dans les faits, au même résultat[1041]. Ainsi, la Cour compare la situation des résidents et des non-résidents. Cependant, si la comparaison entre résidents et non-résidents constitue un des fondements de la constatation d'une atteinte éventuelle aux grandes libertés de circulation (§ 1), la Cour est réticente à comparer la situation des non-résidents entre eux (§ 2).

§ 1. La comparaison entre résidents et non-résidents

551. Dans le cadre du contentieux européen, les Etats membres arguent en général de ce que la situation des sociétés résidentes et non-résidentes n'est pas comparable[1042]. Ce point a été admis par la jurisprudence[1043], qui semble cependant n'en faire que rarement une application positive, dans la mesure où la Cour considère généralement que les situations sont objectivement comparables aux fins de l'impôt.
Pour qualifier les atteintes à la liberté d'établissement, la Cour se fonde sur les discriminations directes exercées en raison de la nationalité, mais a étendu le concept à la résidence. Cette comparaison, si elle fonde la constatation d'une atteinte à la liberté d'établissement (A), n'emporte cependant pas nécessairement l'application d'un traitement indifférencié entre les résidents et les non-résidents (B).

A. Le principe

552. La comparaison entre résidents et non-résidents suppose, au préalable, de définir ce qu'il faut entendre par ces termes.
La résidence se distingue de la nationalité, mais peut se confondre avec elle. La Cour a interprété l'article 54 du TFUE qui prévoit que *« les sociétés constituées en conformité de la législation d'un État membre et ayant leur siège statutaire, leur administration centrale ou leur principal établissement à l'intérieur de l'Union sont assimilées, pour l'application des dispositions du présent chapitre, aux personnes physiques ressortissantes des États membres »*, comme signifiant que *« pour les sociétés, (...) que leur siège (...) sert a déterminer, a l'instar de la nationalité de personnes physiques, leur rattachement a l'ordre juridique d'un Etat »*[1044]. La notion de résidence n'a, quant à

[1041] Un des premiers arrêts sur la discrimination indirecte est l'arrêt CJCE, 12 février 1974, aff. C-152/73, *Sotgiu c/ Deutsche Bundespost*, Rec. p. 153, point 11: « *Attendu que les règles d'égalité de traitement, tant du Traité que de l'article 7 du règlement no 1612/68, prohibent non seulement les discriminations ostensibles, fondées sur la nationalité, mais encore toutes formes dissimulées de discrimination qui, par application d'autres critères de distinction, aboutissent en fait au même résultat* ».
[1042] CJCE, 28 janvier 1986, aff. C-270/83, *Commission contre République Française*, Rec. p. 273, point 17.
[1043] *Ibid.*, point 19.
[1044] Voir, notamment, CJCE, 28 janvier 1986, aff. C-270/83, *Commission c/ France* précité, point 18 ; 16 juillet 1998, aff. C-264/96, *Imperial Chemical Industrie* (ICI), Rec. p. I-4695, point 20 ; 29 avril 1999, aff. C-311/97, *Royal Bank of Scotland*, Rec. p. I-2651, point 23. Sur la notion de nationalité des sociétés, voir MENJUCQ Michel, « La mobilité des sociétés dans l'espace européen », LGDJ, 1997, Bibliothèque de droit privé, tome 285, particulièrement pp. 20-21 ; 34-

elle, pas été définie aussi clairement par la jurisprudence. Concernant les entreprises, la réponse peut être scindée en deux.

553. Traditionnellement, le droit fiscal international considère comme des non-résidents les établissements stables de sociétés étrangères[1045]. En effet, dans la mesure où ils ne disposent pas de la personnalité morale, ils ne peuvent, à la différence des filiales, être considérés comme des résidents de l'Etat d'implantation. Le caractère de non-résident est dans ce cas reconnu du point de vue de l'Etat d'accueil de l'établissement stable, et du point de vue de l'Etat de résidence du siège (1). Cependant, bien que le terme soit impropre, il semble que, dans le contexte des groupes, le non-résident puisse s'entendre des filiales établies à l'étranger, du point de vue de l'Etat de résidence de la mère (2).

1) Les établissements stables non-résidents

554. Les établissements stables, dénués de personnalité morale, sont un démembrement de l'entreprise considérée dans son ensemble. Ainsi, les revenus des établissements stables sont une composante des revenus du siège. Toutefois, les conventions relatives à la double imposition prévoient une compétence fiscale partagée entre l'Etat du siège et l'Etat d'implantation de l'établissement. De ce fait, les pertes réalisées par les établissements stables peuvent être envisagées du point de vue de l'Etat de *situs* et du point de vue de l'Etat de résidence du siège. En la matière, la jurisprudence européenne a statué sur l'existence de restrictions à la liberté d'établissement provenant soit de l'Etat d'accueil, soit de l'Etat du siège, c'est-à-dire de l'Etat de résidence de l'entreprise.

555. Dans un premier arrêt *Futura Participations et Singer*[1046], dans lequel était en cause la prise en compte de pertes par l'Etat d'accueil, la Cour a jugé : *« Pour le calcul de l'assiette de l'impôt des contribuables non-résidents, seuls les bénéfices et les pertes qui proviennent de leurs activités luxembourgeoises sont pris en compte pour le calcul de leur impôt dans cet État »*, ce fait n'entraînant aucune restriction ostensible ou déguisée à la liberté d'établissement. En outre, l'arrêt *Philips Electronics* a jugé non conforme à la liberté d'établissement le système britannique du group relief, soumettant à conditions le transfert des pertes d'un établissement stable implanté au Royaume-Uni à une société résidente[1047].
Les autres arrêts ont concerné l'impôt sur les sociétés dans l'Etat de résidence du siège. Dans ce cadre, deux cas peuvent être distingués : le siège réalise une perte et l'établissement stable un bénéfice, et l'établissement stable réalise des pertes, sans précisions spécifiques sur la réalisation de bénéfices par le siège.

---

46. Pour l'auteur : *« Si l'on doit établir une analogie entre personnes physiques et sociétés, à l'évidence, le siège social se rapproche plus du domicile des individus que de leur nationalité ».*
[1045] OCDE, Modèle de Convention fiscale, article 4.
[1046] CJCE, 15 mai 1997, aff. C-250/95, *Futura participations et Singer*, Rec. p. I-2471.
[1047] CJUE, 6 septembre 2012, aff. C-18/11, *Philips Electronics UK Ltd*, non encore publié au Recueil.

556. Le premier cas ne porte pas sur les pertes des établissements stables, mais sur la possibilité de compensation, dans un cadre transfrontalier, des bénéfices et des pertes d'une entreprise considérée dans son ensemble. Dans une affaire dans laquelle la législation de l'Etat de résidence autorisait le siège à prendre en compte les bénéfices de son établissement stable étranger, bénéfices au demeurant exemptés par la convention de double imposition, la Cour a conclu : *« [*Ce régime*] aboutit à une inégalité de traitement par rapport aux sociétés n'ayant pas d'établissements hors de Belgique et crée ainsi une entrave à la liberté d'établissement garantie par l'article 52 du traité »*[1048]. Au cas particulier, une société belge ayant réalisé des pertes les avait reportées sur l'exercice suivant celui de leur réalisation, sans les compenser avec les bénéfices réalisés par l'établissement stable qu'elle possédait au Luxembourg. Dans le cas d'espèce, la difficulté, en termes de compensation, provenait de ce que l'établissement stable luxembourgeois n'était imposé, en sa qualité de non-résident, que sur le résultat de ses activités dans cet Etat. De ce fait, les pertes réalisées à l'étranger ne pouvaient être déduites du bénéfice imposable au Luxembourg.

557. Dans deux autres affaires, dans lesquelles l'Etat de résidence du siège refusait la déductibilité des pertes réalisées par des établissements stables étrangers, la Cour a conclu à l'existence d'une atteinte à la liberté d'établissement, les établissements stables étrangers faisant l'objet d'un traitement défavorable par rapport aux établissements stables nationaux. Ainsi, dans l'arrêt *Lidl Belgium*[1049], la Cour a indiqué : *« Dans ces conditions, la situation fiscale d'une société qui a son siège statuaire en Allemagne et qui possède un établissement stable dans un autre État membre est moins favorable que celle qui serait la sienne si cette dernière entité était établie en Allemagne. En raison de cette différence de traitement fiscal, une société allemande pourrait être dissuadée d'exercer ses activités par l'intermédiaire d'un établissement stable situé dans un autre État membre »*[1050]. De manière identique, l'arrêt *Krankenheim* mentionne : *« La législation allemande a ainsi soumis les sociétés résidentes possédant des établissements stables en Autriche à un traitement fiscal moins favorable que celui dont ont bénéficié les sociétés résidentes possédant des établissements stables sis en Allemagne »*[1051].

558. Si les divers arrêts aboutissent à des conclusions différentes, la raison en est qu'ils ne sont pas fondés sur des bases de comparaison identiques[1052]. Dans les arrêts *Futura Participations et Philips Electronics,* la Cour a fondé son arrêt sur une comparaison

---

[1048] CJCE, 14 décembre 2000, aff. C-141/99, *Algemene Maatschappij voor Investering en Dienstverlening NV et Belgische Staat (ci-après AMID)*, Rec. p. I-11619, point 27.
[1049] CJCE, 15 mai 2008, aff. C-414/06, *Lidl Belgium GmbH & Co. KG contre Finanzamt Heilbronn* (ci après Lidl Belgium), Rec. p. I-3601.
[1050] *Ibid.*, point 25.
[1051] CJCE, 23 octobre 2008, aff. C-157/07, *Finanzamt für Körperschaften III in Berlin contre Krankenheim Ruhesitz am Wannsee-Seniorenheimstatt GmbH, (ci-après l'arrêt Krankenheim)*, Rec. p. I-8061, point 37.
[1052] Sur la question voir, PISTONE Pasquale, "Tax treatment of foreign losses: an urgent issue for the European Court of Justice", *ECTR*, 2003/3, pp. 149-154.

entre résidents et non-résidents[1053]. En revanche, dans les arrêts *AMID, Lidl Belgium, et Krankenheim*, le point de comparaison a porté sur les résidents, selon qu'ils disposaient ou non d'un établissement à l'étranger. Pour certains auteurs, il s'agit, non d'une discrimination fondée sur la résidence, mais d'une restriction, également prohibée, fondée sur la comparaison des situations entre les entreprises qui exercent réellement leur droit à la liberté d'établissement en s'installant à l'étranger, et celles qui ne font pas usage du même droit[1054].

559. La jurisprudence de la Cour suscite plusieurs remarques.
Tout d'abord, les comparaisons effectuées ne portent pas systématiquement sur des différences entre résidents et non-résidents. L'arrêt *AMID* est, à cet égard, particulièrement significatif. En effet, la législation belge s'appliquait de manière identique aux sociétés résidentes, qu'elles aient une succursale nationale ou un établissement stable à l'étranger[1055]. En ce sens, il n'existait pas de discrimination due à une différence entre résidents et non-résidents, même si la société en cause subissait, du fait de la convention avec le Luxembourg, une double imposition.
Ensuite, lorsque la comparaison porte sur la situation des résidents, elle s'établit en fonction de l'exercice effectif de la liberté d'établissement. Du fait de l'implantation d'établissements stables à l'étranger, les sociétés résidentes, dans les cas jugés, subissent un désavantage fiscal au regard de la situation qui aurait été la leur si elles avaient détenu des succursales nationales. A cet égard, il convient de préciser que les arrêts ont été rendus dans des cas où les Etats de résidence des sièges pratiquaient le système d'exemption, ce qui entraînait l'absence de prise en compte par les sièges des pertes des établissements.

Cette comparaison en matière d'exercice effectif de la liberté d'établissement a été étendue aux filiales par la jurisprudence européenne.

[1053] Voir LANG Michael, "Direct Taxation: Is the ECJ Heading in a New Direction?", *European Taxation,* September 2006, p. 423. Pour l'auteur, dans l'arrêt Futura, la Cour compare, sans le dire, les non-résidents ayant réalisé des pertes avec ceux ayant réalisés des bénéfices.

[1054] O'SHEA Tom, "New Analysis: Further Thoughts on Rewe Zentralfinanz", *Tax Notes International*, April 9, 2007, p. 134; O'SHEA Tom, "Freedom of establishment tax jurisprudence: Avoir Fiscal revisited*", ECTR,* 2008/6, pp. 259-275. L'auteur fonde son analyse sur une distinction entre les « migrants » et les « non-migrants ». Il considère qu'il peut exister une restriction alors que deux personnes sont traitées de manière identique, mais que la discrimination n'existe que si les deux ne sont pas traitées de façon similaire. Cette opinion est à rapprocher de celle de l'Avocat général GEELHOED, qui distingue entre les « quasi-restrictions », dues à la coexistence de systèmes fiscaux différents et les authentiques restrictions qui sont, elles, discriminatoires. Voir par exemple, ses conclusions présentées le 23 février 2006 sous l'affaire C-374/04, *Test Claimants in Class IV of the ACT Group Litigation*, Rec. p. I-11673.

[1055] HASLEHNER Werner C., "Cross-Border Loss Relief for Permanent Establishments under EC Law", *Bulletin for International Taxation*, January 2010, p. 37. En effet, la législation nationale belge permettait dans un cas comme dans l'autre de compenser les profits et les pertes.

2) Les filiales non-résidentes

560. Au préalable, il convient de rappeler que l'application d'un régime identique aux résidents et aux non-résidents ne garantit pas la compatibilité des législations nationales avec le droit européen. A cet égard, la Cour a jugé que le système belge de neutralisation de la double imposition des dividendes était incompatible avec les dispositions de la directive mère-fille, en ce que l'exonération des dividendes était conditionnée par l'existence de bénéfices suffisants[1056]. Ainsi, quand bien même les dividendes étaient imposés de manière identique dans le chef de la société mère, qu'ils proviennent de filiales résidentes ou de filiales non-résidentes, la législation belge était en contravention avec le droit européen. Les dispositions de cet arrêt, rendu dans le cadre de l'application de la directive mère-fille, pourraient être étendues à l'application des textes relatifs aux libertés de circulation.

561. Du fait de leur personnalité morale, les filiales sont résidentes de l'Etat de leur implantation. Aussi, l'analyse de la comparabilité des situations ne devrait s'effectuer qu'au regard de leur propre Etat de résidence. En effet, la compétence fiscale des Etats ne s'étend pas aux filiales non-résidentes, et ce, y compris dans les systèmes appliquant le système du bénéfice mondial.
De ce fait, la Cour de justice, garante de l'application du Traité, ne peut établir son contrôle que pour autant que l'Etat en cause exerce sa compétence[1057]. A cet égard, dans le cadre de l'analyse de comparabilité, préalable à la constatation d'une discrimination prohibée, la constatation du désavantage subi par une structure juridiquement distincte ne pourra se faire qu'au seul niveau de l'Etat de résidence de la structure. C'est en ce sens que les différents arrêts en matière de transferts de pertes ou de bénéfices ont été rendus.

562. Il en est ainsi du premier arrêt, l'arrêt *Marks & Spencer*, relatif au transfert des pertes des filiales, rendu par la Cour le 13 décembre 2005[1058]. En effet, cet arrêt, qui, au demeurant, présente la particularité de placer la comparabilité des situations au stade des justifications, plus qu'au stade de l'atteinte à la liberté d'établissement[1059], indique que le fait, pour des filiales étrangères, de ne pouvoir transférer des pertes à leur société

[1056] CJCE, 12 février 2009, aff. C-138/07, *Belgische Staat c/ Cobelfret NV*, Rec. p. I-0731, point 46, conclusions SHARPSTON du 8 mai 2008.

[1057] Voir par exemple, CJCE, 12 décembre 2006, aff. C-374/04, *Test Claimants in Class IV of the ACT Group Litigation contre Commissioners of Inland Revenue,* Rec. p. I-11673, points 57 et suivants; conclusions L.A. GEELHOED présentées le 23 février 2006, point 59 : *« En d'autres termes, si un État de résidence a réparti son assiette fiscale de telle sorte qu'il n'exerce pas son pouvoir d'imposition sur une filiale étrangère de l'une de ses sociétés résidentes, il est en principe logique que cet État refuse de prendre en compte, aux fins de la détermination de l'impôt d'un contribuable résident, des déductions liées aux revenus d'origine étrangère »* ; GUTMANN Daniel, "The Marks & Spencer case: proposals for an alternative way of reasoning", *ECTR,* 2003/3, pp. 154-158.

[1058] CJCE, 13 décembre 2005, aff. C-446/03 *Marks & Spencer plc contre David Halsey* (Her Majesty's Inspector of Taxes), Rec. p. I-10837, conclusions de l'Avocat général POIARES MADURO du 7 avril 2005.

[1059] *Ibid.*, point 37.

mère britannique constitue une restriction à la liberté d'établissement de cette société mère[1060].

Au cas particulier, la Cour, constatant l'existence d'un désavantage pour la mère, n'envisage pas la situation des filiales. Il en aurait certainement été différemment si le désavantage n'avait concerné que les filiales non-résidentes, et à cet égard, il semble que la Cour, compte tenu de sa jurisprudence, n'aurait pu, dans cette hypothèse, constater une atteinte à la liberté d'établissement[1061].

563. De la même manière, quoique plus clairement que dans l'arrêt *Marks & Spencer*, la Cour a également jugé dans l'arrêt *Rewe*[1062] que : *« À cet égard, il y a lieu, comme l'a fait M. l'avocat général au point 21 de ses conclusions, de relever que la différence de traitement fiscal en cause dans l'affaire au principal concerne non pas la situation de filiales, selon qu'elles sont ou non établies en Allemagne, mais celle de sociétés mères résidant en Allemagne, selon qu'elles disposent ou non de filiales établies dans d'autres États membres ».*

L'arrêt *Marks & Spencer* peut également être mis en parallèle avec l'arrêt *Oy Aa*, rendu par la Cour le 18 juillet 2007[1063]. Dans cette affaire, qui ne traite pas d'un transfert de pertes, mais d'un transfert de bénéfices, la situation concernait, à l'inverse de l'arrêt *Marks & Spencer*, des filiales ayant une société mère étrangère. La Cour, conformément à l'avis de l'Avocat général[1064], considère que *« le seul fait que les sociétés mères ayant leur siège dans un autre État membre ne sont pas soumises à l'impôt en Finlande ne différencie pas, au regard de l'objectif poursuivi par le régime des transferts financiers intragroupe finlandais, les filiales de ces sociétés mères, des filiales des sociétés mères dont le siège se trouve en Finlande et ne rend pas incomparables les situations de ces deux catégories de filiales ».*

Ainsi, lorsque sont en cause des structures juridiquement distinctes, la Cour ne peut juger d'une atteinte à la liberté d'établissement que sous l'angle de la résidence de la structure ayant subi le désavantage de législation.

564. Les arrêts ne se sont ainsi pas fondés sur une comparaison entre filiales résidentes et filiales non-résidentes (ou sociétés mères résidentes ou non-résidentes), mais sur la situation des structures, dans l'hypothèse où elles ont effectivement exercé leur liberté d'établissement en créant des structures à l'étranger.

[1060] *Ibid.*, point 33 : *« L'exclusion d'un tel avantage en ce qui concerne des pertes subies par une filiale établie dans un autre État membre et qui ne se livre à aucune activité économique dans l'État membre de la société mère est de nature à entraver l'exercice par celle-ci de sa liberté d'établissement, en la dissuadant de créer des filiales dans d'autres États membres ».*

[1061] Voir arrêt *Test Claimants in Class IV of the ACT Group Litigation* précité, point 57: *« Toutefois, si la situation de ces actionnaires doit être considérée comme comparable en ce qui concerne l'application dans leur chef de la législation fiscale de leur État membre de résidence, tel n'est pas nécessairement le cas, en ce qui concerne l'application de la législation fiscale de l'État membre de résidence de la société distributrice, des situations dans lesquelles se trouvent les actionnaires bénéficiaires résidents de cet État membre et les actionnaires bénéficiaires résidents d'un autre État membre ».*

[1062] CJCE, 29 mars 2007, aff. C-347/04, *Rewe Zentralfinanz eG contre Finanzamt Köln-Mitte*, Rec. p. I-2647.

[1063] CJCE, 18 juillet 2007, aff. C-231/05, *Oy AA*, Rec. p. I-6373.

[1064] Conclusions KOKOTT, 12 septembre 2006.

Ainsi, la comparaison entre résidents et non-résidents, si elle se justifie de manière générale dans le contentieux européen, reste inopérante dans le domaine du transfert des pertes aux fins de constater une atteinte à la liberté d'établissement, dès lors que l'on se place du point de vue de l'Etat de résidence de la mère ou du siège. De surcroît, les résidents et les non-résidents ne sont pas toujours considérés par la jurisprudence de la Cour comme étant dans une situation comparable, ce qui entraîne des traitements différenciés.

B.La possibilité d'un traitement différencié

565. Les Etats, dans le cadre du contentieux européen, excipent généralement de ce que les résidents et les non-résidents étant dans une situation différente, il est légitime de leur appliquer une législation différente. Si ce postulat a été reconnu assez tôt par la jurisprudence européenne[1065], il n'en demeure pas moins que la Cour procède rarement, à tout le moins en ce qui concerne les sociétés, à une application positive de ce principe[1066]. De manière générale, la Cour considère que les situations sont objectivement comparables.

Le seul arrêt en matière de transfert des pertes ayant, au stade de la recherche d'une atteinte à la liberté d'établissement, appliqué le principe de non-comparabilité des situations entre résidents et non-résidents entraînant l'application d'un traitement différencié, est l'arrêt *Futura Participations et Singer*[1067].

Dans cet arrêt, la Cour indique clairement : *« En l'espèce, pour les contribuables résidents, la loi luxembourgeoise prévoit que l'ensemble de leurs revenus est imposable, sans que l'assiette de l'impôt soit limitée à leurs activités luxembourgeoises. En conséquence, bien qu'il existe des exemptions en vertu desquelles une partie, voire, dans certains cas, l'ensemble, de leurs revenus réalisés en dehors du Luxembourg n'est pas assujettie à l'impôt dans ce pays, l'assiette imposable de ces contribuables comporte, à tout le moins, les bénéfices et les pertes provenant de leurs activités luxembourgeoises. En revanche, pour le calcul de l'assiette de l'impôt des contribuables non-résidents, seuls les bénéfices et les pertes qui proviennent de leurs activités luxembourgeoises sont pris en compte pour le calcul de leur impôt dans cet État »*[1068].

[1065] Voir par exemple, CJCE, 28 janvier 1986, aff. C-270/83, *Commission contre République française*, (affaire dite de « l'Avoir fiscal »), Rec. p. 273, point 19 : *« Même si l'on ne saurait exclure totalement qu'une distinction selon le siège d'une société ou qu'une distinction selon la résidence d'une personne physique puisse, sous certaines conditions, être justifiée dans un domaine comme le droit fiscal... ».*

[1066] En revanche, la Cour semble plus facilement admettre ce motif en ce qui concerne les personnes physiques. Ainsi, dans un arrêt du 14 février 1995, la Cour a admis que : *« En conséquence, le fait pour un Etat membre de ne pas faire bénéficier un non-résident de certains avantages fiscaux qu'il accorde au résident n'est, en règle générale, pas discriminatoire, puisque ces deux catégories de contribuables ne se trouvent pas dans une situation comparable »*, CJCE, 14 février 1995, aff. C-279/93, *Schumacker*, Rec. p. I-225, point 34.

[1067] CJCE, 15 mai 1997, précité.

[1068] *Ibid.*, points 20 et 21.

A l'exclusion de ce cas, la Cour constate, en règle générale, que les résidents et les non-résidents se trouvent dans une situation « objectivement comparable » aux fins de l'application des règles fiscales[1069].
Une distinction semble pouvoir être opérée dans les arrêts de la Cour entre ceux rendus en matière de transferts de pertes des établissements stables (1), et ceux rendus en matière de transferts de pertes des filiales (2).

1) Les établissements stables non-résidents

566. Réserve faite des arrêts *Futura Participations et Singer* et *Philips Electronics,* qui statuaient du point de vue de l'Etat d'implantation de l'établissement stable, les arrêts récents, statuant du point de vue de l'Etat de résidence du siège, semblent ne plus mentionner le critère de distinction entre résidents et non-résidents, même si les gouvernements arguent de cette distinction au stade de l'atteinte à la liberté d'établissement.
De la même manière qu'en matière de transfert des pertes des filiales, la Cour fonde son raisonnement sur la différence entre les entreprises ayant exercé effectivement leur liberté d'établissement en s'implantant à l'étranger, et les entreprises n'ayant pas exercé ce droit.
Toutefois, le raisonnement de la Cour sur la comparabilité des situations entre résidents et non-résidents a évolué.

567. En 2000, dans son arrêt *AMID*, la Cour n'a pas admis la différence, relevée par le gouvernement belge, entre résidents et non-résidents, en se fondant, conformément à sa jurisprudence traditionnelle, sur le caractère objectivement comparable des situations en cause[1070]. Au cas particulier, le raisonnement de la Cour est discutable, dans la mesure où la législation belge traitait indifféremment les revenus des établissements stables étrangers et ceux des succursales nationales[1071]. En ce sens, l'étude de comparabilité effectuée par la Cour n'apparaît pas pertinente.

568. Par la suite, les arrêts *Lidl Belgium*[1072] et *Krankenheim*[1073] semblent ne plus établir aussi clairement de comparaison entre résidents et non-résidents.
En effet, la Cour, particulièrement dans l'arrêt *Lidl Belgium*, construit son raisonnement relatif à l'atteinte à la liberté d'établissement sur le caractère d'entité autonome, en droit fiscal, de l'établissement stable. A cet effet, la Cour précise : *« Comme le démontrent*

[1069] Voir par exemple, arrêt « *Avoir fiscal* » précité, point 21.
[1070] CJCE, 14 décembre 2000, aff. C-141/99, *AMID* précité, Rec. p. I-11619, points 29 et 30 : *« En effet, une société belge qui, n'ayant pas d'établissements hors de Belgique, subit une perte durant un exercice donné se trouve, aux fins de l'imposition, dans une situation comparable à celle d'une société belge qui, ayant un établissement au Luxembourg, subit une perte en Belgique et réalise un bénéfice au Luxembourg durant ce même exercice. Dès lors que n'est pas établie une différence de situation objective, une différence de traitement en ce qui concerne la déduction des pertes lors du calcul du revenu imposable des sociétés ne saurait être admise ».*
[1071] *Ibid.*, point 4.
[1072] CJCE, 15 mai 2008, aff. C-414/06, *Lidl Belgium*, Rec. p. I-3601.
[1073] CJCE, 23 octobre 2008, aff. C-157/07, *Krankenheim Ruhesitz am Wannsee-Seniorenheimstatt*, Rec. p. I-8061.

les dispositions de la convention, un établissement stable constitue, au regard du droit fiscal conventionnel, une entité autonome (...). Cette configuration de l'établissement stable comme entité fiscale autonome est conforme à la pratique juridique internationale telle qu'elle se reflète dans le modèle de convention fiscale élaboré par l'Organisation de coopération et de développement économiques (OCDE), notamment aux articles 5 et 7 de celui-ci »[1074].

569. Il semble qu'en affirmant ce caractère fiscalement autonome de l'établissement stable, la Cour s'exonère de l'étude de comparabilité entre résidents et non-résidents. La simple constatation d'un désavantage au détriment des sièges résidents ayant exercé *de facto* leur liberté d'établissement suffit ainsi à caractériser la restriction à la liberté d'établissement. L'atteinte à la liberté d'établissement n'est plus fondée sur une discrimination en raison de la résidence, puisque la comparaison s'établit entre deux résidents.

570. Cette position jurisprudentielle semble pouvoir être critiquée. En effet, si *« l'analyse de comparabilité est une marche pour identifier les atteintes aux libertés fondamentales »*[1075], la Cour peut-elle s'en dispenser au stade de la constatation de l'atteinte ? Pour des questions de lisibilité de la jurisprudence, il est opportun de maintenir une comparaison à ce stade. Dans ce cadre, et en l'absence de discrimination entre les résidents et les non-résidents, l'atteinte à la liberté d'établissement se fonde sur une entrave fiscale « à la sortie ». Cependant, quand bien même la jurisprudence interdit aux Etats de restreindre, de quelque manière que ce soit, l'établissement de leurs ressortissants à l'étranger[1076], l'existence de législations fiscales différentes dans les Etats membres fait obstacle à ce qu'une atteinte à la liberté d'établissement soit constatée[1077]. Ainsi, même à supposer établie une situation objectivement comparable du point de vue du siège[1078], l'atteinte à la liberté d'établissement n'est pas avérée, compte tenu notamment de l'absence d'harmonisation des systèmes fiscaux.

571. Par ailleurs, le fait de qualifier l'établissement stable d'entité fiscale autonome dans le cadre du transfert de pertes, peut relever d'une mauvaise interprétation de la Cour. En effet, les articles 5 et 7 du Modèle de Convention de l'OCDE ne concernent que la définition et la détermination du résultat affecté à l'établissement stable, et ne règlent en aucune manière la transmission du résultat de l'établissement à son siège[1079].

[1074] Arrêt *Lidl Belgium* précité, points 21 et 22.

[1075] LANG Michael, "Direct Taxation: Is the ECJ Heading in a New Direction?", *European Taxation,* September 2006, pp. 421-430.

[1076] CJCE, 27 septembre 1988, aff. C-81/87, *Daily Mail,* Rec. p. 5483.

[1077] Voir les points 37 et 38 des conclusions de l'Avocat général GEELHOED précitées, du 23 février 2006, sous l'affaire C-374/04, *Test Claimants in the Class IV of the ACT Group Litigation,* Rec. p. I-11673.

[1078] Nous verrons dans la section 2, ci-après, que la comparaison entre établissements stables « nationaux » et étrangers ne va pas de soi.

[1079] Voir pour un article critique sur cette approche de la Cour en matière de bénéfices, TENORE Mario, "The Transfer of Assets from a Permanent Establishment to its General Enterprise in the Light of European Tax Law", *Intertax,* 2006, Issue 8-9, pp. 386-392. L'auteur critique l'approche de la Cour dans l'arrêt *CLT-UFA* (C-253/03) appliquant une comparaison filiale établissement stable fondée sur la notion d'entité fonctionnellement distincte.

Les seuls articles concernant la transmission des résultats sont les articles 23 A et 23 B du Modèle afférents à la neutralisation de la double imposition juridique. Ainsi, la Cour applique de manière infondée les articles 5 et 7 du Modèle de Convention, et fait ainsi abstraction de la différence des systèmes fiscaux des Etats membres et des liens bilatéraux qu'ils ont créés aux fins de la répartition de la base imposable[1080].

2) Les filiales non-résidentes

572. Préalablement à l'arrêt *Marks & Spencer*, le régime britannique d'imputation des pertes (le régime du *group relief*) avait été sanctionné par la Cour[1081]. A l'époque des faits, la législation britannique relative au transfert des pertes s'appliquait notamment aux structures de type holding, détenant majoritairement des filiales résidentes ayant une activité commerciale. Au stade de la constatation d'une atteinte à la liberté d'établissement, la Cour avait simplement constaté que la législation britannique utilisait le critère du siège des filiales contrôlées pour instaurer un traitement fiscal différencié, sans étudier la comparabilité des situations entre résidents et non-résidents. Cette comparabilité avait été invoquée par le gouvernement du Royaume-Uni, qui, pour justifier la différence de traitement fiscal, excipait du risque d'évasion fiscale et de la réduction des recettes fiscales[1082].
La Cour, y compris au stade des justifications, n'avait pas répondu sur la légitimité d'une distinction entre les résidents et les non-résidents, mais s'était bornée à constater que les motifs de justification présentés étaient inopérants.

573. Dans l'arrêt *Marks & Spencer*, la Cour, au stade de la constatation d'une atteinte à la liberté d'établissement, admet que, si la résidence peut constituer un facteur impliquant des différences de traitement, « [elle] *n'est pas toujours un facteur justifié de distinction* »[1083]. Au cas particulier, la Cour mentionne qu'il convient d'examiner, dans chaque situation concrète, si le bénéfice d'un avantage réservé aux résidents est motivé par des « *éléments objectifs et pertinents* »[1084]. Cependant, la Cour ne se livre pas à une analyse poussée de la comparabilité, mais constate simplement : « *La circonstance qu'il [le Royaume-Uni] n'impose pas les bénéfices des filiales non résidentes d'une société mère établie sur son territoire ne justifie pas, en soi, une limitation du dégrèvement de groupe aux pertes subies par les sociétés résidentes* ».

1080 Conclusions de l'Avocat général GEELHOED du 6 avril 2006, point 39 sous l'arrêt CJCE, 12 décembre 2006, aff. C-446/04, *Test Claimants in the FII Group Litigation*, Rec. p. I-11753: « *Cela signifie que, pour tomber sous le coup de l'article 43 CE, un traitement fiscal défavorable devrait être le fruit d'une discrimination, directe ou occulte, résultant de la réglementation fiscale d'une seule administration et non pas purement et simplement de la coexistence de deux administrations fiscales nationales, de disparités entre les systèmes fiscaux nationaux ou de la répartition des compétences fiscales entre deux systèmes fiscaux* ».

1081 CJCE, 16 juillet 1998, aff. C-264/96, *Imperial Chemical Industries plc (ICI) et Kenneth Hall Colmer* (ci-après l'arrêt ICI), Rec. p. I-4695.

1082 *Ibid.*, point 25.

1083 CJCE, 13 décembre 2005, aff. C-446/03, *Marks & Spencer Plc*, Rec. p. I-10837, point 37.

1084 *Ibid.*, point 38. Ce point était déjà mentionné comme tel dans l'arrêt de «*L'Avoir fiscal* ».

574. Pour une partie de la doctrine, cela signifie que *« les résidents et les non-résidents ne sont par eux-mêmes, ni jamais, ni toujours dans une situation comparable, mais le sont seulement si leur situation légale est comparable »*[1085]. Cette position est à rapprocher de celles des auteurs pour lesquels, dès lors que les situations légales sont différentes (i.e. entre les établissements stables et les filiales), elles doivent légitimement emporter une différence de traitement fiscal[1086]. Il apparaît, toutefois, que la jurisprudence de la Cour ne s'est pas toujours fondée sur une comparaison légale, mais aussi parfois sur une comparaison factuelle, particulièrement en ce qui concerne les personnes physiques[1087]. Cette comparaison factuelle a également été opérée en ce qui concerne les établissements stables et les filiales soumises à un régime de groupe.

575. Dans l'arrêt *Marks & Spencer*, la Cour a plus spécifiquement étudié la comparabilité entre résidents et non-résidents au stade des justifications de l'atteinte à la liberté d'établissement. En effet, la Cour a notamment reconnu que la répartition du pouvoir d'imposition *« pourrait rendre nécessaire l'application, aux activités économiques des sociétés établies dans l'un de ces États, des seules règles fiscales de celui-ci, en ce qui concerne tant les bénéfices que les pertes »*[1088].
Il est à noter que les arrêts postérieurs à l'arrêt *Marks & Spencer*, rendus en matière de transfert de bénéfices ou de pertes des filiales, ont opéré une analyse de comparabilité plus poussée au stade de la constatation d'une éventuelle atteinte à la liberté d'établissement[1089]. Tous ont conclu à l'existence de situations objectivement comparables dans l'Etat de résidence de la structure subissant un désavantage fiscal, au regard, notamment, de l'objectif poursuivi par les législations nationales en cause. Ainsi, dans la mesure où les législations relatives aux transferts de bénéfices ou de pertes à l'intérieur des groupes entendent favoriser une compensation des résultats,

---

1085 LANG Michael, "The *Marks & Spencer* Case - The Open Issues Following the ECJ's Final Word", *European Taxation,* February 2006, pp. 54-67; GUTMANN Daniel, "The Marks & Spencer case: proposals for an alternative way of reasoning", *ECTR,* 2003/3, pp. 154-158. Pour l'auteur : *« Il ne faut pas oublier que la comparabilité entre deux situations ne dépend pas de la réalité factuelle. La comparabilité existe seulement à la lumière d'une règle légale. Raisonner par analogie, par exemple, ne requiert pas que deux situations soient similaires en réalité, mais qu'elles soient comparables aux fins d'application d'une règle particulière ».*

1086 WATTEL Peter J., "Corporate tax jurisdiction in the EU with respect to branches and subsidiaries; dislocation distinguished from discrimination and disparity; a plea for territoriality", *ECTR,* 2003/4, pp. 194-202.

1087 CJCE, 14 février 1995, aff. C-279/93, Plén., *Schumacker*, Rec. p. I-225, points 35 et 36 : *« Dans ces conditions, l'article 48 du traité ne s'oppose pas, en principe, à l'application d'une réglementation d'un Etat membre qui impose le non-résident occupant un emploi salarié dans cet Etat plus lourdement sur ses revenus que le résident occupant le même emploi. Il en va toutefois différemment dans un cas tel que celui de l'espèce au principal, où le non-résident ne perçoit pas de revenu significatif dans l'Etat de sa résidence et tire l'essentiel de ses ressources imposables d'une activité exercée dans l'Etat d'emploi, de sorte que l'Etat de résidence n'est pas en mesure de lui accorder les avantages résultant de la prise en compte de sa situation personnelle et familiale ».*

1088 Arrêt *Marks & Spencer* précité, point 45.

1089 CJCE, 29 mars 2007, aff. C-674/04, *Rewe Zentralfinanz eG*, Rec. p. I-2647, points 33-36; CJCE, 18 juillet 2007, aff. C-231/05, *Oy Aa*, Rec. p. I-6373, points 36-39; CJCE, 27 novembre 2008, aff. C-418/07, *Papillon*, Rec. p. I-8947, points 25-32 ; CJUE, 25 février 2010, aff. C-337/08, *X Holding BV*, Rec. p. I-1215, point 24.

l'implication de structures étrangères, auxquelles les avantages accordés aux sociétés résidentes ne sont pas étendus, suffit en soi à caractériser l'atteinte à la liberté d'établissement.

576. La jurisprudence de la Cour, fondée en définitive sur une comparaison entre résidents selon qu'ils ont exercé ou non de manière effective leur liberté d'établissement, peut être critiquée, en ce qu'elle étend le champ d'application de la liberté d'établissement[1090].
De surcroît, si la Cour admet *in fine* la différence de situation entre résidents et non-résidents, elle ne le fait qu'au stade des justifications. Dans ce cas cependant, les justifications spécifiques reconnues par la Cour ne sont pas fondées, *stricto sensu,* sur la comparabilité entre résidents et non-résidents.
Dans ce contexte, il n'est pas certain que les atteintes à la liberté d'établissement, relevées par la Cour, s'appuient réellement sur la comparabilité des situations des résidents et des non-résidents.

577. Dans les faits, que ce soit dans le cas des filiales ou des établissements stables, la comparabilité des situations aboutit à un traitement différencié, dû aux justifications admises par la Cour, mais qui ne trouve pas nécessairement son fondement dans une application stricte de la comparaison entre résidents et non-résidents. Si la Cour applique, en matière de transfert des pertes, un raisonnement qui n'est pas toujours fondé sur une comparaison entre résidents et non-résidents, elle a pu reconnaître, implicitement, l'existence d'un principe de comparaison des non-résidents entre eux.

§ 2. La comparaison entre non-résidents

578. La comparaison entre non-résidents peut s'entendre de deux manières. La première hypothèse consiste à comparer des non-résidents de nature différente – établissements stables étrangers et filiales étrangères –, la seconde à comparer des non-résidents de nature identique – filiales étrangères implantées dans des pays différents ou établissements stables étrangers implantés dans des pays différents. Si le premier cas pourrait être admis dans le contexte particulier de la fiscalité des groupes et sera étudié dans la section 2, le second est, en l'état actuel de la jurisprudence, refusé par le droit européen.

L'analyse portera sur l'absence de comparaison en droit européen entre non-résidents de nature identique et ses implications en matière de transfert des pertes (A). L'absence de comparaison effective entre ces non-résidents induit l'absence de reconnaissance de la clause de la nation la plus favorisée (B).

[1090] En ce sens, le raisonnement suivi par l'Avocat général GEELHOED dans ses conclusions du 23 février 2006, sous l'arrêt *Test Claimants in the Class IV of the ACT Group Litigation* (C-374/04), présente les différences comme de simples « distorsions » inévitables dans un système communautaire non unifié. Pour l'Avocat général, ces quasi-restrictions doivent échapper au champ d'application de l'article relatif à la liberté d'établissement (voir points 37 et 38 de ses conclusions).

A. Le principe d'une absence de comparaison

579. En principe, la situation des non-résidents de nature juridique identique n'est pas comparable. Cependant, la situation diffère selon que l'on se place du point de vue de l'Etat d'accueil ou du point de vue de l'Etat de résidence (1). Le fait que les Etats d'accueil puissent avoir une législation identique, applicable à des non-résidents d'origine différente, emporte des conséquences dans le domaine du transfert des pertes (2).

1) Les non-résidents de nature juridique identique

580. Du point de vue de l'Etat de résidence, la règle de l'absence de comparaison des non-résidents entre eux peut être vue comme une conséquence de la répartition de la compétence entre Etats. A cet égard, il a été jugé : « *La liberté d'établissement ne saurait être comprise en ce sens qu'un État membre est obligé d'établir ses règles fiscales en fonction de celles d'un autre État membre afin de garantir, dans toutes les situations, une imposition qui efface toute disparité découlant des réglementations fiscales nationales, étant donné que les décisions prises par une société quant à l'établissement de structures commerciales à l'étranger peuvent, selon les cas, être plus ou moins avantageuses ou désavantageuses pour une telle société* »[1091]. En ce sens, la Cour reconnaissant quasi systématiquement comme prémisses à ses arrêts, que *«la fiscalité directe relève de la compétence des États membres »*[1092], et que, par ailleurs, les résidents et les non-résidents ne sont généralement pas dans une situation comparable[1093], elle ne reconnaît pas, *a fortiori,* une comparabilité dans la situation des non-résidents entre eux. Cette question se trouve dans le champ des interactions entre le droit conventionnel et le droit de l'Union européenne[1094]. En effet, dans la mesure où les Etats ont signé entre eux des conventions bilatérales qui définissent la répartition de leurs compétences, il n'appartient pas à la Cour de juger de la répartition de ces compétences, sauf à ce que celle-ci soit en contradiction avec les principes fondamentaux du droit de l'Union européenne[1095]. Ainsi, il n'existe pas de comparaison entre des non-résidents de nature identique, du point de vue des Etats de résidence.

[1091] CJCE, 28 février 2008, aff. C-293/06, *Deutsche Shell GmbH c/ Finanzamt für Großunternehmen in Hamburg* (ci-après l'arrêt Deutsche Shell), Rec. p. I-1129, point 43.

[1092] Par exemple, CJCE, 29 avril 1999, aff. C-311/97, Royal Bank of Scotland, Rec. p. I-2651; Deutsche Shell, point 41 : « Selon une jurisprudence constante, en l'absence de mesures d'unification ou d'harmonisation communautaires, les États membres demeurent compétents pour déterminer les critères d'imposition des revenus et de la fortune, en vue d'éliminer, le cas échéant par la voie conventionnelle, les doubles impositions ».

[1093] Arrêt *Deutsche Shell*, point 27.

[1094] RAINGEARD de la BLETIERE Emmanuel, « Les relations entre le droit communautaire et le droit fiscal international : nouvelles perspectives », Thèse, Paris I, 2008, pp. 289 et suivantes, et *Deutsche Shell* ci-dessus.

[1095] *Royal Bank of Scotland*, point 31.

581. Dans le domaine des pertes, aucune jurisprudence n'a été rendue par la Cour sur le fondement d'une comparaison entre non-résidents de nature identique[1096].
Cependant, du point de vue de l'Etat d'accueil, la jurisprudence de la Cour a pu susciter le trouble, pour les établissements stables, en leur étendant le bénéfice des conventions fiscales signées par l'Etat de leur implantation[1097]. Dans l'arrêt *Saint Gobain Zn*, la Cour a considéré que les établissements stables implantés dans un Etat membre devaient bénéficier des stipulations des conventions conclues entre l'Etat hôte et un Etat tiers[1098].

582. Ce faisant, il apparaît que la comparaison dans la situation des structures n'est plus fondée sur des notions de nationalité ou de résidence, mais sur le lieu d'implantation des entreprises, et sur la similarité dans l'exercice des activités. En effet, si la société française Saint Gobain s'était implantée sous la forme d'une filiale en Allemagne, elle aurait bénéficié, en tant que société résidente, des conventions relatives à la double imposition conclues par la République allemande. L'établissement stable qu'elle possédait en Allemagne exerçant dans des conditions similaires à celles d'une filiale, le fait de ne pas le faire bénéficier des conventions internationales constituait une discrimination prohibée par l'article 43 du TCE (article 49 du TFUE).
L'arrêt *Saint Gobain* élargit ainsi le spectre des discriminations condamnées par la Cour et induit, implicitement, une comparaison entre non-résidents. En effet, il ressort des termes de l'arrêt que, lorsqu'un établissement stable de société non-résidente est dans une situation comparable, aux fins de l'impôt, à celle d'une société résidente, l'Etat hôte ne peut refuser de lui appliquer les avantages fiscaux résultant des conventions relatives à la double imposition conclues avec les Etats tiers. Ainsi, l'Etat d'implantation est soumis à la même obligation, et ce quel que soit l'Etat de résidence du siège de l'établissement stable. En ce sens, les établissements stables non-résidents de sociétés situées dans des Etats différents se voient appliquer un traitement fiscal identique et sont donc comparables du point de vue de leur Etat d'implantation.

583. Pour certains auteurs, le fait, pour l'Etat d'implantation, de considérer l'établissement stable comme dans une situation équivalente à celle d'un résident n'implique cependant pas que, pour les revenus provenant d'un troisième Etat, ce dernier, l'Etat de la source, doit le considérer également comme résident[1099]. En outre, la

---

[1096] La Cour, en revanche, a répondu de façon implicite à la possibilité de comparaison entre non-résidents de nature juridique différente ; CJCE, 27 novembre 2008, aff. C-418/07, *Société Papillon c/ Ministère du Budget, des Comptes publics et de la Fonction publique* (ci-après l'arrêt Papillon), Rec. p. I-8947, points 28-29. Dans l'arrêt la Cour conclut à la comparabilité, dans le cadre du régime de l'intégration fiscale français des situations des filiales et des établissements.

[1097] CJCE, 21 septembre 1999, aff. C-307/97, *Compagnie de Saint Gobain ZN*, Rec. p. I-6161.

[1098] *Ibid.*, point 59 : *« En l'occurrence, s'agissant d'une convention de double imposition conclue entre un État membre et un pays tiers, le principe du traitement national impose à l'État membre partie à ladite convention d'accorder aux établissements stables de sociétés non-résidentes les avantages prévus par la convention aux mêmes conditions que celles qui s'appliquent aux sociétés résidentes »*.

[1099] KOSTENSE H.E., "The Saint-Gobain case and the application of tax treaties. Evolution or revolution?", *ECTR*, 2000/4, pp. 220-232. Pour l'auteur, dans le cas de l'application de l'article 43, non seulement l'Etat de la source n'a pas obligation de considérer l'établissement stable comme un résident, mais en outre, l'article 43 du Traité n'impose d'obligations qu'à deux Etats : l'Etat de résidence et l'Etat d'implantation ; DOURADO Ana Paula, "From the Saint-Gobain to

doctrine considère généralement qu'il ne s'agit pas, pour l'Etat d'implantation, d'accorder aux établissements stables l'intégralité du statut de résident, mais seulement de lui garantir l'application des bénéfices de la convention[1100]. Ces distorsions, dues au caractère bilatéral des conventions fiscales, sont susceptibles d'emporter diverses conséquences en matière de transfert des pertes.

2) Les conséquences en matière de transfert des pertes

584. Les implications de l'extension du bénéfice des conventions bilatérales signées par l'Etat d'accueil aux établissements stables non-résidents vont concerner tant la situation des établissements stables eux-mêmes, que celle des filiales.
L'Etat d'implantation doit accorder aux établissements stables établis sur son sol les mêmes conditions, pour la prise en compte des pertes, que celles qu'il applique aux entreprises résidentes. Ainsi, lorsque les résultats de l'établissement stable sont constitués par des revenus provenant de différents Etats de source, pour lesquels l'élimination de la double imposition varie, les pertes peuvent être calculées en fonction de la législation du pays d'implantation, c'est-à-dire en tenant compte de l'application de ses propres conventions. Ce point ne va pas sans poser problème quand l'Etat de résidence du siège de l'établissement neutralise la double imposition par le système de l'imputation, ce qui signifie que les pertes sont généralement recalculées en fonction de la législation de cet Etat[1101]. Du fait de la diversité des règles applicables, les pertes dégagées par des établissements stables sont ainsi susceptibles d'avoir une valeur différente, à la fois en considération des conventions signées par l'Etat d'implantation, et en considération de la législation de l'Etat de résidence du siège de l'établissement. En ce sens, l'extension, par les Etats d'implantation, du bénéfice des conventions bilatérales aux établissements stables non-résidents ne permet pas d'assurer une imposition homogène des établissements.

585. L'arrêt *Saint Gobain* est à rapprocher des arrêts rendus en matière de transfert des pertes des filiales. Par principe, les filiales sont résidentes de leur Etat d'implantation. La qualité de non-résidentes des filiales ne peut ainsi s'apprécier qu'à l'égard de leur mère. Il résulte de l'arrêt *Marks & Spencer* que, pour une société mère, l'imputation éventuelle des pertes de ses filiales résidentes d'autres Etats membres va dépendre de la

---

the Metallgesellschaft Case: scope of non-discrimination of permanent establishments in the EC Treaty and the Most-Favoured-Nation Clause in EC Member States Tax Treaties", *ECTR,* 2002/3, pp. 147-156 ; VAN RAAD Kees, "The Impact of the EC Treaty's Fundamental Freedom Provisions on EU Member States' Taxation in Border-crossing Situations- Current State of Affairs", *ECTR*, 1995/4, pp.190-201.

[1100] KOSTENSE H. E., précité.

[1101] IFA, Cahiers de droit fiscal international, "The attribution of profits to permanent establishments", 2006, Vol. 91 b, Rapport pour la CE, p. 76 : *« La commission propose dans son projet de compensation des pertes transfrontalières que les profits et les pertes soient calculés sur la base des règles de l'Etat hôte. Cette partie de la proposition rencontre une résistance considérable de la part des Etats membres » ;* Kostense précité, particulièrement p. 229. Il est à noter que l'Administration française autorise, pour les PME, le calcul des pertes des filiales ou des établissements stables étrangers selon les règles de l'Etat d'implantation : Instruction du 20 janvier 2010, 4 H-4-10, n° 20, commentant l'article 209 C du Code général des impôts.

législation de l'Etat dont elles sont résidentes. En effet, la Cour a considéré que le transfert des pertes des filiales étrangères à leur mère n'était possible que : « *lorsque la filiale non-résidente a épuisé les possibilités de prise en compte des pertes qui existent dans son État de résidence au titre de l'exercice fiscal concerné par la demande de dégrèvement ainsi que des exercices fiscaux antérieurs, le cas échéant au moyen d'un transfert de ces pertes à un tiers ou de l'imputation desdites pertes sur des bénéfices réalisés par la filiale au cours d'exercices antérieurs, et il n'existe pas de possibilité pour que les pertes de la filiale étrangère puissent être prises en compte dans son État de résidence au titre des exercices futurs soit par elle-même, soit par un tiers, notamment en cas de cession de la filiale à celui-ci* »[1102].

586. Les différences entre les arrêts *Marks & Spencer* et *Saint Gobain Zn* tiennent à ce qu'ils ne concernent ni les mêmes Etats, ni des structures juridiques identiques. Ainsi, l'arrêt *Saint Gobain Zn* concerne des structures dépourvues de personnalité morale et la législation de l'Etat d'accueil. En revanche, du fait de leur qualité de résidente de l'Etat d'implantation, les filiales se voient appliquer la législation de leur Etat de résidence. En prenant en compte, aux fins du transfert des pertes à la mère, la législation nationale applicable aux filiales, l'arrêt *Marks & Spencer* induit que les filiales ne seraient pas nécessairement dans une situation identique en fonction de leur localisation[1103]. De ce fait, du point de vue de la mère, les pertes de ses filiales étrangères ne peuvent lui être attribuées qu'en considération de la législation de leur lieu de résidence. En ce sens, la comparaison entre non-résidents n'est pas efficiente.
La portée des arrêts et de la comparaison entre non-résidents doit en outre être tempérée, car ni l'Union européenne, ni l'OCDE ne reconnaissent la clause de la nation la plus favorisée.

B. L'incidence de l'absence de comparaison : le refus d'une reconnaissance de la clause de la nation la plus favorisée

587. La reconnaissance d'un principe général de non-discrimination par les droits conventionnel et de l'Union européenne ne signifie pas pour autant l'application d'une clause de la nation la plus favorisée (1). Cependant, la majorité de la doctrine et la Commission européenne sont favorables à une compensation transfrontalière des pertes, indépendamment de la nature juridique et du lieu de situation des structures étrangères subissant les pertes, ce qui pourrait aboutir à la reconnaissance d'une telle clause (2).

[1102] CJCE, *Marks & Spencer* précité, point 55.
[1103] Il semble cependant, que la prise de position de la Cour soit limitée à la législation particulière du *group relief* britannique.

1) L'absence de reconnaissance de la clause de la nation la plus favorisée

588. La clause de la nation la plus favorisée peut se définir comme *« une disposition conventionnelle par laquelle un Etat accepte d'accorder à l'autre partie contractante un traitement non moins favorable que celui qu'il concède à d'autres Etats »*[1104].
L'OCDE ne reconnaît pas la pertinence des articles de son Modèle de Convention aux fins d'admettre une clause de la nation la plus favorisée. En effet, dans les commentaires sous l'article 24 du Modèle, il est mentionné : *« De plus, les dispositions de l'article ne peuvent être interprétées comme assurant le traitement de la « nation la plus favorisée ». Si un Etat a conclu une convention bilatérale ou multilatérale qui accordent des avantages fiscaux aux nationaux ou aux résidents de l'autre Etat ou des autres Etats signataires de cette convention, les nationaux ou résidents d'un Etat tiers qui n'est pas signataire de cette convention ne peuvent réclamer ces avantages en vertu d'une disposition sur la non-discrimination incluse dans une convention fiscale conclue entre cet Etat tiers et le premier Etat. Les conventions fiscales étant basées sur le principe de réciprocité, un avantage fiscal (...) ne peut être réclamé par un national ou un résident d'un Etat tiers »*[1105].

589. Pour l'Union européenne, la reconnaissance d'un principe de la nation la plus favorisée, trouvant son ancrage dans les textes, a été débattue. Sans entrer dans le détail des positions doctrinales, il apparaît que, pour certains auteurs[1106], les fondements à une reconnaissance se trouvent dans les articles originels du TCE concernant le principe général de non-discrimination[1107], et les articles relatifs aux libertés fondamentales.
Cette position ne peut être partagée. En effet, aucun fondement textuel précis ne peut être dégagé de la lecture du Traité[1108], et un tel principe ne se présume pas.

590. Néanmoins, suite à l'arrêt *Saint Gobain Zn*[1109], une partie de la doctrine a conclu à l'avènement d'une clause de la nation la plus favorisée lorsqu'un Etat tiers était en cause[1110]. Or, comme le relèvent d'autres auteurs, à l'occasion des arrêts *Saint Gobain* ou *Gottardo*[1111] (rendu en matière de sécurité sociale), la Cour s'est bornée à étendre le bénéfice de conventions conclues avec des Etats tiers à des contribuables considérés

---

[1104] ONU, 20 juillet 2007, Commission du Droit international, cinquante-neuvième session, A/CN.4/L.719, « Clause de la Nation la Plus Favorisée », Rapport du groupe de travail.
[1105] OCDE, « Modèle de Convention Fiscale concernant le revenu et la fortune », Paris, juillet 2008, version abrégée, commentaires sous l'article 24, observations générales, § 2.
[1106] SCHUCH Josef, « Most favoured nation clause in Tax Treaty law », *ECTR*, 1996/4, pp. 161-165 ; SCHUCH Josef, "Critical notes on the European Court of Justice's D case decision on most-favoured-nation treatment under tax treaties", *ECTR*, 2006/1, pp. 6-9.
[1107] TCE, article 12 (ex article 6).
[1108] VOGEL Klaus, "Problems of a Most-Favoured-Nation-Clause in Intra-EU Treaty Law", *ECTR*, 1995/4, pp. 264-265.
[1109] CJCE, 21 septembre 1999, aff. C-307/97, *Compagnie de Saint Gobain ZN*, Rec. p. I-6161.
[1110] BOUTEMY Bernard, MEIER Eric, « Conventions fiscales bilatérales au sein de l'Union européenne ou l'histoire d'une passation de pouvoir », *BF*, n° 01/2005, p. 27 : *« La Cour européenne a semble-t-il validé l'application d'une clause de la nation la plus favorisée, sur le fondement de l'égalité de traitement ».*
[1111] CJCE, 15 janvier 2002, aff. C-55/00, *Gottardo*, Rec. p. I-413.

comme se trouvant dans la même situation que des résidents[1112]. Cependant, la question de l'application de la clause a été tranchée par la Cour européenne dans un arrêt du 5 juillet 2005[1113]. La Cour a jugé, dans le litige qui opposait un résident allemand demandant à bénéficier, au titre de ses investissements immobiliers aux Pays-Bas, des mêmes avantages que les résidents belges ayant procédé aux mêmes investissements, que : *« le fait que ces droits et obligations réciproques ne s'appliquent qu'à des personnes résidentes de l'un des deux États membres contractants est une conséquence inhérente aux conventions bilatérales préventives de la double imposition. Il en découle qu'un assujetti résident de la Belgique ne se trouve pas dans la même situation qu'un assujetti résidant en dehors de la Belgique en ce qui concerne l'impôt sur la fortune établi à raison de biens immobiliers situés aux Pays-Bas »*[1114]. Le principe de non-application d'une clause de la nation la plus favorisée, mentionné dans l'arrêt *D*, a été étendu aux personnes morales par la Cour[1115].

591. Dans le domaine du transfert des pertes, une telle clause présenterait un intérêt pour les contribuables non-résidents.
En effet, les sièges des établissements stables pourraient ainsi bénéficier de l'imputation des pertes réalisées par ces derniers, lorsque l'Etat du siège appliquerait, ne serait-ce qu'avec un seul autre Etat, une neutralisation de la double imposition selon le système de l'imputation. Dans ce contexte, quand bien même l'Etat du siège et l'Etat d'implantation prévoiraient une neutralisation fondée sur le système de l'exemption, il existerait une obligation de prendre en compte le système le plus favorable en l'espèce, c'est-à-dire celui de l'imputation.
Toutefois, l'existence d'une clause de la nation la plus favorisée ne résoudrait en rien le problème du transfert des pertes des filiales étrangères, qui n'est autorisé dans aucun Etat membre, à l'exception de ceux disposant de régimes d'imposition mondiaux et consolidés. Pour pallier cette carence, certains auteurs préconisent l'adoption d'une convention multilatérale européenne incluant une clause de la nation la plus favorisée.

2) L'insertion d'une clause de la nation la plus favorisée dans le cadre européen ?

592. Pour la majorité de la doctrine et la Commission européenne, il conviendrait d'autoriser la compensation transfrontalière des pertes. A cette fin, cependant, les propositions diffèrent. Ainsi, la Commission européenne ne poursuit pas la voie de l'adoption d'une clause de la nation la plus favorisée. En effet, dès sa communication de 2001, la Commission envisageait une consolidation sur le modèle danois de traitement

---

1112 En ce sens voir GUTMANN Daniel, « L'impact des conventions fiscales conclues avec les pays tiers à l'UE sur les conventions conclues entre Etats membres : Quelques réflexions sur les enjeux de l'arrêt D », *BF,* n° 04/2006, p. 353 ; DEROUIN Philippe, « Différences de traitement fiscal résultant des conventions de double imposition entre Etats membres de l'Union européenne. Clause de la nation la plus favorisée (NPF) ou chalandage fiscal (treaty shopping)», *Droit Fiscal,* n° 30-35, 28 juillet 2005, p. 1288.

1113 CJCE, 5 juillet 2005, aff. C-376/03, *D*, Rec. p. I-5821, conclusions Damaso Ruiz Jarabo COLOMER présentées le 26 octobre 2004.

1114 *Ibid.*, point 61.

1115 CJCE, 12 décembre 2006, aff. C-374/04, *Test Claimants in Class IV of the ACT Group Litigation,* Rec. p. I-11673, points 91-94.

des bénéfices et des pertes transfrontaliers[1116]. En 2006, dans sa communication spécifique concernant le traitement des pertes transfrontalières, la Commission, dans l'attente de l'adoption d'un système d'imposition des groupes, a suggéré trois voies permettant la compensation des pertes des établissements stables et des filiales étrangères: soit un transfert définitif des pertes, soit un transfert temporaire avec réintégration ultérieure des bénéfices, soit un système de bénéfices consolidés[1117].

593. Pour certains auteurs, en revanche, il conviendrait d'inclure une clause de la nation la plus favorisée dans les textes européens pour garantir les objectifs du Marché commun[1118], en limitant le rôle des conventions relatives à la double imposition à leurs objectifs originels de prévention de la double imposition et de prévention de l'évasion fiscale. D'autres auteurs, tout en étant globalement favorables au principe de la clause la nation la plus favorisée, suggèrent des limitations à l'application d'une telle clause[1119]. Pour ces auteurs, si l'application de la clause de la nation la plus favorisée doit constituer une obligation à la fois pour l'Etat d'accueil et pour l'Etat de résidence, une limite inhérente à l'application de la clause résulterait du cas dans lequel cela entraînerait une absence d'imposition ou une imposition moindre que celle qui aurait été supportée par un contribuable poursuivant des activités dans un seul Etat. A l'appui de leur démonstration, les auteurs citent l'arrêt *Marks & Spencer*[1120], qui refuse aux contribuables la protection de l'article relatif à la liberté d'établissement lorsqu'il existe un risque de double emploi des pertes.

594. Cette analyse semble peu convaincante. En effet, la restriction relative à un double emploi des pertes n'est pas liée à une limite intrinsèque à la clause de la nation la plus favorisée, mais à une forme de répartition de la compétence fiscale entre Etats. Aussi, certains auteurs orientent leur réflexion, non sur l'adoption d'une clause de la nation la plus favorisée, mais sur la conclusion d'une convention multilatérale, susceptible de mieux assurer une égalité de traitement des entreprises européennes[1121].

1116 Commission européenne, Communication de la Commission au Conseil, au Parlement européen et au Comité économique et social européen, 23 octobre 2001, « Vers un marché intérieur sans entraves fiscales. Une stratégie pour permettre aux entreprises d'être imposées sur la base d'une assiette consolidée de l'impôt sur les sociétés couvrant l'ensemble de leurs activités dans l'Union européenne », COM (2001) 582, p. 16.

1117 Commission européenne, 19 décembre 2006, Communication de la Commission au Conseil, au Parlement européen et au comité économique et social européen, « Le traitement fiscal des pertes dans les situations transfrontalières », COM (2006) 824, pp. 9-11.

1118 WEBER Dennis, "Most-Favoured-Nation Treatment under Tax Treaties Rejected in the European Community: Background and Analysis of the *D* Case. A proposal to include a most-favoured-national clause in the EC Treaty", *Intertax*, 2005, Issue 10, pp. 443-444.

1119 CORDEWENER Axel, REIMER Ekkehart, « The Future of Most-Favoured-Nation Tratment in EC Tax Law –Did the ECJ pull the Emergency Brake without Real Need ?-Part 2, *European Taxation,* July 2006, p. 298.

1120 CJCE, 13 décembre 2005, aff. C-446/03, *Marks & Spencer Plc*, Rec. p. I-10837, point 47.

1121 WASSERMAYER Franz, « Does the EC Treaty Force the Member States to Conclude a Multilateral Tax Treaty? » in Multilateral Tax Treaties, New Developments in International Tax Law, Series on International Taxation, N° 18, 1998, Linde, pp. 30-31; WATTERS Mike, « A Tax Treaty for Europe ? Most-Favoured Nation and the Outcome of the *D* and *Bujara* Cases in the European Court of Justice", *European Taxation*, August 2005, pp. 347-351. *Infra* § 875 et suivants.

L'insertion d'une clause de la nation la plus favorisée ne peut résoudre la question de la transmission des pertes, particulièrement en ce qui concerne les filiales.

595. Dans le domaine de la transmission des pertes, l'analyse de la jurisprudence de la Cour prouve que celle-ci ne s'appuie pas systématiquement sur une comparaison de la situation des résidents et des non-résidents, ni sur une comparaison des non-résidents entre eux. En réalité, l'atteinte à la liberté d'établissement se fonde sur l'existence d'un désavantage fiscal subi par des structures lorsqu'elles appartiennent à un groupe. Dans ce contexte, la comparaison s'établit en raison de la forme juridique et des liens entre les structures, plus que sur leur qualité de non-résidents.

Cette question de la comparabilité des structures est particulièrement importante dans le cas des pertes transfrontalières, car elle ambitionne une neutralité totale dans le choix de la forme.

SECTION 2 : LA COMPARABILITÉ DES SITUATIONS EN RAISON DE LA FORME DES STRUCTURES

596. Dans le cadre du transfert des pertes transfrontalières, et d'une éventuelle atteinte à la liberté d'établissement, la comparaison des situations porte non seulement sur la résidence des structures, mais également sur leur forme. En effet, compte tenu de la rédaction de l'article 49 du Traité (article 43 du TCE), l'atteinte à la liberté d'établissement *« s'entend également des restrictions à la création d'agences, de succursales ou de filiales, par les ressortissants d'un État membre établis sur le territoire d'un État membre »*, c'est-à-dire en fonction de la résidence, et en fonction de la nature de la structure.
Dans un premier temps, la comparaison de structures juridiquement identiques sera effectuée (§ 1), avant d'aborder, dans un second temps, la comparaison entre structures juridiquement différentes (§ 2).

§ 1. La comparaison de structures de nature juridique identique

597. Il s'agit ici de déterminer si, dans le cadre des transferts de pertes transfrontalières, il est pertinent de comparer des filiales étrangères avec des filiales nationales (A), et des établissements stables étrangers avec des établissements stables nationaux (B).

A. La comparaison entre filiales nationales et étrangères

La question de la comparabilité des filiales nationales et des filiales étrangères a été évoquée devant la Cour (1). Dans le domaine des transferts de pertes, cette comparaison semble néanmoins conditionnée à l'existence d'un régime de groupe (2).

1) Le principe

598. L'égalité de situation des filiales, du point de vue de leur Etat de résidence, et indépendamment de la localisation de leur société mère, ne fait aucun doute. En ce sens, et dans le cadre d'un transfert de bénéfices, la Cour a jugé que les filiales de sociétés étrangères étaient dans la même situation que les filiales de sociétés nationales[1122].
A l'inverse, du point de vue de l'Etat de résidence de la mère, la comparaison entre des filiales résidentes et des filiales non-résidentes ne va pas de soi, du fait précisément de la notion de résidence. En effet, disposant de la personnalité juridique, les filiales non-résidentes sont hors du champ de compétence du système fiscal de l'Etat de résidence de la société mère. Antérieurement à l'arrêt *Marks & Spencer*, la Cour avait comparé la situation des filiales nationales et des filiales étrangères dans le cas d'une déduction par la mère des frais liés à la participation dans les filiales[1123].

599. Dans le contexte des transferts de pertes, les *Special Commissioner* britanniques statuant dans l'affaire *Marks & Spencer,* ultérieurement déférée à la Cour[1124], avaient argumenté dans le sens de l'inapplicabilité du système fiscal britannique aux filiales étrangères. Selon eux, *« le groupe M&S avait un choix. Il pouvait s'établir au Royaume Uni et être soumis aux impôts britanniques et corrélativement obtenir une imputation de ses pertes. Alternativement, il pouvait s'établir à l'étranger, en dehors du champ de la juridiction fiscale du Royaume-Uni, ne pas payer d'impôts britanniques et corrélativement ne pas obtenir d'imputation des pertes »*[1125].
Par ailleurs, ils constataient que les pertes réalisées par les filiales étrangères n'entraient pas dans le champ d'application de l'impôt britannique. En conséquence, ils en concluaient qu'il n'y avait pas d'atteinte à la liberté d'établissement, la situation des filiales résidentes et des filiales non-résidentes n'étant pas comparable.
L'argument des commissaires britanniques a convaincu une partie de la doctrine, qui a ainsi raisonné dans le sens d'une incomparabilité de la situation légale des filiales selon qu'elles sont implantées sur le territoire national ou à l'étranger[1126]. En revanche,

---

1122 CJCE, 18 juillet 2007, Gde Chambre, aff. C-231/05, *Oy AA*, Rec. p. I-6373, point 38 : *« Il s'ensuit que le seul fait que les sociétés mères ayant leur siège dans un autre État membre ne sont pas soumises à l'impôt en Finlande ne différencie pas, au regard de l'objectif poursuivi par le régime des transferts financiers intragroupe finlandais, les filiales de ces sociétés mères des filiales des sociétés mères dont le siège se trouve en Finlande et ne rend pas incomparables les situations de ces deux catégories de filiales »*. Le régime finlandais du *Group Contribution* permet aux société finlandaises de procéder entre elles à des transferts financiers, que ce soit des mères vers les filiales, ou des filiales vers les mères. Voir, HELMINEN Marjaana, "The Esab Case (C-231/05) and the Future of Group Taxation Regimes in EU", *Intertax*, 2005, Issue 12, pp. 595-602; HELMINEN Marjaana; "Freedom of Establishment and Oy AA", *European Taxation*, November 2007, pp. 490-498.
1123 CJCE, 18 septembre 2003, aff. C-168/01, *Bosal Holding BV*, Rec. p. I-9409, point 27.
1124 *Special Commissionners* Dr. John F. AVERY JONES et Malcolm GAMMIE, 25 et 26 novembre 2002.
1125 GAMMIE Malcolm, "The Impact of the Marks & Spencer Case on US-European Planning", *Intertax,* 2005, Issue 11, p. 487. Traduit par nous.
1126 MEUSSEN Gerard T.K., "The *Marks & Spencer* case: reaching the boundaries of the EC Treaty", *ECTR,* 2003/3, pp. 144-148.

d'autres auteurs ont considéré qu'au cas particulier de l'arrêt *Marks & Spencer* la situation des filiales était sans importance, le désavantage fiscal concernant la situation de la mère et non la situation des filiales[1127].

600. Dans l'arrêt *Marks & Spencer,* le raisonnement de la Cour a pu laisser planer un doute sur la comparabilité entre les filiales résidentes britanniques et les filiales non-résidentes. En effet, après avoir rappelé que les résidents et les non-résidents n'étaient pas dans une situation identique, notamment en ce qui concerne le champ d'application de l'impôt (imposition des résidents sur une base mondiale et des non-résidents sur une base territoriale), la Cour indique : *« Toutefois, la circonstance qu'il [le Royaume-Uni] n'impose pas les bénéfices des filiales non-résidentes d'une société mère établie sur son territoire ne justifie pas, en soi, une limitation du dégrèvement de groupe aux pertes subies par les sociétés résidentes »*[1128]. Si cette phrase a été vue, fort justement, comme une limitation du principe de territorialité en tant que justificatif d'une atteinte à la liberté d'établissement[1129], il reste qu'elle peut impliquer, implicitement, une comparaison, dans le cadre du *group relief,* entre les filiales résidentes et les filiales non-résidentes.

601. Toutefois, il convient de préciser que, même si l'arrêt n'est pas explicite sur ce point, le désavantage, constitutif d'une atteinte à la liberté d'établissement, était subi par la société mère et non par les filiales[1130]. En ce sens, la comparaison n'avait pas à porter sur la situation des filiales, mais sur la situation de la société mère. La jurisprudence ultérieure a précisé ce point[1131]. Cependant, si l'arrêt *X Holding BV* a indiqué que la comparaison portait sur la situation de la mère selon qu'elle détenait des filiales nationales ou étrangères, il a également précisé, au stade des justifications, que la comparaison ne pouvait s'effectuer qu'entre structures de nature juridique identique[1132]. La comparaison ne peut ainsi s'effectuer qu'entre filiales nationales et filiales étrangères.

La comparaison dans la situation des entreprises, selon qu'elles détiennent des filiales nationales ou des filiales étrangères, semble néanmoins limitée aux cas dans lesquels un régime fiscal des groupes s'applique.

[1127] GUTMANN Daniel, « Fiscalité européenne », in *L'année fiscale* 2006, p. 268.
[1128] Arrêt *Marks & Spencer* précité, point 40.
[1129] ISENBAERT Mathieu, VALJEMARK Caroline, "M & S judgement: the ECJ caught between a rock and a hard place", *ECTR,* 2006/1, pp. 10-17.
[1130] Pour l'Avocat Général POIARES MADURO, le désavantage était subi par le groupe, ce qui semble faire du groupe un sujet de droit fiscal. Ce point a été repris par la Cour et est critiqué par la doctrine, Voir GUTMANN Daniel, « Fiscalité européenne », in *L'année fiscale* 2006, pp. 265-279.
[1131] CJCE, 25 février 2010, aff. C-337/08, *X Holding BV*, Rec. p. I-1215, point 24.
[1132] *Ibid.*, point 40.

2) Une comparaison liée à l'existence d'un régime fiscal des groupes

602. Le régime du *group relief* britannique ayant donné lieu à l'arrêt *Marks & Spencer* offre la possibilité d'un transfert des pertes vertical ascendant et descendant, c'est-à-dire entre les filiales et la mère, et horizontal, c'est-à-dire entre filiales appartenant au même groupe[1133]. Or ce régime, modifié après l'arrêt *Imperial Chemical Industries*[1134], ne s'appliquait qu'aux sociétés britanniques. Pour la doctrine, le fait que le régime contesté permette la compensation des pertes à la fois entre société mère et filiales, et entre filiales, emportait comme conséquence que la comparaison devenait possible entre filiales résidentes et filiales non-résidentes[1135]. De fait, la constatation d'un avantage particulier au profit de la mère entraînait l'obligation pour l'Etat de résidence de la mère de traiter de manière identique les filiales, quel que soit le lieu de leur implantation.

603. Ce point a été repris explicitement par l'arrêt *X Holding BV*, dans lequel la Cour a jugé : *« Or, la situation d'une société mère résidente qui souhaite constituer une entité fiscale unique avec une filiale résidente et celle d'une société mère résidente souhaitant constituer une entité fiscale unique avec une filiale non-résidente sont, au regard de l'objectif d'un régime fiscal tel que celui en cause au principal, objectivement comparables pour autant que l'une et l'autre cherchent à bénéficier des avantages de ce régime, qui permet, notamment, de consolider au niveau de la société mère les bénéfices et les pertes des sociétés intégrées dans l'entité fiscale unique et de conserver aux transactions effectuées au sein du groupe un caractère fiscalement neutre »*[1136]. Dans ce contexte, la comparaison porte sur la finalité des régimes fiscaux de groupe[1137], qui, permettant une consolidation des résultats, ne peuvent la limiter aux seules sociétés résidentes.

604. Les arguments défendus par la Cour ne sont pas totalement convaincants. En effet, en constatant une atteinte à la liberté d'établissement « à la sortie », la Cour donne une vision large du champ d'application des libertés fondamentales. Dès lors qu'une législation nationale fait subir un désavantage fiscal à un de ses résidents en n'incluant pas, dans son champ d'application, les structures étrangères créées par ce résident, la Cour constate systématiquement une discrimination prohibée[1138].

[1133] Conclusions de l'Avocat général POIARES MADURO du 7 avril 2005, sous l'arrêt *Marks & Spencer*, point 12-18.
[1134] CJCE, 16 juillet 1998, aff. C-264/96, *Imperial Chemical Industries*, Rec. p. I-4695, conclusions TESAURO du 16 décembre 1997.
[1135] MEUSSEN Gerard T.K., "The *Marks & Spencer* case: reaching the boundaries of the EC Treaty", *ECTR*, 2003/3, pp. 144-148.
[1136] Arrêt *X Holding BV* précité, point 24.
[1137] Cette terminologie avait précédemment été utilisée dans l'arrêt CJCE, 18 juillet 2007, aff. C-231/05, *Oy Aa*, Rec. p. I-6373, point 38.
[1138] GAMMIE Malcolm, "The Impact of the Marks & Spencer Case on US-European Planning", *Intertax*, 2005, Issue 11, p. 487; MEUSSEN Gerard T.K., "The *Marks & Spencer* case: reaching the boundaries of the EC Treaty", *ECTR*, 2003/3, pp. 144-148, qui précise qu'il n'est pas demandé au gouvernement britannique d'aligner la fiscalité de ses filiales non-résidentes sur celle de ses filiales résidentes, mais considère, néanmoins, qu'au cas particulier du *group relief*, les filiales nationales et transfrontalières peuvent être comparées.

605. Ce raisonnement est, par ailleurs, en contradiction avec d'autres arrêts. Ainsi, dans un arrêt *Schempp*[1139], la Cour s'est refusée à comparer les situations lorsque les réglementations fiscales étaient différentes[1140]. Dans le domaine des pertes, la Cour a également pu juger : *« La liberté d'établissement ne saurait être comprise en ce sens qu'un État membre est obligé d'établir ses règles fiscales en fonction de celles d'un autre État membre afin de garantir, dans toutes les situations, une imposition qui efface toute disparité découlant des réglementations fiscales nationales, étant donné que les décisions prises par une société quant à l'établissement de structures commerciales à l'étranger peuvent, selon les cas, être plus ou moins avantageuses ou désavantageuses pour une telle société »*[1141].
Aussi, la Cour semble caractériser trop aisément une atteinte à la liberté d'établissement, atteinte qu'elle justifie dans la seconde partie de son raisonnement[1142].
En conséquence, la pertinence de la comparaison entre filiales étrangères et filiales nationales ne paraît pas établie.

Dans les arrêts faisant intervenir des établissements stables dans la transmission des pertes, la Cour s'est également penchée sur l'existence d'une situation comparable entre les établissements stables étrangers et les établissements stables nationaux.

B. La comparaison entre établissements stables nationaux et étrangers

606. *Prima facie*, la comparaison entre établissements stables étrangers et nationaux semble plus pertinente que la comparaison entre filiales nationales et filiales étrangères. En effet, l'établissement stable, dépourvu de la personnalité morale, constitue un démembrement de l'entreprise considérée dans son ensemble, indépendamment de son lieu d'implantation (1). Cependant, une telle comparaison fait abstraction de la répartition de la compétence fiscale entre Etats, telle qu'elle ressort, notamment, des conventions bilatérales (2).

1) Le principe

607. Les prémisses d'une comparaison entre établissements stables nationaux et étrangers se trouvaient dans l'arrêt *AMID*, rendu par la Cour le 14 décembre 2000[1143]. Dans cet arrêt, la Cour, conformément aux conclusions de l'Avocat général ALBER[1144], a jugé : *« La réglementation de cet État membre* [la Belgique] *instaure donc, par le jeu de l'imputation des pertes domestiques sur les bénéfices exonérés par convention, un*

1139 CJCE, 12 juillet 2005, Gde chambre, aff. C-403/03, *Egon Schempp c/ Finanzamt München V (ci-après l'arrêt Schempp)*, Rec. p. I-6421; LANG Michael, "The *Marks & Spencer* Case - The Open Issues Following the ECJ's Final Word", *European Taxation*, February 2006, p. 55.
1140 Arrêt *Schempp* précité, point 35.
1141 CJCE, 28 février 2008, aff. C-2936/06, *Deutsche Shell*, Rec. p. I-1129, point 43.
1142 *Supra*, Chapitre 1.
1143 CJCE, 14 décembre 2000, aff. C-141/99, *Algemene Maatschappij voor Investering en Dienstverlening NV (AMID) et Belgische Staat*, Rec p. I-11619.
1144 Conclusions sous l'affaire précitée rendues le 8 juin 2000.

traitement fiscal différencié entre les sociétés de droit national n'ayant des établissements que sur le territoire national et celles ayant des établissements dans un autre État membre. En effet, lorsque de telles sociétés ont un établissement stable dans un État membre autre que celui d'origine et qu'une convention préventive de double imposition lie les deux États, ces sociétés risquent, ainsi que le reconnaît le gouvernement belge lui-même, de subir un désavantage fiscal dont elles n'auraient pas à pâtir si tous leurs établissements se trouvaient dans l'État membre d'origine »[1145].

608. Par la suite, l'Avocat général SHARPSTON, dans ses conclusions sous l'arrêt *Lidl Belgium*[1146], a clairement indiqué que l'atteinte à la liberté d'établissement était établie, dès lors *«qu'une société allemande dotée d'un établissement stable au Luxembourg ayant subi une perte bénéficie manifestement d'un traitement moins favorable qu'une société allemande dont un établissement stable en Allemagne a subi une perte: dans ce dernier cas, on prend en compte la perte lors du calcul des bénéfices de la société; pas dans le premier. Cela suffit à justifier l'application de l'article 43 CE »*. Ses conclusions ont été reprises dans le corps de l'arrêt[1147]. Il ressort de ces deux arrêts que, dans la mesure où l'Etat du siège n'applique pas la même fiscalité aux établissements stables « nationaux » et aux établissements stables étrangers, il existe une restriction à la liberté d'établissement.

609. Un dernier arrêt mérite d'être mentionné. En 2008, dans l'arrêt *Krankenheim*[1148], la Cour a constaté une restriction à la liberté d'établissement, du fait pour la législation allemande de réintégrer, dans le chef du siège, les pertes d'un établissement stable autrichien, pertes précédemment déduites au niveau du siège. Comme dans les précédents arrêts, le raisonnement de la Cour s'appuie sur la différence de situation entre les sociétés résidentes allemandes possédant des établissements stables nationaux et celles possédant des établissements stables étrangers. Ainsi, la Cour considère : *« En procédant, dans un second temps, à la réintégration des pertes dudit établissement stable dans l'assiette imposable de la société dont il dépendait, dès lors que ce dernier avait réalisé des bénéfices, le régime fiscal allemand a retiré le bénéfice de cet avantage fiscal. Quand bien même cette réintégration n'a été opérée qu'à concurrence du montant des bénéfices réalisés par ce même établissement stable, il n'en demeure pas moins que, dans cette mesure, la législation allemande a ainsi soumis les sociétés résidentes possédant des établissements stables en Autriche à un traitement fiscal moins favorable que celui dont ont bénéficié les sociétés résidentes possédant des établissements stables sis en Allemagne »*[1149].

610. Le raisonnement de la Cour apparaît discutable. En effet, à supposer pertinente la comparaison dans la situation des sièges selon qu'ils possèdent des établissements

---

1145 *AMID*, point 23. Il s'agit de l'application de la théorie développée par Tom O'Shea du test du « migrant » précédemment développée.

1146 Conclusions de l'Avocat général sous l'affaire C-414/06, *Lidl Belgium*, présentées le 14 février 2008.

1147 CJCE, 15 mai 2008, aff. C-414/06, *Lidl Belgium*, Rec. p. I-3601, point 25.

1148 CJCE, 23 octobre 2008, aff. C-157/07, *Krankenheim Ruhesitz am Wannsee-Seniorenheimstatt*, Rec. p. I-8061.

1149 *Ibid.*, points 36 et 37.

stables étrangers ou nationaux, la législation allemande appréciée en l'espèce n'infère aucun traitement défavorable pour les sièges ayant des établissements stables à l'étranger. Lorsque l'établissement stable étranger a réalisé des bénéfices, ceux-ci ont été intégrés dans le résultat du siège pour compenser les pertes préalablement déduites. S'il s'était agit d'une succursale allemande, l'ensemble des bénéfices et des pertes aurait été pris en compte par le siège[1150]. Dans sa volonté de caractériser une atteinte à la liberté d'établissement, la Cour s'appuie sur un raisonnement inexact.
Au demeurant, même dans l'hypothèse dans laquelle les établissements stables étrangers ne sont pas soumis au même traitement fiscal que les établissements stables nationaux, la Cour fait abstraction, au stade de la comparaison, de la répartition de la compétence fiscale entre les Etats.

2) La pertinence

611. Dans les différents arrêts, les arguments de la Cour et de l'Avocat général SHARPSTON laissent perplexe, en ce qu'ils semblent négliger le caractère nécessairement transfrontalier d'un établissement stable.
Par essence, en effet, l'établissement stable procède d'une définition interne ou conventionnelle, et met en cause deux Etats, l'Etat de résidence du siège et l'Etat de *situs*. L'idée même d'un établissement stable national semble incongrue, même s'il est néanmoins exact que, dans un cas comme dans l'autre, il s'agit d'établissements secondaires d'une entreprise. En outre, la notion d'établissement stable est variable en fonction des conventions conclues entre les différents Etats[1151]. De surcroît, la Cour et l'Avocat général établissent une comparaison entre succursales nationales et étrangères, alors que la notion d'établissement stable est plus large que celle de succursale[1152].

612. La doctrine est divisée en ce qui concerne la comparaison entre établissements stables nationaux et établissements stables étrangers. Pour une partie de la doctrine, il n'y aurait ni discrimination ni restriction prohibées, aucune comparaison ne pouvant être établie entre succursale nationale et établissement stable étranger. Pour cette partie de la doctrine, la comparaison vaut d'autant moins qu'un seul Etat est concerné dans le cadre de pertes nationales[1153]. En revanche, certains auteurs considèrent qu'il convient de traiter les pertes des établissements stables étrangers comme les pertes des succursales nationales, dans la mesure où le Marché commun nécessite de traiter de la même façon les pertes internes et transfrontalières, sans qu'aucune justification à la non compensation ne puisse y faire obstacle[1154].

1150 MEUSSEN Gerard T.K, "The ECJ's Judgement in *Krankenheim*-The Last Piece in the Cross-Border Loss Relief Puzzle", *European Taxation*, July 2009, p. 362.
1151 AARNIO Katri, "Treatment of permanent establishments and subsidiaries under EC law: towards a uniform concept of secondary establishment in European tax law?", *ECTR*, 2006/1, pp. 18-26.
1152 *Supra*, § 7.
1153 MEUSSEN Gerard T.K., "Cross-Border Loss Compensation and Permanent Establishments: Lidl Belgium and Deutsche Shell", *European Taxation*, May 2008, pp. 233-236.
1154 Voir *inter alia*, SCHÖN Wolfgang, « Losing out at the Snooker Table : Cross-Border Loss Compensation for PE'S and the Fundamental Freedoms", in Hinnekens and Hinnekens, "A Vision of Taxes within and outside European Borders, Festschrift in honor of Pr. Dr. Frans

613. Dans le cadre de l'étude de comparabilité de la situation des sièges en fonction de la localisation de leurs établissements secondaires, deux questions distinctes peuvent être posées : le caractère d'entité fonctionnellement distincte des établissements stables étrangers constitue-t-il une référence pertinente aux fins de la comparaison ? Tous les établissements stables étrangers sont-ils comparables, du fait des méthodes distinctes de neutralisation de la double imposition ?
Le premier point a fait l'objet d'une analyse de la Cour. Ainsi, l'arrêt Lidl Belgium rappelle : *« En effet, et comme le démontrent les dispositions de la convention, un établissement stable constitue, au regard du droit fiscal conventionnel, une entité autonome (...) Cette configuration de l'établissement stable comme entité fiscale autonome est conforme à la pratique juridique internationale telle qu'elle se reflète dans le modèle de convention fiscale élaboré par l'Organisation de coopération et de développement économiques (OCDE), notamment aux articles 5 et 7 de celui-ci »*[1155]. Cette précision de la Cour pourrait laisser à penser que le but est de caractériser une atteinte à la liberté d'établissement « à la sortie ». Tel ne semble cependant pas être le raisonnement suivi. En effet, la Cour considère qu'une disposition autorisant la prise en compte des pertes par le siège constitue un avantage fiscal[1156]. Au cas d'espèce, l'établissement stable étranger étant exempté d'impôt dans le pays du siège du fait de la convention germano-luxembourgeoise, le siège ne pouvait prendre en compte les pertes de l'établissement comme il l'aurait fait pour une succursale nationale, et, subséquemment, une atteinte à la liberté d'établissement était caractérisée.

614. Le raisonnement de la Cour paraît critiquable. En effet, l'établissement stable est considéré comme une entité fonctionnellement distincte uniquement aux fins de la détermination de son résultat imposable dans l'Etat de son implantation[1157]. De surcroît, le raisonnement de la Cour pèche également sur l'approche de l'existence d'un avantage fiscal. En effet, ce ne sont pas des dispositions spécifiques qui induisent la prise en considération par le siège des résultats de ses établissements secondaires, mais la nature juridique même de ces derniers, dépourvus de personnalité morale distincte. Ainsi, les résultats d'un établissement stable étranger, implanté dans un Etat n'ayant pas signé de convention avec l'Etat du siège, sont susceptibles d'être pris en compte, et par l'Etat de *situs,* et par l'Etat de résidence du siège. En ce sens, la notion d'avantage caractérisée par la Cour ne provient que de la répartition des résultats et de la neutralisation de la

---

Vanistandael", Kluwer Law International, 2008, pp. 813-830; MARTIN Philip, "The Marks & Spencer EU group relief case - a rebuttal of the 'taxing jurisdiction' argument", *ECTR,* 2005/2, pp. 61-68.

[1155] Arrêt *Lidl Belgium* précité, points 21 et 22.

[1156] Arrêt *Lidl Belgium* précité, point 23.

[1157] Comparer avec l'arrêt de la CJCE, 23 février 2006, aff. C-253/03, *CLT-UFA SA c/ Finanzamt Köln-West*, Rec. p. I-1831. L'arrêt compare la situation des filiales et des succursales en indiquant que dans les deux cas, les bénéfices sont mis à la disposition de la société qui les contrôle. Pour une critique du raisonnement consistant à considérer les établissements stables comme des entités fonctionnellement distinctes aux fins de la transmission de leur résultat, voir, TENORE Mario, "The Transfer of Assets from a Permanent Establishment to its General Enterprise in the Light of European Tax Law", *Intertax,* 2006, Issue 8-9, pp. 386-392 ; HASLEHNER Werner C., "Cross-Border Loss Relief for Permanent Establishments under EC Law", *Bulletin for International Taxation*, January 2010, p. 39.

double imposition opérée par les Etats signataires d'une convention. Ce point n'apparaît pas dans les arrêts rendus par la Cour.

615. Sur le second point, la Cour fonde son raisonnement sur la comparaison, du point de vue de l'Etat du siège, entre établissements stables étrangers et nationaux, sans s'interroger sur la comparabilité des établissements stables étrangers entre eux au stade de la constatation d'une atteinte à la liberté d'établissement. Dans les cas jugés, les conventions signées par les Etats de résidence des sièges exemptaient les revenus des établissements stables étrangers. Ainsi, la convention germano-luxembourgeoise, applicable aux faits de l'arrêt *Lidl Belgium*, prévoyait un système d'exemption du résultat des établissements stables. Dans le cadre de ce système, ni les bénéfices ni les pertes ne sont normalement pris en compte dans le résultat du siège[1158], ce que la doctrine appelle « le principe de symétrie »[1159].

616. Compte tenu du raisonnement adopté par la Cour, il est permis de se demander si une atteinte à la liberté d'établissement aurait été constatée dans l'hypothèse d'une d'élimination de la double imposition par la méthode de l'imputation. Dans le système de l'imputation en effet, à la différence de celui de l'exemption, les revenus positifs et négatifs sont pris en compte par le siège.
Ainsi, si la convention germano-luxembourgeoise avait fondé l'élimination de la double imposition sur l'application du système de l'imputation, la Cour n'aurait pu statuer sur l'existence d'un désavantage, ce qui aurait dû, de fait, conduire à la reconnaissance d'une absence d'atteinte à la liberté d'établissement. Le paradoxe serait ainsi d'avoir, en fonction de la méthode choisie pour éliminer la double imposition, soit une restriction à la liberté d'établissement lorsque le système d'exemption serait appliqué, soit une absence de restriction lorsque le système d'imputation serait appliqué. En outre, si l'on se réfère au raisonnement tenu par la Cour, relatif au caractère d'entité fonctionnellement distincte des établissements stables, il pourrait alors être soutenu que seuls les établissements stables dont les résultats sont exemptés constituent des entités fonctionnellement distinctes[1160].
Cette analyse paraît cependant peu conforme au droit fiscal international et au droit de l'Union européenne. En effet, en premier lieu, les conventions relatives à la double imposition prévoient soit des systèmes d'exemption, soit des systèmes d'imputation, soit des systèmes mixtes, conformément au Modèle de Convention fiscale de l'OCDE[1161]. En second lieu, le droit de l'Union, lui-même, prévoit, par exemple dans le

---

[1158] Cette affirmation est toutefois à nuancer, car l'Allemagne jusqu'en 1999 acceptait, malgré le système d'exemption, de déduire les pertes, pour autant qu'elle soient réintégrées lorsque l'établissement stable faisait des bénéfices ce qui était le cas dans les faits de l'arrêt *Krankenheim*. D'autres Etats appliquent ce système de déduction provisoire des pertes, comme les Pays-Bas et la France, pour les PME, depuis 2009 (article 209 C du CGI).

[1159] MEUSSEN Gerard T.K, "Cross-Border Loss Compensation and Permanent Establishments: Lidl Belgium and Deutsche Shell", *European Taxation,* May 2008, pp. 233-236; WIMPISSINGER Christian, "Cross border transfer of losses, the ECJ does not agree with Advocate General Sharpston", *ECTR*, 2008/4, pp. 173-179.

[1160] WIMPISSINGER Christian précité, p. 177. L'auteur considère que l'arrêt *Lidl Belgium* procède d'une définition de la Cour opposée aux principes de base du droit international.

[1161] OCDE, Modèle de Convention fiscale mis à jour en juillet 2008, articles 23 A et 23 B.

cadre de la directive « mère-fille », que les Etats sont libres de choisir l'un ou l'autre de ces systèmes[1162].

617. La conclusion de la Cour sur l'existence d'une restriction à la liberté d'établissement procède d'une erreur de raisonnement originelle, consistant à comparer des structures placées dans des conditions différentes au regard du système fiscal applicable. En effet, l'analyse de la Cour conduirait à nier toute légitimité, au regard du droit européen, des systèmes basés sur la territorialité de l'imposition (comme en France), ou de ceux basés sur un système d'exemption, ce qui, *« en l'absence d'harmonisation des régimes fiscaux des Etats membres »*[1163], ne peut relever d'une position jurisprudentielle.
Cet aperçu de la jurisprudence européenne sur la comparaison de structures juridiquement identiques montre les limites d'une approche par type de structures, pour des raisons essentiellement liées à la nature des différents systèmes fiscaux. Dans certains cas, en effet, il peut être plus pertinent de comparer des structures de nature juridique différente.

§ 2. La comparaison de structures de nature juridique différente

618. *A priori*, la comparaison entre établissements stables et filiales ne semble pas pertinente, les premiers n'étant qu'une émanation du siège, dénués de personnalité morale, et les secondes des entités juridiquement distinctes.
Cependant, cette comparaison n'est pas nécessairement inopérante, d'une part, du fait de la neutralité dans le choix des structures imposée par l'article 49 du TFUE, et, d'autre part, dans le cadre particulier des pertes réalisées dans les groupes de sociétés.
L'analyse portera sur l'existence d'une comparaison (A) et la portée d'une telle comparaison (B).

A. La comparaison entre établissements stables et filiales étrangères

619. La liberté d'établissement suppose pour les entreprises le choix de la forme juridique des structures pour s'implanter à l'étranger. Cependant, le libre choix de la structure n'impose pas nécessairement une imposition identique (1). Dans certaines circonstances néanmoins, la comparaison entre établissements stables et filiales est pertinente (2).

[1162] Conseil, Directive du 23 juillet 1990 90/435/CE (JO L 225 du 20 août 1990, p. 6) modifiée en 2003, article 4.
[1163] CJCE, 12 décembre 2006, aff. C-374/04, *Test Claimants in Class IV of the ACT Group Litigation contre Commissioners of Inland Revenue*, Rec. p. I-11673, point 52 : *« la Cour a déjà jugé que, en l'absence de mesures d'unification ou d'harmonisation communautaire, les États membres demeurent compétents pour définir, par voie conventionnelle ou unilatérale, les critères de répartition de leur pouvoir de taxation, en vue, notamment, d'éliminer les doubles impositions ».*

1) La neutralité de la forme juridique et l'absence d'un traitement fiscal identique

620. La rédaction de l'article 49 du TFUE (ex article 43 du TCE) induit une neutralité dans le choix de la forme légale des structures[1164]. Cette liberté de choix dans la nature juridique des structures a été posée clairement dans l'arrêt *Oy Aa*, les gouvernements ne pouvant exciper de ce que *« la société mère aurait pu parvenir à l'objectif recherché en créant en Finlande une succursale au lieu d'une filiale. En effet, il convient de rappeler que, l'article 43, premier alinéa, seconde phrase, CE laissant expressément aux opérateurs économiques la possibilité de choisir librement la forme juridique appropriée pour l'exercice de leurs activités dans un autre État membre, ce libre choix ne doit pas être limité par des dispositions fiscales discriminatoires »*[1165].

621. Antérieurement à l'arrêt *Marks & Spencer*, la neutralité de la forme juridique des structures avait été vue par la jurisprudence du point de vue de l'Etat d'accueil[1166].
L'arrêt *Marks & Spencer* pose la question de la neutralité du point de vue de l'Etat de résidence. Ce libre choix de la structure n'impose cependant pas, pour une partie de la doctrine, qu'il n'y ait pas de différence dans l'imposition. Ainsi, pour le Professeur Wattel, *« s'il n'y avait pas de différences, la liberté de choix serait sans signification, puisqu'un choix pertinent ne peut être fait entre deux choses qui sont en tous points identiques. Aussi, dans mon opinion, la liberté de choisir entre une filiale et une succursale n'est pas restreinte par le fait qu'une société mère non-résidente n'est pas tenue aux obligations de sa filiale, alors qu'elle l'est dans le cas des opérations faites par sa succursale. Cette différence essentielle dans les positions légales des filiales et des succursales conduit obligatoirement à des différences dans l'imposition »*[1167].

622. C'est en ce sens que l'Avocat général POIARES MADURO avait rendu ses conclusions sous l'arrêt *Marks & Spencer*[1168]. Il jugeait ainsi non comparables les situations des filiales et des établissements stables : *« Dans la présente affaire, succursales et filiales étrangères sont bien régies par des régimes fiscaux distincts. Cependant, cette différence de traitement ne tient pas seulement au fait qu'elles sont soumises à des obligations fiscales distinctes. Elle tient à l'organisation même du système britannique d'imposition des sociétés. Dans ce système, la différence de*

[1164] TFUE, article 49 : *« Dans le cadre des dispositions visées ci-après, les restrictions à la liberté d'établissement des ressortissants d'un État membre dans le territoire d'un autre État membre sont interdites. Cette interdiction s'étend également aux restrictions à la création d'agences, de succursales ou de filiales, par les ressortissants d'un État membre établis sur le territoire d'un État membre ».*
[1165] CJCE, 18 juillet 2007, aff.C-231/05, *Oy AA*, point 40.
[1166] CJCE, 28 janvier 1986, aff. C-270/83, *Commission c/ République Française* (Avoir fiscal), Rec. p. 273 ; 13 juillet 1993, aff. C-330/91, *Commerzbank*, Rec. p. I-4017 ; 21 septembre 1999, aff. C-307/97, *Saint Gobain Zn*, Rec. p. I-6161; 29 avril 1999, aff. C-311/97, *Royal Bank of Scotland*, Rec. p. I-2651. Sur la neutralité à raison de la résidence ou à raison de la forme, voir, MEUSSEN Gerard T.K., "The *Marks & Spencer* case: reaching the boundaries of the EC Treaty", *ECTR*, 2003/3, pp. 144-148.
[1167] WATTEL Peter J., "Corporate tax jurisdiction in the EU with respect to branches and subsidiaries; dislocation distinguished from discrimination and disparity; a plea for territoriality", *ECTR*, 2003/4, p. 197. Traduit par nous.
[1168] Conclusions du 7 avril 2005, sous l'affaire C-446/03, *Marks & Spencer*.

traitement fiscal est directement liée au choix de la forme juridique de l'établissement secondaire. Les groupes de sociétés n'ont pas droit au régime de consolidation fiscale qui s'applique aux revenus des établissements stables. À cet égard, le régime de dégrèvement de groupe, même s'il constitue un tempérament au principe d'imposition séparée des sociétés du groupe, ne conduit pas à une assimilation de la situation des filiales à celle des succursales. Sous ce régime, en effet, le transfert de pertes fait l'objet d'un traitement particulier; il n'existe pas d'imposition conjointe consolidée. Cela découle du fait que les filiales sont toujours traitées comme des entités juridiques et fiscales indépendantes. Il s'ensuit que la différence qui caractérise le traitement des deux catégories d'établissement ne consiste pas seulement en la privation d'un avantage particulier résultant du choix de s'installer sous la forme de filiales à l'étranger. Elle procède d'une différence de régimes fiscaux applicables aux différentes formes d'établissement »[1169].

623. Il est à noter que la Cour n'a pas repris, sur ce point, les conclusions de l'Avocat général, et n'a pas établi explicitement de comparaison entre filiales et succursales. Pour certains auteurs, l'ellipse de la Cour peut tenir à deux explications contradictoires : soit la Cour, bien qu'admettant la possibilité d'une comparaison entre établissements stables et filiales, ne l'admet pas dans ce cas précis, soit la Cour ne voit une comparaison possible qu'entre filiales résidentes et filiales non-résidentes[1170]. Compte tenu des particularités du système britannique, une prise de position formelle sur la comparaison entre établissements stables et filiales nationales ou étrangères était malaisée. En effet, en premier lieu, le système britannique est un système mondial d'imposition avec bénéfice de l'imputation des impôts étrangers, et, en second lieu, le système du *group relief* ne permet que la transmission des pertes à l'exclusion des bénéfices. Dans ce contexte, établir une comparaison entre des établissements stables, dont les résultats, qu'ils soient bénéficiaires ou déficitaires, sont pris en compte par le siège, et des filiales, pour lesquelles seuls les déficits peuvent être transmis, n'apportait rien au raisonnement suivi par la Cour. L'arrêt *Philips Electronics,* rendu en 2012, a explicitement comparé les situations des filiales résidentes et des établissements stables[1171].

Cependant, si la doctrine se range à l'existence de différences fondamentales entre établissements stables et filiales dues à leur différence de nature juridique, elle n'a pas pour autant approuvé le point de vue de l'Avocat général.

[1169] *Ibid.*, point 48.

[1170] LANG Michael, "The *Marks & Spencer* Case - The Open Issues Following the ECJ's Final Word", *European Taxation,* February 2006, p. 56.

[1171] CJUE, 6 septembre 2012, aff. C-18/11, *Philips Electronics UK Ltd,* non encore publié au Recueil, point 26.

2) La pertinence de la comparaison

624. Les positions doctrinales formulées à la suite de l'arrêt *Marks & Spencer* tendent à privilégier l'établissement d'une comparaison entre établissements stables et filiales. En effet, *« l'imposition de groupe crée une comparabilité légale non entre entités (filiales-succursales), mais dans les relations entre la mère et la fille et le siège et la succursale »*[1172], et le raisonnement de l'Avocat général, pris *a contrario,* signifierait que, si le système britannique avait offert une consolidation totale, les filiales et les succursales auraient été dans une situation comparable[1173]. Ces points ont été repris explicitement par la Cour dans un contentieux portant sur le régime d'intégration fiscale français: *« Dans l'affaire au principal, les dispositions du CGI en cause visent à assimiler le plus possible à une entreprise ayant plusieurs établissements le groupe constitué par une société mère avec ses filiales et ses sous-filiales, en permettant de consolider les résultats de chaque société »*[1174].

625. Dans le cadre du transfert des pertes des établissements stables, la Cour avait également admis, à tout le moins implicitement, la comparaison entre établissements stables et filiales.
Ainsi, l'arrêt *Lidl Belgium*, en insistant sur le caractère d'entité fiscalement autonome de l'établissement stable, semblait, même en l'absence de comparaison filiale/succursale, admettre qu'il convenait de traiter l'établissement stable comme une entité juridiquement distincte[1175].

626. Ce raisonnement impliquant une comparabilité des filiales et des établissements stables a, semble-t-il, été abandonné dans l'arrêt *X Holding BV*, rendu par la Cour en 2010[1176]. En effet, à cette occasion, la Cour est revenue au raisonnement consistant à comparer des structures de nature juridique identique : *« L'État membre d'origine reste toutefois libre de déterminer les conditions et le niveau d'imposition des différentes formes d'établissement des sociétés nationales opérant à l'étranger, sous réserve de leur accorder un traitement qui ne soit pas discriminatoire par rapport aux établissements nationaux comparables (...). Les établissements stables situés dans un autre État membre et les filiales non-résidentes ne se trouvant pas, ainsi qu'il a été dit au point 38 du présent arrêt, dans une situation comparable en ce qui concerne la répartition du pouvoir d'imposition, l'État membre d'origine n'est par suite pas tenu*

[1172] GUTMANN Daniel, "The Marks & Spencer case: proposals for an alternative way of reasoning", *ECTR,* 2003/3, p. 156.
[1173] LANG Michael, "Marks and Spencer - more questions than answers: an analysis of the Opinion delivered by Advocate General Maduro", *ECTR,* 2005/2, p. 97; WATHELET Melchior, « La prise en compte fiscale des pertes de filiales européennes est-elle possible ? », *Option Finance,* n° 830, 18 avril 2005, p. 29. Selon l'auteur, *« les filiales résidentes peuvent choisir « le régime succursale » pour leur pertes, ce qui, c'est vrai, ne les assimile pas à ces dernières, mais atténue la différences entre les deux formes juridiques d'établissement secondaire ».*
[1174] CJCE, 27 novembre 2008, aff. C-418/07, *Société Papillon c/ Ministère du Budget, des Comptes publics et de la Fonction publique*, Rec. p. I- 8947, point 28.
[1175] CJCE, 15 mai 2008, aff. C-414/06, *Lidl Belgium GmbH*, points 21 et 22.
[1176] CJUE, 25 février 2010, aff. C-337/08, *X Holding BV*, Rec. p. I-1215, conclusions KOKOTT du 19 novembre 2009.

d'appliquer aux filiales non-résidentes le même régime fiscal qu'il applique aux établissements stables étrangers »[1177]. Il est à noter que la Cour, dans ce dernier arrêt, a tenu ce raisonnement au stade des justifications, et non au stade de la constatation d'une atteinte à la liberté d'établissement. Cet arrêt est à rapprocher d'un arrêt rendu le 15 avril 2010, dans lequel la Cour ne s'est pas prononcée sur l'existence d'un désavantage au détriment de la société mère selon que cette dernière s'implantait à l'étranger par l'intermédiaire d'une filiale ou d'une succursale[1178]. Cette position est toutefois à nuancer au regard de l'arrêt *Philips Electronics*, lequel a comparé la situation des filiales résidentes avec celle des établissements stables de sociétés non-résidentes[1179].

627. Les divergences de raisonnement entre les divers arrêts rendus pourraient s'expliquer par la nature des questions déférées au jugement de la Cour. En effet, dans l'arrêt *Papillon*, les sociétés ne demandaient pas le bénéfice du système de l'intégration fiscale français pour les filiales étrangères, mais pour les sous-filiales françaises de sociétés étrangères. En revanche, dans l'arrêt *X Holding BV*, les sociétés sollicitaient l'application aux filiales étrangères, d'un régime fiscal identique à celui prévu pour les établissements stables étrangers. Par ailleurs, dans l'arrêt *Philips Electronics*, la comparaison s'établissait entre structures « résidentes », et non entre structures non-résidentes. Néanmoins, une clarification de la position de la Cour sur la possibilité de comparer les établissements stables et les filiales serait la bienvenue.

Il est malaisé de retirer des arrêts de la Cour une conclusion claire sur la comparabilité des établissements stables et des filiales. Si la Cour semblait, depuis l'arrêt *Marks & Spencer,* avoir étendu la neutralité en raison de la forme des structures à l'Etat de résidence de la mère ou du siège, les arrêts les plus récents ne permettent plus de confirmer une telle hypothèse.
De surcroît, quand bien même une neutralité de la forme serait établie, elle ne pourrait valoir, sous certaines conditions, que dans le cadre de régimes tendant à la « succursalisation » des filiales.

B. La portée de la comparaison entre établissements stables et filiales étrangères

628. Deux questions paraissent centrales en termes de comparaison des établissements stables et des filiales. Il convient de s'interroger, d'une part, sur le point de savoir si la comparaison est limitée à l'existence d'un régime d'imposition des groupes (1), et, d'autre part, sur le fait de savoir si cette comparaison est intrinsèquement limitée par l'existence de différents systèmes nationaux d'imposition (2).

[1177] *Ibid.*, point 40.

[1178] CJUE, 15 avril 2010, aff. C-96/08, *CIBA Speciality Chemicals Central and Eastern Europe Szolgáltató, Tanácsadó és Keresdedelmi kft (CIBA)*, Rec. I-2911, conclusions SHARPSTON du 17 décembre 2009 ; WATHELET Melchior, « Filiale ou succursale à l'étranger : le choix est-il encore neutre sur le plan fiscal ? », *Option Finance*, n° 1076, 10 mai 2010, p. 25.

[1179] CJUE, 6 septembre 2012, aff. C-18/11, *Philips Electronics UK Ltd*, non encore publié au Recueil, point 26.

1) Une comparaison liée à l'existence d'un régime de groupe

629. La discussion portant sur la comparaison de structures de nature juridique différente ne semble valoir qu'en présence d'un régime de groupe.
En effet, il ne peut être demandé de pousser la comparaison entre structures de nature juridique différente au point de les assimiler. Ainsi, dans l'arrêt *Marks & Spencer*, il n'était pas demandé au Royaume-Uni d'appliquer les mêmes règles aux établissements stables et aux filiales[1180]. C'est l'existence d'un régime permettant l'imputation des pertes à l'intérieur d'un même groupe qui peut justifier une comparaison entre établissements stables et filiales.
Parallèlement, la notion de groupe ne s'entend qu'en fonction de la législation nationale l'ayant créée. Ainsi, lorsqu'une filiale n'est pas considérée comme membre d'un groupe fiscal, pour des questions liées par exemple au pourcentage de détention, elle ne peut bénéficier des avantages prévus pour le groupe, dont l'imputation des pertes, et ce, qu'elle soit nationale ou transfrontalière.

630. Une question intéressante se posait dans l'arrêt *Marks & Spencer*, du fait des particularités du *group relief*. En effet, le système de transmission des pertes est à la fois vertical ascendant et descendant (de filiale à société mère ou réciproquement) et horizontal (entre filiales). Or, dans le cas d'un établissement stable, la transmission des pertes ne peut être théoriquement que verticale et ascendante[1181]. L'arrêt *Philips Electronics* ouvre la possibilité d'un transfert des pertes vertical et horizontal et compare les établissements stables aux filiales dans le cadre du system du *group relief*[1182]. Les arrêts *Papillon* et *X Holding BV*, dans lesquels étaient en cause des régimes d'intégration fiscale se traduisant par une compensation des bénéfices et des pertes des filiales, ont établi une comparaison entre la situation des établissements stables et celles des filiales soumises à un régime d'intégration, même si leurs conclusions sont opposées[1183].

631. Il est à noter que, dans sa communication relative à la transmission des pertes, la Commission a préconisé, dans les situations transfrontalières, de ne compenser les pertes des filiales que dans des situations verticales ascendantes, pour des motifs liés au

[1180] CJCE, 13 décembre 2005, aff. C-446/03, *Marks & Spencer*, Rec p. I-10837; MEUSSEN Gerard T.K., "The *Marks & Spencer* case: reaching the boundaries of the EC Treaty", *ECTR*, 2003/3 p. 144; GUTMANN Daniel, "The Marks & Spencer case: proposals for an alternative way of reasoning", *ECTR*, 2003/3, pp. 154-155.
[1181] Voir ARGINELLI Paolo, "The Discriminatory Taxation of Permanent Establishments by the Host State in the European Union: a Too Much Separate Entity Approach", *Intertax*, 2007, Issue 2, p. 105, pour qui la compensation des pertes peut être descendante. Par ailleurs, le gouvernement britannique a posé une question préjudicielle à la CJUE, sur la possibilité de faire bénéficier l'établissement stable d'une société non britannique du système du *group relief* ; CJUE, 12 janvier 2011, aff. C-18/11, *Philips Electronics UK Ltd.*
[1182] CJUE, 6 septembre 2012, aff. C-18/11, *Philips Electronics UK Ltd*, non encore publié au Recueil.
[1183] CJCE, 27 novembre 2008, aff. C-418/07, *Papillon*, Rec. p. I-8947, point 28 ; CJCE, 25 février 2010, aff. C-337/08, *X Holding BV*, Rec. p. I-1215, point 24.

risque d'évasion fiscale[1184]. En effet, la Commission considère que, si les entreprises pouvaient compenser les pertes de manières horizontale ou verticale descendante, elles tendraient à attribuer les pertes à la juridiction dans laquelle l'intérêt fiscal est le plus élevé. Si le transfert des pertes n'avait lieu que de manière verticale et ascendante, il y aurait un rapprochement entre le régime fiscal des établissements stables et celui des filiales.

632. Un exemple pratique permet d'appréhender l'impact fiscal d'une transmission des pertes selon qu'elle est verticale ou horizontale.

Une société mère espagnole détient 80 % du capital d'une société allemande et 50% d'une société française, et la consolidation des résultats est établie à proportion des pourcentages de détention, de la même manière que dans les régimes consolidés transnationaux. Le transfert des pertes est également effectué à hauteur du pourcentage de détention de la société consolidante. Par convention, le taux d'impôt sur les sociétés s'établit à 30% en Espagne (Tx M) et à 33 1/3 en France (Tx 2).
Selon que le transfert des pertes est vertical ou horizontal les résultats suivants seront obtenus :

Transfert vertical des pertes des filiales vers la mère :

	Société mère (Esp)	Société F1 (All) 80%	Société F2 (Fr) 50%
Résultat	200	<150>	120
Résultat consolidé	140 (200-120+60)	<120>	60
Impôt Esp (30%)	22 (140*30%-20)	0	20 (impôt imputable = 60*33 1/3%)
Impôt global groupe (IG 1)	62 (22+40)		40 (120*33,1/3%)

Si, en revanche, la société F1 pouvait transférer ses pertes à F2, la situation serait la suivante :

	Société mère (Esp)	Société F1 (All) 80%	Société F2 (Fr) 50%
Résultat	200	<150>	120
Résultat consolidé	200	<120>	0 ((120-120)*50%)
Impôt Esp (30%)	42 (200*30%)	0	0
Impôt global groupe (IG 2)	42		0

633. Cet exemple démontre l'intérêt qu'il y aurait, pour les groupes, à bénéficier, dans un cadre transfrontalier, d'une intégration horizontale et non d'une intégration

[1184] Commission européenne, 19 décembre 2006, Communication de la Commission au Conseil, au Parlement Européen et au Comité Économique et Social Européen, « Le traitement fiscal des pertes dans les situations transfrontalières », COM (2006) 824 Final, p. 8.

verticale[1185]. Il démontre également à quel point une telle situation serait préjudiciable aux Etats.
Dans la même optique de limitation du transfert des pertes, certains auteurs considèrent que, puisque le but du régime de groupe est d'assurer la neutralité de la création d'un groupe, il convient d'assurer la circulation des pertes, sans accorder d'avantages supplémentaires aux sociétés arrivantes[1186].

634. Cette position renvoie à la difficulté de déterminer le périmètre d'un groupe. En effet, si la société tête de groupe laisse le choix aux sociétés éligibles d'être, ou non, membres d'un groupe, il existe un risque de localisation des pertes dans les filiales entrant dans le périmètre. Ce risque n'existe pas dans le cas d'un établissement stable, ce dernier ne disposant pas du choix d'appartenir ou non à un groupe.
Ainsi, même s'il semble que l'on ne puisse comparer des filiales à des établissements stables que dans le cadre d'un régime d'imposition des groupes, la comparaison n'est pas pour autant aisée, tant elle dépend du régime national mis en œuvre.
En outre, cette comparaison est intrinsèquement liée à la nature du régime d'imposition de l'Etat de résidence de la mère, ou du siège.

2) Une comparaison liée au système national d'imposition

635. La plupart des commentateurs de l'arrêt *Marks & Spencer* ont insisté sur la nature du régime britannique d'imposition[1187]. Le régime britannique est un régime d'imposition mondiale des résidents avec application de la méthode d'imputation pour les revenus des établissements stables situés dans l'Union européenne. Cela implique, comme l'avait mentionné la société requérante, que le système du *group relief* est applicable aux pertes des établissements stables d'une filiale britannique du groupe. Ainsi, dans la mesure où le système britannique d'imputation des pertes n'est pas limité aux pertes nationales, les filiales étrangères devraient être éligibles à son application[1188].
Pour certains auteurs, *« si les filiales étrangères doivent être traitées de la même façon qu'un établissement stable, couvert par une convention prévoyant la méthode de l'imputation, la déduction des pertes étrangères est requise »*[1189].

[1185] Le résultat obtenu dépend du différentiel de taux entre l'Etat de la société consolidante et celui de la filiale (F2) à laquelle sont transférées les pertes, c'est-à-dire de la valeur des pertes. La formule suivante peut ainsi être appliquée :
IG 1- IG 2 = 80% R 1 (Tx 2-Tx M). R 1 désigne le résultat de la filiale F 1.
[1186] ARGINELLI Paolo, "The Discriminatory Taxation of Permanent Establishments by the Host State in the European Union: a Too Much Separate Entity Approach", *Intertax* 2007, vol. 35, Issue 2, p. 97.
[1187] LANG Michael, "The *Marks & Spencer* Case - The Open Issues Following the ECJ's Final Word", *European Taxation,* February 2006, p. 56.
[1188] GUTMANN Daniel, "The Marks & Spencer case: proposals for an alternative way of reasoning", *ECTR,* 2003/3, p. 156.
[1189] LANG Michael, "The *Marks & Spencer* Case - The Open Issues Following the ECJ's Final Word", *European Taxation,* February 2006, p. 56 (traduit par nous). L'auteur pense que, dans ce cas, il conviendrait de réintégrer ultérieurement les bénéfices des filiales étrangères à hauteur des pertes déduites.

En résumé:

Un régime de groupe induit une forme de succursalisation des filiales ;
Dans un régime mondial avec bénéfice de l'imputation, les résultats des établissements stables sont intégrés au résultat du siège ;
Si le régime de groupe n'est pas limité au territoire national, même indirectement par le biais d'établissements stables, il convient de l'étendre aux filiales étrangères ;
Les pertes des filiales seront traitées comme celles des établissements stables, c'est-à-dire comptabilisées et éventuellement fiscalisées au sein de la maison mère.

Le deuxième point modifie le raisonnement si le régime est mondial avec bénéfice d'exemption, ou territorial. En effet, dans ce cas, les bénéfices (et les pertes) de l'établissement stable ne sont pas pris en compte par l'Etat du siège. Ainsi, les établissements stables et les filiales étrangères sont traités de façon rigoureusement identique, ce qui ne devrait pas créer de restriction[1190].

636. La question de la comparabilité peut se poser, toutefois, dans le cas de systèmes d'imposition mondiaux avec bénéfice d'exemption, permettant la déduction des pertes et la réintégration des bénéfices ultérieurs à concurrence des pertes déduites[1191]. En effet, ce système semble pouvoir être comparé à celui du régime mondial avec bénéfice de l'imputation. Cependant, même si ce système bénéficie de la faveur d'une partie de la doctrine[1192], il n'implique pas une comparabilité stricte des établissements stables et des filiales. En effet, tout d'abord, il ne s'agit que d'une déduction temporaire des pertes, alors que les régimes de groupes prévoient généralement un transfert définitif à la mère pour les pertes réalisées pendant la durée d'appartenance au groupe. Ensuite, la comparaison n'existe qu'au niveau des pertes, puisque les bénéfices des établissements stables sont exemptés dans l'Etat de résidence du siège.

637. La seule comparaison possible serait celle où les Etats, pratiquant l'exemption assortie d'une déduction des pertes limitée par la réintégration des bénéfices ultérieurs à due concurrence, le feraient tant au niveau des établissements stables étrangers, qu'au niveau des filiales étrangères dans le cadre d'un régime de groupe.

[1190] Voir pour l'absence de réponse à la question, CJCE, 27 novembre 2008, aff. C-418/07, *Société Papillon*, Rec. p. I-8947, point 17: *«Il convient d'emblée de relever que la juridiction de renvoi ne demande pas si l'impossibilité pour la filiale néerlandaise de Papillon d'être incluse dans l'intégration fiscale constitue une restriction à la liberté d'établissement ».*

[1191] Actuellement six pays européens pratiquent cette formule. Il s'agit de la Belgique, de l'Espagne, de Chypre, des Pays-Bas, de l'Autriche et de la France pour certaines entreprises. Voir, 19 décembre 2006, Document de travail des services de la Commission, Annexe à la Communication de la Commission au Conseil, au Parlement Européen et au Comité Économique et Social Européen, « Le traitement fiscal des pertes dans les situations transfrontalières » SEC (2006) 1690, Annexe III.

[1192] LANG Michael, "The *Marks & Spencer* Case -The Open Issues Following the ECJ's Final Word", *European Taxation,* February 2006, p. 56; ARGINELLI Paolo, "The Discriminatory Taxation of Permanent Establishments by the Host State in the European Union: a Too Much Separate Entity Approach", *Intertax,* 2007, vol.35, Issue 2, pp. 106-111; WIMPISSINGER C., "Cross border transfer of losses, the ECJ does not agree with Advocate General Sharpston", *ECTR*, 2008/4, p. 177.

Dans le cas inverse, la comparaison pourrait être difficile à réaliser, sauf à créer une dissymétrie dans le traitement des bénéfices et dans celui des pertes. A cet égard, la Cour a jugé que l'existence d'un système d'imputation temporaire des pertes des établissements stables n'impliquait pas l'obligation pour les Etats d'étendre le bénéfice d'un tel système aux filiales non-résidentes[1193].
Ainsi, la comparaison entre structures juridiquement différentes semble intrinsèquement liée aux particularités des systèmes d'imposition des groupes et au système fiscal des Etats. De ce fait, cette comparaison ne revêt pas un caractère absolu.
Il en va de même, mais pour des raisons différentes, de la comparaison entre structures juridiquement identiques.

**
*

638. Abstraction faite de la possibilité d'un transfert des pertes expressément prévue dans quelques législations nationales, la jurisprudence européenne relative à ce sujet ne convainc pas.
La Cour de l'Union ouvre la voie à une transmission des pertes, en constatant que les législations limitant le transfert des pertes au cadre national opèrent des différences de traitement incompatibles avec la liberté fondamentale d'établissement.
La caractérisation systématique d'une atteinte à la liberté d'établissement ne résiste pas à l'analyse dans la plupart des cas jugés. En effet, dans le domaine de la transmission des pertes, la jurisprudence traditionnelle de la Cour, fondée sur une discrimination entre les résidents et les non-résidents, est inopérante, dans la mesure où la comparaison porte de fait sur la situation des résidents entre eux selon qu'ils ont ou non exercé effectivement leur liberté d'établissement en s'implantant à l'étranger. La Cour élargit ainsi le spectre d'application de l'article relatif à la liberté d'établissement, en méconnaissant la diversité des législations. En effet, il ne peut être soutenu que l'Etat d'origine entrave la liberté d'établissement de ses ressortissants, en n'élargissant pas le champ d'application – favorable – de sa législation aux structures implantées à l'étranger. Aussi, les arrêts de la Cour insistent rarement sur une discrimination en raison de la résidence des structures.

639. Dans ce contexte, la comparaison en raison de la résidence s'efface au profit d'une comparaison en raison de la nature juridique des structures et des liens existant entre elles. Cependant, dans ce domaine également la jurisprudence faillit à convaincre, notamment par son manque de lisibilité. En premier lieu, la détermination des structures comparables est variable : dans certains cas, la Cour compare des structures juridiquement identiques, et dans d'autres cas, des structures juridiquement différentes. Cette dissymétrie dans la comparaison pourrait être un simple élément de contexte si la Cour ne l'appliquait pas à des situations similaires[1194].

[1193] CJUE, 25 février 2010, aff. C-337/08, *X Holding BV*, Rec. p. I-1215, point 37.

[1194] Sur ce point, voir les deux arrêts rendus en matière de systèmes d'intégration fiscale, CJCE, 27 novembre 2008, aff. C-418/07, *Papillon*, Rec. p. I-8947, conclusions KOKOTT du 4 septembre 2008 et CJUE, 25 février 2010, aff. C-337/08, *X Holding BV*, Rec. p. I-1215, conclusions KOKOTT du 19 novembre 2009. Dans le premier cas, la situation des filiales est

640. En second lieu, dans les cas où la comparaison est établie entre structures de nature juridique identique, le raisonnement de la Cour fait abstraction du caractère nécessairement transfrontalier des structures. A cet égard, le cas des établissements stables est particulièrement topique. En effet, la Cour fonde son argumentation sur la comparaison entre établissements stables « nationaux » et établissements stables étrangers pour constater un désavantage au détriment du siège. Ce faisant, la Cour n'étudie pas, à ce stade, les différences existant dans la transmission du résultat des établissements stables étrangers, en fonction de la méthode de neutralisation de la double imposition pratiquée par l'Etat du siège. En ce sens, la comparaison entre établissements stables étrangers et établissements stables « nationaux » est inefficiente, du fait du caractère non unitaire de la fiscalité appliquée aux résultats des établissements stables implantés à l'étranger.

641. L'analyse de comparabilité effectuée par la Cour aux fins de caractériser une atteinte à la liberté d'établissement n'est généralement pas pertinente. De surcroît, si l'atteinte à la liberté d'établissement ne pouvait être justifiée, le raisonnement de la Cour emporterait des conséquences importantes en matière de répartition des compétences fiscales des Etats membres.

La prise en compte des pertes réalisées par les entreprises se distingue à bien des égards de la prise en compte des bénéfices. Les bénéfices font l'objet d'une imposition immédiate, alors que les pertes ne donnent pas lieu à une restitution pécuniaire par les Etats, y compris dans un cadre purement national. *A fortiori* les États, s'ils imposent les bénéfices réalisés sur leur territoire par les entreprises résidentes ou non-résidentes, sont réticents à admettre la prise en compte des pertes réalisées à l'étranger, qui se traduisent par une diminution des recettes fiscales. Une réflexion sur le transfert des pertes ne peut s'effectuer que dans le cadre d'une approche globale permettant d'appréhender la fiscalité des groupes, en ce compris les bénéfices réalisés dans un cadre transfrontalier.

---

comparé à celle des établissements stables, alors que, dans le second, la Cour précise que la comparaison ne peut s'établir qu'entre structures juridiquement identiques.

TITRE II : L'IMPOSITION DES BÉNÉFICES DES GROUPES

642. La structuration des entreprises selon différentes modalités – concentrations verticales ou horizontales, participations pyramidales, radiales ou complexes – conduit le droit fiscal à prendre en compte les groupes. Dans un contexte d'internationalisation croissante des activités des entreprises, la fiscalité des groupes transnationaux reste un domaine à construire.
Les droits nationaux ont le souci de rendre leur fiscalité attractive pour les multinationales, tout en restreignant généralement les avantages accordés aux seules sociétés résidentes.

643. L'apport du droit fiscal international demeure, quant à lui, limité. En effet, le but des conventions fiscales est de répartir l'imposition des différents revenus entre les Etats signataires et d'éviter la double imposition juridique. Aussi, le droit fiscal international, issu notamment des recommandations de l'OCDE, n'appréhende le groupe que sous l'angle répressif, c'est-à-dire en obligeant les différentes structures le composant à pratiquer des prix de pleine concurrence, et en permettant aux Etats de lutter contre l'évasion fiscale par le biais des législations relatives aux sociétés étrangères contrôlées.
En revanche, l'Union européenne, dans l'optique de réalisation d'un Marché commun dans lequel les entraves fiscales doivent être abolies, s'est intéressée à la dimension internationale des groupes. Si l'Union européenne ne méconnaît pas les problématiques liées à l'évasion fiscale internationale, elle a également proposé, de manière plus positive, de créer une fiscalité des groupes intra européenne, allant au-delà des propositions ponctuelles déjà adoptées[1195]. Dans ce domaine néanmoins, sa compétence reste restreinte, la fiscalité directe relevant des prérogatives des Etats membres.

644. Deux approches distinctes se dégagent aux fins d'appréhender la fiscalité des groupes. Le droit positif se fonde sur une imposition dans l'Etat de résidence de la structure dominante. Cette approche vaut aussi bien dans le domaine de la répression de l'évasion fiscale, que dans celui de la fiscalité des groupes *stricto sensu*. De ce fait, la fiscalité tend à rapprocher la notion de groupe de celle d'entreprise, et à limiter – sans les supprimer – les différences entre établissements stables et filiales (chapitre 1 : L'imposition dans l'Etat de résidence de la structure dominante).

Les évolutions envisageables en matière de fiscalité des groupes peuvent s'accomplir selon des modalités différentes, en recourant soit à une unification de la fiscalité, soit à

[1195] Les directives en application sont actuellement les suivantes : Directive du 23 juillet 1990, n° 90/435/CE concernant le régime commun applicable aux sociétés mères et filiales d'Etats membres différents, remplacée par la directive du 30 novembre 2011, n° 2011/96/CE; Directive du 23 juillet 1990, n° 90/434/CE concernant le régime fiscal commun applicable aux fusions, scissions, apports d'actifs et échanges d'actions intéressant des sociétés d'États membres différents, JO L 225 du 20 août 1990, p. 1–5 modifiée par la directive n° 2005/19/CE du 17 février 2005, JO L 58 du 4 mars 2005, p. 19 ; Conseil, Directive du 3 juin 2003, n° 2003/49/CE, concernant un régime fiscal commun applicable aux paiements d'intérêts et de redevances effectués entre des sociétés associées d'États membres différents, JO L 157 du 26 juin 2003, pp. 49-54.

une coopération améliorée entre les Etats membres. Quelle qu'en soit la forme, ces évolutions aboutissent à une harmonisation de la fiscalité directe applicable aux groupes (chapitre 2 : L'harmonisation de l'imposition des groupes).

CHAPITRE 1 : L'IMPOSITION DANS L'ÉTAT DE RÉSIDENCE DE LA STRUCTURE DOMINANTE

645. En matière d'imposition des bénéfices, la compétence fiscale des Etats s'exerce en fonction d'un lien entre un territoire et les structures. Ainsi, les bénéfices des sociétés sont généralement imposables au lieu de leur résidence. Les bénéfices des établissements stables sont également soumis à l'impôt dans l'Etat d'accueil, l'Etat du siège conservant – ou non – une compétence d'imposition en fonction de la méthode de neutralisation de la double imposition choisie.
Cependant, la compétence fiscale des Etats peut être modifiée lorsque les structures ne sont plus considérées isolément, mais comme appartenant à un groupe. Il en est ainsi nécessairement pour les établissements stables et pour certaines filiales. A cet égard, la difficulté majeure consiste à caractériser l'appartenance à un groupe. La notion de groupe n'est pas appréhendée de manière identique par les différents droits nationaux et par les différentes branches du droit. Ainsi, au sein de l'Union européenne, certains Etats reconnaissent, en droit des sociétés, un droit des groupes[1196], alors que d'autres, comme la France, n'accordent pas de statut juridique au groupe.

646. Le droit de l'Union européenne s'est intéressé au droit des groupes, notamment par la création de la société européenne[1197], et par l'adoption de directives concernant directement les groupes d'entreprises[1198]. Malgré l'absence de définition unitaire, deux critères se dégagent aux fins d'identifier un groupe : *« D'une part, le contrôle, direct ou indirect, en droit ou en fait, exercé par une société sur une autre, d'autre part, et corrélativement, une unité économique ou décisionnelle »*[1199].

647. En droit fiscal, l'absence d'autonomie juridique du groupe ne constitue pas un frein à l'application de régimes fiscaux particuliers. Ceux-ci consistent à imposer dans l'Etat de résidence de la structure dominante des structures contrôlées, indépendamment de leur forme juridique et de leur lieu d'implantation. Cette imposition à la résidence de la mère va résulter ou non d'un choix exercé par les entreprises. En effet, dans un but de lutte contre la fraude fiscale, les Etats peuvent établir des législations visant à imposer, dans le chef de leurs résidents, les résultats des entités contrôlées bénéficiant de régimes fiscaux considérés comme privilégiés (section 1). A l'inverse, aux fins de renforcer leur compétitivité fiscale, les Etats ont établi des législations dérogatoires, permettant aux

---

[1196] Allemagne, loi du 6 septembre 1965, Aktiengesetz.

[1197] EBERT Sabine, « Le droit applicable aux groupes de sociétés impliquant des sociétés européennes (Societas Europeae) », *Revue du droit de l'union européenne, n°* 4/2003, pp. 813-829 ; X, « Un droit des groupes de sociétés pour l'Europe (forum europaeum sur le droit des groupes de sociétés) », *Revue des sociétés,* janvier-mars 1999, pp. 43-80.

[1198] Ainsi, des directives concernant les fusions, 2005/19/CE du 17 février 2005, et 2005/56/CE du 26 octobre 2005 et de la directive concernant les distributions de dividendes 90/435/CEE du 23 juillet 1990 remplacée par la directive 2011/96/CE du 30 novembre 2011.

[1199] DEBOISSY Florence, « Acte anormal de gestion et groupes de société: orthodoxie juridique versus réalisme économique? », in Etudes à la mémoire du Professeur Maurice COZIAN, Litec, 2009, pp. 263-306. Voir également, HANNOUN Charley, « Le droit et les groupes de sociétés », Thèse, LGDJ, 1991, Bibliothèque de droit privé, tome 216, pp. 4-5 ; PARIENTE Maggy, « Les groupes de sociétés », Litec, 1993, pp. 4-6.

groupes d'entreprises de bénéficier d'une consolidation, dans le chef de la structure mère, des résultats de l'ensemble des structures (section 2).

SECTION 1 : L'IMPOSITION « FORCÉE » : LES LÉGISLATIONS RELATIVES AUX ENTITÉS ÉTRANGÈRES CONTRÔLÉES

648. Les législations relatives aux entités étrangères contrôlées[1200] posent la question de la répartition de l'imposition. Il s'agit d'imposer, dans le chef des associés, les revenus positifs d'une entité étrangère, généralement implantée dans un Etat ayant un faible taux d'imposition, ou dans un Etat ou territoire non coopératif.
Historiquement, les lois permettant l'imposition nationale de revenus réalisés par des sociétés implantées à l'étranger ont été appliquées aux Etats-Unis au début des années 1960[1201]. Par la suite, de nombreux pays ont introduit dans leur législation ces dispositions dites CFC (*Controlled Foreign Companies*)[1202]. Ces législations impliquent soit l'appréhension directe du revenu (ou de certains revenus), soit la distribution présumée du revenu de la société contrôlée[1203].

649. Ce type de législation établit les limites dans lesquelles les Etats acceptent que leurs résidents ne soient pas imposés sur les revenus d'entités étrangères dont ils possèdent le contrôle[1204]. Prévues originellement pour les filiales étrangères contrôlées, ces législations peuvent s'appliquer, dans certains Etats, aux établissements stables soumis à un régime d'exemption. En ce sens, ces règles visent à « succursaliser » les résultats des filiales étrangères et ceux des établissements stables étrangers des sociétés résidentes soumis à un régime d'exemption.

650. Ces législations constituent une dérogation au principe de répartition de la compétence des Etats, et au principe de reconnaissance de la personnalité des structures. Même si ces deux principes ne revêtent pas un caractère absolu[1205], il n'en demeure pas moins que la spécificité de ces législations suppose des justifications à leur application.

[1200] Les législations originelles ont été prévues pour les sociétés étrangères contrôlées. Toutefois, dans la mesure où elles sont susceptibles de s'appliquer aux établissements stables, nous utiliserons le terme « entité ».

[1201] US Internal Revenue Code, Subpart F, 1962.

[1202] Nous emploierons l'acronyme CFC pour désigner les législations relatives aux entités étrangères contrôlées.

[1203] RUST Alexander, "CFC Legislation and EC Law", *Intertax*, 2008, vol. 36, Issue 11, pp. 492-501.

[1204] Voir, par exemple, LANG Michaël, AIGNER Hans Jörgen, SCHEUERLE Ulrich, STEFANER Markus., "CFC Legislation, Tax Treaties and EC Law", EUCOTAX Series on European Taxation, Vol. 8, Kluwer Law International, 2004, General Report, p.15; HELMINEN Marjaana, "Is There a Future for CFC-Regimes in the EU?", *Intertax,* 2005, vol.33, Issue 3, pp. 117-123.

[1205] Les Etats acceptent de limiter leur compétence d'imposition, lorsqu'ils signent des conventions fiscales. En ce qui concerne la personnalité des structures, le droit des sociétés reconnaît la possibilité de passer outre cette personnalité. Sur la question, voir, *inter alia*, VANDEKERCKHOVE Karen, « Piercing the Corporate Veil », Kluwer Law International, 2007,

L'application des législations CFC aboutit à une extension de la compétence fiscale de l'Etat de résidence de l'actionnaire, décidée plus ou moins unilatéralement[1206]. Cette dérogation au principe de l'imposition territoriale est soumise à diverses conditions (§ 1). L'application de ces législations aboutit, à tout le moins en partie, à faire abstraction de la personnalité distincte des structures. La personnalité distincte s'entend de la personnalité morale pour les sociétés, mais peut s'entendre également de la personnalité fiscale reconnue aux établissements stables, dès lors qu'ils sont traités, par l'Etat du siège, comme des entités distinctes, par l'exemption de leurs résultats (§ 2).

§ 1. Une imposition conditionnelle dans l'Etat de résidence de la structure disposant du contrôle sur l'établissement stable ou la filiale

651. L'imposition extraterritoriale des filiales ou des établissements stables étrangers dans l'Etat de résidence de la structure disposant du contrôle est soumise à diverses conditions. Certaines sont dues aux caractéristiques intrinsèques des législations (A), d'autres résultent de l'application du droit de l'Union européenne (B).

A. Les conditions législatives d'une imposition dans l'Etat de résidence de la structure disposant du contrôle

652. La doctrine distingue généralement entre quatre approches possibles[1207]: imposer l'actionnaire sur la valeur réelle des actions possédées dans l'entité contrôlée[1208] ; attribuer directement à l'actionnaire le revenu de l'entité contrôlée[1209] ; traiter l'entité contrôlée comme une société « transparente » ; présumer l'existence d'un dividende distribué.
A l'exception de la première approche, les trois autres se retrouvent communément dans les législations des Etats membres de l'Union[1210].

---

765 pp; WESTER-OUISSE Véronique, "Dérives anthropomorphiques de la personnalité morale: ascendance et influence", *JCP G.*, n° 16/17, 15 avril 2009, pp. 13-17.

1206 Certaines conventions entre Etats reconnaissent le droit d'appliquer des législations CFC, même si cela ne préjuge pas de la validité de leur application.

1207 LANG Michaël, AIGNER Hans Jörgen, SCHEUERLE Ulrich, STEFANER Markus, "CFC Legislation, Tax Treaties and EC Law", EUCOTAX Series on European Taxation, Vol. 8, Kluwer Law International, 2004, General Report, pp. 15-52; FONTANA Renata, "The Uncertain Future of CFC Regimes in the Member States of the European Union – Part 1 "*European Taxation,* June 2006, pp. 259-267; RUST Alexander, "CFC Legislation and EC Law", *Intertax*, 2008, vol. 36, Issue 11, p. 493.

1208 RUST Alexander précité. L'auteur considère que ce principe est, néanmoins, contraire à celui de la réalisation effective des actions.

1209 *Ibid.* Dans ce cas, la société contrôlée est bien considérée comme une entité légale mais elle n'est pas considérée comme le bénéficiaire du revenu. Il s'agit également d'une approche reconnue par l'OCDE dans son rapport intitulé « Les législations sur les sociétés étrangères contrôlées », Paris, 1996, p. 20.

1210 Voir FONTANA Renata, "The Uncertain Future of CFC Regimes in the Member States of the European Union – Part 1 ", *European Taxation,* June 2006, p. 261.

L'imposition des revenus des filiales va s'articuler entre une imposition directe du revenu ou une imposition des dividendes considérés comme présumés distribués. L'imposition des revenus des établissements stables ne peut, quant à elle, être fondée que sur l'appréhension directe des revenus.
Ces deux manières de rattacher l'imposition à l'Etat de résidence de la structure disposant du contrôle comportent des points communs (1), mais également des différences (2).

1) Les similitudes dans l'approche extraterritoriale des législations CFC

653. Différentes législations sont appliquées par les Etats aux fins de l'appréhension des revenus des entités contrôlées par la structure disposant du contrôle.
L'approche juridictionnelle consiste à imposer tous les revenus de l'entité contrôlée, dès lors qu'ils ont été réalisés dans un territoire considéré comme un « paradis fiscal ». L'approche globale consiste à imposer toutes les structures étrangères, où qu'elles soient situées, mais seulement sur certains revenus, nommément les revenus passifs[1211]. L'approche par entité consiste à ne pas distinguer entre eux les différents revenus de l'entité contrôlée. L'approche transactionnelle considère la nature des revenus générés à chaque transaction par l'entité contrôlée. En réalité, ces approches sont appliquées de façon parcellaire et/ou simultanée par les Etats. L'imposition de l'associé va être basée soit sur une appréhension directe du revenu de l'entité contrôlée, soit sur une distribution supposée.

654. Divers points communs existent entre ces deux approches.
Dans les deux cas, le système repose sur une imposition de l'associé de l'entité contrôlée réalisée avant l'attribution effective du revenu. Un autre point commun réside dans le fait que l'imposition des résultats des entités contrôlées ne va généralement porter que sur leurs revenus passifs[1212]. En effet, les différents régimes prévoient généralement une exception d'activité pour l'application de la législation. L'exception d'activité s'entend de l'activité économique effective[1213].

[1211] Notons que les Etats européens n'appliquent pas l'approche globale à la différence des USA.
[1212] Voir, cependant, le régime britannique qui ne créée pas de distinction entre les revenus actifs et passifs, et qui, bien que modifié à la suite de l'arrêt *Cadbury Schweppes* (CJCE, 12 septembre 2006, aff. C-196/04, Rec. p. I-7995), ne prévoit pas, *stricto sensu,* une exception d'activité, mais une distinction entre les revenus du travail et ceux des investissements en capital. Sur la question, voir WHITEHEAD Simon, "Practical implications arising from the European Court's recent decisions concerning CFC legislation and dividend taxation", *ECTR,* 2007/4, pp. 181-182.
[1213] Pour la France, CGI, article 209 B modifié par la loi de Finances pour 2005, loi n° 2004-1484 du 30 décembre 2004, JO du 31 décembre, commentée par l'instruction du 16 janvier 2007, BOI 4-H-1-07 ; MESSECA Jacques, GRIFAT Sabrina, « Article 209 B du CGI : l'instruction administrative à la lumière de la jurisprudence communautaire », *Les Nouvelles Fiscales,* 1er juin 2007, pp. 24-30. Pour l'Allemagne, loi relative aux relations avec l'étranger, Aussensteuergesetz –AStG du 8 septembre 1972, Vierter Teil, Beteiligung an ausländischen Zwischengesellschaften, STOCKMANN, « German Tax Guide" p. 498; RUST Alexander, "CFC Legislation and EC Law", *Intertax*, 2008, vol. 36, Issue 11, pp. 492-501. Notons que l'exception d'activité est plus large en Allemagne qu'en France puisque l'administration allemande vise les cas d'activité agricole, de prestations de services, etc. Pour l'Espagne, Ley 42/1994, Ley 43/1995, del Impuesto

655. Le principal point commun a trait au fait que, dans un cas comme dans l'autre, il s'agit bien d'une imposition extraterritoriale. Ce point a cependant fait l'objet de discussion en doctrine, certains auteurs considérant que, dans le cas de revenus présumés distribués, il s'agit d'éviter la non-distribution délibérée de leur bénéfices par les filiales d'actionnaires résidents, et non *stricto sensu* d'élargir la compétence des Etats. A cet égard, le Commissaire du gouvernement Stéphane AUSTRY, dans ses conclusions sous l'arrêt *Schneider Electric,* notait : *« (...) Les travaux préparatoires de l'article 70 de la Loi de Finances pour 1980 font apparaître que, dans l'esprit du législateur, l'institution de l'article 209 B, [l'article 209 B du CGI concernant le régime français des sociétés contrôlées] n'était pas fondée sur une volonté de déroger au principe de territorialité de l'impôt sur les sociétés, ce qui correspond pourtant à la présentation habituelle qui est faite de l'article 209 B, mais était principalement justifiée par le souci d'éviter la double exonération des bénéfices réalisés par des filiales situées à l'étranger lorsque, d'une part, ces filiales sont soumises à un régime fiscal privilégié si bien que ces bénéfices sont peu ou pas taxés, et que, d'autre part, les produits distribués par ces filiales bénéficient du régime des sociétés mères, cas dans lequel ces produits sont exonérés (...) »*[1214].

656. Cependant, il paraît difficile de considérer que les législations dans lesquelles les revenus sont considérés comme distribués à l'actionnaire ne comportent pas d'atteinte à la compétence territoriale des Etats. En effet, le fait d'imposer, de quelque façon que ce soit, des revenus réalisés à l'étranger, alors même qu'il n'y a pas eu de décision de distribution, comporte une atteinte à la territorialité de l'impôt[1215], ou, plus largement, à la répartition de la compétence d'imposition entre Etats. L'Etat de résidence de l'actionnaire accroît nécessairement sa compétence d'imposition à des revenus étrangers[1216].

657. L'extension de la compétence territoriale peut de ce fait poser un problème de compatibilité avec les systèmes d'exemption mis en œuvre par certains Etats.
En effet, bien que la norme dans les pays de l'Union européenne soit la mondialité de l'imposition des résidents, un certain nombre d'Etats, dans le cadre de leurs conventions fiscales, ont introduit un système d'exemption, soit au profit des revenus des

---

sobre Sociedades, Ley 62/2003 du 30 décembre 2003, RUIZ ALMENDRAL Violetta, "Tax Avoidance and the European Court of Justice: What is a Stake for General Anti-Avoidance Rules?", *Intertax*, 2005, vol. 33, Issue 12, pp. 562-583; CENCERRADO Emilio, "Controlled foreign company and thin capitalization rules are not applicable in Spain to entities resident in the European Union", *ECTR,* 2004/3, pp. 102-110.

1214 Voir les conclusions (contraires) du commissaire du gouvernement AUSTRY sous l'arrêt CE, 28 juin 2002, n° 232276, *ministre c/ Sté Schneider Electric, BDCF,* n° 10/2002, n° 120.

1215 DIBOUT Patrick, « L'inapplicabilité de l'article 209 B du CGI face à la convention fiscale franco-suisse du 9 septembre 1996 (A propos de l'arrêt CE, Ass., 28 juin 2002, Schneider Electric) », *Droit Fiscal,* n°36/2002, p. 1136 ; GOUTHIERE Bruno, « Overwiew of the french CFC Legislation », *European Taxation,* February 2008, pp. 50-57. Pour l'auteur, la législation CFC française découle à la fois du principe de territorialité et du régime mère-fille.

1216 FONTANA Renata, "The Uncertain Future of CFC Regimes in the Member States of the European Union – Part 1", *European Taxation,* June 2006, pp. 259-267. Pour l'auteur, dans tous les cas il y a une imposition extra-territoriale, potentiellement en violation de la loi internationale.

établissements stables étrangers, soit au profit des dividendes distribués par les filiales étrangères.
Ainsi, à l'exception de la Grèce, L'Irlande, Malte et la Pologne[1217], les Etats membres pratiquent l'exemption des dividendes distribués, y compris par les filiales non-résidentes[1218]. Parallèlement, quatorze Etats pratiquent l'exemption des revenus des établissements stables[1219]. En ce sens, que l'Etat ait un système fiscal général fondé sur une base mondiale ou sur une base territoriale est de peu d'importance, dans la mesure où, en tant qu'Etat de résidence, il accepte de limiter sa compétence au profit de l'Etat de la source.

658. Cette application de la remise en cause de l'imposition dans l'Etat de la source par l'Etat de résidence peut être illustrée par la législation française. De manière générale, les sociétés détenues à hauteur d'au moins 5% peuvent bénéficier du régime mère-fille prévu aux articles 145 et 216 du CGI, qui prévoit une exonération des dividendes, déduction faite d'une quote part de 5%. Quant aux établissements stables, ils sont naturellement exemptés d'impôt sur les sociétés en France, du fait du système de territorialité de l'imposition et des stipulations des conventions fiscales conclues par l'Etat français.
Or, dans le cadre du régime relatif aux entités contrôlées, l'article 209 B du Code général des impôts, dans sa nouvelle rédaction issue de la loi de Finances pour 2005, a établi une distinction dans les modalités d'imposition entre les sociétés contrôlées et les établissements stables. Les revenus des entités juridiques contrôlées sont réputés distribués, alors que les revenus des entreprises exploitées à l'étranger sont directement appréhendés[1220].
Du fait de l'application de l'article 209 B, les filiales ne sont plus imposées comme des filiales de droit français ou étranger[1221], et les établissements stables sont imposés comme des succursales de droit français.

[1217] Le Royaume-Uni est passé du système de l'imputation au système d'exemption. Quant à l'Irlande, elle n'exempte que les dividendes payés par des sociétés résidentes : WHITEHEAD Simon, "Practical implications arising from the European Court's recent decisions concerning CFC legislation and dividend taxation", *ECTR,* 2007/4, pp. 176-183.
[1218] VANISTENDAEL Frans, "Does the ECJ have the power of interpretation to build a tax system compatible with the fundamental freedoms?", *ECTR*, 2008/2, p. 60.
[1219] Allemagne, Autriche, Belgique, Bulgarie, Chypre, Danemark, Espagne, France, Grèce, Hongrie, Luxembourg, Pays-Bas, Pologne, Roumanie. Document de travail des services de la Commission, Annexe à la Communication de la Commission au Conseil, au Parlement européen et au Comité économique et social européen, « Le traitement fiscal des pertes dans les situations transfrontalières », 19 décembre 2006, SEC (2006) 1690, Annexe III.
[1220] CGI, article 209 B : *« I. Lorsqu'une personne morale établie en France et passible de l'impôt sur les sociétés exploite une entreprise hors de France ou détient directement ou indirectement plus de 50 % des actions, parts, droits financiers ou droits de vote dans une entité juridique : personne morale, organisme, fiducie ou institution comparable, établie ou constituée hors de France et que cette entreprise ou entité juridique est soumise à un régime fiscal privilégié au sens de l'article 238 A, les bénéfices ou revenus positifs de cette entreprise ou entité juridique sont imposables à l'impôt sur les sociétés. Lorsqu'ils sont réalisés par une entité juridique, ils sont réputés constituer un revenu de capitaux mobiliers imposable de la personne morale établie en France dans la proportion des actions, parts ou droits financiers qu'elle détient directement ou indirectement ».*
[1221] L'instruction prévoit la suppression du bénéfice du régime mère-fille.

659. Aussi, la question de la compatibilité du régime de l'article 209 B avec le système fiscal français basé sur une imposition territoriale mérite d'être posée[1222]. En effet, d'une part, peu de conventions prévoient une imposition partagée entre l'Etat d'implantation de l'établissement stable et la France[1223], d'autre part, le système d'imposition français limite l'assiette de l'impôt sur les sociétés aux bénéfices réalisés sur le territoire et exempte les distributions éligibles au régime mère-fille[1224]. Pour qu'il y ait cohérence avec les règles de territorialité, il conviendrait que les établissements stables soient imposés selon le régime du bénéfice mondial avec imputation, et que le régime mère-fille ne soit pas accordé sous bénéfice d'exemption pour les filiales étrangères[1225].
Cette analyse est transposable aux Etats qui pratiquent le système d'exemption dans le cadre des flux transfrontaliers, dans la mesure où, ce faisant, ils se placent dans un système d'imposition territorial[1226].

660. Il existe ainsi un illogisme dans l'extension unilatérale de la compétence fiscale, au regard de la répartition territoriale de la compétence fiscale[1227].
Les méthodes d'attribution des revenus à l'actionnaire présentent des points communs, dont le moindre n'est pas la remise en cause de la territorialité de l'imposition, que ces revenus soient directement appréhendés ou présumés distribués. Cependant, ces méthodes présentent également de nombreuses différences qui sont dues, pour une part, à la méthode choisie, et, pour une autre part, aux systèmes fiscaux propres des Etats.

1222 GOUTHIERE Bruno, « Overwiew of the french CFC Legislation », *European Taxation*, February 2008, p. 50; DE WAAL Allard, « La portée des articles 155 A et 209 B à la lumière de la jurisprudence française », *RDAI*, n° 2/1999, p. 243.

1223 MESSECA Jacques et GRIFAT Sabrina, « Article 209 B du CGI : l'instruction administrative à la lumière de la jurisprudence communautaire », *Les Nouvelles Fiscales*, 1er juin 2007, p. 26.

1224 En ce sens, le système français territorial est cohérent puisqu'il traite les établissements stables étrangers comme les filiales.

1225 Soit dit, sans préjuger de l'application de la législation européenne.

1226 Sur la question de la répartition de l'impôt, voir, par exemple, SCHNITGER Arne, « German CFC legislation pending before the European Court of Justice-abuse of the law and revival of the most-favoured-nation-clause », *ECTR*, 2006/3, pp. 151-160. Pour l'auteur, le fait, pour l'Etat allemand, d'avoir choisi la méthode de l'exemption, prouve qu'il admet que les Etats étrangers aient des taux très inférieurs à l'Etat allemand et induit qu'il n'y a pas lieu d'appliquer de législations CFC.

1227 LANG Michaël, « CFC Legislation and Community Lax", *European Taxation*, September 2002, p. 377. Pour l'auteur, les législations CFC ne peuvent être justifiées que dans les cas où la méthode du crédit s'applique; RUST Alexander, "CFC Legislation and EC Law", *Intertax*, 2008, vol. 36, Issue 11, p. 494. Pour l'auteur, il serait plus cohérent que la législation allemande se base sur la transparence fiscale de la société contrôlée plutôt que sur une distribution présumée de dividendes, dans la mesure où ces derniers sont exemptés dans le cadre des conventions conclues par l'Allemagne.

2) Les différences dans l'imposition des établissements stables et des filiales du fait des législations CFC

661. Les méthodes d'appréhension directe des revenus ou de présomption de distribution de dividendes, si elles ont le même objectif : imposer l'associé avant la perception effective des revenus, n'aboutissent pas aux mêmes effets, ce qui peut induire des différences dans l'imposition des établissements stables et des sociétés contrôlées. Les sociétés contrôlées peuvent se voir appliquer les deux méthodes, alors que les établissements stables ne peuvent se voir appliquer que la méthode d'appréhension directe des revenus. En outre, tous les établissements stables n'entrent pas dans le cadre d'application des législations CFC : si l'Etat du siège applique un système d'imputation, les revenus des établissements stables sont automatiquement pris en compte par le siège.

662. Les différences portent sur le calcul et la date de prise en compte du revenu, et sur sa nature.
La date de prise en compte du revenu est différente en fonction de la méthode choisie. En effet, lorsque le revenu de l'entité contrôlée est considéré comme directement appréhendé, il l'est l'année – ou l'exercice – de sa réalisation. En revanche, s'il est présumé distribué, il l'est l'année suivant celle de sa réalisation[1228].

663. En théorie également, le calcul du revenu devrait être différent. En effet, si dans le cas de l'approche par entité – l'appréhension directe du revenu – il n'est pas incohérent de recalculer le revenu en fonction des règles de l'Etat de l'actionnaire[1229], il devrait en aller différemment dans le cas du revenu présumé distribué. En effet, dans ce dernier cas, l'attribution du dividende peut n'être qu'anticipée, s'agissant d'un revenu qui peut faire l'objet d'une distribution effective ultérieure. En ce sens, c'est la loi de l'Etat de la source des revenus qui devrait s'appliquer.

664. Au demeurant, telle n'est pas la position adoptée par l'administration française, dans le cadre de l'application des législations sur les entités contrôlées[1230], pour qui : *« les résultats des filiales ou entreprises sont déterminés d'après les règles fiscales*

[1228] Voir Instruction du 16 janvier 2007, BOI 4-H-1-07, n° 93 et suivants; RUST Alexander, "CFC Legislation and EC Law", *Intertax*, 2008, vol. 36, Issue 11, p. 494; LANG Michaël, AIGNER Hans Jörgen, SCHEUERLE Ulrich, STEFANER Markus., "CFC Legislation, Tax Treaties and EC Law", EUCOTAX Series on European Taxation, Vol. 8, Kluwer Law International, 2004, General Report, p. 23.
[1229] Pour une approche de la question voir, LANG Michaël, AIGNER Hans Jörgen, SCHEUERLE Ulrich, STEFANER Markus, précités p. 23. Pour une critique négative, voir WHITEHEAD Simon, "Practical implications arising from the European Court's recent decisions concerning CFC legislation and dividend taxation", *ECTR,* 2007/4, p. 177. L'auteur pointe le fait que les règles britanniques ne prennent en compte, pour l'application de leur législation, ni le taux effectif, ni le taux nominal pratiqués, mais le taux effectif recalculé sur une base britannique. Pour une critique positive voir, RUST Alexander précité, p. 494.
[1230] Dans le cadre de la prise en compte des déficits réalisés à l'étranger par les établissements stables ou les filiales des PME, les revenus ne sont pas recalculés en fonction des règles françaises : article 209 C du CGI et instruction du 20 janvier 2010, BOI 4H-4-10 n° 21.

françaises »[1231]. Ainsi, la législation française, qui a pour particularité d'imposer les structures juridiques sur les dividendes présumés distribués, et les entreprises dépourvues de la personnalité juridique sur leurs revenus réalisés, leur applique des règles identiques dans la détermination du revenu. Cette position, consistant à recalculer le revenu en fonction des règles françaises, si elle n'apparaît pas en concordance avec le principe du revenu distribué, est certainement due au principe français de territorialité de l'imposition (les établissements stables étrangers sont traités comme des entités juridiquement distinctes) et à la nécessité de lutter contre les pratiques abusives.
En termes de quantification, également, le revenu attribué devrait prendre en compte de façon différenciée les impôts acquittés. En effet, dans le cas d'un dividende présumé distribué, l'impôt acquitté localement devrait entrer en compte dans le calcul de la base distribuable, seul le revenu après impôt étant réellement distribuable. En revanche, dans le cas d'un revenu attribué, l'impôt acquitté localement devrait être imputé de l'impôt acquitté à la résidence[1232].

665. La différence majeure entre les différents régimes d'imposition porte, toutefois, sur la nature du revenu pris en compte : actif ou passif, positif ou négatif.
Dans le cas où la législation adopte l'approche du revenu présumé distribué, celui-ci doit pouvoir l'être, ce qui exclut les revenus des établissements stables qui, en l'absence de personnalité morale, ne peuvent procéder à des distributions. Ensuite, ne peuvent être distribués ou présumés distribués que des bénéfices.
En revanche, si l'approche choisie est celle de l'appréhension directe du revenu de l'entité, les distinctions entre revenus actifs et passifs et bénéfices et pertes semblent moins pertinentes. Aussi, pour une partie de la doctrine, la distinction entre revenus actifs et revenus passifs est, en toute hypothèse, inéquitable[1233]. Quant à la question des pertes, qui ne sont jamais déductibles dans les législations CFC[1234], elle se pose dès lors que l'Etat a étendu sa compétence fiscale. Il semble que l'absence de prise en comptes des pertes, dans le cadre d'une approche par entité, soit illogique. En effet, si l'Etat admet d'imposer les revenus d'une structure située en dehors de sa compétence fiscale, il apparaît anormal qu'il puisse choisir d'imposer seulement les bénéfices et non les pertes. Toutefois, si les pertes autant que les bénéfices devaient être pris en compte, il

[1231] Instruction précitée, § 106.
[1232] La doctrine administrative française considère que seul l'impôt comparable à l'impôt sur les sociétés français est imputable sur l'IS, Instruction précitée, § 156 et suivants, sans créer de distinction entre les revenus appréhendés et les revenus présumés distribués. Cependant, elle admet également l'imputation des impôts étrangers payés par la structure contrôlée dans les pays tiers avec lesquels il existe un échange d'information. Sur ce point voir également, MAISTO Guglielmo, PISTONE Pasquale, "A european Model for Member States' Legislation on the Taxation of Controlled Foreign Subsidiaries (CFCs), Part 1, *European Taxation*, October 2008, pp. 512-513.
[1233] LANG Michaël, « CFC Legislation and Community Lax", *European Taxation*, September 2002, p. 378; SCHNITGER Arne, « German CFC legislation pending before the European Court of Justice-abuse of the law and revival of the most-favoured-nation-clause. », *ECTR*, 2006/3, pp. 158-159.
[1234] Voir MAISTO Guglielmo, PISTONE Pasquale, "A european Model for Member States' Legislation on the Taxation of Controlled Foreign Subsidiaries (CFCs), Part 1, *European Taxation*, October 2008, p. 512; FONTANA Renata, "The Uncertain Future of CFC Regimes in the Member States of the European Union-Part 2", *European Taxation*, July 2006, p. 323.

en résulterait une extension de l'imposition sur une base mondiale. Cette position rapprocherait, du point de vue de l'Etat de résidence, l'imposition des sociétés contrôlées et celle des établissements stables exemptés de celle des établissements stables soumis par l'Etat du siège à un système d'imputation. Il n'y aurait ainsi pas de différence en raison de la forme des structures.

666. Pour certains auteurs, l'extension de la compétence d'imposition des Etats de résidence aux revenus des entités contrôlées par des associés résidents, lorsque les résidents sont imposés sur leurs revenus mondiaux, et que ce point est compatible avec la législation européenne, pourrait être envisageable aux fins d'éviter l'érosion de la base d'imposition mondiale[1235]. Pour d'autres auteurs, en revanche, une telle position n'est envisageable que si elle est également appliquée à tous les revenus reçus directement par le contribuable, sans l'interposition d'une filiale[1236].
Un tel principe d'imposition mondiale fait abstraction de l'aspect juridique pour n'envisager que l'aspect économique du revenu. En effet, d'un point de vue juridique, la société est le détenteur du revenu, alors que, d'un point de vue économique, il est possible de considérer que le revenu de la société est celui de ses associés[1237]. En toute hypothèse, dans le cas d'une imposition mondiale globale, il conviendrait de prendre en compte tous les revenus, qu'ils soient positifs ou négatifs, c'est-à-dire aussi bien les bénéfices que les pertes.
D'un point de vue pratique, l'imposition d'une société étrangère sur une base mondiale dans l'Etat de résidence de l'actionnaire est difficile à mettre en oeuvre[1238].

667. L'imposition extra-territoriale des entités étrangères contrôlées est appliquée selon différentes modalités et conditions par les Etats, ces derniers limitant généralement les revenus pris en compte. De ce fait, l'imposition à la résidence ne rapproche pas nécessairement le régime fiscal des filiales contrôlées de celui des établissements stables. En outre, les établissements stables ne constituent pas, au regard des législations CFC, une catégorie unitaire : en fonction du système de neutralisation de la double imposition choisi par l'Etat du siège, ils sont susceptibles, ou non, de tomber sous le coup des législations CFC. Les conditions posées par les Etats à une imposition des structures contrôlées dans l'Etat de résidence de l'entité disposant du contrôle ne sont pas uniques, l'application de telles législations étant également soumise au contrôle de l'Union européenne.

[1235] FLEMING J.C., PERONI R.J., SHAY S.E., " Fairness in International Taxation : The Ability-to-Pay Case for Taxing Worldwide Income", *Florida Taw Review*, n° 4/2001, p. 299; SCHÖN Wolfgang, "CFC Legislation and European Community Law", *BTR*, n° 4/2001, pp. 250-260.
[1236] LANG Michaël, " CFC Legislation and Community Law", *European Taxation*, September 2002, pp. 377-378.
[1237] Voir, par exemple, HELMINEN Marjaana, "Is There a Future for CFC-Regimes in the EU?", *Intertax*, 2005, vol.33, Issue 3, p. 117.
[1238] Même contrôlée, la société dispose souvent de plusieurs actionnaires qui n'ont pas la même nationalité et ne sont donc pas soumis à la même imposition.

B. Une imposition conditionnée par le droit de l'Union européenne

668. Le droit européen limite l'application des législations sur les entités contrôlées au sein de l'Union européenne. En effet, bien que l'Union européenne n'ignore pas totalement l'existence de régimes fiscaux privilégiés (1), elle conditionne l'application des législations sur les entités contrôlées à l'existence d'un *« montage purement artificiel ayant pour but d'éluder l'impôt normalement dû »* (2).

1) Les régimes fiscaux privilégiés

669. Les Etats conditionnent l'application des législations sur les entités contrôlées à l'existence d'un régime fiscal considéré comme privilégié. En outre, ils ont défendu devant la Cour l'existence de régimes différenciés, donc potentiellement privilégiés, en raison de la forme juridique des structures.
Les différentes législations CFC convergent sur l'existence, à l'étranger, d'un régime fiscal privilégié. Dans l'Union européenne, les Etats disposant de législations CFC usent, soit alternativement, soit cumulativement, des critères de taux d'imposition et de listes d'Etats dans lesquels les entités qui y sont établies sont susceptibles de tomber sous le coup de ces législations.

670. Les Etats disposant de législations CFC constatent généralement l'existence d'un régime privilégié sur la base d'une comparaison avec leurs propres taux d'imposition[1239]. Du fait de la diversité des taux pratiqués dans l'Union, la comparaison avec le taux national aboutit à une disparité dans l'appréciation du caractère privilégié[1240]. Aussi, pour une partie de la doctrine, le taux pratiqué ne peut être un justificatif suffisant à l'application d'une législation CFC. En effet, l'absence d'harmonisation dans le domaine des impôts directs ne peut aboutir à un traitement défavorable des contribuables nationaux, du fait d'avantages accordés à l'étranger[1241]. Cette position est en conformité avec celle de l'Union européenne, qui ne prohibe pas la concurrence fiscale fondée sur les taux[1242]. Cette position contribue cependant à limiter

[1239] ARNOLD Brian J., DIBOUT Patrick, Rapport général, Cahiers de droit fiscal international, « Limits on the Use of Low-Tax Regimes by Multinational Businesses : Current Measures and Emerging Trends", IFA, vol. 86 b, Kluwer Law, La Haye 2001, pp. 117-120; FONTANA Renata, "The Uncertain Future of CFC Regimes in the Member States of the European Union – Part 1", *European Taxation,* June 2006, pp. 266-267.

[1240] Pour les Etats de l'Union, le seuil de caractérisation d'un régime fiscal privilégié oscille entre 10,6% pour la Hongrie qui, de plus, utilise le taux nominal d'imposition et non le taux effectif (cité par ARNOLD Brian J., DIBOUT Patrick précités, p.118) et 26,2% pour l'Espagne (3/4 du taux d'impôt sur les sociétés espagnol).

[1241] LANG Michaël, " CFC Legislation and Community Law", *European Taxation*, September 2002, pp. 374-379. Tel est d'ailleurs le sens de l'arrêt *Cadbury Schweppes et Cadbury Schweppes Overseas* précité.

[1242] Voir, par exemple, MEUSSEN Gerard T.K., "*Cadbury Schweppes*: The ECJ Significantly Limits the Application of CFC Rules in the Member States", *European Taxation,* January 2007, pp. 13-18; O'SHEA Tom, "The UK's CFC rules and the freedom of establishment: Cadbury

la possibilité d'imposition des entités contrôlées dans l'Etat de résidence de la structure disposant du contrôle.

671. En outre, certains Etats européens recourent à une liste d'Etat ou de régimes considérés comme disposant d'un régime fiscal privilégié[1243]. Dans certains Etats européens, la liste noire comporte d'autres Etats européens ou certains régimes de ces Etats[1244]. Si cette position semble être en conformité avec celle d'organisations internationales comme l'OCDE[1245], elle est contraire à la jurisprudence de la Cour de l'Union européenne[1246].
Toutefois, en vue de limiter l'utilisation de régimes fiscaux privilégiés, l'Union européenne s'emploie à déterminer les moyens de lutte contre la concurrence fiscale dommageable[1247]. A cette fin, le groupe de travail « Code de conduite » a relevé, dans son rapport transmis au Conseil en 1999, soixante-six mesures présentant des éléments dommageables[1248], et, en 2009, la Commission a émis des propositions pour une bonne gouvernance fiscale[1249].

Schweppes plc and its IFSC subsidiaries - tax avoidance or tax mitigation?", *ECTR*, 2007/1, pp. 13-33.

[1243] Par exemple, la Finlande, l'Italie, le Portugal, l'Espagne, etc. L'Administration française avait élaboré une liste indicative (Instruction du 26 juin 1975, BOI 4 C-8-75) qui ne s'applique plus depuis la modification de l'article 238 A du CGI, par la loi de Finances pour 2005. En effet, les régimes fiscaux privilégiés font désormais l'objet d'une définition légale.

[1244] Il en était ainsi en Italie jusqu'en 2009, où une liste blanche a remplacé la liste noire qui comprenait, notamment, le Luxembourg : MAISTO Guglielmo, PISTONE Pasquale, "A european Model for Member States'Legislation on the Taxation of Controlled Foreign Subsidiaries (CFCs), Part 2, *European Taxation*, November 2008, p. 554 ; en Espagne, une liste noire comprenant les holdings 29 du Luxembourg, Chypre et Malte, est encore applicable la loi du 30 décembre 2003 de mesures, sociales administratives et fiscales, n'ayant exclu les sociétés résidentes de l'Union, que si elles ne sont pas situées dans un territoire officiellement classé comme paradis fiscal. Voir, CENCERRADO Emilio, "Controlled foreign company and thin capitalization rules are not applicable in Spain to entities resident in the European Union", *ECTR*, 2004/3, pp. 105-107. La Commission a demandé à l'Espagne de modifier sa législation anti-abus par communication en date du 28 février 2008, IP/08/342.

[1245] La dernière communication de l'OCDE du 2 avril 2009, modifiée le 7 avril, ne mentionne cependant aucun pays européen comme faisant partie des listes d'Etats considérés comme des « paradis fiscaux ». Le Luxembourg, L'Autriche et la Belgique, font partie de la deuxième liste qui vise les centres financiers n'ayant pas signé toutes les conventions internationales. En toute hypothèse, les recommandations faites par l'OCDE ne peuvent avoir qu'un caractère incitatif, de portée limitée.

[1246] CJCE, 12 septembre 2006, aff. C-196/04, *Cadbury Schweppes et Cadbury Schweppes Overseas*, Rec. p. I-7995.

[1247] Conseil, conclusions du Conseil ECOFIN du 1er décembre 1997 en matière de politique fiscale, JOCE, 6 janvier 1998 ; Conseil, 23 novembre 1999, Rapport du Groupe "Code de conduite" (fiscalité des entreprises) dit Rapport Primarolo au Conseil ECOFIN du 29 novembre 1999.

[1248] Rapport au Conseil du 23 novembre 1999, du groupe « Code de Conduite » (fiscalité des entreprises), SN 4901/99, Annexe C, pp. 315-316.

[1249] Communication de la Commission au Conseil, au Parlement Européen et au Comité Économique et Social Européen, 28 avril 2009, « Encourager la bonne gouvernance dans le domaine fiscal », COM (2009) 201 Final.

672. La question d'un régime privilégié a été posée par les Etats, en considération de la forme de la structure en cause. Ainsi, les Etats ont excipé de ce que des sociétés créaient une succursale plutôt qu'une filiale (ou l'inverse) pour bénéficier d'un régime plus favorable que celui accordé aux nationaux de l'Etat de résidence de l'actionnaire.
Or le choix d'une forme de structure relève *a priori* d'une décision de gestion des associés, qui, en l'absence d'abus de droit, ne peut être contestée. A cet égard, la Cour de justice a pu juger que : *«* [Cette conclusion ne saurait être infirmée] *par l'argument du gouvernement du Royaume-Uni selon lequel la société mère aurait pu parvenir à l'objectif recherché en créant en Finlande une succursale au lieu d'une filiale. En effet, il convient de rappeler que, l'article 43, premier alinéa, seconde phrase, CE, laissant expressément aux opérateurs économiques la possibilité de choisir librement la forme juridique appropriée pour l'exercice de leurs activités dans un autre État membre, ce libre choix ne doit pas être limité par des dispositions fiscales discriminatoires »*[1250].

673. Dans le cas inverse, où la société arguait d'une distorsion fiscale en raison de la forme choisie, la Cour a noté : *« Les États membres sont libres de déterminer les conditions et le niveau d'imposition des différentes formes d'établissements des sociétés nationales opérant à l'étranger, sous réserve de leur accorder un traitement qui ne soit pas discriminatoire par rapport aux établissements nationaux comparables »*[1251].
Au cas particulier, la législation allemande imposait plus lourdement, du fait de la substitution de la méthode d'imputation à la méthode d'exemption, un établissement stable bénéficiant d'un régime fiscal privilégié, qu'une filiale étrangère, société de capitaux. Il peut ainsi exister une distorsion dans le niveau d'imposition en fonction de la structure choisie, mais le choix de la structure en lui-même ne se discute pas[1252].

674. Cependant, quand bien même la caractérisation d'un régime fiscal privilégié serait établie, elle ne constitue pas une condition suffisante, admise par le droit de l'Union, aux fins de valider les législations sur les entités contrôlées. La jurisprudence européenne n'a admis l'application de telles législations qu'à la condition qu'elles aient pour but spécifique de lutter *« contre les montages purement artificiels ayant pour but d'éluder l'impôt normalement dû »*[1253].

[1250] CJCE, 18 juillet 2007, aff. C-231/05, *OY AA*, Rec. p. I-6373, point 40.
[1251] CJCE, 6 décembre 2007, aff. C-298/05, *Colombus Container*, Rec. p. I-10451, point 53.
[1252] En Allemagne, la méthode de l'imputation est substituée à celle de l'exemption pour les établissements stables dont les revenus sont tirés des investissements en capitaux, si ces revenus avaient été imposés comme ceux d'une société contrôlée, dans l'hypothèse où l'établissement stable aurait été une filiale. Voir, SCHNITGER Arne, « German CFC legislation pending before the European Court of Justice-abuse of the law and revival of the most-favoured-nation-clause », *ECTR*, 2006/3, pp. 155-156. En Irlande, la différence porte sur les dividendes selon qu'ils proviennent de filiales étrangères ou nationales, les dividendes des filiales étrangères étant traités comme les revenus des établissements stables. En France, les établissements stables étrangers, soumis dans l'Etat de leur implantation à un régime fiscal privilégié, sont imposés en dépit du principe de territorialité posé à l'article 209 du CGI, mais leurs revenus ne sont pas obligatoirement identiques à ceux des filiales.
[1253] Selon la formule retenue dans l'arrêt CJCE, 12 septembre 2006, aff. C-196/04, *Cadbury Schweppes et Cadbury Schweppes Overseas*, Rec. p. I-7995, point 55.

2) Le montage purement artificiel : la justification d'une imposition dans l'Etat de résidence de la mère ou du siège

675. Le caractère extrêmement dérogatoire des législations CFC a conduit la Cour à considérer qu'elles constituaient une atteinte à la liberté d'établissement, et à ne valider comme motif de justification que l'existence d'un montage purement artificiel ayant pour but d'éluder l'impôt normalement dû. La Cour a ainsi précisé sa jurisprudence en ce qui concerne les critères de l'abus de droit (a), tout en renforçant le contrôle de proportionnalité des mesures (b), le contrôle de la Cour aboutissant à créer une distinction entre les établissements stables et les filiales contrôlées.

a) Les critères du montage purement artificiel et leur applicabilité aux filiales et aux établissements stables

676. Ces critères sont de deux ordres : un critère objectif, qui implique que, malgré le respect des conditions formelles, l'objectif poursuivi par le législateur n'a pas été atteint, et un critère subjectif, supposant la volonté d'obtenir un avantage en créant artificiellement les conditions requises pour son obtention.
Bien que l'examen du critère objectif n'emporte pas de conséquences spécifiques sur les conditions d'application différenciées des législations CFC aux filiales et aux établissements stables, il paraît utile d'en étudier les principales caractéristiques, celles-ci se retrouvant en partie dans la caractérisation du critère subjectif.

677. Le critère objectif s'entend, aux termes d'un des premiers arrêts européens rendu en la matière, de ce que *«malgré un respect formel des conditions prévues par la réglementation communautaire, l'objectif poursuivi par cette réglementation n'a pas été atteint »*[1254]. Ce point, repris par l'arrêt Cadbury Schweppes[1255], suppose de déterminer la législation dont le but est détourné.
Ainsi, la Cour s'interroge sur le point de savoir si le fait pour une société d'implanter un établissement secondaire dans un autre Etat membre, aux fins de bénéficier d'un régime fiscal plus favorable, constitue un abus de la liberté d'établissement. De manière lapidaire, elle indique que la recherche d'un régime fiscal plus favorable ne constitue pas, en elle-même, un abus de la liberté d'établissement[1256]. En ce sens, la Cour n'établit

[1254] CJCE, 14 décembre 2000, aff. C-110/99, *Emsland-Stärke GmbH et Hauptzollamt Hamburg-Jonas*, Rec. p. I-11569, point 52. Il est à noter que, pour la Commission, l'élément objectif était d'obtenir la preuve *« que les conditions d'octroi d'une prestation ont été créées artificiellement, c'est-à-dire que l'opération commerciale n'a pas été réalisée dans un but économique, mais exclusivement pour obtenir du budget communautaire les aides financières qui accompagnent cette opération »*.
[1255] CJCE, 12 septembre 2006, aff. C-196/04, *Cadbury Schweppes et Cadbury Schweppes Overseas*, Rec. p. I-7995, point 64.
[1256] *Ibid.*, point 38. Ce point avait déjà été jugé de la même manière dans l'arrêt, CJCE, 9 mars 1999, aff. C-212/97, *Centros*, Rec. p. I-1459, point 27. En l'espèce, les requérants avaient immatriculé une société sans activité au Royaume-Uni et exercé l'activité réelle par le biais d'une succursale au Danemark. Voir également l'arrêt du 26 octobre 1999, aff. C-294/97, *Eurowings*, Rec. p. I-7447, points 43-44.

pas de distinction entre les établissements stables et les filiales. Il est vraisemblable, par ailleurs, que, dans l'hypothèse où la Cour aurait fondé son analyse sur un abus de la liberté d'établissement, les requérants n'auraient pas été éligibles à se prévaloir du Traité[1257].

678. Cependant, si la Cour considère qu'il n'y a pas d'abus de la liberté d'établissement, elle examine la justification afférente au risque d'évasion fiscale à l'aune des objectifs poursuivis par l'article 43 du TCE[1258]. A cet égard, la Cour considère que : *« la liberté d'établissement entend, à cette fin, permettre à un ressortissant communautaire de participer, de façon stable et continue, à la vie économique d'un État membre autre que son État membre d'origine et d'en tirer profit »*[1259].
Le raisonnement de la Cour semble étonnant. En effet, alors que, dans un premier temps, la Cour rejetait l'idée d'un abus de la liberté d'établissement, elle considère, dans un second temps, qu'il convient d'étudier l'abus sous l'angle d'une atteinte à ladite liberté[1260].
En quelque sorte, le champ d'application de l'article et l'existence d'un montage purement artificiel coïncident. Toutefois, si l'analyse de la Cour sur l'article 43 se justifie par le risque d'un abus du droit de l'Union, elle n'épuise pas la question du critère objectif, entendu comme le contournement des objectifs de la réglementation nationale.

679. Ainsi, la Cour notait qu'une législation restrictive pouvait être justifiée lorsque les montages artificiels avaient pour but *« d'échapper à l'emprise de la législation de l'Etat membre concerné »*[1261]. Au cas particulier, le but des sociétés requérantes n'était pas uniquement de contourner les règles formelles de la liberté d'établissement, mais de bénéficier d'un régime plus favorable que celui prévu par leur législation nationale, et, partant, d'échapper à l'emprise de la législation de l'Etat membre concerné. Dans la mesure où il ne s'agit pas d'un montage à l'intérieur d'un Etat membre, mais d'un montage visant à bénéficier de la législation fiscale d'un autre Etat, ce qui, au demeurant, constitue le présupposé sur lequel s'appuient les législations CFC[1262], l'arrêt de la Cour aurait mérité d'être plus explicite sur la législation concernée. Aussi, certains auteurs ont vu dans cette formulation de la Cour une « dénationalisation » du concept d'abus[1263].

[1257] TERRA Ben J. M. et WATTEL Peter J., "European Tax law", Kluwer law International, 5ème édition, 2008, p. 43.
[1258] Article 49 du TFUE.
[1259] Arrêt *Cadbury Schweppes* précité, point 53.
[1260] L'Avocat général M. LEGER employait d'ailleurs l'argument repris *in extenso* par la Cour dans la première partie du raisonnement relative à un éventuel abus de la liberté d'établissement et non dans la seconde. Conclusions de l'Avocat Général LEGER du 2 mai 2006, point 42. En outre, le fait d'étudier la liberté d'établissement du point de vue des caractéristiques de l'entreprise renvoie plutôt au critère subjectif.
[1261] Arrêt *Cadbury Schweppes* précité, point 51.
[1262] VANISTENDAEL Frans, "Halifax and Cadbury Schweppes: one single European theory of abuse in tax law?", *ECTR*, 2006/4, pp. 192-195
[1263] *Ibid.*, p. 194.

680. Il semble ainsi que le concept d'abus dégagé par l'arrêt *Cadbury Schweppes* s'apparente plus à un abus de droit, qu'à un abus du droit de l'Union[1264], ce qui étend, probablement, les possibilités de contrôle de la Cour. Le critère objectif de l'abus de droit se fonde sur le contournement des objectifs du législateur national et du droit européen, en s'appuyant sur la notion de réalité économique.
Cette notion de réalité économique, à laquelle la Cour fait allusion dans la démonstration du critère objectif, est plus particulièrement développée lors de l'appréciation du critère subjectif.

681. Le critère subjectif, dont la définition a été posée par l'arrêt *Emsland-Stärke*[1265], s'entend de *« la volonté d'obtenir un avantage résultant de la réglementation communautaire en créant artificiellement les conditions requises pour son obtention »*[1266]. Au sens strict, l'intention subjective des parties, entendue comme le motif ayant présidé au choix d'implantation, n'est pas recherchée[1267]. L'arrêt *Cadbury Schweppes*[1268] a précisé la notion de critère subjectif, en l'appréciant par rapport à des circonstances objectives[1269]. Ainsi, dans le cadre du contrôle de la justification des mesures restrictives, la Cour a jugé : *« Le but spécifique d'une telle restriction doit être de faire obstacle à des comportements consistant à créer des montages purement artificiels, dépourvus de réalité économique, dans le but d'éluder l'impôt normalement dû sur les bénéfices générés par des activités réalisées sur le territoire national »*[1270]. En outre, « *la constatation de l'existence d'un montage exige, (...) qu'il ressorte d'éléments objectifs que, (...) l'objectif poursuivi par la liberté d'établissement n'a pas été atteint. Dans ces conditions, pour que la législation sur les CFC soit conforme au droit communautaire, l'application de l'imposition prévue par ladite législation doit être exclue lorsque, nonobstant l'existence de motivations de nature fiscale, la constitution d'une CFC correspond à une réalité économique»*[1271].

682. L'absence d'activité économique effective sur le territoire de l'Etat d'accueil, caractériserait un montage purement artificiel. En ce sens, il est permis de se demander

---

[1264] DE LA FERIA Rita, "Prohibition of abuse of (Community) Law: the Creation of a new General Principle of EC Law Throught Tax", *CMLR*, n° 45/2008, p.430.
[1265] CJCE, 14 décembre 2000, aff. C-110/99, *Emsland-Stärke GmbH et Hauptzollamt Hamburg-Jonas*, Rec. p. I-11569.
[1266] *Ibid.*, point 53.
[1267] La question du critère subjectif appliqué aux personnes morales a été débattue. Pour l'Avocat général LENZ, dans ses conclusions, en date du 16 juin 1994, point 60, sous l'arrêt du 5 octobre 1994, aff. C-23/93, *TV10 SA contre Commissariaat voor de Media*, Rec. p. I-4795, la personne morale, en tant que telle, n'est pas susceptible d'avoir des comportements subjectifs. L'Avocat général LEGER, dans ses conclusions sous l'arrêt *Cadbury Schweppes*, indiquait que l'intention des parties n'était pas à rechercher car elle est source d'insécurité juridique. Conclusions du 2 mai 2006, point 119.
[1268] CJCE, 12 septembre 2006, aff. C-196/04, *Cadbury Schweppes et Cadbury Schweppes Overseas*, Rec. p. I-7995.
[1269] Sur la question voir, par exemple, O'SHEA Tom, "The UK's CFC rules and the freedom of establishment: Cadbury Schweppes plc and its IFSC subsidiaries - tax avoidance or tax mitigation?", *ECTR,* 2007/1, pp. 13-33; WATHELET Melchior, « L'abus de droit en droit communautaire: application à la TVA et à la fiscalité directe », *BF,* n ° 12/2006, pp. 1119-1129.
[1270] Arrêt *Cadbury Schweppes* précité, point 55.
[1271] *Ibid.*, point 64-65.

si une structure sans activité économique est éligible à l'application de l'article 49 du TFUE. Il semble qu'en l'absence d'activité économique, la question serait celle d'un abus de la liberté d'établissement, et non celle d'un abus de droit entendu comme un montage purement artificiel. Or la Cour ne définit précisément ce qu'il faut entendre par l'expression « réalité économique ». Quant à la détermination de ce qu'est une activité économique, les éléments de réponse donnés par la Cour font référence, notamment, au degré d'existence physique de l'entité contrôlée[1272], susceptible d'identifier des sociétés « boîtes aux lettres » ou des sociétés « écrans »[1273]. Des termes de l'arrêt, il ressort que la présence physique se mesure par l'existence de locaux, de personnels et d'équipements[1274].

683. En réalité, la Cour vise plutôt la notion de siège de l'activité économique que la notion d'activité économique elle-même. La distinction entre les deux notions a été explicitée dans un arrêt rendu en matière de TVA, qui différencie l'activité économique d'un établissement stable, et le siège de l'activité économique d'une structure juridiquement distincte[1275]. Pour la Cour, en matière de TVA, le siège de l'activité économique et la réalisation d'activités économiques par l'intermédiaire d'un établissement stable sont deux notions distinctes et autonomes[1276], la notion de siège de l'activité économique s'entendant *« du lieu où sont adoptées les décisions essentielles concernant la direction générale de cette société et où sont exercées les fonctions d'administration centrale de celle-ci »*[1277]. Si les conclusions de cet arrêt, rendu en matière de TVA, ne sont pas nécessairement transposables dans un contentieux relatif à l'impôt sur les sociétés, il n'en demeure pas moins que la Cour, dans l'arrêt *Cadbury Schweppes*, étaye son raisonnement relatif à l'activité économique, en faisant référence à un arrêt rendu en matière de procédure d'insolvabilité. Cet arrêt caractérisait l'existence de sociétés « boîte aux lettres », par l'absence d'activité exercée sur le territoire de l'Etat où est situé leur siège social[1278]. Or la référence faite à des sociétés « boîte aux lettres » caractérise l'absence de siège d'une activité économique, mais ne permet pas de déterminer la notion d'activité économique. Ainsi, le renvoi à l'arrêt *Eurofood*, ne permet pas de définir, d'une part, ce que la Cour entend par sociétés « écrans », et, d'autre part, la notion d'activité économique.
Sur le premier point, l'existence d'une société « écran », servant à masquer un lien entre deux ou plusieurs autres entités, ne préjuge pas de l'absence d'activité économique de cette société, mais d'un artifice.

684. Sur le second point, l'absence de définition de la notion d'activité économique a conduit certains auteurs à s'interroger sur l'éligibilité des holdings et autres sociétés bénéficiant de revenus passifs à entrer dans le champ des activités économiques[1279]. En

[1272] *Ibid.*, point 67.
[1273] *Ibid.*, point 68.
[1274] *Ibid.*, point 67.
[1275] CJCE, 28 juin 2007, aff. C-73/06, *Planzer Luxembourg Sarl c/ Bundeszentralamt für Steuern*, Rec. p. I-5655, points 53 et 58.
[1276] *Ibid.*, point 58.
[1277] *Ibid.*, point 60.
[1278] CJCE, 2 mai 2006, aff. C-341/04, *Eurofood IFSC Ltd*, Rec. p. I-3813, points 34 et 35.
[1279] MEUSSEN Gerard T.K., "*Cadbury Schweppes*: The ECJ Significantly Limits the Application of CFC Rules in the Member States", *European Taxation*, January 2007, pp. 13-18; WEBER

l'absence de dispositions particulières concernant la notion d'activité en matière d'imposition directe, il convient d'interpréter dans un sens large les dispositions du Traité, et notamment celles relatives à la liberté d'établissement[1280]. Ainsi, sauf à ce que la création d'une holding ou d'une société bénéficiant de revenus passifs soit faite artificiellement, et dans le but exclusif d'échapper à l'impôt normalement dû, il ne semble pas exister d'obstacle à leur qualification d'opérateurs économiques[1281].

685. Cependant, en ne définissant que la notion de siège de l'activité économique, et pas la notion d'activité économique elle-même, la Cour introduit la possibilité qu'une filiale ayant une activité de holding pure ne soit pas qualifiée d'établissement au sens du droit de l'Union[1282]. En ce sens, une qualification de la notion d'activité économique, dans le domaine des impôts directs, serait souhaitable.
La Cour se borne à définir, de façon générale, les éléments susceptibles de justifier l'application des législations CFC, et exerce un contrôle de proportionnalité restreint des mesures.

b) Le contrôle de proportionnalité et son application aux établissements stables et aux filiales

686. Une fois admis que la restriction peut être justifiée par des motifs d'intérêt général, et qu'elle est propre à garantir la réalisation de l'objectif en cause, la Cour vérifie que la mesure ne va pas au delà de ce qui est nécessaire pour garantir cet objectif[1283]. Au cas particulier, il s'agit de déterminer si les législations CFC sont proportionnées au but de lutte contre l'évasion fiscale. Pour certains auteurs, le seul risque d'évasion fiscale ne saurait légitimer des législations restrictives. Cela suppose un examen individuel de

Dennis, « Tax Avoidance and the EC Treaty Freedoms. A Study of the Limitations under European Law to the Prevention of Tax Avoidance», EUCOTAX Series on European Taxation, vol. 11, Kluwer Law International 2005, pp. 32-34. Pour l'auteur, même si le droit d'établissement doit faire l'objet d'une interprétation large, il n'en demeure pas moins que le point de savoir si une activité de holding pure est constitutive d'une activité économique est incertain.

1280 Sur la notion d'établissement, la Cour s'est prononcée à plusieurs reprises. Voir, par exemple, CJCE, 25 juillet 1991, aff. C-221/89, *Factortame*, Rec. p. I-3905, point 20 ; 28 juin 2007, aff. C-73/06, *Planzer Luxembourg Sarl c/ Bundeszentralamt für Steuern*, Rec. p. I-5655, point 54.

1281 Notons, cependant, que la Commission, dans sa communication du 10 décembre 2007, a indiqué ne pas savoir comment les critères liés à la présence physique pouvaient s'appliquer aux holdings. Communication de la Commission au Conseil, au Parlement européen et au Comité Economique et Social Européen, « L'application des mesures de lutte contre les abus dans le domaine de la fiscalité directe - au sein de l'Union européenne et dans les rapports avec les pays tiers », COM (2007) 785, p. 5.

1282 Voir, par exemple, TUROT Jérôme, « L'article 209 B est-il soluble dans le droit communautaire ? », *RJF, n°* 12/1998, pp. 940-945.

1283 Voir, par exemple, CJCE, 15 mai 1997, aff. C-250/95, *Futura Participations et Singer,* Rec. p. I-2471, point 26; 13 décembre 2005, aff. C-446/03, *Marks & Spencer Plc*, Rec. p. I-10837, point 35; 12 septembre 2006, aff. C-196/04, *Cadbury Schweppes et Cadbury Schweppes Overseas*, Rec. p. I-7995, point 47.

chaque situation, et non l'application de législations fondées sur un risque général d'évasion fiscale[1284].
Dans l'arrêt *Cadbury Schweppes*, le contrôle de proportionnalité de la Cour a porté sur deux points principaux : la preuve de la réalité de l'activité économique et la preuve du but spécifique de lutte contre les abus de droit des législations en cause.

687. L'arrêt *Cadbury Schweppes* a jugé qu'il convenait de laisser à la société résidente la possibilité de prouver l'exercice d'une activité effective de la société contrôlée[1285]. Ce point, repris par la Commission dans sa communication du 10 décembre 2007[1286], s'il ne fait pas l'unanimité de la doctrine qui y voit un renversement de la charge de la preuve[1287], mérite d'être considéré au regard de la notion de « mesures générales de lutte contre l'évasion fiscale ». En effet, si la Cour ne reprend pas les conclusions de l'Avocat général sur ce point[1288], la Commission, dans sa communication, a considéré que *« l'établissement de critères de présomption raisonnables contribue à une application équilibrée des mesures anti-abus »*[1289].

688. L'application de ce critère s'établira de manière différente selon qu'est en cause une société contrôlée ou un établissement stable. En effet, la définition de l'établissement stable, telle que donnée par l'OCDE dans l'article 5 du Modèle de Convention, suppose l'exercice d'activités d'entreprise, qui font l'objet de clauses de sauvegarde dans les législations CFC. En droit de l'Union européenne, l'établissement – et non l'établissement stable – a été défini de la manière suivante : *« L'exercice effectif d'une activité économique au moyen d'une installation stable dans un autre État membre pour une durée indéterminée »*[1290]. Ainsi, il paraît probable qu'un établissement

---

[1284] SCHÖN Wolfgang, "CFC Legislation and European Community Law", *BTR*, n° 4/2001, pp. 256-257; HELMINEN Marjaana, "Is There a Future for CFC-Regimes in the EU?", *Intertax*, 2005, vol.33, Issue 3, p. 121.
[1285] Arrêt *Cadbury Schweppes* précité, point 70.
[1286] Commission, Communication de la Commission au Conseil, au Parlement européen et au Comité Economique et Social européen, 10 décembre 2007, « L'application des mesures de lutte contre les abus dans le domaine de la fiscalité directe -au sein de l'Union européenne et dans les rapports avec les pays tiers », COM (2007) 785 Final : *« Il est impératif que tout assujetti faisant l'objet d'une présomption de montage purement artificiel ait la possibilité, sans tracasseries administratives injustifiées, de fournir des preuves de toute justification commerciale du montage concerné ».*
[1287] MEUSSEN Gerard T.K., "*Cadbury Schweppes*: The ECJ Significantly Limits the Application of CFC Rules in the Member States", *European Taxation*, January 2007, pp. 17-18; GUTMANN Daniel, « L'arrêt « Cadbury Schweppes » et son impact sur le droit français », *Les Nouvelles Fiscales*, n° 970, 15 décembre 2006, p. 4.
[1288] Conclusions de l'Avocat général LEGER du 2 mai 2005, point 140 : *« Nous ne trouvons pas excessif qu'un État membre instaure une présomption d'évasion fiscale au lieu de s'en remettre à une communication de renseignements a posteriori ».*
[1289] Communication de la Commission précitée, p. 5.
[1290] Voir, par exemple, CJCE, 25 juillet 1991, aff. C-221/89, *The Queen contre Secretary of State for Transport, ex parte Factortame Ltd et autres*, Rec. p. I-3905, point 20. Sur la question, voir, *inter alia*, WEBER Dennis, « Tax Avoidance and the EC Treaty Freedoms. A Study of the Limitations under European Law to the Prevention of Tax Avoidance», EUCOTAX Series on European Taxation, vol. 11, Kluwer Law International 2005, pp. 31-46. Notons, toutefois, que si l'établissement a fait l'objet d'une définition applicable dans le cadre de l'article 43 du TCE,

stable, étant considéré comme un établissement (à l'exception possible des chantiers), ne tombera jamais sous le coup d'une législation CFC, son existence étant liée à la réalisation d'opérations expressément exclues de ces législations. En ce sens, le contrôle de proportionnalité de la Cour ne devrait s'exercer que sur les dispositions visant des sociétés contrôlées.

689. Par ailleurs, il existe deux points sur lesquels la Cour n'a pas exercé son contrôle de proportionnalité.
En premier lieu, la Cour n'a pas recherché, comme elle le fait généralement, s'il existait un moyen moins contraignant pour parvenir à l'objectif de lutte contre les montages artificiels. Cependant, ce point peut certainement être lu en relation avec la possibilité laissée à la structure de prouver qu'elle exerce une réelle activité économique[1291].
En second lieu, et quoique la Cour n'en fasse pas mention dans l'arrêt *Cadbury Schweppes*, le contrôle de proportionnalité aurait pu être lié au montant supplémentaire de l'impôt acquitté. La Cour a d'ailleurs usé de ce critère dans l'arrêt *Thin Cap Group Litigation*, en mesurant l'impact fiscal de la requalification des intérêts en dividendes[1292]. Si un tel élément était pris en compte dans le cadre des législations CFC, il pourrait consister dans l'imputation de l'impôt précédemment acquitté. Il pourrait théoriquement en résulter une distorsion en fonction non seulement de la structure en cause, filiale ou établissement stable, mais aussi du régime de neutralisation de la double imposition. Pour prendre l'exemple français, les impôts similaires à l'impôt français sur les sociétés sont imputables quelle que soit la nature de la structure en cause et à proportion des droits détenus lorsqu'il s'agit d'une société. En revanche, la retenue à la source prélevée sur les distributions par l'Etat de la société contrôlée n'est prise en compte que si cet Etat a signé une convention avec l'Etat français[1293].

690. Ainsi, dans l'hypothèse où il n'existe pas de convention, une distorsion va subsister dans le montant de l'impôt pris en compte, selon que la structure est un établissement stable ou une société : l'impôt sur les sociétés acquitté dans l'Etat d'implantation sera imputable dans les deux cas, alors que la retenue à la source payée par la société sur la distribution éventuelle de dividendes ne le sera pas. Cette situation résulte de la distinction établie par la loi française entre les revenus des établissements étrangers contrôlés et des sociétés étrangères contrôlées.

---

l'établissement stable n'a été défini qu'en matière de TVA, comme « exigeant une consistance minimale, par la réunion permanente des moyens humains et techniques nécessaires à des prestations de services déterminées ». Voir, par exemple, CJCE, 17 juillet 1997, aff. C-190/95, *ARO Lease,* Rec. p. I-4383, point 15

[1291] Il est à noter que l'Irlande avait soulevé la question de savoir si l'échange d'information prévu par la directive sur l'assistance mutuelle, 77/799/CEE du 19 décembre 1977, ne pouvait pas constituer un moyen moins contraignant.

[1292] CJCE, 13 mars 2007, aff. C-524/04, *Test Claimants in the Thin Cap Group Litigation contre Commissioners of Inland Revenue*, Rec. p. I-2107, point 83.

[1293] Instruction du 16 janvier 2007, BOI 4H-1-07, § 156 et suivants. Si on suppose, par exemple que la Directive « mère-fille » ne s'applique pas aux revenus présumés distribués, mais seulement aux dividendes, la question pourrait, théoriquement, se poser avec le Royaume du Danemark, du fait de la dénonciation de la convention franco-danoise en 2008.

Ainsi, le contrôle de l'application des législations sur les entités étrangères contrôlées va s'établir différemment selon qu'il s'agit d'établissements stables ou de filiales. Lorsque ces législations s'appliquent, elles aboutissent, en outre, à une négation de la personnalité distincte, morale ou fiscale, des structures contrôlées.

§ 2. La négation de la personnalité distincte des entités contrôlées

691. Le principe commun aux législations CFC, qu'elles soient fondées sur une distribution présumée de dividendes ou sur une appréhension directe du revenu, est d'imposer l'actionnaire ou le porteur de parts avant l'attribution effective du revenu.
Si la négation de la personnalité morale de la société est certaine dans le cas d'une approche par entité, il en va de même dans le cas où une distribution de dividendes est présumée effectuée, la société contrôlée ne bénéficiant alors pas de tous les attributs de la personnalité morale, et, notamment, de la capacité à décider de la distribution.
En matière fiscale, la question peut également se poser pour les établissements stables imposés selon le principe de territorialité ou exemptés par l'Etat du siège, leur personnalité fiscale étant alors niée.
Il s'agit donc, en tout ou en partie, de faire abstraction de la personnalité de l'entité contrôlée (A). Cependant, cette négation de la personnalité morale ou fiscale pose problème au regard des normes fiscales supérieures, qu'elles soient conventionnelles ou européennes (B).

A. La création d'une entité unique ?

692. Il existe une gradation dans la négation de la personnalité de l'entité contrôlée.
La solution la plus radicale consiste à considérer l'entité contrôlée et ses associés comme une personne unique aux fins de l'imposition (1). Une altération plus simple de la reconnaissance de la personnalité consiste à reconnaître la personnalité morale à la société, mais à lui dénier par exemple le contrôle de ses distributions, ou à lui consentir un statut s'apparentant à celui de la société de personnes (2).

1) Le contrôle commun : possible créateur d'une entité unique

693. La question de la reconnaissance d'une entité unique, au détriment des personnalités distinctes supposées la composer, renvoie à la réalité et aux conséquences attachées à la personnalité morale.
La réalité de la personnalité morale[1294], si elle ne fait plus réellement l'objet de controverse en droit privé[1295], n'implique pas nécessairement une attribution de

[1294] La personnalité morale s'entend de la capacité de certaines entités à opérer en tant que sujet légal.
[1295] Sur la question, voir, *inter alia*, LIBCHABER Rémy, « Réalité ou fiction ? Une nouvelle querelle de la personnalité est pour demain », *RTD civ.*, 2003, p. 166 ; MATHEY Nicolas, « Les droits et libertés fondamentaux des personnes morales de droit privé », *RTD Civ.*, 2008, p. 205 ;

l'ensemble des effets juridiques liés à une telle personnalité[1296]. L'interrogation porte, de ce fait, sur l'existence d'un caractère absolu des personnalités morales et fiscales. Ainsi, sans recourir à la notion de fictivité de la structure, qui ressort de l'abus de droit, il paraît possible de ne pas accorder à une société dotée de la personnalité juridique l'ensemble des effets attachés à cette personnalité.

694. Particulièrement dans le cadre des groupes, le droit des sociétés permet de faire, en tout ou en partie, abstraction de la personnalité morale des structures. A titre d'exemple, le droit allemand, qui, au demeurant, reconnaît un droit des groupes, propose de faire compenser les pertes d'une filiale par la société mère, lorsqu'il existe un risque de perte de valeur des actifs de la filiale[1297]. Les Pays-Bas ont, quant à eux, recours à la théorie de l'identification, laquelle implique que si deux personnes ont agi comme si elles n'en étaient qu'une les actifs et passifs de l'une sont attribués à l'autre[1298]. Parallèlement, il peut être noté que le droit européen de la concurrence reconnaît la responsabilité d'une société mère dans les pratiques anticoncurrentielles de sa filiale, du fait de l'unité économique constituée par le groupe[1299]. Ainsi, en règle générale, le droit civil et le droit commercial prévoient une limitation des conséquences attachées à la personnalité morale, lorsque sont en jeu des questions de responsabilité vis-à-vis des tiers.

695. Toutefois, même en dehors des théories fondées sur l'existence d'un préjudice, deux doctrines, ayant pour point commun la notion de contrôle, et qui atténuent la portée de la reconnaissance de la personnalité morale, existent en matière fiscale aux fins de mettre en œuvre les législations CFC.

Pour l'OCDE, une définition large de la notion de résidence pourrait être adoptée, de façon à ce que les sociétés contrôlées soient considérées comme résidentes de l'Etat de l'actionnaire[1300]. Le contrôle serait déterminé par la propriété du capital social ou par la direction effective de l'entité contrôlée[1301]. La théorie du contrôle a également fait

---

WESTER-OUISSE Véronique, "Dérives anthropomorphiques de la personnalité morale: ascendance et influence", *JCP G.*, n° 16/17, 15 avril 2009, pp. 13-17.

[1296] Voir Mme WESTER-OUISSE précitée, p. 17, pour qui : *« L'octroi de la personnalité morale doit être limité à certains regroupements dignes d'intérêt et de protection, et ses effets doivent être limités de façon à ce que les valeurs de nos sociétés humaines demeurent protégés »* ; et M. MATHEY précité, citant la controverse ayant cours aux Etats-Unis, pour retirer la personnalité morale aux sociétés ayant des comportements considérés comme répréhensibles.

[1297] AktionGesellschaft (AktG), § 302.

[1298] Voir, VANDEKERCKHOVE Karen, « Piercing the Corporate Veil », Kluwer Law International, 2007, p. 410.

[1299] Articles 101 et 102 TFUE ; CJCE, 10 septembre 2009, aff. C-97/08 P, *Akzo Nobel NV*, Rec. p. I-8237, points 47 et 59.

[1300] OECD, "Controlled Foreign Companies Legislation, Studies in Foreign Source Income", Paris 1996; "Harmful Tax Competition: An Emerging Global Issue", Paris, 1998, p. 60, § 163.

[1301] Il est à noter qu'à la suite de l'arrêt *Cadbury Schweppes*, le Royaume-Uni a modifié sa législation CFC en incluant, notamment, une nouvelle condition d'exemption, qui prévoit que le régime n'est pas applicable si l'entité contrôlée est dirigée effectivement depuis l'Etat d'accueil. Voir WHITEHEAD Simon, "Practical implications arising from the European Court's recent decisions concerning CFC legislation and dividend taxation", *ECTR*, 2007/4, pp. 182-183. La nouvelle loi, de juillet 2007, est applicable rétroactivement au 6 décembre 2006.

l'objet d'une proposition lors de la préparation du Traité de Rome[1302], impliquant que la nationalité des actionnaires et celle des dirigeants déterminerait la nationalité de la société. Cette théorie, *a priori* contraire à l'article 54 du TFUE[1303], permettrait l'imposition effective du revenu de la société dans l'Etat de résidence de l'actionnaire, hors des cas d'application d'une législation CFC.

696. Dans le cas des législations CFC, cependant, le problème se pose plus en termes d'absence de reconnaissance de la souveraineté de l'Etat dans laquelle l'entité contrôlée est implantée, qu'en termes d'atténuation des effets juridiques de la personnalité morale[1304]. La souveraineté de l'Etat d'implantation s'entend alors autant de la reconnaissance de sa capacité à qualifier les structures, que de son pouvoir d'imposition. En ce sens, et d'un point de vue purement fiscal, il pourrait être soutenu qu'en imposant les établissements stables dans l'Etat de résidence du siège, les Etats de résidence contreviennent au principe de reconnaissance de la personnalité fiscale de l'établissement stable supposant son imposition unique dans l'Etat de *situs*[1305]. De surcroît, en ce qui concerne les sociétés, cette position soulève des problèmes pratiques, du fait, notamment, de la pluralité d'actionnaires possibles[1306].

Une autre voie que celle du contrôle commun est proposée, qui consiste à traiter les sociétés comme des entités « transparentes ».

2) L'assimilation de l'entité contrôlée à une société de personnes

697. Une des questions centrales qui se pose lorsque l'approche par entité est retenue, est la reconnaissance de la nature de l'entité contrôlée en fonction des règles du pays de son implantation[1307]. De manière générale, les législations CFC ne s'appliquent qu'aux entités qui sont considérées comme imposables en tant que telles aux fins de

---

1302 WEBER Dennis, « Tax Avoidance and the EC Treaty Freedoms. A Study of the Limitations under European Law to the Prevention of Tax Avoidance», EUCOTAX Series on European Taxation, vol. 11, Kluwer Law International 2005, pp. 29-30.

1303 Artcle 54 TFUE : *« Les sociétés constituées en conformité de la législation d'un État membre et ayant leur siège statutaire, leur administration centrale ou leur principal établissement à l'intérieur de l'Union sont assimilées, pour l'application des dispositions du présent chapitre, aux personnes physiques ressortissantes des États membres »* ; Weber Dennis précité. L'auteur indique que lors de la négociation du Traité de Rome, une proposition franco-italienne avait été faite pour inclure la théorie du contrôle dans le corps de l'article 48.

1304 Pour une grande partie de la doctrine, il n'y a pas, *stricto sensu,* négation de la personnalité morale de la société contrôlée, mais assimilation aux sociétés de personnes. Voir, HELMINEN Marjaana, "Is There a Future for CFC-Regimes in the EU?", *Intertax,* 2005, vol.33, Issue 3, pp. 117-118; RUST Alexander, "CFC Legislation and EC Law", *Intertax*, 2008, vol. 36, Issue 11, pp. 499-501.

1305 Pour les Etats pratiquant le régime mondial d'imposition avec bénéfice de l'imputation.

1306 Voir, SANDLER Daniel, « Tax Treaties and Controlled Foreign Company Legislation : Pushing the Boundaries », Kluwer Law International, 2nd Edition, 1998, p. 4.

1307 Voir LANG Michaël, « CFC Legislation and Community Law", *European Taxation,* September 2002, pp. 378-379.

l'imposition locale[1308]. De ce fait, ces législations sont susceptibles de s'appliquer aux filiales et aux établissements stables. Ces législations posent ainsi la question de la reconnaissance de la forme sociale pour l'appréciation de la personnalité morale. En effet, l'Etat de résidence de l'actionnaire, soit se fonde sur les distinctions prévalant dans sa propre législation entre les sociétés considérées comme opaques et les sociétés de personnes, soit caractérise la nature de l'entité étrangère en fonction des règles de l'Etat d'implantation de cette dernière, soit dénie purement et simplement à une société étrangère les caractéristiques de société contribuable.

698. En principe, le droit fiscal international reconnaît l'application de la loi du for en ce qui concerne la qualification[1309]. En matière de qualification portant sur la nature des sociétés, le juge fiscal cherche à catégoriser le statut étranger en fonction des principes nationaux[1310].

Cependant, en ce qui concerne les législations CFC, la qualification peut ne dépendre ni de la loi de l'actionnaire ni de la loi de la société. La question de la qualification et de la nature de l'entité contrôlée ne se pose, semble-t-il, pas.

A titre d'exemple, l'article 209 B du Code général des impôts français, dans sa rédaction antérieure à la loi de Finances pour 2005, prévoyait l'imposition à l'impôt sur les sociétés dans le chef de l'entreprise française associée, des résultats bénéficiaires d'une société étrangère établie dans un Etat dont le régime fiscal était considéré comme privilégié. La loi française n'établissait pas de distinction en raison de la nature de l'entité contrôlée[1311].

[1308] LANG Michaël, AIGNER Hans Jörgen, SCHEUERLE Ulrich, STEFANER Markus, "CFC Legislation, Tax Treaties and EC Law", EUCOTAX Series on European Taxation, Vol. 8, Kluwer Law International, 2004, General Report, p. 18; FONTANA Renata, "The Uncertain Future of CFC Regimes in the Member States of the European Union – Part 1", *European Taxation,* June 2006, p. 259. Pour l'auteur les législations CFC ne doivent,cependant, s'appliquer qu'à des entités juridiquement distinctes.

[1309] DEROUIN Philippe, « Conventions internationales. L'application et l'interprétation des conventions fiscales internationales par les tribunaux français », *RJF,* n° 12/1979, pp. 402-408. Voir OCDE, Modèle de Convention fiscale, article 3 ; CASIMIR Jean-Pierre, « L'imposition du résultat des sociétés : être ou ne pas être soumis à l'impôt sur les sociétés ? Telle est la question », in *Mélanges en l'honneur de Claude CHAMPAUD*, Dalloz 1997, pp. 159-175.

[1310] Voir pour la France, FOUQUET Olivier, « Les sociétés étrangères transparentes et le droit fiscal français », *Revue administrative,* n° 315/2000, p. 264 ; GUTMANN Daniel, « Le juge fiscal et la loi étrangère » in *Liber Amicorum Cyril David*, LGDJ, 2005, pp. 191-205 ; LE GALL Jean-Pierre, « Assujettissement à l'impôt français sur les sociétés d'une société civile monégasque », *RTD com.*, janvier-mars 2007, pp. 254-258. En jurisprudence, voir, par exemple, CE, 24 mai 2006, n° 278737, 3ème et 8ème ss, *Min c/ Société immobilière Saint Charles*, pour une société anonyme de droit monégasque. Pour l'Allemagne, voir LANG Michaël, « CFC Legislation and Community Law", *European Taxation*, September 2002, pp. 378-379. Selon les articles 1 de la loi sur le revenu des personnes physiques (Einkommensteuergesetz) et de la loi sur l'impôt des sociétés (Körperschaftsteuergesetz), les sociétés qualifiées de sociétés de personnes par le droit allemand ne sont pas assujetties à l'impôt en tant que telles, mais le sont dans le chef de leurs associés, même si la société étrangère est assujettie à l'impôt sur les sociétés dans l'Etat de son siège.

[1311] Ce d'autant plus, que par la loi n° 92-1376 du 30 décembre 1992, JO du 31 décembre, la possibilité d'appliquer l'article 209 B a été étendue aux établissements stables étrangers.

En toute hypothèse, les législations CFC, fondées sur une appréhension du revenu par l'actionnaire, ne considèrent pas l'entité étrangère comme une entité totalement distincte, rapprochant en cela le régime des sociétés contrôlées de celui des établissements stables.

699. Dès lors que la personnalité est, en tout ou en partie, niée, la problématique posée par ce type de législation est similaire à celle qui se pose en cas de conflits de qualification mettant en cause des sociétés de personnes.
Il ne s'agit cependant pas de considérer *stricto sensu* la société étrangère comme une société de personnes, mais d'extrapoler les solutions données pour ces sociétés à l'imposition du revenu considéré comme appréhendé.
En ce sens, les recommandations formulées par l'OCDE apportent certaines solutions[1312].

700. Ainsi, les commentaires sous l'article 1 du Modèle de Convention mentionnent que, dans le cas d'un conflit de qualification, *« les dispositions de la convention qui limitent le droit de l'autre Etat contractant d'imposer la société de personnes sur son revenu ne sont pas applicables lorsqu'il s'agit de limiter le droit de cet autre Etat d'imposer les associés les associés de la société de personnes qui sont ses propres résidents sur leur part du revenu de cette dernière »*[1313].
En outre, dans le cas de bénéfices distribués l'année suivant celle de leur réalisation, mais qui ont fait l'objet d'une imposition préalable par l'Etat de l'associé du fait de la qualification de l'entité étrangère de société de personnes, l'OCDE préconise l'application des systèmes de neutralisation de la double imposition[1314].

701. Toutefois, les recommandations de l'OCDE se heurtent à plusieurs limites.
En premier lieu, elles supposent l'existence d'une convention entre les deux Etats, et que l'Etat dans lequel est implantée la structure la reconnaisse comme résidente aux fins de l'application de la convention[1315].
En second lieu, elles font apparaître une différence entre les Etats pratiquant l'exemption et ceux pratiquant l'imputation. En effet, si la question de la double imposition ne se pose pas en ce qui concerne l'exemption, l'Etat de résidence de l'associé devant exonérer le revenu, il en va différemment dans le cas où l'Etat de résidence de l'associé pratique le régime de l'imputation. Les méthodes de neutralisation de la double imposition prévues par le Modèle de Convention de l'OCDE

[1312] OCDE, « L'application du Modèle de Convention fiscale de l'OCDE aux sociétés de personnes », n°6, Paris, 1999.
[1313] OCDE, Commentaires sous l'article 1 du Modèle de Convention fiscale, § 6.1, ajouté le 29 avril 2000.
[1314] OCDE, « L'application du Modèle de Convention fiscale de l'OCDE aux sociétés de personnes » n°6, Paris, 1999, pp. 50-52. L'OCDE indique que, dans le cas où l'Etat de résidence de l'associé exempte les revenus, il doit exonérer d'impôt la réalisation des bénéfices. Si l'Etat emploie la méthode de l'imputation, il ne peut accorder un crédit au titre de l'impôt acquitté au moment de la distribution sur l'impôt qu'il prélève lors de la réalisation du bénéfice.
[1315] Pour les Etats européens membres de l'OCDE, seuls la Belgique, la France, la Hongrie et l'Espagne (seulement pour les sociétés de personnes relevant du droit commercial à l'exclusion de celles de droit civil), considèrent les sociétés de personnes comme résidentes au sens des conventions, Voir OCDE, rapport précité, Annexe III, pp. 73-133.

ne visent que la double imposition juridique[1316]. Or, dans le cas d'un conflit de qualification portant sur des sociétés, le revenu est imposé dans le chef de deux contribuables différents, et correspond donc à une double imposition économique[1317].
Néanmoins, l'OCDE recommande d'accorder à l'associé un crédit correspondant à l'impôt payé par la société de personnes[1318].

702. De surcroît, les propositions de l'OCDE visent à résoudre les difficultés liées à l'application des conventions fiscales et les conflits de qualification engendrant des risques de double imposition, buts que n'ont pas nécessairement les législations CFC.
En outre, la « transparence » attribuée aux entités contrôlées dans le cadre des législations CFC est, à la différence des réelles sociétés de personnes, variable, soit en raison des revenus, soit en raison du taux d'impôt dans l'Etat d'implantation de l'entité contrôlée.
Ainsi, la transparence est partielle en raison du revenu lorsque, par exemple, les législations CFC n'imposent que les revenus dits passifs, à l'exclusion des revenus provenant de l'activité. Certains Etats et une partie de la doctrine considèrent qu'il convient d'imposer uniquement les revenus passifs[1319], alors qu'une autre partie de la doctrine considère qu'il n'est pas opportun de distinguer entre les revenus actifs et les revenus passifs[1320].
La transparence est partielle en raison du taux, puisque l'associé sera imposé sur les revenus de l'entité contrôlée, uniquement si l'Etat de cette dernière prélève un impôt à un taux considéré comme faible par l'Etat de l'associé. Cette solution est d'application générale dans le cas des législations CFC. En effet, ces législations ne s'appliquent que si l'entité contrôlée est implantée dans un pays dans lequel l'impôt sur les sociétés n'est pas équivalent à l'impôt national[1321]. Selon le Professeur LANG, cette transparence en fonction du taux pourrait être compatible avec le droit européen[1322].

[1316] OCDE, Modèle de Convention fiscale, articles 23 A et 23 B.
[1317] RUST Alexander, "CFC Legislation and EC Law", *Intertax*, 2008, vol. 36, Issue 11, pp. 495-496. L'auteur pointe le fait qu'il est difficile d'obliger l'Etat de l'associé à garantir un crédit indirect. En outre, il considère que l'obligation de garantir un crédit ne doit pas aller au delà de celle qui aurait été acquise si l'Etat de la société de personnes avait imposé l'associé et non la société.
[1318] OCDE, « L'application du Modèle de Convention fiscale de l'OCDE aux sociétés de personnes », n°6, Paris, 1999, p.52.
[1319] L'Allemagne, la France, etc. ; RUST Alexander, "CFC Legislation and EC Law", *Intertax*, 2008, vol. 36, Issue 11, pp. 498-499. L'auteur propose de traiter les sociétés contrôlées, y compris les sociétés nationales, comme transparentes, pour les revenus qui ne proviennent pas de l'activité et opaques pour les revenus provenant de l'activité.
[1320] SCHNITGER Arne, « German CFC legislation pending before the European Court of Justice-abuse of the law and revival of the most-favoured-nation-clause. », *ECTR*, 2006/3, pp. 159-160; LANG Michaël, « CFC Legislation and Community Law", *European Taxation*, September 2002, pp. 378-379.
[1321] Exception faite des Etats-Unis, qui appliquent leur législation à l'ensemble des entités étrangères contrôlées, indépendamment du taux d'imposition. Voir, FONTANA Renata, "The Uncertain Future of CFC Regimes in the Member States of the European Union – Part 1", *European Taxation,* June 2006, pp. 266-267.
[1322] LANG Michaël, "CFC Legislation and Community Law", *European Taxation*, September 2002, pp. 378-379. L'auteur considère que si l'impôt levé est comparable, il n'y a pas d'incompatibilité à considérer l'entité contrôlée comme une entité légale, et de la considérer

703. L'approche en termes de transparence partielle est relative, compte tenu de la difficulté à déterminer ce que sont les taux bas et les revenus d'activité. En outre, cette approche est susceptible de se heurter aux conventions bilatérales répartissant l'imposition des revenus et au droit de l'Union européenne, sur le fondement, notamment, du principe de non-discrimination.

B. Les conflits avec les normes fiscales internationales et européennes

704. L'application des législations CFC pose des questions de compatibilité différentes selon que sont en cause les conventions relatives à la double imposition ou le droit de l'Union européenne.
Dans le premier cas en effet, l'appréhension du revenu peut être contraire aux stipulations de la convention (1). Dans le second cas, il y a à la fois un risque de contrariété avec le droit européen dérivé et un risque d'atteinte aux libertés fondamentales garanties par le Traité (2).

1) La négation de la personnalité des structures et la compatibilité avec les conventions relatives à la double imposition

705. En préambule, et avant même de se poser la question de la compatibilité des législations avec les articles des conventions, il convient de déterminer si les conventions fiscales ont vocation à traiter des législations CFC. Pour une partie de la doctrine, le but des conventions est d'éviter la double imposition, mais pas l'évasion fiscale[1323].
En la matière, la position de l'OCDE a évolué depuis le Modèle de Convention de 1977. En effet, dans les commentaires sous l'article 1 du Modèle de 1977, l'OCDE semblait admettre que les mesures anti-abus nationales devaient être transposées dans les conventions pour être applicables[1324]. En 1992, l'OCDE a ajouté des commentaires spécifiques aux législations CFC[1325]. Il en ressort que, pour la plupart des pays membres de l'Organisation, ces règles relèvent de la législation nationale et ne sont pas couvertes par les conventions fiscales qui ne les affectent pas[1326]. En 2003, les commentaires ont

---

comme transparente dans le cas inverse. A l'appui de sa démonstration, l'auteur établit un parallèle avec la directive mère-fille qui mentionne les entités comparables.

[1323] LANG Michaël, AIGNER Hans Jörgen, SCHEUERLE Ulrich, STEFANER Markus, "CFC Legislation, Tax Treaties and EC Law", EUCOTAX Series on European Taxation, Vol. 8, Kluwer Law International, 2004, General Report, pp. 29-32.

[1324] OCDE, Commentaires sous l'article 1, § 7 : *« ... il incombe aux Etats concernés de prendre dans leur législation interne des dispositions allant à l'encontre de manœuvres éventuelles. Ces Etats voudront alors, dans leurs conventions bilatérales de double imposition, sauvegarder l'application de dispositions de ce genre figurant dans leur législation interne ».*

[1325] OCDE, Commentaires sous l'article 1, § 22 et suivants, ajoutés le 23 juillet 1992.

[1326] *Ibid.*, § 23, qui fait mention, également, de l'opinion dissidente, selon laquelle les règles CFC doivent être conformes aux dispositions générales des conventions, surtout lorsque la convention comporte des clauses visant à empêcher son usage abusif. Sur l'ensemble de la question, voir, SANDLER Daniel, « Tax Treaties and Controlled Foreign Company Legislation : Pushing the Boundaries », Kluwer Law International, 2nd Edition, 1998, pp 87-92.

admis que les législations CFC sont en accord avec les conventions relatives à la double imposition, même en l'absence de mention expresse dans la convention[1327].
Cependant, une partie de la doctrine considère que les législations CFC ne sont applicables qu'en présence d'une stipulation expresse dans la convention[1328]. Pour certains auteurs cependant, le fait même d'introduire de telles clauses traduit un abus des conventions par les Etats[1329].

Indépendamment de la question de la compatibilité des législations CFC avec la vocation des conventions, qui demeure non tranchée[1330], il reste que les articles 7 (a) et 10 (b) des conventions peuvent faire obstacle à l'application des règles relatives aux entités contrôlées.

a) La compatibilité des législations CFC avec l'article 7 du Modèle de Convention relatif aux bénéfices des établissements stables

706. Il est généralement admis que, compte tenu de la rédaction de l'article 7 du Modèle de Convention de l'OCDE, les législations CFC sont incompatibles avec cet article.
En effet, l'article 7 stipule, notamment: *« Les bénéfices d'une entreprise d'un Etat contractant ne sont imposables que dans cet Etat, à moins que l'entreprise n'exerce son activité dans l'autre Etat contractant par l'intermédiaire d'un établissement stable qui y est situé. Si l'entreprise exerce son activité d'une telle façon, les bénéfices qui sont attribuables à l'établissement stable conformément aux dispositions du paragraphe 2 sont imposables dans l'autre Etat »*[1331].

707. Pour une partie de la doctrine, l'article 7 n'est pas d'utilisation pertinente dans le cadre des législations CFC. Ainsi, pour certains auteurs, dès lors que ces législations s'appliquent à des sociétés qui, par nature, sont des entités juridiquement distinctes, l'article 7 n'a pas vocation à s'appliquer[1332]. Cette position laisse la question ouverte pour les établissements stables soumis à une législation sur les entités contrôlées.

[1327] OCDE, commentaires sous l'article 1, § 23, 26, ajoutés le 28 janvier 2003. Voir, aussi LANG Michaël, AIGNER Hans Jörgen, SCHEUERLE Ulrich, STEFANER Markus, "CFC Legislation, Tax Treaties and EC Law", EUCOTAX Series on European Taxation, Vol. 8, Kluwer Law International, 2004, General Report, pp. 30-31; HELMINEN Marjaana, "Is There a Future for CFC-Regimes in the EU?", *Intertax*, 2005, vol.33, Issue 3, p. 118.

[1328] KABBAJ Hicham, RAINGEARD DE LA BLETHIERE Emmanuel, in, "CFC Legislation, Tax Treaties and EC Law", EUCOTAX Series on European Taxation, Vol. 8, Kluwer Law International, 2004, National Report France, pp. 221-253.

[1329] LANG Michaël, "CFC Regulations and Double Taxation Treaties", *Bulletin for International Fiscal Documentation*, February 2003, p. 57. Pour l'auteur, dès lors qu'un Etat a consenti à ne pas imposer certains revenus générés dans l'autre Etat, il ne peut échapper à ses obligations en s'attribuant un pouvoir d'imposition par le biais des règles CFC.

[1330] BENARD Yohann, « Fraude à la loi et Treaty Shopping : que penser de la décision Bank of Scotland ? », *RJF*, n° 04/2007, pp. 319-327.

[1331] OCDE, Modèle de Convention fiscale, article 7 § 1, mis à jour le 22 juillet 2010.

[1332] LANG Michaël, "CFC Regulations and Double Taxation Treaties", *Bulletin for International Fiscal Documentation*, February 2003, pp. 55-56. Pour l'auteur, dès lors que l'entreprise est juridiquement distincte, l'article pertinent est l'article 10 concernant l'imposition des dividendes.

D'autres auteurs sont d'avis que, s'agissant de revenus notionnels, par opposition à des revenus reçus ou distribués, le seul article du Modèle de Convention susceptible de s'appliquer est l'article 21[1333].

Pour une autre partie de la doctrine, la question est celle, non d'une inapplicabilité, mais d'une incompatibilité, entre les législations CFC, qui privilégient l'approche d'une imposition des bénéfices de l'entité contrôlée, et l'article 7 du Modèle de Convention. Pour ces auteurs, en l'absence d'établissement stable dans l'Etat de résidence de l'actionnaire, cet Etat n'a pas vocation, en application des conventions, à imposer le revenu d'une entité résidente d'un autre Etat[1334]. Pour que l'incompatibilité soit avérée, encore faut-il, cependant, que les deux Etats veuillent imposer le même revenu, ce qui n'est pas nécessairement le cas, un conflit de qualification pouvant exister[1335].

708. C'est à cette dernière interprétation, privilégiant l'incompatibilité des législations CFC avec l'article 7 du Modèle de Convention, que s'est rangé le Conseil d'Etat, appelé à statuer sur l'interprétation de l'article 209 B du Code général des impôts dans son ancienne rédaction[1336].

Dans l'arrêt *Schneider Electric*, rendu contrairement aux conclusions du Commissaire du gouvernement[1337], le Conseil d'Etat a jugé : *«(...) Qu'il ressort des termes mêmes de ces dispositions qu'elles ont pour objet de permettre l'imposition en France des bénéfices résultant de l'exploitation d'une société établie à l'étranger et non, contrairement à ce que soutient le ministre, des distributions de bénéfices réputées opérées par cette société étrangère à son actionnaire résidant en France (...) que, par suite, la cour n'a pas commis d'erreur de droit en jugeant que les stipulations de l'article 7 de la convention fiscale franco-suisse s'opposent à l'application des dispositions de l'article 209 B du CGI*».

1333 WATTEL Peter J., MARRES O., "Characterization of Fictious Income under OECD-Pattern Tax Treaties", *European Taxation*, March 2003, pp. 66-79, et particulièrement p. 75 pour l'article 7. L'article 21 du Modèle de Convention stipule que: *« Les éléments du revenu d'un résident d'un Etat contractant, d'où qu'ils proviennent, qui ne sont pas traités dans les articles précédents de la présente Convention ne sont imposables que dans cet Etat »*.

1334 Voir, par exemple, SANDLER Daniel, « Tax Treaties and Controlled Foreign Company Legislation : Pushing the Boundaries », Kluwer Law International, 2nd Edition, 1998, pp. 93-95, 104-105. L'auteur considère que la rédaction de l'article 7 qui fait référence à l'imposition des profits d'une entreprise et non à l'imposition d'une entreprise au regard de ses profits, fait obstacle aux législations CFC fondées sur une appréhension des bénéfices. LANG Michaël, AIGNER Hans Jörgen, SCHEUERLE Ulrich, STEFANER Markus, "CFC Legislation, Tax Treaties and EC Law", EUCOTAX Series on European Taxation, Vol. 8, Kluwer Law International, 2004, General Report, pp. 32-34. Pour les auteurs, dès lors que les législations CFC sont fondées sur une approche par entité, il est logique d'utiliser l'article 7, quand bien même ce dernier crée une incompatibilité. FONTANA Renata, "The Uncertain Future of CFC Regimes in the Member States of the European Union – Part 1", *European Taxation,* June 2006, pp. 263-264; HELMINEN Marjaana, "Is There a Future for CFC-Regimes in the EU?", *Intertax,* 2005, vol.33, Issue 3, p. 118; RUST Alexander, "CFC Legislation and EC Law", *Intertax*, 2008, vol. 36, Issue 11, pp. 494-495.

1335 RUST Alexander précité.

1336 CE, 28 juin 2002, n° 232276, *Société Schneider Electric*, Recueil Lebon, pp. 233-236.

1337 Conclusions AUSTRY Stéphane, *BDCF,* n° 10/2002, n° 120.

Pour leur part, le Commissaire du gouvernement et l'administration fiscale considéraient que les auteurs du texte avaient entendu fonder l'imposition des sociétés contrôlées sur une présomption de distribution des revenus.
A la suite de cet arrêt, l'article 209 B a été sensiblement modifié par la loi de Finances pour 2005[1338]. Désormais, seule l'application de l'article aux établissements stables est susceptible de contrevenir à l'article 7, les revenus des sociétés étrangères contrôlées étant quant à eux présumés distribués[1339].

709. L'article 7 du Modèle de Convention n'est pas, en toute hypothèse, d'utilisation pertinente dans l'application des législations CFC aux sociétés. En revanche, la possibilité qu'il fasse obstacle à de telles législations en ce qui concerne les établissements stables reste ouverte. Cette question renvoie plus largement à la compatibilité de la loi française sur les entités contrôlées avec le système général d'imposition fondé sur le principe de territorialité, et, dans le cadre conventionnel, sur l'exemption du résultat des établissements stables. Dans un cadre conventionnel, il ne pourrait jamais exister d'imposition en France d'un établissement stable étranger, sauf à considérer que, s'agissant de revenus notionnels, ils sont imposables, en application de l'article 21 du Modèle de Convention, à la résidence. Cependant, l'article 21 étant d'application résiduelle, il pourrait être soutenu que les revenus d'activité des établissements stables ne sont soumis qu'à l'article 7 du Modèle.

710. Néanmoins, les commentaires donnés par l'OCDE sous l'article 1 permettent de considérer qu'il n'existe pas de conflit entre les clauses anti-abus prévues par les législations nationales et les conventions relatives à la double imposition[1340]. Aussi la législation française, imposant sous des conditions strictes certains établissements stables, ne contreviendrait pas nécessairement à l'article 7 du Modèle de Convention. Il est à noter, en outre, qu'une incompatibilité éventuelle avec l'article 7 du Modèle de Convention sera limitée par l'absence de convention avec les Etats et territoires non coopératifs[1341].
Le principe français de territorialité de l'imposition des bénéfices peut induire une certaine cohérence à soumettre les établissements stables, comme les filiales, à une législation CFC. Cependant, dans le cadre de la législation CFC, le revenu des établissements stables n'est pas traité comme celui d'une filiale, ce qui crée une nouvelle distorsion[1342].
Si l'article 7 du Modèle de Convention fiscale est généralement considéré comme allant à l'encontre de l'application des législations CFC, la compatibilité de ces législations se pose également au regard de l'article 10 concernant les dividendes, ces derniers étant présumés distribués.

[1338] Loi n° 2004-1484 du 30 décembre 2004, JO du 31 décembre.
[1339] Pour certains auteurs, compte tenu de ce que les conventions signées par l'Etat français exemptent généralement les bénéfices des établissements stables étrangers, il apparaît peu probable que l'article 209 B s'applique. Voir, GOUTHIERE Bruno, « Overwiew of the french CFC Legislation », *European Taxation*, February 2008, pp. 50-57.
[1340] OCDE, commentaires sous l'article 1, § 22-1.
[1341] Loi du 30 décembre 2009, n° 2009-1674, article 22 V, applicable au 1er janvier 2011.
[1342] MESSECA Jacques, GRIFAT Sabrina, « Article 209 B du CGI : l'instruction administrative à la lumière de la jurisprudence communautaire », *Les Nouvelles Fiscales,* 1er juin 2007, pp. 24-30.

b) La compatibilité des législations CFC avec l'article 10 du Modèle de Convention relatif aux dividendes

711. L'article 10 du Modèle de Convention stipule : *« Les dividendes payés par une société qui est un résident d'un Etat contractant à un résident d'un autre Etat contractant sont imposables dans cet autre Etat »*[1343].
La question de l'applicabilité éventuelle de l'article 10 au regard des législations CFC a trait, tout d'abord, à l'interprétation de l'article.
Majoritairement, la doctrine considère que le terme « payés » doit être interprété largement, en ce sens que l'existence d'un flux financier ne serait pas nécessaire[1344].
Pour ces auteurs, les dividendes présumés distribués dans le cadre des législations CFC entrent ainsi dans le champ d'application de l'article 10[1345].
Cette interprétation dépend de la rédaction des conventions. Ainsi, certaines conventions précisent explicitement que les revenus considérés comme distribués par la législation de l'Etat de source sont assimilés à des dividendes[1346], alors que d'autres conventions emploient le terme de « dividendes » au sens strict[1347].
Dans ce dernier cas, l'article pertinent sera celui afférent aux « autres revenus »[1348].

712. Par ailleurs, les versements de dividendes entre sociétés sont, dans la plupart des pays de l'Union européenne, exemptés sous certaines conditions[1349]. Dans ce cas, le

---

[1343] Modèle de Convention fiscale, article 10 § 1. L'Etat de source des dividendes peut toutefois prélever une retenue dont le taux est plafonné.

[1344] LANG Michaël, AIGNER Hans Jörgen, SCHEUERLE Ulrich, STEFANER Markus, "CFC Legislation, Tax Treaties and EC Law", EUCOTAX Series on European Taxation, Vol. 8, Kluwer Law International, 2004, General Report, pp. 34-36; LANG Michaël, "CFC Regulations and Double Taxation Treaties", *Bulletin for International Fiscal Documentation*, February 2003, p. 56; HELMINEN Marjaana, "Is There a Future for CFC-Regimes in the EU?", *Intertax,* 2005, vol.33, Issue 3, p. 118. Pour une opinion contraire, voir, WATTEL Peter J., MARRES O., "Characterization of Fictious Income under OECD-Pattern Tax Treaties", *European Taxation,* March 2003, pp. 66-79 et les conclusions précitées du commissaire du gouvernement Stéphane AUSTRY sous l'arrêt *Schneider Electric.*

[1345] Il est à noter, cependant, que l'article 10 ne sera pas d'application dans le cas de relations triangulaires. Ainsi, les dividendes présumés distribués concernant des revenus passifs qu'une société contrôlée aura reçus d'un pays tiers, ne pourront bénéficier de l'éventuelle convention conclue entre l'Etat de l'associé et l'Etat de l'entité contrôlée. Voir, SANDLER Daniel, « Tax Treaties and Controlled Foreign Company Legislation : Pushing the Boundaries », Kluwer Law International, 2nd Edition, 1998, pp. 105-108.

[1346] Par exemple, Convention entre la France et le Royaume-Uni du 19 juin 2008, article 11, approuvée par la loi n° 2009-1470 du 2 décembre 2009, JO du 3.

[1347] Par exemple, Convention entre la France et la Norvège, du 19 décembre 1980, article 10. Voir également, CE, 13 octobre 1999, n° 190083, 8ème et 9ème s-s, *SA Banque française de l'Orient, RJF,* n° 12/1999, n° 1587 : *« Considérant que les dividendes mentionnés à l'article 10 de la convention franco-néerlandaise n'étant définis ni par cet article, qui se borne à énumérer les titres concernés, ni par aucune autre stipulation de cette convention, ils doivent être définis comme des produits distribués par une société à ses associés en vertu d'une décision prise par l'assemblée générale de ses actionnaires ou porteurs de parts dans les conditions prévues par la loi du 24 juillet 1966 modifiée sur les sociétés commerciales ; que tel n'est pas le cas de revenus réputés distribués au sens de l'article 109-1-1° du CGI ; que ces revenus ne sont mentionnés dans aucun des articles qui précèdent l'article 22 de la convention ».*

[1348] OCDE, Modèle de Convention, article 21.

problème de compatibilité de l'article 10 avec les législations CFC se pose dans les mêmes termes que pour l'article 7. En effet, dès lors que le revenu, s'il avait été effectivement distribué, aurait été exempté dans les mains de l'actionnaire, certains auteurs considèrent comme illogique et inéquitable de l'imposer s'il est présumé distribué[1350].
Le problème de la compatibilité des législations CFC se pose également au regard du droit de l'Union européenne, qu'il s'agisse de la compatibilité de principe avec les libertés fondamentales garanties par le Traité ou de l'application de la directive mère-fille[1351].

2) La négation de la personnalité des structures et la compatibilité avec le droit de l'Union européenne

713. La question de la compatibilité des législations CFC avec le droit européen se pose non seulement à l'égard de la directive mère-fille (a), mais aussi à l'égard des libertés de circulation (b).

a) La compatibilité des législations CFC avec la directive mère-fille

714. Pour les législations CFC fondées sur une distribution présumée de dividendes, la question d'une interaction éventuelle avec la directive mère-fille a pu se poser.
En effet, la directive a pour objet *« de créer des conditions analogues à celles d'un marché intérieur »*[1352], en obligeant les Etats des sociétés mères qui reçoivent, à titre d'associée de leurs sociétés filiales, des bénéfices distribués, soit de s'abstenir d'imposer ces bénéfices, soit de les imposer, tout en autorisant les sociétés mères à déduire du montant de leur impôt la fraction de l'impôt de la filiale afférente à ces bénéfices.
De la même façon que pour le Modèle de Convention de l'OCDE, les termes employés pourraient laisser supposer qu'un flux financier est nécessaire[1353].
Cependant, pour une partie de la doctrine, il convient d'entendre largement les termes « reçus » ou « perçus »[1354].

1349 Pour la France, articles 145 et 216 du CGI. Dès lors qu'une société détient des titres de participation d'un minimum de 5% du capital et pour une durée de deux ans.

1350 Sur la question, voir, par exemple, RUST Alexander, "CFC Legislation and EC Law", *Intertax*, 2008, vol. 36, Issue 11, pp. 494-496 ; WHITEHEAD Simon, "Practical implications arising from the European Court's recent decisions concerning CFC legislation and dividend taxation", *ECTR*, 2007/4, p. 177.

1351 Pour une comparaison entre l'article 10 du Modèle de Convention de l'OCDE et la directive mère-fille, voir TENORE Mario, "Taxation of Dividends: A Comparison of Selected Issues under Article 10 OECD MC and the Parent-Subsidiary Directive ", *Intertax*, 2010, Issue 4, pp. 222–238.

1352 Conseil, Directive du 23 juillet 1990, concernant le régime fiscal commun applicable aux sociétés mères et filiales d'États membres différents, n° 90/435/CEE, JO L 225 du 20 août 1990 p. 6, modifiée par la Directive du 22 décembre 2003, n° 2003/123/CE, JO L 7 du 13 janvier 2004, p. 41, abrogée par la directive 2011/96/UE du 30 novembre 2011, JO L 345 du 29 décembre 2011.

1353 *Ibid.*, article 4 : *« Lorsque la société mère ou un établissement stable perçoit (...) ».*

1354 HELMINEN Marjaana, "Is There a Future for CFC-Regimes in the EU?", *Intertax*, 2005, vol.33, Issue 3, pp. 118-119. Pour l'auteur, les arguments selon lesquelles la directive ne serait

Certains auteurs ont une interprétation plus extensive. Ils considèrent que le terme « distribué » ne peut en aucun cas empêcher l'application de la directive à des profits considérés comme pris en compte par la mère[1355]. En ce cas, appliquer des législations CFC sans tenir compte de la directive mère-fille serait en contradiction avec la préférence européenne et contraire aux objectifs du Traité. Ainsi, selon ces auteurs, il conviendrait d'appliquer la directive mère-fille, même dans le cas où la législation CFC en cause prévoit qu'il y a appréhension du revenu, et non attribution d'un dividende réputé distribué[1356].

715. Cette interprétation est discutable pour plusieurs raisons.
En effet, la directive stipule dans son article premier: *« La présente directive ne fait pas obstacle à l'application de dispositions nationales ou conventionnelles nécessaires afin d'éviter les fraudes et abus »*[1357]. Cette mention peut laisser à penser que la directive ne s'oppose pas aux législations CFC, même si elle ne définit pas ce qu'il faut entendre par les termes « fraude » et « abus »[1358].
Ensuite, il n'est pas certain que la directive implique que les revenus transfrontaliers doivent bénéficier d'un traitement plus favorable que les revenus nationaux.
En ce sens, les législations nationales qui exemptent les dividendes ne le font que pour les dividendes entendus *stricto sensu,* c'est-à-dire résultant d'une décision de distribution de l'assemblée générale des actionnaires et non pour les revenus réputés distribués[1359].
Aussi, il n'est pas certain qu'il convienne d'étendre le champ d'application de la directive au delà des distributions régulières de dividendes.
Si l'on considère que les législations CFC ne sont pas contraires à l'application de la directive mère-fille, il n'en demeure pas moins qu'elles peuvent être incompatibles avec les libertés de circulation.

---

pas applicable dans la mesure où les législations CFC ne visent que les profits non distribués ne valent pas. Pour elle, il n'y aurait aucun sens à exempter les dividendes réellement distribués alors que les dividendes présumés distribués par la même société seraient, quant à eux, imposés. LANG Michaël, AIGNER Hans Jörgen, SCHEUERLE Ulrich, STEFANER Markus, "CFC Legislation, Tax Treaties and EC Law", EUCOTAX Series on European Taxation, Vol. 8, Kluwer Law International, 2004, p. 50.

[1355] LANG Michaël, AIGNER Hans Jörgen, SCHEUERLE Ulrich, STEFANER Markus, précités, p. 50. Pour ces auteurs, toute autre interprétation aboutirait à contourner les objectifs de la directive.

[1356] Ce, d'autant plus que l'article 4 vise désormais les revenus de sociétés considérées par l'Etat de résidence de la mère comme des sociétés de personnes.

[1357] Directive 2011/96/UE précitée, article 1 § 2.

[1358] La Cour, dans l'arrêt du 5 juillet 2007, aff. C-321/05, *Kofoed*, Rec. p. I-5795, points 44-46, rendu en matière d'application de la directive "fusion", a jugé que la transposition en droit interne des dispositions de la directive afférentes à l'abus de droit n'était pas nécessaire, dès lors que la loi interne connaissait un principe général de répression des abus de droit. Voir également, ZALASINSKI Adam, "Case-Law-Based Anti-Avoidance Measures in Conflict with Proportionality Test-Comment on the ECJ Decision in Kofoed", *European Taxation*, December 2007, pp. 571-576.

[1359] Pour la France, le régime mère-fille impliquant une exonération des dividendes à hauteur de 95% ne vaut que pour les distributions régulières, CGI, articles 145 et 216.

b) La compatibilité des législations CFC avec les libertés de circulation : l'application aux établissements stables et aux filiales

716. Il s'agit de déterminer dans quelle mesure la négation de la personnalité des structures et le caractère extraterritorial de l'imposition contreviennent aux libertés de circulation.

Au préalable, il convient de préciser que les législations CFC relèvent *a priori* exclusivement de la liberté d'établissement[1360].

En effet, dans ses arrêts, la Cour souligne : *« Dès lors qu'il s'agit d'une participation qui confère au détenteur une influence certaine sur les décisions de la société et lui permet d'en déterminer les activités, ce sont les dispositions du traité CE relatives à la liberté d'établissement qui trouvent à s'appliquer »*[1361].

Dans la mesure où les législations CFC ne s'appliquent qu'aux entités contrôlées, seule une atteinte à la liberté d'établissement est susceptible d'être retenue. Il en résulte que, si la situation met en cause une structure résidente d'un Etat tiers, la Cour n'examinera pas une éventuelle atteinte à la liberté de circulation des capitaux[1362].

717. Les législations CFC posent un double problème au regard de la liberté d'établissement.

Elles contreviennent, d'une part, au principe d'absence de discrimination en fonction de la résidence, et, d'autre part, à la reconnaissance de la personnalité des structures[1363].

C'est en ce sens que la Cour, rendant le seul arrêt en matière de législations CFC, l'arrêt *Cadbury Schweppes*[1364], a statué. En revanche, de façon étonnante, la Cour n'a pas recherché si la législation en cause induisait un désavantage pour la société résidente[1365].

Pour certains auteurs, le fait que la Cour, dans l'arrêt *Cadbury Schweppes*, n'ait pas pris en considération le montant de l'impôt acquitté au Royaume-Uni, comme elle l'a fait

---

[1360] TFUE, article 49.

[1361] CJCE, 13 avril 2000, aff. C-251/98, *Baars*, Rec. p. I-2787, points 21 et 22 ; 12 décembre 2006, aff. C-374/04, *Test Claimants in Class IV of the ACT Group Litigation*, Rec. p. I-11673, point 39 ; 12 septembre 2006, *Cadbury Schweppes et Cadbury Schweppes Overseas*, C-196/04, Rec. p. I-7995, point 31.

[1362] Même si l'article 63 du TFUE prévoit que la liberté de circulation des capitaux, à la différence des autres libertés de circulation, s'applique dans les relations avec les Etats tiers, la Cour refuse d'examiner les situations dans lesquelles la liberté de circulation des capitaux n'est qu'une conséquence de la liberté d'établissement. Voir, par exemple, CJCE, 6 novembre 2007, aff. C-415/06, *Stahlwerk Ergste Westig GmbHcontre Finanzamt Düsseldorf-Mettmann (SEW)*, Non publiée au Recueil, points 16 et 17.

[1363] SCHÖN Wolfgang, "CFC Legislation and European Community Law", *BTR*, n° 4/2001, pp. 250-260; FONTANA Renata, "The Uncertain Future of CFC Regimes in the Member States of the European Union – Part 1" "Part 2", *European Taxation,* June 2006, pp. 259-267; July 2006, pp. 317-334.

[1364] CJCE, 12 septembre 2006, aff. C-196/04, *Cadbury Schweppes et Cadbury Schweppes Overseas*, Rec. p. I-7995.

[1365] *Ibid.*, point 45 : *« En effet, même en tenant compte (...), de la circonstance éventuelle, mentionnée par la juridiction de renvoi, selon laquelle une telle société résidente ne paierait pas, au titre des bénéfices d'une SEC relevant du champ d'application de ladite législation, un impôt supérieur à celui qui aurait frappé ces bénéfices si ceux-ci avaient été réalisés par une filiale établie au Royaume-Uni, il n'en demeure pas moins... ».*

dans l'arrêt *FII Group Litigation*[1366], est incohérent[1367] : l'absence d'avantage pour une société nationale ne pourrait pas créer de restriction à la liberté d'établissement.

718. Faisant abstraction de la notion d'avantage, la Cour a fondé son analyse sur la nationalité de la société contrôlée[1368] et sur la personnalité distincte de la filiale. Sur ce dernier point, la Cour souligne : *« (...) Il n'en demeure pas moins que, en application d'une telle législation, cette société résidente est imposée sur des bénéfices d'une autre personne morale. Or, tel n'est pas le cas d'une société résidente ayant une filiale imposée au Royaume-Uni ou dont la filiale établie en dehors de cet État membre n'est pas soumise à un niveau inférieur d'imposition »*[1369].

719. Ce point peut faire l'objet d'une comparaison avec un autre arrêt rendu par la Cour. La Cour admet, dans l'arrêt *Cadbury*, l'existence d'une restriction à la liberté d'établissement, du fait de l'imposition dans le chef de la société mère des bénéfices d'une autre personne morale. Or, dans l'arrêt *Marks & Spencer* concernant la transmission des pertes d'une filiale à sa mère, la Cour n'avait pas soulevé l'argument de la personnalité morale de la filiale étrangère[1370].

720. Cette reconnaissance de la personnalité distincte, alliée à une extraterritorialité de l'imposition, conduit à remettre en cause les législations CFC pour incompatibilité avec le Traité. En ce sens, certains auteurs préconisent une application indifférenciée à toutes les sociétés contrôlées, y compris aux sociétés nationales[1371]. De ce fait, et toutes les autres conditions à l'application des législations CFC étant par ailleurs remplies, il n'y aurait pas de discrimination en raison du lieu d'implantation.
Cette solution, pour séduisante qu'elle puisse être, semble difficilement applicable. En effet, il paraît inconcevable que les Etats considèrent leurs propres régimes comme étant privilégiés. En ce cas, une analyse factuelle, démontrant que ces législations ne sont appliquées qu'aux structures étrangères, conduirait la Cour à constater une atteinte à la

1366 CJCE, 12 décembre 2006, aff. C-446/04, *Test Claimants in the FII Group Litigation contre Commissioners of Inland Revenue*, Rec. p. I-11753, point 57.
1367 Voir, par exemple, TERRA Ben J.M., WATTEL Peter J., "European Tax law", Kluwer law International, 5ème édition, 2008, pp. 822-824.
1368 Arrêt *Cadbury Schweppes* précité, point 44 : *« En effet, lorsque la société résidente a constitué une SEC dans un État membre dans lequel celle-ci est soumise à un niveau inférieur d'imposition au sens de la législation sur les SEC, les bénéfices réalisés par une telle société contrôlée sont, en vertu de cette législation, attribués à la société résidente, qui est imposée sur ces bénéfices. En revanche, lorsque la société contrôlée a été constituée et est imposée au Royaume-Uni ou dans un État dans lequel elle n'est pas soumise à un niveau inférieur d'imposition au sens de ladite législation, cette dernière n'est pas applicable et, conformément à la législation du Royaume-Uni relative à l'impôt sur les sociétés, la société résidente n'est pas, dans de telles circonstances, imposée sur les bénéfices de la société contrôlée ».*
1369 *Ibid.*, point 45.
1370 CJCE, 13 décembre 2005, aff. C-446/03, *Marks & Spencer Plc*, Rec. p. I-10837.
1371 Voir, par exemple, RUST Alexander, "CFC Legislation and EC Law", *Intertax*, 2008, vol. 36, Issue 11, pp. 500-501. Sur l'existence d'un projet de loi allemand en ce sens, voir, MAISTO Guglielmo, PISTONE Pasquale, "A european Model for Member States'Legislation on the Taxation of Controlled Foreign Subsidiaries (CFCs), Part 1, *European Taxation*, October 2008, pp. 503-513.

liberté d'établissement. En l'état actuel, aucun Etat membre n'applique de législations CFC à l'intérieur de ses frontières.

721. Une autre possibilité, permettant de valider les législations CFC dans le cadre européen, consisterait à élargir l'application du principe de cohérence[1372] du fait d'un contrôle commun. Ainsi, la cohérence du système fiscal pourrait être acceptée dans le cas où deux contribuables sont contrôlés par la même direction, le désavantage subi par l'un étant compensé par l'avantage accordé à l'autre[1373]. Cette extension du principe de cohérence à deux structures distinctes créerait ainsi les conditions favorables à une approbation intra-européenne des législations CFC, sans mettre directement en cause la personnalité morale des sociétés contrôlées ou la personnalité fiscale des établissements stables.
Cette approche, reconnue par la jurisprudence dans le cadre des régimes de groupe[1374], permettrait de valider des législations CFC sans recourir à la notion d'abus de droit[1375]. Telle n'est cependant pas la position adoptée par la Cour dans le domaine des législations CFC.

722. Les législations relatives aux entités étrangères contrôlées ont pour principal objectif d'empêcher l'érosion de l'assiette fiscale.
L'application de ces règles se traduit par une extension de la compétence de l'Etat de résidence de la société mère et, généralement, par la négation, au moins partielle, de la personnalité de la structure contrôlée. Cependant, compte tenu des restrictions établies par les Etats et par l'Union européenne, ces législations n'aboutissent pas à imposer les établissements stables exemptés et les filiales comme des succursales de droit interne. De surcroît, compte tenu de leur vocation originelle, ces législations s'appliquent majoritairement aux filiales et non aux établissements stables. Dans l'hypothèse où elles s'appliquent néanmoins aux établissements stables, le régime applicable est différent de

---

[1372] CENCERRADO Emilio, "Controlled foreign company and thin capitalization rules are not applicable in Spain to entities resident in the European Union", *ECTR,* 2004/3, p. 109; RUST Alexander, "CFC Legislation and EC Law", *Intertax*, 2008, vol. 36, Issue 11, pp. 497-499. Pour l'auteur, le raisonnement tenu par la Cour dans l'arrêt *Maninnen* [CJCE, 7 septembre 2004, aff. C-319/02, Rec. p. I-7477, ayant étudié le principe de cohérence entre deux contribuables différents], peut être transposé aux législations CFC « Piercing the Veil » (littéralement percer le voile, c'est-à-dire faisant abstraction de la personnalité morale de la société), si ces législations sont également appliquées aux sociétés résidentes, et pas uniquement aux entités étrangères contrôlées.

[1373] CENCERRADO Emilio précité.

[1374] La jurisprudence européenne a connu une évolution sensible du principe de cohérence. L'arrêt CJCE, 27 novembre 2008, aff. C-418/07, *Société Papillon*, Rec. p. I-8947, point 51, a reconnu la cohérence du régime de groupe français et donc l'application du principe lorsque sont en cause des structures distinctes. Sur ce point, voir, par exemple, MAITROT DE LA MOTTE Alexandre, "Régime des groupes (affaire *Papillon*): l'atteinte à la liberté d'établissement est justifiée mais disproportionnée", *Droit Fiscal,* n° 49, 4 décembre 2008, pp. 3-5.

[1375] Telle n'est pas la voie choisie par la Cour ; CJCE, 12 septembre 2006, aff. C-196/04, *Cadbury Schweppes et Cadbury Schweppes Overseas*, Rec. p. I-7995 et la Commission, Communication de la Commission au Conseil, au Parlement européen et au Comité Economique et Social européen, 10 décembre 2007, « L'application des mesures de lutte contre les abus dans le domaine de la fiscalité directe », COM 2007/785 (Final).

celui qui s'applique aux filiales, et de celui qui s'applique aux établissements stables dont le siège est soumis à un système d'imputation.

L'imposition dans l'Etat de résidence du détenteur des structures contrôlées, indépendamment de la forme des structures, peut être due à la volonté des entreprises. En ce sens, les régimes de groupe sont susceptibles d'étendre le pouvoir d'imposition des Etats de résidence des entités consolidant les résultats de l'ensemble du groupe.

SECTION 2 : L'IMPOSITION « VOLONTAIRE » : LES RÉGIMES DE GROUPE

723. Le motif principal des régimes de groupe est de générer, à partir d'entités distinctes, une consolidation totale ou partielle du résultat fiscal dans le chef de la société consolidante. A cette fin, il est fait abstraction, en tout ou en partie, de la personnalité distincte des filiales, et, dans certains cas, de la territorialité de l'imposition des bénéfices. Dans ce dernier cas, les établissements stables, pour lesquels l'Etat du siège pratique l'exemption des résultats, se trouvent dans une situation similaire à celle des filiales étrangères.
Du fait de la diversité des régimes de groupe, les filiales et les établissements stables, en fonction de leur lieu d'implantation, vont être ou non éligibles à de tels régimes. Ainsi, deux formes principales de régimes de groupe se dégagent : les régimes fondés sur une consolidation de l'ensemble des résultats mondiaux des entités faisant partie du groupe, et les régimes fondés sur une consolidation des seuls résultats nationaux[1376].

724. Si, dans les deux cas, les résultats vont être consolidés dans le chef de la structure tête de groupe, il n'en demeure pas moins que la notion de groupe va revêtir une réalité différente.
Dans l'hypothèse d'une consolidation de l'ensemble des résultats mondiaux, les entités composant le groupe vont acquitter l'impôt, ce dernier étant alors imputé sur l'impôt dû par la structure consolidante. En ce sens, le groupe est un agrégat d'entités distinctes. En revanche, lorsqu'il y a consolidation des résultats sur le seul territoire national, le groupe se rapproche d'une entreprise unique, la société consolidante étant le débiteur de l'impôt dû par le groupe (§ 1). Dans les deux cas néanmoins, tant des limites intrinsèques – celles dues au régime de groupe lui-même – que des limites dues à l'application du droit de l'Union s'opposent à voir dans le groupe une entité fiscale unique, la « succursalisation » des filiales étant de ce fait limitée (§ 2).

[1376] Nous faisons abstraction, dans nos développements, des régimes qui n'ouvrent pas droit à une consolidation, tels les régimes du *group relief* pratiqué par le Royaume-Uni, l'Irlande, Malte et Chypre et qui ne vise qu'à transférer des pertes, et du *group contribution*, pratiqué par la Finlande et la Suède et qui vise, à l'inverse, à transférer les seuls bénéfices.

§ 1. Le groupe : une entité fiscale unique ?

725. En matière fiscale, les régimes de consolidation des résultats se fondent sur une imposition globalisée dans l'Etat de résidence de la société consolidante. Cependant, cette consolidation dans l'Etat de résidence de la mère peut concerner soit l'ensemble des structures mondiales éligibles (A), soit les seules structures nationales (B).

A. La consolidation des résultats d'ensemble mondiaux dans l'Etat de résidence de la structure tête de groupe : une « succursalisation » des établissements stables et des filiales ?

726. Seuls trois pays européens appliquent désormais une imposition des bénéfices mondiaux consolidés[1377] : l'Autriche, le Danemark et l'Italie. Ces régimes d'imposition mondiale consolidée ont été introduits dans les années 1960 dans les législations de la France[1378] et du Danemark[1379], et dans les années 2000 en ce qui concerne l'Italie[1380] et l'Autriche[1381]. Ces régimes, étant dérogatoires à la reconnaissance de la personnalité juridique distincte des filiales, sont soumis à des conditions strictes (1). De surcroît, ces régimes contreviennent, pour partie, à la territorialité de l'imposition. Leur but principal est toutefois identique, en ce qu'ils recherchent la neutralité de l'imposition (2).

1) L'existence de conditions restrictives aux fins de la consolidation

727. Les conditions tiennent essentiellement à la nature des structures participant à la consolidation, au pourcentage de leur détention, ainsi qu'à leur latitude à intégrer le périmètre (a) et à la détermination du résultat (b).

[1377] Le régime français du bénéfice mondial et consolidé a été supprimé par l'Assemblée nationale le 7 septembre 2011.

[1378] Loi du 12 juillet 1965, n° 65-566, article 22, codifié à l'article 209 quinquies du CGI.

[1379] Loi du 11 juin 1960, Selskabsskatteloven, n° 285, § 31. La Cour Suprême danoise avait cependant jugé, dans un arrêt de 1943, qu'il était possible d'intégrer des filiales étrangères dans le régime de groupe prévu par la législation danoise. Sur ce point, voir, AMBY Christen, Branch Reporter for Denmark, in IFA, Cahiers de droit fiscal international, "Group Taxation", 2004, vol. 89 b, pp. 235-236. La législation danoise relative à l'imposition des groupes a été modifiée par la loi du 2 mai 2004, n° L 121.

[1380] Loi du 7 avril 2003, n° 80. Pour un commentaire, voir, ADDA Marco, « Can a Permanent Establishment Be a "Legitimate Heir" in a Domestic Consolidated Tax Regime", *European Taxation*, May 2008, p. 239 ; LEONE Francesco, ZANOTTI Emiliano, "Italian Domestic Consolidation: New Opportunities for Tax Planning", *European Taxation*, May 2005, pp. 187-198.

[1381] KörperschaftSteuerGesetz, section 9 (6), entré en vigueur le 1er janvier 2005. Pour un commentaire de la loi, voir, GAHLEITNER Gerald, RATZINGER Stefan, "International Groupe Taxation : An Overview of Austria's New Tax Incentives", *European Taxation*, November 2005, pp. 509-513.

a) Les conditions tenant aux structures

728. Toutes les structures n'ont pas vocation à intégrer un groupe dont les résultats sont consolidés. Les régimes de groupe mondiaux consolident les résultats des exploitations directes et indirectes, nationales et étrangères. Les exploitations directes s'entendent des succursales de droit interne et des établissements stables étrangers, et les exploitations indirectes, des filiales.
Les structures intégrant le périmètre de consolidation doivent être contrôlées par des structures soumises à l'impôt sur les sociétés[1382]. La question ne se pose pas pour les établissements stables, qui, par nature, sont obligatoirement contrôlés, mais revêt de l'importance pour les filiales, notamment en fonction de leur structure sociale. L'Italie, l'Autriche et le Danemark définissent le contrôle en fonction du capital et des droits de vote[1383]. Par ailleurs, les sociétés de personnes étrangères n'entrent pas dans le périmètre de consolidation, cette possibilité étant clairement refusée par les législations danoise et italienne[1384].

729. En outre, du fait du caractère dérogatoire du régime consolidé, les législations sus-mentionnées réduisent la possibilité de choix, par la structure consolidante, de la détermination du périmètre de consolidation. Ainsi, le régime italien prévoit une universalité du périmètre : toutes les structures remplissant les conditions sont soumises au régime de consolidation[1385]. Le régime fiscal danois n'impose une obligation que

---

1382. La loi italienne prévoit expressément la possibilité pour les établissements stables d'être à la tête du groupe consolidé : ADDA Marco, « Can a Permanent Establishment Be a "Legitimate Heir" in a Domestic Consolidated Tax Regime", *European Taxation*, May 2008, pp. 238-244. En revanche la loi française applicable antérieurement à la suppression du régime prévoyait que seules les sociétés et autres personnes morales françaises pouvaient être autorisées à consolider leur résultat (article 113 de l'annexe II au CGI). Cette restriction semblait contradictoire avec le régime d'intégration national, dans lequel les établissements stables de sociétés étrangères peuvent être la structure intégrante, même si, en pratique la question n'a pas été soulevée.

1383 L'Italie reconnaît les deux possibilités, majorité des droits de vote ou majorité du capital ; site du ministère des finances italien, www.finanze.it, Consolidato fiscale ; l'Autriche demande une participation d'au moins 50% du capital avec la majorité des droits de vote, site du ministère des finances autrichien, www.bmf.gv.at, Organschaft. Le Danemark, dont la législation a été modifiée en 2004, utilise les mêmes critères que l'Italie.

1384 Pour le Danemark, l'interdiction résulte de ce que les sociétés de personnes ne relèvent pas de la loi fiscale sur les sociétés, mais de celle sur les personnes physiques. Or, la loi relative à la consolidation fiscale concerne expressément les structures soumises à l'impôt sur les sociétés. Voir, AMBY Christen, Branch Reporter for Denmark, in IFA, Cahiers de droit fiscal international, "Group Taxation", 2004, vol. 89 b, p.237. La loi italienne mentionne que : *« Non possono optare per la tassazione consolidata le società che hanno optato in qualità di partecipante al regime della trasparenza fiscale ». Ne peuvent opter pour le régime de consolidation les sociétés qui ont opté en qualité de participantes au régime de la transparence fiscale.* Traduit par nous.

1385. En Italie, dès lors que la société de tête a opté pour une consolidation mondiale, elle doit inclure toutes les structures non-résidentes ; PRINCEN Savina, GERARD Marcel, « International Tax Consolidation in the European Union : Evidence of Heterogeneity », *European Taxation*, April 2008, p. 184. Tel était également le cas du régime français ; Instruction du 31 mars 1995, BOI 4 H-4-95, n° 63, § 17

pour les structures situées sur son territoire[1386]. Quant au régime autrichien, le périmètre est restreint par l'inclusion des seules filiales de premier rang étrangères, à l'exclusion des sous-filiales[1387].
Une fois le périmètre de consolidation déterminé, il reste à établir le résultat imposable.

b) La détermination du résultat

730. Les régimes de consolidation existant n'appliquent pas des règles identiques en matière de détermination du résultat. Le Danemark applique ses propres règles fiscales à la détermination du résultat des structures non-résidentes[1388]. Ainsi, le bilan et le compte de résultat sont établis au regard de la législation à laquelle est soumise la société consolidante, le résultat étant, quant à lui, exprimé en Couronnes danoises[1389].

731. Cette pratique conduit ainsi à succursaliser les résultats des filiales étrangères et ceux des établissements stables, dans la mesure où le Danemark applique le régime de l'exemption aux établissements stables étrangers de ses sociétés résidentes. Cette « succursalisation » est cependant partielle pour plusieurs raisons. En premier lieu, il n'y a pas de prise en compte des opérations entre une succursale de droit interne et le siège, du fait de l'unité juridique. En second lieu, les structures étrangères se voient appliquer l'impôt du lieu de leur implantation. De ce fait, la charge d'impôt supportée par les structures étrangères, et imputée par la société consolidante, ne sera pas identique à celle générée par les activités d'une succursale de droit interne.
En outre, des ajustements peuvent être apportés au résultat consolidé.
Les règles italiennes prévoient des ajustements au résultat consolidé, du fait des transactions intra-groupe. La loi italienne prévoit notamment la neutralisation des plus-values de transfert d'actifs[1390]. Au Danemark, comme en Autriche, les opérations intra-groupe ne sont pas neutralisées et doivent s'établir selon le principe de pleine concurrence.

732. Il apparaît ainsi que les conditions différentes dans lesquelles s'appliquent les régimes consolidés aboutissent à une détermination du résultat hétérogène. En effet, en fonction des conditions présidant à l'entrée dans le périmètre, et en fonction les règles régissant la détermination des résultats, les groupes détermineront une assiette fiscale très différente selon les lois de l'Etat dans lequel ils ont été constitués.

[1386] PRINCEN Savina, GERARD Marcel, « International Tax Consolidation in the European Union : Evidence of Heterogeneity », *European Taxation*, April 2008, p. 184.
[1387] Site du ministère des finances autrichien précité ; PRINCEN Savina, GERARD Marcel, précités, p. 177.
[1388] De ce fait, les obligations de retraitement incombant aux sociétés consolidantes sont extrêmement lourdes. Les vérifications diligentés par l'Etat de la société consolidantes peuvent être effectuées sur toutes les structures du groupe, ces dernières ayant l'obligation de présenter des documents conformes à la loi nationale.
[1389] AMBY Christen, Branch Reporter for Denmark, in IFA, Cahiers de droit fiscal international, "Group Taxation", 2004, vol. 89 b, p. 244.
[1390] LEONE Francesco, ZANOTTI Emiliano, "Italian Domestic Consolidation: New Opportunities for Tax Planning", *European Taxation*, May 2005, pp. 194-195.

En revanche, les objectifs de ces régimes sont identiques, en ce qu'ils ambitionnent une neutralité de l'imposition.

2) La neutralité de l'imposition

733. La neutralité fiscale pour les groupes signifie que les choix économiques ne doivent être affectés ni par le lieu d'implantation des structures constituant le groupe, ni par leur forme[1391]. Dans les pays pratiquant un régime mondial d'imposition des résidents, le lieu d'implantation des exploitations directes – les structures dénuées de la personnalité morale – est, d'un point de vue fiscal, indifférent, contrairement aux Etats ayant adopté un régime territorial d'imposition, ou aux Etats exemptant les résultats des établissements stables dans leur cadre conventionnel. Des trois pays européens disposant actuellement d'une législation de consolidation mondiale des résultats, seul le Danemark applique, dans son système fiscal général, une imposition territoriale de ses résidents. En revanche, l'Italie et l'Autriche imposent leurs résidents sur une base mondiale. Cependant, l'Italie, à la différence de l'Autriche, pratique l'exemption des résultats des établissements stables étrangers lorsqu'une convention fiscale a été signée[1392]. En ce sens, le régime d'imposition italien se rapproche des systèmes d'imposition territoriale des bénéfices.

734. En revanche, la forme des structures n'est jamais neutre, quel que soit le régime d'imposition. A cet égard, la consolidation des résultats des filiales, tant nationales qu'étrangères, constitue une dérogation à la pleine reconnaissance de leur personnalité morale. Néanmoins, à la différence des régimes des sociétés contrôlées, ce sont les groupes multinationaux eux-mêmes qui décident de bénéficier d'une consolidation mondiale de leurs résultats[1393]. En optant pour l'application du régime mondial consolidé d'imposition, les groupes aspirent à minorer leur résultat par la prise en compte des pertes nationales et transfrontalières, et non à l'augmenter par la somme des bénéfices[1394].

[1391] MASUI Yoshiro, General Reporter, in IFA, Cahiers de droit fiscal international, "Group Taxation", 2004, vol. 89 b, pp. 34-37.

[1392] Document de travail des services de la commission, annexe à la Communication de la Commission au Conseil, au Parlement européen et au Comité économique et social européen, « le traitement fiscal des pertes dans les situations transfrontalières », annexes techniques, 19 décembre 2006, COM (2006) 1690, Annexe 3 ; VANISTENDAEL Frans, "Does the ECJ have the power of interpretation to build a tax system compatible with the fundamental freedoms?", *ECTR*, 2008/2, p. 60.

[1393] Etant entendu que le choix est limité par les particularités législatives des Etats. L'Italie et le Danemark limitent la possibilité de détermination du périmètre. La France lorsque le régime était en vigueur ne l'accordait que sur agrément ministériel et aux sociétés dont la vocation économique était internationale (article 209 quinquies du CGI, Instruction précitée § 13)

[1394] Le régime fiscal autrichien est plus favorable pour les sociétés que les régimes danois et italien en ce qu'il ne prévoit pas la consolidation des bénéfices des filiales étrangères, mais seulement la prise en compte de leurs pertes. Site du ministère des Finances autrichien précité, GAHLEITNER Gerald, RATZINGER Stefan, "International Groupe Taxation : An Overview of Austria's New Tax Incentives", *European Taxation*, November 2005, p. 509. Ce régime peut être comparé à celui de l'article 209 C du CGI, même si ce dernier est limité au PME.

735. En outre, la création du groupe va permettre de limiter l'impôt par la prise en compte, dans l'Etat de résidence de la société consolidante, des impôts acquittés à l'étranger. Toutefois, les Etats limitent en règle générale la possibilité d'imputation des impôts acquittés à l'étranger[1395]. Ainsi, l'Italie limite le montant de l'impôt imputable à celui qui aurait été dû si la société avait été une société nationale[1396].
La législation italienne limite l'impôt imputable société par société, aux fins d'éviter la compensation des pertes et des profits de filiales situées dans le même pays[1397].
En outre, si les impôts étrangers non imputés l'année même en Italie peuvent être reportés en avant et faire l'objet d'une imputation ultérieure, celle-ci est limitée dans le temps à 5 ans[1398]. Les impôts étrangers s'imputant prioritairement sur l'exercice ne peuvent, à l'issue du délai de cinq ans, faire l'objet d'un remboursement par les administrations nationales. De ce fait, il existe une différence importante entre les exploitations nationales et les exploitations situées à l'étranger.

736. Les régimes d'imposition des bénéfices mondiaux et consolidés ne sont cependant pas de simples régimes d'imputation similaires à ceux s'appliquant aux établissements stables, lorsque l'Etat de résidence applique un régime d'imposition mondiale des résidents. En effet, si l'Etat de résidence de la société consolidante autorise des retraitements dus aux opérations intra-groupe avec les filiales étrangères pour la détermination du bénéfice, il exempte de ce fait une partie du résultat imposable[1399]. Tel n'est pas nécessairement le cas pour les établissements stables, dans la mesure où l'approche de l'entité fonctionnellement distincte, soumise au principe de pleine concurrence, est l'approche autorisée. En présence de retraitement des opérations intra-groupe, les filiales bénéficient d'un traitement fiscal qui se rapproche de celui des succursales de droit interne. En revanche, dès lors qu'aucun retraitement du résultat des filiales n'est opéré, celles-ci demeurent, dans le cadre du régime consolidé, des entités distinctes.

Cependant, les systèmes de consolidation des bénéfices, du fait notamment des conditions de leur application, n'aboutissent pas à une totale neutralité de l'impôt. Cette neutralité est plus aisément atteinte par les régimes de consolidation nationaux, mais uniquement dans un Etat donné.

1395 Les impôts étrangers s'entendent des impôts de quotité similaires à l'impôt sur les sociétés.
1396 GIACONIA Massimo, Branch Reporter in IFA, Cahiers de droit fiscal international, "Group Taxation", 2004, vol. 89 b, pp. 386-387.
1397 GIACONIA Massimo, Branch Reporter in IFA, Cahiers de droit fiscal international, "Group Taxation", 2004, vol. 89 b, pp. 386-387.
1398 Voir GIACONIA Massimo précité.
1399 Ce qui est le cas notamment des transferts d'actifs dans le cadre du régime italien.

B. La consolidation des résultats d'ensemble nationaux dans l'Etat de résidence de la société tête de groupe

737. Dans l'Union européenne, neuf Etats membres ne connaissent aucun régime d'imposition des groupes[1400], et onze appliquent un régime interne de consolidation des résultats[1401]. A la différence des systèmes de consolidation mondiale des résultats, ces régimes ne dérogent pas au principe de territorialité de l'imposition. En revanche, les systèmes reconnaissant les régimes de consolidation des résultats traitent le groupe comme une entité fiscale unique. Aussi, les résultats des exploitations directes et indirectes nationales éligibles sont additionnés pour déterminer le résultat d'ensemble (1). Cette consolidation immédiate des résultats aboutit à une forme de neutralité de l'imposition (2).

1) La consolidation des résultats

738. Dans les régimes de consolidation nationaux, les conditions d'éligibilité au régime sont souvent moins strictes que celles présidant à la constitution de groupes imposés sur un résultat international. Toutefois, elles tiennent également à la nature des structures participant à la consolidation, au pourcentage de leur détention, ainsi qu'à leur latitude à intégrer le périmètre (a), et à la détermination du résultat (b).

a) Les conditions tenant aux structures

739. Le périmètre des groupes varie en fonction des législations. Les systèmes nationaux étant généralement optionnels, les sociétés éligibles sont libres d'intégrer le groupe.
Le périmètre est essentiellement déterminé par la nature que peut revêtir la structure intégrante et par celle que peuvent avoir les structures intégrées.
De manière générale, les structures intégrantes doivent être soumises à l'impôt sur les sociétés, à l'exception du régime allemand de l'*Organschaft*[1402], qui offre la possibilité aux personnes physiques et aux sociétés de personnes d'être à la tête du groupe[1403].

740. De ce fait, certains Etats reconnaissent la possibilité pour l'établissement stable d'une société étrangère d'être à la tête d'un groupe. Il en est ainsi, notamment, en Allemagne[1404], Autriche[1405], Espagne[1406], France[1407] et Italie[1408], sous certaines

---

[1400] Belgique, Bulgarie, Estonie, Grèce, Hongrie, Lithuanie, Roumanie, République Slovaque, République Tchèque.
[1401] Allemagne, Autriche, Danemark, Espagne, France, Italie, Luxembourg, Pays-Bas, Pologne, Portugal, Slovénie.
[1402] L'Organschaft est le régime de groupe le plus ancien en Europe. Il a été reconnu par un jugement de la Cour administrative prussienne (Oberverwaltungsgerichts) du 31 mai 1902 et intégré dans le corpus législatif allemand par la loi du 15 août 1969. Voir, ECKSTEIN Hans-Martin, Gruppeberichterstatter, in IFA, Cahiers de droit fiscal international, "Group Taxation", 2004, vol. 89 b, p. 298.
[1403] ECKSTEIN Hans-Martin, précité, pp. 299-300.
[1404] Ibid.

conditions. A l'exception de la France, les autres Etats imposent que l'Etat du siège de l'établissement stable soit lié à l'Etat de *situs* de l'établissement par une convention fiscale. De surcroît, les régimes allemand et italien prévoient l'obligation pour la structure dominante d'avoir une activité industrielle ou commerciale[1409]. A cet égard, il est permis de se demander si un établissement stable français ayant une activité de holding pure pourrait être tête de groupe. En effet, la doctrine administrative paraît contradictoire. Ainsi, il est prévu, d'une part, que le régime de groupe concerne tous les secteurs d'activités, incluant les activités non commerciales et agricoles, et, d'autre part, que toutes les sociétés soumises à l'impôt sur les sociétés, de droit ou sur option, peuvent opter pour le régime de l'intégration[1410]. Or, comme mentionné dans la première partie, l'administration française s'oppose à ce qu'un établissement stable puisse avoir une pure activité patrimoniale[1411]. Pour les raisons précédemment exposées tenant à la compatibilité avec le droit de l'Union européenne, il semble que, dans la mesure où l'établissement stable est imposé dans l'Etat d'accueil comme une entité juridiquement distincte, il devrait, indépendamment de l'activité exercée, pouvoir être à la tête d'un groupe intégré.

741. Les structures intégrées doivent être contrôlées. Comme dans les régimes de consolidation mondiale, la notion de contrôle varie en fonction des législations[1412]. De surcroît, dans la plupart des cas, les sociétés contrôlées doivent être des sociétés de capitaux résidentes[1413]. Toutefois, la législation française prévoit, depuis 2005, qu'un

---

[1405] Site du ministère des finances autrichien, www.bmf.gv.at, Organschaft.

[1406] STEPHOLT Ralf, BASCOPE Hugo, HERING Alexander, "Group taxation in Spain", *European Taxation*, August 2008, p. 404.

[1407] Doctrine administrative, DB 4 H 661, § 6.

[1408] ADDA Marco, « Can a Permanent Establishment Be a "Legitimate Heir" in a Domestic Consolidated Tax Regime", *European Taxation*, May 2008, pp. 238-244.

[1409] En ce qui concerne l'Allemagne, KörperschaftSteuerGesetz (KStG), § 14. Cette position est cohérente avec le régime des établissements stables allemands de société étrangère, puisque la circulaire du 24 décembre 1999, n° IV B 4-S 1300-111/99, afférente aux établissements stables, définit l'établissement stable comme exerçant une activité industrielle ou commerciale ; AMANN Robert, BRICKER Michael P., ETTINGER Jochen, MITTERMAIER Johannes E., DOWE Christiane, GÖTTSCHE Max, STOCKMAN Franck, « German Tax Guide », Luchterhand, Kluwer Law International, 2001, p.1030-1031. Notons que les textes ultérieurs ne font plus mention de l'activité industrielle ou commerciale, mais que la circulaire de 1999 n'a, semble-t-il, pas été rapportée. En ce qui concerne l'Italie, GIACONIA Massimo, Branch Reporter in IFA, Cahiers de droit fiscal international, "Group Taxation", 2004, vol. 89 b, p. 379.

[1410] Doctrine administrative précitée, § 7.

[1411] *Supra*, § 357.

[1412] La notion de contrôle varie entre 50% : Allemagne, Autriche, Italie, Danemark, 75% : Espagne, et 95% : France, Luxembourg, Pays-Bas.

[1413] En Allemagne, sont éligibles les sociétés par actions et les sociétés en commandite par actions, KStG § 14. En Espagne, sont concernées, les sociétés par actions, les sociétés en commandite par actions et les sociétés à responsabilité limitée, voir, STEPHOLT Ralf, BASCOPE Hugo, HERING Alexander, "Group taxation in Spain", *European Taxation*, August 2008, p. 404. En Italie, sont concernées les mêmes structures qu'en Espagne, mais aussi les coopératives et les mutuelles d'assurance, voir, GIACONIA Massimo, Branch Reporter in IFA, Cahiers de droit fiscal international, "Group Taxation", 2004, vol. 89 b, p. 379. En France, à ces

établissement stable d'une société non-résidente peut faire partie d'un groupe intégré[1414].

Le pourcentage de détention et l'intégration des établissements stables dans le périmètre du groupe emportent des conséquences sur la détermination du résultat imposable.

b) La détermination du résultat

742. En matière comptable, les groupes n'ont pas à établir de résultat consolidé. En matière fiscale, l'autonomie des structures les conduit à calculer leur résultat comme si elles étaient imposées séparément. Ce n'est qu'à l'issue de cette première étape que le résultat réellement imposable est déterminé, en agrégeant l'ensemble des résultats, bénéficiaires ou déficitaires, des entités du groupe.

Quelques Etats admettent le retraitement des opérations intra-groupe. Il en est ainsi de l'Espagne, de la France et des Pays-Bas. Toutefois, seuls les Pays-Bas admettent une consolidation totale des résultats, par la neutralisation de tous les revenus provenant de transactions internes. En effet, cet Etat reconnaît une personnalité au groupe[1415]. De ce fait, il n'existe qu'un seul résultat, qui reprend l'ensemble des actifs et passifs des structures composant le groupe[1416]. En ce sens, le régime néerlandais est le seul dans lequel les filiales sont intégralement assimilées à des succursales.

L'Espagne, à défaut de reconnaître une personnalité fiscale au groupe, admet une neutralisation totale des opérations intra-groupe[1417], y compris celles tenant au résultat courant[1418]. Quant à la France, l'ampleur des neutralisations opérées[1419] permet de rapprocher, à défaut de l'assimiler, le résultat des filiales nationales de celui des succursales. Les différences avec le régime des succursales tiennent essentiellement à la prise en compte des opérations courantes intra-groupe (i.e. cessions de stocks), dans le calcul du résultat.

---

structures se rajoute, depuis la loi de finances rectificative pour 2008, les établissements de crédit mutualistes, article 223 A et loi n° 2008-443 du 30 décembre 2008, article 91.

[1414] Instruction du 19 juillet 2005, BOI 4 H-2-05, § 27 et 28.

[1415] De VRIES Rudolf J., Branch Reporter for Netherlands in IFA, Cahiers de droit fiscal international, "Group Taxation", 2004, vol. 89 b, pp. 461-468.

[1416] PRINCEN Savina, GERARD Marcel, « International Tax Consolidation in the European Union : Evidence of Heterogeneity », *European Taxation*, April 2008, p. 182.

[1417] Real Decreto Legislativo, 5 de marzo, 4/2004, por el que se aprueba el texto refundido de la Ley del Impuesto sobre Sociedades, Capitulo VII, Régimen de consolidación fiscal, Artículo 72: *Eliminaciones: "Para la determinación de 1. la base imponible consolidada se practicarán la totalidad de las eliminaciones de resultados por operaciones internas efectuadas en el período impositivo". "Pour la détermination de la base imposable, les opérations internes effectuées sur la période d'imposition seront totalement éliminées"*. Traduit par nous.

[1418] Voir l'exemple donné par STEPHOLT Ralf, BASCOPE Hugo, HERING Alexander, "Group taxation in Spain", *European Taxation*, August 2008, p. 407, dans lequel les profits résultant de la vente de produits stockés sont extournés du résultat du groupe.

[1419] CGI, articles 223 B à 223 F. Notamment, la législation française prévoit la neutralisation de la quote-part de frais et charges due lors des distribution des dividendes, des dividendes n'ouvrant pas droit au régime mère-fille (article 223 B al. 3), de toutes les provisions intra-groupe (article 223 B al. 4), des subventions et abandons de créances (article 223 B al. 6) et des plus et moins-values de cession d'immobilisations (article 223 F).

743. La particularité du régime français a trait au fait que les établissements stables de sociétés étrangères peuvent être tête de groupe ou structure intégrée[1420]. Cette possibilité est susceptible d'avoir un impact sur la détermination du résultat. En effet, certaines opérations entre le siège et son établissement stable ne sont pas fiscalement admises par les Etats. Il en est ainsi, notamment, des opérations portant sur les immobilisations incorporelles et de certaines opérations financières[1421]. Ainsi, le résultat de l'établissement stable peut être minoré[1422] – ou majoré[1423] – en fonction des législations des Etats de *situs*. Aussi, il apparaît que l'application des préconisations de l'OCDE, relatives au traitement des établissements stables en tant qu'entités fonctionnellement distinctes, serait souhaitable, de manière à rapprocher, dans le cadre des groupes, le régime des établissements stables de celui des filiales[1424]. En revanche, le régime des établissements stables ne doit pas être identique à celui des succursales, du fait de son caractère extraterritorial. En effet, la succursalisation, dans le cadre d'un régime de groupe intégrant un établissement étranger, reviendrait à faire supporter à l'Etat de la société de tête le coût de la neutralisation d'opérations auxquelles des sociétés résidentes ne sont pas parties.
A cela, il convient d'ajouter que l'établissement stable faisant partie d'un groupe intégré voit, à la différence des filiales, son résultat appréhendé non seulement par la société intégrante, mais aussi par le siège étranger[1425].
Cette particularité est susceptible d'avoir des répercussions sur la neutralité de l'imposition.

2) La neutralité de l'imposition

744. La neutralité de l'imposition s'entend principalement d'une neutralité dans le temps. En effet, la particularité des régimes de consolidation est de permettre une imputation immédiate – et non différée – des déficits des structures appartenant au groupe. En réalité, l'expression « neutralité de l'imposition » ne concerne pas l'impôt lui-même, mais la neutralité en raison de la forme des structures. En effet, le résultat de groupe est calculé comme si toutes les structures le composant étaient des succursales de droit interne. En ce sens, les dividendes versés par les filiales sont intégralement exonérés[1426], et leurs déficits immédiatement pris en compte.

[1420] Dès lors que le siège étranger est détenu à au moins 95% par la société tête de groupe et a donné son accord pour que l'établissement stable fasse partie du périmètre d'intégration. Instruction du 19 juillet 2005, BOI 4 H 2-05, § 28.
[1421] *Supra*, § 194 et suivants.
[1422] Du fait de la non prise en compte des redevances que pourrait être amené à lui verser le siège.
[1423] Du fait de la non-déductibilité des intérêts dans les relations avec le siège.
[1424] En ce sens, voir en ce qui concerne le régime de consolidation interne italien, ADDA Marco, « Can a Permanent Establishment Be a "Legitimate Heir" in a Domestic Consolidated Tax Regime », *European Taxation*, May 2008, pp. 238-244.
[1425] Dès lors que l'Etat du siège impose ses résidents sur une base mondiale avec bénéfice de l'imputation.
[1426] Ainsi, la plupart des Etats exemptent également la quote-part de frais et charges, dont l'imposition est autorisée par la directive du 23 juillet 1990, 90/435/CEE, concernant le régime fiscal commun applicable aux sociétés mères et filiales d'Etats membres différents. Voir, à titre d'exemple, pour l'Italie, LEONE Francesco, ZANOTTI Emiliano, "Italian Domestic

745. En revanche, la « neutralité de l'imposition » se traduit, en règle générale, par un gain d'impôt pour le groupe, si l'on établit une comparaison avec une imposition distincte de l'ensemble des structures. Si le gain d'impôt est évident lorsque certaines structures sont bénéficiaires et d'autres déficitaires, il existe également lorsque toutes les structures sont bénéficiaires[1427]. Ce gain est d'autant plus important que, dans les régimes nationaux de consolidation, le résultat du groupe est déterminé en agrégeant la totalité du résultat des structures, indépendamment du pourcentage de leur détention.
L'exemple italien, dans lequel la consolidation des résultats est possible lorsqu'il existe un pourcentage de détention d'au moins 50%, prouve l'existence d'un gain d'impôt global important. En effet, si l'impôt sur les bénéfices est identique, en présence ou en l'absence de groupe lorsque les structures composant le groupe réalisent des bénéfices, il convient d'y ajouter, en l'absence de régime de groupe, le supplément d'impôt dû aux distributions. Ainsi, le gain d'impôt global est, *a minima*, de 31,4%[1428] de la quote-part de frais et charges imposable et beaucoup plus important si les associés minoritaires sont des personnes physiques[1429].

746. De surcroît, la neutralité de l'imposition va être affectée par la répartition de l'impôt acquitté par la structure consolidante au sein du groupe. Ainsi, bien que plusieurs des régimes nationaux de groupe prévoient une responsabilité solidaire ou conjointe des membres du groupe dans le paiement de l'impôt[1430], cela ne préjuge pas de la répartition de l'impôt.
A cet égard, la doctrine administrative française, qui prévoit la comptabilisation par chaque filiale de l'impôt sur les sociétés comme si la filiale avait été imposée séparément, a été sanctionnée par plusieurs jugements[1431]. Les juridictions françaises ont considéré que la répartition de l'impôt au sein du groupe relevait des conventions intra-groupe conclues et que l'absence de répartition ne pouvait caractériser une

---

Consolidation: New Opportunities for Tax Planning", *European Taxation*, May 2005, pp. 193-194 ; pour l'Espagne, STEPHOLT Ralf, BASCOPE Hugo, HERING Alexander, "Group taxation in Spain", *European Taxation*, August 2008, p. 407 ; pour la France, CGI, article 223 B al. 2.

[1427] Du fait, notamment de l'absence d'imposition de la quote-part de frais et charges.

[1428] Environ, car l'impôt sur les sociétés italien se subdivise en deux : l'IRES (imposta sul reddito della societa) de 27,5% et l'IRAP (Imposte Regional sulle Attivita produttive) de 3,9% et une taxe municipale sur la propriété immobilière.

[1429] Le taux marginal d'impôt sur le revenu est de 43% en Italie. Cependant, les paiements des associés minoritaires peuvent être traités comme des revenus exemptés dans le cadre d'un accord libre entre les associés pour tenir compte de la valeur économique du bénéfice fiscal conféré. Voir, GIACONIA Massimo, Branch Reporter in IFA, Cahiers de droit fiscal international, "Group Taxation", 2004, vol. 89 b, p. 380.

[1430] A titre d'exemple, l'Etat français prévoit une responsabilité solidaire des sociétés du groupe dans le paiement de l'impôt, à hauteur de l'impôt qui aurait été dû si la société n'avait pas été membre du groupe : article 223 A al. 8. Il en est demême pour l'Italie: article 127 of the IITC. L'Espagne prévoit également une responsabilité solidaire, avec pour seule limite la non inclusion des pénalités : Real Decreto Legislativo, 5 de marzo, 4/2004, por el que se aprueba el texto refundido de la Ley del Impuesto sobre Sociedades, Capitulo VII, Régimen de consolidación fiscal, Artículo 66.

[1431] CAA Lyon, 2 avril 2009, n° 05LY01975, *min. c/ Sté Wolseley Centers France*, *Droit Fiscal*, n° 23/2009, Comm. 355 ; TA Cergy-Pontoise, 30 juin 2009, n° 0401884, *Sté Kingfisher International France Ltd*, *Droit Fiscal*, n° 38, 17 septembre 2009, pp. 18-19.

subvention indirecte[1432]. Cette position, confirmée par le Conseil d'Etat[1433], peut aboutir à modifier le résultat transmis par les filiales intégrées, le résultat fiscal de chaque filiale étant normalement augmenté de l'impôt sur les sociétés calculé sur leur résultat propre[1434].
En outre, cette jurisprudence est susceptible d'avoir des conséquences dans le cas où un établissement stable fait partie du groupe intégré.

747. De fait, la neutralité de l'imposition, lorsqu'un établissement stable fait partie du périmètre d'intégration, pose différents problèmes. En effet, lorsque l'Etat du siège étranger a un système d'imposition mondiale des résidents avec bénéfice de l'imputation, le résultat de l'établissement stable va être imposé dans l'Etat du siège, un crédit étant accordé pour l'impôt acquitté localement. Or, lorsque l'établissement stable fait partie d'un groupe intégré, son résultat est pris en compte par la société intégrante et l'impôt est acquitté par cette dernière.

Dans ce cas, diverses possibilités de calcul pour le siège sont envisageables :
- soit il prend en compte le résultat comme si l'établissement stable était imposé séparément et impute l'impôt qui aurait dû être acquitté ;
- soit il prend en compte le résultat après retraitements et impute l'impôt qui aurait dû être acquitté[1435] ;
- soit il ne tient pas compte de l'impôt notionnel, dans le cas par exemple où la société intégrante n'a pas réparti l'impôt.

748. Il semble que, compte tenu des principes d'imposition régissant les établissements stables, et dans la mesure où son résultat est pris en compte dans la comptabilité du siège, il conviendrait d'appliquer la deuxième solution. En effet, il est plus juste pour l'Etat du siège de prendre en compte un résultat qui, *in fine*, va constituer une partie du résultat imposable à la source, plutôt qu'un résultat sur lequel aucun retraitement ne serait effectué. Cette solution présente cependant l'inconvénient de faire peser sur l'Etat de *situs* la charge fiscale, lorsque, par hypothèse, la société intégrante n'a pas réparti l'impôt[1436].

[1432] En application de la doctrine administrative, DB 4 H 5522, l'Administration fiscale considère que l'absence de répartition ou une répartition insuffisante de l'impôt sur les société sont constitutives d'une subvention indirecte qui doit être réintégrée lors de la sortie du groupe. Le Conseil National de la comptabilité est également d'avis que la charge d'impôt doit être comptabilisée par chaque société comme si elle était imposée séparément : CNC n° 78, 2 juin 1989.
[1433] CE, 12 mars 2010, n° 328424, 3ème et 8ème s-s, *Sté Wolseley Centers France, RJF*, n° 05/2010, n° 469 ;CE, 24 novembre 2010, ,°334032, *min c/Sté Océ NV*, *RJF*, n° 02/2010, n° 151 ; COLONNA d'ISTRIA Antoine, DANIEL-MAYEUR Vincent, « Répartition de la charge d'impôt sur les sociétés : la liberté est la règle », *FR*, n° 17/10, pp. 9-11.
[1434] L'impôt sur les sociétés n'est pas déductible du résultat, CGI, article 213.
[1435] Soit en totalité, soit, en fonction de la législation de l'Etat du siège, à hauteur de ce qui aurait été dû dans un cadre national.
[1436] Ainsi, en cas de cessation du groupe, la société intégrante n'ayant pas constaté de créance d'impôt à l'égard des membres du groupe, n'a, en application des jurisprudences précitées, pas d'impôt supplémentaire à acquitter.

En toute hypothèse, les régimes de consolidation, qu'ils soient nationaux ou transfrontaliers, procurent aux groupes des avantages fiscaux dus essentiellement au rapprochement de la fiscalité applicable aux filiales et aux établissements stables de celle applicable aux succursales de droit interne. Cependant, l'assimilation aux succursales n'est pas totale, du fait des caractéristiques propres des régimes et de l'application du droit de l'Union européenne.

§ 2. Les limites à la notion de groupe en tant qu'entité fiscale unique

749. Les limites à la notion de groupe consolidé en tant qu'entité fiscale unique sont principalement de deux ordres. Elles tiennent non seulement aux caractéristiques intrinsèques des régimes, les Etats ayant limité la portée de la création d'unités fiscales (A), mais aussi à la jurisprudence européenne (B).

A. Les limites intrinsèques

750. Les limites intrinsèques sont celles posées par les législations aux fins de circonscrire l'impact des régimes de groupes. Certaines de ces limites ressortent de la volonté des Etats de préserver leurs ressources budgétaires (1). D'autres, en revanche, bien que dues également à des dispositions législatives, sont étroitement liées à la nature des structures composant le groupe (2).

1) Les limites dues aux spécificités législatives nationales

751. Certaines limites, dues essentiellement à la volonté des Etats de préserver leurs ressources budgétaires, sont un frein à la reconnaissance du groupe en tant qu'unité fiscale.
Une des limites est propre aux régimes de consolidation mondiaux. Dans le cadre des régimes transfrontaliers de consolidation, le législateur peut avoir souhaité favoriser les entreprises. Il en est ainsi, par exemple, du régime autrichien dans lequel seules les pertes – et non les bénéfices des filiales étrangères – sont prises en compte dans le résultat de la société consolidante[1437]. Cependant, de manière générale, les régimes mondiaux présentent des contraintes qui les rendent moins attrayants. En effet, ces régimes supposent une détermination du résultat à la fois en fonction des règles du lieu d'implantation et en fonction des règles de l'Etat de la société consolidante. De surcroît, l'intérêt de tels régimes peut être limité par le taux d'impôt pratiqué par l'Etat de résidence de la mère[1438].

[1437] PRINCEN Savina, GERARD Marcel, « International Tax Consolidation in the European Union : Evidence of Heterogeneity », *European Taxation*, April 2008, p. 183.
[1438] Les taux d'impôt sur les sociétés sont, respectivement de 25% pour le Danemark, 27,5% pour l'Italie et 33 1/3 pour la France.

752. Les autres limites, communes aux régimes de consolidation nationaux et mondiaux, sont structurelles ou temporelles, ces dernières tenant particulièrement à la gestion des pertes ou des déficits.
La principale limite structurelle ressort de l'absence de transversalité des régimes de consolidation. En effet, à la différence des régimes du *group relief*[1439] ou du *group contribution*[1440], les régimes de consolidation ne s'entendent que d'une intégration verticale similaire à celle qui prévaut pour les succursales ou les établissements stables : les bénéfices et les pertes réalisés sont attribués à une société mère redevable de l'impôt. Dans un contexte national, cette situation n'a pas d'impact, puisque l'ensemble des résultats est consolidé, indépendamment du pourcentage de détention, rapprochant en cela le régime fiscal des filiales de celui des succursales. En revanche, dans les régimes de consolidation transfrontalière, l'intérêt de transmettre les résultats à une autre société du groupe a été démontré dans le titre précédent [1441].

753. C'est également la raison pour laquelle les Etats adoptent une approche restrictive dans la prise en compte temporelle des résultats.
Ainsi, aux fins d'éviter que l'entrée dans un groupe soit motivée uniquement par l'apport des déficits, la plupart des régimes de consolidation prévoient que les déficits réalisés par une structure antérieurement à son entrée dans le groupe ne sont pas imputables sur le bénéfice réalisé par le groupe, mais seulement sur son résultat propre[1442]. Parallèlement, lors de la sortie du groupe ou de sa cessation, les déficits subis pendant l'intégration sont, dans les régimes français[1443], italien[1444], et danois[1445], perdus pour les sociétés consolidées.
En ce sens, le régime fiscal des sociétés consolidées se rapproche de celui des établissements stables, les déficits étant appréhendés par la mère lorsqu'existe un lien de

[1439] Ce système concerne le Royaume-Uni, l'Irlande, Malte, Chypre et la Lituanie. Le systeme du *group relief* utilisé au Royaume-Uni permet, sous certaines conditions, à une société du groupe de transférer des pertes d'activité à une autre société du groupe ; RUPAL Yash, Branch Reporter in IFA, Cahiers de droit fiscal international, "Group Taxation", 2004, vol. 89 b, pp. 688-694.
[1440] Ce système est appliqué en Suède, en Norvège et en Finlande. A l'inverse du système du *group relief*, le système du *group contribution* permet, sous conditions, à une société du groupe de transférer des bénéfices.
[1441] *Supra*, § 632.
[1442] En ce qui concerne l'Espagne, Real Decreto Legislativo, 5 de marzo, 4/2004, por el que se aprueba el texto refundido de la Ley del Impuesto sobre Sociedades, Capitulo VII, Régimen de consolidación fiscal, Artículo 74; en ce qui concerne l'Italie, voir, LEONE Francesco, ZANOTTI Emiliano, "Italian Domestic Consolidation: New Opportunities for Tax Planning", *European Taxation*, May 2005, pp. 192-193 ; en ce qui concerne la France, CGI, article 223 I, doctrine 4 H 6622.
[1443] CGI, article 223 E, doctrine 4 H 6652, n° 3. Voir, cependant, l'arrêt CE, 11 décembre 2009, *GE Helthcare Clinical Systems*, *Droit Fiscal*, n° 52, 24 décembre 2009, pp. 24-32, conclusions OLLEON Laurent, note FOUQUET Olivier, DURAND Philippe. Dans cet arrêt, le Conseil d'Etat a reconnu la validité du dédommagement versé à une filiale déficitaire sortant du groupe intégré. Voir également TA Cergy-Pontoise, 9 juin 2011, *SA Neuflize OBC*, *Droit Fiscal* , 29 septembre 2011, pp. 20-23.
[1444] LEONE Francesco, ZANOTTI Emiliano, précités. Toutefois, les sociétés peuvent déroger à cette règle, en optant auprès de l'Administration italienne, au moment où elles déposent leur option pour l'entrée dans le groupe.
[1445] SMITH Neil, "Group Taxation in Denmark", *Equinor*, April 2008, 11 pp.

domination. Le parallèle avec les établissements stables s'établit également dans le cadre de certains régimes de consolidation mondiaux. Ainsi, la législation autrichienne prévoit, pour les filiales étrangères, une « recapture » des pertes similaire à celle qui existe pour les établissements stables de sociétés autrichiennes[1446]. Le parallèle peut également être établi avec le régime prévu à l'article 209 C du CGI, qui prévoit, dans les mêmes conditions pour les établissements stables et les filiales étrangères, la possibilité d'une déduction provisoire des pertes par le siège – ou la mère.

Cependant, la comparaison entre les filiales et les établissements stables, et entre ces structures et les succursales n'est pas totale, la nature des structures créant une limite à une identité commune.

2) Les limites liées à la nature des structures : établissements stables ou filiales

754. La nature des structures et leur lieu d'implantation influent sur la détermination du résultat et sur le paiement de l'impôt. Sur ce dernier point, les régimes nationaux prévoient un paiement de l'impôt par la seule société tête de groupe. En revanche, dans le cadre des régimes de consolidation transfrontalière, les structures étrangères[1447], voire les filiales nationales[1448], paient l'impôt dans leur Etat de *situs*, ce dernier faisant ensuite l'objet d'une imputation par la société de tête[1449]. Le groupe est ainsi une unité économique, et non réellement une unité fiscale.

755. En outre, dans les systèmes de consolidation nationaux, certaines opérations réalisées avec les filiales ne sont pas neutres, ce qui empêche une assimilation des filiales aux succursales de droit interne. A titre d'exemple, le droit français limite la déduction des charges financières supportées pour l'achat des titres d'une société à des personnes contrôlant le groupe. Ainsi, le montant des charges financières déductible est établi par le rapport existant entre :

[1446] Site du ministère des Finances autrichien, www.bmf.gv.at , Organschaft.

[1447] Il en est ainsi au Danemark, où le crédit d'impôt est réalloué aux filiales, en fonction de dispositions spécifiques de la loi. Voir, AMBY Christen, Branch Reporter for Denmark in IFA, Cahiers de droit fiscal international, "Group Taxation", 2004, vol. 89 b, p. 241. Pour l'Etat français, article 122 de l'Annexe 2 au CGI.

[1448] A la différence du régime danois, le régime français prévoyait le paiement de l'impôt sur les sociétés par les filiales françaises consolidées (article 123 de l'annexe 2 au CGI), sauf à ce que celles-ci fassent partie d'un groupe intégré au sens de l'article 223 A du CGI.

[1449] Dans ce cas, il existe également des différences dues au lieu d'implantation des structures, lorsque le crédit d'impôt n'a pas pu être imputé. En effet, si l'impôt dû au niveau national est généralement restituable à la société, il n'en va pas de même des excédents de crédits d'impôts étrangers qui, en France et en Italie, ne sont imputables que pendant cinq ans et non restituables à l'issue de cette période. En ce qui concerne la France, Instruction du 31 mars 1995, BOI 4 H 4-95, § 135 et, en ce qui concerne l'Italie, GIACONIA Massimo, Branch Reporter in IFA, Cahiers de droit fiscal international, "Group Taxation", 2004, vol. 89 b, p. 387.

(Charges financières du groupe x prix d'acquisition des titres)/montant moyen des dettes du groupe[1450]. Ce problème est insusceptible de se poser pour les succursales de droit interne ou les établissements stables de sociétés étrangères, puisqu'il n'existe pas de titres matérialisant une acquisition.

756. De manière identique, le droit français, contrairement au droit allemand[1451], ne reconnaît pas, du fait notamment de la personnalité juridique distincte des filiales, un intérêt de groupe. A cet égard, le Conseil d'Etat s'est toujours refusé à considérer l'intérêt de groupe aux fins de justifier les avantages consentis entre sociétés liées[1452], la circonstance que le groupe soit en outre soumis au régime de l'intégration fiscale étant inopérante[1453]. Cette position jurisprudentielle a des conséquences en matière de groupe intégré, particulièrement lors de transactions internes portant sur des immobilisations. Ainsi, ces transactions doivent être effectuées à leur valeur vénale, quelle que soit la qualité des co-contractants. Dans le cas où la valeur de cession est inférieure à la valeur vénale, il existe non seulement une subvention indirecte[1454], mais aussi une libéralité[1455]. Cette solution ne peut s'appliquer aux transactions avec une succursale, mais pourrait s'appliquer à l'établissement stable d'une société étrangère. En effet, selon le Professeur DEBOISSY, *« la théorie de l'acte anormal de gestion n'est pas fondée sur l'autonomie juridique des masses en présence, mais sur leur autonomie fiscale »*[1456].
Ainsi, la nature des structures fait obstacle, à tout le moins en droit français, à la reconnaissance du groupe en tant qu'entité unique. A cet égard, le régime fiscal des établissements stables se rapproche de celui des filiales parties d'un groupe, plus que de celui des succursales de droit interne.

757. Par ailleurs, la limite la plus évidente liée à la forme des structures tient à l'aspect proportionnel de la consolidation. En effet, les résultats des établissements stables

---

[1450] CGI, article 223 B al. 7 ; Doctrine administrative, DB 4 H 6623, n° 81-122. La réintégration d'une fraction des charges financières, dite « amendement Charasse », s'applique annuellement pendant une durée de neuf ans, y compris en cas de fusions entre sociétés du groupe.

[1451] Le système de l'Organschaft fait que toutes les structures composant le groupe sont considérées comme ayant une activité économique au profit de la société mère. Cela vaut aussi bien en matière commerciale qu'en matière fiscale. PRINCEN Savina, GERARD Marcel, « International Tax Consolidation in the European Union : Evidence of Heterogeneity », *European Taxation*, April 2008, p. 182.

[1452] CE, 10 mars 2006, *Sté SEPT*, 28 avril 2006, n° 277572, *Sté SEEEE*, et 278738, *Sté SIAS* ; REEB-BLANLUET Sonia, « La normalité d'une décision de gestion prise par une société membre d'un groupe intégré doit être appréciée uniquement au regard de l'intérêt propre de cette société », *Joly sociétés*, 2006, § 208.

[1453] DEBOISSY Florence, « Acte anormal de gestion et groupes de société: orthodoxie juridique *versus* réalisme économique? », in Etudes à la mémoire du Professeur Maurice COZIAN, Litec, 2009, p. 272.

[1454] Cette subvention constatée conformément à l'article 223 R est neutralisée l'année de sa constatation, mais fera l'objet d'une réintégration lors de la sortie de groupe.

[1455] CE, 6 juin 1984, n° 35415-36733, *SA Compagnie Financière de Suez*, *« S'agissant d'une transaction entre une société et son principal actionnaire, l'acceptation d'un prix de cession inférieur à la valeur vénale réelle [des titres cédés] doit être réputée constituer, à concurrence de l'insuffisance du prix stipulé, un avantage consenti »*. Contrairement à la subvention, la libéralité sera imposable, même dans le cadre du régime de l'intégration.

[1456] DEBOISSY Florence précitée, p. 278.

étrangers sont pris en compte pour la totalité de leur montant, alors que tous les régimes consolidés transfrontaliers prévoient une prise en compte proportionnelle des résultats des filiales.
Ainsi, les régimes danois, italien, et autrichien ne consolident les résultats des filiales qu'à proportion du pourcentage détenu[1457]. Il est à noter que les trois Etats appliquant des régimes mondiaux aux filiales consolident, au niveau national, la totalité du résultat, alors qu'ils appliquent un régime proportionnel pour les participations étrangères[1458].
En ce sens, il est permis de se demander si, dans le cadre européen, la différence de traitement fiscal du résultat intégré des filiales en fonction de leur lieu d'implantation ne constituerait pas une atteinte à la liberté d'établissement.

B. Les limites apportées par le droit de l'Union européenne

758. Deux principes européens peuvent influer sur la fiscalité des groupes. Le premier est l'interdiction des atteintes à la liberté d'établissement (1), le second a trait à la prohibition des aides d'Etat (2).

1) Les régimes de groupe et l'atteinte à la liberté d'établissement

759. La Cour de Justice a eu à connaître de deux affaires relatives à des régimes de consolidation nationaux. Dans la première affaire était en cause le régime de l'intégration fiscale français[1459], qui suppose que les participations indirectes dans des sous-filiales françaises soient détenues par des filiales françaises. La question préjudicielle du Conseil d'Etat ne portait pas sur l'inclusion des filiales étrangères de la société Papillon dans le périmètre du groupe, mais sur l'inclusion de sous-filiales détenues par l'intermédiaire de filiales étrangères. La seconde affaire est relative au régime de consolidation fiscale néerlandais, qui ne s'applique qu'aux structures assujetties situées aux Pays-Bas[1460]. La question préjudicielle du *Hoge Raad*, à la différence de celle ayant donné lieu à l'arrêt *Papillon*, porte sur l'inclusion dans le groupe de filiales étrangères. La Cour, dans l'arrêt *Papillon*, a jugé qu'il existait bien une atteinte à la liberté d'établissement, dans la mesure où « *le régime fiscal en cause au principal génère une inégalité de traitement en raison du lieu où se trouve le siège de la filiale par l'intermédiaire de laquelle la société mère résidente détient ses sous-filiales résidentes* »[1461].

[1457] En ce qui concerne l'Italie, voir, GIACONIA Massimo, Branch Reporter in IFA, Cahiers de droit fiscal international, "Group Taxation", 2004, vol. 89 b, p. 386. En ce qui concerne l'Autriche, voir, www.bmf.gv.at, Gruppenbesteuerung, pour la consolidation proportionnelle des pertes. Parallèlement, l'impôt national ou étranger dus par les filiales n'est imputable par la société consolidante qu'à hauteur du même pourcentage.
[1458] Ainsi, pour l'Italie et l'Autriche, qui ne requièrent qu'un pourcentage de 50% de détention, que ce soit dans le cadre national ou international. En ce sens, voir, GIACONIA Massimo précité, et HIRSCHLER Klaus, KONEZNY Gerd, URTZ Christoph, Branch Reporters for Austria, in IFA, Cahiers de droit fiscal international, "Group Taxation", 2004, vol. 89 b, pp. 152-159.
[1459] CJCE, 27 novembre 2008, aff. C-418/07, *Papillon*, Rec. p. I-8947.
[1460] CJUE, 25 février 2010, aff. C-337/08, *X Holding BV*, Rec. p. I-1215.
[1461] Arrêt *Papillon* précité, point 31.

760. De manière similaire, la Cour, dans l'arrêt *X Holding BV*, a considéré qu'une différence de traitement en fonction du siège de la filiale était constitutive d'une restriction à la liberté d'établissement[1462]. Dès lors qu'est en cause une différence de traitement en fonction du lieu d'implantation des structures, la Cour juge systématiquement qu'une atteinte à la liberté d'établissement est perpétrée. Toutefois, le champ d'application des justifications de l'atteinte à cette liberté est élargi. Ainsi, dans l'arrêt *Papillon*, la Cour a admis le principe d'une justification sur la base de la cohérence du régime fiscal[1463].

761. En termes de justifications, l'affaire *X Holding* est particulièrement intéressante, en ce qu'elle met en balance les principes de liberté d'établissement et de souveraineté fiscale des Etats.
A cet égard, il paraît utile de se référer aux conclusions rendues le 19 novembre 2009 par l'Avocat général KOKOTT sous l'affaire *X Holding BV*[1464].
L'Avocat général, se fondant sur différents arrêts rendus par la Cour[1465], relève que *« l'autonomie fiscale dont bénéficient en l'état actuel du droit communautaire les États membres implique que ces derniers sont libres de déterminer les conditions et le niveau d'imposition des différentes formes d'établissement des sociétés nationales opérant à l'étranger, sous réserve de leur accorder un traitement qui ne soit pas discriminatoire par rapport aux établissements nationaux comparables »*[1466].
Elle en déduit que la jurisprudence de la Cour établit comme seul critère de comparaison du traitement fiscal des activités étrangères d'une structure nationale, celui applicable aux activités nationales des structures comparables : les établissements stables étrangers doivent être comparés aux établissements stables nationaux, et les filiales étrangères aux filiales nationales. Ce raisonnement a été repris par la Cour[1467], qui semble ainsi aller à l'encontre des conclusions qu'elle avait formulées dans l'arrêt *Papillon*[1468].
Pour les raisons évoquées dans le titre précédent, les établissements stables, obligatoirement étrangers, ne peuvent que difficilement être comparés à ce que l'Avocat général nomme les établissements stables « nationaux »[1469].

762. En revanche, la question de la comparabilité des filiales nationales et étrangères reste posée. Selon l'Avocat général, la société mère créant une filiale étrangère *« quitte le domaine de la compétence fiscale de l'Etat de son siège »*, et, de ce fait, n'a pas le droit d'imposer une filiale établie dans un autre Etat membre[1470]. Dans ce cas, la préservation de la répartition équilibrée du pouvoir d'imposition peut être un facteur justificatif de l'atteinte à la liberté d'établissement. Ainsi, l'Etat de résidence n'aurait

---

[1462] CJUE, 25 février 2010, aff. C-337/08, *X Holding BV*, Rec. p. I-1215, points 19 et 24, conclusions KOKOTT du 19 novembre 2009.
[1463] Arrêt *Papillon* précité, point 51.
[1464] Conclusions Juliane KOKOTT, précitées.
[1465] Notamment, CJCE, 6 décembre 2007, aff. C-298/05, *Colombus Container Services*, Rec. p. I-10451; 4 juin 2009, aff. C-439/07, et C-499/07, *KBC Bank*, Rec. p. I-4409.
[1466] Conclusions précitées, point 59.
[1467] Arrêt *X Holding BV* précité, point 40.
[1468] Arrêt *Papillon* précité, point 28.
[1469] *Supra*, §§ 609 et suivants.
[1470] Conclusions KOKOTT précitées, points 55 et 62.

pas d'obligation de développer des règles identiques en matière nationale et internationale, pourvu que, en tant qu'Etat d'accueil, il impose de manière similaire toutes les activités économiques développées sur son territoire. Cependant, au cas d'espèce, le régime en cause était le régime néerlandais, qui ne prévoit pas de consolidation mondiale des résultats des filiales. Ainsi, cette affaire n'apporte pas de solution aux cas où co-existent des régimes de consolidation mondiale des résultats et des régimes de consolidation nationale.

763. La comparabilité des situations dans les deux cas doit être examinée et, à cette fin, l'exemple italien sera examiné. La démarche consiste, dans un premier temps, à comparer les prescriptions légales des deux régimes nationaux et transfrontaliers, et, dans un second temps, à déterminer si, à situation égale, l'application des deux régimes, dans un cadre européen, crée une discrimination.

En d'autres termes, le problème central est de savoir si l'Italie a une obligation d'étendre les prescriptions applicables au régime d'intégration national (taux de détention, neutralisation des opérations intra-groupe, etc) au régime d'imposition du bénéfice mondial et consolidé. Un exemple pratique démontre qu'à situations égales, le régime fiscal italien est discriminatoire.

Une société consolidante italienne a trois filiales européennes, une au Royaume-Uni et deux en Belgique, détenues à 80%[1471] et pour lesquelles le régime du bénéfice consolidé s'applique :

	Italie (mère)	R-U (filiale 80%)	Belgique (filiales 80%)
Résultat	1000	2105	2 631 <526>
Impôt acquitté localement[1472]	300	589 (2105*28%)	894 (2631*33,99%) La Belgique ne reconnaît pas les groupes
Résultat consolidé	= 4 368 (1000+1 684+1 684)	2105*80% = 1 684	(2631-526)*80% = 1 684
IS	= **334** ((4368*30%)-471-505)	1684*28%= 471	1684*30%= 505 (limitation au taux italien)
Impôt acquitté par l'ensemble	= **1817** (334+589+894)	589	894

[1471] Les régimes s'appliquent avec une détention à 50%.

[1472] Par mesure de simplification nous prendrons un taux d'impôt de 30% pour l'Italie.

Si les filiales étrangères bénéficiaient du système italien d'intégration, les résultats seraient les suivants :

	Italie(mère)	G-B (filiale 80%)	Belgique (filiales 80%)
Résultat	1000	2105	2 631 <526>
Impôt acquitté localement	300	589	894 (2631*33.99%) La Belgique ne reconnaît pas les groupes
Résultat intégré	= 5210 (1000+2105+2631-526)	2105	(2631-526) = 2 105
IS	= **185** ((5210*30%)-589-789)	2105*28%= 589	2631*30%= 789 (limitation au taux italien)
Impôt acquitté par l'ensemble	= **1668** (185+589+894)	589	894

Cet exemple établit que le droit fiscal italien applicable aux groupes est plus favorable lorsque les structures sont imposées selon le régime fiscal interne d'intégration. En ce sens, le droit italien prévoyant une dérogation à l'imposition territoriale des groupes, la problématique d'une discrimination prohibée par le Traité peut se poser.

764. Par analogie avec le raisonnement développé par l'Avocat général Mme KOKOTT dans ses conclusions sous l'affaire *X Holding*, il ne semble pas faire de doute qu'il existe une atteinte à la liberté d'établissement[1473]. En revanche, les arguments apportés par l'Avocat général, aux fins de justifier la non-inclusion des filiales étrangères dans l'unité fiscale que constitue le groupe, ne sauraient prospérer dans le cadre d'une comparaison entre deux régimes de consolidation. En effet, l'Avocat général considère que l'extension du régime de groupe national aux filiales étrangères présenterait un risque d'atteinte à la répartition du pouvoir d'imposition des Etats[1474].

765. A cet égard, les arguments de l'Avocat général paraissent, dans le cadre d'une comparaison entre les régimes de consolidation, discutables. En effet, elle mentionne : *« Étant donné que les assujettis peuvent librement constituer une entité fiscale et la dissoudre tout aussi librement, le groupe d'entreprises pourrait choisir à son gré le régime fiscal applicable aux pertes de la filiale et le lieu où celles-ci seraient prises en compte. Si F n'était pas intégrée dans l'entité fiscale, ses pertes seraient prises en compte exclusivement à son siège en Belgique. Si, en revanche, X Holding et F pouvaient constituer une entité fiscale de la manière précédemment décrite, les pertes de F réduiraient le bénéfice imposable aux Pays-Bas de X Holding »*[1475].
Le but des régimes de consolidation transfrontaliers étant précisément de compenser les bénéfices et les pertes de l'ensemble des structures faisant partie du groupe, cet argument n'est pas recevable, dès lors, du moins, que l'inclusion dans le périmètre de

[1473] Conclusions précitées, point 25. Il existe une différence de traitement en fonction du lieu d'établissement des filiales.
[1474] *Ibid.*, point 45.
[1475] Ibid.

consolidation est obligatoire. Parallèlement, l'argument consistant à traiter de manière identique les structures comparables[1476] serait susceptible d'entraîner un jugement défavorable de la Cour, dans le cas d'une comparaison des régimes de consolidation nationaux avec les régimes de consolidation transfrontaliers. En effet, dans la mesure où l'Etat de résidence de la société consolidante étend son pouvoir d'imposition à des sociétés étrangères, ces dernières deviennent comparables à des structures nationales placées dans la même situation, c'est-à-dire soumises à un régime de groupe.

766. Toutefois, des arguments en faveur d'un traitement distinct peuvent être apportés. Ainsi, le groupe, même considéré fiscalement comme une entreprise, n'est pas une unité juridique[1477]. En ce sens, l'Etat de résidence des filiales, seraient-elles imposées dans le cadre d'un régime de groupe, garde une compétence totale d'imposition. De ce fait, l'Etat de résidence de la mère peut, conformément au principe de souveraineté fiscale, imposer différemment les filiales étrangères et les filiales résidentes.

Néanmoins, et compte tenu de ce que les régimes de groupe favorisent les structures intégrées, un autre point en la défaveur des régimes de groupes pourrait être pris en compte : le régime des aides d'Etat.

2) Les régimes de groupe et les aides d'Etat

767. L'article 107-1° du TFUE stipule que : *« Sauf dérogations prévues par le présent traité, sont incompatibles avec le marché commun, dans la mesure où elles affectent les échanges entre États membres, les aides accordées par les États ou au moyen de ressources d'État sous quelque forme que ce soit qui faussent ou qui menacent de fausser la concurrence en favorisant certaines entreprises ou certaines productions »*. Ce principe, même s'il supporte des exceptions[1478], établit une limite à la souveraineté des Etats membres. Le fondement à la prohibition des aides d'Etat est le risque de fausser la concurrence[1479].

768. La qualification d'une mesure en aide d'Etat prohibée requiert quatre critères cumulatifs : l'aide doit procurer un avantage à son bénéficiaire ; elle doit être accordée soit directement par l'Etat, soit au moyen de ressources d'Etat ; l'aide doit être spécifique ; et elle doit fausser la concurrence entre Etats membres.

[1476] *Ibid.*, point 60.

[1477] Tel est le cas dans le plupart des Etats membres. Cependant, les Pays-Bas reconnaissent la personnalité juridique du groupe : PRINCEN Savina, GERARD Marcel, « International Tax Consolidation in the European Union : Evidence of Heterogeneity », *European Taxation*, April 2008, p.182.

[1478] A côté des exceptions légales des articles 107-2° et 107-3° du Traité, existent des exceptions de nature jurisprudentielle comme, par exemple, la nature ou l'économie du système fiscal qui a été reconnu par la Cour dans l'arrêt CJCE, 2 juillet 1974, aff. C-173/73, *Commission contre Italie*, Rec. 1974, p. 709.

[1479] Cf. article 107 du Traité.

Pour certains auteurs, ces quatre critères seraient réunis pour les régimes de consolidation mondiale[1480]. La question peut également se poser pour les régimes d'intégration nationaux.
En application des critères prévus par le droit de l'Union européenne, les régimes de consolidation procurent, du fait de la neutralisation des opérations intra-groupe, un avantage aux entreprises[1481].
L'avantage est octroyé au moyen de ressources de l'Etat et affecte la concurrence, puisque la société consolidante, du fait du régime privilégié auquel elle est soumise, bénéficie d'une position dominante par rapport à ses concurrentes[1482].
Le dernier critère est la sélectivité de l'aide. Cette condition de sélectivité, posée par l'article 107 du Traité, suppose que l'avantage soit accordé à certaines entreprises, ou certaines productions, et ne constitue pas une mesure d'ordre général[1483]. Autrement formulé, la concurrence est faussée ou menace de l'être lorsque l'aide est accordée de façon sélective, mais pas lorsqu'un système fiscal dans son entier pourrait être considéré comme dommageable[1484].

769. A cet égard, il semble que l'extension du critère de sélectivité à des régimes bénéficiant particulièrement aux groupes de sociétés puisse poser problème pour les régimes de consolidation.
La Commission a ainsi ouvert une procédure d'enquête à l'égard du régime des « holdings 29 » luxembourgeoises[1485]. Dans l'exposé de l'appréciation de la mesure, la Commission a indiqué que le régime des « holdings 29 » remplissait les critères pour être qualifié d'aide d'Etat, notamment du fait de la sélectivité de la mesure, laquelle *« est réservée aux holdings exerçant certains types d'activités, dont des fonctions financières, de gestion, d'octroi de licences et de trésorerie. Le régime est également limité aux activités intra-groupes étant donné que les bénéficiaires doivent opérer au sein d'un groupe pour en bénéficier et il n'est de ce fait pas effectivement ouvert à toutes les entreprises »*[1486].

1480 BERGERES Maurice-Christian, « Des fissures dans le régime du bénéfice mondial et consolidé », *Droit Fiscal,* n° 13/2005, pp. 638-643.
1481 Commission européenne, 24 avril 1997, « XXVIème Rapport sur la politique de la concurrence 1996 », SEC (97), 628 Final, 3ème partie, p. 4 : *« Quelle que soit la forme qu'elle prend, une mesure doit être considérée comme un aide d'Etat (...) si elle procure à l'entreprise en cause un avantage économique ou financier dont elle n'aurait pas bénéficié dans le cours normal de son activité et qui allège les charges qui grèvent normalement son budget ».*
1482 BERGERES Maurice-Christian précité, p. 640.
1483 PRODHOMME-SADOWSKY Marilyne, "Droit OMC, droit communautaire et fiscalité directe", à paraître aux éditions Larcier en octobre 2012; MICHEAU Claire, « Tax selectivity in state aid review : a debatable cas practise », *ECTR*, 2008/6, pp. 276-284.
1484 Il semble, cependant, que la Commission pourrait user du pouvoir qui lui est conféré par les articles 116 et 117 du Traité. En effet, l'article 116 prévoit une procédure de consultation lorsque la Commission constate qu'une disparité existant entre les dispositions législatives, réglementaires ou administratives des États membres fausse les conditions de concurrence sur le marché commun et provoque, de ce fait, une distorsion qui doit être éliminée. Cette procédure n'a, cependant, jamais été utilisée en matière fiscale.
1485 Commission, 8 février 2006, IP/06/132.
1486 Commission européenne, Aide d'État C 3/2006 (ex E 53/2001) -«Holdings 1929» et «holdings milliardaires» exonérés, Invitation à présenter des observations en application de l'article 88, paragraphe 2, du traité CE, JOCE, n° 78/02 du 31 mars 2006.

770. Pour certains auteurs, cette application extensive du critère de sélectivité, en l'absence de fondement textuel, mérite d'être examinée par la Cour[1487].
Si cette application du critère de sélectivité en fonction de l'appartenance à un groupe venait à prospérer, il pourrait être soutenu que les régimes de consolidation nationaux sont incompatibles avec la réglementation afférente aux aides d'Etat.
Cependant, compte tenu du nombre de pays appliquant des régimes de groupe, il semble improbable que la Commission ouvre des procédures à leur encontre[1488].
Par ailleurs, dans deux décisions en dates, respectivement, du 8 juillet 2009 et du 28 octobre 2009[1489], la Commission a semblé écarter le critère de sélectivité dans l'examen des régimes des intérêts versés à l'intérieur des groupes[1490].
De ce fait, la voie d'un recours contre les régimes d'imposition des groupes, exercée sur le fondement des aides d'Etats prohibées, n'est pas nécessairement amenée à prospérer.

**
*

771. La prise en compte des groupes par le droit fiscal est susceptible de modifier la dévolution territoriale de l'imposition. Ainsi, les régimes de groupe, qu'ils soient dus ou non à la volonté des entreprises, induisent une extension de la compétence de l'Etat de résidence de l'entreprise dominante.
En outre, l'application de ces règles aboutit, en tout ou en partie, à nier la personnalité distincte des structures contrôlées. La personnalité distincte s'entend de la personnalité juridique pour les filiales, et de la personnalité fiscale pour les établissements stables,

---

[1487] LUJA Raymond H.C, "Tax Related Difficulties of State Aid Rules", EATLP, Helsinki Congress, 7-9 June 2007, Discussion Papers, pp. 2-4. L'auteur cite deux régimes, hongrois et néerlandais, qui font également l'objet d'un examen de la Commission dans le cadre des aides d'Etat et pour lesquels la Commission a également fait référence à la notion de groupe pour qualifier la sélectivité.

[1488] Il est précisé que le contrôle des aides d'Etat relève de la Commission (TFUE article 107), qui décide de la compatibilité des aides nationales avec le marché commun. Dans la mesure où le contrôle est exercé *ex ante*, les Etats ne peuvent, théoriquement pas, mettre en œuvre des aides considérées comme incompatibles. Toutefois, si le contrôle *a priori* est de principe pour les aides nouvelles, il existe également un contrôle *a posteriori* pour les aides existant avant l'entrée en vigueur du Traité, ou celles modifiées depuis. Voir, par exemple, PRODHOMME-SADOWSKY Marilyne, "Droit OMC, droit communautaire et fiscalité directe", à paraître aux éditions Larcier en octobre 2012 ; RENARD Geoffroy, « Les règles communautaires en matières d'aides d'Etat et la fiscalité », L'Harmattan, Collection entreprises et management, 2005, pp. 109-120. Dans la pratique, certaines aides sont appliquées alors qu'elles sont incompatibles, voire illégales, c'est-à-dire ayant fait préalablement l'objet d'un rejet par la Commission.

[1489] COM (2009) 4511 Final du 8 juillet 2009, concernant le schéma d'imposition néerlandais des intérêts dans les groupes, et COM (2009) 8130 final du 28 octobre concernant le système hongrois de déduction fiscal des intérêts intra groupe.

[1490] Les décisions de la Commission n'ont pas emporté la conviction de la doctrine. Ainsi, pour ce qui est du régime néerlandais, certains auteurs, considèrent qu'il s'agit à la fois d'une aide d'Etat prohibée et d'une mesure dommageable : SZUDOCZKY Rita, VAN DE STEEK Jan, "Revisiting the Dutch Interest Box under the EU State Aid Rules and the Code of Conduct: When a 'Disparity' Is Selective and Harmful", *Intertax*, 2010, Issue 5 pp. 260–280. Voir également, KEMMEREN Eric, "Group Interest Tax Regimes and State Aid: EC on the Wrong Track, *ECTR*, 2010/4, pp. 146–148.

soumis par l'Etat du siège à un régime d'exemption. Pour ces derniers, le paradoxe de l'application des régimes de groupe réside dans leur assimilation aux établissements stables pour lesquels l'Etat du siège pratique le régime de l'imputation.

772. La combinaison de l'extraterritorialité de l'imposition et de la négation de la personnalité des structures conduit, sous certaines conditions et dans certaines limites, à rapprocher le régime fiscal des filiales nationales ou étrangères et des établissements stables exemptés, de celui des succursales de droit interne. Cependant, l'idée de « succursaliser» les résultats des établissements stables et des filiales semble inadaptée. En effet, ni le résultat, ni l'imposition ne correspondent à ceux d'une succursale.

773. Par ailleurs, le caractère dérogatoire des ces législations amène à s'interroger sur leur compatibilité avec les droits conventionnel et européen. Le droit conventionnel se préoccupe peu des groupes, une des rares recommandations en la matière étant l'application du principe de pleine concurrence dans les relations entre entreprises liées. En revanche, l'OCDE admet, par le biais de l'application des législations sur les entreprises contrôlées, le droit des Etats de lutter contre les pratiques abusives.
Dans ce domaine, le droit européen a dégagé un principe général d'interdiction des pratiques abusives, mettant ainsi en balance le principe général de liberté d'établissement reconnu aux opérateurs économiques et la nécessité pour les Etats de lutter contre la fraude fiscale. En ce qui concerne les régimes de groupe, l'absence d'une fiscalité européenne harmonisée crée des distorsions dans l'application des lois : distorsions au détriment des contribuables, qui subissent une imposition plus ou moins lourde en fonction des spécificités des systèmes fiscaux nationaux ; distorsions au détriment des Etats, qui subissent une concurrence inter-étatique dommageable.

Dans ce contexte, la jurisprudence européenne ne peut pallier indéfiniment l'absence d'unité des politiques fiscales. En ce sens, les propositions européennes visant à instaurer un régime fiscal commun à l'intérieur des frontières de l'Europe pourraient apporter des solutions en matière de répartition de l'imposition.

CHAPITRE 2 : L'HARMONISATION DE L'IMPOSITION DES GROUPES

774. L'impôt sur les sociétés est établi sur les bénéfices réalisés par les structures entrant dans son champ d'application. De manière générale, l'impôt sur les sociétés suppose un lien entre les revenus réalisés et le territoire d'implantation des entreprises. Ce lien est établi, pour les établissements stables, par la reconnaissance d'une implantation territoriale suffisante pour que les revenus des activités menées sur le territoire lui soient rattachés. L'imposition des établissements stables s'établit ainsi principalement, mais pas uniquement, en fonction de la source des revenus. Pour les structures juridiquement distinctes, le lien repose sur les notions de nationalité ou de résidence des sociétés, celles-ci étant imposées soit sur les bénéfices réalisés sur le territoire de rattachement, soit sur l'ensemble de leurs revenus.

775. L'impôt sur les sociétés est ainsi fondé sur un revenu produit et non sur un revenu transmis.
L'imposition des revenus peut néanmoins s'opérer à la résidence des structures bénéficiaires *in fine* du revenu. Il en est ainsi, notamment, des revenus passifs et, dans certaines conditions, des revenus soumis à des régimes de groupe. Toutefois, dans la mesure où les impositions dans les Etats d'implantation et dans les Etats de résidence ne sont pas nécessairement exclusives l'une de l'autre, il peut en résulter des situations de double imposition, particulièrement lorsque les Etats de source et de résidence sont distincts.
L'un des paramètres communs aux réflexions menées sur les systèmes d'impôt sur les sociétés est de préconiser une neutralité de l'impôt. La neutralité est envisagée en raison de la forme des structures, ce qui suppose une imposition similaire des revenus identiques, qui conditionne l'établissement de l'assiette. Mais dans le cadre des régimes de groupes, la neutralité est également envisagée comme l'imposition unique d'un revenu, la problématique consistant à rattacher un revenu à une entité.

776. Dans ce contexte, les propositions européennes d'imposition à la résidence (Home State Taxation – HST) ou d'assiette commune consolidée à l'impôt sur les sociétés (ACCIS) promeuvent un modèle d'imposition tendant à limiter l'importance de l'implantation territoriale dans l'imposition du revenu, en substituant au territoire national un territoire européen dans lequel l'imposition serait harmonisée. Il s'agit ainsi, non seulement de créer un territoire supra-national dans lequel les entreprises européennes disposant de filiales ou d'établissements stables seraient imposées de manière identique, mais aussi de répartir l'impôt entre les Etats membres en battant en brèche les principes d'imposition traditionnels « à la source » ou « à la résidence » (section 1).

Cependant, la neutralité espérée se heurte à différentes limites. En premier lieu, le principe de souveraineté fait obstacle à ce que les Etats abandonnent leurs droits à établir et à lever l'impôt, pivot de leur politique fiscale. En second lieu, l'idée d'une déterritorialisation de l'impôt, entendue comme la distension du lien entre l'impôt et la localisation territoriale du revenu, paraît difficilement envisageable. Dans ce contexte, des solutions alternatives peuvent être proposées (section 2).

SECTION 1 : LES PROPOSITIONS EUROPÉENNES : LA DÉTERRITORIALISATION DE L'IMPOSITION

777. L'harmonisation fiscale participe d'une réflexion engagée au début des années 60 par la Commission[1491]. Toutefois, les propositions des différents rapports rendus entre 1962 et 1992 ne se sont pas traduites par l'adoption de textes[1492]. Par différentes communications émises à compter de 2001[1493], la Commission a proposé deux approches aux fins de supprimer les entraves fiscales subies par les groupes d'entreprises européens : l'imposition selon les règles de l'Etat de résidence (HST)[1494], spécifiquement prévue pour les petites et moyennes entreprises et l'imposition sur la base d'une assiette commune consolidée (ACCIS)[1495], à destination des entreprises multinationales. Suite à ces recommandations, le Conseil a présenté en mars 2011 une

---

[1491] En 1960 (Bulletin des Communautés, 6/7-1960), la Commission a chargé le Pr. NEUMARK d'étudier si, et dans quelle mesure, les disparités existant entre les systèmes financiers des Etats membres pouvaient empêcher l'accomplissement du Marché commun. Le rapport, rendu en 1962, mentionnait les principes généraux devant participer à une harmonisation. Commission des Communautés européennes, Rapport du comité fiscal et financier (Rapport Neumark), 1962, document CEE 8070/1/XII/1962/5.

[1492] Voir *Inter alia*, Commission des Communautés européennes, « Programme d'harmonisation des impôts directs », Bulletin de la CEE, 1967/08, 21 p ; Commission des Communautés européennes, « Impôt sur les sociétés et impôt sur le revenu dans les Communautés européennes » (Rapport Van den Tempel), 1970, collection Etudes, Série Concurrence, Rapprochement des législations, n° 15 ; Commission des Communautés européennes, « Rapport du comité de réflexion des experts indépendants sur la fiscalité des entreprises », (rapport Ruding), 1992, 500 pp.

[1493] Communication de la Commission au Conseil, au Parlement européen et au Comité économique et social européen, 23 mai 2001, « Politique fiscale de l'Union européenne - Priorités pour les prochaines années », COM (2001) 260 ; Communication de la Commission au Conseil, au Parlement européen et au Comité économique et social européen, 23 octobre 2001, « Vers un marché intérieur sans entraves fiscales. Une stratégie pour permettre aux entreprises d'être imposées sur la base d'une assiette consolidée de l'impôt sur les sociétés couvrant l'ensemble de leurs activités dans l'Union européenne », COM (2001) 582 ; Commission européenne, 24 novembre 2003, « Un marché intérieur sans obstacles liés à la fiscalité des entreprises : réalisations, initiatives en cours et défis restants », COM (2003) 726.

[1494] Home State Taxation (HST), Commission européenne, 24 juin 2004, « Description de l'application expérimentale éventuelle d'un système d'imposition selon les règles de l'Etat de résidence aux petites et moyennes entreprises, TAXUD C.1/DOC (04) 1410 ; Commission européenne, 23 décembre 2005, Communication de la Commission au Conseil, au Parlement européen et au Comité économique et social européen, « Lutte contre les obstacles liés à la fiscalité des sociétés qui affectent les petites et moyennes entreprises dans le marché intérieur - Description d'un éventuel système pilote d'imposition selon les règles de l'Etat de résidence », COM (2005) 702 Final.

[1495] Communication de la Commission au Conseil, au Parlement européen et au Comité économique et social européen, 5 avril 2006, « Mise en œuvre du programme communautaire de Lisbonne : Avancement des travaux et programme futur pour une assiette commune consolidée pour l'impôt sur les sociétés (ACCIS), COM (2006) 157. Commission, 16 mars 2011, Proposition de directive du Conseil concernant l'assiette commune consolidée pour l'impôt sur les sociétés, COM (2011) 121 Final.

proposition de directive concernant une assiette commune consolidée pour l'impôt sur les sociétés[1496].

Ces deux approches ont pour point commun de préconiser une harmonisation intra-européenne de l'imposition des établissements stables et des filiales (§ 1). Néanmoins, leur application est susceptible d'entraîner des distorsions dans l'imposition, en raison de la nature des structures et de leur localisation, et se traduit par une limitation du pouvoir d'imposition des Etats membres (§ 2).

§ 1. L'harmonisation intra-européenne de l'imposition des établissements stables et des filiales

778. Les deux principales mesures d'harmonisation proposées par la Commission impliquent des modifications substantielles des systèmes fiscaux existants. A l'opposé des rapports antérieurs, recommandant une harmonisation minimale fondée sur le principe de reconnaissance mutuelle des systèmes fiscaux[1497], la Commission, à partir de 2001, préconise non seulement une base de calcul harmonisée (A), mais aussi une imposition harmonisée (B).

A. Une assiette harmonisée pour les établissements stables et les filiales

779. Les règles gouvernant les deux systèmes proposés, imposition à la résidence (1) et assiette commune consolidée (2), ne sont pas identiques. Cependant, dans un cas comme dans l'autre, elles aboutissent à établir, dans un système donné, des règles communes, indépendamment de la nature des structures et de leur localisation.

[1496] Conseil européen, 16 mars 2011, proposition de directive concernant l'assiette commune consolidée pour l'impôt sur les société, COM (2011) 121 Final.

[1497] Commission des Communautés européennes, « Communication de la Commission sur les suites de l'arrêt rendu par la Cour de Justice des Communautés européennes, le 20 février 1979, dans l'affaire C-120/78 (Cassis de Dijon) », JO n° 256 du 3 octobre 1980, p. 2. La Commission tire les conséquences de l'arrêt « Cassis de Dijon » en promouvant les principes suivants : harmonisation minimale et reconnaissance mutuelle. Il est à noter, toutefois, que le rapport « Ruding » de 1992 précité, formulait des recommandations concrètes concernant l'élimination de la double imposition des revenus et une harmonisation des taux et des bases.

1) Le calcul de la base imposable selon les règles de l'Etat de résidence de l'entreprise principale

780. Le principe d'une imposition selon les règles de l'Etat de résidence a été proposé par le Professeur LODIN et M. GAMMIE[1498]. Leurs propositions ont été reprises par la Commission dans sa communication du 23 décembre 2005[1499]. La Commission recommande l'élaboration de mesures appropriées pour encourager l'expansion transfrontalière des PME, et se réfère à la nécessité d'un cadre juridique en leur faveur. La caractéristique essentielle du régime repose sur l'adoption d'un corps unique de règles pour les petites et moyennes entreprises ayant des activités transfrontalières : les règles de l'Etat de résidence de l'entreprise principale. De ce fait, les revenus des filiales européennes et des établissements stables européens sont calculés en fonction des règles de l'Etat de résidence de la mère ou du siège.

781. Si le principe est simple, sa mise en œuvre suscite des difficultés. Cela suppose tout d'abord que les Etats membres acceptent les règles fiscales appliquées par les autres Etats membres. Un exemple d'application positive résulte de la signature par l'Allemagne et les Pays-Bas d'un protocole additionnel à leur convention, permettant de ne pas imposer les établissements stables transfrontaliers au lieu de leur implantation, mais au lieu de résidence du siège[1500]. A cette exception près, à l'issue des consultations menées à compter de 2003, les Etats membres se sont montrés réticents à l'égard d'un tel système, en invoquant notamment l'absence de spécificités liées aux PME et les risques de discrimination[1501]. Certains de ces risques avaient été identifiés par les promoteurs du projet comme nécessitant la mise en place de mesures spécifiques. Ainsi, Malcolm GAMMIE et Sven-Olof LODIN préconisaient, aux fins de faciliter la reconnaissance mutuelle de leurs systèmes fiscaux par les Etats membres, d'empêcher les Etats exemptant un trop grand nombre de revenus de devenir Etats de résidence[1502].

782. La nécessité d'une reconnaissance mutuelle par les Etats membres de leurs systèmes fiscaux respectifs n'est pas la seule difficulté présidant à l'élaboration d'une base d'imposition calculée selon les règles de l'Etat de résidence. En effet, il convient

---

[1498] LODIN Sven-Olof et GAMMIE Malcolm, "Home state taxation", Publications IBFD, 2001, Amsterdam, 104 pp; LODIN Sven-Olof, GAMMIE Malcolm, « The Taxation of the European Company », *European Taxation*, August 1999, pp. 286-294.

[1499] Commission européenne, 23 décembre 2005, Communication de la Commission au Conseil, au Parlement européen et au Comité économique et social européen, « Lutte contre les obstacles liés à la fiscalité des sociétés qui affectent les petites et moyennes entreprises dans le marché intérieur -Description d'un éventuel système pilote d'imposition selon les règles de l'Etat de résidence », COM (2005) 702 Final.

[1500] Cité par la Commission dans sa communication précitée, p. 12.

[1501] Commission européenne, 23 décembre 2005, Communication de la Commission au Conseil, au Parlement européen et au Comité économique et social européen, « Lutte contre les obstacles liés à la fiscalité des sociétés qui affectent les petites et moyennes entreprises dans le marché intérieur -Description d'un éventuel système pilote d'imposition selon les règles de l'Etat de résidence », COM (2005) 702 Final, pp. 11-12.

[1502] LODIN Sven-Olof, GAMMIE Malcolm, « The Taxation of the European Company », *European Taxation*, August 1999, pp. 290-291.

non seulement de déterminer l'Etat de résidence, mais aussi d'établir le périmètre des structures susceptibles d'entrer dans le champ d'application de la mesure.
La détermination de l'Etat de résidence, conditionnant la mise en application du système d'imposition, repose sur des bases imprécises. Selon Malcolm GAMMIE et Sven-Olof LODIN, *« l'Etat de résidence doit être un Etat dans lequel l'entreprise est soumise à l'impôt sur les sociétés. Il devrait être demandé à l'entreprise de démontrer un lien véritable et constant avec l'Etat qu'elle a désigné comme Etat de résidence. Cet Etat n'est pas nécessairement celui dans lequel l'entreprise a la majorité de ses actifs ou réalise la majorité de ses bénéfices. Mais la création d'une holding dans une juridiction particulière ne serait pas suffisante »*[1503].

783. Quant à la Commission, elle se réfère à l'Etat dans lequel la société principale a sa résidence fiscale[1504]. S'il existe un doute, ou s'il y a un conflit de résidence, la Commission préconise de choisir l'Etat dans lequel la société a son siège de direction effective. Les propositions des promoteurs du projet et celles de la Commission semblent contradictoires. Dans le premier cas, l'entreprise est libre, sous conditions, de choisir l'Etat dans lequel elle souhaite se voir appliquer le système de l'imposition à la résidence ; dans le second, l'Etat de résidence doit être celui de l'entreprise principale, dont la définition n'est, au demeurant, pas donnée.
En outre, la référence à une entreprise principale exclut du système d'imposition à la résidence de l'entreprise principale les établissements stables dont le siège est dans un Etat tiers, quand bien même une filiale du groupe serait établie dans l'Union. De surcroît, la détermination de la résidence de l'entreprise principale n'est pas aisée, particulièrement lorsque les participations détenues dans d'autres sociétés sont faibles, ou lorsqu'il existe des participations croisées. Cette question renvoie à la détermination du périmètre du groupe.

784. Le système d'imposition à la résidence de l'entreprise principale a vocation à s'appliquer aux seules PME, du fait de son inadéquation aux entreprises multinationales[1505]. Les petites et moyennes entreprises s'entendent de celles ayant un chiffre d'affaires inférieur à 50 millions d'euros, ou un total du bilan inférieur à 43 millions d'euros, et disposant d'un effectif salarié de moins de 250 personnes[1506]. Si seules les PME européennes sont susceptibles d'être éligibles au système d'imposition à

1503 LODIN Sven-Olof, GAMMIE Malcolm précités, p. 291. Traduit par nous.
1504 Commission européenne, 23 décembre 2005, Communication de la Commission au Conseil, au Parlement européen et au Comité économique et social européen, « Lutte contre les obstacles liés à la fiscalité des sociétés qui affectent les petites et moyennes entreprises dans le marché intérieur -Description d'un éventuel système pilote d'imposition selon les règles de l'Etat de résidence », COM (2005) 702 Final, annexe, pp. 19-20.
1505 *Ibid.*, pp. 1-8.
1506 Plus précisément, une recommandation de la Commission du 6 mai 2003, « Recommandation concernant la définition des micro, petites et moyennes entreprises », 2003/361/CE, JO L 124 du 20 mai 2003, pp. 36-41, a déterminé les seuils de la façon suivante : les micro-entreprises disposent de moins de 10 salariés et leur chiffre d'affaires ou le total de leur bilan est inférieur à 2 millions d'euros ; les petites entreprises disposent de moins de 50 salariés et leur chiffres d'affaires ou le total du bilan est inférieur à 10 millions d'euros ; les moyennes entreprises disposent de moins de 250 salariés et leur chiffre d'affaires est inférieur à 50 millions d'euros ou le total de leur bilan à 43 millions d'euros.

la résidence, il reste à déterminer les conditions de détention des structures. Dans leur projet, Malcolm GAMMIE et Sven-Olof LODIN préconisaient d'appliquer le système à toutes les succursales, mais de le limiter aux filiales détenues *a minima* à 75%[1507]. La Commission, dans sa communication finale de 2005, ne détermine pas les conditions de détention des filiales. Elle se borne à préciser que le système s'appliquera aux établissements stables et aux filiales européennes d'entreprises de l'Union[1508].

785. Toutefois, le document de travail des services de la Commission du 23 décembre 2005 s'appuie sur les législations nationales pour définir le seuil de détention applicable aux structures souhaitant bénéficier du régime de l'imposition à la résidence[1509]. Ainsi, le seuil de détention varierait en fonction du seuil applicable dans le cadre des régimes de groupe nationaux, de 50% en Italie à 95 % en France. Cette position est en cohérence avec le principe d'une imposition à la résidence, qui suppose d'appliquer aux filiales européennes les mêmes règles qu'aux filiales nationales. De ce fait, il ne peut exister de discrimination opérée par l'Etat de résidence. En revanche, l'application des règles nationales conduit à opérer une différenciation entre les établissements stables et les filiales européens, et entre les filiales européennes. En effet, du fait de la différence dans les seuils de détention nécessaires, les sociétés seront imposées selon les règles de l'Etat de résidence, en fonction des spécificités légales de l'Etat de résidence de la mère. En ce sens, les règles italiennes appliquant un seuil de détention de 50% sont plus favorables à une imposition des filiales européennes que les règles françaises.

Ce problème, propre à l'imposition selon les règles de l'Etat de résidence, est résolu dans le cadre du système d'imposition selon une assiette commune consolidée.

2) Le calcul de la base imposable dans le cadre d'une assiette commune consolidée

786. A la différence du système d'imposition selon les règles de l'Etat de résidence, le système d'assiette commune consolidée à l'IS (ACCIS) vise à créer une assiette unique d'imposition fondée sur des règles nouvelles. En juillet 2004, la Commission a élaboré un « non-paper », conceptualisant le système de l'assiette commune consolidée[1510], présenté au Conseil ECOFIN informel des 10 et 11 septembre 2004. Dans ce cadre, un

[1507] LODIN Sven-Olof, GAMMIE Malcolm, « The Taxation of the European Company », *European Taxation*, August 1999, p. 292.

[1508] Communication de la Commission précitée du 23 décembre 2005, pp. 18-19.

[1509] Commission européenne, 23 décembre 2005, Commission staff working document, "Annex to the Communication from the Commission to the Council, the European Parliament and the Economic and Social Commitee : Tackling the corporation tax obstacles of small and medium sized entreprises in the internal market-outline of possible Home State Taxation pilot scheme", SEC (2005) 1785, pp. 42 et 44.

[1510] Commission européenne , 7 juillet 2004, Commission Non-Paper to informal Ecofin Council, 10 and 11 September 2004, « A Common Consolidated EU Corporate Tax Base ».

groupe de travail sur l'ACCIS – le GT ACCIS – a été institué, et s'est réuni treize fois entre 2004 et 2008[1511].
Le projet d'ACCIS, à la différence du système d'imposition selon les règles de l'Etat de résidence de l'entreprise principale, ne nécessite pas la reconnaissance mutuelle par les Etats membres des règles des autres Etats, et se traduit donc par une harmonisation plus importante de la fiscalité des sociétés.
Deux principes se dégagent du projet d'ACCIS : l'assiette commune et la consolidation des résultats.

a) Le principe d'une assiette commune

787. L'assiette commune suppose que le calcul de l'assiette soit régi par des règles identiques.
Pour certains auteurs, l'implantation d'un référentiel comptable commun par le biais des normes IAS/IFRS constitue un point de départ à une assiette commune[1512].
Cependant, la Commission se refuse à harmoniser les règles comptables, et a clairement indiqué *« qu'aucun lien formel ne sera établi entre l'assiette fiscale et les normes comptables »*[1513]. Néanmoins, du fait de l'adoption croissante par les Etats membres des normes IAS/IFRS, il devrait exister, pour les entreprises multinationales, voire pour les petites et moyennes entreprises[1514], une convergence de fait.

788. Concernant les règles fiscales présidant à l'élaboration de l'assiette commune, les services de la Commission ont établi des propositions concernant tant les postes de bilan que le calcul du résultat[1515]. Une des principales innovations proposée, au regard des

---

[1511] Réunions des 23 novembre 2004, 10 mars 2005, 2 juin 2005, 23 septembre 2005, 7-8 décembre 2005, 9 mars 2006, 1er-2 juin 2006, 12 septembre 2006, 12-13 décembre 2006, 13 mars 2007, 27-28 septembre 2007, 10-12 décembre 2007, 14-15 avril 2008.
[1512] SCHÖN Wolfgang, "International Accounting Standards- a 'Starting point' for a Common European Tax base?", Conférence de l'association européenne des professeurs en droit fiscal (EATLP), juin 2004, 30 pp ; MOSQUERRA VALDERAMA Irma Johanna, "The CCCTB Compatible with National GAAP? What's Next?", *Intertax*, 2008, Issue 8-9, pp. 359-370; RUSSO Ronaldo, "The precious relationship between IAS/IFRS and CCCTB with respect to different categories of assets and accrual", in LANG Michaël, PISTONE Pasquale, SCUCH Josef, STARINGER Claus, « Common Consolidated Corporate Tax Base », Wien, Linde Verlag, Series on International Tax Law, 2008, pp. 361-384. Pour cet auteur, certaines normes IAS/IFRS sont indadaptées, telles celles relatives aux immeubles (IAS 40).
[1513] Commission européenne, 2 juillet 2008, « Compte rendu de la réunion du groupe de ravail sur une assiette commune consolidée pour l'impôt sur les sociétés », CCCTB/WP/98/FR, Taxud TF1/DBOP/, p. 1. La Commission se fonde sur son précédent rapport, Commission européenne, 26 juillet 2007, Groupe de travail sur l'ACCIS, « ACCIS : ébauche d'un cadre technique », ACCIS/WP057/doc/fr, p. 7, dans lequel elle indiquait que, d'une part, l'utilisation des normes IAS/IFRS n'était pas appliquée par tous les types de structures (i.e. entreprises individuelles) et que, d'autre part, certaines normes IAS/IFRS n'étaient pas adaptées à la fiscalité.
[1514] ADDA Marco, "The proposal of Implementation of IFRS to SMEs: a Further Tool for Positive Integration of Corporate Income Taxation in the Internal Market?", *Intertax*, 2008, vol. 36, Issue 6/7, pp. 282-291.
[1515] Commission européenne, 7 septembre 2005, Groupe de travail sur une assiette commune consolidée pour l'impôt des sociétés, « Revenu imposable », CCCTB/WP/017/doc/Fr, TAXUD E1, MH.

règles existant dans les Etats membres, concerne les amortissements. Ainsi, la Commission, dont les conclusions ont été reprises par le Conseil, suggère d'adopter un double système d'amortissement : les actifs à long terme seraient amortis sur une base individuelle, et les actifs d'une durée d'utilisation courte ou moyenne seraient regroupés en pool aux fins de l'amortissement[1516]. Cette modification dans les règles d'amortissement aurait des conséquences sur les plus ou moins-values de cessions de ces biens. Ainsi, la Commission propose, dans le cas où la plus-value servirait à réinvestir dans un bien de remplacement, de soustraire cette plus-value à la fois de l'exercice de cession, et de la base d'amortissement de l'actif de remplacement[1517]. De ce fait, les entreprises verraient les plus-values imposées au fur et à mesure de l'amortissement des biens de remplacement, ce qui constitue une règle plus favorable que celles existant actuellement dans l'Union européenne. Cette règle devrait s'appliquer à toutes les structures, indépendamment de leur forme juridique. Cependant, dans le domaine des plus-values réalisées lors de la cession d'un élément d'actif par un établissement stable à son siège, la Commission s'était prononcée, en 2006, contre le principe d'une imposition[1518]. Dans ce contexte, une clarification de la position de la Commission serait bienvenue.

789. L'assiette commune serait applicable aux groupes constitués d'établissements stables de sociétés européennes ou de sociétés situées dans des Etats tiers, et aux sociétés européennes sous certaines conditions. Cette question renvoie aux conditions de consolidation de l'assiette.

b) La consolidation des résultats

790. Dès le début des consultations, la Commission a préconisé non seulement une assiette commune, mais aussi une consolidation des résultats[1519], ce qui suppose de déterminer les structures éligibles à la consolidation. Un groupe de travail sur les entités à inclure dans le champ d'application de l'ACCIS a été spécifiquement constitué[1520]. Le document de travail récapitulatif présenté en juillet 2007 définissait les principes qui seraient applicables en matière de consolidation. Les filiales européennes, détenues à hauteur d'un pourcentage compris entre 50% et 75%, pourraient faire partie d'un groupe

---

1516 Commission européenne, 26 juillet 2007, Groupe de travail sur l'ACCIS, « ACCIS : ébauche d'un cadre technique », ACCIS/WP057/doc/fr, pp. 22-29. Conseil de l'Union, 16 mars 2011, proposition de directive concernant l'assiette commune consolidée pour l'impôt sur les société, COM (2011) 121 Final, articles 32 à 42.

1517 *Ibid.*, pp. 27-28.

1518 Commission européenne, 19 décembre 2006, Communication de la Commission au Conseil, au Parlement européen et au Comité économique et social européen, « Imposition à la sortie et nécessité de coordonner les politiques fiscales des États membres », COM (2006) 825.

1519 Commission européenne, Communication de la Commission au Conseil, au Parlement européen et au Comité économique et social européen, 5 avril 2006, « Mise en œuvre du programme communautaire de Lisbonne : Avancement des travaux et programme futur pour une assiette commune consolidée pour l'impôt sur les sociétés (ACCIS) », COM (2006) 157, p. 8.

1520 Commission européenne, 26 juillet 2006, Groupe de travail sur une assiette commune consolidée pour l'impôt sur les sociétés (GT ACCIS) : « Entités à inclure dans le champ d'application de l'ACCIS », CCCTB/WP/040/doc/en, Taxud E1, OP.

éligible à l'ACCIS, sans que leurs résultats soient pris en compte dans le résultat consolidé[1521]. En revanche, la consolidation s'appliquerait aux établissements stables européens de sociétés résidentes ou non-résidentes, de l'Union européenne, et aux filiales européennes dont la société mère, résidente ou non de l'UE, détiendrait 75% au moins des droits de vote[1522]. Cette détention minimale de 75% serait réputée égale à une détention à 100%, lorsque les sociétés seraient soumises à l'impôt sur les sociétés[1523].

791. Le projet de directive présenté en mars 2011 formule différemment les conditions d'éligibilité à la consolidation.
En effet, l'appartenance au groupe est déterminée par deux critères cumulatifs : *« i) le contrôle (plus de 50% des droits de vote) et ii) la propriété (plus de 75% du capital) ou les droits sur le bénéfice (plus de 75% des droits à la répartition des bénéfices) »*[1524].
Ainsi, plusieurs cas d'application de la consolidation peuvent se présenter.

792. La consolidation des résultats s'appliquerait aux :
- groupes dans lesquels la société mère, résidente de l'Union européenne, détient au moins 50% des droits de vote et 75% des droits aux bénéfices d'une filiale européenne, ou un ou plusieurs établissements stables. La consolidation s'appliquerait indépendamment de la localisation de la société détenant la société mère ;
- groupes dans lesquels la société mère, située hors de l'Union européenne, détient au moins 50% des droits de vote et 75% des droits aux bénéfices d'une filiale européenne, et/ou un ou plusieurs établissements stables situés dans l'Union;
- groupes dans lesquels une société filiale hors de l'Union européenne est interposée ;
- groupes formés de plusieurs établissements stables européens, ou de plusieurs filiales européennes, ou de filiales et d'établissements stables européens[1525].

793. Une limite à la consolidation, liée à l'activité exercée par les structures, avait été soulevée par le groupe de travail. Ainsi, le document de travail du 26 juillet 2006 proposait l'exclusion éventuelle des entités n'exerçant pas d'activités commerciales, qui aurait permis d'exclure les activités des holdings[1526]. Ce point n'a pas été repris dans les

---

[1521] Commission européenne, 26 juillet 2007, Groupe de travail sur l'ACCIS, « ACCIS : ébauche d'un cadre technique », ACCIS/WP/057/doc/fr, pp. 4-5.
[1522] *Ibid.*, pp. 27-28. Toutefois, dans le compte rendu de la réunion du groupe de travail, la Commission a indiqué que la définition du seuil de détention était susceptible d'évoluer, par la prise en compte éventuelle du droit aux bénéfices annuels ou de la détention du capital, Commission européenne, 2 juillet 2008, « Compte rendu de la réunion du groupe de travail sur une assiette commune consolidée pour l'impôt sur les sociétés », CCCTB/WP/98/FR, Taxud TF1/DBOP/, p. 2.
[1523] En effet, les associés des sociétés considérées comme fiscalement transparentes incluraient seulement la quote-part leur revenant dans les résultats de l'entité dans l'assiette commune consolidée. Commission européenne, 26 juillet 2007, Groupe de travail sur l'ACCIS, « ACCIS : ébauche d'un cadre technique », ACCIS/WP/057/doc/fr, pp. 24-25.
[1524] Conseil européen, 16 mars 2011, proposition de directive concernant l'assiette commune consolidée pour l'impôt sur les société, COM (2011) 121 Final, article 54.
[1525] *Ibid.*, article 55.
[1526] Commission européenne, 26 juillet 2006, Groupe de travail sur une assiette commune consolidée pour l'impôt sur les sociétés (GT ACCIS), « Entités à inclure dans le champ d'application de l'ACCIS », CCCTB/WP/040/doc/en, Taxud E1, OP.

documents ultérieurs, ce qui conforte l'unité d'application du système aux établissements stables et aux filiales, dans la mesure où certains Etats ne reconnaissent pas la possibilité, pour les établissements stables, d'exercer une activité de holding[1527].

794. La base consolidée comprendrait, pour les contribuables résidents de l'Union, leurs revenus mondiaux. De ce fait, les revenus des établissements stables hors de l'Union européenne devraient être partie intégrante de l'assiette consolidée. Cependant, il est prévu d'exonérer les résultats de ces établissements[1528]. Parallèlement, les dividendes liés à des titres de participation et provenant de sociétés situées dans des Etats tiers seraient exonérés, dans les conditions prévues pour les entreprises étrangères contrôlées[1529]. L'assiette consolidée *stricto sensu* correspondrait à la somme des résultats des différentes structures éligibles à la consolidation, retraitée des pertes et profits intra-groupe et minorée des déficits reportables des exercices précédents[1530].

795. Les travaux sur l'assiette commune consolidée aboutissent à créer une assiette d'imposition identique pour les établissements stables et les filiales éligibles, indépendamment de la provenance des revenus. En outre, la consolidation totale des résultats, lorsque le seuil de participation est atteint, rend le système plus attractif que les systèmes nationaux consolidant les bénéfices mondiaux, qui appliquent la consolidation à hauteur de la participation détenue. En cela, l'assiette commune consolidée crée, au niveau européen, un système se rapprochant des systèmes d'intégration nationaux.

Ainsi, les systèmes d'imposition des groupes proposés par la Commission harmonisent les règles relatives à l'assiette. De surcroît, les deux propositions ambitionnent une imposition harmonisée.

1527 « Panorama des redressements fiscaux : actualités, enjeux et prospectives. Compte-rendu de la 7ème conférence annuelle organisée le 21 juin 2005», *Droit Fiscal,* n° 43/2005, p. 1670.

1528 Conseil européen, 16 mars 2011, proposition de directive concernant l'assiette commune consolidée pour l'impôt sur les société, COM (2011) 121 Final, point 11, article 73.
Les revenus provenant d'établissements stables situés dans des Etats tiers seraient exonérés dès lors qu'ils ont fait l'objet d'une imposition effective dans l'Etat d'implantation et que le taux applicable localement n'est pas inférieur à 40% des taux moyens de l'impôt sur les sociétés dans l'Union européenne. Dans le cas inverse, les revenus feraient l'objet, soit d'une clause anti-abus du même type que celle applicable aux entités étrangères contrôlées, soit d'un crédit d'impôt ; KEMMEREN Eric, "Exemption method for Pe's and (major) shareholdings best services: the CCCTB and the internal market concerned", *ECTR*, 2008/3, pp. 118-136 ; GARABEDIAN Daniel, MALHERBE Jacques, "Common Consolidated Corporate Tax Base (CCCTB) International Issues, Credit Method for Portfolio Dividends, Interests and Royalties", in LANG Michaël, PISTONE Pasquale, SCUCH Josef, STARINGER Claus, « Common Consolidated Corporate Tax Base », Wien, Linde Verlag, Series on International Tax Law, 2008, pp. 705-723.

1529 Conseil européen, 16 mars 2011, proposition de directive concernant l'assiette commune consolidée pour l'impôt sur les société, COM (2011) 121 Final, article 73.

1530 Commission européenne, 1er mars 2007, Groupe de travail sur l'ACCIS, « Aperçu des principaux thèmes évoqués lors de la troisième réunion du sous-groupe sur l'imposition des groupes (SG5 - 5 et 6 février 2007) », CCCTB/WP/053/doc/fr, Taxud E1 OP/RP, p. 7 ; Conseil européen, 16 mars 2011, proposition de directive concernant l'assiette commune consolidée pour l'impôt sur les société, COM (2011) 121 Final, point 11, articles 59 et 43.

B. Une imposition harmonisée des établissements stables et des filiales poursuivant des buts identiques

796. L'imposition harmonisée ne signifie pas une imposition identique par tous les Etats, les taux d'imposition restant, contrairement aux recommandations du rapport Ruding[1531], en dehors des discussions sur une fiscalité européenne harmonisée[1532].
Dans le cas de l'imposition à la résidence, comme dans le cas de l'imposition sur une assiette commune consolidée, l'harmonisation passe par une répartition de la base imposable. Cette répartition conduit à une déterritorialisation de l'impôt, c'est-à-dire à la distension du lien entre la localisation des bénéfices sur un territoire et leur imposition (1). L'imposition ainsi répartie a pour but de limiter les entraves fiscales qui affectent les groupes : coûts de mise en conformité, imputation de pertes transfrontalières et prix de transfert (2).

1) La répartition des bases imposables selon une formule de répartition

797. Pour la Commission, la répartition est une conséquence nécessaire de la consolidation des revenus[1533]. Dans le cadre de l'imposition à la résidence, les discussions sur une formule de répartition ont été peu fournies. En revanche, dans le cadre de l'ACCIS, un sous-groupe de travail consacré au mécanisme de répartition a élaboré des pistes de réflexion[1534]. A l'issue de ces travaux, la Commission a présenté

[1531] Commission européenne, « Rapport du comité de réflexion des experts indépendants sur la fiscalité des entreprises », (rapport Ruding), 1992, pp. 223-225. Le comité Ruding préconisait, afin de limiter le risque d'une grave érosion des recettes de l'impôt sur les sociétés l'élaboration d'une directive instituant un taux minimal de l'impôt de 30% et maximal de 40%.
[1532] Commission européenne, Communication de la Commission au Conseil, au Parlement européen et au Comité économique et social européen, 23 octobre 2001, « Vers un marché intérieur sans entraves fiscales. Une stratégie pour permettre aux entreprises d'être imposées sur la base d'une assiette consolidée de l'impôt sur les sociétés couvrant l'ensemble de leurs activités dans l'Union européenne », COM (2001) 582, p. 22.
[1533] Commission européenne, 27 février 2007, Groupe de travail sur une assiette commune consolidée pour l'impôt sur les sociétés (GT ACCIS), « Aperçu des principaux thèmes évoqués lors du débat sur le mécanisme de répartition de l'ACCIS », CCCTB/WP/052/doc/fr, Taxud E1 AAG-GR-FF. Dans le document, il est mentionné que certains experts préconisaient un système plus souple de simple compensation des profits et des pertes.
[1534] Commission européenne, 17 novembre 2006, Groupe de travail sur une assiette commune consolidée pour l'impôt sur les sociétés (GT ACCIS), « Le mécanisme de répartition de l'ACCIS », CCCTB/WP/047/doc/fr, Taxud, E1, GR/FF ; Commission européenne, 27 février 2007, Groupe de travail sur une assiette commune consolidée pour l'impôt sur les sociétés (GT ACCIS), « Aperçu des principaux thèmes évoqués lors du débat sur le mécanisme de répartition de l'ACCIS », CCCTB/WP/052/doc/fr, Taxud E1 AAG-GR-FF ; Commission européenne, 20 août 2007, Groupe de travail sur une assiette commune consolidée pour l'impôt sur les sociétés (GT ACCIS), « Rapport et aperçu des principaux thèmes évoqués lors du débat sur le mécanisme de répartition. Deuxième réunion du SG 6, le 11 juin 2007 », CCCTB/WP/056/doc/fr, Taxud E1 OP.

un document récapitulatif[1535], dont les conclusions ont été reprises dans le projet de directive[1536]. La répartition s'opèrerait en fonction de plusieurs facteurs, sur l'ensemble des revenus de l'assiette commune consolidée – y compris les revenus passifs[1537] – et s'appliquerait aux sociétés ou aux établissements stables, pris isolément, faisant partie d'un groupe soumis à l'ACCIS.

798. L'inclusion des revenus passifs est susceptible d'induire, en l'état actuel du droit européen, une distorsion selon la nature des structures recevant de tels revenus et selon leur localisation. En effet, les Etats ne reconnaissent pas la déductibilité des intérêts et des redevances versés par les établissements stables à leurs sièges. De ce fait, en pratique, de tels revenus passifs ne sont pas pris en compte. La question se pose différemment en ce qui concerne les dividendes. En effet, la directive « mère-fille » laisse le choix aux Etats d'exonérer les dividendes ou d'accorder un crédit d'impôt[1538]. Aussi, les dividendes peuvent ne pas faire partie de l'assiette imposable du bénéficiaire. Il existerait ainsi une incohérence entre le projet d'ACCIS, qui prévoit l'exemption pour les dividendes en provenance de sociétés établies dans des Etats tiers, dès lors toutefois que les revenus ont fait l'objet d'une imposition effective dans l'Etat d'implantation, et que le taux applicable localement n'est pas inférieur à 40% des taux moyens de l'impôt sur les sociétés dans l'Union européenne[1539], et la directive mère mère-fille. Sur ce point, il semble nécessaire que la Commission apporte des précisions.

799. La répartition s'opèrera par entité, ce qui se traduit par l'application du mécanisme de répartition dans un cadre purement national[1540]. En ce sens, les établissements stables

---

1535 Commission européenne, 13 novembre 2007, Groupe de travail sur une assiette commune consolidée pour l'impôt sur les sociétés (GT ACCIS), « ACCIS : ébauche d'un mécanisme de répartition », CCCTB/WP 060/doc/fr, Taxud TF1/GR/FF.

1536 Conseil européen, 16 mars 2011, proposition de directive concernant l'assiette commune consolidée pour l'impôt sur les société, COM (2011) 121 Final, point 11, articles 86 et suivants.

1537 Conseil européen, 16 mars 2011, proposition de directive concernant l'assiette commune consolidée pour l'impôt sur les société, COM (2011) 121 Final, point 11, article 10. Cependant les facteurs de répartition ne prennent en compte les revenus passifs que si ceux-ci résultent de la nature de l'activité. Aux Etats-Unis, il existe une différence entre les revenus d'activité qui font l'objet d'une répartition en fonction de différents facteurs et les revenus passifs qui sont attribués de façon spécifique : soit au domicile commercial du redevable, soit au lieu où le bien incorporel est utilisé. European commission, Taxation papers, working paper n° 8/2005, "Formulary apportionment and group taxation in the European Union : insights from the USA and Canada", pp. 33-34.

1538 Conseil, Directive du 23 juillet 1990, n° 90/435/CEE modifiée par la directive 2003/123/CE du 22 décembre 2003, et abrogée par la directive 2011/96/UE du 30 novembre 2011, concernant le régime commun applicable aux sociétés mères et filiales d'Etats membres différents, article 4.

1539 Conseil européen, 16 mars 2011, proposition de directive concernant l'assiette commune consolidée pour l'impôt sur les société, COM (2011) 121 Final, point 11, article 73. WEBER Dennis, RUSSO Antonio, "The CCCTB and possible elements of a technical outline: The 'Switch-over' clause", in LANG Michaël, PISTONE Pasquale, SCUCH Josef, STARINGER Claus, « Common Consolidated Corporate Tax Base », Wien, Linde Verlag, Series on International Tax Law, 2008, pp. 751-770.

1540 Commission européenne, 17 novembre 2006, Groupe de travail sur une assiette commune consolidée pour l'impôt sur les sociétés (GT ACCIS), « Le mécanisme de répartition de l'ACCIS », CCCTB/WP/047/doc/fr, Taxud, E1, GR/FF, p. 3. Conseil européen, 16 mars 2011,

et les sociétés d'un groupe soumis à l'ACCIS seraient imposés selon des principes uniformes, même si l'impôt effectif payé s'avère différent de celui qui aurait été acquitté dans le système actuel d'imposition.

800. Concernant la formule de répartition, les travaux se sont axés sur les facteurs de répartition, à l'exclusion de la pondération des facteurs, qui, pour la Commission, relève du niveau politique[1541]. La Commission a écarté les formules de répartition fondées sur une approche macro-économique, essentiellement pour des raisons d'équité[1542], et celles fondées sur la valeur ajoutée, car jugées à la fois trop complexes et susceptibles de manipulation[1543]. Aussi, la formule de répartition prévue dans le projet de directive s'est inspirée des systèmes existant aux Etats-Unis et au Canada, proportionnels à trois facteurs : les salaires, les actifs et les ventes, *« ces facteurs et pondérations devraient garantir que les bénéfices sont imposés là où ils sont dégagés »*[1544].

801. Le facteur salaire s'appuie sur la masse salariale et le nombre de salariés, en ce compris les personnels intérimaires. Les charges de sous-traitance seraient exclues du calcul[1545], sauf s'il s'agit d'une sous-traitance intra-groupe. En ce cas, la prise en compte des salariés se ferait au lieu de travail effectif et non au lieu du contrat de travail[1546].
Pour les actifs, seules seraient prises en compte les immobilisations corporelles, à l'exclusion des actifs incorporels, des actifs financiers, et des stocks. Les actifs seraient évalués à leur valeur fiscale, c'est-à-dire déduction faite des amortissements, ou à leur valeur moyenne dans le cadre des pool d'actifs. Ils seraient attribués à l'entité qui les utilise effectivement, conformément au principe de propriété économique[1547].

---

proposition de directive concernant l'assiette commune consolidée pour l'impôt sur les société, COM (2011) 121 Final, point 11, article 86.

1541 Commission européenne, 13 novembre 2007, Groupe de travail sur une assiette commune consolidée pour l'impôt sur les sociétés (GT ACCIS), « ACCIS : ébauche d'un mécanisme de répartition », CCCTB/WP/060/doc/fr, Taxud TF1/GR/FF, pp. 2, 7.

1542 Commission européenne, 27 février 2007, Groupe de travail sur une assiette commune consolidée pour l'impôt sur les sociétés (GT ACCIS), « Aperçu des principaux thèmes évoqués lors du débat sur le mécanisme de répartition de l'ACCIS », CCCTB/WP/052/doc/fr, Taxud E1 AAG-GR-FF, pp. 3-4. En outre, la Commission craint que les facteurs macro-économiques poussent les Etats membres à augmenter leurs taux d'impôt sur les sociétés.

1543 *Ibid.*, pp. 4-6. La valeur ajoutée est manipulable non seulement via les prix de transfert, mais aussi via le transfert d'éléments de la valeur ajoutée, comme le transfert de personnel.

1544 Conseil européen, 16 mars 2011, proposition de directive concernant l'assiette commune consolidée pour l'impôt sur les société, COM (2011) 121 Final, point 21.

1545 La formulation de l'article 91-3 du projet de dirctive peut laisser planer un doute à ce sujet : *« Nonobstant le paragraphe 1, les employés comprennent des personnes qui, bien que n'étant pas directement employées par un membre du groupe, s'acquittent de tâches similaires à celles exécutées par les employés ».*

1546 Commission européenne, 13 novembre 2007, Groupe de travail sur une assiette commune consolidée pour l'impôt sur les sociétés (GT ACCIS), « ACCIS : ébauche d'un mécanisme de répartition », CCCTB/WP/060/doc/fr, Taxud TF1/GR/FF, pp. 8-9. Conseil européen, 16 mars 2011, proposition de directive concernant l'assiette commune consolidée pour l'impôt sur les société, COM (2011) 121 Final, articles 90 et 91.

1547 Conseil européen, 16 mars 2011, proposition de directive concernant l'assiette commune consolidée pour l'impôt sur les société, COM (2011) 121 Final, articles 92-93.

Quant au facteur chiffre d'affaires, il s'entend du produit de toutes les ventes de biens et prestations de services, à l'exclusion des produits exonérés[1548]. De surcroît, les ventes à l'intérieur d'un groupe soumis à l'ACCIS ne seraient pas prises en compte, la Commission considérant que cela reviendrait à réintroduire le principe de pleine concurrence[1549].

802. En ce qui concerne la localisation du facteur ventes, la Commission, en contravention avec les positions exprimées par les experts dans les cadres des travaux sur l'ACCIS, mais dont la position a été reprise dans le projet de directive, a proposé d'utiliser le critère de la destination, et non celui de l'origine[1550]. Cette position entraîne comme principale conséquence une prise en compte des ventes dans la formule de répartition, uniquement dans l'hypothèse où le groupe dispose au moins d'un établissement stable ou d'une filiale dans le pays d'utilisation du bien ou de la prestation de services. Une solution alternative aurait consisté à prendre en compte la présence économique significative – à défaut de présence physique d'un établissement stable ou d'une filiale – pour attribuer des droits d'imposition à un Etat. Cette solution, appliquée par certains Etats américains[1551], n'a pas été retenue dans le cadre des consultations sur l'ACCIS. Elle aurait conduit à un affaiblissement de la nécessité de l'existence d'un établissement stable comme lien minimal de rattachement de l'activité à un Etat, mais aurait vraisemblablement facilité l'appréhension des revenus du commerce électronique. En l'absence de reconnaissance du critère de rattachement économique, la Commission proposait, dans l'hypothèse de ventes à un pays tiers ou à un pays dans lequel le groupe ne possède ni établissement stable ni filiale, de pondérer le poids du facteur vente par rapport aux deux autres facteurs[1552]. Dans la proposition de directive du Conseil, les ventes sont incluses dans le chiffre d'affaires du groupe au

---

[1548] Ne sont ainsi pas pris en compte les intérêts, redevances, et produits de cessions d'immobilisations sauf s'ils résultent de l'exercice normal de l'activité économique. *Ibid.*, article 95.

[1549] *Ibid.*, article 95 ; Commission européenne, 13 novembre 2007, Groupe de travail sur une assiette commune consolidée pour l'impôt sur les sociétés (GT ACCIS), « ACCIS : ébauche d'un mécanisme de répartition », CCCTB/WP/060/doc/fr, Taxud TF1/GR/FF, p. 14.

[1550] *Ibid.*, pp. 13-17. Les experts faisaient valoir, notamment, que le rôle de l'impôt sur les sociétés est d'imposer la production et non la consommation, ce rôle étant dévolu à la TVA. Voir, Commission européenne, 20 août 2007, Groupe de travail sur une assiette commune consolidée pour l'impôt sur les sociétés (GT ACCIS), « Rapport et aperçu des principaux thèmes évoqués lors du débat sur le mécanisme de répartition. Deuxième réunion du SG 6, le 11 juin 2007 », CCCTB/WP/056/doc/fr, Taxud E1 OP, pp. 9-10. Conseil européen, 16 mars 2011, proposition de directive concernant l'assiette commune consolidée pour l'impôt sur les société, COM (2011) 121 Final, article 96.

[1551] European Commission, WEINER Joann Martens, Taxation papers, working paper n° 8/2005, "Formulary apportionment and group taxation in the European Union : insights from the USA and Canada", pp. 32-33. L'auteur cite un arrêt de la Cour de Caroline du Sud rendu en matière de licence de marque-, *Geoffrey Inc. Vs South Carolina Tax Commission*, 437 S.E 2d (1993), dans lequel les commentateurs ont vu l'absence de demande d'une présence physique aux fins des impôts sur le revenu. Voir également, HEY Johanna, "EU Common Consolidated Corporate Tax Base: Guided Variety versus Strict Uniformity- Lessons from the 'US States' Tax Chaos'", Jean Monnet Working Paper, 02/08, European Union, Jean Monnet Chair, 2008, p. 24.

[1552] Voir l'exemple donné par la Commission dans le document du 13 novembre 2007, précité, p. 16.

prorata de leurs facteurs main d'œuvre et immobilisation[1553]. Ce système proportionnel s'applique également dans le cas où il existe plusieurs structures de destination dans le même Etat membre.

803. En proposant d'appliquer la même formule de répartition à l'ensemble des structures soumises à l'ACCIS ou à l'imposition à la résidence, indépendamment de leur forme juridique, le projet de directive tend à réduire les différences existant actuellement dans l'imposition des filiales et des établissements stables. Cette analyse prévaut également dans le cadre des objectifs, poursuivis par l'Union européenne, de neutralisation des entraves fiscales à l'imposition des groupes.

2) La neutralisation des entraves fiscales

804. Dans le cadre de l'étude de l'imposition des entreprises dans l'Union européenne, la Commission a identifié certains principes généraux[1554]. Ainsi, l'imposition doit notamment avoir pour objectifs, l'équité, l'efficience, la simplicité, la cohérence[1555].
L'équité s'entend, dans le contexte de l'impôt sur les sociétés, de la juste répartition de l'assiette entre les Etats dans lesquels les entreprises internationales exercent leur activité, c'est-à-dire d'une équité horizontale, qui se différencie de l'équité verticale, laquelle concerne les capacités contributives.
Dans le cadre de l'ACCIS, l'équité serait assurée au niveau intra-européen.

805. L'efficience est comprise comme la neutralité de l'impôt dans les décisions des investisseurs. Dans le cadre de l'ACCIS, la neutralité à l'importation et à l'exportation des capitaux est réalisée, pour les investisseurs et les investissements, dans l'Union européenne. Certains auteurs considèrent, cependant, que les deux systèmes proposés par l'Union européenne aboutissent à une neutralité hybride entre la neutralité à l'importation et la neutralité à l'exportation, dans la mesure où ils comportent des éléments d'imposition à la source et à la résidence[1556]. Les autres objectifs, de simplicité

[1553] Conseil, 16 mars 2011, proposition de directive concernant l'assiette commune consolidée pour l'impôt sur les société, COM (2011) 121 Final, article 96. Système plus simple que celui proposé à l'origine par la commission qui prévoyait que la structure de destination ajoute aux ventes qui lui étaient directement affectables, le produit de la part de ses autres facteurs multiplié par la part des ventes réalisées par le vendeur hors du système de l'ACCIS.

[1554] Commission européenne, Communication de la Commission au Conseil, au Parlement européen et au Comité économique et social européen, 23 octobre 2001, « Vers un marché intérieur sans entraves fiscales. Une stratégie pour permettre aux entreprises d'être imposées sur la base d'une assiette consolidée de l'impôt sur les sociétés couvrant l'ensemble de leurs activités dans l'Union européenne », COM (2001) 582 ; Commission européenne, « Fiscalité des entreprises dans le marché intérieur », Rapport des services de la Commission, SEC 2001(1681) Final, 478 pp ; Commission européenne, 10 décembre 2004, Groupe de travail sur une assiette commune consolidée pour l'impôt des sociétés, « Principes fiscaux généraux », GT/ACCIS/001/Rev1/doc/fr, Taxud E1-TN.

[1555] Groupe de travail sur les principes fiscaux généraux précité, pp. 4-6.

[1556] MAYER Stefan, " Formulary Apportionment for the Internal Market", IBFD, Doctoral Series, n° 17, 2009, pp. 23-23. Pour l'auteur, même si le revenu est attribué géographiquement selon le

et de cohérence, doivent permettre de réduire les coûts, aussi bien administratifs que de mise en conformité. Ces coûts font partie des obstacles, référencés par la Commission, à l'investissement transfrontalier[1557].

806. Aussi, les travaux sur l'imposition à la résidence et sur l'ACCIS entendent remédier aux problématiques posées par les prix de transfert, par la déduction transfrontalière des pertes et, plus généralement, par la double imposition liée à l'investissement transfrontalier.
Dans le domaine de la déduction transfrontalière des pertes, les systèmes de l'imposition à la résidence et de l'ACCIS, du fait de la consolidation et de la répartition, permettent une prise en compte systématique des pertes, dès lors toutefois que ces pertes sont réalisées dans un groupe soumis à la consolidation.

807. De manière identique, les solutions proposées dans les systèmes de l'imposition à la résidence et de l'ACCIS neutralisent en partie les problèmes de prix de transfert. En effet, dans la mesure où la base imposable ne comprend pas les transactions intra-groupe, le risque de manipulation des coûts de transaction est amoindri[1558]. Le problème des prix de transfert est cependant loin d'être éliminé, puisque la neutralisation des transactions ne vaut qu'à l'intérieur d'un groupe soumis à l'imposition à la résidence ou à l'ACCIS. Outre la question de l'assiette prise en compte dans des systèmes harmonisés, la possibilité d'une manipulation des prix de transfert due à la formule de répartition avait été soulevée par Malcolm GAMMIE et Sven-Olof LODIN dans leurs travaux sur l'imposition à la résidence[1559]. Ce risque a été analysé par le sous-groupe de travail sur le mécanisme de répartition de l'ACCIS[1560]. A cet égard, les services de la Commission ont préconisé, contrairement à l'opinion des experts consultés, d'utiliser, dans la formule de répartition, le facteur « vente à la destination » en lieu et place du facteur « vente à l'origine »[1561]. En effet, la Commission a considéré que le facteur « vente à l'origine » réintroduisait la possibilité d'une manipulation des prix, les entités membres du groupe pouvant s'entendre pour agir sur le lieu d'expédition à des tiers[1562].

---

principe de la source, les systèmes d'imposition harmonisés comprennent toujours des éléments d'imposition à la résidence, dès lors que la base à répartir à une assiette mondiale (ou communautaire). Voir également, MCLURE Charles E., "Corporate Tax Harmonization in the European Union : The Commission's Proposals", *Tax Notes International*, 4 October 2004, p. 59.

[1557] Commission européenne, Communication de la Commission au Conseil, au Parlement européen et au Comité économique et social européen, 23 octobre 2001, « Vers un marché intérieur sans entraves fiscales. Une stratégie pour permettre aux entreprises d'être imposées sur la base d'une assiette consolidée de l'impôt sur les sociétés couvrant l'ensemble de leurs activités dans l'Union européenne », COM (2001) 582, pp. 12-14.

[1558] Commission européenne, 17 novembre 2006, Groupe de travail sur une assiette commune consolidée pour l'impôt sur les sociétés (GT ACCIS), « Le mécanisme de répartition de l'ACCIS », CCCTB/WP/047/doc/fr, Taxud, E1, GR/FF, pp. 8-9.

[1559] LODIN Sven-OLOF, GAMMIE Malcolm, « The Taxation of the European Company », *European Taxation*, August 1999, pp. 290-291.

[1560] Commission européenne, 17 novembre 2006, précité, pp. 8-9.

[1561] Commission européenne, 13 novembre 2007, Groupe de travail sur une assiette commune consolidée pour l'impôt sur les sociétés (GT ACCIS), « ACCIS : ébauche d'un mécanisme de répartition », CCCTB/WP/060/doc/fr, Taxud TF1/GR/FF, pp. 13-14.

[1562] Commission européenne, 20 août 2007, Groupe de travail sur une assiette commune consolidée pour l'impôt sur les sociétés (GT ACCIS), « Rapport et aperçu des principaux thèmes

Parallèlement, la Commission a refusé, à l'inverse de ce qui se pratique aux Etats-Unis[1563], la prise en compte des ventes à l'origine lorsque le groupe ne dispose pas d'une filiale ou d'un établissement stable dans l'Etat de destination[1564]. La position des services de la Commission a été reprise dans le projet de directive[1565].

808. Les systèmes d'imposition européens proposés, s'ils permettent d'harmoniser l'imposition des entreprises européennes, n'aboutissent cependant pas à supprimer les obstacles fiscaux aux investissements transfrontaliers. Ainsi, les problèmes sont à la fois intrinsèques aux mécanismes de l'imposition à la résidence et de l'ACCIS, et aux difficultés que posent ces systèmes au regard de l'imposition internationale dans les Etats de source et dans les Etats de résidence.

§ 2. Les limites à une imposition européenne harmonisée

809. Les limites à une imposition européenne harmonisée sont principalement de deux ordres. Elles sont dues, en premier lieu, aux caractéristiques intrinsèques des systèmes proposés (A), et, en second lieu, aux altérations susceptibles d'être ainsi portées aux principes d'imposition dans les Etats de source ou de résidence (B).

A. Les limites dues aux caractéristiques intrinsèques des propositions européennes d'imposition des groupes

810. Les systèmes proposés n'étant pas d'application, il est malaisé d'avoir une approche exhaustive de leurs imperfections. Néanmoins, dans le cas de l'imposition à la résidence, comme dans le cas de l'imposition d'une assiette commune consolidée, les mêmes limites structurelles apparaissent. Elles sont liées aux périmètres d'application des systèmes (1) et aux mécanismes de répartition recommandés (2).

1) Les limites liées aux périmètres d'application des systèmes

811. Les difficultés à déterminer le périmètre d'application de l'imposition à la résidence et de l'ACCIS (a) aboutissent à la création de distorsions dans l'imposition (b).

évoqués lors du débat sur le mécanisme de répartition. Deuxième réunion du SG 6, le 11 juin 2007 », CCCTB/WP/056/doc/fr, Taxud E1 OP, pp. 9-11.

[1563] European Commission, WEINER Joann Martens, Taxation papers, working paper n° 8/2005, "Formulary apportionment and group taxation in the European Union : insights from the USA and Canada", pp. 22-24.

[1564] Commission européenne, 13 novembre 2007, précité, p. 16.

[1565] Conseil européen, 16 mars 2011, proposition de directive concernant l'assiette commune consolidée pour l'impôt sur les société, COM (2011) 121 Final, article 96.

a) Les difficultés de détermination du périmètre d'application des systèmes

812. Outre les difficultés liées à la détermination de la notion de résidence – dans le système de l'imposition à la résidence de l'entreprise principale – et aux structures éligibles à l'application de l'un ou l'autre des deux systèmes, qui ont été précédemment évoquées[1566], des interrogations concernant l'application, dans le temps et dans l'espace, subsistent. Les questionnements portent principalement sur le champ d'application territorial des systèmes proposés et sur les variations dans le périmètre des groupes.

813. La détermination du champ d'application territorial de l'imposition des groupes est essentielle. En effet, en l'état actuel des travaux sur l'imposition à la résidence, le système serait optionnel et pourrait ne s'appliquer qu'à certains Etats membres « pilotes »[1567]. Quant à l'ACCIS, une proposition de directive a été faite le 16 mars 2011[1568]. Si la directive était adoptée, la question du champ d'application territorial ne se poserait plus, l'ensemble des Etats de l'Union étant tenus d'appliquer les principes de l'ACCIS.
Toutefois, quand bien même les deux systèmes seraient appliqués à l'ensemble des Etats, les entreprises resteraient libres d'opter pour leur assujettissement à ces régimes de groupe[1569]. De surcroît, l'impôt sur les sociétés s'appliquerait aux seules sociétés résidentes et aux établissements stables situés dans un Etat membre de l'Union. Ces différents paramètres, limitant une imposition unitaire des groupes, sont susceptibles d'induire des distorsions dans l'imposition.

814. L'application dans le temps des systèmes proposés requiert, quant à elle, de déterminer les conditions afférentes aux changements de résidence et/ou de localisation des structures, et aux entrées et sorties des entités du périmètre des groupes.
Le périmètre des groupes peut être affecté par les changements de résidence et/ou de localisation. Dans le système de l'imposition à la résidence de l'entreprise principale, la Commission considère que le transfert de siège de la société tête de groupe devrait être impossible pendant la période test de cinq ans[1570]. Il ne s'agit pas en réalité d'une impossibilité, mais de l'interruption de l'application du système d'imposition à la résidence, et le retour à l'application de la loi nationale. Sous réserve du respect de cette condition de délai, le Professeur LODIN et Malcolm GAMMIE préconisaient

[1566] *Supra*, §§ 784-785 ; 792.
[1567] Commission européenne, 24 juin 2004, « Description de l'application expérimentale éventuelle d'un système d'imposition selon les règles de l'Etat de résidence aux petites et moyennes entreprises », TAXUD C.1/DOC (04) 1410, p. 4.
[1568] Conseil européen, 16 mars 2011, proposition de directive concernant l'assiette commune consolidée pour l'impôt sur les société, COM (2011) 121 Final.
[1569] En ce qui concerne le système d'imposition à la résidence, Commission européenne, 24 juin 2004, « Description de l'application expérimentale éventuelle d'un système d'imposition selon les règles de l'Etat de résidence aux petites et moyennes entreprises », TAXUD C.1/DOC (04) 1410, pp. 5-6. En ce qui concerne l'ACCIS, Conseil européen, 16 mars 2011, proposition de directive concernant l'assiette commune consolidée pour l'impôt sur les société, COM (2011) 121 Final, 3. Eléments juridiques de la proposition.
[1570] Commission européenne, 24 juin 2004, « Description de l'application expérimentale éventuelle d'un système d'imposition selon les règles de l'Etat de résidence aux petites et moyennes entreprises, TAXUD C.1/DOC (04) 141, pp.8-9.

d'appliquer les règles de l'Etat de résidence de la tête de groupe en matière de changement de résidence[1571].

815. En revanche, le changement de localisation d'une filiale ou d'un établissement stable ne devrait pas avoir de conséquences, à tout le moins si l'Etat membre de transfert a adopté le système d'imposition à la résidence. Dans le cas contraire, la filiale ou l'établissement stable sortiraient du périmètre du groupe.
Dans le contexte de l'ACCIS, le transfert de siège à l'intérieur de l'Union ne devrait pas emporter de conséquences[1572]. En revanche, le transfert dans un pays tiers emporterait cessation du régime de l'ACCIS pour la structure en cause. Dans la mesure où il est impossible d'étendre les systèmes proposés à l'extérieur de l'Union, cette position semble fondée, même si elle infère l'application de règles différentes en fonction de la localisation des structures du groupe.

816. Quant aux problématiques liées aux entrées et sorties des groupes, elles concernent non seulement les acquisitions d'établissements stables et de filiales et leur cession, mais aussi les phénomènes de restructuration des groupes. En ce qui concerne les fusions, Malcolm GAMMIE et Sven-Olof LODIN indiquaient souhaiter l'extension du sursis d'imposition prévu dans la directive « fusion »[1573].
Les problèmes concernant l'entrée et la sortie du groupe sont principalement liés à la gestion des déficits[1574] et aux plus et moins-values latentes. Pour certains auteurs[1575] et les services de la Commission[1576], les plus et moins-values latentes, qu'elles concernent l'entrée ou la sortie du groupe, pourraient faire l'objet d'un sursis d'imposition jusqu'à la réalisation effective des actifs ou jusqu'à ce que les actifs sortent de l'Union. Cette position présente le risque d'éroder la base d'imposition des Etats et peut conduire à des traitements différenciés des structures selon qu'elles sont – ou non – membres d'un groupe imposé selon les systèmes proposés.

[1571] LODIN Sven-Olof, GAMMIE Malcolm, « The Taxation of the European Company », *European Taxation*, August 1999, p. 293. L'application des règles de l'Etat de résidence de la tête de groupe ne se ferait qu'à la condition que les structures soient imposées à l'endroit où elles conduisent leurs activités.

[1572] Dans la mesure où il est prévu que l'ensemble des Etats participent à l'ACCIS et où, la base est commune et consolidée, indépendamment de la localisation des structures dans l'Union.

[1573] Conseil, directive 90/434/CEE du 23 juillet 1990, modifiée par la directive 2005/19/CE du 17 février 2005, article 4.

[1574] Sur l'ensemble de la question, voir RIVOLTA Alfonso, "Transfer of Residence within the European Union: The Treatment of Pre-Existing Losses", Part 1 & 2, *European Taxation*, January 2010, pp. 26-36, February-March 2010, pp. 66-78.

[1575] DURRSCHMIDT Daniel, "Comprehensives Approaches to Company Taxation in the European Union and Cross-Border Corporate Reorganizations", *Intertax*, 2007, Issue 3, pp. 152-182.

[1576] Commission européenne, 2 juillet 2008, « Compte rendu de la réunion du groupe de travail sur une assiette commune consolidée pour l'impôt sur les sociétés », CCCTB/WP/68/FR, Taxud TF1/DBOP/, pp. 9-10.

817. Le projet de directive ne prévoit pas de règles spécifiques, si ce n'est la mention d'un possible ajustement lorsque les plus-values sont réalisées peu de temps après l'entrée dans le groupe[1577].

Concernant les déficits antérieurs, il pourrait être concevable, aux fins d'éviter que l'entrée dans un groupe ne soit motivée que par un transfert de déficits, de s'inspirer des régimes de consolidation existant dans certains Etats européens, en cantonnant les déficits à la structure les ayant réalisés. Pour certains auteurs, les déficits antérieurs pourraient être, à tout le moins dans le contexte de l'imposition à la résidence, attribués à un établissement stable, conformément à ce qui est préconisé par la directive « fusion »[1578]. Cette hypothèse, si elle conduit à traiter de manière identique les filiales et les établissements stables ayant réalisé des déficits, implique néanmoins des différences de traitement entre les différentes formes de structures, en fonction des règles applicables par l'Etat de résidence consolidant. En effet, si cet Etat applique le régime du bénéfice mondial et de l'imputation, les déficits de l'établissement stable, préexistant ou créé, seront pris en compte par le siège.

818. Dans le domaine d'application de l'ACCIS, le système de neutralisation de la double imposition adopté par les Etats devrait être de moindre importance, dans la mesure où la Commission préconise une consolidation. Toutefois, l'adoption d'un système unique laisse pendante la question des déficits antérieurs. Aussi, le périmètre des groupes étant susceptible de se modifier en permanence, la solution, consistant à permettre une imputation des déficits antérieurs dans l'Etat d'implantation de la structure les ayant réalisés, semble préférable.

Le projet de directive comporte, à cet égard, une ambigüité. En effet, l'article 48 « Déficits avant l'entrée dans le régime » stipule : *« Lorsqu'une contribuable a subi, avant d'entrer dans le régime prévu par la présente directive, des déficits qui pourraient être reportés au titre de la législation nationale applicable, mais qui n'ont pas encore été imputés sur les bénéfices imposables, ces déficits peuvent être déduits de l'assiette imposable dans la mesure prévue par la législation nationale »*.

Ces difficultés de détermination du périmètre du groupe emportent des conséquences en matière d'imposition. En effet, elles sont susceptibles d'entraîner des distorsions dans l'imposition, contraires aux objectifs poursuivis.

[1577] Conseil européen, 16 mars 2011, proposition de directive concernant l'assiette commune consolidée pour l'impôt sur les société, COM (2011) 121 Final, point 17.

[1578] DURRSCHMIDT Daniel, précité, pp. 165-166.

b) Les distorsions dans l'imposition

819. Les distorsions principales sont dues à la nature des structures et à leur localisation. De ce fait, les buts poursuivis par les propositions européennes ne sont pas atteints.
Dès lors que les systèmes sont supposés s'appliquer dans un cadre géographique limité : Etats pilotes pour l'imposition à la résidence, et exclusion dans les deux cas des Etats tiers, ils engendrent des disparités dans l'imposition. Pour prendre l'exemple de l'ACCIS, la situation suivante peut se présenter :

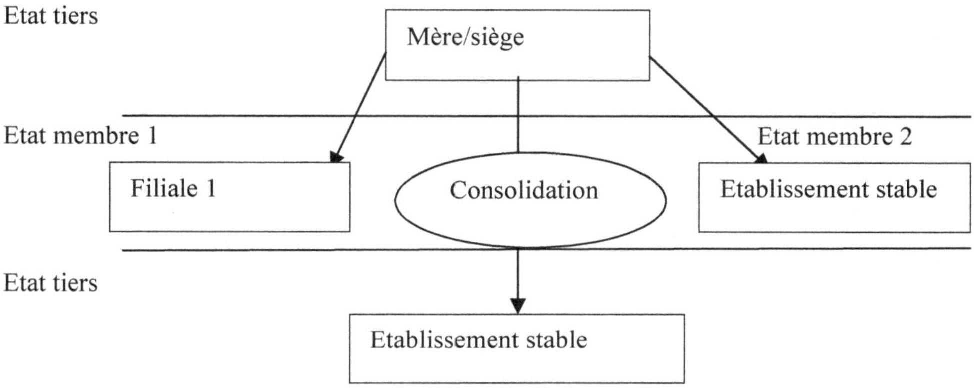

820. Les relations entre la société mère et ses filiales vont normalement être régies par une convention. La filiale et l'établissement stable dans l'Union peuvent, dans le cadre d'un régime de groupe intra-européen, opter pour une consolidation. Il est supposé que la filiale se voit affecter des bénéfices en fonction des règles prévues par l'ACCIS, et l'établissement stable, situé dans l'Etat membre 2, des pertes, alors que ce dernier, s'il avait été imposé séparément, aurait réalisé des bénéfices. Si l'Etat du siège applique le régime du bénéfice mondial avec imputation, le siège devrait prendre en compte les résultats de ses établissements stables comme s'ils étaient des entités juridiquement distinctes, et imputer l'impôt dû. Or, du fait du régime européen de consolidation, l'établissement stable n'acquitte pas d'impôt. Cette situation est susceptible de créer des conflits entre le droit européen et les conventions fiscales internationales, et s'apparente au problème soulevé dans le cadre des systèmes d'intégration nationaux[1579].

821. De surcroît, pour certains auteurs, le régime de l'ACCIS ne permet pas de garantir les objectifs poursuivis, telle l'imputation des pertes transfrontalières, car il existerait une incohérence avec la jurisprudence européenne[1580]. Pour d'autres auteurs, cependant,

---

[1579] *Supra*, § 747 et suivants.
[1580] PANAYI HJI Christiana, "The Common Consolidated Corporate Tax Base- Issue for Members States opting out and Third Countries", *European Taxation*, March 2008, pp. 114-123. Toutefois l'auteur se fonde sur le fait que certains Etats ne seraient pas dans le champ d'application de l'ACCIS, ce qui est contraire à l'adoption d'une directive européenne, laquelle serait applicable dans tous les Etats membres.

il n'existerait pas d'incompatibilité entre la jurisprudence européenne et l'ACCIS, les relations avec les pays tiers pouvant relever, par ailleurs, des solutions données par la jurisprudence en ce domaine[1581]. Les interrogations en la matière viendraient plutôt de l'exercice – ou non – de l'option offerte aux entreprises d'appliquer les systèmes proposés. En effet, dans le contexte de l'ACCIS, l'adoption d'une directive ne laisserait pas aux Etats le choix d'accepter ou de ne pas accepter un tel système[1582]. Concernant le système d'imposition à la résidence, le choix laissé aux Etats d'adhérer à l'application du système engendre des difficultés, mais ces dernières sont moins importantes du fait du champ d'application restreint aux PME.

822. En revanche, si le système de l'ACCIS est optionnel pour les groupes, des différences vont exister entre les groupes, de la même manière que pour les groupes nationaux, mais avec un impact fiscal transfrontalier. Ainsi, dans le cadre d'une imposition selon les règles de l'ACCIS, les pertes transfrontalières seraient consolidées l'année de leur réalisation, et le groupe soumis à l'ACCIS devrait bénéficier d'un report en avant illimité de ses pertes[1583]. En ce sens, les conditions posées à l'imputation des pertes par l'arrêt *Marks & Spencer* n'auraient pas lieu de s'appliquer[1584]. Dans le cas où un groupe ne serait pas soumis à l'ACCIS, le transfert des pertes ne serait possible que dans les conditions posées par l'arrêt.
Ainsi, le périmètre d'application des systèmes proposés est source de distorsions du fait de l'exclusion des Etats tiers et de la possibilité d'option laissée aux groupes.

Les limites à une imposition harmonisée ne sont cependant pas dues uniquement aux difficultés de détermination du périmètre. En effet, dans le cas de l'imposition à la résidence, comme dans le cas de l'ACCIS, la répartition des bases proposée est un facteur de distorsion.

1581 O'SHEA Tom, "The Common Consolidated Corporate Tax Base (CCCTB) – Issues for Member States Opting Out and Third Countries: a critique and some in depth analysis", sur le site www.law.qmul.ac.uk, 17 pp. En ce qui concerne les relations avec les pays tiers, la Cour a jugé dans l'arrêt CJCE, 18 décembre 2007, aff. C-101/05, *A*, Rec. p. I-11531, que les dispositions relatives à la liberté de circulation des capitaux pouvaient être conditionnées par l'existence d'une convention prévoyant l'échange de renseignements entre Etats.

1582 Pour une opinion nuancée, voir, HEY Johanna, "EU Common Consolidated Corporate Tax Base: Guided Variety versus Strict Uniformity- Lessons from the "US States' Tax Chaos"", Jean Monnet Working Paper 02/08, European Union, Jean Monnet Chair, 2008, pp. 45-46. Pour l'auteur l'idée d'une adoption de l'ACCIS par les 27 Etats membres est utopique.

1583 Conseil européen, 16 mars 2011, proposition de directive concernant l'assiette commune consolidée pour l'impôt sur les société, COM (2011) 121 Final, article 43.

1584 CJCE, 13 décembre 2005, aff. C-446/03, *Marks & Spencer Plc*, Rec. p. I-10837. L'arrêt conditionne, notamment, le transfert des pertes au fait que celles-ci soient définitives et qu'il n'existe pas de possibilité de les imputer ultérieurement dans l'Etat de résidence de la filiale.

2) les limites liées à la répartition de l'assiette

823. Dans le cadre des travaux sur la répartition, les services de la Commission ont suggéré l'utilisation d'une formule uniforme dans tous les Etats membres[1585], et ce, même si des variantes étaient appliquées à certains secteurs spécifiques[1586]. Cependant, si le principe d'une formule uniforme apparaît en cohérence avec le principe d'une harmonisation de l'impôt[1587], il n'en demeure pas moins qu'une telle uniformisation est susceptible d'entraîner des distorsions dans l'imposition. Cette question renvoie à la détermination des facteurs pris en compte dans la formule de répartition. Ainsi, les trois facteurs proposés, travail, actifs, et ventes, ne sont pas nécessairement en adéquation avec une imposition qui se veut équitable et cohérente.

824. Concernant le facteur salarial, les principaux problèmes proviennent de l'absence d'uniformité des salaires au sein de l'Union et de l'exclusion de la sous-traitance. En ce sens, l'absence de prise en compte des disparités de salaires peut entraîner une répartition de l'assiette défavorable aux Etats à bas coût de main d'œuvre[1588]. Quant à l'exclusion de la sous-traitance, elle favorise les entreprises recourant à la sous-traitance, au détriment des entreprises employant des salariés.

825. Pour les actifs, le problème est lié à la seule prise en compte des actifs corporels, à l'exclusion des actifs incorporels, des actifs financiers[1589], et des stocks. En ce sens, une partie de l'activité économique ne sera pas soumise à ce facteur. Il en ira ainsi, par exemple, des structures dans lesquelles sont cantonnés les marques ou les brevets, et des activités immobilières de promotion ou de marchand de biens, pour lesquels les stocks constituent l'essentiel de l'actif. De surcroît, l'exclusion des immobilisations financières peut paraître en contradiction avec d'autres dispositions européennes. Ainsi, lors d'une

---

[1585] Commission européenne, 13 novembre 2007, Groupe de travail sur une assiette commune consolidée pour l'impôt sur les sociétés (GT ACCIS), « ACCIS : ébauche d'un mécanisme de répartition », CCCTB/WP/060/doc/fr, Taxud TF1/GR/FF, p. 7.

[1586] Conseil européen, 16 mars 2011, proposition de directive concernant l'assiette commune consolidée pour l'impôt sur les société, COM (2011) 121 Final. La formule spécifique concerne les secteurs financiers (article 98), l'assurance (artcile 99), le secteur pétrolier (article 100), le transport maritime, fluvial et aérien (article 101).

[1587] Les Etats appliquant une formule de répartition n'ont pas tous une formule identique. Ainsi, au sein des Etats-Unis, les Etats fédérés sont libres d'appliquer la formule de leur choix, ce qui crée une concurrence entre Etats. HEY Johanna, "EU Common Consolidated Corporate Tax Base: Guided Variety versus Strict Uniformity- Lessons from the "US States' Tax Chaos"", Jean Monnet Working Paper 02/08, European Union, Jean Monnet Chair, 2008, pp. 47-48.

[1588] De manière surprenante, certains experts ont considéré qu'il n'était pas nécessaire d'adapter les coûts salariaux car, à long terme, les écarts de salaires tendront à disparaître dans l'Union. Commission européenne, 27 février 2007, Groupe de travail sur une assiette commune consolidée pour l'impôt sur les sociétés (GT ACCIS), « Aperçu des principaux thèmes évoqués lors du débat sur le mécanisme de répartition de l'ACCIS », CCCTB/WP/052/doc/fr, Taxud E1 AAG-GR-FF, p. 7.

[1589] Ce facteur est inclu pour les sociétés financières. Conseil européen, 16 mars 2011, proposition de directive concernant l'assiette commune consolidée pour l'impôt sur les société, COM (2011) 121 Final, article 98.

fusion transfrontalière, l'application de la directive « fusions » conduit à la création d'un établissement stable dans l'Etat de la société absorbée, qui porte les titres de participation dus à la fusion. Dans le cadre de l'ACCIS, cet établissement stable ne se verrait pas accorder d'assiette au titre des actifs. De manière similaire, le facteur pourrait être manipulé par la création de sociétés holding dans les Etats ayant un taux d'imposition élevé.

826. Quant aux ventes, l'adoption par la Commission du principe de la répartition des ventes à la destination défavorise les Etats exportateurs et les « petits » Etats du fait d'une demande intérieure limitée. En outre, l'absence de prise en compte, dans le facteur vente, des ventes intra-groupe modifie l'assiette fiscale, lorsque les sociétés n'ont pas une activité identique. Il en ira ainsi, comme l'avait fait remarquer un expert, lorsqu'un groupe sera composé d'entreprises ayant des activités de fabrication, de distribution et de commercialisation[1590]. De surcroît, la proposition des services de la Commission, lorsqu'il n'existe ni filiale ni établissement stable du groupe dans l'Etat de destination, de prendre en considération les ventes proportionnellement aux autres facteurs[1591] semble irréaliste. En effet, cela supposerait que toutes les structures appartenant au groupe connaissent la part de ventes à destination des autres structures.
En outre, il existe un risque attaché au facteur ventes à la destination, qui serait l'incitation pour les administrations fiscales à qualifier l'activité économique d'activité économique rattachée à un établissement stable, de manière à bénéficier d'une répartition de l'assiette en application du facteur vente. En ce sens, l'utilisation d'un facteur fondé sur un lien économique suffisant serait préférable à la nécessité de rattacher l'activité à un établissement stable ou à une filiale.

827. Ainsi, en passant des systèmes actuellement applicables, fondés sur l'application des prix de pleine concurrence, à une imposition répartie en fonction de différents facteurs, la manipulation ne s'opère plus sur les prix de transferts, mais sur les facteurs de répartition. En ce sens, l'application d'une formule de répartition porte atteinte au principe d'imposition dans l'Etat de la source et au principe d'imposition dans l'Etat de la résidence, ce d'autant plus, que la répartition est conditionnée par l'existence d'un bénéfice au niveau du groupe consolidé, quand bien même il existerait des pertes localisées.

[1590] Commission européenne, 27 février 2007, Groupe de travail sur une assiette commune consolidée pour l'impôt sur les sociétés (GT ACCIS), « Aperçu des principaux thèmes évoqués lors du débat sur le mécanisme de répartition de l'ACCIS », CCCTB/WP/052/doc/fr, Taxud E1 AAG-GR-FF, p. 9. Dans ce cas, les entreprises de fabrication et de commercialisation ne se verraient accorder aucune base en fonction du facteur vente.
[1591] Conseil européen, 16 mars 2011, proposition de directive concernant l'assiette commune consolidée pour l'impôt sur les société, COM (2011) 121 Final, article 96.

B. Les limites portées aux principes d'imposition dans les Etats de source et de résidence

828. La consolidation et la répartition du résultat, dégagé par le groupe consolidé dans son ensemble, aboutissent à une uniformisation dans la détermination de l'assiette des établissements stables et des filiales. Cependant, cette hypothèse ne concerne que les groupes européens fortement intégrés, du fait des seuils prévus pour la consolidation. Parallèlement, l'imposition est déterritorialisée, puisqu'elle ne s'appuie pas réellement sur les bénéfices réalisés en lien avec un territoire. Aussi, cette répartition de l'imposition porte atteinte au principe d'imposition dans les Etats de source ou plus exactement de *situs*, qui concerne plus particulièrement les établissements stables (1). De surcroît, cette imposition déterritorialisée affecte l'imposition dans l'Etat de la résidence qui est le principe traditionnellement applicable aux structures juridiquement distinctes (2).

1) Les limites portées à l'imposition à la source

829. La fonction de la source, dans le domaine de l'imposition directe, est de rattacher un revenu à un territoire. Cependant, l'imposition « à la source » peut revêtir deux acceptions différentes. Dans un premier sens, le revenu est attribué géographiquement à la juridiction avec laquelle il est présumé avoir un lien. Aussi, pour certains auteurs, la notion d'origine du revenu est préférable à celle de source du revenu[1592]. Cette signification permet de déterminer dans quelle mesure le revenu doit être imposé comme un revenu local ou comme un revenu étranger. Dans une seconde acception, l'imposition à la source se confond avec la territorialité de l'imposition, le revenu étant imposé une seule fois dans l'Etat avec lequel il existe un lien spécifique[1593]. En ce sens, il s'agit plus d'un revenu de *situs*.

830. Pour certains auteurs, les systèmes d'imposition à la résidence de l'entreprise principale (HST) et sur une assiette commune consolidée (ACCIS) correspondent à une imposition à la source, prise dans sa seconde acception[1594]. Dans ses divers études et documents de travail, la Commission semble privilégier les deux acceptions. Ainsi, dans son document de 2001 sur la fiscalité des entreprises dans le Marché intérieur, la Commission définissait le principe d'imposition à la source comme l'obligation, pour un Etat, d'imposer tous les revenus obtenus sur son territoire, au même taux,

---

[1592] KEMMEREN Eric, "Exemption method for Pe's and (major) shareholdings best services: the CCCTB and the internal markets concerned", *ECTR*, 2008/3, p. 127.

[1593] MAYER Stefan, " Formulary Apportionment for the Internal Market", IBFD, Doctoral Series, n° 17, 2009, pp. 22-23. Sur l'ensemble de la question, voir GHOSH Julian, « Principles of the Internal Market and Direct Taxation », Oxford, Key Haven Publications, 2007, 266 pp.; ARNOLD Brian J., SASSEVILLE Jacques, « Source Rules for Taxing Business Profits under Tax Treaties », in ARNOLD Brian J., SASSEVILLE Jacques, ZOLT Eric, "The Taxation of Business Profits under Tax Treaties", Canadian Tax Foundation, 2003, pp. 109-131.

[1594] MAYER Stefan, précité, p. 23.

indépendamment de l'origine de leur bénéficiaire[1595]. En outre, la proposition de directive sur l'assiette commune consolidée pour l'impôt sur les société prévoit l'exemption, sous conditions, des revenus des établissements stables en provenance d'Etat tiers et des dividendes[1596]. Par ailleurs, dans les études menées sur le principe de répartition des bases de l'ACCIS, la Commission considère que les facteurs retenus pour la répartition reflètent, ou sont réputés refléter, les activités génératrices de revenus dans l'Etat membre concerné[1597].

831. Si les systèmes d'imposition harmonisée proposés se rapprochent d'une imposition « à la source », au sens d'une imposition unique fondée sur le principe de territorialité, ils comportent une atteinte au principe d'imposition à la source pris dans son acception traditionnelle de distinction entre les revenus locaux et les revenus étrangers. En effet, d'une part, les règles applicables à l'assiette sont différentes de celles qui auraient été appliquées par l'Etat de source ; d'autre part, le système de répartition décorrèle, en partie, les revenus de l'imposition.

832. En ce qui concerne l'assiette, la limite la plus importante au principe d'imposition dans l'Etat de source concerne la neutralisation des ventes et des prestations de services intra-groupe. Cette limite est aggravée par la prise en compte des ventes, en tant que facteur de répartition, à la destination. En effet, en excluant les ventes à l'origine, la directive fait du facteur vente un facteur d'imposition sur la consommation[1598], qui contredit le principe d'imposition à la source ou à l'origine du revenu.
De surcroît, le facteur vente pourrait, selon certains auteurs, rendre des Etats plus attractifs selon l'activité et la nature de la structure qui y est localisée. Ainsi, Malcolm GAMMIE suppose que le facteur vente favorise l'attractivité des Etats dans lesquels un établissement stable a une activité de vente, sans aucune activité de production, ce qui va conduire l'Etat dans lequel l'établissement est situé à refuser d'abandonner le principe de pleine concurrence[1599].

[1595] Commission européenne, « Fiscalité des entreprises dans le marché intérieur », Rapport des services de la Commission, SEC 2001(1681) Final, Partie I, p.14.

[1596] Conseil européen, 16 mars 2011, proposition de directive concernant l'assiette commune consolidée pour l'impôt sur les société, COM (2011) 121 Final, article 11. Dans les travaux préparatoires, la commission européenne ne prévoyait l'exemption des dividendes que pour ceux représentatifs de participations financières importantes. Commission européenne, 26 juillet 2007, Groupe de travail sur l'ACCIS, « ACCIS : ébauche d'un cadre technique », ACCIS/WP/057/doc/fr, pp. 35-41.

[1597] Commission européenne, 17 novembre 2006, Groupe de travail sur une assiette commune consolidée pour l'impôt sur les sociétés (GT ACCIS), « Le mécanisme de répartition de l'ACCIS », CCCTB/WP/047/doc/fr, Taxud, E1, GR/FF, p. 5.

[1598] En ce sens, voir la position des experts consultés dans le cadre du mécanisme de répartition de l'ACCIS ; Commission européenne, 20 août 2007, Groupe de travail sur une assiette commune consolidée pour l'impôt sur les sociétés (GT ACCIS), « Rapport et aperçu des principaux thèmes évoqués lors du débat sur le mécanisme de répartition. Deuxième réunion du SG 6, le 11 juin 2007 », CCCTB/WP/056/doc/fr, Taxud E1 OP, p. 10.

[1599] GAMMIE Malcolm, "Arm's length or Formulary Apportionment? A European Union Perspective", in ARNOLD Brian J., SASSEVILLE Jacques, ZOLT Eric, "The Taxation of Business Profits under Tax Treaties", Canadian Tax Foundation, 2003, p. 221.

833. La question de la nature de la structure n'est pas neutre dans les systèmes proposés par la Commission. En effet, l'imposition à la source n'a pas la même signification pour les établissements stables et pour les filiales. Les établissements stables sont principalement concernés par l'imposition à la source, entendue comme origine du revenu, mais aussi en raison du lien spécifique avec l'Etat d'implantation. Dans ce dernier cas, la source se confond avec le *situs*. Ils sont ainsi imposés sur les bénéfices liés à leur activité dans un Etat donné. Or les recommandations de la Commission en matière d'ACCIS peuvent fausser le choix de la structure. Ainsi, la Commission, pour des raisons liées à l'attractivité de l'Union, recommandait d'autoriser au niveau de la mère la déduction des intérêts des prêts d'acquisition des parts de filiales[1600]. La directive prévoit une déduction des frais d'acquisition des actifs non amortissables lors de leur cession, *« pour autant que le produit de la cession soit inclus dans l'assiette imposable »*[1601]. En revanche, les intérêts des prêts accordés pour l'acquisition d'actifs d'établissements stables ne seront déductibles qu'au niveau de l'établissement stable. Ainsi, dans le cas où il est fiscalement plus intéressant de déduire les intérêts dans l'Etat où l'activité est menée, parce que le taux de cet Etat est plus élevé, les entreprises vont privilégier l'investissement à travers un établissement stable et non à travers une filiale[1602].

834. En toute hypothèse, l'imposition territoriale va s'établir différemment selon que les structures appartiennent à un groupe consolidé ou non. Ainsi, deux établissements stables – ou deux filiales – situés dans le même Etat peuvent avoir une assiette et une imposition différente selon que leur siège – ou leur mère – participe, ou non, au système d'assiette commune consolidée[1603]. Si l'assiette d'imposition de la structure appartenant à un groupe consolidé est inférieure à celle de la structure hors de la consolidation, il en découle un avantage pour lequel la compatibilité avec le droit européen peut se poser[1604]. Concernant les établissements stables, même si la Cour refuse la comparaison entre deux non-résidents et le bénéfice de la clause de la nation la plus favorisée[1605], l'attribution et l'imposition sur des bases différentes de deux établissements stables situés dans le même Etat pourraient potentiellement tomber sous le coup de la législation relative aux aides d'Etat[1606]. Pour les filiales, la question se pose différemment, les sociétés étant généralement imposées dans l'Etat de résidence sur leurs revenus mondiaux.

[1600] Commission européenne, 26 juillet 2007, Groupe de travail sur l'ACCIS, « ACCIS : ébauche d'un cadre technique », ACCIS/WP/057/doc/fr, p. 32.

[1601] Conseil européen, 16 mars 2011, proposition de directive concernant l'assiette commune consolidée pour l'impôt sur les société, COM (2011) 121 Final, article 20.

[1602] KEMMEREN Eric, "Exemption method for Pe's and (major) shareholdings best services: the CCCTB and the internal markets concerned", *ECTR*, 2008/3, p. 130.

[1603] Cette hypothèse recouvre à la fois le cas d'établissements n'appartenant pas à un groupe européen et le cas où le siège est situé dans un pays tiers.

[1604] CERIONI Luca, "The Possible Introduction of Common Consolidated Base Taxation via Enhanced Cooperation: Some Open Issues", *European Taxation*, May 2006, pp. 193-194.

[1605] CJCE, 5 juillet 2005, aff. C-376/03, *D*, Rec. p. I-5821.

[1606] CERIONI Luca précité, p. 194.

2) Les limites portées à l'imposition à la résidence

835. A la différence de l'imposition à la source, l'imposition à la résidence n'est pas fondée sur le revenu, mais sur l'identification de l'unité imposable et de son assiette. Une fois ces facteurs déterminés, les Etats peuvent appliquer un taux d'imposition et recouvrer l'impôt. Dans le cadre des systèmes d'imposition à la résidence et sur une assiette commune consolidée à l'impôt sur les sociétés, les Etats gardent la faculté d'appliquer leur taux d'imposition[1607] et de recouvrer l'impôt. En revanche, la détermination de l'unité et de l'assiette imposables, du fait notamment des critères de répartition, sont moins aisément déterminables.
Concernant la détermination de l'unité imposable, les Etats membres n'imposent pas, à l'heure actuelle, les structures en fonction des mêmes critères. Ainsi, certains Etats européens utilisent le critère de la nationalité par préférence à celui de la résidence[1608]. Ces différences peuvent créer des distorsions dans la détermination de l'entité imposable.

836. Certaines problématiques afférentes à l'assiette sont similaires, dans l'imposition dans l'Etat de résidence, à celles posées dans le cadre de l'imposition dans les Etats de source. En effet, la répartition de l'assiette imposable en fonction d'une formule multifactorielle peut engendrer une manipulation des facteurs pris en considération, et, partant, une contestation de l'assiette imposable par les administrations fiscales[1609]. De manière analogue, la coexistence au sein de l'Union de deux systèmes, un système de consolidation et de répartition des résultats, et un système basé sur le principe de pleine concurrence, est susceptible d'aboutir à une incohérence dans la détermination de la base imposable des structures, selon qu'elles appartiennent ou non à un groupe consolidé[1610].

837. Par ailleurs, certains problèmes sont propres à l'imposition dans l'Etat de résidence lorsqu'elle s'établit sur une base mondiale. Ils concernent les revenus passifs et les revenus provenant d'établissements stables.
Dans le domaine des dividendes et des revenus des établissements stables, certaines des propositions de la Commission n'ont pas été reprises par la proposition de directive. La Commission proposait, dans le contexte d'un régime de groupe consolidé, d'exonérer les revenus en provenance d'établissements stables situés dans un Etat tiers, ainsi que les dividendes provenant de titres de participation détenus à hauteur d'au moins 10%[1611]. Pour certains auteurs, ce seuil de 10% n'était pas pertinent. Ils considéraient

---

[1607] Pour une critique, voir, SPENGEL Christoph, "Common corporate consolidated tax base - don't forget the tax rates!", *ECTR*, 2005/3, pp.118-120.

[1608] STAHL Kristina, in Liber Amicorum Sven-Olof LODIN, Kluwer Law International, Series on International Taxation, n° 27, 2001, p. 253. *Supra*, § 378 et suivants.

[1609] HEY Johanna, "EU Common Consolidated Corporate Tax Base: Guided Variety versus Strict Uniformity- Lessons from the "US States' Tax Chaos"", Jean Monnet Working Paper 02/08, European Union, Jean Monnet Chair, 2008, pp. 51-56.

[1610] Il existera une différence dans l'imposition à la résidence lorsque la source des revenus sera dans l'Union.

[1611] Commission européenne, 26 juillet 2007, Groupe de travail sur l'ACCIS, « ACCIS : ébauche d'un cadre technique », ACCIS/WP/057/doc/fr, pp. 35-41.

qu'il conviendrait d'exonérer l'ensemble des revenus de titres de participation et d'appliquer un crédit d'impôt pour les investisseurs en portefeuille[1612]. La proposition de directive ne mentionne plus de seuil[1613].

838. En réalité, la question du seuil de participation ne se pose pas en ces termes, dans la mesure où le même seuil s'applique aux participations dans des sociétés européennes et dans des sociétés situées dans des Etats tiers. En revanche, la prise en compte des dividendes va s'effectuer différemment en fonction de la provenance des dividendes et en fonction du seuil de détention. Ainsi, les dividendes perçus d'une filiale européenne détenue à plus de 75% vont être consolidés. En revanche, les dividendes perçus d'une filiale dont le pourcentage de détention varie entre 0,X% et 75% vont être, quelle que soit la localisation de la filiale, exonérés. Cette proposition est contraire à la fois à la directive « mère-fille » et à la jurisprudence européenne, et suppose une modification du droit existant. En effet, la directive mère-fille laisse aux Etats le choix de la méthode de neutralisation de la double imposition[1614]. La Cour a considéré, quant à elle, qu'il n'y avait pas atteinte à la liberté d'établissement et à la liberté de circulation des capitaux, lorsque l'Etat de résidence substituait la méthode d'imputation à la méthode d'exemption pour les revenus en provenance d'un autre Etat membre[1615].

839. En ce qui concerne les autres revenus passifs, la proposition de directive prévoit que les retenues à la source prélevées seraient réparties entre les Etats d'implantation du groupe, indépendamment de la structure ayant perçu les intérêts ou les redevances[1616]. Cette disposition conduit obligatoirement à des distorsions. En effet, les retenues à la source ne vont être imputables qu'en considération de la convention fiscale applicable avec l'Etat tiers. Dans la mesure où les taux d'impôt sont variables d'un Etat membre à l'autre, le plafonnement de la retenue à la source déductible va également être différent. De surcroît, l'assiette de ces revenus passifs va être répartie sans tenir compte du bénéficiaire réel du revenu. Ainsi, les mécanismes de consolidation et de répartition vont créer un bénéficiaire et une assiette imposable fictifs.
En ce sens, les systèmes d'imposition des groupes proposés par la Commission conduisent à modifier le principe de l'imposition à la résidence.

840. Une imposition européenne harmonisée, telle qu'elle ressort des propositions de la Commission, semble difficilement envisageable. En effet, elle contrevient au principe de souveraineté fiscale des Etats et ne permet pas de résoudre les difficultés posées par l'existence de vingt-sept systèmes fiscaux différents. En outre, l'implantation d'un tel

---

[1612] KEMMEREN Eric, "Exemption method for Pe's and (major) shareholdings best services: the CCCTB and the internal markets concerned", *ECTR*, 2008/3, pp. 124-125.
[1613] Conseil, 16 mars 2011, proposition de directive concernant l'assiette commune consolidée pour l'impôt sur les société, COM (2011) 121 Final, article 11 c).
[1614] Conseil, 30 novembre 2011, directive 2011/96/UE concernant le régime fiscal commun applicable aux sociétés mères et filiales d'États membres différents, JO L 345 du 29 décembre 2011, pp. 8-16, modifiant la directive 90/435/CE concernant le régime commun applicable aux sociétés mères et filiales d'Etats membres différents, article 4.
[1615] CJCE, 6 décembre 2007, aff. C-298/05, *Columbus Container Services BVBA & Co. C/ Finanzamt Bielefeld-Innenstadt*, Rec. p. I-10451.
[1616] Conseil européen, 16 mars 2011, proposition de directive concernant l'assiette commune consolidée pour l'impôt sur les société, COM (2011) 121 Final, article 76.

système se traduirait par des pertes budgétaires, potentiellement substantielles, pour les Etats[1617]. Aussi, la question reste posée de savoir si, et dans quelle mesure, il convient d'imposer toutes les structures faisant partie d'un groupe de manière identique. Dans ce contexte, la détermination de solutions alternatives peut constituer une ébauche de solution.

SECTION 2 : LES ALTERNATIVES À UNE IMPOSITION DÉTERRITORIALISÉE DES GROUPES

841. La détermination de l'impôt sur les sociétés est actuellement fondée, à la différence des systèmes d'imposition des groupes proposés par la Commission, sur les principes de comptabilité séparée et de pleine concurrence dans les rapports entre entreprises liées, indépendamment de la nature juridique des structures. Cette méthode, validée dès les premiers Modèles de Convention[1618], souffre de diverses imperfections. Les principales critiques portent sur l'inadéquation du principe de pleine concurrence au fonctionnement des multinationales[1619]. En effet, l'application du principe de pleine concurrence et son corollaire, la détermination des prix de transferts, peuvent conduire à la constatation de profits dus uniquement aux relations intra-groupe, alors même que la rentabilité vis-à-vis d'entreprises tierces n'est pas prouvée. De manière similaire, les groupes économiquement intégrés peuvent générer une profitabilité accrue, du fait, précisément, de cette intégration économique. En ce sens, *« la fiction du principe de pleine concurrence apparaît de plus en plus artificielle »*[1620]. De surcroît, les principes de comptabilité séparée et de pleine concurrence entraînent un risque de double

---

[1617] Pour une étude très précise des conséquences de l'implantation du système de l'ACCIS, voir FARGAS MAS Lluis M., "Consequences of the Implementation of the CCCTB Regime on EU Member States Tax Collection: Will CCCTB Have a Dramatic or Only a Severe Effect on Public Finances?", *Intertax*, 2010, Issues 8-9, pp. 394–420. Voir également, MUNIN Nellie, "Tax in Troubled Time: Is It the Time for A Common Corporate Tax Base in the EU?", *ECTR*, 2011/3, pp. 121–133.

[1618] L'article 9 du premier Modèle de Convention, rédigé sous l'égide de la SDN (1933), est similaire à l'article 9 du Modèle de Convention de l'OCDE actuellement en vigueur. Le comité fiscal de la SDN s'était inspiré des arguments développés par Mitchell B. CARROLL qui, après avoir identifié trois méthodes d'allocation des revenus possibles (comptabilité séparée, méthode de comparaison empirique et formule de répartition), avait tranché en faveur de la méthode de comptabilité séparée. Sur la question, voir, *inter alia*, MAYER Stefan, " Formulary Apportionment for the Internal Market", IBFD, Doctoral Series, n° 17, 2009, pp. 10-11; LANGBEIN Stanley, "The Unitary Method and the Myth of Arm's Length", *Tax Notes*, February 1986, pp. 631-633; OATES Mark A., O'BRIEN James M. "Transfer Pricing"; *International Tax Journal*, July/August 2009, pp. 13-14.

[1619] MAYER Stefan précité, pp. 17-19 ; AVI-YONAH Reuven S., « Between Formulary Apportionment and the OECD Guidelines : A proposal for Reconciliation », University of Michigan Law School, The John M. Olin Center for Law & Economics Working Paper Series, 2009, Paper 102, 17 pp; VANN Richard J., « Reflections on Business Profits and the Arm's-Length Principle", in ARNOLD Brian J., SASSEVILLE Jacques, ZOLT Eric, "The Taxation of Business Profits under Tax Treaties", Canadian Tax Foundation, 2003, pp. 133-169.

[1620] MAYER Stefan précité, p. 18.

imposition, dont la résolution n'est que partiellement réglée par les conventions bilatérales[1621].

842. A l'inverse, l'idée de répartition de l'imposition, telle qu'elle est proposée par l'Union européenne, induit le risque d'une imposition arbitraire[1622]. Dans la mesure où aucune des deux méthodes ne permet d'aboutir à une imposition neutre, la question semble être celle de l'égalité fiscale dans le cadre de l'imposition des groupes (§ 1), et, par voie de conséquence, des possibilités de résolution des différends dus aux opérations transfrontalières (§ 2).

§ 1. L'imposition des groupes et l'égalité fiscale

843. Les principes d'égalité et d'équité renvoient à la notion de capacité contributive. Bien que ce concept soit traditionnellement utilisé dans le cadre de l'imposition des personnes physiques, il semble que, les structures composant le groupe étant assujetties à l'impôt relèvent de son application[1623] (A). Par ailleurs, dans les rapports existant entre structures appartenant au même groupe se pose la question de la neutralisation de la double imposition due aux opérations transfrontalières. L'Union européenne, dans l'optique d'achèvement du Marché commun, privilégie la suppression des doubles impositions. Dans ce contexte, le choix des Etats de privilégier la neutralité à l'importation des capitaux ou la neutralité à l'exportation des capitaux n'emporte pas les mêmes conséquences en termes d'imposition des groupes (B).

A. Incidence de la capacité contributive sur l'impôt dans les groupes

844. La capacité contributive peut s'entendre de deux manières différentes : la capacité contributive horizontale, qui suppose que les contribuables disposant du même revenu doivent payer le même impôt, et la capacité contributive verticale, qui, en relation avec l'application d'un taux de l'impôt (progressif), suppose que les contribuables disposant

[1621] Les articles 23 A et 23 B du Modèle de convention de l'OCDE ne concernent que la double imposition juridique à l'exclusion de la double imposition économique.

[1622] GAMMIE Malcolm "Arm's length or Formulary Apportionment? A European Union Perspective", in ARNOLD Brian J., SASSEVILLE Jacques, ZOLT Eric, "The Taxation of Business Profits under Tax Treaties", Canadian Tax Foundation, 2003, p. 209. Le Professeur Reuven AVI-YONAH considère que le principe de pleine concurrence conduit également à une imposition arbitraire, dès lors qu'il n'existe pas de comparables. Voir, AVI-YONAH Reuven S. précité, p. 15.

[1623] En ce sens, voir, MAYER Stefan, " Formulary Apportionment for the Internal Market", IBFD, Doctoral Series, n° 17, 2009, pp. 34-35; BARDINI Chiara, « The Ability to Pay in the European Market : An Impossible Sudoku for the ECJ », *Intertax*, 2010, Issue 1, p. 2. Pour une opinion contraire, voir, ESSERS Peter and RIJKERS Arie, "General Report", in IBFD, « The Notion of Income from Capital », EATLP, International Tax Series, vol. 1, 2005, pp. 286-287.

de plus de ressources doivent payer plus d'impôt[1624]. Dans le cadre de l'impôt sur les sociétés, et particulièrement dans le cadre de l'imposition des groupes, il sera traité de l'application de la capacité contributive horizontale.
Dans la mesure où le concept de capacité contributive ambitionne un traitement égal entre les contribuables, la question se pose de savoir si, dans le cadre des groupes de sociétés ayant des activités transfrontalières, il est applicable aux établissements stables (1) et aux filiales (2).

1) L'application du principe de capacité contributive aux établissements stables

845. Le principe de capacité contributive, même lorsqu'il n'est pas reconnu en tant que tel par les Etats[1625], renvoie à la notion d'égalité fiscale. Dès lors que la fiscalité européenne n'est pas harmonisée, la notion d'égalité fiscale n'est pas nécessairement pertinente dans le cadre d'activités transfrontalières. Cependant, en ce qui concerne les personnes physiques, la Cour de Justice de l'Union européenne a jugé qu'il convenait, dans le cadre de leurs activités transfrontalières, de tenir compte de leurs capacités contributives[1626]. Dans les cas jugés, la Cour s'est référée à l'ensemble des revenus qui, pour les personnes physiques, s'apprécie généralement à la résidence. Cependant, la Cour a également jugé que l'Etat d'emploi ne pouvait imposer plus lourdement un non-résident qu'un résident, lorsqu'il tirait son revenu presque totalement de cet Etat et ne percevait pas, dans son Etat de résidence, des revenus suffisants pour qu'il y soit tenu compte de sa situation personnelle et familiale. En d'autres termes, la Cour a reconnu que la capacité contributive du contribuable, ne pouvant être appréciée par l'Etat de résidence, induisait l'obligation pour l'Etat de source des revenus de traiter le non-résident comme un de ses résidents.

846. La situation des établissements stables peut être lue en relation avec ces arrêts. En effet, d'une part, la capacité contributive s'apprécie par rapport à l'ensemble des ressources économiques d'un contribuable, c'est-à-dire à ses revenus mondiaux ; d'autre part, l'établissement stable est un non-résident imposé par l'Etat de *situs*[1627]. En ce sens, le questionnement s'effectue différemment selon que l'on considère

[1624] LANG Joachim, « Influence of Tax Principles on the Taxation of Income from Capital », in IBFD, « The Notion of Income from Capital », EATLP, International Tax Series, vol. 1, 2005, pp. 8-10; BARDINI Chiara, « The Ability to Pay in the European Market : An Impossible Sudoku for the ECJ », *Intertax*, 2010, Issue 1, pp. 2-20.
[1625] Certains Etats, comme la France ont le principe inscrit dans leur Constitution (article 13 de la Déclaration des Droits de l'Homme et du Citoyen, préambule à la Constitution du 4 octobre 1958), alors que d'autres Etats, tel le Royaume-Uni qui n'a pas de Constitution écrite, ne disposent pas d'un tel principe établi en tant que tel. Voir, BARDINI Chiara, « The Ability to Pay in the European Market : An Impossible Sudoku for the ECJ », *Intertax*, 2010, Issue 1, p. 18.
[1626] CJCE, 14 février 1995, aff. C-279/93, *Roland Schumacker*, Rec. p. I-225, points 10, 32, 33, conclusions LEGER du 12 février 1994 ; CJCE, 12 juin 2003, aff. C-234/01, *Arnoud Gerritse*, Rec. p. I-5933, points 43-44, conclusions LEGER du 13 mars 2003 ; CJCE, 16 octobre 2008, aff. C-527/06, *Renneberg*, Rec. p. I-7735, points 59, 63, 64, 70, conclusions MENGOZZI du 25 juin 2008.
[1627] Voir l'analyse, en matière de dividendes, de ENGLISCH Joachim, "Taxation of Cross-Border Dividends and EC Fundamental Freedoms" *Intertax*, 2010, Issue 4, pp. 197–221.

l'établissement stable comme démembrement d'une entreprise dans son ensemble ou comme une entité fiscalement distincte.

847. Si la référence est faite aux ressources économiques d'un contribuable, et donc à ses revenus mondiaux, la détermination de la capacité contributive se confond avec la détermination de l'assiette de l'entreprise considérée dans son ensemble, indépendamment de la répartition de l'impôt[1628]. C'est en ce sens que l'Avocat général SHARPSTON avait conclu sous l'affaire *Lidl Belgium*[1629]. Ainsi, après avoir évoqué la répartition du pouvoir d'imposition dans le cadre d'investissements effectués par l'intermédiaire d'établissements stables, l'Avocat général indiquait : *« Il n'en demeure pas moins que la perte survient dans le chef de la société contribuable, diminuant directement sa capacité contributive dans son État de résidence. Le droit d'imposition de l'autre État ne fait que créer un second lieu de rattachement pour la même perte (...)»*[1630]. La Cour n'a pas suivi les conclusions de l'Avocat général et a fait prévaloir le caractère fiscalement autonome de l'établissement stable[1631].

848. Dans le cas d'espèce, le raisonnement de l'Avocat général ne s'appuyait que sur une base économique, et non fiscale. En effet, la convention germano-luxembourgeoise applicable à la situation en cause exemptait, dans le chef du siège, les revenus des établissements stables. Ainsi, la perte ne survenait pas fiscalement dans le chef du siège contribuable, en diminuant sa capacité contributive dans son Etat de résidence, mais économiquement au niveau de l'entreprise considérée dans son ensemble. Il en aurait été différemment si l'Etat du siège avait pratiqué le système d'imputation. Dans ce cas, en effet, la perte aurait été prise en compte par le siège, diminuant ainsi sa capacité contributive, entendue comme la détermination de l'ensemble de ses revenus mondiaux. En toute hypothèse, la Cour fait prévaloir le caractère fiscalement autonome de l'établissement stable, tout en laissant entrevoir une possibilité pour le siège d'imputer les pertes : celle où les pertes ne sont pas déductibles dans l'Etat *de situs* de l'établissement[1632]. Dans cette hypothèse, et quel que soit par ailleurs le système d'élimination de la double imposition choisi, l'établissement stable perdrait son caractère fiscalement autonome et serait considéré comme démembrement de l'entreprise considérée dans son ensemble, cette dernière étant alors la personne auprès de laquelle s'apprécie l'égalité devant l'impôt.

849. L'analyse de l'arrêt *Lidl Belgium* ne permet pas de tirer des conclusions définitives sur l'appréciation du principe de capacité contributive. Cependant, l'arrêt permet d'entrevoir certaines pistes de réflexion : la capacité contributive doit-elle être appréciée au niveau du siège ou au niveau de l'établissement stable ? En l'état actuel des systèmes

---

[1628] En ce sens, MAYER Stefan, "Formulary Apportionment for the Internal Market", IBFD, Doctoral Series, n° 17, 2009, pp. 34-35.
[1629] CJCE, 15 mai 2008, aff. C-414/06, *Lidl Belgium*, Rec. p. I-3601, conclusions SHARPSTON du 14 février 2008.
[1630] Conclusions de l'Avocat général précitées, point 15.
[1631] Arrêt *Lidl Belgium* précité, points 21-22, 33-34 et 36-37. Pour une critique de l'arrêt sur ce point, voir, BARDINI Chiara, « The Ability to Pay in the European Market : An Impossible Sudoku for the ECJ », *Intertax*, 2010, Issue 1, p. 17.
[1632] Arrêt *Lidl Belgium* précité, point 49.

d'imposition sur les sociétés, cette question doit être vue en relation avec le système de neutralisation de la double imposition prévu par l'Etat du siège. En effet, dans la mesure où l'Etat du siège exempte les résultats des établissements stables, ni les bénéfices, ni les pertes ne devraient entrer en ligne de compte dans l'appréciation du principe d'égalité fiscale, sauf à ce que le siège soit le titulaire des pertes[1633]. Dans le cas où, à l'inverse, l'Etat du siège applique le système d'imputation, la capacité contributive est appréciée au niveau du siège, ce dernier déterminant une assiette fiscale mondiale, constitutive de ses ressources économiques. Cette analyse conduit cependant à traiter différemment les groupes, selon la méthode de neutralisation de la double imposition choisie par l'Etat du siège. En ce sens, le principe d'une assiette consolidée établie au niveau des groupes permettrait de pallier cette différence de traitement, la capacité contributive n'étant jamais appréciée au niveau des structures prises individuellement[1634]. Toutefois, en l'absence d'un système européen commun d'impôt sur les sociétés, une des solutions pourrait être l'adoption d'un système unitaire de neutralisation de la double imposition, qui fera l'objet d'une analyse dans le paragraphe suivant.

Dans le cadre de l'imposition des groupes, l'application du principe d'égalité fiscale ne se limite pas à la situation des établissements stables, mais peut également concerner les relations entre les filiales et leur mère.

2) L'application du principe de capacité contributive aux structures juridiquement distinctes

850. *Prima facie*, la question de l'égalité fiscale pour les sociétés ne devrait pas se poser. En effet, disposant de la personnalité morale, elles sont imposées, en tant que contribuable, sur leurs ressources territoriales ou mondiales, en fonction du système de l'Etat de leur résidence[1635]. Cependant, deux points viennent nuancer ce propos : d'une part, les sociétés exerçant des activités dans un autre Etat membre ont pu voir l'assiette d'imposition appréciée, en tant que non-résidentes, en application du principe de territorialité de l'imposition ; d'autre part, dans le cadre des relations entre mères et filiales, le principe de capacité contributive a pu être apprécié au niveau de la mère.

851. Dans le domaine des activités transfrontalières exercées sans l'intermédiaire d'un établissement stable, la Cour de justice de l'Union a fait une application du principe d'imposition territoriale dans l'Etat de source des revenus[1636], à l'instar de ce qui avait été jugé pour les personnes physiques[1637].

[1633] Cf, notre analyse sur l'arrêt *Deutsche Shell*, aff. C-2936/06, Rec. p. I-1129, conclusions SHARPSTON du 8 novembre 2007 ; *Supra*, § 316 et suivants.
[1634] MAYER Stefan, "Formulary Apportionment for the Internal Market", IBFD, Doctoral Series, n° 17, 2009, pp. 34-35.
[1635] En fonction des règles nationales, le rattachement se fait en fonction du siège social, du siège de direction effective ou de la nationalité ; *Supra* § 378 et suivants.
[1636] CJCE, 3 octobre 2006, aff. C-290/04, *FKP Scorpio Konzertproduktionen GmbH*, Rec. p. I-9461, conclusions LEGER du 16 mai 2006 ; CJCE, 15 février 2007, aff. C-345/04, *Centro Equestre da Lezíria Grande Lda,* Rec. p. I-1425, conclusions LEGER du 22 juin 2006.
[1637] Voir arrêts *Schumacker* et *Gerritse* précités, note 1543.

Dans ces arrêts, rendus en matière de prestations de services, la Cour a jugé que les Etats de source, en prélevant des retenues à la source sur les revenus générés sur leur territoire, ne contrevenaient pas à la liberté de prestation de services. En revanche, ces Etats ne pouvaient s'opposer à la déduction de la base de la retenue à la source des frais professionnels en lien direct avec l'activité exercée sur leur territoire[1638]. Ce faisant, la Cour applique aux sociétés non-résidentes des règles équivalentes, en matière d'assiette, à celles s'appliquant aux sociétés résidentes. En ce sens, la Cour fait prévaloir le principe d'imposition territoriale des revenus, indépendamment de l'existence d'une structure assujettie en tant que telle dans l'Etat de source.

852. Dans le domaine des relations entre mères et filiales, plusieurs arrêts ont implicitement admis le principe de capacité contributive au niveau de la mère. Ainsi, en matière d'imposition des dividendes, la Cour a, dans un arrêt *Cobelfret* rendu dans le cadre de l'application de la directive mère-fille[1639], conclu à l'incompatibilité de la législation belge avec la directive mère-fille. La neutralisation de la double imposition des dividendes reçus par une société mère belge s'effectuait, que la filiale soit nationale ou étrangère, en application du système d'exemption. Cependant, la législation prévoyait, dans un premier temps, une inclusion des dividendes dans la base imposable, et, dans un second temps, leur déduction sous la condition que le solde des revenus soit bénéficiaire après déduction des autres bénéfices exonérés. Par ailleurs, le système d'impôt sur les sociétés belge autorisait le report en avant des déficits. Pour autant, la Cour a considéré qu'un tel système, bien que n'imposant pas directement les dividendes reçus, était *« susceptible d'avoir pour effet que cette dernière [la mère] subit indirectement une imposition sur ces dividendes lors des exercices fiscaux ultérieurs, lorsque son résultat est positif »*[1640]. La Cour analyse ainsi l'assiette d'imposition des sociétés mères, non sur un exercice donné, où les dividendes étaient effectivement exonérés, mais sur plusieurs exercices. Il convient de relever, en outre, qu'au cas particulier, les dividendes versés par des filiales non-résidentes suivaient le même régime que ceux versés par les filiales résidentes. En ce sens, il n'existait pas de rupture d'égalité devant les charges publiques au niveau du territoire national belge. La Cour semble ainsi élargir le principe de capacité contributive au niveau du territoire européen, dans le cadre du régime mère-fille.

853. Parallèlement, l'arrêt *Bosal Holding BV*[1641], rendu dans le domaine de l'application de la directive mère-fille, a relevé une entrave à la liberté d'établissement, le régime néerlandais en cause subordonnant la déductibilité des frais engagés pour l'acquisition de parts de filiales étrangères à la condition que les frais servent indirectement à la réalisation de bénéfices imposables sur le territoire national.

1638 Arrêt *Centro Equestre da Lezíria Grande Lda précité,* point 27. L'arrêt *Scorpio Konzertproduktionen GmbH* est, semble-t-il, allé plus loin en ce qu'il a jugé qu'une législation nationale qui prévoyait que les frais non directement liés à l'activité pouvaient ultérieurement faire l'objet d'une procédure de remboursement, ne constituait pas une restriction prohibée par l'article 49. Arrêt *Scorpio* précité, point 52.

1639 CJCE, 12 février 2009, aff. C-138/07, *Belgische Staat c/ Cobelfret NV*, Rec. p. I-0731, conclusions SHARPSTON du 8 mai 2008.

1640 *Ibid.*, point 40.

1641 CJCE, 18 septembre 2003, aff. C-168/01, *Bosal Holding BV*, Rec. p. I-9409, conclusions ALBER du 24 septembre 2002.

Dans l'arrêt *Marks & Spencer Plc*[1642], la Cour a étendu aux sociétés mères l'obligation de prise en compte des pertes définitives de leurs filiales non-résidentes, dès lors qu'un régime d'imputation des pertes existait pour leurs filiales résidentes[1643].
Dans ces deux arrêts, la Cour s'est affranchie du principe de rattachement territorial de l'imposition, en faisant primer une détermination de l'assiette de l'impôt au niveau de la mère. Aussi pour certains auteurs, la Cour a, tant dans l'arrêt *Bosal Holding* que dans l'arrêt *Marks & Spencer*, ignoré le principe d'égalité[1644]. De fait, la jurisprudence européenne concilie difficilement l'application du principe de territorialité et l'application des libertés fondamentales garanties par le Traité. Les arrêts précités tendent également à nier le lien entre le principe de capacité contributive et l'imposition dans l'Etat de résidence, entendue comme l'imposition de l'ensemble des revenus d'une personne[1645], dans la mesure où les filiales, à la différence des établissements stables, disposent de la personnalité morale.

854. L'analyse de la jurisprudence de la Cour ne permet pas d'affirmer qu'il existe un principe de capacité contributive reconnu formellement au niveau des groupes. Cependant, il semble que la Cour attente à la souveraineté fiscale des Etats en étendant les obligations des Etats de résidence des sociétés mères à l'égard des filiales non-résidentes. Il en est de même dans le cas des établissements stables soumis au système d'exemption dans l'Etat du siège.
Or il n'est pas certain qu'il appartienne à la Cour, en l'absence de système d'imposition harmonisé des groupes, de pallier les distorsions dues à l'existence de systèmes fiscaux différents[1646].
De plus, il n'est pas certain que les Etats aient à lever l'impôt en considération exclusive de la capacité contributive des contribuables[1647].
Une des solutions envisageables pourrait consister à harmoniser les systèmes de neutralisation de la double imposition.

[1642] CJCE, 13 décembre 2005, aff. C-446/03, *Marks & Spencer Plc*, Rec. p. I-10837, conclusions POIARES MADURO du 7 avril 2005.
[1643] *Ibid.*, point 40.
[1644] ZALASINSKI Adam, "The Limits of the EC Concept of "Direct tax Restriction on Free Movement Right's, the Principles of Equality and Ability to Pay, and the Interstate Fiscal Equity", *Intertax*, 2009, vol. 35, Issue 5, p. 294. Pour l'auteur, l'arrêt *Marks & Spencer* confère un avantage indu aux holdings britanniques, ces dernières bénéficiant d'une diminution de l'assiette imposable du fait de déductions fictives.
[1645] MAYER Stefan, " Formulary Apportionment for the Internal Market", IBFD, Doctoral Series, n° 17, 2009, p. 34.
[1646] Sur l'ensemble de la question, voir LENAERTS Koen; "The rule of law an the coherence of the judicial system of the European Union", *Common Market Law Review,* n° 44/2007, pp. 1625-1659. Pour certains auteurs, toutefois, la Cour garde une compétence même lorsqu'il y a un exercice parallèle de leurs compétences par les Etats membres, par exemple dans les cas de double imposition car celle-ci est contraire aux objectifs du Marché Commun ; VANISTENDAEL Frans, "Does the ECJ have the power of interpretation to build a tax system compatible with the fundamental freedoms?", *ECTR*, 2008/2, pp. 52-66.
[1647] RUIZ ALMENDRAL Violetta, "An Ever Distant Union: The Cross-Border Loss Relief Conundrum in EU Law", *Intertax*, 2010, vol. 38, Issue 10, p. 478.

B. La neutralisation de la double imposition

855. Traditionnellement, la doctrine distingue entre la neutralité à l'exportation et la neutralité à l'importation des capitaux[1648].
Aux fins de l'imposition, la neutralité à l'exportation s'entend de l'imposition des contribuables en fonction de leur lieu de résidence, et non en fonction du lieu de leurs investissements.
La neutralité à l'exportation favorise l'imposition dans l'Etat de résidence, et la neutralité de l'impôt, et se traduit fiscalement par le mécanisme de l'imputation ou du crédit d'impôt[1649]. A l'inverse, la neutralité à l'importation s'entend de l'imposition en fonction des revenus des contribuables, indépendamment de leur lieu de résidence. La neutralité à l'importation favorise l'imposition dans l'Etat de la source, et la neutralité en raison de la forme juridique des structures, et se traduit fiscalement par le mécanisme de l'exemption des revenus extra-territoriaux[1650].

856. Si les deux formes de neutralisation sont reconnues par le droit fiscal conventionnel issu des recommandations de l'OCDE[1651], et par l'Union européenne, notamment dans le cadre de la directive mère-fille, il convient de s'interroger sur le point de savoir s'il faut favoriser une neutralité de l'impôt ou une neutralité à raison de la forme juridique des structures (1), ou si un système mixte ne serait pas envisageable (2).

1) La neutralité à l'exportation des capitaux et la neutralité à l'importation des capitaux

857. La neutralité à l'exportation des capitaux suppose que les investisseurs paient le même montant d'impôt indépendamment de la source des revenus. Les Etats de résidence des investisseurs doivent donc garantir le remboursement de l'impôt acquitté localement, même si, généralement, le remboursement d'impôt est plafonné à hauteur de l'impôt qui aurait été acquitté dans l'Etat de résidence. En ce sens, les décisions d'investissement à l'étranger ne sont pas fondées sur des considérations fiscales, mais

[1648] Voir, par exemple, VOGEL Klaus, "Worldwide versus Source Taxation of Income- A review and Re-evaluation of Arguments", *Intertax*, 1988, Issue 8/9, p. 216; WEBER Dennis, « Tax Avoidance and the EC Treaty Freedoms. A Study of the Limitations under European Law to the Prevention of Tax Avoidance», EUCOTAX Series on European Taxation, vol. 11, Kluwer Law International 2005, pp. 116-124 ; MELOT Nicolas, « Territorialité et mondialité de l'impôt: étude de l'imposition des bénéfices des sociétés de capitaux à la lumière des expériences françaises et américaines », Dalloz 2004, Nouvelle Bibliothèque des Thèses, pp. 454 et suivantes.
[1649] Voir, MELOT Nicolas précité, p. 454 ; MARTIN Philip, "The Marks & Spencer EU group relief case - a rebuttal of the 'taxing jurisdiction' argument", *ECTR,* 2005/2, pp. 61-68.
[1650] Voir, WEBER Dennis, précité, p. 117 ; Van RAAD Kees, « Non Discrimination in International Tax Law », Kluwer law International, Series on international taxation n° 6, 1986, Deventer, p. 264.
[1651] OCDE, Modèle de Convention, articles 23 A et 23 B.

sur des considérations industrielles, commerciales, techniques, etc.[1652]. Un système pur de neutralité à l'exportation requiert, notamment, les conditions suivantes :
- les revenus étrangers doivent être effectivement imposés dans l'Etat d'implantation ;
- les mêmes méthodes comptables doivent être employées dans la détermination des profits.
Ces conditions supposent une harmonisation étendue des systèmes d'imposition des Etats.
Pour les défenseurs de la méthode de l'imputation, un des effets bénéfiques est qu'une telle méthode n'incite pas les entreprises à investir dans des Etats ayant des taux d'impôt peu élevés[1653], préservant la souveraineté fiscale des Etats.

858. Pour les détracteurs, les systèmes d'imputation négligent le rapport entre les différences de taux pratiqués et les nécessités des politiques fiscales des Etats (investissements dans les services publics)[1654], et créent des coûts supplémentaires pour les investissements transfrontaliers lorsque le taux d'impôt à la résidence est plus élevé. De surcroît, le fait que le crédit ne soit accordé qu'à proportion de l'impôt qui aurait été acquitté à la résidence peut fausser les choix de localisation, en favorisant la création de structures dans des Etats permettant d'optimiser le crédit d'impôt étranger. En outre, la faisabilité technique d'un tel système pose problème[1655]. Il semble, par ailleurs, que, dans le cadre de l'Union européenne, un système d'imputation aboutisse à une forme de protectionnisme fiscal, qui pourrait être incompatible ou disproportionné avec les objectifs du Marché commun[1656].

1652 SCHÖN Wolfgang, "CFC Legislation and European Community Law", *BTR*, n° 4/2001, p. 257.

1653 MARTIN JIMENEZ Adolfo J., "Towards corporate tax harmonization in the European Community", Kluwer law International, Series on international taxation, n° 22, 1999, Londres, pp. 21-22, citant les travaux de Robert A. MUSGRAVE ; DEVEREUX Michaël, LORETZ Simon, "Evaluating Neutrality Properties of Corporate Tax Reforms", Oxford University Centre for Business Taxation, Working Paper 10/07, 12 avril 2010, site (www.sbs.ox.ac.uk/centres/tax/Documents/working_papers/WP1007.pdf), p. 6.

1654 VOGEL Klaus, "Taxation of Cross-border Income, Harmonization and Tax Neutrality under European Community Law", Foundation for Fiscal Studies, Erasmus University Rotterdam, 1993, pp. 11-33.

1655 CNOSSEN Sijbren, « Company Taxes in the European Union: Criteria and Options for Reform", *Fiscal Studies*, 1996, vol. 17, n° 4, pp. 78-79. L'auteur pointe notamment la fait que, dans le cadre d'un système d'imputation, il convient de raisonner sur l'ensemble des impôts : impôts sur le revenu et impôt sur les sociétés. De ce fait, et compte tenu de systèmes fiscaux différents, certains investisseurs peuvent ne pas disposer d'impôt à la résidence sur lequel imputer les impôts étrangers.

1656 MARTIN Philip, "The Marks & Spencer EU group relief case - a rebuttal of the 'taxing jurisdiction' argument", *ECTR*, 2005/2, pp. 61-62; WEBER Dennis, « Tax Avoidance and the EC Treaty Freedoms. A Study of the Limitations under European Law to the Prevention of Tax Avoidance», EUCOTAX Series on European Taxation, vol. 11, Kluwer Law International 2005, pp. 116-124. Pour l'auteur, la méthode du crédit d'impôt a été introduite comme méthode pour éviter la double imposition car elle servait également à empêcher l'évasion fiscale. Pour lui, la méthode de l'imputation est disproportionnée, la méthode d'exemption assortie d'une clause de « sujet des taxes » suffisant à combattre l'évasion fiscale sans soumettre le contribuable à une taxe additionnelle dans l'Etat de résidence.

859. Aussi, pour un certain nombre d'auteurs, la neutralité à l'importation des capitaux, qui favorise l'imposition à la source, combinée à une exemption du revenu à la résidence du bénéficiaire, doit être préférée[1657]. Pour des questions de simplicité de la méthode et de fonctionnement du Marché commun, une imposition à la source peut être effectivement plus adaptée. Majoritairement, les Etats membres privilégient désormais la méthode d'exemption[1658]. Historiquement néanmoins, le droit européen dérivé admet, aux fins d'élimination de la double imposition, les deux méthodes[1659]. Cette absence de choix est préjudiciable au fonctionnement du Marché commun[1660], car elle crée des distorsions au sein de l'Union européenne. Aussi, la méthode d'exemption devrait être adoptée de manière générale dans les rapports entre Etats membres. Toutefois, aux fins d'éviter l'érosion des bases imposables, et prévenir l'évasion fiscale, une méthode mixte pourrait être envisagée.

2) L'utilisation d'une méthode mixte favorisant la neutralité de l'imposition

860. Dans le cadre de ses travaux sur l'ACCIS, la Commission avait proposé l'adoption d'un système mixte[1661] : les revenus de participations financières importantes provenant de l'Union européenne seraient exonérés lorsque la participation dans la filiale serait comprise entre 10% et 75% ; les revenus en provenance de filiales ou d'établissements stables implantés dans des pays tiers seraient généralement exonérés, mais la méthode du crédit d'impôt se substituerait à celle de l'exemption lorsque le taux d'imposition local serait inférieur de 40% à celui de la moyenne des taux pratiqués dans l'Union. Seule cette dernière recommandation a été retenue par la proposition de directive[1662].

861. Cependant, cette proposition laisse subsister, au sein de l'Union, les deux systèmes de neutralisation de la double imposition. Ainsi, les établissements stables n'appartenant pas à un groupe ayant opté pour l'ACCIS voient leurs revenus pris en compte différemment en fonction de la législation de l'Etat du siège. Quant aux filiales, l'exonération, dans le chef de la mère, des dividendes est subordonnée non seulement à l'option pour l'ACCIS, mais aussi à l'Etat d'implantation de la mère et au seuil de

---

[1657] Voir, Inter alia, VOGEL Klaus, précité, SCHÖN Wolfgang précité ; TERRA Ben.J.M. et WATTEL Peter J., "European Tax law", Kluwer law International, 5ème édition, 2008, pp. 178-180 ; VANISTENDAEL Frans, "Does the ECJ have the power of interpretation to build a tax system compatible with the fundamental freedoms?", *ECTR*, 2008/2, pp. 63-64. Pour une opinion différente, voir RUIZ ALMENDRAL Violetta, "An Ever Distant Union: The Cross-Border Loss Relief Conundrum in EU Law", *Intertax*, 2010, vol. 38, Issue 10, pp. 481–482. L'auteur considère que pour les établissements stables la seule méthode compatible avec le droit européen est la méthode de déduction assortie d'une réintégration ultérieure.

[1658] *Supra*, § 657.

[1659] Par exemple, Conseil, Directive 2011/96/UE, concernant le régime fiscal commun applicable aux sociétés mères et filiales d'États membres différents, article 4.

[1660] VANISTENDAEL Frans, "Does the ECJ have the power of interpretation to build a tax system compatible with the fundamental freedoms?", *ECTR*, 2008/2, p. 64.

[1661] Commission européenne, 26 juillet 2007, Groupe de travail sur l'ACCIS, « ACCIS : ébauche d'un cadre technique », ACCIS/WP/057/doc/fr, p. 45.

[1662] Conseil européen, 16 mars 2011, proposition de directive concernant l'assiette commune consolidée pour l'impôt sur les société, COM (2011) 121 Final, article 73.

détention. Aussi, pour certains auteurs, la seule distinction admissible serait entre les actionnaires principaux, pour lesquels le système d'exemption serait applicable, indépendamment du pourcentage de détention, et les investisseurs en portefeuille, pour lesquels le système d'imputation serait applicable[1663]. La notion même d'actionnaire principal requiert un niveau de participation suffisant, le seuil de 10% actuellement en vigueur dans la directive « mère-fille » ne paraissant pas injustifié.

862. En pratique, certains Etats utilisent alternativement les méthodes en fonction des sociétés distributrices, y compris au sein de l'Union européenne. Aussi, la Cour a eu à se prononcer sur la compatibilité de systèmes de neutralisation différents au sein d'un même Etat avec les libertés fondamentales garanties par le Traité.
En matière de dividendes, la Cour a, dans un arrêt en date du 12 décembre 2006[1664], jugé que la liberté d'établissement ne s'opposait pas à ce que les dividendes provenant de sociétés résidentes soient exemptés, alors que les dividendes provenant de sociétés étrangères, bénéficiaient d'un crédit d'impôt, pour autant que le taux d'imposition sur les dividendes d'origine étrangère ne soit pas supérieur au taux d'imposition appliqué aux dividendes d'origine nationale.
Ultérieurement, la Cour a confirmé que : « *Le choix entre le système de l'exonération et le système de l'imputation ne conduit pas nécessairement au même résultat dans le chef de la société bénéficiaire des dividendes* »[1665]. De ce fait, les Etats ne sauraient invoquer le caractère favorable de l'un des systèmes pour justifier les restrictions qu'ils ont apportées dans l'application de l'autre système.

863. En matière d'imposition des revenus des établissements stables, la Cour a indiqué, dans son arrêt du 6 décembre 2007[1666] : *« Même si l'application, dans le cadre de l'imposition des associés de Columbus, de la méthode de l'imputation prévue par les dispositions de l'article 20, paragraphes 2 et 3, de l'AStG en cause au principal a pour effet de rendre l'exercice des activités de cette société plus onéreux que si cette imposition avait été effectuée selon la méthode de l'exonération prévue par la convention fiscale bilatérale, une telle constatation n'implique pas nécessairement que lesdites dispositions constituent une restriction à la liberté d'établissement au sens des dispositions de l'article 43 CE »*[1667].
Au cas particulier, des investisseurs allemands détenaient des parts dans une société en commandite par action belge, soumise au régime des centres de coordination, et considérée comme établissement stable. La convention germano-belge prévoyait l'exemption en Allemagne des revenus provenant d'un tel établissement. L'application unilatérale de la législation allemande a conduit à substituer la méthode d'imputation à la méthode d'exemption pour les revenus ayant la nature de capitaux placés dans une

---

1663 KEMMEREN Eric, "Exemption method for Pe's and (major) shareholdings best services: the CCCTB and the internal markets concerned", *ECTR*, 2008/3, pp. 124-125.
1664 CJCE, 12 décembre 2006, aff. C-446/04, *Test Claimants in the FII Group Litigation contre Commissioners of Inland Revenue*, Rec. p. I-11753, point 57.
1665 CJCE, 12 février 2009, aff. C-138/07, *Belgische Staat c/ Cobelfret NV*, Rec. p. I-0731, points 31 et 48. Voir également, CJUE, 10 février 2011, aff. C-436/08 et 437/08, *Haribo Lakritzen Hans Riegel BetriebsgmbH und Osterreichische Salinen AG*, non encore publié au Recueil.
1666 CJCE, 6 décembre 2007, aff. C-298/05, *Colombus Container Services*, Rec. p. I-11531.
1667 *Ibid.*, point 38.

société étrangère considérée comme société intermédiaire[1668]. L'administration allemande a considéré la société belge comme une société de personnes et a soumis, conformément à cette qualification, les associés à l'impôt allemand. Au vu des faits de l'espèce, la Cour a jugé qu'il n'existait pas de restriction à la liberté d'établissement et a validé la procédure allemande[1669].

864. Ainsi, la jurisprudence de la Cour conduit à reconnaître, au sein de l'Union européenne, une neutralisation de la double imposition différenciée, en fonction de la provenance du revenu, sans que la Cour retienne l'existence d'une discrimination prohibée. La substitution du régime d'imputation à celui de l'exemption permet de neutraliser les effets de l'implantation d'une structure à l'étranger[1670]. Les distorsions dans l'imposition sont donc induites non seulement par la coexistence de systèmes différents à l'intérieur de l'Union[1671], mais aussi par l'utilisation mixte des deux systèmes au sein d'une même législation. Aussi, pour une partie de la doctrine, les Etats ne devraient pas être autorisés à utiliser des méthodes différentes en fonction de la provenance du revenu[1672]. Pour certains auteurs, seule la méthode d'exemption devrait être retenue au sein de l'Union[1673].

865. De fait, le choix laissé aux Etats de traiter différemment les revenus en fonction de leur provenance constitue une brèche dans le principe de non-discrimination entre résidents et non-résidents. Toutefois, l'adoption d'un double système par les Etats ne semble pas illégitime, car la substitution du système de l'imputation à celui de l'exemption permet de pallier les effets de l'implantation d'une structure dans un pays à fiscalité faible.
Idéalement, l'application sur le territoire européen d'un système d'exemption aux revenus des établissements stables et aux dividendes versés par les filiales est plus à même de garantir l'achèvement du Marché commun, et assure une neutralité en raison de la forme juridique des structures. Pour ce faire, cependant, une harmonisation

---

1668 Le droit allemand qualifie de sociétés intermédiaires, celles dont les revenus proviennent d'un Etat dont l'imposition est considérée comme basse.
1669 Arrêt *Colombus* précité, points 39 et 54.
1670 TERRA Ben J.M., WATTEL Peter J., "European Tax law", Kluwer law International, 5ème édition, 2008, p. 824.
1671 Sur la question voir, par exemple, WHITEHEAD Simon, "Practical implications arising from the European Court's recent decisions concerning CFC legislation and dividend taxation", *ECTR*, 2007/4, pp. 176-183. L'auteur démontre que le fait que la Grande-Bretagne et l'Irlande utilisent le système d'imputation pour les dividendes étrangers et non le système d'exemption comme les autres pays membres, influe sur le niveau d'impôt prélevé dans ces pays. Il est à noter que le Royaume-Uni a abandonné, en 2008, le système d'imputation, pour les dividendes versés par des filiales à des sociétés mères britanniques.
1672 LANG Michaël, AIGNER Hans Jörgen, SCHEUERLE Ulrich, STEFANER Markus, "CFC Legislation, Tax Treaties and EC Law", EUCOTAX Series on European Taxation, Vol. 8, Kluwer Law International, 2004, General Report, p. 51. Pour une opinion contraire voir RUST Alexander dans l'ouvrage précité, National Report Germany, pp. 262 et suivantes. La discussion porte sur la différence de traitements entre les dividendes distribués et les dividendes présumés distribués.
1673 TERRA Ben J.M., WATTEL Peter J., "European Tax law", Kluwer law International, 5ème édition, 2008, pp. 178-180.

minimale des taux, telle qu'elle avait été préconisée par le Rapport Ruding[1674], éviterait les risques de délocalisation intra-européenne des structures dus à l'application du seul système d'exemption.

866. Dans le domaine des relations avec les pays tiers un système similaire pourrait être adopté, les Etats pouvant substituer la méthode d'imputation à la méthode d'exemption aux fins de prévenir l'évasion fiscale.
Ces propositions supposent cependant un consensus minimal des Etats. A cet égard, des standards européens communs, moins attentatoires à la souveraineté fiscale des Etats membres que les propositions de la Commission relatives à l'imposition des groupes, pourraient être mis en œuvre.

§ 2. La coordination de l'imposition

867. Plusieurs voies peuvent être envisagées pour aboutir à une coordination de l'imposition européenne. En premier lieu, une coopération européenne renforcée pourrait résoudre certaines des difficultés liées à l'activité transfrontalière (A). En second lieu, des réflexions pourraient être menées aux fins de redéfinir l'assiette de l'impôt et le principe d'imposition à la source (B).

A. Le renforcement de la coopération européenne

868. Le 23 juillet 1975, le Conseil, sur proposition de la Commission, avait présenté un projet de directive visant à l'harmonisation des systèmes d'impôts sur les sociétés[1675]. Cette proposition, dont l'ambition était une approche globale de la fiscalité des entreprises, a été retirée le 23 avril 1990. La Commission depuis lors a adopté une approche fondée sur une harmonisation minimale de la fiscalité directe tenant compte du principe de subsidiarité[1676].
Pour nombre d'auteurs, l'harmonisation fiscale est au mieux une utopie[1677]. Aussi, une partie de la doctrine s'est rangée à l'idée d'une simple coordination des fiscalités européennes[1678].

[1674] Commission des Communautés européennes, « Rapport du comité de réflexion des experts indépendants sur la fiscalité des entreprises », (rapport Ruding), 1992, pp. 223-225.

[1675] Conseil, 23 juillet 1975, « Proposition de directive du Conseil concernant l'harmonisation des systèmes d'impôt des sociétés et des régimes de retenue a la source sur les dividendes », JO C 253 du 5 novembre 1975, p. 2 et Communication de la Commission COM/75/392 Final.

[1676] LE GALL Jean-Pierre, « L'harmonisation européenne de la fiscalité directe des entreprises. Analyse et perspectives du rapport Ruding », *Droit Fiscal*, n° 13/1993, pp. 624-631. MARTIN JIMENEZ Adolfo J., "Towards corporate tax harmonization in the European Community", Kluwer law International, Series on international taxation, n° 22, 1999, Londres, pp. 137-138.

[1677] Voir, *inter alia*, MONTAGNIER Gabriel, « Harmonisation fiscale européenne (mars 1997-mars 1999) », *RTDE,* octobre-décembre 1999, pp. 741-772 ; DIBOUT Patrick, « Fiscalité et construction européenne : un paysage contrasté », *RAE,* n° 2/95, pp. 5-19 ; DE FREMINET Patrick, « A défaut d'une harmonisation, une coordination fiscale est-elle possible ? », *Les Petites Affiches,* n° 97, 15 mai 2002, pp. 41-43 ; AUJEAN Michel, « La politique fiscale européenne entre harmonisation, coordination et coopération renforcée », *Regards croisés sur l'économie,*

Toutefois, une coordination fiscale renforcée est susceptible d'emprunter plusieurs voies. La réflexion ne portera que sur l'amélioration de la coopération en matière de prix de transfert (1), et sur la possibilité d'établir au sein de l'Union une convention multilatérale (2).

1) La coordination de l'imposition en matière de prix de transfert

869. La double imposition résultant des rehaussements en matière de prix de transfert concerne les filiales et les établissements stables, ces derniers étant soumis, dans les rapports avec leur siège, au principe de pleine concurrence. Aussi, les avancées dans ce domaine assureraient aux opérateurs économiques une meilleure sécurité juridique.
Dans le domaine des prix de transferts, diverses propositions visant à l'amélioration des systèmes existants peuvent être envisagées.

870. Pour les défenseurs d'une formule de répartition de l'impôt, un système mixte, combinant le principe de pleine concurrence et une répartition de l'assiette et des bases, constituerait une solution[1679]. Pour certains auteurs, dans les rapports existant entre entreprises d'un même groupe, les profits seraient attribués aux différentes structures impliquées dans le cœur de l'activité selon le principe d'une formule de répartition, alors que le principe de pleine concurrence s'appliquerait aux structures dans et hors du groupe qui n'exercent pas l'activité centrale[1680]. Pour le Professeur AVI-YONAH, l'impossibilité, dans de nombreux cas, de déterminer des comparables, laisse subsister un profit résiduel dû à ce que les multinationales attendent un profit, précisément lié à l'existence d'un groupe, et impossible à obtenir dans le cadre du principe de pleine concurrence[1681]. Dans ce contexte, ce profit résiduel, non pris en compte par

---

mars 2007, pp. 238-249 ; HREHOROVSKA Lucia, "Tax harmonization in the European Union", *Intertax*, 2006, Issue 3, pp.158-166.

1678 Voir, *inter alia*, TRIANTAFYLLOU Dimitri, « La doctrine fiscale sous l'emprise du marché intérieur: vers une coordination de la fiscalité directe dans la Communauté européenne », in actes de colloque sur la doctrine fiscale du 2 et 3 septembre 2005 organisé en hommage au professeur émérite Jacques GROSCLAUDE, *Droit Fiscal,* n° 24/2006, p. 1189 ; SCHAFER Wölf, "Harmonization and centralisation versus subsidiarity: which should apply where?", *Intereconomics,* septembre-octobre 2006, p. 246 ; GOBALRAJA Nicolas et BENASSY-QUERE Agnès, « L'harmonisation fiscale en Europe », *Revue d'économie financière,* n° 89, juillet 2007, pp. 89-99 ; CERIONI Luca, "A Hypothesis for Radical Tax Reform in the European Union –The Implications of the Abolition of Corporate Income Taxes", *European Taxation,* August/September, 2007, pp. 377-388 ; AVI-YONAH Reuven S., « Between Formulary Apportionment and the OECD Guidelines : A proposal for Reconciliation », University of Michigan Law School, The John M. Olin Center for Law & Economics Working Paper Series, 2009, Paper 102, 17 pp.

1679 En ce sens, voir, RUSSO Antonio, "A Formulary Apportionment for Europe: An Analysis and A Proposal", *Intertax*, 2005, Issue 1, pp. 1-31; AVI-YONAH Reuven S., « Between Formulary Apportionment and the OECD Guidelines : A proposal for Reconciliation », University of Michigan Law School, The John M. Olin Center for Law & Economics Working Paper Series, 2009, Paper 102, 17 pp.

1680 RUSSO Antonio précité, p. 28.

1681 AVI-YONAH Reuven S. précité, p. 14.

l'application du principe de pleine concurrence, serait réparti entre les membres du groupe selon une formule de répartition.

871. Ces propositions sont d'application difficile. En effet, l'utilisation d'une double méthode suppose de délimiter la frontière entre ce qui relève de la formule de répartition et ce qui relève de l'application du principe de pleine concurrence. En outre, les mêmes problèmes que ceux existant à l'heure actuelle sont susceptibles de se poser, chaque cas faisant l'objet d'une analyse différente par les administrations fiscales nationales.

872. Aussi, une alternative pourrait consister à généraliser les accords préalables aux prix de transfert[1682]. En ce sens l'Union européenne, rejoignant la position de l'OCDE[1683], préconise un recours élargi aux accords préalables[1684] dans le cadre de la convention d'arbitrage[1685]. Cette convention institue deux procédures distinctes : une procédure amiable et une procédure d'arbitrage. La convention s'applique aux entreprises associées, le lien étant défini de manière identique dans la Convention[1686] et dans le Modèle de Convention de l'OCDE[1687].
Dans ce contexte, la convention d'arbitrage s'applique aux entreprises membres de l'Union européenne, placées sous le contrôle commun d'une entreprise hors de l'Union. Cependant, cette disposition s'applique principalement aux sociétés. En effet, même si la convention s'applique aux cas dans lesquels une entreprise d'un Etat tiers détient un établissement stable dans l'Union, elle ne couvre ni le cas dans lequel deux établissements stables sont situés dans deux Etats membres différents, et dont le siège est dans un Etat tiers, ni le cas des établissements stables, situés dans des Etats tiers, de sociétés de l'Union. A cet égard, une modification de la convention d'arbitrage, aux fins de prendre en compte ces situations, permettrait de mieux appréhender la neutralisation de la double imposition due aux prix de transfert[1688].

[1682] MARKHAM Michelle, « The Advantages and Disadvantages of Using an Advance Pricing Agreement: Lessons for the UK from the US and Australian Experience", *Intertax,* vol. 33, Issue 5, pp. 214-229.

[1683] OWENS Jeffrey, « Tax System in the New Millenium », in Liber Amicorum Sven-Olof LODIN, Kluwer Law International, Series on International Taxation, n° 27, 2001, pp. 198-210.

[1684] Commission européenne, 26 février 2007, « Communication de la Commission au Conseil, au Parlement européen et au Comité économique et social européen concernant les activités du forum conjoint de l'UE sur les prix de transfert dans le domaine de la prévention et du règlement des différends et concernant des lignes directrices relatives aux accords préalables sur les prix dans l'UE », COM (2007) 71 Final, 27 pp. et SEC (2007) 246.

[1685] Convention intergouvernementale, 23 juillet 1990, 90/436/CEE relative à l'élimination des doubles impositions en cas de correction des bénéfices d'entreprises associées, JO L 225 du 20 août 1990, p. 10. En 2009, une proposition de modification a été déposée : Commission des Communautés européennes, 14 septembre 2009, « Communication de la Commission au Conseil, au Parlement européen et au Comité économique et social européen concernant les travaux menés par le forum conjoint de l'UE sur les prix de transfert dans le domaine de la fiscalité des entreprises entre mars 2007 et mars 2009 et une proposition connexe de code de conduite révisé pour la mise en oeuvre effective de la Convention d'arbitrage », COM (2009) 472 Final, SEC (2009) 1168 et 1169.

[1686] Convention intergouvernementale précitée, article 4 § 1.

[1687] OCDE, Modèle de Convention fiscale, article 9.

[1688] VAN HERKSEN Monique, "How the Arbitration Convention Lost its Lustre: the Threat of Triangular Cases", *Intertax*, 2008, Issue 8-9, pp. 332-345.

873. Ainsi, bien que cette solution soit susceptible d'entraîner des modifications des législations nationales et des surcoûts pour les administrations, elle permettrait de résoudre les problèmes de double imposition induits par les prix de transferts. Aussi, une démarche progressive pourrait être adoptée, conduisant les administrations à s'informer mutuellement des rehaussements envisagés en matière de prix de transfert. Cette approche faciliterait vraisemblablement le règlement des différends, quelle que soit la taille des entreprises.

874. En ce qui concerne les multinationales, il pourrait, en outre, être recouru aux accords préalables multilatéraux[1689]. Cette possibilité n'est pas une pure hypothèse, quelques accords multilatéraux ayant été conclus par des Etats européens, dont un concernant les prix de transfert de la compagnie Airbus[1690]. En outre, la généralisation d'accords préalables permettrait aux administrations de se recentrer sur les problématiques liées à l'évasion fiscale internationale[1691].
L'adoption d'une démarche commune en matière de prix de transfert, basée sur une coopération renforcée entre Etats membres, aboutirait à neutraliser une partie des problèmes de double imposition, que ce soit pour les établissements stables ou pour les filiales. En l'état, le recours à la procédure amiable prévue dans la convention d'arbitrage ne peut porter que sur les litiges afférents à l'application du principe de pleine concurrence, et non sur les autres litiges liés aux doubles impositions[1692]. Aussi, aux fins de sécuriser l'ensemble les relations entre opérateurs économiques, il pourrait être envisagé de conclure une convention multilatérale au sein de l'Union, qui adopterait des définitions communes, permettant de clarifier, notamment, la notion d'établissement stable et les principes s'appliquant à l'imposition.

2) La coordination de l'imposition et l'adoption d'une convention multilatérale

875. La possibilité de conclusion d'une convention multilatérale est prise en considération par l'OCDE, qui, dans l'introduction de son Modèle de Convention, note : *« Le Comité des affaires fiscales (...) avait toutefois reconnu qu'il devrait être possible à certains groupes de pays membres d'examiner la possibilité de conclure une telle convention [une convention multilatérale], entre eux, sur la base du Modèle de*

[1689] Pour certains auteurs, du fait du peu de parties concernées, ce type d'accord ne peut exister que dans des circonstances exceptionnelles ; MAYER Stefan, " Formulary Apportionment for the Internal Market", IBFD, Doctoral Series, n° 17, 2009, p. 52.

[1690] Communiqué du Ministère des Finances, Secrétariat d'Etat au Budget et à la réforme budgétaire, 8 avril 2004. L'accord a été signé entre la France, le Royaume-Uni, l'Allemagne et l'Espagne.

[1691] GUTTENTAG Joseph H., " Passing the Torch on Transfer Pricing", in Liber Amicorum Sven-Olof LODIN, Kluwer Law International, Series on International Taxation, n° 27, 2001, pp. 119-131.

[1692] Convention d'arbitrage précitée, article 4 § 1. Cette disposition exclut notamment les recours fondés sur la double imposition résultant du plafonnement de la déductibilité des intérêts versés aux associés.

Convention et sous réserve de certaines adaptations que pourraient rendre nécessaires les objectifs particuliers poursuivis par ces pays »[1693].

876. Le Traité instituant une Communauté économique européenne stipulait dans son article 220 : *« Les États membres engageront entre eux, en tant que de besoin, des négociations en vue d'assurer, en faveur de leurs ressortissants : (...) l'élimination de la double imposition à l'intérieur de la Communauté »*[1694]. Cet article n'apparaît plus dans le Traité sur le fonctionnement de l'Union (ci-après TFUE) du 13 décembre 2007[1695]. Néanmoins, l'absence de stipulation formelle dans le Traité ne devrait pas créer d'obstacles à ce que les Etats signent des conventions multilatérales en matière de fiscalité[1696]. Dans le cadre d'une étude portant sur le droit communautaire et les conventions fiscales, la Commission notait qu'une coordination s'imposait à propos de la négociation des accords entre Etats membres, et vis-à-vis des conventions fiscales conclues avec des pays tiers[1697].

877. L'intérêt de la signature de telles conventions est multiple. D'un point de vue formel, ce type de convention ne requiert pas l'accord unanime des Etats, ce qui apporte une souplesse plus grande que le vote d'une directive. D'un point de vue pratique, le principe d'une convention multilatérale paraît plus adapté au fonctionnement économique des entreprises pour lesquelles les investissements ne se limitent pas à deux Etats, et plus en conformité avec l'objectif d'un Marché commun. Au sein de l'Union, une convention multilatérale permettrait d'harmoniser les définitions des termes concernant les personnes et les revenus imposables, et probablement de circonscrire le *treaty shopping*[1698].

878. Sur le premier point, les Etats membres n'ont pas de définition unitaire des notions de résidence, d'entreprise[1699], d'établissement stable[1700], de non-discrimination, etc[1701].

[1693] OCDE, « Modèle de Convention Fiscale concernant le revenu et la fortune », Paris, 17 juillet 2008, version abrégée, introduction, § 37.

[1694] L'article 220 est devenu l'article 293, après la signature du Traité de Maastricht le 7 février 1992.

[1695] JO C 9 mai 2008, pp. 49-199, entrée en vigueur le 1er décembre 2009.

[1696] SAURON Jean-Luc, « Le Traité de Lisbonne est un simple aménagement du règlement intérieur de l'Union », *Les Petites Affiches*, 20 février 2008, pp. 4-9 ; KEMMEREN Eric, "After repeal of Article 293 EC Treaty under the Lisbon Treaty: the EU objective of eliminating double taxation can be applied more widely", *ECTR*, 2008/4, pp. 156-158 ; CERIONI Luca, "Postponement of the Commission's Proposal for a CCCTB Directive: Possible Ways Forward", *Bulletin for International Taxation*, February 2010, pp. 101-102.

[1697] Commission européenne, « Droit communautaire et conventions fiscales », Groupes d'experts du 5 juillet 2005, TAXUD E1/FR Doc (05) 2306, pp. 14-18.

[1698] Pour une opinion contraire, voir, De GRAAF Arnaud, "Workshop on EC Law and Tax Treaties", European Commission, 5 juillet 2005, 1st panel-Tax Treaties between Member States", p. 4.

[1699] Ce qui est le cas, notamment, pour les sociétés de personnes qui sont considérées ou non, comme entreprises résidentes.

[1700] Les Etats n'ont pas obligatoirement de définition de l'établissement stable dans leur corpus législatif. En outre, les conventions conclues peuvent prévoir des durées différentes pour la caractérisation d'un établissement stable de type « chantier » (entre 6 et 12 mois). De surcroît,

En ce sens, l'élaboration d'une définition commune pallierait les insuffisances de la jurisprudence européenne[1702] et permettrait de limiter les disparités existantes.
Sur le second point, les dissemblances existant dans les conventions peuvent conduire les opérateurs économiques à rechercher, dans le cadre de leurs investissements, le bénéfice de l'application de conventions particulières[1703]. Cette démarche a pu être contestée, sur le fondement de l'abus de droit, par les administrations fiscales et les tribunaux nationaux[1704].

879. Toutefois, la réalisation d'une convention multilatérale semble conditionnée par l'existence d'une convergence des systèmes fiscaux[1705], ce qui limiterait de fait le nombre d'Etats susceptibles d'y souscrire. Aussi, une autre voie, moins contraignante, mais également moins efficace[1706], consisterait à créer une convention cadre, dont les Etats pourraient s'inspirer dans le cadre des conventions conclues entre eux et vis-à-vis des Etats tiers. Cette solution présente le défaut majeur de laisser subsister des solutions bilatérales qui ne résolvent pas les situations de type triangulaire. En outre, l'absence de caractère obligatoire conduirait à laisser subsister les importantes différences existant dans le cadre des conventions bilatérales actuelles.
Dans ce contexte, l'adoption *a minima* d'une convention multilatérale entre certains Etats membres serait susceptible de constituer un point de départ nécessaire à une meilleure coordination des fiscalités européennes.
Outre la résolution des problèmes liés à la double imposition, qu'il s'agisse des prix de transfert, ou de tous les autres revenus, une coopération européenne renforcée pourrait s'appliquer en matière d'assiette. Cette hypothèse ne concerne pas l'application du principe de non-discrimination, mais une réflexion sur une assiette d'imposition élargie, ce qui suppose un élargissement de l'imposition à la source.

---

dans les conventions conclues sur le Modèle de l'OCDE, l'établissement stable n'est pas résident, ce qui peut susciter des difficultés d'application.

[1701] Commission européenne, « Fiscalité des entreprises dans le marché intérieur », Rapport des services de la Commission, SEC 2001 (1681) Final, pp. 293-295.

[1702] PISTONE Pasquale, "Workshop on Tax Treaties and European Law", European Commission, 5 juillet 2005, p. 4.

[1703] A titre d'exemple, la Convention entre la France et le Luxembourg signée le 1er avril 1958 ne permettait pas l'imposition des profits immobiliers réalisés par des sociétés luxembourgeoises en France à défaut d'établissement stable (alors que le Modèle de Convention de l'OCDE propose l'imposition de cette catégorie de profit dans l'Etat de situation des immeubles). Ces profits n'étaient pas imposables au Luxembourg (arrêt Cour administrative de Luxembourg, 23 avril 2002, La Costa). Cette situation a été modifiée par l'avenant à la Convention en date du 24 novembre 2006, publié par décret n° 2008-43 du 12 janvier 2008.

[1704] En ce sens, voir DEROUIN Philippe, « Différences de traitement fiscal résultant des conventions de double imposition entre Etats membres de l'Union européenne. Clause de la nation la plus favorisée (NPF) ou chalandage fiscal (treaty shopping) ? », *Droit Fiscal,* n° 30-35, 28 juillet 2005, pp. 1288-1302 ; CE, 29 décembre 2006, n° 283314, *Bank of Scotland*, *RJF*, n° 03/2007, n° 322 ; Chronique BENARD Yohann, « Fraude à la loi et Treaty Shopping : que penser de la décision Bank of Scotland ? », *RJF*, n° 04/2007, pp. 319-327.

[1705] Ce qui est le cas de la convention multilatérale -la convention nordique- conclue entre la Finlande, la Suède et le Danemark le 22 mars 1983 à Helsinki.

[1706] CERIONI Luca, "A Hypothesis for Radical Tax Reform in the European Union –The Implications of the Abolition of Corporate Income Taxes", *European Taxation*, August/September, 2007, pp. 384-385.

B. L'extension de l'imposition à la source en tant qu'alternative

880. En matière d'impôt sur les sociétés, la tendance est à une convergence dans la diminution des taux[1707]. Dès 1992, le rapport Ruding constatait la diminution constante du taux d'impôt sur les sociétés depuis le milieu des années 80, et concluait par ailleurs que les divergences dans l'établissement de l'assiette fiscale ne constituaient pas des sources majeures de distorsions[1708]. La Commission, notamment dans le cadre des travaux sur l'ACCIS, n'a pas adopté cette approche, et a axé sa réflexion sur l'assiette d'imposition. Les divergences en matière d'assiette ne peuvent conduire qu'à une concurrence fiscale dommageable. En ce sens, une redéfinition de l'assiette imposable, particulièrement dans le cadre des groupes, semble nécessaire (1). Cette détermination de l'assiette imposable peut conduire à redéfinir la notion d'établissement stable (2).

1) L'établissement d'une assiette commune

881. Le propos n'est pas ici de revenir sur les propositions faites par la Commission dans le cadre de ses travaux sur l'ACCIS, mais de déterminer si certains revenus ne devraient pas être inclus ou exclus de l'assiette imposable.
Dans le contexte d'une baisse tendancielle des taux de l'impôt sur les sociétés, la plupart des Etats ont compensé les pertes de recettes en résultant par un élargissement de l'assiette[1709]. Dans ce cadre, les différences majeures existant entre les établissements stables et les filiales portent actuellement sur la déductibilité des intérêts et des redevances dans les relations qu'ils entretiennent avec le siège – ou avec la mère. En effet, à quelques exceptions près tenant à la rédaction des conventions, les intérêts et les redevances versés par un établissement stable à son siège ne sont pas déductibles[1710].

882. L'OCDE recommande, dans le cadre de son approche de l'entité fonctionnellement distincte, d'autoriser la déduction, de manière à établir une assiette d'imposition similaire pour les établissements stables et pour les filiales. Concernant la déductibilité des intérêts dans les relations entre mères et filiales, certains Etats la limitent au titre de la sous-capitalisation, sous le contrôle de la Cour de justice de l'Union. A contre-pied de cette approche, certains auteurs préconisent, *a minima,* de plafonner la déductibilité de l'ensemble des intérêts, quels qu'en soient les bénéficiaires[1711], et, *a maxima*, d'établir un impôt sur une base élargie avant déduction des intérêts et des

[1707] Voir, MERKS Paulus, "Corporate Tax and the European Commission", *Intertax*, 2008, Issue 1, pp.6-8. et sur le site de la Commission, ec.europa.eu/taxation_customs/taxinv/welcome.do.
[1708] Commission des Communautés européennes, « Rapport du comité de réflexion des experts indépendants sur la fiscalité des entreprises », (rapport Ruding), 1992, Chapitre 3 : « Fiscalité des entreprises dans la Communauté européenne et chez ses principaux partenaires commerciaux, pp. 51-68 ; pp. 165, 175-176.
[1709] MERKS Paulus précité ; Conseil des prélèvements obligatoires, Rapport 2009, « Les prélèvements obligatoires des entreprises dans une économie globalisée », Octobre 2009, pp. 127-128.
[1710] Sur ce point, voir nos développements *Supra*, § 194 et suivants.
[1711] STEVENS L.G.M., "Corporate Income Tax in Europe: a Dutch Perspective", *ECTR*, 2002/3, pp. 104-111.

redevances[1712]. Ces approches ont été mises en place par plusieurs pays européens[1713]. Ainsi, dans le cadre de la réforme de l'imposition des entreprises, l'Allemagne a limité la déductibilité des intérêts à 30% du bénéfice avant déduction des intérêts et des amortissements, lorsque le prêteur détient 25%, directement ou indirectement, de la société bénéficiaire[1714]. Plus largement, l'impôt italien sur les activités productives (IRAP) ne s'applique que sur la part des bénéfices avant intérêts, redevances et amortissements[1715]. Ce système peut être comparé au système français de cotisation sur la valeur ajoutée des entreprises (CVAE), applicable depuis le 1er janvier 2010[1716].
En outre, à compter des exercices ouverts en 2012, le code général des impôts limite la déduction des charges financières liées à l'acquisition de participations lorsque les décisions relatives à ces titres ne sont pas prises par la société ou une autre société établie en France disposant du contrôle[1717].

883. L'adoption d'une assiette d'imposition élargie du fait de la non-déductibilité des intérêts et redevances permettrait de pallier le risque de délocalisation des structures, sans être en contradiction avec la jurisprudence européenne sur la liberté d'établissement et sur l'application du principe de non-discrimination, puisqu'elle s'appliquerait aussi bien aux résidents qu'aux non-résidents. L'imposition assise sur une base élargie limiterait l'intérêt des entreprises à implanter des holdings dans des Etats à faible fiscalité[1718]. De manière identique, le financement par emprunt ne serait plus favorisé au détriment du financement par capitaux propres[1719]. De surcroît, une telle imposition neutraliserait les distorsions dans l'établissement de l'assiette des établissements stables et des filiales, sans recourir par exemple à la notion de capital notionnel (ou fictif) préconisée par l'OCDE. L'extension de l'impôt sur les sociétés aux revenus du capital est en accord avec le principe d'imposition au lieu de production. Cette proposition s'écarte des positions formulées par la Commission dans le cadre des

---

[1712] JARRAS Lorenz, OBERMAIR Gustav M., "Tax on earnings before interest and taxes instead of profit – fair, simple and competitive: a conceivable initiative of EU Member States for a Common consolidated corporate tax base", *ECTR*, 2008/3, pp. 111-117.
[1713] Conseil des prélèvements obligatoires, Rapport 2009, « Les prélèvements obligatoires des entreprises dans une économie globalisée », Octobre 2009, pp. 135-136.
[1714] Unternehmensteuerreform 2008 (réforme de l'impôt sur le sociétés 2008), Zinsschranke (barrière d'intérêts), adoptée par le Bundestag le 25 mai 2007, article 8a Körperschaftsteuergesetz (loi sur l'impôt sur les sociétés). La limite ne s'applique pas aux sociétés intégrées dans le cadre de l'Organschaft qui sont considérées comme une seule entreprise.
[1715] Decreto Legislativo del 15 dicembre 1997, n° 446, article 45, Istituzione dell' imposta regionale sulle attivita' produttive, modifié par la Legge del 24 Dicembre 2007, n° 244, article 1.
[1716] CGI, articles 1586 ter 1 et 1586 sexies. La CVAE a remplacé, à compter du 1er janvier 2010, la cotisation minimale de taxe professionnelle de l'article 1647 E.
[1717] CGI, article 209 IX, issu de la loi de finances rectificative pour 2011, n° 2011-1978 du 28 décembre 2011, article 40 ; JO du 30 décembre.
[1718] Voir, en ce sens, pour l'Etat français, le Rapport du Conseil des prélèvements obligatoires précité, qui préconise de limiter la déductibilité des intérêts, pp. 135-136 ; 152-157.
[1719] JARRAS Lorenz, OBERMAIR Gustav M. précités, p. 117 ; PISTONE Pasquale, « Outbound Investments and Interest Deduction : an Era of Fat Cap in European International Tax Law », in LANG Michaël, PISTONE Pasquale, SCUCH Josef, STARINGER Claus, « Common Consolidated Corporate Tax Base », Wien, Linde Verlag, Series on International Tax Law, 2008, pp. 847-864.

travaux sur l'ACCIS, qui induisent une répartition de l'impôt fondée, en partie, sur le lieu de consommation[1720].

884. Dans la mesure où l'impôt sur les sociétés a vocation à s'appliquer en relation avec les biens et services produits sur un territoire, et ce indépendamment de la transmission du revenu, l'ensemble des revenus devraient être prise en compte, en ce compris les revenus du capital. De ce fait, pour paraphraser certains auteurs, il n'existerait pas de choix entre l'imposition à la résidence et l'imposition à la source, mais un principe unique d'imposition basée sur la source[1721].
L'extension de l'assiette d'imposition s'appliquerait aux établissements stables et aux filiales. Toutefois, un élargissement plus important de l'assiette pourrait priver le concept d'établissement stable de son efficience.

2) La remise en cause du concept actuel d'établissement stable

885. L'établissement stable, dans la définition qu'en donne l'OCDE, requiert soit la présence d'une installation fixe d'affaires, soit l'existence d'un agent dépendant[1722]. Toutefois, l'OCDE a modifié ses commentaires sous l'article 5 du Modèle de Convention, aux fins de prendre en compte, sous conditions, les prestations de services[1723]. Cependant, l'OCDE fonde l'imposition éventuelle des prestations de services sur la caractérisation d'un établissement stable, correspondant à la définition alternative précitée. Les commentaires laissent ainsi ouverte la question de la nécessité d'un établissement stable pour établir une imposition.

886. Aussi, quand bien même un seuil serait nécessaire pour fonder une imposition, celle-ci pourrait s'effectuer en dehors de la caractérisation d'un établissement stable[1724]. A cet égard, des auteurs préconisent le remplacement du concept d'établissement stable par celui *« d'activités entrepreneuriales substantielles »*[1725]. Dans cette hypothèse, il serait nécessaire et suffisant qu'une personne poursuive une activité dans un Etat pour qu'une imposition puisse y être attachée. Toutefois, à l'appui de son argumentation, le Professeur KEMMEREN préconise de considérer l'activité humaine comme facteur clé de rattachement de l'imposition[1726]. Cette position ne semble pas correspondre à l'évolution des activités économiques. En effet, l'utilisation du critère travail ne tient

---

1720 Pour le facteur vente ; *Supra*, § 802.
1721 CNOSSEN Sijbren, « Company Taxes in the European Union: Criteria and Options for Reform", *Fiscal Studies*, 1996, vol. 17, n° 4, pp.79-80. Pour l'auteur, le choix s'opère non entre une imposition à la source ou une imposition à la résidence, mais entre une imposition à la source et pas d'imposition.
1722 OCDE, Modèle de Convention fiscale, article 5, § 1 et § 5.
1723 OCDE, commentaires sous l'article 5, § 42-11 à 42-48. Voir nos développements dans la Première Partie, *Supra*, § 136 et suivants.
1724 ARNOLD Brian J., "Threshold Requirement for Taxing Business Profits Under Tax Treaties", in ARNOLD Brian J., SASSEVILLE Jacques, ZOLT Eric, "The Taxation of Business Profits under Tax Treaties", Canadian Tax Foundation, 2003, pp. 77 et suivantes.
1725 KEMMEREN Eric, "Exemption method for Pe's and (major) shareholdings best services: the CCCTB and the internal markets concerned", *ECTR*, 2008/3, pp. 128-129.
1726 Ibid.

pas compte des activités liées au commerce électronique. Dans ce contexte, certains auteurs préconisent une modification de la définition de l'établissement stable, qui amenderait le critère de la présence physique et du test de permanence, et qui réformerait la notion de personne[1727].

887. Plus qu'une réforme du concept traditionnel de l'établissement stable, il conviendrait probablement de redéfinir le lien permettant de rattacher l'imposition à un revenu. En ce sens, l'évolution de la législation américaine vers un concept d'activité d'affaires unitaire, indépendant de l'existence d'un établissement stable, pourrait constituer une voie de réflexion[1728]. En effet, l'existence d'une présence physique sur un territoire donné, qu'elle soit sous forme d'une installation fixe d'affaires ou sous forme d'un agent dépendant, si elle était adaptée aux activités industrielles ou commerciales traditionnelles, ne semble plus correspondre à des activités du secteur tertiaire. Aussi, une imposition fondée sur un lien suffisant entre l'activité exercée et un territoire déterminé serait plus en accord avec les principes qui gouvernent l'impôt sur les sociétés.

888. Par ailleurs, la déconnexion entre l'activité de prestations de services et le critère de l'établissement stable n'est pas ignorée de l'Union européenne. En effet, la Cour a pu juger : « S*i l'exigence d'un agrément constitue une restriction a la libre prestation des services, l'exigence d'un établissement stable des prestataires de service est en fait la négation même de cette liberté. Elle a pour conséquence d'enlever tout effet utile a l'article 59 [article 56 TFUE] du traité, dont l'objet est précisément d'éliminer les restrictions a la libre prestation des services de la part de personnes non établies dans l'Etat sur le territoire duquel la prestation doit être fournie*»[1729]. Cette position, visant à faire prévaloir l'exercice effectif d'une activité de prestation de services sur l'existence d'un établissement stable, a été plaidée, sans succès, en matière de TVA, par la Commission[1730]. Cependant, l'impôt sur les sociétés ne peut se comparer à la TVA. En effet, en matière de TVA, le texte de la directive visait distinctement *« le siège de l'activité économique ou un établissement stable à partir desquels les opérations sont effectuées »*[1731]. La Cour a ultérieurement défini le siège de l'activité économique dans des termes qui font prévaloir la notion de siège sur la notion d'activité économique[1732].

1727 SKAAR Arvid A, « Erosion of the Concept of Permanent Establishment : Electronic Commerce », in Liber Amicorum Leif Muten, Kluwer Law International, Series on International Taxation, n° 21, 1999, pp. 307-320.

1728 HEY Johanna, "EU Common Consolidated Corporate Tax Base: Guided Variety versus Strict Uniformity- Lessons from the "US States' Tax Chaos"", Jean Monnet Working Paper 02/08, European Union, Jean Monnet Chair, 2008, p. 24.

1729 CJCE, 4 décembre 1986, aff. C-205/84, *Commission contre République Fédérale d'Allemagne*, Rec. p. 3755, point 6.

1730 CJCE, 17 juillet 1997, aff. C-190/95, *ARO Lease BV*, Rec. p. I-4383, points 15-16.

1731 Conseil, 6 décembre 1979, huitième directive, n° 79/1072/CEE, en matière d'harmonisation des législations des États membres relatives aux taxes sur le chiffre d'affaires, article 1.

1732 CJCE, 28 juin 2007, aff. C-73/06, *Planzer Luxembourg Sarl*, Rec. p. I-5665, points 60-61 : *« La détermination du lieu du siège de l'activité économique d'une société implique la prise en considération d'un faisceau de facteurs, au premier rang desquels figurent le siège statutaire, le lieu de l'administration centrale, le lieu de réunion des dirigeants sociaux et celui, habituellement identique, où s'arrête la politique générale de cette société ».*

889. Or, en matière d'impôt sur les sociétés, les seuls textes applicables faisant mention des établissements stables sont : la directive « mère-fille » réglant la double imposition des dividendes, la directive « fusion » relative aux restructurations d'entreprises, et l'article 49 du TFUE (ex article 43 du TCE) afférent à la liberté d'établissement et qui ne mentionne que les succursales, notion plus étroite que celle d'établissement stable. Aussi, en l'état actuel des textes, rien ne s'oppose à ce que l'impôt sur les sociétés soit fondé sur une assiette plus large, prenant en compte l'exercice d'une activité, et non l'exercice d'une activité par l'intermédiaire d'un établissement stable.
L'élargissement de l'assiette permettrait d'aboutir à une imposition identique du revenu, indépendamment de l'existence d'une structure, et, *a fortiori,* de la nature juridique de la structure. En ce sens, et en corrélation avec la neutralisation de la double imposition, elle permettrait de mieux appréhender la fiscalité des groupes dans un cadre transfrontalier.

**
*

890. Aux fins de prendre en considération, d'un point de vue fiscal, l'existence des groupes, la Commission européenne a élaboré deux propositions visant à harmoniser l'assiette d'imposition des entreprises européennes. Ces propositions ont pour point commun de présenter une assiette et des modalités d'imposition similaires pour les établissements stables et les filiales intra-européennes éligibles à leur application. Cependant, le caractère optionnel et la limitation au territoire européen sont créateurs de distorsions dans l'imposition. Ces disparités vont s'établir en fonction de la nature juridique des structures, et entre les groupes éligibles et non éligibles. Le principal facteur de distorsion réside, cependant, dans la répartition des bases d'imposition. En effet, dans l'optique de neutraliser les obstacles fiscaux, créés principalement par les prix de transfert et les pertes transfrontalières, la Commission a proposé une répartition multi-factorielle de l'assiette imposable, décorrélée des principes traditionnellement applicables d'imposition dans l'Etat de la source et dans celui de la résidence des structures. De ce fait, les systèmes européens d'imposition des groupes étudiés par la Commission attentent à la souveraineté fiscale des Etats, et courent le risque d'établir une imposition arbitraire.

891. Aussi, des solutions alternatives, fondées sur une amélioration des règles actuellement en vigueur, peuvent être proposées. Les principaux problèmes en matière d'imposition de groupes sont à la fois théoriques et pratiques. D'un point de vue théorique, les questions portent sur l'égalité devant l'impôt et sur la neutralité de l'impôt. L'égalité devant l'impôt s'apprécie au regard de l'ensemble des ressources d'une personne et renvoie, en ce qui concerne les entreprises, à l'établissement de leur assiette d'imposition. En ce sens, il n'est pas certain que l'égalité devant l'impôt puisse s'apprécier au niveau du groupe, en l'absence d'impôt européen sur les sociétés, et compte tenu des disparités dans les règles nationales. En matière de neutralité de l'impôt, la coexistence de deux systèmes différents de neutralisation de la double imposition crée des distorsions dans l'imposition de second niveau.

892. Toutefois, aux fins d'établir un compromis entre la neutralité de l'impôt sur les sociétés pour les entreprises et la préservation des recettes fiscales des Etats, un système mixte, mêlant exemption et imputation, semble être le plus adapté.
D'un point de vue pratique, les problématiques ont trait aux situations de double imposition et à l'établissement de l'assiette. L'élimination de la double imposition passe par une coopération européenne renforcée. En ce sens, la modification de la convention d'arbitrage et la création d'une convention multilatérale apporteraient des solutions aux principaux problèmes de double imposition.

893. L'établissement de l'assiette pourrait s'établir sur des bases élargies. Cette assiette élargie, incluant par exemple les revenus du capital, et refusant la déduction de certaines charges financières, aurait pour principal intérêt d'abolir les disparités existant entre les structures, en fonction de leur forme juridique et en fonction de leur mode de financement. De surcroît, une assiette élargie aux seuls revenus d'activités permettrait de pallier les difficultés liées à la caractérisation d'un établissement stable. En effet, une imposition fondée sur les revenus d'activité produits sur un territoire aboutit à imposer de manière identique les revenus, indépendamment de leur rattachement à une structure. Dans ce contexte, la modification du concept actuel d'établissement stable, qui semble singulièrement inadapté à l'évolution économique, est une nécessité.

CONCLUSION GÉNÉRALE

894. L'étude comparative de la fiscalité directe applicable aux structures juridiquement distinctes et aux établissements stables a permis de mettre en lumière une absence de neutralité en raison de la forme juridique des structures.
Prima facie, cependant, la fiscalité directe semble s'appliquer de manière indifférenciée aux établissements stables et aux structures juridiquement distinctes. Preuve de cette neutralité, l'article 7 du Modèle de Convention de l'OCDE stipule : *« Les bénéfices qui sont attribuables dans chaque Etat contractant à l'établissement stable (...) sont ceux qu'il aurait pu réaliser, en particulier dans ses opérations internes avec d'autres parties de l'entreprise, s'il avait constitué une entreprise distincte et indépendante exerçant des activités identiques ou analogues dans des conditions identiques ou analogues (...) »*[1733]. Parallèlement, le concept d'établissement stable, qui ressort originellement du droit fiscal international, s'est trouvé au cœur d'un des premiers arrêts rendus par la Cour de justice de l'Union en matière de fiscalité directe [1734], arrêt dans lequel la Cour a condamné toute discrimination, exercée par l'Etat d'accueil, en considération de la forme juridique des structures[1735].

895. L'analyse a consisté à démontrer, néanmoins, que, aux fins de l'imposition, les établissements stables et les structures juridiquement distinctes n'étaient pas traités de manière similaire. L'étude a été effectuée selon deux angles différents. La première approche ambitionnait de déterminer une neutralité éventuelle de l'imposition en raison des revenus déterminant la base imposable des structures, la seconde se penchait sur la neutralité de l'imposition découlant de l'appartenance des structures concernées à un groupe.

896. La première approche a conduit à s'interroger sur l'imposition initiale des structures, et, partant, sur les compétences des Etats d'implantation des structures.
La neutralité de l'imposition initiale constitue un des points communs des réflexions de l'OCDE et de l'Union européenne, mais est abordée de manière différente. L'Union européenne s'appuie sur le principe de non-discrimination et sur l'application des libertés de circulation, plus particulièrement la liberté d'établissement, pour obliger les Etats membres à imposer les établissements stables de sociétés étrangères comme leurs sociétés résidentes.
L'OCDE, tout en incitant les Etats à inclure le principe de non-discrimination dans leurs conventions, a forgé le concept d'entité fonctionnellement distincte, qui, appliqué aux établissements stables, a pour but de rapprocher l'assiette d'imposition de ces derniers de celle des entités juridiquement distinctes. Traditionnellement, les revenus actifs des établissements stables sont imposés comme ceux des entités juridiquement distinctes, le stade ultime dans la similarité de l'imposition étant constitué par l'application du

---

[1733] Modèle de Convention de l'OCDE article 7 § 2, approuvé par le Conseil de l'OCDE le 22 juillet 2010.
[1734] Le premier arrêt dans lequel la Cour s'est reconnue une compétence en matière de fiscalité directe est l'arrêt CJCE, 16 décembre 1960, aff. C-6/60, *Jean. E. Humblet*, Rec. p. 1125.
[1735] CJCE, 28 janvier 1986, aff. C-270/83, *Commission contre République française*, affaire dite de « l'Avoir fiscal », Rec. p. 273.

principe de pleine concurrence et son corollaire, les prix de transfert. Dans ses dernières recommandations, l'OCDE propose d'élargir l'assiette d'imposition des établissements stables en leur allouant des lignes de bilan et certains revenus passifs, jusqu'alors non pris en compte. Ainsi, les actifs incorporels et un quasi-capital devraient être alloués aux établissements stables, aux fins de rapprocher leur bilan et leur compte de résultat de ceux des structures juridiquement distinctes.

897. En matière d'assiette, l'assimilation entre établissements stables et entités juridiquement distinctes n'est cependant pas absolue. Les différences proviennent de deux causes distinctes : l'absence de personnalité morale de l'établissement stable et le champ territorial de l'imposition. Sur ce second point, il existe une différence dirimante entre les établissements stables et les structures juridiquement distinctes. Ainsi, le principe d'imposition des revenus des établissements stables est celui de l'imposition territoriale ou imposition dans l'Etat de *situs*, principalement sur les revenus ayant leur source dans cet Etat, alors que le principe d'imposition des structures distinctes est généralement l'imposition à la résidence sur les revenus mondiaux. De ce fait, les bases d'imposition ne sont pas identiques.
En outre, aussi bien l'OCDE que l'Union européenne ne tiennent finalement compte que des établissements stables déclarés, faisant abstraction des problématiques liées à la qualification d'établissement stable par les autorités fiscales.

898. Cependant, les recommandations de l'OCDE, en élargissant le périmètre des revenus attribuables aux établissements stables, tendent à reconnaître un pouvoir d'imposition accru aux Etats d'implantation, assurant, de ce fait, une certaine neutralité de l'imposition initiale en raison de la forme des structures. Cette position semble, quelles que soient les difficultés de sa mise en œuvre, devoir être partagée. En effet, il apparaît légitime et équitable que les structures exerçant des activités similaires, dans des conditions analogues, soient imposées de manière identique par les Etats d'implantation. Pour ce faire, il conviendrait, néanmoins, qu'une définition commune soit donnée par l'Union européenne à la notion d'établissement stable, de manière à éviter toute distorsion.

899. Lorsque l'on examine, en revanche, l'imposition de second niveau, due aux transferts de revenus, la neutralité semble difficile à démontrer. Le point central est ici l'élimination de la double imposition, en fonction des liens unissant les différentes structures.
Dans les relations entre les établissements stables et leur siège, le transfert est présumé, et la double imposition pouvant en résulter est neutralisée par l'Etat du siège, soit par un système d'exemption des revenus, soit par un système d'imputation de l'impôt acquitté localement. L'élimination de cette double imposition juridique est perçue de manière identique par l'OCDE et par l'Union européenne.

900. Dans les relations entre les filiales et leur mère, les solutions proviennent de l'Union européenne. Elle préconise, au sein de l'Union, des solutions identiques à celles applicables aux établissements stables, c'est-à-dire une imposition unique dans l'Etat de la source des revenus donnant lieu à des distributions régulières, et une imposition unique dans l'Etat de résidence des bénéficiaires pour les intérêts et redevances. Toutefois, les problèmes de double imposition ne sont pas résolus et entraînent, dans le cas des filiales, une difficulté à déterminer qui, de l'Etat de source ou de l'Etat de résidence, doit éliminer la double imposition. Cette situation est aggravée par le manque de clarté de la jurisprudence européenne en la matière. Sur ce point, il a été impossible de déterminer une ligne jurisprudentielle, ce qui est préjudiciable aux Etats membres, comme aux entreprises.

901. Aussi, l'Union européenne tend à développer une approche plus globale prenant en compte les liens entre les structures. A cet égard, la Cour européenne a initié un courant jurisprudentiel prenant en compte la notion de groupe, qui a pour conséquence de modifier la dévolution territoriale de l'imposition en imposant les résultats à la résidence de la structure dominante. Ainsi, la Cour a ouvert la possibilité d'un transfert des pertes transfrontalières des filiales et des établissements stables exemptés. Ce faisant, la jurisprudence de la Cour ambitionnait la « succursalisation » des résultats déficitaires des entités étrangères, et modifiait la dévolution territoriale traditionnelle de l'imposition. Toutefois, au terme de l'analyse, la possibilité d'un transfert des pertes apparaît restreinte. Cette situation n'est pas nécessairement à déplorer, dans la mesure où une telle possibilité ne semble pas relever du champ de compétence de la Cour, et où, en outre, il ne semble pas opportun de créer une dissymétrie dans le traitement des pertes et des bénéfices.

902. En matière de bénéfices, la Cour admet encore moins largement la compétence d'imposition de l'Etat de résidence de la structure dominante. Ainsi, si elle valide globalement les législations nationales relatives aux régimes de groupes, elle n'admet les législations relatives aux entités étrangères contrôlées que sous des conditions restrictives.
Dans ce contexte, la jurisprudence européenne ne permet pas de considérer le groupe comme une entreprise unique aux fins de l'imposition[1736]. Les flux émanant des établissements stables et des filiales étrangères peuvent être imposés différemment, et les deux formes de structures ne sont pas assimilées à des succursales de droit interne. La neutralité de l'imposition de second niveau n'est ainsi pas atteinte. Dans ce contexte, la fiscalité directe, domaine privilégié de la souveraineté fiscale des Etats, demeure largement dans leur champ de compétence, en l'absence d'un projet européen commun.

903. Aussi, pour pallier les difficultés liées aux flux transfrontaliers, la Commission européenne a mis à l'étude deux systèmes (HST et ACCIS), dont le point commun est une harmonisation intra-européenne des bases d'imposition des groupes. A cet égard, ces systèmes tendent à définir une base d'imposition commune aux établissements stables et aux filiales, et à neutraliser l'impact fiscal des relations intra-groupe. Cependant, ces deux systèmes aboutissent à une distension du lien entre le revenu et l'imposition. En effet, dans les deux cas, les revenus sont retraités, et attribués, aux fins d'imposition, en fonction d'une formule de répartition. En ce sens, les propositions européennes vont à l'encontre du principe d'imposition dans l'Etat de *situs* des établissements stables et de l'imposition dans l'Etat de résidence des filiales, dans la

[1736] *Inter alia*, CJUE, 25 février 2010, aff. C-337/08, *X Holding BV*, Rec. p. I-1215, conclusions KOKOTT du 19 novembre 2009 ; CJUE, 15 avril 2010, aff. C-96/08, *CIBA Speciality Chemicals Central and Eastern Europe Szolgáltató, Tanácsadó és Keresdedelmi kft (CIBA)*, Rec. p. I-2911, conclusions SHARPSTON du 17 décembre 2009.

mesure où, en premier lieu, le lien spécifique liant l'origine du revenu à son imposition est amoindri et, en second lieu, les revenus provenant des Etats tiers sont traités différemment de ceux provenant de l'Union européenne. Toutefois, cette vision déterritorialisée de l'imposition se heurte à la difficulté de faire abstraction des notions de source et de résidence. Ces notions renvoient aux choix des Etats de favoriser la neutralité à l'importation ou à l'exportation des capitaux, les choix pouvant être différents en fonction de la nature juridique des structures. Dans ce domaine également, l'idée d'un abandon, même partiel, par les Etats de leurs prérogatives semble difficilement envisageable, tant les questions budgétaires restent sensibles.

904. Aussi, l'analyse s'est fondée, non sur la recherche d'une neutralité absolue en raison de la forme des structures, mais sur une possible amélioration des systèmes existants. Faute d'une harmonisation européenne dans le domaine des impôts directs, harmonisation par ailleurs non souhaitée par les Etats[1737], les propositions formulées revêtent un caractère minimaliste. Néanmoins, une coordination et une coopération *a minima* permettraient certainement de résoudre une partie des difficultés engendrées par la coexistence de systèmes fiscaux différents. Un premier palier pourrait consister dans l'adoption de définitions communes, concernant les notions de résidence, d'entreprise, d'établissement stable, etc., et s'appliquant sur l'ensemble du territoire européen. Un second stade comporterait l'adoption d'une convention multilatérale entre les Etats membres et l'amélioration des procédures de coopération entre les administrations fiscales, permettant de suppléer les conventions bilatérales. Quelles que puissent être les difficultés à modifier les normes en vigueur, quand chaque directive fait l'objet de négociations et de processus d'adoption sur plusieurs années, la voie d'une harmonisation plus poussée semble être la seule envisageable dans l'optique d'une Union européenne *« décidée à assurer par une action commune le progrès économique et social des États en éliminant les barrières qui divisent l'Europe »*[1738].

905. Par ailleurs, un élargissement de l'assiette d'imposition paraît souhaitable et contribuerait à une neutralité de l'impôt indépendamment de la forme des structures, car liée à l'activité exercée. Une telle évolution renforcerait la compétence d'imposition des Etats de source et entraînerait nécessairement une modification du concept d'établissement stable.

Ces propositions, pour réalisables qu'elles puissent être, n'aboutiront cependant pas à une unification de la fiscalité applicable.

En l'absence d'une harmonisation minimale des taux, l'harmonisation de l'assiette ne constituera qu'une étape, nécessaire, mais insuffisante. En matière fiscale, les Etats-Unis d'Europe, que Victor Hugo appelait de ses vœux[1739], sont ainsi loin d'être une réalité.

[1737] MAITROT DE LA MOTTE Alexandre, « Souveraineté fiscale et construction communautaire », LGDJ, Bibliothèque de science financière, tome 44, 2005, p.337.

[1738] Préambule du TFUE.

[1739] Œuvres Complètes, Politique, Robert Laffont, Collection Bouquins, *Discours d'ouverture du Congrès de la Paix* à Paris, le 21 août 1849, p. 301.

BIBLIOGRAPHIE THÉMATIQUE

I Ouvrages et articles généraux de droit, droit fiscal et comptabilité

Ouvrages

BELTRAME Pierre, « La fiscalité en France », Hachette, Collection les fondamentaux, 14ème édition, 2008, 159 pp.
BIENVENU Jean-Jacques, **LAMBERT** Thierry, « Droit fiscal » Presses Universitaires de France, Collection droit fondamental, 3ème édition, 2003, 446 pp.
BLANLUET Gauthier, « Essai sur la notion de propriété économique en droit privé français. Recherches au confluent du droit fiscal et du droit civil », LGDJ, Bibliothèque de droit privé, 1999, 493 pp.
BOUVIER Michel, « Introduction au droit fiscal général et à la théorie de l'impôt », LGDJ, Collection systèmes, 9ème édition, 2008, 253 pp.
BRACHET Bernard, « Le système fiscal français », LGDJ, 7ème édition, 1997, 213 pp.
CORNU Gérard, *Vocabulaire juridique*, 8ème éd. 2007, Association Henri CAPITANT, PUF.
COZIAN Maurice, « Les grands principes de la fiscalité des entreprises », Litec 4ème édition, 1999, 513 pp.
COZIAN Maurice, **VIANDIER** Alain, **DEBOISSY** Florence « Droit des sociétés », Litec, Collection Manuels, 22ème édition, 2009, 716 pp.
COZIAN Maurice, « Précis de fiscalité », Litec, 33ème édition, 2009-2010, 673 pp.
DAVID Cyrille, **RACINE** Pierre-François, **FOUQUET** Olivier et **PLAGNET** Bernard, « Les grands arrêts de la jurisprudence fiscale », Dalloz, 5ème édition, 2009, 1135 pp.
DIDIER Paul, **DIDIER** Philippe, « Droit commercial, Tome I Introduction générale, l'entreprise commerciale », Economica, 2005, 729 pp.
Etudes offertes à René RODIERE, Dalloz, 1981, 540 pp.
Etudes de fiscalité des entreprises : Etudes à la mémoire du Professeur Maurice COZIAN, Litec, 2009, 948 pp.
GROSCLAUDE Jacques, « La doctrine fiscale en France –1987-1999 », Litec Fiscal, 2000, 688 pp.
GROSCLAUDE Jacques, **MARCHESSOU** Philippe, « Droit fiscal général », Dalloz, 6ème édition, 2007, 608 pp.
GUTMANN Daniel, « Droit fiscal des affaires », Montchrestien, Lextenso éditions, 2ème édition 2011, 748 pp.
HUET Frédéric, « La fiscalité du commerce électronique », Litec fiscal, 2000, 356 pp.
KRUGER Hervé, « Liberté de gestion et endettement des entreprises en droit fiscal », LGDJ, Bibliothèque Finances Publiques et Fiscalité, tome 48, 2007, 493 pp.
Liber Amicorum Cyrille DAVID, « Regards critiques et perspectives sur le droit et la fiscalité », LGDJ, Bibliothèque de l'Institut André TUNC, tome 8, 2005, 424 pp.
Mélanges en l'honneur de Jean-Pierre LE GALL, « Fiscalité et entreprise: politiques et pratiques », Dalloz, 2007, 458 pp.

MERLE Philippe, «Droit commercial, sociétés commerciales », Précis Dalloz, 11 édition, 2007, 925 pp.
PLAGNET Bernard, **FENA LAGUENY** Emmanuelle, MERCIER Jean-Yves, « Les impôts en France : traité pratique de la fiscalité des affaires », Editions Francis Lefebvre, 2006, 591 pp.
SALAÜN Yvon, **DELORME** Thibault; **BELIN-ZERBIB** Sarah, « IFRS et droit », *Joly Sociétés,* avril 2005, pp. 449-464.
Travaux de l'Association Henri Capitant, Journées nationales tome V, Toulouse 2000, « Le contrat électronique », Editions Panthéon-Assas, Paris, 2002, 152 pp.

Articles

BLAISE Damien, « Menace sur la territorialité de l'impôt sur les sociétés », *BF,* n° 11/2005, pp. 879-885.
BLANLUET Gauthier, « Rencontres du Troisième type : de quelques mutations non identifiées » in Fiscalité et entreprises : politiques et pratiques, Mélanges en l'honneur de Jean-Pierre LE GALL, Dalloz, 2007, pp. 3-19.
CASIMIR Jean-Pierre, « L'imposition du résultat des sociétés : être ou ne pas être soumis à l'impôt sur les sociétés ? Telle est la question », in *Mélanges en l'honneur de Claude CHAMPAUD*, Dalloz, 1997, pp. 159-175.
CASTAGNEDE Bernard, « Evolution et cohérence des règles de territorialité à l'impôt sur les sociétés », *RFFP,* n° 68, décembre 1999, pp. 277-299.
CHAPPERT André, « La notion de personnalité morale en droit fiscal », *Répertoire du notariat Defrénois*, 15 novembre 2000, p. 1201.
GEST Guy, « Territorialité de l'IS : le débat est ouvert », *RFC,* n° 243, mars 1993, pp. 58-60.
MARTIN Philippe, "La jurisprudence fiscale de la CJCE du point de vue du Conseil d'Etat", *Droit Fiscal*, n° 12-13, 19 mars 2009, pp. 6-9.
OLLEON Laurent, « Territorialité de l'impôt : des trous dans le mur », *RJF,* n° 07/2003, pp. 571-574.
X « Enjeux fiscaux de demain: « L'avenir de la territorialité de l'impôt sur les sociétés ». Compte rendu partiel de la conférence annuelle organisée le 11 décembre 2003 par l'Alliance fiscale et Les Echos Conférences », in *Droit Fiscal,* n°24/2004, p. 981.
X « Panorama des redressements fiscaux : actualités, enjeux et prospectives. Compte-rendu de la 7ème conférence annuelle organisée le 21 juin 2005», *Droit Fiscal,* n° 43/2005, pp. 1661-1675.
X "XXème colloque du CEFEP : Fiscalité des entreprises : évolution et perspectives », in *Droit Fiscal,* n° 37, 13 septembre 2007.
ZENATI-CASTAING Frédéric, « La propriété, mécanisme fondamental du droit », *RTD civ.*, 2006, pp. 445-466.

Rapports

ASSEMBLEE NATIONALE :

Assemblée Nationale, Rapport d'information numéro 1508 du 10 mars 2009, déposé en application de l'article 145 du Règlement par la Commission des Finances, de l'Economie Générale et du Plan relatif aux enjeux des nouvelles normes comptables, et présenté par MM. Dominique BAERT et Gaël YANNO, 164 pp.

CONSEIL DES IMPOTS ET CONSEIL DES PRÉLÈVEMENTS OBLIGATOIRES :

« La concurrence et l'entreprise », 22ème Rapport au Président de la République, 2004, 364 pp.
« Les prélèvements obligatoires des entreprises dans une économie globalisée », Octobre 2009, 314 pp.

Arrêts, notes, conclusions

Arrêts du Conseil d'Etat, des Cours administratives d'appel et des Tribunaux administratifs

CE, 26 janvier 1990, n° 64211, *Fondation « arts et industries »*, non publié au Recueil Lebon *RJF*, 03/90, n° 264.
CE, 17 janvier 1996, 8ème et 9ème sous-sections , n° 120646, *SA Nike*, Recueil Lebon, pp. 2-4.
CE, 15 décembre 2004, 8ème et 3ème sous-sections, n° 257337, *Société de Promotion écologique*, Recueil Lebon, pp. 462-464.
CE, 24 mai 2006, 3ème et 8ème sous-sections, n° 278737, *Société immobilière Saint Charles*, Recueil Lebon, pp. 264-265, *RJF*, n° 08-09/2006, n° 996.
CE, 6 juin 2007, 9ème et 10ème sous-sections, n° 270955, *Lemarinier*, non publié au Recueil Lebon, *RJF*, n° 10/2007, n° 1042.
CE, 26 mai 2008, 3ème et 8ème sous-sections, n° 288583, *Société Norelec, RJF,* n° 08-09/2008, n° 981.
CE, 5 juillet 2010, n° 309693, *Pinacothèque d'Athènes*, *RJF*, n° 11/2010, n° 1092.

II Droit international, conventionnel, de l'Union européenne et fiscalité internationale

Ouvrages

AMANN Robert, **BRICKER** Michael P., **ETTINGER** Jochen, **MITTERMAIER** Johannes E., **DOWE** Christiane, **GÖTTSCHE** Max, **STOCKMAN** Franck, « German Tax Guide », Luchterhand, Kluwer Law International, 2001, 1389 pp.

BERLIN Dominique, « Droit fiscal communautaire », Presses Universitaires de France, Collection droit fondamental, 1988, 410 pp.
BOULLANGER Hervé, « La criminalité économique en Europe », Presses universitaires de France, Collection criminalité internationale, 2002, 255 pp.
BOULOUIS Jean, « Droit communautaire et droit français », Editions La mémoire du droit, 1999, 380 pp.
BOULOUIS Jean, **CHEVALLIER** Roger-Michel, « Grands arrêts de la Cour de justice des Communautés européennes tome 2 : libre circulation des marchandises, des personnes, des services et des capitaux, concurrence, dispositions fiscales, agriculture, transports, politiques économiques, commerciale, sociale », Dalloz, 5ème édition, 2002, 748 pp.
BOUTIN Michel Pierre, « Guide fiscal international », Editions ESKA, 1991, 849 pp.
CACHARD Olivier, « La régulation internationale du marché électronique », LGDJ, Bibliothèque de droit privé, 2002, 488 pp.
CARTOU Louis, **CLERGERIE** Jean-Louis, **RAMBAUD** Annie, « L'Union européenne », Dalloz, 6ème édition, 2006, 905 pp.
CARTOU Louis, « Droit fiscal international et européen », Dalloz, 2ème édition, 1986, 321 pp.
CASTAGNEDE Bernard, « Précis de fiscalité internationale », Presses universitaires de France, Collection fiscalité, 3ème édition, 2010, 576 pp.
COMMUNIER Jean-Michel, « Droit fiscal communautaire » Editions Bruylant, Bruxelles, 2001, 555 pp.
COOPER & LYBRAND EUROPE, " EC initiatives in direct taxation and the national responses"; Kluwer law and taxation publishers, Deventer, 1992.
CONAN Matthieu, **ISRAEL** Hervé, « Optimisation fiscale des activités internationales et européennes », Editions TISSOT, 2000, 237 pp.
DECOCQ André, « Droit européen des affaires », LGDJ, 2003, 537 pp.
DELIGNIERES Bernard, « Droit fiscal international français : impôt sur les sociétés en l'absence de conventions », Juris classeur droit international, fascicule 305.
DEROUIN Philippe, **MARTIN** Philippe, « Droit communautaire et fiscalité : sélection d'arrêts et de décisions », Litec fiscal, 2008, 1011 pp.
DI MALTA Pierre, « Droit fiscal européen comparé », Presses Universitaires de France, collection droit fondamental, 1995, 549 pp.
DOUVIER Pierre-Jean, « Droit fiscal dans les relations internationales », Editions Pedone, Etudes internationales, n° 8, 1996, 655 pp.
DUCCINI Roger, « Stratégie fiscale des contrats internationaux », Litec fiscal, 2006, 373 pp.
Editions Francis Lefebvre, "Paradis fiscaux et opérations internationales", 4ème édition juillet 2005, 539 pp.
GASSNER Wolfang, **LANG** Michaël et **LECHNER** Eduard, "Tax treaty and EC law", Kluwer law International, Series on International Taxation, n° 16, 1997, Boston, 271 pp.
GAUTRON Jean-Claude, « Droit européen », Dalloz, 12ème édition, 2006, 308 pp.
GEST Guy, **TIXIER** Gilbert, « Droit fiscal international », Presses Universitaires de France, Collection droit fondamental, 2ème édition, 1990, 611 pp.
GOUTHIERE Bruno, « Les impôts dans les affaires internationales », Editions Francis LEFEBVRE, 8ème édition, 2010, 1150 pp.
HECKLY Christophe, « Fiscalité et mondialisation », LGDJ, Collection systèmes, 2006, 154 pp.

HINNEKENS Luc, **HINNEKENS** Philip, “A Vision of Taxes within and outside European Borders, Festschrift in honor of Pr. Dr. Frans Vanistandael”, Kluwer Law International, 2008, 1006 pp.
JARNEVIC Jean-Pierre, « Droit fiscal international », Economica, Collection Finances Publiques, 1985, 273 pp.
LABOUZ Marie-Françoise, « Droit communautaire européen général », Editions Bruylant, Bruxelles, 2003, 374 pp.
LANG Michaël, **SCHUCH** Josef, **STARINGER** Claus, “ECJ Recent Developments in Direct Taxation 2007”, Wien, Linde Verlag, 2007, 264 pp.
LECOURT Benoît, « L’influence du droit communautaire sur la constitution de groupements », LGDJ, Bibliothèque de droit privé, tome 331, 2000, 567 pp.
LEGER Philippe, « Commentaires article par article des traits UE et CE », Editions Bruylant, Bruxelles, 2000, 2050 pp.
LEVINE Pierre, « La lutte contre l’évasion fiscale de caractère international en l’absence et en présence de conventions internationales », LGDJ, 1988, 480 pp.
Liber Amicorum Leif MUTEN, Kluwer Law International, Series on International Taxation, n° 21, 1999, 406 pp.
Liber Amicorum Sven-Olof LODIN, Kluwer Law International, Series on International Taxation, n° 27, 2001, 342 pp.
LOUIT Christian, « Le système fiscal français et la construction européenne », Presses universitaires d’Aix-Marseille, 1989, 169 pp.
MAITROT DE LA MOTTE Alexandre, « Souveraineté fiscale et construction communautaire », LGDJ, Bibliothèque de science financière, tome 44, 2005, 537 pp.
MELOT Nicolas, « Territorialité et mondialité de l’impôt: étude de l’imposition des bénéfices des sociétés de capitaux à la lumière des expériences françaises et américaines », Dalloz, Nouvelle Bibliothèque des Thèses, 2004, 954 pp.
MICHAUD Patrick, « Fiscalité internationale tome 1 : prévention, contrôle et répression de l’évasion fiscale », Editions Tec et doc LAVOISIER, 1982, 286 pp.
NGUYEN Phu Duc, « La fiscalité internationale des entreprises », Editions Masson, 1985, 425 pp.
PELLAS Jean-Raphaël, « Le vade mecum de la fiscalité internationale », Editions EMS, collection pratique d’entreprises, 2001, 222 pp.
PRODHOMME-SADOWSKY Marilyne, “Droit OMC, droit communautaire et fiscalité directe”, Thèse, Paris I, 2008, 619 pp, à paraître aux Editions Larcier.
RAINGEARD de la BLETIERE Emmanuel, « Les relations entre le droit communautaire et le droit fiscal international : nouvelles perspectives », Thèse, Paris I, 2008, 637 pp.
RASSAT Patrick, **LAMORLETTE** Thierry, **CAMELLI** Thibault, « Stratégies fiscales internationales », Maxima, 2010, 325 pp.
RENARD Geoffroy, « Les règles communautaires en matières d’aides d’Etat et la fiscalité », L’Harmattan, Collection entreprises et management, 2005, 178 pp.
SALUSTRO Edouard, « La fiscalité directe et la compétition européenne », Conseil économique et social, 1998, 124 pp.
SCHAPIRA Jean, **Le TALLEC** Georges, **BLAISE** Jean-Bernard, **IDOT** Laurence, « Droit européen des affaires », PUF, 1999, tome 2, 859 pp.
THOMAS Jérôme Nirmal, « Le contrôle fiscal des opérations internationales », L’Harmattan, collection Finances Publiques, 2004, 395 pp.

TIRARD Jean-Marc, « La fiscalité des sociétés dans l'Union européenne », Groupe Revue Fiduciaire, 7ème édition, 2006, 808 pp.
TIXIER Gilbert, « Droit fiscal international », Presses Universitaires de France, Collection « que sais-je ? », 2ème édition, 1995, 127 pp.
TEIXEIRA Gloria, "Taxing Corporate profits in the EU: A comparative study of the Portuguese, British and Dutch Systems", Kluwer law International, Series on International Taxation, n° 17, Londres, Boston, 1997, 320 pp.
TERRA Ben J.M. et **WATTEL** Peter Jacob, "European Tax law", Kluwer law International, 5th Edition, 2008, 862 pp.
de WOLF Michel, « Souveraineté fiscale et principe de non discrimination dans la jurisprudence de la CJCE et de la Cour suprême des Etats Unis », Editions Bruylant, Bruxelles, 2005, 500 pp.
WEBER Dennis, "The Influence of European Law on Direct Taxation", Kluwer Law International, EUCOTAX Series on European Taxation, vol. 16, 2005, 291 pp.

Articles

ADDA Marco, "The proposal of Implementation of IFRS to SMEs: a Further Tool for Positive Integration of Corporate Income Taxation in the Internal Market?", *Intertax*, 2008, vol. 36, Issue 6/7, pp. 282-291.
ALLAND Denis, « De l'ordre juridique international », *Droit,* 2002, n° 35, pp. 79-101.
ARGINELLI Paolo, **GUSMEROLI** Michele, "The 2007 Leiden Alumni Forum on Recent and Pending Direct Taxation Cases before the European Court of Justice", *Intertax*, 2008, vol. 36, Issue 6/7, pp. 312-325.
BAUERREIS Jochen, « Transfert international de siège au regard du droit communautaire », Les Petites Affiches, n° 164, 17 août 2006, pp. 3-7.
BELTRAME Pierre, « La place du droit comparé dans la doctrine fiscale française », in actes de colloque sur la doctrine fiscale du 2 et 3 septembre 2005 organisé en hommage au professeur émérite Jacques GROSCLAUDE, Droit Fiscal, n° 24, 15 juin 2006, pp. 1180-1193.
BELTRAME Pierre, **MONTAGNIER** Gabriel, « L'influence de l'Union européenne sur la fiscalité française », *RFFP,* n° 68, décembre 1999, pp. 129-147.
BERGERES Maurice-Christian, « Droit communautaire et conventions fiscales internationales », *Droit Fiscal,* n° 19, 11 mai 2007, pp. 19-27.
BORGSMIDT Kirsten, « L'acquis communautaire en matière de droit fiscal: aperçu du droit fiscal communautaire et l'acquis jurisprudentiel dans le cadre du droit fiscal international », *Revue de Fiscalité Européenne et Droit International des Affaires,* n° 148, pp. 3-39.
BOUTELLIS Olivier, « Fiscalité du commerce électronique. De l'arrêt Lease Plan Luxembourg du 7 mai 1998 à la Communication 98/374 de la Commission des Communautés européennes », *Droit Fiscal,* n° 31-36/1998, pp. 1046-1050.
BURGIO Mario B., « Une avancée importante du droit fiscal européen : les textes adoptés et proposés en matière de fiscalité des entreprises en 1990 », *Revue de Fiscalité Européenne et Droit International des Affaires,* 1990/4, pp. 3-44.
BURGIO Mario B., « L'Union européenne et la fiscalité directe des entreprises », *RAE,* n° 2/95, pp. 20-29.

CASTAGNEDE Bernard, « Fiscalité internationale », *Droit Fiscal,* n° hors série, avril 2008, pp. 118-122.
CHERUY Christian, **DOUVIER** Pierre-Jean, « Les centres de coordination belges », *RAE,* n° 2/1995, pp. 67-85.
DELESALLE Eric, « Fiscalité et normes comptables internationales », *BF,* n° 04/2003, pp. 247-260.
FONTANA Renata, **TENORE** Mario, "Conference Report: The EU and Third Countries: Direct Taxation, 13–14 October 2006, Vienna", *Intertax* 2007, vol.35, Issue 10, pp. 589-597.
FONTANA Renata, "Direct Investments and Third Countries: Things are Finally Moving... in the Wrong Direction", *European Taxation,* October 2007, pp. 431-436.
FORTUIN Alexander, "The Influence of European Law on Direct Taxation - Recent and Future Developments", *European Taxation,* March 2007, pp. 144-148.
GESLIN Albane, « Le droit communautaire est-il transparent face à la doctrine administrative fiscale ? », *BF,* n° 08-09/2003, pp. 605-614.
GIBERT Bruno, « L'avenir du réseau conventionnel dans l'UE », *Les Petites Affiches,* n° 97, 15 mai 2002, pp. 10-16.
GOERGEN Robert, « La place de la convention en matière fiscale dans la communauté européenne », *RDAI,* 1985, n° 1, pp. 7-17.
GUTMANN Daniel, « Le juge fiscal et la loi étrangère » in *Liber Amicorum Cyril David,* LGDJ, 2005, pp. 191-205.
GUTMANN Daniel, « Fiscalité européenne », in *L'année fiscale,* 2006, pp. 265-279.
GUYON Yves, « La coordination communautaire du droit français des sociétés », *Revue trimestrielle de droit des sociétés,* n° 26, avril-juin 1990, pp. 241-252.
HINNEKENS Luc, "Compatibility of Bilateral Tax Treaties with European Community Law: The Rules", *ECTR,* 1994/4, pp. 146-166.
HINNEKENS Luc, "The Challenges of Applying VAT and Income Tax Territoriality Concepts and Rules to International Electronic Commerce", *Intertax*, 1998, vol. 26. Issue 2, pp. 52-56.
ISENBAERT Mathieu, "The Contemporary Meaning of 'Sovereignty' in the Supranational Context of the EC as Applied to the Income Case Law of the ECJ", *ECTR*, 2009/6, pp. 264-278.
LE GALL Jean-Pierre, « Internet : Cyber-fiscalité ou cyber-paradis fiscal ? », *JCP Editions E.*, n° 5, 29 janvier 1998, pp. 164-174.
LUJA Raymond H.C, "Tax Related Difficulties of State Aid Rules", EATLP, Helsinki Congress, 7-9 June 2007, Discussion Papers.
MALHERBE Jacques, **BERLIN** Dominique « Conventions fiscales bilatérales et droit communautaire », *RTDE,* n° 2, avril-juin 1995, pp. 245-272, et n°3, pp. 509-537.
MAUBLANC Jean-Pierre, « Fiscalité directe des sociétés : extension du droit communautaire au droit conventionnel et aux situations internes », *RMCUE,* n° 436, mars 2000, pp. 173-178.
MENJUCQ Michel, « L'Europe et le droit de l'entreprise », *JCP Editions E.,* n° 14-15, 5 avril 2007, pp. 34-38.
MIGNON Emmanuelle, « L'apport des juridictions communautaires et européennes au droit fiscal français », *Les Petites Affiches,* n° 97, 15 mai 2002, pp. 61-72.
MOLINIER Joël, « Les conventions fiscales internationales et le droit communautaire », *RFFP,* 1994, n° 48, pp. 233-241.

MONGIN Bernard, « La fiscalité directe et le droit communautaire », *Gazette du Palais,* 23 mai 1996, pp. 504-508.
MORTELMANS Kamiel, « The Common Market, the Internal Market, and the Single Market, what's in a Market?", *CMLR*, n° 2/1998, pp. 101-136.
OBHOF Thomas J., "Is a Closer Cooperation between the Organization of Economic Cooperation and Development (OECD) and the European Union (EU) Needed? A practical Approach to Real-World Tax Issues Converning the Eu and Beyond", *Intertax*, 2009, vol. 37, Issue 6/7, pp. 406-413.
d'ONORIO DI-MEO Eve, « Droit communautaire et fiscalisme français », *Droit et Patrimoine,* n° 127, juin 2004, pp. 58-66.
PANAYI HJI Christiana, "Recent Developments regarding the OECD Model Convention and EC Law", *European Taxation*, October 2007, pp. 452-465.
PISTONE Pasquale, "Workshop on Tax Treaties and European Law", European Commission, 5 juillet 2005, 5 pp.
RADLER Albert J., "Tax treaties and the Internal Market" (Annex 6) in Ruding Report, Brussels: commission of the European Community, 1992.
RAINGEARD de la BLETIERE Emmanuel, « Droit communautaire : chronique de l'année 2008 », *Droit Fiscal,* n° 9, 26 février 2009, pp. 60-69.
RUIZ Fernando M., « Convergence de l'impôt sur les sociétés dans l'union européenne », *Economie et prévision,* n° 173, 2006/2, pp. 79-96.
SACCHETTO Claudio, « L'influence de l'Union européenne sur la fiscalité italienne », *RFFP,* n° 68, décembre 1999, pp. 148-151.
SCHÖN Wolfgang, "International Accounting Standards -a 'Starting point' for a Common European Tax base?", Conférence de l'association européenne des professeurs en droit fiscal, juin 2004, 30 pp.
STEVENS L.G.M, "Corporate Income Tax in Europe: a Dutch Perspective", *ECTR*, 2002/3, pp. 104-111.
STEWART Kenneth, **WEBB** Michael, "International competition in corporate taxation : evidence from the OECD time series", *Economic Policy,* January 2006, pp. 155-187.
SZUDOCZKY Rita, "How Does the European Court of Justice Treat Precedents in Its Case Law? *Cartesio* and *Damseaux* from a different perspective: Part I", *Intertax*, 2009, vol. 37, Issue 6/7, pp. 346-362.
SZUDOCZKY Rita, "Vienna Conference on "The EU and Third States: Direct Taxation", *European Taxation,* February 2007, pp. 93-98.
SZUDOCZKY Rita, **VAN DE STEEK** Jan, "Revisiting the Dutch Interest Box under the EU State Aid Rules and the Code of Conduct: When a 'Disparity' Is Selective and Harmful", *Intertax,* 2010, Issue 5 pp. 260–280.
TENORE Mario, " Timing Issues Related to Changes in Treaty Residence or Source", *Intertax*, 2006, vol. 34, Issue 3, pp. 132-142.
TIXIER Gilbert, **LAMULLE** Thierry, « Sociétés immobilières étrangères et taxe de 3% », *Droit Fiscal,* n° 15/1991, pp. 652-656.
TIXIER Gilbert, **LAMULLE** Thierry, « Fiscalité internationale : impôt sur les sociétés », *Droit Fiscal,* n° 40/1994, Comm 1703.
VAN den HURK Hans, « The European Court of Justice knows its limits (A discussion inspired by the Gilly and ICI Case), *ECTR*, 1999/4, pp. 211-223.
VANISTENDAEL Frans, "Impact of European tax law on tax treaties with third countries", *ECTR,* 1999, pp. 163-170.

VERGES Alexandra C., « Commerce électronique : Une fiscalité à inventer », *Gazette du palais*, 23-25 mars 1997, pp. 11-12.
VIEGENER Johannes, « La réforme fiscale 2008 en Allemagne », *Droit Fiscal,* n° 49, 6 décembre 2007, pp. 7-17.
VAN HERKSEN Monique, "How the Arbitration Convention Lost its Lustre: the Threat of Triangular Cases", *Intertax*, 2008, Issue 8-9, pp. 332-345.
VAN THIEL S., **RATTRA** C., **MEER** M. "Corporate Income Taxation and the Internal Market without Frontiers: Adoption of the Merger and Parent-Subsidiary Directives", *European Taxation*, November 1990, pp. 326-333.
WALZ W. RAINER, « L'influence de l'Union européenne sur la fiscalité allemande » *RFFP,* n° 68, décembre 1999, pp. 152-158.
WANG Minyan, « Tax Jurisdiction in Electronic Commerce From the Perspective of Public International Law – A Particular Examination of Income Tax », *Intertax*, 2006, vol. 34, Issue 11, pp. 530-551.
WASSERMAYER Franz, " Does the EC Treaty Force the Member States to Conclude a Multilateral Tax Treaty?" in "Multilateral Tax Treaties, New Developments in International Tax Law", Series on International Taxation, n° 18, 1998, Linde, pp. 17-31.
WATHELET Melchior, "Direct taxation and EU-law: integration or disintegration?", *ECTR,* 2004/1, pp. 2-4.
WATHELET Melchior, **BONHOMME** Nathalie, « Les entraves fiscales et les conventions fiscales internationales dans la jurisprudence de la CJCE », *RJF*, n° 10/2009, pp. 722-733.
WATTEL Peter J., "Corporate tax jurisdiction in the EU with respect to branches and subsidiaries; dislocation distinguished from discrimination and disparity; a plea for territoriality", *ECTR,* 2003/4, pp. 194-202.
X « La fiscalité du commerce électronique (approche internationale) », *Revue de Fiscalité Européenne et Droit International des Affaires*, n° 1999/4, pp. 49-59.
X « La stratégie de la commission en matière de fiscalité des entreprises », *Revue de Fiscalité Européenne et Droit International des Affaires*, n° 2000/1, p. 57.
X « Les activités de l'Union européenne en 2000 en matière de fiscalité directe et indirecte », *Droit Fiscal,* n°15/2001, pp. 624-629.
X « Territorialité fiscale et compétitivité européenne. Compte-rendu de la soirée d'étude de l'IFA du 19 octobre 2004 », *Droit Fiscal,* n° 42/2005, pp. 1619-1628.

Textes et rapports

UNION EUROPÉENNE :

Commission des Communautés européennes , « Rapport du comité de réflexion des experts indépendants sur la fiscalité des entreprises », (rapport Ruding), 1992, 500 pp.
Conseil, 1er décembre 1997, conclusions du Conseil ECOFIN du 1er décembre 1997 en matière de politique fiscale, JOCE du 6 janvier 1998, C 2/1.
Conseil, 23 novembre 1999, Rapport du groupe « Code de conduite » (fiscalité des entreprises) au Conseil ECOFIN du 29 novembre 1999, SN 4901/99.
Commission européenne, « La politique fiscale dans l'Union européenne », 2000.

Commission européenne, Communication de la Commission au Conseil, au Parlement européen et au Comité économique et social européen, 23 mai 2001, « Politique fiscale de l'Union européenne – Priorités pour les prochaines années », COM (2001) 260.
Parlement européen, Conseil européen, Règlement (CE), 19 juillet 2002, n° 1606/2002 du sur l'application des normes comptables internationales.
European Commission, 17 septembre 2003, «A Constitution for Union ; Opinion of the Commission, pursuant to Article 48 of the Treaty on European Union, on the Conference of representatives of the Member States' governments convened to revise treaties", COM (2003) 548 final, 24 pp.
Commission européenne, 24 novembre 2003 « Un marché intérieur sans obstacles liés à la fiscalité des entreprises : réalisations, initiatives en cours et défis restants », COM (2003) 726.
Commission européenne, 30 septembre 2004, « La fiscalité des entreprises dans le marché intérieur », SEC (2001) 1681, 478 pp.
Commission européenne, « Droit communautaire et conventions fiscales », Groupes d'expert du 5 juillet 2005, TAXUD E1/FR Doc (05) 2306, 22 pp.
Commission européenne, Communication de la Commission au Conseil, au Parlement Européen et au Comité Économique et Social Européen, 28 avril 2009 , « Encourager la bonne gouvernance dans le domaine fiscal », COM (2009) 201 final.
Conseil européen, 16 mars 2010, directive 2010/24/UE concernant l'assistance mutuelle en matière de recouvrement des créances relatives aux taxes, impôts, droits et autres mesures, JO L 84 du 31 mars, pp. 1-12.

NATIONS UNIES :

Secrétariat, Groupe spécial d'experts de la coopération internationale en matière fiscale Dixième session, « Le commerce électronique : une gageure pour l'administration fiscale », Genève, 9 mai 2001, ST/SG/AC.8/2001/L.4, 21 pp.

OCDE :

OCDE , « Concurrence fiscale dommageable : un problème mondial », Paris, 1998, 82 pp.

Arrêts, notes, conclusions

Arrêts de la Cour de justice de l'Union

CJCE, 16 décembre 1960, aff. C-6/60, *Jean. E. Humblet*, Rec. p. 01125.
CJCE, 23 septembre 2003, aff. C-452/01, *Ospelt et Schlössle Weissenberg*, Rec. p. I-9743.
CJCE, 12 juillet 2005, aff. C-406/03, *Schempp*, Rec. p. I-6421, conclusions Geelhoed du 27 janvier 2005.

III Ouvrages et articles concernant l'entreprise, les sociétés et les établissements stables

Ouvrages

ARNOLD Hans, « Succursales et filiales dans le marché Commun : problèmes juridiques et fiscaux » ; Etudes réalisées sous l'égide de l'association européenne d'études juridiques et fiscales, Dalloz et Sirey, Collection Eurolibri n° 15, 1963, 180 pp.
BARUCHEL Nathalie, « La personnalité morale en droit privé : Eléments pour une théorie », LGDJ, Bibliothèque de droit privé, tome 410, 2004, 436 pp.
BAUDRY Bernard, **DUBRION** Benjamin, « Analyses et transformations de la firme », Editions La Découverte, Collection Recherche, Paris, 2009, 375 pp.
CORIA Benjamin, **WEINSTEIN** Olivier, "Les nouvelles théories de l'entreprise", Le Livre de Poche, 1995, 218 pp.
CYERT Richard M., **MARCH** James G., "A Behaviour Theory of the Firm", Blackwell Publishers, 2nde Edition, 1992, 252 pp.
Editions LAMY, « Droit de l'entreprise », LAMY 2006/2007, 3055 pp.
GABRIE Hubert, **JACQUIER** Jean-Louis, « La théorie moderne de l'entreprise, l'approche institutionnelle », Economica, collection gestion, 1994, 329 pp.
J. HOPT Klaus, **MENJUCQ** Michel, **WYMEERSCH** Eddy, « La société européenne », Dalloz, 2003, 276 pp.
IFA, Cahiers de droit fiscal international, « Is there a permanent establishment? », vol. 94 a, 2009, 747 pp.
MANDELBAUM Jean-Florent, « La double imposition de succursales à l'étranger, la fiction bilantielle de l'établissement stable », Editions l'Harmattan, collection entreprises et management, novembre 2007, 193 pp.
Mélanges en l'honneur de Claude CHAMPAUD, « Le droit de l'entreprise dans ses relations externes à la fin du XX ème siècle », Dalloz, 1997, 580 pp.
MENJUCQ Michel, « La mobilité des sociétés dans l'espace européen », LGDJ, Bibliothèque de droit privé, tome 285, 1997, 478 pp.
PAILLUSSEAU Jean, **CAUSSAIN** Jean-Jacques, **LAZARSKI** Henry, **PEYRAMAURE** Philippe, « Cessions d'entreprise », Dalloz, Collection Droit de l'entreprise, 4ème édition, 1999, 651 pp.
SKAAR Arvid A., " Permanent establishment. Erosion of a Tax Treaty Principle", Kluwer law International, Series on International Taxation, n° 13, 1991, Deventer, Boston, 654 pp.
TROCHON, Jean-Yves, **VINCKE** François, « L'entreprise face à la mondialisation : opportunités et risques », Editions Bruylant, Bruxelles, 2006, 376 pp.
VANDEKERCKHOVE Karen, « Piercing the Corporate Veil », Kluwer Law International, 2007, 765 pp.
WILLIAMSON Oliver E., **WINTER** Sydney G., "The Nature of the Firm: Origins, Evolution and Development", Oxford University Press, 1991, 256 pp.

Articles

AARNIO Katri, "Treatment of permanent establishments and subsidiaries under EC law: towards a uniform concept of secondary establishment in European tax law?", *ECTR,* 2006/1, pp. 18-26.
ADDA Marco, "Can a Permanent Establishment Be a "Legitimate Heir" in a Domestic Consolidated Tax Regime", *European Taxation*, May 2008, pp. 238-244.
ANIDO Caamaño, **CARRERO** Calderón, "Accounting, the permanent establishment and EC law: the *Futura Participations* case", *ECTR,* 1999/1, pp. 24-38.
ARGINELLI Paolo, "The Discriminatory Taxation of Permanent Establishments by the Host State in the European Union: a Too Much Separate Entity Approach", *Intertax,* 2007, Issue 2, pp. 82-116.
AVERY JONES John F., **WARD** David A, "Agents as permanent Establishments under the OECD Model Tax Convention", *BTR,* 1993, n° 341, p. 162.
BALCO Tomas, "Definition of Permanent Establishment Extended To Cover Explicitly an Agency Permanent Establishment", *European Taxation,* June 2006, pp. 283-284.
BERNUT POUILLET Axelle, « Succursales françaises : responsabilités respectives du gérant et de la maison mère », *RDAI,* n° 3/2000, pp. 281-300.
BIENAYME Alain, « L'entreprise après Ronald Coase et Oliver Williamson », *Analyses de la SEDEIS*, n° 110, mars 1996, pp. 29-31.
BLANLUET Gauthier, « Le commissionnaire, un établissement stable du commettant ? », *Droit Fiscal*, n° 3, 21 janvier 2010, pp. 10-14.
BLANLUET Gauthier, « L'arrêt Zimmer : une victoire du droit au service d'une plus grande sécurité juridique », *Droit Fiscal*, n° 16, 22 avril 2010, pp. 3-4.
BOUTELLIS Olivier, « L'avenir de la notion d'établissement stable à l'ère de l'entreprise virtuelle : évolution ou révolution ? », *Les Petites Affiches,* 20 janvier 1999, pp. 25-31.
BÜNNING Martin, "Germany: Use of Partnership and Other Hybrid Instruments in Cross-Border Transactions", *Intertax,* 2003, vol.31, pp. 401-409.
CACCIAPUOTI Emilio, "Private Equity Funds, Permanent Establishments and Italian Operations", *European Taxation,* April 2007, pp. 168-176.
CAMACHO PALMA Rui, "Withholding Tax Issues between Permanent Establishments and Head Offices: International and Portuguese Perspectives", *European Taxation,* August 2008, pp. 426-434.
CHAULIN Vincent, « Les limites de la translucidité des sociétés de personnes françaises à l'international », *Droit Fiscal,* n° 46, 13 novembre 2008, pp. 3-4.
COZIAN Maurice, « Le régime fiscal des sociétés de personnes (sociétés dites semi-transparentes) », *Revue des sociétés*, avril-juin 1980, pp. 217-231.
De L'ESTOILE CAMPI Agnès, **SAIAC** Julien, « Les limited partnerships : pour la fin de l'exception française », *BF*, n° 02/2005, pp. 91-95.
D'Hoir-LAUPRETRE Catherine, « L'EIRL, un patrimoine affecté voué à… une désaffection certaine ! », *Les Petites Affiches*, 14 janvier 2011, n° 10, pp. 3-8.
DIBOUT Patrick, **LE GALL** Jean-Pierre, « Un hybride atypique : la filiale française établissement stable de sa société mère étrangère », *Droit Fiscal,* n° 47/2004, pp. 1662-1669 et 48/2004, pp. 1699-1703.
DONSIMONI Patrick, « L'affaire Interhome AG ou le risque de qualification d'une filiale en établissement stable », in *L'année fiscale,* 2004, pp. 293-300.

DOURADO Ana Paula, “From the Saint-Gobain to the Metallgesellschaft Case: scope of non-discrimination of permanent establishments in the EC Treaty and the Most-Favoured-Nation Clause in EC Member States Tax Treaties”, *ECTR,* 2002/3, pp. 147-156.

DOUVIER Pierre-Jean, « Résidence de l’entreprise : l’établissement stable et la résidence des sociétés dans l’UE », *Les Petites Affiches,* n° 97, 15 mai 2002, pp. 30-34.

DUBOST Sabine, « Régime fiscal de l’EIRL : une EURL sans personnalité », *Les Nouvelles Fiscales*, n° 1065, 1er avril 2011, pp. 4-7.

FIBBE G.K., “The different translations of the term “company” in the Merger Directive and the Parent-Subsidiary Directive: a Babylonian confusion of tongues?”, *ECTR*, 2006/2, pp. 95-102.

FOUQUET Olivier, « Les sociétés étrangères transparentes et le droit fiscal français », *Revue administrative,* n° 315/2000, p. 264.

FOUQUET Olivier, « Peut-on distinguer la résidence et la nationalité des sociétés? », *RTD com.*, 2011, p. 819.

GELIN Stéphane, « Du nouveau sur le régime fiscal du commissionnaire ? », *FR,* n° 25/07, pp. 11-12.

GELIN Stéphane, **LE BOULANGER** Arnaud, « Etablissements stables : vers de nouvelles règles d’imposition ? », *Option Finance,* n° 801, 27 septembre 2004, pp. 24-26.

GELIN Stéphane, **GUTMANN** Daniel, « Les nombreuses faces cachées de l’arrêt Zimmer », *Option Finance*, n° 1073, 19 avril 2010, pp. 24-25.

GELIN Stéphane, **GUTMANN** Daniel, **AUSTRY** Stéphane, « Commissionnaire et établissement stable : lumières et zones d’ombre de la décision Zimmer », *RJF*, n° 06/2010, pp. 451-456.

GIBIRILA Deen, « L’entreprise individuelle à responsabilité limitée après les textes de décembre 2010 », *Joly sociétés*, 1er mars 2011, n° 3, pp. 234-252.

GIMONPREZ Benoît, « Pour une responsabilité des sociétés mères du fait de leurs filiales », *Revue des sociétés*, 2009, pp. 715-733.

GOUTHIERE Bruno, « Fiscalité internationale des sociétés de personnes : où en est-on ? », *BF,* n° 07/2003, pp. 495-504.

GUTMANN Daniel, “La requalification d'une filiale en établissement stable par l'arrêt *Sté Interhome AG* : une solution contraire au droit communautaire ? », *Revue des sociétés*, 2004, pp. 385-393.

GUTMANN Daniel, « La filiale commissionnaire : un établissement stable ? », in Etudes de fiscalité des entreprises : Etudes à la mémoire du Professeur Maurice COZIAN, Litec, 2009, pp. 537-552.

HAYAT Mirko, « Imposition des transferts d'actifs et des bénéfices: où en est la société européenne? », *Droit Fiscal,* n° 24, 12 juin 2008, pp. 9-15.

IDOT Laurence, « La notion d’entreprise », *Revue des sociétés,* 2001, pp. 191-209.

INNAMORATO Caterina, “The Concept of a Permanent Establishment within a Group of Multinational Enterprises”, *European Taxation*, February 2008, pp. 81-84.

JULIEN-SAINT AMAND Luc, « Le (futur) rôle de la société européenne dans le monde des affaires en France et en Allemagne », *Les Petites Affiches,* n° 164, 17 août 2006, pp. 43-47.

LAMARCHE Thierry, « La notion d’entreprise », *RTD com.,* octobre-décembre 2006, pp. 709-732.

LANDMANN Stéphane, « Une société commerciale n'est pas génétiquement lucrative », *Les Nouvelles Fiscales*, 1er juin 2010, pp. 4-7.
LAUSSEL Didier, **Le BRETON** Michel, "A general equilibrium theory of firm formation based on individual unobservable skills", *European Economic Review*, vol. 39, August 1995, pp. 1303-1319.
LE GALL Jean-Pierre, « Fiscalité internationale des sociétés de personnes : l'arrêt DIEBOLD : un incident ou un cataclysme ? », *Droit Fiscal,* n°15/2000, pp. 621-627.
LE GALL Jean-Pierre, « Can a subsidiary be the permanent establishment of its foreign parent company ? », *Tax Law Review*, n° 3/2007, pp. 179-213.
LE GALL Jean-Pierre, « Assujettissement à l'impôt français sur les sociétés d'une société civile monégasque », *RTD com.*, janvier-mars 2007, pp. 254-258.
LE GALL Jean-Pierre, « Etablissement stable. Contrat de commission », *RTD com.*, octobre-décembre 2007, pp. 853-855.
LIBCHABER Rémy, **MOLFESSIS** Nicolas, « Sources du droit en droit interne : Réalité ou fiction ? Une nouvelle querelle de la personnalité est pour demain », *RTD civ.*, 2003, pp. 166-172.
LODIN Sven-Olof, **GAMMIE** Malcolm, « The Taxation of the European Company », *European Taxation*, August 1999, pp. 286-294.
MATHEY Nicolas, « Les droits et libertés fondamentaux des personnes morales de droit privé », *RTD Civ.*, avril-juin 2008, pp. 205-228.
MERVILLE Anne-Dominique, **DEMALDENT** Juliette, « L'utilisation frauduleuse de la personne morale », *Les Petites Affiches*, n° 81, 23 avril 2009, pp. 3-11.
MESSECA Jacques, **CHAUMONT** Joris, « Le rescrit fiscal étendu aux établissements stables », *Option Finance,* n° 877, 3 avril 2006, p. 31.
MIGNON Emmanuelle, « Fiscalité internationale des sociétés de personnes : la transparence n'est pas le vide », *RJF,* n° 12/1999, pp. 931-937.
OLLEON Laurent, « Une filiale peut cacher un établissement stable », *RJF,* n° 10/2003, pp. 751-754.
PANAYI HJI Christiana, "Agency Permanent Establishments in Securitization Transactions", *Intertax,* 2005 ,vol. 33, Issue 4, pp. 286-296.
PERROTIN Frédérique, « Le statut du commissionnaire dans la ligne de mire du juge administratif », *Les Petites Affiches*, 10 décembre 2007, pp. 3-4.
PITELIS Christos, "On Transaction Costs Economics and the Nature of the Firm", *Economie Appliquée*, tome 46, n° 3, 1994, pp. 109-130.
RIVIERE Elisabeth, **ESCAUT** Pierre, **BONNEAUD** Eric, « Un commissionnaire n'est pas un établissement stable du commettant », *Droit Fiscal*, n° 16, 22 avril 2010, pp. 33-45.
RUSSO Raffaele, "Partnerships and Other Hybrid Entities and the EC Corporate Direct Tax Directives", *European Taxation,* October 2006, pp. 478-486.
RUST Alexander, "Situs Principle v. Permanent Establishment Principle in International Tax Law", *Bulletin for International Taxation*, January 2002, pp. 15-18.
SAINTOURENS Bernard, « Siège social », Répertoire des sociétés Dalloz, pp. 1-15.
SILBERZTEIN Caroline, **GABET** Maïté, **CHARLES-PERONNE** Delphine, « L'évolution de la notion d'établissement stable. Compte-rendu de la conférence annuelle 'les enjeux fiscaux de demain'», *Droit Fiscal,* n° 37, 15 septembre 2005, pp. 1377-1380.

SKAAR Arvid A, « Erosion of the Concept of Permanent Establishment : Electronic Commerce », in Liber Amicorum Leif Muten, Kluwer Law International, Series on International Taxation, n° 21, 1999, pp. 307-320.
TENORE Mario, "The Transfer of Assets from a Permanent Establishment to its General Enterprise in the Light of European Tax Law", *Intertax,* 2006, Issue 8-9, pp. 386-392.
TRUTALLI Federico, « What's going on in... Italy Independant Legal Entities or Permanent Establishments ? Recent Court Decisions and Anticipated Changes in the Law », *European Taxation*, August 2002, pp. 364-370.
TSIRIKOS Michail, "The Permanent Establishment Concept and the Taxation of Business Profits under Greece's Double Tax Conventions", *Intertax,* 2001, vol.29, Issue 1, pp. 36-51.
VAN RAAD Kees, "The Term 'Enterprise' in the Model Double Taxation Conventions-Seventy Years of Confusion", *Intertax*, 1994, Issue 11, pp. 491-504.
DE WAAL Allard, « Transparence, translucidité, théorie de la dette de l'impôt. Les différents visages de la société de personnes et leurs conséquences dans l'ordre fiscal international », *Droit Fiscal,* n°45-46/1994, pp. 1624-1629.
DE WAAL Allard, « De l'inégalité de traitement entre succursales et filiales », *RDAI,* n° 5/1997, pp. 631-652.
DE WAAL Allard, « Filialisation d'une succursale française par une société européenne: la loi de Finances pour 2000 légalise une doctrine contestable », *Droit Fiscal*, n° 8/2000, pp. 367-371.
WATHELET Melchior, « Filiale ou succursale à l'étranger : le choix est-il encore neutre sur le plan fiscal ? », *Option Finance*, n° 1076, 10 mai 2010, pp. 24-25.
WESTER-OUISSE Véronique, « Dérives anthropomorphiques de la personnalité morale: ascendance et influence », *JCP Editions G.*, n° 16/17, 15 avril 2009, pp. 13-17.
X « Réflexions sur la notion de « siège de direction effective » », *Revue de Fiscalité Européenne et Droit International des Affaires,* n° 148, p. 41.
X "Notion d'entreprise au sens du droit de la concurrence communautaire: variations autour de son activité économique", *Les Petites Affiches*, n° 100, 18 mai 2007, p. 4.

<u>Textes et rapports</u>

UNION EUROPÉENNE :

Conseil, règlement n° 2157/2001, relatif au statut de la société européenne (SE) du 8 octobre 2001, JO L 294 du 10 novembre 2001, pp. 1-21.
Conseil, Règlement n° 1435/2003 relatif au statut de la société coopérative européenne (SEC) du 22 juillet 2003, JO L 207 du 18 août 2003, pp. 1-24.

OECE :

OECE, Rapport du groupe de travail n° 1 sur la notion d'établissement stable , WP/1 (56) 1 du 17 septembre 1956.
OECE, 5 janvier 1957, Groupe de travail n°1 du Comité Fiscal, FC/WP 1 (57) 1, Rapport sur la notion d'établissement stable.

OCDE :

OCDE, « L'application du modèle de convention fiscale de l'OCDE aux sociétés de personnes » n°6, Paris, 1999.

Arrêts, notes, conclusions

TALY Michel, note sous l'arrêt SA Guerlain, *Droit Fiscal*, n° 18/2008, Comm 302.
DIBOUT Patrick, note sous les arrêts CE, 31 juillet 2009, n° 30381 et 297933, 3ème et 8ème sous-sections, Min. c/ Sté Swiss International Air Lines AG, *Droit Fiscal*, n° 50, 10 décembre 2009, pp. 35-40.

Arrêts du Conseil d'Etat, des Cours administratives d'appel et des Tribunaux administratifs

CE, 19 décembre 1975, n° 84774-91895, *X.*
CE, 30 mars 1987, Plénière, n° 52754, *SA Labo Industries*, Recueil Lebon, pp.114-115, *RJF*, n° 05/1987, n° 489.
CE, 4 avril 1997, 9ème et 8ème sous-sections, n° 144211, *Société Kingroup*, Recueil Lebon, pp. 133-134.
CE, 13 octobre 1999, 8ème et 9ème sous-sections, n° 191191, *SA Diebold Courtage*, Recueil Lebon, pp. 308-309, *RJF*, n° 12/1999, n° 1492.
CE, 9 février 2000, 8ème et 9ème sous-sections, n° 178389, *Société Hubertus AG*, Recueil Lebon, p. 43.
CE, 30 janvier 2001, n° 199543, *SA Bank Polska*, RJF, n°04/2001, n° 489.
CE, 1er octobre 2001, n° 214463, *de Solages*, *RJF*, n° 12/2001, n° 1588.
CE, 27 mai 2002, 9ème et 10ème sous-sections, n° 125959, *Société Superseal Corporation*, Recueil Lebon, pp. 184-186, RJF, 08-09/2002, n° 900.
CE, 16 mai 2003, n° 222956, *Télécoise*, Recueil Lebon, pp. 227-228, *RJF*, n° 07/2003, n° 823.
CE, 5 avril 2006, 10ème et 9ème sous-sections, n° 281098, *Société Midex*, non publié au Recueil Lebon, *Droit fiscal*, n° 40/2006, pp. 1724-1728.
CE, 20 juin 2003, n° 224407, *Interhome AG*, Recueil Lebon, pp. 270-272.
CAA Paris, 2 février 2007, n°05-2361, *Zimmer Ltd*, non publié au Recueil Lebon.
CAA Paris, 12 décembre 2007, n° 05-3744, *Société SRI International*, non publié au Recueil Lebon, *RJF*, n° 05/2008, n° 541.
CAA Paris, 10 avril 2008, n° 06PA03686, *Société Quality Invest*, non publié au Recueil Lebon, *Droit Fiscal*, n° 41/2008, Comm 537.
CAA Paris, 10 avril 2008, n° 06-2638, *Sefrioui*, *RJF*, 2008, n° 1379.
CE, 11 avril 2008, 10ème et 9ème sous-sections, n° 281033, *SA Guerlain*, Recueil Lebon, pp. 166-167.
CE, 31 juillet 2009, n° 296471, *Société Overseas Thoroughbred Racing Stud Farms Ltd*, *RJF*, n° 11/2009, n° 979.
CE, 31 juillet 2009, n° 30381 et 297933, 3ème et 8ème sous-sections, *Min. c/ Sté Swiss International Air Lines AG*, *Droit Fiscal*, n° 50, 10 décembre 2009, p. 39.

CE, 7 septembre 2009, n° 308751, 8ème et 3ème sous-sections, *Sté Stamping International*, *Droit Fiscal*, n° 50, 10 décembre 2009, pp. 40-48.
CE, 12 mars 2010, n° 307235, *Sté Imagin'Action Luxembourg*, *RJF*, n° 05/2010, n° 465.
CE, 31 mars 2010, n° 304715, 308525, *Société Zimmer Ltd*, *RJF*, n° 06/2010, n° 568.
CAA Paris, 12 mai 2010, n° 08-5384, *SAS Beauté Créateurs*, *RJF*, n° 12/2010, n° 1147 .
CE, 11 juillet 2011, n° 317024, *Quality Invest*, *FR*, n° 31/11, p. 1.
CE, 13 juillet 2011, n° 313440, *Sté Standford Research Institute International*, *Droit Fiscal*, 29 septembre 2011, n° 529.

Arrêts de la Cour de justice de l'Union

CJCE, 28 janvier 1986, aff. C-270/83, *Commission contre République Française*, Rec. p. 273.
CJCE, 4 décembre 1986, aff. C-205/84, *Commission contre République Fédérale d'Allemagne*, Rec. p. 3755.
CJCE, 16 juin 1987, aff. C-118/85, *Commission contre République italienne*, *Rec. p. 2599.*
CJCE, 23 avril 1991, aff. C-41/90 *Klaus Höfner et Fritz Elser contre Macrotron GmbH,* Rec. p. I-01979.
CJCE, 25 juillet 1991, aff. C-221/89, The Queen c/ Secretary of State for Transport, ex parte Factortame Ltd et autres, Rec. p. I-3905.
CJCE, 13 juillet 1993, aff. C-330/91, *Commerzbank*, Rec. p. I-4017, conclusions Darmon du 17 mai 1993.
CJCE, 16 novembre 1995, aff. C-244/94, *Fédération française des sociétés d'assurance*, Rec. p. I-4013.
CJCE, 15 mai 1997 ; aff. C-250/95, *Futura Participations et Singer*, Rec. p. I-2471, conclusions Lenz du 5 novembre 1996.
CJCE, 9 mars 1999, aff. C-212/97, *Centros*, Rec. p. I-01459, conclusions La Pergola du 16 juillet 1998.
CJCE, 29 avril 1999, aff. C-311/97, *Royal Bank of Scotland*, Rec. p. I-2651, conclusions Alber du 19 novembre 1998.
CJCE, 21 septembre 1999, aff. C-307/97, *Saint Gobain Zn*, Rec. p. I-6161, conclusions Mischo du 2 mars 1999.
CJCE, 26 octobre 1999, aff. C-294/97, *Eurowings Luftverkhers AG*, Rec. p. I-7447, conclusions Mischo du 26 janvier 1999.
CJCE, 14 décembre 2000, aff. C-141/99, *AMID*, Rec. p. I-11619, conclusions Alber du 8 juin 2000.
CJCE, 23 février 2006, aff. C-253/03, *CLT-UFA*, Rec. p. I-1831, conclusions Léger du 14 avril 2005.
CJCE, 23 février 2006, aff. C-471/04, *Keller Holding GmbH*, Rec. p. I-2107.
CJUE, 15 avril 2010, aff. C-96/08, CIBA Speciality Chemicals Central and Eastern Europe Szolgáltató, Tanácsadó és Keresdedelmi kft (CIBA), Rec. p. I-2911, conclusions Sharpston du 17 décembre 2009.

IV Conventions fiscales

Ouvrages

ARNOLD Brian J., **SASSEVILLE** Jacques, **ZOLT** Eric, "The Taxation of Business Profits under Tax Treaties", Canadian Tax Foundation, 2003, 298 pp.
IFA, Cahiers de droit international « Interpretation of double tax conventions », vol. 78 a, 1993, 660 pp.
LANG Michaël, "Multilateral Tax Treaty : new developments in international tax law", Kluwer law International, Series on International Taxation, n° 18, 1998, Boston, 272 pp.
LANG Michaël, **PISTONE** Pasquale, **SCHUCH** Josef, "Source versus residence: problems arising from the allocation of taxing rights in tax treaty law and possible alternatives", Kluwer Law International, EUCOTAX Series on European Taxation, vol. 20, 2008, 361 pp.
Van RAAD Kees, « Non Discrimination in International Tax Law », Kluwer law International, Series on International Taxation, n° 6, Deventer, 1986, 304 pp.

Articles

ARNOLD Brian J., "Threshold Requirement for Taxing Business Profits Under Tax Treaties", in ARNOLD Brian J., SASSEVILLE Jacques, ZOLT Eric, "The Taxation of Business Profits under Tax Treaties", Canadian Tax Foundation, 2003, pp. 55-108.
ARNOLD Brian J., **SASSEVILLE** Jacques, « Source Rules for Taxing Business Profits under Tax Treaties », in ARNOLD Brian J., SASSEVILLE Jacques, ZOLT Eric, "The Taxation of Business Profits under Tax Treaties", Canadian Tax Foundation, 2003, pp. 109-131.
ARNOLD Brian J., "At Sixes and Sevens: The Relationship between the Taxation of Business Profits and Income from Immovable Property under Tax Treaties", *Bulletin for International Taxation*, n° 1/2006, pp. 5-18.
AUSTRY Stéphane, **GUTMANN** Daniel, « Incidence de la jurisprudence Schneider Electric », *FR, n°* 53/07, pp. 11-14.
AUSTRY Stéphane, **GELIN** Stéphane, **SOREL** David, "Les clauses de bénéficiaire effectif ont-elles un effet utile?", *RJF*, n° 12/2008, pp. 1097-1103.
AUSTRY Stéphane, « Clause-balais et sociétés de personnes », *FR*, n° 30/09, pp. 15-18.
BERGERES Maurice-Christian, « Le principe de subsidiarité des conventions fiscales internationales », *Droit Fiscal,* n° 36, 8 septembre 2005, pp. 1328-1334.
BOUTEMY Bernard, **MEIER** Eric, « Conventions fiscales bilatérales au sein de l'Union européenne ou l'histoire d'une passation de pouvoir », *BF,* n° 01/2005, pp. 21-29.
COURT Jean-François, « La France et les conventions fiscales », *RDAI,* 1985, n° 1, pp. 31-77.
DAUMAS Vincent, « 'Subsidiarité' des conventions fiscales : un pragmatique retour à l'orthodoxie », *RJF*, n° 11/2009, pp. 819-824.
De GRAAF Arnaud, "Workshop on EC Law and Tax Treaties", European Commission, 5 juillet 2005, 1st panel-Tax Treaties between Member States", 4 pp.

DEROUIN Philippe, « Conventions internationales. L'application et l'interprétation des conventions fiscales internationales par les tribunaux français », *RJF*, n° 12/1979, pp. 402-408.
DEROUIN Philippe, « Différences de traitement fiscal résultant des conventions de double imposition entre Etats membres de l'Union européenne. Clause de la nation la plus favorisée (NPF) ou chalandage fiscal (treaty shopping) ? », *Droit Fiscal,* n° 30-35, 28 juillet 2005, pp. 1288-1302.
DOURADO Ana Paula, **GUTMANN** Daniel, **VOGEL** Klaus, "Tax treaties between Member States and Third States: 'reciprocity' in bilateral tax treaties and non-discrimination in EC law", *ECTR,* 2006/2 pp. 83-94.
GEST Guy, « La qualification des revenus réputés distribués au regard des conventions fiscales internationales. Commentaires de l'instruction administrative du 2 juillet 1991 (BOI 4 J-2-91) », *Droit Fiscal,* n° 48/1991, pp. 1713-1717.
GEST Guy, « « Les associés non-résidents de sociétés de personnes françaises peuvent-ils se prévaloir des conventions fiscales internationales ? », *RFC*, n° 07-08/1993, pp. 68-70.
GEST Guy, « L'affaire des crédits d'impôts brésiliens, ou les limites de l'interprétation littérale des conventions », *Droit Fiscal,* n° 50, 14 décembre 2006, pp. 2124-2133.
GOUTHIERE Bruno, « De la portée du principe de non discrimination inclus dans les conventions fiscales », *RDAI,* n° 2/1988, pp. 257-262.
GUTMANN Daniel, **DANON** Robert J., **SALOME** Hugues, « L'attribution du revenu en droit fiscal international. Point de vue franco-suisse sur l'arrêt société Schneider Electric du 28 juin 2002 », *RDAI,* n° 8/2002, pp. 911-922.
GUTMANN Daniel, « L'impact des conventions fiscales conclues avec les pays tiers à l'UE sur les conventions conclues entre Etats membres : Quelques réflexions sur les enjeux de l'arrêt D », *BF,* n° 04/2006, pp. 351-355.
HAMAEKERS Hubert, « Corporate Tax Policy and Competence of the European Community : An EC Tax Convention with Non-Member States », *European Taxation*, December 1990, pp. 358-361.
HINNEKENS Philip, "Non-discrimination article in OECD Model Convention needs fundamental review", *ECTR*, 2008/6, pp. 248-249.
HOFBAUER Ines, "Most-Favoured-Nation Clauses in Double Taxation Conventions – A Worldwide Overview", *Intertax*, 2005, vol. 33, Issue 10, pp. 445-453.
INNAMORATO Caterina, « Expedious Amendments to Double Tax Treaties based on the OECD Model », *Intertax*, 2008, vol. 36, Issue 3, pp. 98-124.
KEMMEREN Eric, "The termination of the 'Most favoured nation clause' dispute in tax treaty law and the necessity of a Euro Model Tax Convention", *ECTR*, 1997/3, pp. 146-152.
KEMMEREN Eric, "Renneberg Endangers the Double Tax Convention System or Can a Second Round Bring Recovery?", *ECTR*, 2009/1, pp. 4-15.
KOSTENSE H.E., "The Saint-Gobain case and the application of tax treaties. Evolution or revolution?", *ECTR,* 2000/4, pp. 220-232
LE GALL Jean-Pierre, « Les conventions fiscales en 1985 : à quoi servent-elles ? », *RDAI,* 1985, n° 1, pp. 3-6.
LEGENTIL Philippe, « Conventions fiscales : où est le principe de subsidiarité ? », *Option Finance,* n° 946, 10 septembre 2007, pp. 26-27.

MALHERBE Jacques, « La nouvelle convention fiscale entre Hong-Kong et la Belgique : point d'entrée des dividendes dans l'Union européenne », *Droit Fiscal,* n° 41, 13 octobre 2005, pp. 1577-1579.
NOUEL Christian, **REEB** Sonia, « L'article 209 B du CGI est incompatible avec les conventions fiscales ne réservant pas expressément son application ? », *Joly sociétés,* août-septembre 2002, pp. 901-907.
OLLEON Laurent, « Article 209 B et conventions fiscales : après les ténèbres, la lumière », *RJF,* n° 10/2002, pp. 755-759.
OLLEON Laurent, « Déductibilité des intérêts, traité de Rome et conventions fiscales », *RJF,* n° 03/2003, pp. 191-194.
PIJL Hans, "The Relationship Between Article 5, Paragraphs 1 and 3 of the OECD Model Convention", *Intertax*, 2005, vol. 33, Issue 4, pp. 189-193.
PIJL Hans, "The Zero-Sum Game, the Emperor's Beard and the Authorized OECD Approach", *European Taxation,* January 2006, pp. 29-35.
PIJL Hans, "The OECD Commentary as a Source of International Law and the Role of the Judiciary", *European Taxation*, May 2006, pp. 216-224.
PONS Thierry, **GRIGNARD** Marianne, « Interprétation des traités fiscaux et gains immobiliers réalisés par les sociétés : qui perd gagne ? », *Droit Fiscal,* n° 19, 11 mai 2006, pp. 921-925.
SACCARDO Nicola, "Art. 24(3) of the OECD Model Convention: The Significance of the Expression *Taxation on a Permanent Establishment* in Cross-border Reorganization" *Intertax,* 2003, vol. 31, Issues 8-9, pp. 271-280.
TUROT Jérôme, « Conventions internationales. Le juge fiscal et les clauses de non discrimination », *RJF,* n° 06/1990, pp. 391-396.
VAIL Morgan, **ZAHND** Maximilien, "La clause de Limitation on Benefit ou la lutte (efficace ?) contre le Treaty Shopping. Réflexions autour de l'avenant du 13 janvier 2009 de la convention fiscale franco-américaine », *Droit Fiscal*, n° 49, 3 décembre 2009, pp. 8-25.
VILLEMOT Dominique, « Qualité requise pour invoquer le bénéfice des conventions fiscales internationales à l'encontre de l'article 209 B du CGI », *Droit Fiscal,* n° 47/2001, pp. 1641-1645.
DE WAAL Allard, « L'imposition des sociétés étrangères et la clause de non discrimination », *Droit Fiscal,* n° 38/1998, pp. 1126-1133.
DE WAAL Allard, « De nouvelles limites à l'efficacité des conventions fiscales », *RDAI*, n° 1/1999, pp. 111-127.
WATTEL Peter J., **MARRES** O., "Characterization of Fictious Income under OECD-Pattern Tax Treaties", *European Taxation*, March 2003, pp. 66-79.

Textes et rapports

LEAGUE OF NATIONS:

Fiscal Committee, « Model bilateral conventions for the prevention of international double taxation and fiscal evasion, second regional Tax Conference" Mexico, July 1943.

NATIONS UNIES :

United Nations Model Double Taxation Convention between Developed and Developing Countries, 2001.
ONU, 20 juillet 2007, Commission du Droit international, cinquante-neuvième session, A/CN.4/L.719, « Clause de la Nation la Plus Favorisée », Rapport du groupe de travail.

OCDE :

OCDE, « Modèle de Convention Fiscale concernant le revenu et la fortune », Paris, juillet 2008, version abrégée, 458 pp.
OCDE, "Mise à jour 2010 du Modèle de Convention Fiscale", 22 juillet 2010, 103 pp.

MINISTERE DES FINANCES FRANCE :

Les notes bleues n° 78 –1996, « La France et les conventions fiscales internationales ».

Arrêts, notes, conclusions

SENERS François, « L'administration peut-elle refuser à un contribuable le bénéfice des stipulations d'une convention fiscale bilatérale si elle estime qu'il en a fait un usage abusif ?», conclusions sous arrêt CA 29 décembre 2006 Royal Bank of Scotland, *BDCF,* n° 3/2007, n° 33.

Arrêts du Conseil d'Etat, des Cours administratives d'appel et des Tribunaux administratifs

CE, 22 mai 1992, 8ème et 9ème sous-sections, n° 632166, *SPA Raffaela*, non publié au Recueil Lebon, *RJF*, n° 07/1992, n° 960.

V Libertés fondamentales, non-discrimination

Ouvrages

HERNU Rémy, **SOULIER** Gérard, « Principe d'égalité et principe de non-discrimination dans la jurisprudence de la Cour de Justice des Communautés Européennes », LGDJ, Bibliothèque de droit public, 2003, 555 pp.
WEBER Dennis, « Tax Avoidance and the EC Treaty Freedoms. A Study of the Limitations under European Law to the Prevention of Tax Avoidance», Kluwer Law International, EUCOTAX Series on European Taxation, vol. 11, 2005, 283 pp.

<u>Articles</u>

BENSOUSSAN Lauranne, « La sous-capitalisation à l'épreuve de la liberté d'établissement », *Les Nouvelles Fiscales,* n° 887, 1er mars 2003, pp. 4-5.
BERGER Vincent, « La jurisprudence de la Cour européenne des droits de l'Homme et le droit fiscal », *Droit Fiscal*, n° 24, 17 juin 2010, pp. 11-18.
BERGERES Maurice-Christian, « Une limite à la liberté d'établissement : la répartition équilibrée du pouvoir d'imposition », *Droit Fiscal,* n° 40, 4 octobre 2007, pp. 14-15.
CALDERON Jose, **BAEZ** Andrès, "The *Colombus Container Services* ECJ Case and Its Consequences: A Lost Opportunity to Shed Light on the Scope of the Non-Discrimination Principle", *Intertax*, 2009, vol. 37, Issue 4, pp. 212-222.
CENCERRADO Emilio, "Controlled foreign company and thin capitalization rules are not applicable in Spain to entities resident in the European Union", *ECTR,* 2004/3, pp. 102-110.
COLONNA d'ISTRIA Antoine, **DANIEL-MAYEUR** Vincent, « Répartition de la charge d'impôt sur les sociétés : la liberté est la règle », *FR*, n° 17/10, pp. 9-11.
CORDEWENER Axel, **REIMER** Ekkehart, « The Future of Most-Favoured-Nation Tratment in EC Tax Law –Did the ECJ pull the Emergency Brake without Real Need ?-, *European Taxation,* June 2006, pp. 239-249, July 2006, pp. 291-306.
CORDEWENER Axel, **KOFLER** Georg W., **SCHINDLER** Clemens Philipp, "Free Movement of Capital, Third Country Relationships and National Tax Law: An Emerging Issue before the ECJ", *European Taxation,* March 2007, pp. 107-119.
CORDEWENER Axel, "Free Movement of Capital Between EU Member States and Third Countries: How Far Has the Door Been Closed?", *ECTR*, 2009/6, pp. 260-263.
CORTEZ PIMENTEL M., " D'istorsion of the Common Market ? Analysis and Future Perspective of the MFN Clause Within EC Law", *Intertax,* 2006, vol. 34, Issue 10, pp. 485-501.
COUDERT Patrice, « La discrimination à rebours en droit communautaire : une analyse juridique du comportement discriminatoire des Etats membres d'un espace économique intégré », *Les Petites Affiches,* n° 166, 21 août 2006, pp. 8-13.
DEAK Daniel, « Outbound establishment revisited in *Cartesio* », *ECTR*, 2008/6, pp. 250-258.
De GRAAF Arnaud, **JANSSEN** Geert, "The implications of the judgement in the *D* case: the perspective of two believers", *ECTR*, 2005/4, pp. 173-189.
DELAUNAY Benoît, « L'évolution de la jurisprudence relative aux justifications des restrictions fiscales aux libertés communautaires », *Droit Fiscal,* n° 12-13, 19 mars 2009, pp. 10-16.
DIBOUT Patrick, « Liberté d'établissement, conventions fiscales et entreprises multinationales », *Droit Fiscal,* n° 11/2000, pp. 474-482.
DIBOUT Patrick, « Territorialité de l'impôt, répression de l'évasion fiscale et liberté d'établissement dans la communauté européenne », *Droit Fiscal,* n° 48/1998, pp. 1475-1483.
DOURADO Ana Paula, **PISTONE** Pasquale, " Looking Beyond Cartesio: Reconciliatory Interpretation as a Tool to Remove Tax Obstacles on the Exercise of the Primary Right of Establishment by Companies and Other Legal Entities", *Intertax*, 2009, vol. 37, Issue 6/7, pp. 342-345.

ENGLISCH Joachim, "Taxation of Cross-Border Dividends and EC Fundamental Freedoms" *Intertax,* 2010, Issue 4, pp. 197–221.

GRAU Romain, **VAIL** Morgan, « L'imposition à la sortie, un sujet toujours en voie de règlement dans les Etats membres de l'UE », *Droit Fiscal*, n° 51, 17 décembre 2009, pp. 24-26.

GUTMANN Daniel, **HINNEKENS** Luc, "The Lankhorst-Hohorst case. The ECJ finds German thin capitalization rules incompatible with freedom of establishment", *ECTR,* 2003/2, pp. 90-97.

GUTMANN Daniel, « Liberté d'établissement et transfert de siège », *FR*, n° 48/11, p. 9.

HINNEKENS Luc, "Non Discrimination in EC Income Tax Law: Painting in the colours of a Chameleon-Like Principle", *European Taxation*, September 1996, pp. 286-303.

HINNEKENS Luc, "The search for the framework conditions of the fundamental EC Treaty principles as applied by the European Court to Member States' direct taxation", *ECTR,* 2002/3, pp. 112-119.

JAZOTTES Gérard, « Le transfert de siège : statu quo ou revirement ? », *Joly sociétés*, octobre 2008, pp. 828-832.

KEELING Elizabeth, **SHIPWRIGHT** A., "Some Taxing Problems Concerning Non-Discrimination and the EC Treaty, *European Law Review,* December 1995, pp. 580-597.

KEMMEREN Eric, "ECJ should not unbundle integrated tax systems", *ECTR*, 2008/1, pp. 4-11.

KNOBBE-KEUK Brigitte, "ECJ bans Discrimination against Non-residents", *Intertax,* 1995, Issue 5, pp. 234-239.

KOFLER Georg W., **SCHINDLER** Clemens P., "Dancing with Me D: The ECJ's Denial of Most-Favoured-Nation Treatment in the 'D' case", *European Taxation,* December 2005, pp. 530-540.

KÖRNER Andreas, "The ECJ's Lankhorst Hohorst Judgement – Incompatibility of Thin Capitalizeation Rules with European Law and Further Consequences", *Intertax*, 2003, vol. 31, Issue 4, pp. 162-168.

KORNPROBST Emmanuel, « Droit communautaire : principe de la liberté d'établissement », *Droit Fiscal,* n°12/1994, Comm. 572.

KRUGER Hervé, « Liberté de circulation des capitaux contre sous-capitalisation… et plus si affinités ?… Les dispositifs anti-abus à la croisée des chemins. A propos de l'affaire LASERTEC pendante devant la CJCE », *Droit Fiscal,* n° 51, 22 décembre 2005, pp. 2002-2005.

LANG Michael, "Direct Taxation: Is the ECJ Heading in a New Direction?", *European Taxation,* September 2006, pp. 421-430.

LANG Michael, "Recent Case Law of the ECJ in Direct Taxation: Trends, Tensions and Contradictions", *ECTR*, 2009/3, pp. 98-113.

LEHNER Moris, "Limitation of the national power of taxation by the fundamental freedoms and non-discrimination clauses of the EC Treaty", *ECTR,* 2000/1, pp. 5-15.

LOUSSOUARN Yvon, « Le droit d'établissement des sociétés », *RTDE,* avril-juin 1990, pp. 229-239.

LUBY Monique, « Libre établissement des sociétés et fiscalité directe : un bilan contrasté », *Europe,* janvier 2002, pp. 5-9.

LYAL Richard, "Non-discrimination and direct tax law in Community law", *ECTR* 2003/2, pp. 68-74.
MAUBLANC-FERNANDEZ Lucienne, **MAUBLANC** Jean-Pierre, « Liberté d'établissement et interdiction des discriminations fondées sur la nationalité », *RMCUE,* n° 391, octobre 1995, pp. 525-527.
MAUBLANC Jean-Pierre, « Liberté d'établissement et fiscalité : la rigueur de la jurisprudence communautaire », *RMCUE,* n° 443, décembre 2000, pp. 703-706.
MEUSSEN Gerard T.K., "The Advocate General's Opinion in the "D" Case: Most-Favoured-Nation Treatment and the Free Movement of Capital", *European Taxation*, February 2005, pp. 52-55.
MEUSSEN Gerard T.K., "The Ritter-Coulais Case – A Wrong Decision in Principle by the ECJ", *European Taxation*, July 2006, pp. 335-338.
O'SHEA Tom, "The ECJ, the 'D' case, double tax conventions and most-favoured nations: comparability and reciprocity", *ECTR*, 2005/4, pp. 190-201.
O'SHEA Tom, "Freedom of establishment tax jurisprudence: Avoir Fiscal revisited", *ECTR*, 2008/6, pp. 259-275.
PANAYI HJI Christiana, « The Fundamental Freedoms and Third Countries : Recent Perspectives", *European Taxation,* November 2008, pp. 571-582.
PETERS Cees, **SNELLAARS** Margreet, "Non Discrimination and tax law: structure and comparison of the various non-discrimiantion clauses", *ECTR*, 2001/1, pp. 13-18.
PHILIP Patrick, **VANHOVE** Ludovic, « Le droit fiscal face aux libertés fondamentales du Traité de l'Union européenne », *Les Petites Affiches,* n° 7, 9 janvier 2004, pp. 4-9.
PISTONE Pasquale, "National Treatment for All Non-Resident EU Nationals: Looking Beyond the D Decision", *Intertax,* 2005, vol. 33, Issue 10, pp. 412-413.
SCHNEEWEISS Hermann, "Exit Taxation after *Cartesio* : The European Fundamental Freedom's Impact on Taxing Migrating Companies", *Intertax*, 2009, vol. 37, Issue 6-7, pp. 363-374.
SCHUCH Josef, « Most favoured nation clause in Tax Treaty law », *ECTR*, 1996/4, pp. 161-165.
SCHUCH Josef, "Critical notes on the European Court of Justice's D case decision on most-favoured-nation treatment under tax treaties", *ECTR*, 2006/1, pp. 6-9.
SEITZ Georg, "Notional income from the Cross-border Internal Transfer of Asset – Why the Amendments to the German Income Tax Act Violate the Freedom of Establishment", *Intertax*, 2008, vol. 36, Issue 2, pp. 44-74.
SMIT Daniel S., "The relationship between the free movement of capital and the other EC freedoms in third country relationships in the field of direct taxation: A question of exclusivity, parallelism or causality?", *ECTR*, 2007/6, pp. 252-282.
TEIXEIRA Gloria, « Tax Systems and Non-Discrimination in the European Union », *Intertax*, 2006, vol. 34, Issue 2, pp. 50-53.
TRACANELLI Christophe, « L'interaction entre les libertés économiques fondamentales du traité de Rome et les conventions fiscales bilatérales », *Revue de fiscalité européenne et droit international des affaires,* n° 136, pp. 3-42.
VAN den HURK Hans, **KORVING** Jasper, The 'D' Case against the Netherlands and the ECJ's Decision – Is there Still a Future for MFN Treatment?", *Bulletin For International Taxation,* August-September 2006, pp. 365-373.
VANISTENDAEL Frans, "The Compatibility of the basic economic freedoms with the sovereign national tax systems of the Member States", *ECTR,* 2003/3, pp. 136-143.

VANISTENDAEL Frans, "Does the ECJ have the power of interpretation to build a tax system compatible with the fundamental freedoms?", *ECTR*, 2008/2, pp. 52-66.
VAN RAAD Kees, "The Impact of the EC Treaty's Fundamental Freedom Provisions on EU Member States' Taxation in Border-crossing Situations – Current State of Affairs", *ECTR*, 1995/4, pp.190-201.
VAN THIEL Servaas, "A Slip of the European Court in the D case (C-376/03): Denial of the Most-Favoured-Nation Treatment because of Absence of Similarity?", *Intertax*, 2005, Issue 10, pp. 454-457.
VOGEL Klaus, "Problems of a Most-Favoured-Nation-Clause in Intra-EU Treaty Law", *ECTR*, 1995/4, pp. 264-265.
WATTEL Peter J., "The EC Court's attempt to reconcile the treaty freedoms with international Tax Law", *CMLR*, n° 33/1996, pp. 223-254.
WATTERS Mike, « A Tax Treaty for Europe ? Most-Favoured Nation and the Outcome of the *D* and *Bujara* Cases in the European Court of Justice", *European Taxation*, August 2005, pp. 347-351.
WEBER Dennis M.," Does the Verkooijen Case Need a Second Opinion?", *Intertax*, 8-9/1999, pp. 283-284.
WEBER Dennis M., "In Search of a (New) Equilibrium Between Tax Sovereignty and the Freedom of Movement Within the EC", *Intertax*, 2006, vol.34, Issue 12, pp. 585-616.
WEBER Dennis M., "Het Bosal Holding Case: Analysis and Critique", *ECTR*, 2003/4, pp. 220-230.
WEBER Dennis M., **SPIERTS** E., "The '*D* case': Most-Favoured-Nation Treatment and Compensation of Legal Costs before the European Court of Justice", *European Taxation*, February-March 2004, pp. 65-71.
WEBER Dennis M., "Most-Favoured-Nation Treatment under Tax Treaties Rejected in the European Community: Background and Anamysis of the *D* Case. A proposal to include a most-favoured-national clause in the EC Treaty", *Intertax*, 2005, Issue 10; pp. 429-444.
WEBER Dennis M., "Is the limitation of tax jurisdiction a restriction of the freedom of movement?", Paper for the annual conference of the European Association of Tax Law Professors in Helsinki 7-9 June 2007, 28 pp.
WOUTERS Jan, "The principle of non-discrimination in European Community law", *ECTR*, 1999/2, pp. 98-106.

<u>Arrêts, notes, conclusions</u>

Arrêts de la Cour de justice de l'Union :

CJCE, 12 février 1974, aff. C-152/73, *Sotgiu c/ Deutsche Bundespost*, Rec. p. 153.
CJCE, 6 octobre 1981, aff. C-246/80, *Broekmeulen*, Rec. p. 2311.
CJCE, 31 janvier 1984, aff. C-286/82, *Luisi et Carbone*, Rec. p.377.
CJCE, 18 février 1987, aff. C-98/86, *Mathot*, Rec. p. I-809.
CJCE, 27 septembre 1988 , aff. C-81/87, *Daily Mail*, Rec. p. 5483.
CJCE, 28 janvier 1992, aff. C-204/90, *Hanns-Martin Bachmann*, Rec. p. I-249, conclusions Mischo du 17 septembre 1991.

CJCE, 28 janvier 1992, aff. C-300/90, *Commission contre Royaume de Belgique*, Rec. p. I-305, conclusions Mischo du 17 septembre 1991.
CJCE, 5 octobre 1994, aff. C-381/93, *Commission contre France*, Rec. p. I-5145.
CJCE, 13 avril 2000, aff. C-251/98, *Baars*, Rec. p. I-2787, conclusions Alber du 14 octobre 1999.
CJCE, 6 juin 2000, aff. C-35/98, *Staatssecretaris van Financiën contre B.G.M. Verkooijen*, Rec. p. I-4071, conclusions La Pergola du 14 décembre 1999.
CJCE, 8 mars 2001, aff. C-397/98 et 410/98, *Mettalgesellschaft Ltd et Hoechst AG, Hoechst UK Ltd*, Rec. p. I-1727, conclusions Fennelly du 12 septembre 2000.
CJCE, 5 novembre 2002, aff. C-467/98, *Commission contre Royaume de Danemark dite « Open Skies »*; Rec. p. I-9519, conclusions Tizzano du 31 janvier 2002.
CJCE, 5 novembre 2002, aff. C-208/00, *Uberseering*, Rec. p. I-9919, conclusions Colomer du 4 décembre 2001.
CJCE, 11 mars 2004, aff. C-9/02, *De Lasteyrie du Saillant*, Rec. p. I-2409, conclusions Mischo du 13 mars 2003.
CJCE, 14 octobre 2004, aff. C-36/02, *Omega*, Rec. p. I-9609.
CJCE, 5 juillet 2005, aff. C-376/03, *D*, Rec. p. I-5821, conclusions Colomer du 26 octobre 2004.
CJCE, 21 février 2006, aff. C-152/03, *Ritter Coulais*, Rec. p. I-1711, conclusions léger du 1er mars 2005.
CJCE, 22 juin 2006, aff. C-182/03, *Commission contre Royaume de Belgique*, Rec. p. I-5479.
CJCE, 7 septembre 2006, aff. C-470/04, *N*, Rec. p. I-7409, conclusions Kokott du 30 mars 2006.
CJCE, 3 octobre 2006, aff. C-452/04, *Fidium Finanz*, Rec. p. I-9521, conclusions Stix-Hackl, du 16 mars 2006.
CJCE, 6 novembre 2007, aff. C-415/06, *Stahlwerk Ergste Westig GmbH (SEW)*, Ordonnance de la Cour, non publiée au Recueil.
CJCE, 18 décembre 2007, aff. C-101/05, *A*, Rec. p. I-11531, conclusions Bot du 11 septembre 2007.
CJCE, 11 septembre 2008, aff. C-43/07, *Arens Sikken*, Rec. p. I-6887, conclusions Mazak du 13 mars 2008.
CJCE, 16 décembre 2008, aff. C-210/06, *Cartesio Oktató és Szolgáltató bt*, Rec. p. I-9641, conclusions Poiares Maduro du 22 mai 2008.
CJCE, 4 juin 2009, aff. C-439/07, C-499/07, *KBC Bank*, Rec. p. I-4409.
CJUE, 17 juin 2010, aff. C-105/08, *Commission C/ République portugaise*, Rec. p. I-5331, conclusions Kokott du 25 mars 2010.
CJUE, 15 septembre 2011, aff. C-310/09, *Accor SA*, non encore publié au Recueil, conclusions Mengozzi du 22 décembre 2010.
CJUE, 29 novembre 2011, aff. C-371/10, *National Grid Indus BV*, non encore publié au Recueil, conclusions Kokott du 8 septembre 2011.

Cour européenne des droits de l'Homme

CEDH, 23 janvier 1996, aff. 59/1994/506/588, *Bulut c/ Autriche,* Rec. 1996-II.
CEDH, 23 septembre 1998, aff. 68/1997/852/1059, *Malige c/ France,* Rec. 1998-VII.
CEDH, 23 novembre 2006, requête n° 73053/01, Gde Chambre, *Jussila c/ Finlande,* Rec. 2006-XIV.

CEDH, 7 juin 2012, requête n° 4837/06, *Segame c/ France.*

VI Base d'imposition, revenus d'entreprise

Ouvrages

IFA, Cahiers de droit fiscal international, "The attribution of profits to permanent establishments", vol. 91 b, 2006, 746 pp.
RUSSO Raffaele, "The attribution of Profits to Permanent Establishments: the Taxation of Intra-company Dealings", IBFD, 2005, 480 pp.

Articles

AUSTRY Stéphane, **GUTMANN** Daniel, « L'imposition des sociétés étrangères propriétaires d'immeubles en France : une nouvelle orientation de la jurisprudence », *FR*, n° 41/09, pp. 9-11.
BAKER Philip, **COLLIER** Richard S., General Report, Cahier de droit fiscal international, "The attribution of profits to permanent establishments", Vol. 91b, 2006, pp. 21-67.
BENDLINGER Stefan, **GÖRL** Maximilian, **SCHON** Christian, « Taxation of Large-Scale Construction Projects and the OECD Discussion Draft on the Attribution of Profits to Permanent Establishment", *Intertax*, 2006, vol. 34, Issue 4, pp. 180-185.
BENNETT Mary C., **DUNAHOO** Carol A., "The Attribution of Profits to a Permanent Establishment: Issues and Recommendations", *Intertax,* 2005, vol.33, Issue 2, pp. 51-67.
BERGERES Maurice-Christian, « Quelques interrogations sur les bénéfices de l'établissement stable », *Les Petites Affiches*, 25 juin 2010, pp. 4-9.
BERLIN Dominique, « L'entreprise face au pouvoir fiscal », in « L'entreprise dans le marché unique européen », *La documentation française, travaux de la CEDECE*, 1995, pp. 363-380.
CHARLES-PERONNE Delphine, « Rapport France », in IFA, Cahiers de droit fiscal international, "The attribution of profits to permanent establishments", Vol. 91 b, 2006, pp. 315-338.
DISCHINGER Matthias, **RIEDEL** Nadine, " Corporate Taxes, Profit Shifting and the Location of Intangibles within Multinational Firms", *Munich Economics*, Discussion paper 2008-1, June 2008, Department of Economics University of Munich, 33 pp.
GOULARD Guillaume, « Déductibilité des avantages financiers consentis à des filiales étrangères », *RJF,* n° 04/1994, pp. 207-210.
ISRAEL Jean-Jacques, « L'activité juridique est-elle une activité économique », *AJDA,* 5 mai 2008, pp. 911-919.
LIEBERT-CHAMPAGNE Monique, « Subventions entre entreprises et acte anormal de gestion », *RJF*, n° 12/1986, pp. 635-639.
MERKS Paulus, "Corporate Tax and the Global Village", *Intertax*, 2006, Issue 1, pp. 26-31.
MERKS Paulus, "Corporate Tax and the European Commission", *Intertax*, 2008, vol. 36, Issue 1, pp. 2-13.

NOUEL Christian, « Déductibilité des frais financiers versés à une société mère étrangère », *Joly sociétés,* mars 2004, pp. 372-376.
RUSSO Raffaele, "Italian Ruling on Attribution of Profits to Permanent Establishments", *European Taxation,* August 2005, pp. 353-356.
RUSSO Raffaele, "Report on the historical development of article 7 of the OECD Model", in IFA, Cahiers de droit fiscal international, "The attribution of profits to permanent establishments", Vol. 91 b, 2006, pp. 89-108.
RUSSO Raffaele, "Permanent Establishments under Italian Tax Law: An Overview", *European Taxation,* August-September 2007, pp. 389-397.
SAVERIO SCANDONE Francesco, **PAPALLARDO EREDE** Bonelli, « The Interaction between Business Profits and Income from Immovable Property under Tax Treaties : Is It All about Definitions ? », *Intertax*, 2009, vol. 37, Issue 4, pp. 223-234.
SEITZ Georg, "Attribution of profits to Permanent Establishments of multinational Banking Enterprises in Germany-How to determine the "free capital" under the decree of the German Federal Ministry of Finance", *Intertax* , 2006, vol. 34, Issue 2, pp. 86-95.
VALLEE Laurent, "Frontière entre activité civile et activité commerciale", *FR*, n° 49/08, pp. 7-9.
VAN RAAD Kees, "Deemed Expenses of a Permanent Establishment under Article 7 of the OECD Model", *Intertax,* 2000, vol. 28, Issue 4, pp. 162-167.
Van WANROOIJ Josine, "Comments on the Proposed Article 7 of the OECD Model Convention", *Intertax*, 2009, vol. 37, Issue 5, pp. 298-306.
VOGEL Klaus, "Worldwide versus Source Taxation of Income – A review and Re-evaluation of Arguments", *Intertax*, 1988, Issue 8-9, pp. 216-229; Issue 10, pp. 310-320; Issue 11, pp. 393-402.

Textes et rapports

OECE :

OECE, 18 janvier 1960, FC/WP 7 (60) 1, Groupe de travail n° 7 du Comite fiscal , Rapport révisé sur l'imputation des bénéfices aux établissements stables et aux entreprises associées.

OCDE :

OCDE, « L'imposition des bénéfices dans une économie globale : questions nationales et internationales », Paris 1991.
OCDE, « Rapport sur l'attribution de bénéfices aux établissements stables », Paris , 26 novembre 1993.
OCDE, « Les règles actuelles d'imposition des bénéfices industriels ou commerciaux prévues par les Conventions conviennent-elles au commerce électronique ? », Rapport final, Paris 2004, 90 pp.
OCDE, « Rapport sur l'attribution de bénéfices aux établissements stables » Partie I (Considérations générales), Parie II (Banques), partie III (Transactions mondialisées), Paris, Décembre 2006, 208 pp.
OCDE, « Rapport sur l'attribution de bénéfices aux établissements stables », 17 juillet 2008, 291 pp.

OECD, “ Revised Discussion Draft of a New Article 7 of the OECD Model Tax Convention », 24 November 2009 to 21 January 2010”, 40 pp.
OCDE, « Rapport sur l’attribution de bénéfices aux établissements stables », 22 juillet 2010, 265 pp.

<u>Arrêts, notes, conclusions</u>

GEST Guy, « Télécoise, réelle avancée ou décision à contre-courant ? », in *L’année fiscale,* 2004, pp. 284-293.
LANDAIS Claire, « Une société holding est-elle une entreprise industrielle et commerciale au sens de l’article L. 52 du LPF ?», conclusions sous arrêt CE 28 mars 2008, n° 284548, 10ème et 9ème s-s, *BDCF,* n° 06/2008, pp. 44-47.

Arrêts du Conseil d’Etat, des Cours administratives d’appel et des Tribunaux administratifs :

CE, 23 juin 1978, n° 99444, Recueil Lebon, p. 272, *RJF,* n° 09/1978, n° 343.
CE, 17 mai 1989, 9ème et 8ème sous-sections, n° 34380, *Procofrance,* non publié au Recueil Lebon, *RJF,* n° 07/1989, n° 815.
CE, 11 février 1994, n° 119726, *SA Les Editions Jean-Claude Lattès,* Recueil Lebon, pp. 67-68, *RJF,* n° 04/1994, n° 396.
CE, 25 février 2004, 9ème et 10ème sous-sections, n° 250328, *Société Hallminster Ltd,* non publié au Recueil Lebon, *Droit Fiscal,* n° 51/2004, Comm 911.

Arrêts de la Cour de justice de l’Union :

CJCE, 14 février 1995, aff. C-279/93, *Roland Schumacker,* Rec. p. I-225, conclusions Léger du 12 février 1994.
CJCE, 11 août 1995, aff. C-80/94, *Wielocks,* Rec. p. I-2493, conclusions Léger du 31 mai 1995.
CJCE, 12 mai 1998, aff. C-336/96, *Epoux Robert Gilly,* Rec. p. I-2793, conclusions Colomer du 20 novembre 1997.
CJCE, 14 septembre 1999, aff. C-391/97, *Frans Gschwind,* Rec. p. I-5451, conclusions Colomer du 11 mars 1999.
CJCE, 12 juin 2003, aff. C-234/01, *Arnoud Gerritse,* Rec. p. I-5933, conclusions Léger du 13 mars 2003.
CJCE, 1er juillet 2004, aff. C-169/03, *Wallentin,* Rec. p. I-6443, conclusions Léger du 11 mars 2004.
CJCE, 3 octobre 2006, aff. C-290/04, *FKP Scorpio Konzertproduktionen GmbH,* Rec. p. I-9461, conclusions Léger du 16 mai 2006.
CJCE, 15 février 2007, aff. C-345/04, *Centro Equestre da Lezíria Grande Lda,* Rec. p. I-1425, conclusions Léger du 22 juin 2006.
CJCE, 16 octobre 2008, aff. C-527/06, *Renneberg,* Rec. p. I-7735, conclusions Mengozzi du 25 juin 2008.

VII Prix de transfert et principe de pleine concurrence

Ouvrages

IFA, Cahiers de droit international, "Allocation of expenses in international arm's length transactions of related companies", vol. 60 b, 1975, 425 pp.
RASSAT Patrick, **MONSELLATO** Gianmarco, « Les prix de transfert », Maxima, 1998, 151 pp.

Articles

AVI-YONAH Reuven S., « Between Formulary Apportionment and the OECD Guidelines : A proposal for Reconciliation », University of Michigan Law School, The John M. Olin Center for Law & Economics, Working Paper Series, 2009, Paper 102, 17 pp.
BAKER Philip, "Transfer Pricing and Community Law: The SGI Case" *Intertax,* 2010, Issue 4, pp. 194–196.
BORSTELL Thomas et **ROUX** Gilles, « Prix de transferts : les spécificités allemandes », *Option Finance,* n° 429, 2 décembre 1996, p. 30.
BOURTOURAULT Pierre-Yves, **BENARD** Marc, « Relations intra-groupe, prix de transfert et acte anormal de gestion. Vers une convergence des règles de preuve applicables aux opérations nationales et internationales ? », *Droit Fiscal*, n° 50, 10 décembre 2009, pp. 9-14.
CALDERON Jose, "European Transfer Pricing Trends as the Crossroads: Caught Between Globalization, Tax Competition and EC Law", *Intertax*, 2005, vol. 33, Issue 3, pp. 103-116.
CALDERON Jose, "The OECD Transfer Pricing Guidelines as a Source of Tax Law: Is Globalization Reaching the Tax Law?", *Intertax*, 2007, vol. 35, Issue 1, pp. 4-29.
FONTANEAU Françoise, **KATZ** Emmanuelle, « La convention multilatérale sur l'élimination des doubles impositions : correction des bénéfices des entreprises associées », *Revue de Fiscalité Européenne et Droit International des Affaires,* 1998/3, pp. 43-53.
GELIN Stéphane, **LE BOULANGER** Arnaud, « Prix de transfert : du principe de pleine concurrence à l'analyse de la valeur dans l'entreprise », *Droit Fiscal,* n° 48/2001, pp. 1673-1677.
GELIN Stéphane, **LE BOULANGER** Arnaud, « Etablissement stable et prix de transfert : deux faces d'un même miroir ? », *BF,* n° 10/2004, pp. 661-668.
GUTTENTAG Joseph H., " Passing the Torch on Transfer Pricing", in Liber Amicorum Sven-Olof LODIN, Kluwer Law International, Series on International Taxation, n° 27, 2001, pp. 119-131.
IHLI Uwe, "Transfer Pricing, Restructuring, Apportionment and Other Challenges for Tax Directors", *Intertax*, 2008, Issue 8-9, pp. 346-358.
ISRAEL Hervé, **MAZEROLLE** Fabrice, « Faut-il renoncer au principe de pleine concurrence? », *Droit Fiscal,* n° 13/2001, pp. 553-558.

ISRAEL Hervé, **BOUHOURS** Thomas, « Contentieux en matière de prix de transfert : quelles leçons faut-il tirer de la jurisprudence *? », Droit Fiscal,* n° 9/2005, pp. 481-487.
LANGBEIN Stanley, "The Unitary Method and the Myth of Arm's Length", *Tax Notes*, February 1986, pp. 625-681.
LE GALL Jean-Pierre, « Quelques réflexions sur l'« arms length principle » après le 46ème congrès de l'International Fiscal Association », *Droit Fiscal,* n° 50/1992, pp. 1941-1944.
MARICHAL Olivier, **SCHMITT** Thierry, « Accords de répartition des coûts et fiscalité internationale française », *Droit Fiscal,* n° 48/2003, pp. 1500-1508.
MARKHAM Michelle, « The Advantages and Disadvantages of Using an Advance Pricing Agreement: Lessons for the UK from the US and Australian Experience", *Intertax,* vol. 33, Issue 5, pp. 214-229.
MESSAGE Nicolas, « Avancées communautaires en matière de prix de transfert : la Commission propose des lignes directrices », *RDAI,* n° 2/2007, pp. 286-291.
OATES Mark A., **O'BRIEN** James M. " Transfer Pricing"; *International Tax Journal,* July/August 2009, pp. 11-19.
OESTREICHER Andreas, "Valuation Issues in Transfer Pricing of Intangibles: Comments on the Scoping of an OECD Project" *Intertax,* 2011, Issue 3; pp. 126–131.
SILBERZTEIN Caroline, **PRIOL** Jean-Marc, « Contrôle des prix de transfert ; un dispositif critiquable ? », *Droit Fiscal,* n° 42/1998, pp. 1285-1291.
SILBERZTEIN Caroline, « Projet de rapport de l'OCDE sur les aspects prix de transfert des réorganisations d'entreprises », *Droit Fiscal*, n° 46, 13 novembre 2008, pp 11-15.
TALY Michel, **SCHIELE** Pascal, « Les dispositions françaises tendant au contrôle des prix de transfert sont-elles euro-compatibles ? », *Droit Fiscal,* n° 29/2003, pp. 960-965.
TRONNET Jean, « La décision CJCE Test Claimants in the Thin Cap Group Litigation : un plaidoyer « indirect » en faveur de l'« euro-compatibilité » de l'article 57 du CGI ? », *Droit Fiscal,* n° 21, 22 mai 2008, pp. 9-11.
VAN HERKSEN M., " *The Transfer Pricing of Intangibles* by Michelle Markham", *Intertax,* vol. 34, Issue 11, pp. 562-574.
VANN Richard J., "Reflections on Business Profits and the Arm's-Length Principle", in ARNOLD Brian J., SASSEVILLE Jacques, ZOLT Eric, "The Taxation of Business Profits under Tax Treaties", Canadian Tax Foundation, 2003, pp. 133-169.
DE WAAL Allard, « Un nouveau régime de contrôle des prix de transfert », *RDAI,* n° 5/1996, pp. 653-671.
X « Les transferts indirects de bénéfices à l'étranger : l'article 57 du CGI », *Revue de Fiscalité Européenne et Droit International des Affaires,* n° 2000/1, p. 31.
X « Les prix de transfert : Code de conduite sur la documentation des prix de transfert pour les entreprises associées au sein de l'union européenne », *Revue de Fiscalité Européenne et Droit International des Affaires,* n° 147, pp. 23-32.

Textes et rapports

UNION EUROPÉENNE :

Commission, Proposition de directive du Conseil concernant l'élimination des doubles impositions dans le cas de correction des bénéfices entre entreprises associées, COM/76/711 Final, JOCE du 21 décembre 1976, p. 4.
Conseil, Convention n° 90/436/CEE du 23 juillet 1990 relative à l'élimination des doubles impositions en cas de correction des bénéfices des entreprises associées, JOCE, L.225, 20 août 1990.
Commission européenne, 7 novembre 2005, Communication de la Commission au Conseil, au Parlement Européen et au Comité Economique et Social Européen concernant les travaux menés par le forum conjoint de l'UE sur les prix de transfert dans le domaine de la documentation en matière de prix de transfert pour les entreprises associées dans l'UE. Proposition de Code de conduite relatif à la documentation des prix de transfert pour les entreprises associées au sein de l'UE, COM (2005) 543 Final.
Commission européenne, 26 février 2007, « Communication de la Commission au Conseil, au Parlement européen et au Comité économique et social européen concernant les activités du forum conjoint de l'UE sur les prix de transfert dans le domaine de la prévention et du règlement des différends et concernant des lignes directrices relatives aux accords préalables sur les prix dans l'UE », COM (2007) 71 Final et SEC (2007) 246.
Commission européenne, 14 septembre 2009, « Communication de la Commission au Conseil, au Parlement européen et au Comité économique et social européen concernant les travaux menés par le forum conjoint de l'UE sur les prix de transfert dans le domaine de la fiscalité des entreprises entre mars 2007 et mars 2009 et une proposition connexe de code de conduite révisé pour la mise en oeuvre effective de la Convention d'arbitrage », COM (2009) 472 Final, SEC (2009) 1168 et 1169.

OCDE :

OCDE, « Principes applicables en matière de prix de transfert à l'intention des entreprises multinationales et des administrations fiscales », Paris, juillet 1995.
OCDE, « Proposition de révision des chapitres 1-3 des principes en matière de prix de transfert », 9 septembre 2009 - 9 janvier 2010, 90 pp.
OECD, "Transfer Pricing Guidelines for Multinational Enterprises and Tax Administrations", Septembre 2009, 244 pp.

Arrêts, notes, conclusions

Arrêts du Conseil d'Etat, des Cours administratives d'appel et des Tribunaux administratifs :

CE, 14 juin 1974, n° 80624, SARL X., Recueil Lebon, pp. 339-340, *Dupont,* n° 10/1974, p. 353, *Droit Fiscal,* 1974, n° 33-38, Comm 1058.

CE, 18 mars 1994, 9ème et 8ème sous-sections, n° 68799-70814, *SA Sovemarco Europe*, Recueil Lebon, pp. 131-139.

Arrêts de la Cour de justice de l'Union :

CJUE, 21 janvier 2010, aff. C-311/08, *Société de Gestion Industrielle SA*, Rec. p. I-487, conclusions Kokott du 10 septembre 2009.

VIII Fusions

Ouvrages

BERLIN Dominique, « Contrôle communautaire des concentrations », Editions Pedone, Collection études internationales, vol. 5, 1992, 373 pp.
LOYENS, **LEFEBVRE**, **RADLER**, "The Merger Directive Practical Tax Issues", IBFD Publications, 1993, 146 pp.

Articles

BENECKE Andreas, **SCHNITGER** Arne, "Final Amendments to the Merger Directive: Avoidance of Economic Double Taxation and Application to Hybrid Entities, Two Conflicting Goals", *Intertax*, 2005, vol.33, Issue 4, pp. 170-178.
BIDAUD Hervé, **FRANCESCHI** Jean-Marc, « Fusions transfrontalières : les dernières barrières tombent en Europe », *Les Nouvelles Fiscales,* n° 980, 15 mai 2007, pp. 22-25.
CROS Jean-Eric, **GROB** Renaud, **GROUSSET** Philippe, **LEFAILLET** Christophe, **de SAINT-CHAFFRAY** Olivier, « Le traitement comptable des fusions et opérations assimilées et ses incidences fiscales », *Droit et Patrimoine,* n° 136, avril 2005, pp. 48-66.
DEROUIN Philippe, **LADREYT** Gilbert, « L'incomplète adaptation du régime fiscal des fusions de sociétés et opérations assimilées à la directive communautaire du 23 juillet 1990 », *Droit Fiscal,* n° 5/1992, pp. 224-231.
DEROUIN Philippe, « Fiscalité des fusions de sociétés et échanges d'actions », *Droit Fiscal,* n° 38/1997, pp. 1100-1104.
DIBOUT Patrick, « Le régime fiscal français des fusions et opérations assimilées sous la lumière de la directive du 23 juillet 1990 (A propos de l'arrêt de la CJCE « Andersen og Jensen » du 15 janvier 2002) », *Droit Fiscal,* n° 27/2002, pp. 991-999.
DURRSCHMIDT Daniel, "Comprehensives Approaches to Company Taxation in the European Union and Cross-Border Corporate Reorganizations", *Intertax*, vol. 35, Issue 3/2007, pp. 152-182.
FRANCESCHI Jean-Marc, **MAXWELL** Winston, « Fusions transfrontalières : tout ça pour ça ? », *Revue Lamy Droit des Affaires*, n° 30, septembre 2008, pp. 11-13.
GINTER Eric, « Restructurations et fiscalité », *Les Petites Affiches,* n° 97, 15 mai 2002, pp. 45-50.
LE GALL Jean-Pierre, **DIBOUT** Patrick, « La fiscalité des fusions d'entreprises communautaires », *JCP Editions E.,* n° 2/1991, pp. 13-27.

Le NABASQUE Hervé, “Les fusions transfrontalières après la loi n° 2008-649 du 3 juillet 2008”, *Revue des sociétés,* n° 3/2008, pp. 493-530.
LOY Michael, « Les fusions transfrontalières : entre présent et avenir », *JCP Editions E.,* n° 31-34, 2 août 2007, pp. 25-29.
LUBY Monique, « Impromptu sur la directive n° 2005/56 sur les fusions transfrontalières de capitaux », *Droit des Sociétés,* juin 2006, pp. 5-7.
MENJUCQ Michel, « Fusions transfrontalières des sociétés de capitaux », *Lamy droit des affaires,* mai 2006, pp. 10-13.
DE WAAL Allard, “L'application du régime de faveur des fusions aux réorganisations internationales », *Droit Fiscal,* n° 24/1997, pp. 787-793.
DE WAAL Allard, « Fusions et opérations assimilées : les dispositions françaises à l'épreuve du droit communautaire », *RDAI,* n° 7/1999, pp. 844-861.

Textes et rapports,

UNION EUROPÉENNE :

Conseil, Directive du 23 juillet 1990, n° 90/434/CE concernant le régime fiscal commun applicable aux fusions, scissions, apports d'actifs et échanges d'actions intéressant des sociétés d'États membres différents, JO L 225 du 20 août 1990, pp. 1-5.
Conseil, Directive n° 2005/19/CE du 17 février 2005 modifiant la directive n° 90/434/CE concernant le régime fiscal commun applicable aux fusions, scissions, apports d'actifs et échanges d'actions intéressant des sociétés d'États membres différents, JO L 58 du 4 mars 2005, p. 19.
Conseil et **Parlement**, Directive n° 2011/35/UE du 5 avril 2011 concernant les fusions de sociétés anonymes, JO L 110 du 29 avril2011, pp. 1-11.

Arrêts, notes, conclusions

Arrêts du Conseil d'Etat, des Cours administratives d'appel et des Tribunaux administratifs :

CE, 17 juin 2011, n° 324392, *SARL Méditerranée Automobiles*, *RJF*, n° 10/2011, n° 1035.

Arrêts de la Cour de justice de l'Union :

CJCE, 13 décembre 2005, aff. C-411/03, *Sevic System*, Rec. p. I-10805, conclusions Tizzano du 7 juillet 2005.
CJCE, 5 juillet 2007, aff. C-321/05, *Hans Markus Kofoed*, Rec. p.I-5795, conclusions Kokott du 8 février 2007.

IX Postes de bilan, revenus passifs et retenues à la source

Ouvrages

IBFD, « The Notion of Income from Capital », EATLP, International Tax Series, vol. 1, 2005, 337 pp.
IFA, Cahiers de droit international, « International aspects of thin capitalization », 1996, vol. 81 b, 832 pp.

Articles

ARAMINI Fabio, **EICKER** Klaus, "Overview on the recent developments of the EC Directive on Withholding Taxes on Royalty and Interest Payments", *ECTR,* 2004/3, pp. 134-145.
AUSTRY Stéphane., « Régime fiscal des contrats de concession de droits exclusifs d'exploitation », *RJF,* n° 12/1996, pp. 634-641.
AUSTRY Stéphane, « Jusqu'à quand les articles 182 A et 182 B resteront-ils encore indemnes de l'épreuve du droit communautaire ? », *FR,* n° 39/08, pp. 35-38.
BONNEAUD Eric, « Sous-capitalisation et principe de pleine concurrence : l'équation impossible ? », *BF,* n° 03/2010, pp. 173-175.
BROSENS Linda, "Thin capitalization rules and EU law", *ECTR,* 2004/4, pp.188-213.
BURGUBURU Julie, « L'article 182 B peut être appliqué sans retenue », *RJF,* n° 08-09/2007, pp. 703-709.
COZIAN Maurice, « Propos intégristes sur la jurisprudence relative à l'immobilisation des redevances, de brevets ou de marques », *BF,* n° 05/1995, pp. 304-305.
COZIAN Maurice, **ROSSIGNOL** Jean-Luc, « Les immobilisations incorporelles à la lumière de la jurisprudence SA SIFE : arrêt de principe ou arrêt d'espèce ?», *Droit Fiscal,* n° 42, 18 octobre 2007, pp. 17-21.
De BROE Luc, "Are we Heading towards an Internal Market without Dividend Withholding Tax but with Interest and Royalty Withholding Tax? Some Observations on Advocate General's Kokott opinion in Truck Center", *ECTR*, 2009/1, pp. 2-3.
De BROE Luc, **BAMMENS** Niels, "Truck Center Belgian Withholding Tax on Interest Payments to Non-resident Companies Does not Violate EC Law: A Critical Look at the ECJ's Judgment in Truck Center", *ECTR*, 2009/3, pp. 131-137.
DELECOURT Christophe, **FONTAINE** Michel et **MANSOURI-GUILANI** Nasser, « La retenue à la source : éléments pour le débat », *Analyses et documents économiques,* n° 105, juin 2007, pp. 19-21.
DUPREZ Régis, « De l'inutilité et des dangers de l'immobilisations de certaines charges à l'actif », *Les Petites Affiches,* n° 43, 11 avril 1994, pp. 6-8.
EICKER Klaus, "Overview on the recent developements of the EC Directive on Withholding Taxes on Royalties and Intret Payments", *ECTR*, 2004/3, pp. 134-145.
GERBINO Elie, « Sous-capitalisation, dissimulation de capital et recherche de l'intérêt général : nationalisation ou internationalisation ?», *Joly Sociétés*, décembre 2001, pp. 1191-1236.
GORE François, « La notion de capital social », in Etudes offertes à René RODIERE, Dalloz, 1981, pp. 85-97.

GOUTHIERE Bruno, « Retenues à la source au sein de l'Union européenne, elles ne sont pas toutes interdites », *FR,* n° 9/09, pp. 21-23.

GUSMEROLI Michele, « Triangular Cases and the Interest and Royalties Directive : Untying the Gordian Knot ? Part 1-2", *European Taxation,* January 2005, pp. 2-13, February 2005, pp. 39-51.

JUILHARD Philippe, **DALUZEAU** Xavier, « Sous-capitalisation : le naufrage de l'article 212 du CGI : Sauve qui peut...le droit communautaire et les conventions d'abord », *BF,* n° 03/2004, pp. 159-166.

KRUGER Hervé, « Gestion fiscale du financement des groupes multinationaux et principes communautaires », *Les Petites Affiches,* n° 199, 5 octobre 2006, pp. 5-10.

KRUGER Hervé, « L'application du dispositif anti sous-capitalisation de l'article 212 du CGI aux filiales françaises de sociétés étrangères : une position contestable », *Droit Fiscal,* n° 44/1999, pp. 1353-1359.

MAUBLANC Jean-Pierre, « Les régimes nationaux de lutte contre la sous-capitalisation à l'épreuve de la liberté d'établissement », *RMCUE,* n° 471, septembre 2003, pp. 542-547.

MEIER Eric, **TORLET** Régis, « Le fabuleux destin des retenues à la source... », *Droit Fiscal*, n° 26, 25 juin 2009, pp. 8-14.

OLLEON Laurent, « Immobilisations incorporelles : grandeurs et servitudes de la jurisprudence SA SIFE », *RJF*, n° 01/2004, pp. 3-6.

PANAYI HJI Christiana, "Thin Capitalization Glo et al. – A Thinly Conceales Agenda?", *Intertax*, 2007, vol. 35, Issue 5, pp. 298-321.

PISTONE Pasquale, "Outbound Investments and Interest Deduction : an Era of Fat Cap in European International Tax Law", in LANG Michaël, PISTONE Pasquale, SCUCH Josef, STARINGER Claus, « Common Consolidated Corporate Tax Base », Wien, Linde Verlag, Series on International Tax Law, 2008, pp. 847-864.

ROSSIGNOL Jean-Luc, « La problématique comptable et fiscale des éléments incorporels », Parties I et II, *Les Petites Affiches,* 16 juillet 2001, pp.4-14, 17 juillet 2001, pp. 4-19.

VERGNAT Antoine, **de WAAL** Allard, « Distribution exceptionnelle de réserves et retenue à la source », *Droit Fiscal,* n° 22-23/2002, pp. 836-840.

de VERNEJOUL Nathalie, « Sous capitalisation et déductibilité des intérêts : les incidences pratiques des deux dernières jurisprudences », *Droit Fiscal,* n° 16/2004, pp. 743-746.

VILLEMOT Dominique, « Le régime fiscal des immobilisations incorporelles », *Droit Fiscal*, 3 avril 2008, pp. 8-12.

DE WAAL Allard, « Sous-capitalisation, abus de droit et acte anormal de gestion », *Droit Fiscal,* n° 7/1997, pp. 252-255.

WATHELET Melchior, **AUSTRY** Stéphane, « Retenues à la source au sein de l'Union européenne : des conclusions inquiétantes pour le contribuable », *FR,* n° 50/08, pp. 7-11.

WEBER Dennis M., "The Proposed EC Interest and Royalty Directive", *ECTR*, 2000/1, pp. 15-30.

Textes et rapports

UNION EUROPÉENNE :

Conseil, Directive 2003/49/CE du 3 juin 2003 concernant un régime fiscal commun applicable aux paiements d'intérêts et de redevances effectués entre des sociétés associées d'États membres différents, JO L 157 du 26 juin 2003, pp. 49-54.

OECE :

OECE, FC/WP 8 du 1er septembre 1958, groupe de travail n° 8 du Comité fiscal, deuxième rapport sur l'imposition directe des redevances pour la concession de licences d'exploitation et des rémunérations analogues.

Arrêts, notes, conclusions

Arrêts du Conseil d'Etat, des Cours administratives d'appel et des Tribunaux administratifs

TA Versailles, 2 juillet 2004, n° 00-4261, 7ème ch, *Sté Mc Donald's system of France.*
CE, 21 août 1996, n° 154488, *SA Sife*, Recueil Lebon, pp. 343-344.
CE, 30 juin 1997, n° 169179, *APBP*, non publié au Recueil Lebon.
CE, 1er octobre 1999, n° 177809, *Société Foncia Particimmo*, Recueil Lebon, pp. 290-291, *RJF*, n° 11/1999, n° 1381.
CE, 3 novembre 2003, 9ème et 10ème sous-sections, n° 232393, *SA Trinôme*, Recueil Lebon, pp. 431-433, *RJF*, n° 01/2004, n° 5.
CE, 30 décembre 2003, n° 233894, *SA Andritz*, Recueil Lebon, pp. 527-531.
CE, 30 décembre 2003, n° 249047, *SARL Coréal Gestion*, Recueil Lebon, p. 525-527.
CE, 25 mai 2007, n° 288288, *GIE Compagnie industrielle des polyéthylènes de Normandie*, Recueil Lebon, pp. 217-218, RJF, 08-09/2007, n° 896.
CE, 28 décembre 2007, 9ème et 10ème sous-sections, n° 284899 et 285506, *Société Clarence Dillon*, non publié au Recueil Lebon, *RJF*, n° 03/2008, n° 269.
CE, 28 mars 2008, 10ème et 9ème sous-sections, n° 281405, *SARL TBF*, non publié au Recueil Lebon, *Droit Fiscal*, n° 18/2008, pp. 32-34.
CE, 16 octobre 2009, n° 308494, *Sté Pfizer Holding France*, *RJF*, n° 01/2010, n° 4.

Arrêts de la Cour de justice de l'Union :

GINTER Eric, « Groupes de sociétés : incompatibilité de certains régimes nationaux d'imposition avec le principe de liberté d'établissement, note sous arrêt Lankhorst-Hohorst GmbH », *Joly société,* février 2003, pp. 150-162.

CJCE, 12 décembre 2002, aff. C-324/00, *Lankhorst Hohorst*, Rec. p. I-1179, conclusions Mischo du 26 septembre 2002.

CJCE, 12 décembre 2006, aff. C-446/04, *Test Claimants in the FII Group Litigation*, Rec. p. I-11753, conclusions Geelhoed du 6 avril 2006.
CJCE, 13 mars 2007, aff. C-524/04, *Test Claimants in the Thin Cap Group Litigation*, Rec. p. I-2107, conclusions Geelhoed du 29 juin 2006.
CJCE, 22 décembre 2008, aff. C-282/07, *Truck Center*, Rec. p. I-10767, conclusions Kokott du 18 septembre 2008.

X Relations mère-fille, dividendes

Ouvrages

LOYENS, **LEFEBVRE**, **RADLER**, "The parent-Subsidiary Directive and international tax planning", IBFD Publications, 1992, 102 pp.

Articles

ACARD Claire, **ROSNET** Antoine , « Directive mère-fille : interdiction des mesures d'effet équivalent à une retenue à la source, la CJCE persiste et signe (A propos de l'arrêt CJCE, 4 octobre 2001, aff. C-294/99 Athinaïki Zythopoiia)", *Droit Fiscal,* n° 9/2002, pp. 393-404.
ACARD Claire, « Jurisprudence communautaire en matière d'impôts directs : les suites de l'arrêt Denkavit », *Banque et Droit,* n° 115, septembre-octobre 2007, pp. 74-78.
ACARD Claire, « Régime néerlandais des organismes de placement collectif, CJCE, 20 mai 2008, aff. C-194/06, Orange European Smallcap Fund NV », *Banque et Droit,* n° 120, juillet-août 2008, pp. 49-53.
ACARD Claire, « Retenues à la source sur dividendes distribués aux OPCVM : entre éclairages et interrogations ? », *Banque et Droit,* n° 126, juillet-août 2009, pp. 51-57.
AIGNER Dietmar, "ECJ – The *Bosal Holding BV* Case: Parent-Subsidiary Directive and Freedom of Establishment", *Intertax* 2004, vol.32, Issue 3, pp. 148-151.
BOUTEMY Bernard, **MEIER** Eric, « Non conformité au droit communautaire du dispositif français de l'avoir fiscal et du précompte », *Droit Fiscal,* n° 42, 18 octobre 2007, pp. 41-42.
CADOSCH Roger M., **FONTANA** Renata, **RUSSO** Raffaele, **SZUDOCZKY** Rita, "The 2006 Leiden Alumni Forum on Taxation of Cross-Border Dividends in Europe and the Relation with Third Countries: the Cases Pending Before the European Court of Justice", *Intertax,* 2006, vol. 34, Issue 12, pp. 622-635.
CALISTI Jean-Luc, « La première décision afférente à la directive mère-filiale. A propos de l'arrêt de la CJCE du 17 octobre 1996 (Denkavit International BV et autres) », *Droit Fiscal,* n° 5/1997, pp. 188-194.
CALISTO PATO Antonio, **GOES SEIZE** Priscilla, « EC Law and Investment Funds : The Aberdeen Case », *ECTR*, 2009/3, pp. 114-121.
COLONNA d'ISTRIA Antoine, « Régime fiscal des sociétés mères et filiales d'Etats membres différents », *Joly sociétés,* janvier 1997, pp. 53-60.

DASSESSE Marc, « Taxation des dividendes transfrontaliers après l'arrêt MANNINEN : état des lieux et perspectives », *Cahiers de droit européen,* vol. 41, n° 3-4/2005, pp. 493-514.
DAUMAS Vincent, « Distribution transfrontalières de dividendes : avec avoir ... ou pas ? », *RJF*, n° 10/2009, pp. 715-721.
DIBOUT Patrick, « La directive communautaire du 23 juillet 1990 relative au régime commun applicable aux sociétés mères et filiales d'Etats membres différents », *Droit Fiscal*, n° 11/1991, pp. 477-482.
DONNAT Francis, « Distributions transfrontalières », *FR*, n° 25/08, pp. 3-5.
DOUVIER Pierre-Jean, « Régime fiscal de la distribution internationale », *DPCI,* 1993 tome 19, n° 1, pp. 69-101.
DURAND Philippe, « Vers le tarissement des retenues à la source sur les dividendes dans l'Union Européenne », *Revue administrative,* n° 352, pp. 365-368.
FENA-LAGUENY Emmanuelle, « Retenues à la source sur dividendes sortants : l'arrêt DENKAVIT et ses suites », *Option Finance,* n° 935, 4 juin 2007, pp. 32-34.
DE FEYDEAU Henri, « Vers la fin de la retenue à la source sur les dividendes intra communautaire ? », *Droit Fiscal,* n° 51, 20 décembre 2007, pp. 8-12.
GRAETZ Michaël J., **WARREN** Alvin C.," Dividend taxation in Europe: When the ECJ makes tax policy", *CMLR*, n° 44/2007, pp. 1577-1623.
GRAU Romain, **GENOT** Etienne, « Application discriminatoire d'une retenue à la source sur les dividendes versés à une SICAV », *Droit Fiscal*, n° 60, 3 septembre 2009, pp. 60-64.
HELMINEN Marjaana, "Dividend equivalent benefits and the concept of profit distribution of the EC Parent-Subsidiary Directive", *ECTR,* 2000/3, pp. 161-171.
KORVING Jasper, **WEENING** Gerben, **van den HURK** Hans, "EC Tax Scene: Compatibility of Dutch Dividend Withholding Tax Exemption with EC Law", *Intertax,* 2006, vol.34, Issue 1, pp. 45-46.
LANG Michael, "ECJ case law on cross-border dividends taxation – recent developments", *ECTR,* 2008/2, pp. 67-77.
MAISTO Guglielmo, "The 2003 amendments to the EC Parent-Subsidiary Directive: what's next?", *ECTR,* 2004/4, pp.164-181.
MAUBLANC Jean-Pierre, « Inconventionnalité des dispositifs d'avoir fiscal excluant les dividendes versés par des sociétés étrangères », *RMCUE,* n° 513, décembre 2007, pp. 638-641.
MICHA GOUDET Raphaëlle, « Nature juridique des dividendes », *JCP Editions E.,* n° 3, 15 janvier 1998, pp. 68-72.
PLAGNET Bernard, « Une évolution dans la définition des revenus distribués ? », *Droit Fiscal,* n° 09/1990, pp. 368-370.
PLAGNET Bernard, « La jurisprudence récente relative à la définition des revenus distribués. Ou comment « adapter » des textes anciens à une réalité mouvante... », *BF*, n° 12/2005, pp. 975-985.
ROLLE Giovanni, "Is corporate income tax a withholding tax? Some comments on the Athinaïki Zythopoiia case", *ECTR,* 2003/1, pp. 36-42.
SEZIONALE Carine, « Retenues à la source : exonération des dividendes versés à une société européenne », *Revue de fiscalité européenne et droit international des affaires,* n° 150, pp. 33-42.
SNEL Freek P.J., "System to Prevent Accumulation of Taxation in Parent-Subsidiary Relationships", *Intertax*, 2005, vol. 33, Issue 11, pp. 527-536.

SPAAS Thomas, **WEYN** An, "The Lessons of Orange European Smallcap Fund", *ECTR*, 2009/2, pp. 53-66.
STAVROPOULOS Ioannis F., "The EC Parent-Subsidiary Directive and the Decision of the European Court of Justice in Burda", *European Taxation*, March 2009, pp. 150-154.
TENORE Mario, **"**Taxation of Dividends: A Comparison of Selected Issues under Article 10 OECD MC and the Parent-Subsidiary Directive", *Intertax,* 2010, Issue 4, pp. 222–238.
TUROT Jérôme, « Retenue à la source sur les distributions effectuées par des sociétés françaises à des non-résidents : la France n'est pas encore un paradis fiscal », *RJF,* n° 03/1992, pp. 186-192.
DE WAAL Allard, « Les distributions intra-communautaires des sociétés françaises et la spécificité de la convention franco-italienne », *RDAI,* n°8/1994, pp. 1021-1047.

Textes et rapports

UNION EUROPÉENNE :

Conseil, Directive du 23 juillet 1990, n° 90/435/CE concernant le régime commun applicable aux sociétés mères et filiales d'Etats membres différents, JO L 225 du 20 août 1990, pp. 6-9.
Conseil, directive du 22 décembre 2003, n° 2003/123/CE modifiant la directive 90/435/CE concernant le régime commun applicable aux sociétés mères et filiales d'Etats membres différents, JO L 7 du 13 janvier 2004, pp. 41-44.
Conseil, 30 novembre 2011, directive 2011/96/UE concernant le régime fiscal commun applicable aux sociétés mères et filiales d'États membres différents, JO L 345 du 29 décembre 2011, pp. 8-16.

OECE :

OECE, 18 novembre 1958, FC WP 12 (58) Partie II, Groupe de travail n°12 du comite fiscal (Allemagne – Italie – Suisse) , Rapport sur l'imposition des dividendes.

Arrêts, notes, conclusions

LANDAIS Claire, « Conclusions sous arrêt CE 06.04.2007 n° 235069. Denkavit International BV et Denkavit France », *BDCF,* n° 07/2007, pp. 24-28.

Arrêts du Conseil d'Etat, des Cours administratives d'appel et des Tribunaux administratifs

CE, 23 avril 1997, 8ème et 9ème sous-sections, n° 145611, *Fournier industries*, non publié au Recueil Lebon, *RJF*, n° 06/1997, n° 543.
CE, 13 octobre 1999, n° 190083, *SA Banque française de l'Orient*, non publié au Recueil Lebon.

CE, 26 février 2001, n° 219334, *Min.c/ société Anzalone*, Recueil Lebon, pp. 92-93, *RJF,* 2001, p. 403.
CE, 17 janvier 2007, n° 262967, *Banque Fédérative du Crédit Mutuel,* non publié au Recueil Lebon.
CE, 25 mai 2007, n° 282049, *Fiat Partecipazioni SpA*, non publié au Recueil Lebon, *RJF*, n° 08-09/2007, n° 922.
CAA Versailles, 20 mai 2008, n° 07VE00529, *Société Rhodia, Droit Fiscal,* n° 41/2008, pp. 30-34.

Arrêts de la Cour de justice de l'Union :

BOUTEMY Bernard, **MEIER** Eric, « Directive mère-fille : précisions sur la notion de retenue à la source prohibée. Note sous CJCE aff C-58/01 Océ Van den Grinten », *Droit Fiscal,* n° 28/2004, pp. 1146-1151.

CJCE, 17 octobre 1996, aff. C-283/94, *Denkavit International BV, VITIC Amsterdam BV et Voormeer BV*, Rec. p. I-05063, conclusions Jacobs du 2 mai 1996.
CJCE, 4 octobre 2001, aff. C-294/99, *Athinaïki Zythopoiïa*, Rec. p. I-6797, conclusions Alber du 10 mai 2001.
CJCE, 18 septembre 2003, aff. C-168/01, *Bosal Holding BV*, Rec. p. I-9409, conclusions Alber du 24 septembre 2002.
CJCE, 25 septembre 2003, aff. C-58/01, *Océ Van der Grinten*, Rec. p. I-9809, conclusions Tizzano, du 23 janvier 2003.
CJCE, 7 septembre 2004, aff. C-319/02, *Petri Manninen*, Rec. p. I-7477, conclusions Kokott du 18 mars 2004.
CJCE, 14 novembre 2006, aff. C-513/04, *Kerckhaert et Morres*, rec. p. I-10967, conclusions Geelhoed du 6 avril 2006.
CJCE, 12 décembre 2006, aff. C-374/04, *Test Claimants in Class IV of the ACT Group Litigation*, Rec. p. I-11673, conclusions Geelhoed du 23 février 2006.
CJCE, 14 décembre 2006, aff. C-170/05, *Denkavit Internationaal BV et Denkavit France SARL*, Rec. p. I-11949, conclusions Geelhoed du 27 avril 2006.
CJCE, 8 novembre 2007, aff. C-379/05, *Amurta SGPS*, Rec. p. I-9569, conclusions Mengozzi du 7 juin 2007.
CJCE, 3 avril 2008, aff. C-27/07, *Banque Fédérative du Crédit Mutuel*, Rec. p. I-20637, conclusions Sharpston du 24 janvier 2008.
CJCE, 20 mai 2008, aff. C-194/06, *Orange European Smallcap Fund NV*, Rec. p. I-3747, conclusions Bot du 3 juillet 2007.
CJCE, 12 février 2009, aff. C-138/07, *Belgische Staat c/ Cobelfret NV*, Rec. p. I-731, conclusions Sharpston du 8 mai 2008.
CJCE, 18 juin 2009, aff. C-303/07, *Aberdeen Property Finivest Alpha Oy*, Rec. p. I-5145.
CJUE, 10 février 2011, aff. C-436/08 et 437/08, 3e ch., *Haribo Lakritzen Hans Riegel BetriebsgmbH et Osterreichische Salinen AG*, non encore publiés au Recueil, conclusions Kokott du 11 novembre 2010.

XI. Sociétés étrangères contrôlées, abus de droit, fraude

Ouvrages

ANDERSON Sara, "CFC rules and double tax treaties: The OECD and UN Model tax convention", Jönköping International Business School, August 2006, 36 pp.
IFA, Cahiers de droit international, "Limits on the Use of Low-Tax Regimes by Multinational Businesses : Current Measures and Emerging Trends", vol. 86 b, 2001, 958 pp.
LANG Michaël, **AIGNER** Hans Jörgen, **SCHEUERLE** Ulrich, **STEFANER** Markus, "CFC Legislation, Tax Treaties and EC Law", Kluwer Law International, EUCOTAX Series on European Taxation, Vol. 8, 2004, 656 pp.
SANDLER Daniel, "Tax Treaties and Controlled Foreign Company Legislation : Pushing the Boundaries", Kluwer Law International, 2nd Edition, 1998, 298 pp.

Articles

ARNOLD Brian J., **DIBOUT** Patrick, General Report, Cahiers de droit fiscal international, « Limits on the Use of Low-Tax Regimes by Multinational Businesses : Current Measures and Emerging Trends", IFA ,vol. 86 b, Kluwer Law, La Haye 2001, pp. 91-165.
AUSTRY Stéphane, **GUTMANN** Daniel, « L'été de l'abus de droit et de la fraude à la loi », *FR*, n° 39/09, pp. 5-7
BENARD Yohann, « Fraude à la loi et Treaty Shopping : que penser de la décision Bank of Scotland ? », *RJF*, n° 04/2007, pp. 319-327.
BLAISE Damien, « L'article 209 B du CGI est-il devenu une arme obsolète dans la lutte contre l'évasion fiscale ? », *BF*, n° 11/2002, pp. 763-771.
BOUTEMY Bernard, **MEIER** Eric, « Sociétés étrangères contrôlées et liberté d'établissement », *Les Petites Affiches,* n° 221, 6 novembre 2006, pp. 4-8.
CHAHID-NOURAÏ Noël, **COUTURIER** Patrice, « L'article 209 B du CGI est-il soluble dans le droit fiscal international (A propos de l'arrêt CAA Paris, 30 janv. 2001, n°96-1408, SA Schneider) », *Droit Fiscal,* n° 8/2001, pp. 333-336.
CHAVAGNEUX Christian, « Mondialisation : les multinationales adorent les paradis fiscaux », *Alternatives Economiques*, n° 272, septembre 2008, p. 64.
COUTURIER Patrice, **AFFEJEE** David, **VON STRENG** Etienne, « Nouvel article 209 B du CGI et relations franco-suisses : un obstacle levé ? », *BF,* n° 11/2005, pp. 886-895.
DIBOUT Patrick, « L'inapplicabilité de l'article 209 B du CGI face à la convention fiscale franco-suisse du 9 septembre 1996 (A propos de l'arrêt CE, Ass., 28 juin 2002, Schneider Electric) », *Droit Fiscal,* n° 36/2002, pp. 1133-1141.
de l'ESTOILE-CAMPI Agnès, **JUILHARD** Philippe, « Waterloo morne plaine. L'article 209 B après l'arrêt Schneider », *RJF,* n° 02/2003, pp. 113-114.
DE LA FERIA Rita, "Prohibition of abuse of (Community) Law: the Creation of a new General Principle of EC Law Throught Tax", *CMLR*, n° 45/2008, pp. 395-441.
DOCCLO Carolin, "Limits on the Use of Low-Tax Regimes by Multinational Businesses – Belgian Report", *Intertax,* 2002, vol. 30, Issue 8/9, pp. 315-325.

ECKl Petra, "Tightening of the German Anti-Treaty-Shopping Rule", *European Taxation,* March 2007, pp. 120-125.
FONTANA Renata, "The Uncertain Future of CFC Regimes in the Member States of the European Union" Part 1, Part 2", *European Taxation,* June 2006, pp. 259-267, July 2006, pp. 317-334.
FOUQUET Olivier, « Un contrat de treaty shopping qualifié de fraude à la convention fiscale franco britannique », *Droit Fiscal,* n° 4, 25 janvier 2007, p. 37.
GOUTHIERE Bruno, « Article 209 B et droit communautaire : la CJCE précise la notion de montage artificiel », *FR,* n° 39/06, pp. 21-23.
GOUTHIERE Bruno, « Overwiew of the french CFC Legislation », *European Taxation,* February 2008, pp. 50-57.
GUTMANN Daniel, « L'arrêt Cadbury Schweppes et son impact sur le droit français », *Les Nouvelles Fiscales,* n° 970, 15 décembre 2006, pp. 4-6.
HELMINEN Marjaana, "Is There a Future for CFC-Regimes in the EU?", *Intertax,* 2005, vol. 33, Issue 3, pp. 117-123.
KÖRNER Andreas, "German Reference to the ECJ for a Preliminary Ruling: Unilateral Switch-over Clause and CFC Rules", *Intertax,* 2006, vol. 34, Issue 1, pp. 32-36.
LANG Michael, « CFC Legislation and Community Law", *European Taxation,* September 2002, pp. 374-379.
LANG Michael, "CFC Regulations and Double Taxation Treaties", *Bulletin for International Fiscal Documentation,* February 2003, pp. 51-58.
LEGENDRE Xénia, **MADEC** Gérard, « Comment l'administration lutte contre l'évasion fiscale internationale là où il n'y en a pas (quelques réflexions sur l'application ou la non application de l'article 209 B) », *Les Petites Affiches,* n° 3, 5 janvier 2000, pp. 4-7.
LUJA Raymond H.C., "Anti-tax-avoidance Rules and Fiscal Trade Incentives", *Intertax,* 2000, vol. 28, Issue 6/7, pp. 226-240.
MAISTO Guglielmo, **PISTONE** Pasquale, "A European Model for Member States' Legislation on the Taxation of Controlled Foreign Subsidiaries (CFCs)", Part 1 & 2, *European Taxation,* October 2008, pp. 503-513, November 2008, pp. 554-570.
MESSECA Jacques, **GRIFAT** Sabrina, « Article 209 B du CGI : l'instruction administrative à la lumière de la jurisprudence communautaire », *Les Nouvelles Fiscales,* 1er juin 2007, pp. 24-30.
MEUSSEN Gerard T.K., "*Cadbury Schweppes*: The ECJ Significantly Limits the Application of CFC Rules in the Member States", *European Taxation,* January 2007, pp. 13-18.
O'SHEA Tom, "The UK's CFC rules and the freedom of establishment: Cadbury Schweppes plc and its IFSC subsidiaries – tax avoidance or tax mitigation?", *ECTR,* 2007/1, pp. 13-33.
PERROTIN Frédérique, « Un élargissement inattendu de la notion communautaire d'abus de droit », *Les Petites Affiches,* n° 66, 2 avril 2007, pp. 3-5.
PERROTIN Frédérique, « Article 209 B et paradis fiscal », *Les Petites Affiches,* 16 avril 2009, pp. 3-5.
PIANTAVIGNA Paolo, "Prohibition of Abuse of Law : A New General Principle of EU Law ? 3-4 October 2008, Oxford (UK)", *Intertax,* 2009, vol. 37, Issue, 3, pp. 166-175.

PRADIE Pierre, **BOURGEOIS** Nicolas, « Du risque de fraude à la loi dans les opérations internationales », *Echanges,* n° 242, avril 2007, pp. 20-21.
RADLER Albert J., "Do National Anti-Abuse Clauses Distort the Internal Market?", *European Taxation*, September 1994, pp. 311-313.
RADLER Albert J., "Tax Abuse and EC Law", *ECTR*, 1997/2, pp.86-101.
RAINER Anno, **ROELS** Jan, **THÖMMES** Otmar, **TOMSETT** Eric, **WEENING** Gerben, **VAN DEN HURK** Hans, "ECJ Restricts Scope of CFC Legislation", *Intertax,* 2006, vol. 34, Issue 12, pp. 636-638.
RØNFELDT Thomas, **WERLAUFF** Erik, **"**CFC Rules Go Up in Smoke – with Retroactive Effect", *Intertax,* 2007, vol. 35, Issue 1, pp. 45-48.
ROUSSELLE Olivier, **LIEBMAN** Howard M., " The Doctrine of the Abuse of Community Law : The Sword of Damocles Hanging over the Head of EC Corporate Tax Law", *European Taxation*, December 2006, pp. 559-564.
RUIZ ALMENDRAL Violetta, "Tax Avoidance and the European Court of Justice: What is a Stake for General Anti-Avoidance Rules?", *Intertax*, 2005, vol. 33, Issue 12, pp. 562-583.
RUST Alexander, "CFC Legislation and EC Law", *Intertax*, 2008, vol. 36, Issue 11, pp. 492-501.
SCHNITGER Arne, "German CFC legislation pending before the European Court of Justice – abuse of the law and revival of the most-favoured-nation-clause", *ECTR*, 2006/3, pp. 151-160.
SCHÖN Wolfgang, "CFC Legislation and European Community Law", *BTR*, n° 4/2001, pp. 250-260.
TOMSETT Eric, **"**EC Tax Scene: ECJ Rules UK CFC Legislation Contrary to EC Law", *Intertax,* 2006, vol.34, Issue 11, p. 575.
TUROT Jérôme, « L'article 209 B est-il soluble dans le droit communautaire ? », *RJF,* n° 12/1998, pp. 940-945.
VANISTENDAEL Frans, **"**Halifax and Cadbury Schweppes: one single European theory of abuse in tax law?", *ECTR,* 2006/4, pp. 192-195.
VINTHER Nikolaj, **WERLAUFF** Prof. Erik, "Tax Motives Are Legal Motives – The Borderline between the Use and Abuse of the Freedom of Establishment with Reference to the *Cadbury Schweppes* Case", *European Taxation,* August 2006, pp. 383-386.
DE WAAL Allard, « L'article 209 B du C.G.I : mythe ou réalité ? », *Droit Fiscal,* n°30/1991, pp. 1149-1155.
DE WAAL Allard, « La question de l'incompatibilité des articles 155 A et 209 B avec les conventions fiscales internationales », *RDAI,* n° 5/1994, pp. 653-668.
DE WAAL Allard, « La portée des articles 155 A et 209 B à la lumière de la jurisprudence française », *RDAI,* n° 2/1999, pp. 242-251.
WATHELET Melchior, « L'abus de droit en droit communautaire : application à la TVA et à la fiscalité directe », *BF*, n° 12/2006, pp. 119-1129.
WHITEHEAD Simon, **"**Practical implications arising from the European Court's recent decisions concerning CFC legislation and dividend taxation", *ECTR,* 2007/4, pp. 176-183.
X « Participations dans des entités financières étrangères soumises à un régime fiscal privilégié », *Revue de Fiscalité Européenne et Droit International des Affaires,* n° 2000/1, pp. 47-56.
X « L'abus de droit en matière fiscale. Entretiens du Palais Royal du 7 mars 2007 », *Droit Fiscal,* n° 47, 22 novembre 2007, pp. 6-28.

ZALASINSKI Adam, "Case-Law-Based Anti-Avoidance Measures in Conflict with Proportionality Test – Comment on the ECJ Decision in Kofoed", *European Taxation*, December 2007, pp. 571-576.

Textes et rapports

UNION EUROPÉENNE :

Commission européenne, 10 décembre 2007, Communication de la Commission au Conseil, au Parlement européen et au Comité économique et social européen, « L'application des mesures de lutte contre les abus dans le domaine de la fiscalité directe – au sein de l'Union européenne et dans les rapports avec les pays tiers », COM (2007) 785.

OCDE :

OECD, "Controlled Foreign Companies Legislation, Studies in Foreign Source Income", Paris, 1996, 164 pp.

Arrêts, notes, conclusions

Arrêts du Conseil d'Etat, des Cours administratives d'appel et des Tribunaux administratifs:

CE, 28 juin 2002, Assemblée, n° 232276, *Schneider Electric*, Recueil Lebon, pp. 233-236, *RJF*, n° 10/2002, n° 1080.

Arrêts de la Cour de justice de l'Union :

CJCE, 3 décembre 1974, aff. C-33/74, *Van Binsbergen*, Rec. p. 1299.
CJCE, 5 octobre 1994, aff. C-23/93, *TV 10 SA c/ Commissariaat voor de Media*, Rec. p. I-4795, conclusions Lenz du 16 juin 1994.
CJCE, 14 décembre 2000, aff. C-110/99, *Emsland Stärcke*, Rec. p. I-11569, conclusions Alber du 16 mai 2000.
CJCE, 21 février 2006, aff. C-255/02, Halifax plc, Leeds Permanent Development Services Ltd, County Wide Property Investments Ltd, Rec. p. I-1609.
CJCE, 12 septembre 2006, aff. C-196/04, *Cadbury Schweppes Plc et Cadbury Schweppes Overseas Ltd*, Rec. p. I-7995, conclusions Léger du 2 mai 2006.
CJCE, 23 avril 2008, aff. C-201/05, *Test Claimants in the CFC and Dividend Group Litigation*, Rec. p. I-2875, Ordonnance de la Cour.

XII Régimes de groupe nationaux et européens

Ouvrages

DEVEREUX Michaël, **LORETZ** Simon, « The effect of EU Formula Apportionment on Corporate ax Revenues », Oxford University Centre for Business Taxation, Working Paper 07/06, 31 January 2008, (www.sbs.ox.ac.uk/centres/tax/Documents/working_papers/WP0706.pdf)
Editions Législatives, « Dictionnaire permanent gestion fiscale : groupes de sociétés, holding, société mère », pp. 1-18.
FOUCAULT Jean-Pierre, « La fiscalité des groupes internationaux de sociétés », Thèse, Paris I, 1975.
GASTINEAU Pierre, « La fiscalité des groupes de sociétés », Litec Fiscal, 2003, 364 pp.
HANNOUN Charley, « Le droit et les groupes de sociétés », Thèse, LGDJ, Bibliothèque de droit privé, tome 216, 1991, 321 pp.
d'Hoir LAUPETRE, « La notion de groupe de sociétés en droit français », Thèse, Lyon 1988.
IFA, Cahiers de droit fiscal international, "Group Taxation", Kluwer Law ,vol. 89 b, 2004, 770 pp.
JOLY SOCIETES, Traité, « Groupes de sociétés, régime fiscal », pp. 7-33.
LANG Michaël, **PISTONE** Pasquale, **SCUCH** Josef, **STARINGER** Claus, « Common Consolidated Corporate Tax Base », Wien, Linde Verlag, Series on International Tax Law, 2008, 1101 pp.
MAYER Stefan, " Formulary Apportionment for the Internal Market", IBFD, Doctoral Series, n° 17, 2009, 336 pp.
PARIENTE Maggy, « Les groupes de sociétés », Litec, 1993, 334 pp.

Articles

BARBIERI Jean-François, « Comment rénover le droit français des groupes de sociétés ? », *Les Petites Affiches,* n° 133, 5 novembre 1997, pp. 6-11.
BERGERES Maurice-Christian, « Des fissures dans le régime du bénéfice mondial et consolidé », *Droit Fiscal,* n° 13/2005, pp. 638-643.
BOGERD Hilco, "The attraction and feasability of formula apportionment for the European Union", *ECTR*, 2007/6, pp. 274-282.
BRUN Brigitte, « La prise en compte toujours accrue des groupes de sociétés en droit de la concurrence », *Droit des sociétés,* juin 2006, pp. 8-12.
BURGUBURU Julie, « Transfert de bénéfices et expansion à l'étranger : une jurisprudence au parfum », *RJF,* n° 07/2008, pp. 667-671.
CERIONI Luca, "The Possible Introduction of Common Consolidated Base Taxation via Enhanced Cooperation: Some Open Issues", *European Taxation*, May 2006, pp. 187-196.

CERIONI Luca, "A Hypothesis for Radical Tax Reform in the European Union –The Implications of the Abolition of Corporate Income Taxes", *European Taxation,* August/September 2007, pp. 377-388.

CERIONI Luca, "Postponement of the Commission's Proposal for a CCCTB Directive: Possible Ways Forward", *Bulletin for International Taxation,* February 2010, pp. 98-114.

CNOSSEN Sijbren, "Company Taxes in the European Union: Criteria and Options for Reform", *Fiscal Studies,* 1996, vol. 17, n° 4, pp. 67-97.

COURET Alain, « Vers un nouveau droit des groupes ? », *Les Petites Affiches,* n° 47, 18 avril 1997, pp. 4-9.

CZAKERT Ernst, "Administrative issues and CCCTB", *ECTR,* 2008/4, pp. 169-172.

DEBOISSY Florence, « Acte anormal de gestion et groupes de société: orthodoxie juridique versus réalisme économique? », in Etudes à la mémoire du Professeur Maurice Cozian, Litec, 2009, pp. 263-306.

DIBOUT Patrick, « Le périmètre des groupes de sociétés et la liberté d'établissement. A propos de CJCE, 27 nov. 2008, C-418-07, Sté Papillon », *Droit Fiscal,* n° 52, 25 décembre 2008, pp. 8-12.

DURAND Philippe, **FOUQUET** Olivier, « Répartition de la charge de l'impôt au sein d'un groupe de sociétés : quelle liberté ? », *Droit Fiscal,* n° 15, 15 avril 2010, pp. 31-38.

DURAND Pierre-Henri, **RUTSCHMANN** Yves, " The Papillon Case : A First Step Toward a New Era in European Tax Treatment of Groups", *ECTR,* 2009/3, pp. 122-130.

EBERT Sabine, « Le droit applicable aux groupes de sociétés impliquant des sociétés européennes (Societas Europeae) », *Revue du droit de l'union européenne,* n° 4/2003, pp. 813-829.

ENDRES Dieter, "The Concept of Group Taxation: A Global Overview", *Intertax,* 2003, vol. 31, Issue 10, pp. 349-352.

FARGAS MAS Lluis M., "Consequences of the Implementation of the CCCTB Regime on EU Member States Tax Collection: Will CCCTB Have a Dramatic or Only a Severe Effect on Public Finances?", *Intertax,* 2010, Issues 8-9, pp. 394–420.

FERNANDES José Almeida, **TENORE** Mario, "Conference Report : Common Consolidated Corporate Tax Base : The Possible Content of Community Law Provisions", *Intertax,* 2008, vol. 36, Issue 8/9, pp. 400-409.

FERRAND Olivier, « Fiscalité des groupes : les effets distordants du principe de personnalité de l'impôt », *Economie et Prévision,* n° 110-111, 4-5/1993, pp. 201-212.

FOUQUET Olivier, **DURAND** Philippe, « La cohérence du régime de l'intégration fiscale en question », *Droit Fiscal,* n° 52, 24 décembre 2009, pp. 24-32.

GAHLEITNER Gerald, **RATZINGER** Stefan, "International Groupe Taxation : An Overview of Austria's New Tax Incentives", *European Taxation,* November 2005, pp. 509-513.

GAMMIE Malcolm, "Arm's length or Formulary Apportionment? A European Union Perspective", in ARNOLD Brian J., SASSEVILLE Jacques, ZOLT Eric, "The Taxation of Business Profits under Tax Treaties", Canadian Tax Foundation, 2003, pp. 201-243.

GARABEDIAN Daniel, **MALHERBE** Jacques, "Common Consolidated Corporate Tax Base (CCCTB) International Issues, Credit Method for Portfolio Dividends, Interests and Royalties", in LANG Michaël, PISTONE Pasquale, SCUCH Josef, STARINGER Claus, « Common Consolidated Corporate Tax Base », Wien, Linde Verlag, Series on International Tax Law, 2008, pp. 705-723.

GONZÁLEZ SÁNCHEZ Elena, **FRANCH FLUXÀ** Juan, "Problems and Options in Calculating the Tax Base of Companies in the European Union under Home State Taxation", *European Taxation,* May 2005, pp. 197-207.
GUTMANN Daniel, « Eléments d'actualité de la fiscalité des groupes de sociétés », *Droit Fiscal,* n° hors série, avril 2008, pp. 112-117.
GUTMANN Daniel, « Le périmètre de l'intégration fiscale à l'épreuve du droit de l'Union européenne : réflexions sur l'arrêt X Holding de la CJUE », *Option Finance*, n° 1074, 26 avril 2010, pp. 28-29.
HELMINEN Marjaana, "The Esab Case (C-231/05) and the Future of Group Taxation Regimes in EU", *Intertax,* 2005, vol. 33, Issue 12, pp. 595-602.
HELMINEN Marjaana; "Freedom of Establishment and Oy AA", *European Taxation*, November 2007, pp. 490-498.
HENIE Lars A., **PASSALACQUA** Anna B., "The Norwegian Group Contribution System in Cross-border Situations", *Intertax,* 2006, vol.34, Issue 1, pp. 37-44.
HEY Johanna, "EU Common Consolidated Corporate Tax Base: Guided Variety versus Strict Uniformity – Lessons from the "US States' Tax Chaos"", Jean Monnet Working Paper 02/08, European Union, Jean Monnet Chair, 2008, 59 pp.
JACOBS Otto H, **SPENGEL** Christoph, **STETTER** Thomas, **WENDT** Carsten, "EU compagny Taxation in Case of Common Tax Base: A computer-based Calculation and Comparison Using the Enhanced Model of the European Tax Analyser", *Intertax*, 2005, vol. 33, Issue 10, pp. 414-428.
JARRAS Lorenz, **OBERMAIR** Gustav M., "Tax on earnings before interest and taxes instead of profit – fair, simple and competitive: a conceivable initiative of EU Member States for a Common consolidated corporate tax base", *ECTR*, 2008/3, pp. 111-117.
KEMMEREN Eric, "Exemption method for Pe's and (major) shareholdings best services: the CCCTB and the internal markets concerned", *ECTR*, 2008/3, pp. 118-136.
KEMMEREN Eric, "Group Interest Tax Regimes and State Aid: EC on the Wrong Track, *ECTR,* 2010/4, pp. 146–148.
KEMMEREN Eric, "CCCTB: Enhanced Speed Ahead for Improvement", *ECTR,* 2011/5, pp. 208–210.
KUBIK K., **MASSONER** C., "Common Consolidated Corporate Tax Base – the possible contents of Community Law Provisions", *ECTR*, 2008/3, pp. 137-141.
LEGENDRE Alain, « Plaidoyer pour la reconnaissance en droit fiscal de l'existence d'une part non détachable de l'intérêt du groupe auquel elle appartient, de l'intérêt propre d'une société », *Droit Fiscal,* n° 11, 16 mars 2006, pp. 606-608.
LEONE Francesco, **ZANOTTI** Emiliano, "Italian Domestic Consoldiation: New Opportunities for Tax Planning", *European Taxation*, May 2005, pp. 187-198.
MAITROT DE LA MOTTE Alexandre, « Régime des groupes (affaire *Papillon*): l'atteinte à la liberté d'établissement est justifiée mais disproportionnée », *Droit Fiscal,* n° 49, 4 décembre 2008, pp. 3-5.
MICHEAU Claire, "Tax selectivity in state aid review : a debatable cas practise", *ECTR*, 2008/6, pp. 276-284.
MITROYANNI Ionna, **PUTZOLU** Chiara, "CCCTB and Business Reorganizations", *Intertax*, 2009, vol. 37, Issue 8/9, pp. 436-448.
MORGENSTERN Patrick, « Bénéfice consolidé et bénéfice mondial : une possibilité pour les groupes français implantés à l'étranger », *RFC*, n° 211, pp. 29-34.
MOSQUERRA VALDERAMA Irma Johanna, "The CCCTB Compatible with National GAAP? What's Next?", *Intertax*, 2008, Issue 8-9, pp. 359-370.

MUNIN Nellie, "Tax in Troubled Time: Is It the Time for A Common Corporate Tax Base in the EU?", *ECTR, 2011/3,* pp. 121–133.
O'SHEA Tom, "The Common Consolidated Corporate Tax Base (CCCTB) – Issues for Member States Opting Out and Third Countries: a critique and some in depth analysis", www.law.qmul.ac.uk, 17 pp.
O'SHEA Tom, "New Analysis: Finland's Intragroup Financial Transfer Rules Compatible With EU Law", *Tax Notes International,* August 2007, pp. 634-638.
PANAYI HJI Christiana, "The Common Consolidated Corporate Tax Base – Issue for Members States opting out and Third Countries", *European Taxation,* March 2008, pp. 114-123.
PETHIG Rüdiger, **WAGENER** Andréas, "Profit tax competition and formula apportionment", *International Tax and Public Finance,* vol.14, n° 6, December 2007, pp 631-655.
PINARD-FABRO, « Aides intra-groupes à l'étranger: dernières avancées de la jurisprudence », *BF*, n° 01/2009, pp. 5-9.
PINSON Pierre, « Fiscalité des groupes en France », *RDAI,* n° 5/1985, pp. 635-649.
PRINCEN Savina, **GERARD** Marcel, "International Tax Consolidation in the European Union : Evidence of Heterogeneity", *European Taxation,* April 2008, pp. 174-185.
REEB-BLANLUET Sonia, « La normalité d'une décision de gestion prise par une société membre d'un groupe intégré doit être appréciée uniquement au regard de l'intérêt propre de cette société », *Joly sociétés,* n° 8/2006, pp. 1019-1024.
RICHARD Julie, **"**Comparison between UK and French Taxation of Groups of Companies", *Intertax,* 2003, vol. 31, Issue 1, pp. 20-39.
ROSSIGNOL Jean-Luc, « Le régime fiscal des aides entre sociétés sœurs », *RFC,* n° 313, juillet-août 1999, pp. 43-47.
RUSSO Antonio, "A Formulary Apportionment for Europe: An Analysis and A Proposal", *Intertax*, 2005, Issue 1, pp. 1-31.
RUSSO Ronaldo, "The precious relationship between IAS/IFRS and CCCTB with respect to different categories of assets and accrual", in LANG Michaël, PISTONE Pasquale, SCUCH Josef, STARINGER Claus, "Common Consolidated Corporate Tax Base", Wien, Linde Verlag, Series on International Tax Law, 2008, pp. 361-384.
RUTSCHMANN Yves, **DIBOUT** Patrick, **de La ROCQUE** Laetitia, « Arrêt Société Papillon : quelles incidences pratiques ? », *Droit Fiscal,* n° 16, 16 avril 2009, pp. 7-14.
SALOMON Renaud, « L'intérêt de groupe, fait justificatif de l'abus de biens sociaux », *Droit des sociétés,* juillet 2007, p. 36.
SCAPA PASSALACQUA Anna, **HENIE** Lars A., "The Norwegian Group Contribution System in Cross-border Situations", *Intertax*, 2005, vol. 33, Issue 3, pp. 37-44.
SIMONIS Paul H. M., « CCCTB : Some Observations on Consolidation from a Dutch Perspective », *Intertax*, 2009, vol. 37, Issue 1, pp. 19-39.
SMITH Neil, "Group Taxation in Denmark", *Equinor*, April 2008, 11 pp.
SPENGEL Christoph, "Common corporate consolidated tax base – don't forget the tax rates!", *ECTR*, 2005/3, pp.118-120.
STEPHOLT Ralf, **BASCOPE** Hugo, **HERING** Alexander, "Group taxation in Spain", *European Taxation*, August 2008, pp. 403-408.
TUROT Jérôme, « Avantages consentis entre sociétés d'un groupe multinational », *RJF,* n° 05/1989, pp. 263-271.

VAUDOYER James, **ROYOU** Philippe, « La dissolution de sociétés unipersonnelles : une solution fiscale d'avenir pour la réorganisation française et intra-communautaire des groupes », *Droit Fiscal,* n° 18/1992, pp. 801-804.
WATHELET Melchior, « A propos de l'arrêt « OY AA » de la CJCE : glaçon errant ou pointe d'un redoutable iceberg pour les contribuables européens ? », *FR,* n° 41/07, pp. 9-11.
WEBER Dennis, **RUSSO** Antonio, "The CCCTB and possible elements of a technical outline: The 'Switch-over' clause", in LANG Michaël, PISTONE Pasquale, SCUCH Josef, STARINGER Claus, "Common Consolidated Corporate Tax Base", Wien, Linde Verlag, Series on International Tax Law, 2008, pp. 751-770.
WEIL Dr Kurt G., « De l'information des minoritaires au sein d'un groupe de sociétés : groupes de sociétés allemands sous le feu de la sacro-sainte transparence dans le capital des sociétés », *Banque et Droit,* n° 38, novembre-décembre 1994, pp. 3-10.
WEINER Joann Martens, "Formula One. The race to find a common formula to apportion the EU tax base", *ECTR*, 2008/3, pp. 100-110.
X « La modernisation des régimes du bénéfice consolidé et du bénéfice mondial », *Droit Fiscal*, n° 11/1992, pp. 501-509.
X « Un droit des groupes de sociétés pour l'Europe (forum europaeum sur le droit des groupes de sociétés) », *Revue des sociétés,* janvier-mars 1999 et avril-juin 1999, pp. 43-80.
X « L'optimisation fiscale des groupes : une surveillance accrue. Rencontre Lamy du droit fiscal du 23 octobre 2007 », *Les Nouvelles Fiscales,* n° 990, 15 novembre 2007, pp. 18-25.

Textes et rapports

UNION EUROPÉENNE :

Commission européenne, Communication de la Commission au Conseil, au Parlement européen et au Comité économique et social européen, 23 octobre 2001, « Vers un marché intérieur sans entraves fiscales. Une stratégie pour permettre aux entreprises d'être imposées sur la base d'une assiette consolidée de l'impôt sur les sociétés couvrant l'ensemble de leurs activités dans l'Union européenne », COM (2001) 582.
Commission européenne, janvier 2003, « Application à titre expérimental de l'imposition selon les règles de l'Etat de résidence aux petites et moyennes entreprises de l'UE », Document de consultation, TAXUD/C/1 DOC 2110, 27 pp.
Commission européenne, 24 juin 2004, « Description de l'application expérimentale éventuelle d'un système d'imposition selon les règles de l'Etat de résidence aux petites et moyennes entreprises, TAXUD C.1/DOC (04) 1410.
European Commission, 7 juillet 2004, Commission Non-Paper to informal Ecofin Council, 10 and 11 September 2004, « A Common Consolidated EU Corporate Tax Base ».
Commission européenne, 10 décembre 2004, Groupe de travail sur une assiette commune consolidée pour l'impôt des sociétés, « Principes fiscaux généraux », GT/ACCIS/001Rev1/doc/fr, Taxud E1-TN.

Commission européenne, 7 septembre 2005, Groupe de travail sur une assiette commune consolidée pour l'impôt des sociétés, « Revenu imposable », CCCTB/WP/017/doc/Fr, TAXUD E1, MH.
Commission européenne, 23 décembre 2005, Communication de la Commission au Conseil, au Parlement européen et au comité économique et social européen, « Lutte contre les obstacles liés à la fiscalité des sociétés qui affectent les petites et moyennes entreprises dans le marché intérieur – Description d'un éventuel système pilote d'imposition selon les règles de l'Etat de résidence », COM (2005) 702 Final.
European Commission, 23 décembre 2005, Commission staff working document, "Annex to the communication from the commission to the council, the european parliament and the economic and social commitee : Tackling the corporation tax obstacles of small and medium sized entreprises in the internal market – outline of possible Home State Taxation pilot scheme", SEC (2005) 1785.
European commission, WEINER Joann Martens, Taxation papers, working paper n° 8/2005, "Formulary apportionment and group taxation in the European union : insights from the USA and Canada", 67 pp.
European commission, Taxation papers, working paper n° 9/2006, "The delineation and apportionment of an EU consolidated tax base for multijurisdictional corporate income taxation: a review of issues and options", 97 pp.
Commission européenne, Communication de la commission au Conseil, au Parlement européen et au comité économique et social européen , 5 avril 2006, « Mise en œuvre du programme communautaire de Lisbonne : Avancement des travaux et programme futur pour une assiette commune consolidée pour l'impôt sur les sociétés (ACCIS), COM (2006) 157.
Commission européenne, 26 juillet 2006, Groupe de travail sur une assiette commune consolidée pour l'impôt sur les sociétés (GT ACCIS), « Entités à inclure dans le champ d'application de l'ACCIS », CCCTB/WP/040/doc/en, Taxud E1, OP.
Commission européenne, 24 août 2006, Groupe de travail sur une assiette commune consolidée pour l'impôt sur les sociétés (GT ACCIS) : aperçu des principales questions ayant émergé lors de la 1ère réunion du sous groupe sur l'imposition des groupes.
Commission européenne, 17 novembre 2006, Groupe de travail sur une assiette commune consolidée pour l'impôt sur les sociétés (GT ACCIS), « Le mécanisme de répartition de l'ACCIS », CCCTB/WP/047/doc/fr, Taxud, E1, GR/FF.
Commission européenne, 27 février 2007, Groupe de travail sur une assiette commune consolidée pour l'impôt sur les sociétés (GT ACCIS), « Aperçu des principaux thèmes évoqués lors du débat sur le mécanisme de répartition de l'ACCIS », CCCTB/WP/052/doc/fr, Taxud E1 AAG-GR-FF.
Commission européenne, 1er mars 2007, Groupe de travail sur l'ACCIS, « Aperçu des principaux thèmes évoqués lors de la troisième réunion du sous-groupe sur l'imposition des groupes (SG5 - 5 et 6 février 2007) », CCCTB/WP/053/doc/fr, Taxud E1 OP/RP.
Commission européenne, 26 juillet 2007, Groupe de travail sur l'ACCIS, « ACCIS : ébauche d'un cadre technique », ACCIS/WP/057/doc/fr.
Commission européenne, 20 août 2007, Groupe de travail sur une assiette commune consolidée pour l'impôt sur les sociétés (GT ACCIS), « Rapport et aperçu des principaux thèmes évoqués lors du débat sur le mécanisme de répartition. Deuxième réunion du SG 6, le 11 juin 2007 », CCCTB/WP/056/doc/fr, Taxud E1 OP.

Commission européenne, 13 novembre 2007, Groupe de travail sur une assiette commune consolidée pour l'impôt sur les sociétés (GT ACCIS), « ACCIS : ébauche d'un mécanisme de répartition », CCCTB/WP/060/doc/fr, Taxud TF1/GR/FF.
Commission européenne, 27 mars 2008, Groupe de travail sur une assiette commune consolidée pour l'impôt sur les sociétés, « Divers aspects détaillés de l'ACCIS », CCCTB/WP066/doc/fr, Taxud TF1/TN.
Commission européenne, 2 juillet 2008, « Compte rendu de la réunion du groupe de travail sur une assiette commune consolidée pour l'impôt sur les sociétés », CCCTB/WP/68/FR, Taxud TF1/DBOP/.
Conseil européen, 16 mars 2011, proposition de directive concernant l'assiette commune consolidée pour l'impôt sur les société, COM (2011) 121 Final.

MINISTÈRE DES FINANCES France :

Les notes bleues décembre 2006 , « La taille et l'organisation en groupe, catalyseurs de l'immatériel dans les entreprises ».

Arrêts, notes, conclusions

COLLIN Pierre, « Périmètre du groupe fiscalement intégré : peut-il inclure une sous filiale détenue par l'intermédiaire d'une société d'un autre Etat membre de la CE ? », conclusions sous CE 10 juillet 2007, n° 284785, *BDCF,* n° 11/2007, pp. 20-26.

Arrêts du Conseil d'Etat, des Cours administratives d'appel et des Tribunaux administratifs :

CE, 6 juin 1984, n° 35415-36733, *SA Compagnie Financière de Suez,* Recueil Lebon, pp. *RJF*, n° 8-9/1984, n° 940.
CE, 10 mars 2006, n° 263183, *Sté SEPT, RJF*, n° 06/2006, n° 72.
CE, 28 avril 2006, n° 277572, *Sté SEEEE, RJF*, n° 07/2006, n° 836.
CE, 28 avril 2006, n° 278738, *Sté SIAS, RJF,* n° 07/2006, n° 837.
CE, 26 mars 2008, n° 301413, *SA Financière Fauvernier*, non publié au Recueil Lebon, *RJF*, n° 06/2008, n° 637.
CE, 12 mars 2010, n° 328424, 3ème et 8ème s-s, *Sté Wolseley Centers France, RJF*, n° 05/2010, n° 469
CE, 24 novembre 2010, n° 334032, *Société Océ NV*, *RJF*, n° 02/2011, n°151.

Arrêts de la Cour de justice de l'Union :

CJCE, 18 juillet 2007, aff. C-231/05, *Oy Aa,* Rec. p. I-6373, conclusions Kokott du 12 septembre 2006.
CJCE, 27 novembre 2008, aff. C-418/07, *Papillon,* Rec. p. I-8947, conclusions Kokott du 4 septembre 2008.
CJCE, 10 septembre 2009, aff. C-97/08 P, *Akzo Nobel NV*, Rec. p. I-8237, conclusions Kokott du 23 avril 2009.
CJUE, 25 février 2010, aff. C-337/08, *X Holding BV*, Rec. p. I-1215, conclusions Kokott du 19 novembre 2009.

XIII Harmonisation européenne

Ouvrages

ALTINDAG Selçuk, « La concurrence fiscale dommageable. La coopération des Etats membres et des autorités communautaires », L'Harmattan, collection Finances Publiques, 2009, 435 pp.
BOND Steve, **CHENNELLS** Lucy, **DEVEREUX** Michaël P., **GAMMIE** Malcolm, **TROUP** Edward, "Corporate tax harmonization in Europe : a guide to the debate", Institute For fiscal studies, Londres, 2000, 79 pp.
CNOSSEN Sijbren, "Tax co-ordination in the European Community", Kluwer law , Series on international taxation, Deventer, n° 7, 1987; 377 pp.
COLLETTE Christine, « Vers l'Europe fiscale, l'entreprise française face à ses concurrentes », Editions comptables Malesherbes, 1991, 123 pp.
EMONNOT Claude, « Intégration financière européenne et fiscalité des revenus du capital », Economica, 1998, 304 pp.
GAMMIE Malcolm, "The Ruding Committee: An Initial Response", Institute for Fiscal Studies, Londres, 1992, 64 pp.
GHOSH Julian, « Principles of the Internal Market and Direct Taxation », Oxford, Key Haven Publications, 2007, 266 pp.
LODIN Sven-Olof, **GAMMIE** Malcolm, "Home state taxation", Publications IBFD, Amsterdam, 2001, 104 pp.
MARTIN JIMENEZ Adolfo J., "Towards corporate tax harmonization in the European Community", Kluwer law International, Series on International Taxation, n° 22, Londres, 1999, 391 pp.
SANTA MARIA Alberto, "Competition and State Aid: An Analysis of the EC Practice", Kluwer Law International, International Competition Law Series, vol. 32, London, 2007, 418 pp.

Articles

ALIOUAT Boualem, « Le nouveau traitement fiscal des activités transfrontalières : l'Europe de la coopération », *Les Petites Affiches,* n°55, 8 mai 1991, pp. 9-14.
AUJEAN Michel, « Où en est-on des politiques d'harmonisation des législations fiscales en Europe ? », *Droit et Patrimoine,* n° 73, juillet août 1999, pp. 6-10.
AUJEAN Michel, « La commission européenne adopte une stratégie globale pour promouvoir la coordination fiscale dans l'UE », *Droit Fiscal,* n° 4, 25 janvier 2007, pp. 7-8.
AUJEAN Michel, « La politique fiscale européenne entre harmonisation, coordination et coopération renforcée », *Regards croisés sur l'économie,* mars 2007, pp. 238-249.
BRAUNS Patrick, **DAMBRE** Benoît, « Compétition fiscale: la Belgique renforce son attractivité », *Option Finance,* n° 911-912, 18 décembre 2006, p. 31.

CATTOIR Philippe, **MORS** Matthias, « Une chronique du paquet fiscal. Les fondements et les enjeux de la démarche communautaire », *Droit Fiscal,* n° 5/2005, pp. 240-247.

CLERGERIE Jean-Louis, « L'impôt européen : mythe ou réalité ? », *Les Petites Affiches,* n° 51, 28 avril 1995, pp. 20-23.

DIBOUT Patrick, « Fiscalité et construction européenne : un paysage contrasté », *RAE,* n° 2/95, pp. 5-19.

DIBOUT Patrick, « Harmonisation ou concurrence fiscale ? », in « L'entreprise dans le marché unique européen », La documentation française, travaux de la CEDECE, 1995, pp. 327-340.

DE FREMINET Patrick, « A défaut d'une harmonisation, une coordination fiscale est-elle possible ? », *Les Petites Affiches,* n° 97, 15 mai 2002, pp. 41-43.

FRISCH Gert-Jürgen, **MEYER** Anne-Catherine, « Le traité sur l'espace économique européen: cadre juridique d'une Europe du deuxième cercle », *RMCUE,* n° 360, juillet-août 1992, pp. 596-602.

GOBALRAJA Nicolas, **BENASSY-QUERE** Agnès, « L'harmonisation fiscale en Europe », *Revue d'économie financière,* n° 89, juillet 2007, pp. 89-100.

HENKE Klaus-Dirk, "Subsidiarity in the European Union", *Intereconomics,* September-October 2006, p. 240.

HUGOUNENQ Réjane, **Le CACHEUX** Jacques, **MADIES** Thierry, « Diversité des fiscalités européennes et concurrence fiscale », *Revue de l'OFCE,* n° 70, juillet 1999, pp. 63-105.

JACOBS Otto H., "Corporation Income Tax Systems in the European Union. An Analysis of their effects on Competition and Reform Proposals", *Intertax*, 1999, vol. 27, Issue 8-9, pp. 264-278.

LAMBERT Thierry, « Marché intérieur et évasion fiscale », *Les Petites Affiches,* n° 97, 15 mai 2002, pp. 34-40.

LE GALL Jean-Pierre, « L'harmonisation européenne de la fiscalité directe des entreprises. Analyse et perspectives du rapport Ruding », *Droit Fiscal*, n° 13/1993, pp. 624-631.

MCLURE Charles E., "Corporate Tax Harmonization in the European Union : The Commission's Proposals", *Tax Notes International*, 4 October 2004, pp. 45-69.

MONTAGNIER Gabriel, « L'harmonisation communautaire des impôts directs », *RFFP,* n° 4/1983, pp. 119-149.

MONTAGNIER Gabriel, « Harmonisation fiscale européenne (mars 1997-mars 1999) », *RTDE,* octobre-décembre 1999, pp. 741-772.

MONTI Mario, « Il faut mettre fin à la concurrence fiscale déloyale », *Les Petites Affiches,* n° 153, 23 décembre 1998, pp. 4-7.

SALIN Pascal, « L'harmonisation fiscale : une fausse bonne idée ? », *Droit et Patrimoine,* n° 54, novembre 1997, pp. 20-21.

SASS Gert, « Les deux directives fiscales concernant la coopération transfrontalière dans la communauté européenne entre entreprises », *Revue de fiscalité européenne et droit international des affaires,* 1991/2, pp. 19-27.

SCHAFER Wölf, "Harmonization and centralisation versus subsidiarity: which should apply where?", *Intereconomics,* septembre-octobre 2006, p. 246.

TRIANTAFYLLOU Dimitri, « La doctrine fiscale sous l'emprise du marché intérieur: vers une coordination de la fiscalité directe dans la Communauté européenne » , in actes

de colloque sur la doctrine fiscale organisé en hommage au professeur émérite Jacques GROSCLAUDE, *Droit Fiscal,* n° 24/2006, p. 1189.
DE WAAL Allard, « La convention européenne d'élimination des doubles impositions en cas de correction des bénéfices d'entreprises associées », *RDAI,* n° 6/1995, pp. 756-769.
DE WAAL Allard, « Rapprochements intra-communautaires et efficience fiscale », *RDAI,* n° 8/1996, pp. 1042-1047.
WATHELET Melchior, « Refus d'harmonisation fiscale et condamnations de la Cour de Justice : cohabitation diabolique ? », *RJF,* n° 07/2005, pp. 469-482.
WATHELET Melchior, « Souveraineté fiscale des Etats membres et Cour de justice : nouvelles tendance ou confirmation ? », *RJF*, n° 02/2008, pp 90-102.
X « L'harmonisation européenne de la fiscalité des entreprises : analyses et perspectives du rapport Ruding », *Droit Fiscal,* n° 13/1993, pp. 624-631.
X « Vers une coopération fiscale globale. Rapport pour la réunion du conseil au niveau des ministres de 2000 et recommandations du comité des affaires fiscales de l'OCDE : Progrès dans l'identification et l'élimination des pratiques fiscales dommageables », *Droit Fiscal,* n° 37/2000, pp. 1153-1161.

<u>Textes et rapports</u>

UNION EUROPÉENNE :

Commission des Communautés européennes, Rapport du comité fiscal et financier (Rapport Neumark), 1962, document CEE 8070/1/XII/1962/5.
Commission des Communautés européennes, « Programme d'harmonisation des impôts directs », Bulletin de la CEE, 1967/08, 21 pp.
Commission des Communautés européennes, « Impôt sur les sociétés et impôt sur le revenu dans les communautés européennes » (Rapport Van den Tempel), 1970, collection Etudes, Série Concurrence, Rapprochement des législations, n° 15.
Commission des Communautés européennes, « Communication de la Commission sur les suites de l'arrêt rendu par la Cour de Justice des Communautés européennes, le 20 février 1979, dans l'affaire C-120/78 (Cassis de Dijon) », JO n° 256 du 3 octobre 1980, p. 2.

MINISTÈRE DES FINANCES France :

Les notes bleues, n° 312, août 2006, Marie-Christine LEPETIT, « Harmonisation ou concurrence fiscale ».

XIV Pertes transfrontalières

Articles

CORDEWENER Axel, "Cross-Border Loss Relief and the 'Effet Utile' of EU Law: Are We Losing It?", *ECTR,* 2011/2, pp. 58–61.
DA SILVA Bruno, "From *Marks & Spencer to X Holding*: The Future of Cross-Border Group Taxation in the European Union", *Intertax,* 2011, Issue 5; pp. 257–265.
DENYS L.A., "Previous EU Proposals for Cross-Border Loss Relief", *European Taxation,* September 2006, pp. 443-448.
DE WILDE Maarten F., "On *X Holding* and the ECJ's Ambiguous Approach towards the Proportionality Test", *ECTR,* 2010/4, pp. 170–182.
DOERR Ingmar, "A Step Forward in the Field of European Corporate Taxation and Cross-border Loss Relief: Some Comments on the *Marks and Spencer* Case", *Intertax* 2004, vol.32, Issue 4, pp. 180-186.
DWI NUGROHO Adrianto, "Treatment of Losses in an EU Corporate Tax Group : Ending a Series of Unfortunate Events", *ECTR*, 2009/1, pp. 29-46.
GAMMIE Malcolm, "The Impact of the Marks & Spencer Case on US-European Planning", *Intertax,* 2005, Issue 11, pp. 485-489.
GEBHARDT Ronald, **QUILITZSCH** Carsten, "Cross-Border Loss Relief in the EU: Implications of Recent Developments in Germany Regarding Outbound Permanent Establishments", *ECTR,* 2011/6, pp. 263–272.
GERARD Marcel, **MARTENS WEINER** Joann, « Comment la compensation transfrontalière des pertes et la répartition proportionnelle des revenus imposables peuvent affecter les choix des multinationales de la concurrence fiscale », *Economie et prévision,* n° 173, 2006/2, pp. 65-77.
GERSON Anna, "The Negative Harmonization Process of Losses in Foreign EU Subsidiaries: The Swedish Case", *ECTR,* 2011/6, pp. 273–282.
GINTER Eric, « Déduction transfrontalière des pertes au sein d'un groupe de sociétés : l'affaire Marks & Spencer », *Joly société,* mars 2006, § 73.
GUTMANN Daniel, "The Marks & Spencer case: proposals for an alternative way of reasoning", *ECTR,* 2003/3, pp. 154-158.
GUTMANN Daniel, « La fiscalité française des groupes de sociétés à l'épreuve du droit communautaire. Réflexions sur l'affaire Marks et Spencer pendante devant la CJCE », *Droit Fiscal,* n° 14/2004, pp. 681-685.
HASLEHNER Werner C., "Cross-Border Loss Relief for Permanent Establishments under EC Law", *Bulletin for International Taxation,* January 2010, pp. 33-44.
HELMINEN Marjaana, "Must the Losses of a Merging Company be Deductible in the State of Residence of the Receiving Company in EU?", *ECTR,* 2011/4, pp. 172–178.
HOOR Oliver R., "Optimizing the Use of Corporate Tax Losses in Luxembourg: A comprehensive Technical Analysis", *European Taxation,* July 2009, pp. 348-360.
ISENBAERT Mathieu, VALJEMARK Caroline, "M & S judgement: the ECJ caught between a rock and a hard place", *ECTR,* 2006/1, pp. 10-17.
KOK Reinout, "Domestic and Cross-Border Loss Relief in the European Union", *Intertax,* 2010, vol.38, Issue 12, pp. 663–671.

KÖRNER Andreas, "Reference to the ECJ by the German Federal Fiscal Court for a Preliminary Ruling: Does European Law Require Cross-Border Loss Relief?", *Intertax*, 2003, vol. 31, Issue 12, pp. 489-495.
LANG Michael, "Marks and Spencer – more questions than answers: an analysis of the Opinion delivered by Advocate General Maduro", *ECTR*, 2005/2, pp. 95-100.
LANG Michael, "The *Marks & Spencer* Case - The Open Issues Following the ECJ's Final Word", *European Taxation*, February 2006, pp 54-67.
LUDICKE Jochen, "Pending Cases by German Courts, Lidl Belgium", in LANG Michaël, SCHUCH Josef, STARINGER Claus, "ECJ Recent Developments in Direct Taxation 2007", Wien, Lindeverlag, 2007.
MARIATTE Flavien, « Conditions communautaires du « dégrèvement de groupe » : nouvelles raisons impérieuses d'intérêt général ou nouvelle méthode de confinement des compétences réservées des Etats membres dans le domaine de la fiscalité directe ? », *Europe*, n° 2/2006, pp. 21-23.
MARRES Otto, "The Principle of Territoriality and Cross-Border Loss Compensation", *Intertax*, 2011,vol.39, Issue 3, pp. 112–125.
MARTIN Philip, "The Marks & Spencer EU group relief case – a rebuttal of the taxing jurisdiction' argument", *ECTR*, 2005/2, pp. 61-68.
MEUSSEN Gerard T.K., "The *Marks & Spencer* case: reaching the boundaries of the EC Treaty", *ECTR*, 2003/3, pp. 144-148.
MEUSSEN Gerard T.K., "Cross-Border Loss Relief in the Eureopean Union following the Advocate General's Opinion in the Marks & Spencer Case", *European Taxation*, July 2005, pp. 282-286.
MEUSSEN Gerard T.K., "Recent EU Developments in Relation to the Marks & Spencer Case", *European Taxation*, September 2006, pp. 449-452.
MEUSSEN Gerard T.K., "Cross-Border Loss Compensation and Permanent Establishments: Lidl Belgium and Deutsche Shell", *European Taxation*, May 2008, pp. 233-236.
MEUSSEN Gerard T.K., "The ECJ's Judgement in *Krankenheim* – The Last Piece in the Cross-Border Loss Relief Puzzle", *European Taxation*, July 2009, pp. 361-363.
MULDERS Maurice, "Compensation of losses within the EC", *ECTR*, 1996/3, pp. 123-133.
NAKHAI Katja, **RAINER** Anno, "EC Tax Scene: Deductibility of foreign PE losses at German head office level referred to ECJ", *Intertax*, 2007, vol. 35, Issue 1, pp. 64-65.
O'SHEA Tom, "New Analysis: Further Thoughts on Rewe Zentralfinanz", *Tax Notes International*, April 2007, pp. 134-137.
O'SHEA Tom, "German Loss Deduction and Reintegration Rules and the ECJ", *Tax Notes International*, n° 11, 2009, 16 March, pp. 967-969.
PISTONE Pasquale, "Tax treatment of foreign losses: an urgent issue for the European Court of Justice", *ECTR*, 2003/3, pp. 149-154.
RIVOLTA Alfonso, "Transfer of Residence within the European Union: The Treatment of Pre-Existing Losses", Part 1 & 2, *European Taxation*, January 2010, pp. 26-36, February-March 2010, pp. 66-78.
RUIZ ALMENDRAL Violetta, "An Ever Distant Union: The Cross-Border Loss Relief Conundrum in EU Law", *Intertax*, 2010, vol. 38, Issue 10, pp. 476–501.
SAÏAC Julien, « L'imputation des pertes des filiales communautaires selon Marks & Spencer : mode d'emploi », *FR*, n° 46/06, pp. 46-54.

SAÏAC Julien, « Compensation transfrontalière des pertes en Europe : de nouvelles possibilités », *Option Finance,* n° 915, 15 janvier 2007, pp. 20-22.
SAÏAC Julien, « Deduction of Losses Incurred in Another Member State by a Non-Resident Subsidiary following Marks & Spencer », *European Taxation,* December 2007, pp. 550-561.
SCHEUNEMANN Marc P., "Decision in the Marks & Spencer Case: a Step Forward, but No Victory for Cross-Border Group Taxation in Europe", *Intertax,* 2006, vol. 34, Issue 2, pp. 54-57.
SCHLOESSER Julia, « Les pertes subies par un ES à l'étranger peuvent-elles être retranchées en France ? », *Option Finance,* n° 919, 12 février 2007, pp. 23-24.
SCHÖN Wolfgang, "Losing out at the Snooker Table : Cross-Border Loss Compensation for PE'S and the Fundamental Freedoms", in Hinnekens and Hinnekens, "A Vision of Taxes within and outside European Borders, Festschrift in honor of Pr. Dr. Frans Vanistandael", Kluwer Law International, 2008, pp. 813-830.
VAN den HURK Hans, "Cross-Border Loss Compensation – The ECJ's Decision in Marks & Spencer and How It was Misinterpreted in the Netherlands", *Bulletin For International Taxation,* May 2006, pp. 178-186.
VAN THIEL Servaas, **VASCEGA** Marius, "X Holding: Why Ulysses Should Stop Listening to the Siren", *European Taxation,* August 2010, pp. 334-349.
VOSSESTEIN Gert-Jan, "Exit restrictions on Freedom of Establishment after Marks & Spencer", *European Business Organisation Law Review,* 2006/7, pp. 863-878.
WATHELET Melchior, « La prise en compte fiscale des pertes de filiales européennes est-elle possible ? », *Option Finance,* n° 830, 18 avril 2005, pp. 28-31.
WATHELET Melchior, « Déduction transfrontalière des pertes ; les enseignements à tirer de l'arrêt Marks & Spencer du 13 décembre 2005 », *FR,* n° 59/05, n° 11, pp. 11-13.
WATHELET Melchior, « Les transferts de pertes de l'arrêt Marks & Spencer (2005) à l'arrêt Lidl Belgium (2008): tour de vis de la Cour de Justice? », *Option Finance,* n° 985, 16 juin 2008, pp. 24-25.
WIMPISSINGER Christian, "Cross border transfer of losses, the ECJ does not agree with Advocate General Sharpston", *ECTR,* 2008/4, pp. 173-179.
WINANDY Jean-Pierre, "New Case Law Developments: Tax Treatment of Losses of a Foreign Permanent Establishment", *European Taxation,* February 2006, pp. 82-84.

Textes et rapports

UNION EUROPÉENNE :

Commission des Communautés européennes, Proposition de directive du 28 novembre 1990, COM (90) 595 Final sur la déduction transfrontalière des pertes des établissements stables et filiales.
Commission européenne, 19 décembre 2006, Communication de la commission au Conseil, au Parlement européen et au comité économique et social européen, « Le traitement fiscal des pertes dans les situations transfrontalières », COM (2006) 824.

Arrêts, notes, conclusions

Arrêts du Conseil d'Etat, des Cours administratives d'appel et des Tribunaux administratifs :

CE, 20 novembre 1974, n° 85191, non publié au Recueil Lebon *RJF*, n° 01/1975, n° 10.

Arrêts de la Cour de justice de l'Union :

CJCE, 16 juillet 1998, aff. C-264/96, *Imperial Chemical Industries*, Rec. p. I-4695, conclusions Tesauro du 16 décembre 1997.
CJCE, 13 décembre 2005, aff. C-446/03, *Marks & Spencer Plc*, Rec. p. I-10837, conclusions Poiares Maduro du 7 avril 2005.
CJCE, 28 février 2008, aff. C-2936/06, *Deutsche Shell*, Rec. p. I-1129, conclusions Sharpston du 8 novembre 2007.
CJCE, 29 mars 2007, aff. C-674/04, *Rewe Zentralfinanz eG*, Rec. p. I-2647, conclusions Poiares Maduro du 31 mai 2006.
CJCE, 15 mai 2008, aff. C-414/06, *Lidl Belgium*, Rec. p. I-3601, conclusions Sharpston du 14 février 2008.
CJCE, 23 octobre 2008, aff. C-157/07, *Krankenheim Ruhesitz am Wannsee-Seniorenheimstatt*, Rec. p. I-8061.
CJUE, 6 septembre 2012, aff. C-18/11, *Philips Electronics*, conclusions Kokott du 19 avril 2012.

XV Double imposition et neutralité de l'impôt

Ouvrages

CROS Robert, « La double imposition des dividendes », ECONOMICA, Collection économie contemporaine, 1991, 278 pp.
DEVEREUX Michaël, **LORETZ** Simon, "Evaluating Neutrality Properties of Corporate Tax Reforms" Oxford University Centre for Business Taxation, Working Paper 10/07, 12 April 2010, (www.sbs.ox.ac.uk/centres/tax/Documents/working_papers/WP1007.pdf).
SMITH Stephen et **BARENTS** René, " Neutrality and subsidiarity in taxation", Kluwer law international, EFS, n° 3, Boston, 1996, 48 pp.

<u>Articles</u>

AFFEJEE David, « Regard sur les crédits d'impôts étrangers », *BF,* n° 07/2007, pp. 560-567.
ARNOLD Brian J., "Relief from the International double Taxation of non-portfolio Dividendes from Foreign Corporations", in Mélanges en l'Honneur de Jean-Pierre Le Gall « Fiscalité et entreprise: politiques et pratiques », *Dalloz*, 2007, pp. 287-313.
BARDINI Chiara, "The Ability to Pay in the European Market : An Impossible Sudoku for the ECJ", *Intertax*, 2010, Issue 1, pp. 2-20.
COIN Raphaël, « L'élimination des doubles impositions en Europe », *Les Petites Affiches,* n° 106, 5 septembre 1994, pp. 4-9.
DOUMA Sjoerd, "The Three Ds of Direct Tax Jurisdiction : Disparity, Discrimination and Double Taxation", *European Taxation,* November 2006, pp. 522-533.
ENGLISCH Joachim, "Shareholder Relief and EC Treaty Law – Supranational 'Aims and Effects'?", *Intertax,* 2005, vol. 33, Issue 5, pp. 200-214.
FLEMING J.C., **PERONI** R.J., **SHAY** S.E., "Fairness in International Taxation : The Ability-to-Pay Case for Taxing Worldwide Income", *Florida Taw Review*, n° 4/2001, p. 299.
FOUQUET Olivier, **DURAND** Philippe, « Impôt étranger : déductible à défaut d'imputabilité ? », *RJF,* n° 01/2009, pp. 10-14.
KEMMEREN Eric, "After repeal of Article 293 EC Treaty under the Lisbon Treaty: the EU objective of eliminating double taxation can be applied more widely", *ECTR*, 2008/4, pp. 156-158.
MEIRELLES Morvan, "Tax Sparing Credits in Tax Treaties : The Future and the Effect on EC Law", *European Taxation,* May 2009, pp. 263-273.
MEUSSEN Gerard T.K., "Colombus Contrainer Services – A Victory for the Member States' Fiscal Autonomy", *European Taxation,* April 2008, pp. 169-173.
MUELLER Stefan, **THOEMMES** Otmar, "EC Tax Scene: Shareholder Relief for Investments in Foreign Corporations to Be Extended", *Intertax,* 2004, vol.32, Issue 11, pp. 578-579.
RICHARD Denis, « La convention européenne d'élimination des doubles impositions : un instrument au service des entreprises », *RMCUE,* n°389, juin-juillet 1995, pp. 358-372.
RØNFELDT Thomas, "Internal and External Neutrality: On the Significance of the Allocation of the Powers of Taxation on the Choice between a Permanent Establishment and a Subsidiary in Relation to the Danish Territoriality Principle", *Intertax*, 2012, Issue 1, pp. 13-23.
VOGEL Klaus, "Taxation of Cross-border Income, Harmonization and Tax Neutrality under European Community Law", Foundation for Fiscal Studies, Erasmus University Rotterdam, 1993, pp. 11-33.
ZALASINSKI Adam, "The Limits of the EC Concept of "Direct tax Restriction on Free Movement Right's, the Principles of Equality and Ability to Pay, and the Interstate Fiscal Equity", *Intertax*, 2009, vol. 35, Issue 5, pp. 282-297.

Rapports

UNION EUROPÉENNE :

Commission européenne, 19 décembre 2006, Communication de la Commission au Conseil, au Parlement européen et au Comité économique et social européen, « Imposition à la sortie et nécessité de coordonner les politiques fiscales des États membres », COM (2006) 825.

Arrêts, notes, conclusions

Arrêts de la Cour de justice de l'Union :

CJCE, 6 décembre 2007, aff. C-298/05, *Colombus Container*, Rec. p. I-10451, conclusions Mengozzi du 29 mars 2007.

XVI TVA

Articles

COZIAN Maurice, « La notion d'activité économique vue à travers le prisme de la jurisprudence de la Cour de Justice des Communautés européennes en matière de TVA », in Mélanges en l'honneur de Claude CHAMPAUD, « Le droit de l'entreprise dans ses relations externes à la fin du XX ème siècle », Dalloz 1997, pp. 225-243.
PLAGNET Bernard, « La définition de l'établissement stable en matière de TVA », *BF,* n° 12/1997, pp. 735-739.

Arrêts, notes, conclusions

Arrêts du Conseil d'Etat, des Cours administratives d'appel et des Tribunaux administratifs :

CE, 9 janvier 1981, n° 10145, *Sté Timex*, Recueil Lebon, pp. 8-9, *RJF,* n° 03/1981, n° 201.

Arrêts de la Cour de justice de l'Union :

CJCE, 4 juillet 1985, aff. C-168/84, *Gunter Berkholz*, Rec. p. 2257.
CJCE, 3 mars 1994, aff. C-16/93, *R.J. Tolsma*, Rec. p. I-743, conclusions Lenz du 20 janvier 1994.
CJCE, 17 juillet 1997, aff. C-190/95, *ARO Lease BV*, Rec. p. I-4383, conclusions Fennelly du 12 décembre 1996.

CJCE, 27 septembre 2001, aff. C-16/00, *Cibo Participations SA,* Rec. p. I-6663.
CJCE, 23 mars 2006, aff. C-210/04, *FCE Bank*, Rec. p. I-2803, conclusions Léger du 29 septembre 2005.
CJCE, 2 mai 2006, aff. C-341/04, *Eurofood IFSC Ltd*, Rec. p. I-3813, conclusions Jacobs du 27 septembre 2005.
CJCE, 28 juin 2007, aff. C-73/06, *Planzer Luxembourg Sarl*, Rec. p. I-5665, conclusions Trstenjak du 29 avril 2007.

XVII SITES INTERNET

Administration fiscale française : www.impots.gouv.fr.
International Tax Dialogue : www.itdweb.org.
Ministère des Finances allemand : www.bundesfinanzministerium.de.
Ministère des Finances autrichien : www.bmf.gv.at.
Ministère des Finances espagnol : www.meh.es.
Ministère des Finances italien : www.finanze.it.
Ministère des Finances du Royaume-Uni : www.hm-treasury.gov.uk.
OCDE : www.oecd.org.
Oxford University, Centre for Business Taxation: www.sbs.ox.ac.uk.
Union européenne : http://europa.eu.

INDEX ALPHABÉTIQUE

(Les chiffres renvoient aux numéros des paragraphes)

TABLE DES MATIÈRES

L'HARMATTAN, ITALIA
Via Degli Artisti 15; 10124 Torino

L'HARMATTAN HONGRIE
Könyvesbolt ; Kossuth L. u. 14-16
1053 Budapest

ESPACE L'HARMATTAN KINSHASA
Faculté des Sciences sociales,
politiques et administratives
BP243, KIN XI
Université de Kinshasa

L'HARMATTAN CONGO
67, av. E. P. Lumumba
Bât. – Congo Pharmacie (Bib. Nat.)
BP2874 Brazzaville
harmattan.congo@yahoo.fr

L'HARMATTAN GUINÉE
Almamya Rue KA 028, en face du restaurant Le Cèdre
OKB agency BP 3470 Conakry
(00224) 60 20 85 08
harmattanguinee@yahoo.fr

L'HARMATTAN CAMEROUN
BP 11486
Face à la SNI, immeuble Don Bosco
Yaoundé
(00237) 99 76 61 66
harmattancam@yahoo.fr

L'HARMATTAN CÔTE D'IVOIRE
Résidence Karl / cité des arts
Abidjan-Cocody 03 BP 1588 Abidjan 03
(00225) 05 77 87 31
etien_nda@yahoo.fr

L'HARMATTAN MAURITANIE
Espace El Kettab du livre francophone
N° 472 avenue du Palais des Congrès
BP 316 Nouakchott
(00222) 63 25 980

L'HARMATTAN SÉNÉGAL
« Villa Rose », rue de Diourbel X G, Point E
BP 45034 Dakar FANN
(00221) 33 825 98 58 / 77 242 25 08
senharmattan@gmail.com

L'HARMATTAN TOGO
1771, Bd du 13 janvier
BP 414 Lomé
Tél : 00 228 2201792
gerry@taama.net

641347 - Février 2016
Achevé d'imprimer par

1livre.com
du rêve à la réalité !

www.ingramcontent.com/pod-product-compliance
Lightning Source LLC
LaVergne TN
LVHW011226061026
849535LV00001BA/190